20 22

João Pedro **Leite Barros**

Direito *à* Informação

Repercussões *no* Direito *do* Consumidor

2022 © Editora Foco

Autor: João Pedro Leite Barros
Diretor Acadêmico: Leonardo Pereira
Editor: Roberta Densa
Assistente Editorial: Paula Morishita
Revisora Sênior: Georgia Renata Dias
Revisora: Simone Dias
Capa Criação: Leonardo Hermano
Diagramação: Ladislau Lima e Aparecida Lima
Impressão miolo e capa: FORMA CERTA

Dados Internacionais de Catalogação na Publicação (CIP) de acordo com ISBD

B277d   Barros, João Pedro Leite
Direito à informação repercussões no direito do consumidor/ João Pedro Leite Barros. - Indaiatuba, SP : Editora Foco, 2022.

368 p. ; 17cm x 24cm.

Inclui bibliografia e índice.

ISBN: 978-65-5515-477-1

1. Direito. 2. Direito privado. I. Jorge, Mario Helton. II. Título.

2022-499   CDD 346   CDU 347

Elaborado por Vagner Rodolfo da Silva - CRB-8/9410

Índices para Catálogo Sistemático:

1. Direito privado 346
2. Direito privado 347

DIREITOS AUTORAIS: É proibida a reprodução parcial ou total desta publicação, por qualquer forma ou meio, sem a prévia autorização da Editora FOCO, com exceção do teor das questões de concursos públicos que, por serem atos oficiais, não são protegidas como Direitos Autorais, na forma do Artigo 8º, IV, da Lei 9.610/1998. Referida vedação se estende às características gráficas da obra e sua editoração. A punição para a violação dos Direitos Autorais é crime previsto no Artigo 184 do Código Penal e as sanções civis às violações dos Direitos Autorais estão previstas nos Artigos 101 a 110 da Lei 9.610/1998. Os comentários das questões são de responsabilidade dos autores.

NOTAS DA EDITORA:

Atualizações e erratas: A presente obra é vendida como está, atualizada até a data do seu fechamento, informação que consta na página II do livro. Havendo a publicação de legislação de suma relevância, a editora, de forma discricionária, se empenhará em disponibilizar atualização futura.

Erratas: A Editora se compromete a disponibilizar no site www.editorafoco.com.br, na seção Atualizações, eventuais erratas por razões de erros técnicos ou de conteúdo. Solicitamos, outrossim, que o leitor faça a gentileza de colaborar com a perfeição da obra, comunicando eventual erro encontrado por meio de mensagem para contato@editorafoco.com.br. O acesso será disponibilizado durante a vigência da edição da obra.

Impresso no Brasil (03.2022) – Data de Fechamento (03.2022)

2022

Todos os direitos reservados à
Editora Foco Jurídico Ltda.
Avenida Itororó, 348 – Sala 05 – Cidade Nova
CEP 13334-050 – Indaiatuba – SP

E-mail: contato@editorafoco.com.br
www.editorafoco.com.br

NOTA PRELIMINAR

A presente obra é fruto da Tese de Doutorado em Direito intitulada *"Dever de Informação nos Contratos de Adesão Concluídos por Meios Eletrônicos"*, defendida em regime de Cotutela entre a Universidade de Brasília (UNB) e a Universidade de Lisboa (ULISBOA).

O júri das referidas provas foi constituído pelos seguintes Professores:

– Doutora Claudia Lima Marques, Professora Titular da Faculdade de Direito da Universidade Federal do Rio Grande do Sul, presidente do júri;

– Doutor Dário Manuel Lentz de Moura Vicente, Professor Catedrático da Faculdade de Direito da Universidade de Lisboa, orientador;

– Doutora Inez Lopes Matos Carneiro de Farias, Professora Associada da Faculdade de Direito da Universidade de Brasília, orientadora;

– Doutora Daniela Marques de Moraes, Professora Adjunta da Faculdade de Direito da Universidade de Brasília, arguente;

– Doutora Elsa Marina Rosa Dias Oliveira, Professora Associada da Faculdade de Direito da Universidade de Lisboa, arguente;

– Doutora Inmaculada Vivas Tesón, Professora Catedrática da Facultad de Derecho de la Universidad de Sevilla, arguente;

– Doutor Thiago Gonçalves Paluma Rocha, Professor Adjunto da Faculdade de Direito da Universidade Federal de Uberlândia, arguente.

A Tese foi defendida em 31.07.2021, sendo **aprovada por unanimidade e com distinção**.

AGRADECIMENTOS

A palavra gratidão talvez seja aquela que abarque todos os sentimentos mais bonitos e verdadeiros que existem: amor, alegria, fé, esperança, cumplicidade, respeito, sem prejuízo de outros tantos. Sou grato a todos aqueles amigos que estiveram juntos comigo nesse projeto. Nominá-los seria, sem dúvidas, restringir todos os outros.

Na melodia do destino, como poderia esquecer da nobreza dos portugueses ao me receberem tão bem na Cidade Amiga? As belíssimas e aconchegantes bibliotecas serviram de inspiração diária para não pensar em um minuto sequer em desistir.

E todas as amizades construídas nos corredores da Faculdade de Direito da Universidade de Lisboa, em que compartilhamos angústias e vitórias, medos e alegrias, sempre com a perspectiva de compreender e sermos compreendidos? E já no Brasil, como não mencionar a Faculdade de Direito da Universidade de Brasília, epicentro dos debates jurídicos mais instigantes que vivi?

Sem dúvidas, as oportunidades que tive durante a pesquisa foram abraçadas por inteiro, sempre com a intenção em acertar.

Aprender e compartilhar conhecimento. Compreendi, de fato, a conjugação desses dois verbos nessas diletas Universidades. Assim, não havia melhor forma de retribuir ao Direito tudo o que me foi ensinado até aqui, senão com a publicação desse escrito, fruto da investigação da minha Tese de Doutorado.

A busca incessante pelo saber é o que me move e me sustenta. É diante dessa máxima que pauto as ações de minha vida e que me serve de diretriz para a sina escolhida.

Saudações mais que especiais aos meus orientadores, Professor Dário Moura Vicente (ULisboa) e Professora Inez Lopes (UnB), por toda disponibilidade e observações relevantes ao longo da investigação, além da confiança a mim depositada.

À Célia, minha segunda mãe, e a todos aqueles que sempre estiveram presentes ao longo dessa jornada.

Por fim, ao meu reduto intangível: Carmem Luiza, José Haroldo, Luísa e Rinaldo; sem vocês, não conseguiria realizar esse sonho.

Os avanços não podem parar!

João Pedro Leite Barros

APRESENTAÇÃO

Foi com grande felicidade que aceitei o honroso convite para apresentar ao leitor a presente obra, que é o resultado da primorosa tese de doutorado elaborada por João Pedro Leite Barros com vistas à obtenção do título de Doutor em Direito junto à Universidade de Lisboa e à Universidade de Brasília.

O autor – agora, com todos os louvores, Doutor em Direito – é também professor universitário, mestre em Direito Civil e especialista em Direito Civil e Direito do Consumidor pela Universidade de Lisboa; especialista em Direito Processual Civil pelo Instituto de Direito Público; investigador do Instituto Ibero-americano de Estudos Jurídicos; membro do Instituto Brasileiro de Estudos de Responsabilidade Civil; membro do Grupo de Direito Internacional Privado, Comércio Internacional e Direitos Humanos da Universidade de Brasília; e palestrante no Brasil e no exterior.

A obra, que chega em boa hora ao mercado editorial, destaca-se por conciliar, a um só tempo, o clássico tema dos contratos de adesão e a moderna matéria da contratação por meios eletrônicos, cujo exame revela ousada empreitada, para a qual a breve apresentação já realizada credencia o autor.

Com efeito, o debate insere-se no contexto mais amplo dos impactos da modernidade, máxime das novas tecnologias, nos conceitos clássicos do Direito Civil, como o de contrato, entendido este, tradicionalmente, como negócio jurídico geneticamente bilateral, fruto da autonomia privada dos contratantes, formado pela conjugação de declarações jurídico-negociais unilaterais.

O estudo, nesse contexto, tem o mérito de demonstrar a força do Direito Civil, que se revela capaz de, sem descurar de seus sólidos fundamentos romanos e de seu moderno estatuto epistemológico desenvolvido no séc. XIX a partir dos trabalhos de Friedrich Carl Freherr von Savigny e dos Pandectistas[1], produzir soluções para os novos conflitos de interesses que emergem da sociedade contemporânea.

Com efeito, a sociedade atual caracteriza-se, nas palavras de Manuel Castells, como verdadeira sociedade da informação[2], marcada pela massiva utilização das novas tecnologias, que elevaram a informação à categoria de matéria-prima fundamental, isto é, elemento central de toda a atividade humana cada vez mais complexa.

---

1. RODRIGUES JR., Otavio Luiz. *Direito Civil Contemporâneo*: estatuto epistemológico, Constituição e direitos fundamentais. Rio de Janeiro: Forense, 2019, p. 1-5.
2. CASTELLS, Manuel. *A sociedade em rede*. Trad. Roneide Venancio Majer com a colaboração de Klauss Brandini Gerhardt. 14. reimp. São Paulo: Paz e Terra, 2011, v. I, p. 43.

Essa mesma sociedade é marcada por aquilo que o sociólogo polonês Zygmunt Bauman denominou de modernidade líquida, expressão que designa uma sociedade veloz e dinâmica, marcada pela efemeridade das relações e propensa a mudanças imprevisíveis.

Esse processo, ademais, é potencializado pelo recrudescimento da utilização da "internet", que se revelou instrumento catalisador de vastas mudanças nas relações sociais.

Nesse complexo cenário, a atual pandemia de COVID-19 – ao lado dos incalculáveis impactos negativos medidos não só por indicadores econômicos, mas, sobretudo, e infelizmente, por vidas humanas perdidas – acelerou diversos processos de transformação social, merecendo destaque, por ora, o portentoso crescimento do comércio eletrônico em todo o mundo.

O dever de informação, nesse diapasão, já presente nos contratos em geral como verdadeiro dever anexo decorrente da cláusula geral da boa-fé objetiva, ganha contornos de imprescindibilidade no âmbito do comércio eletrônico, seja porque se revela indispensável como fator de confiança para os consumidores, seja porque a disposição incorreta dos elementos informativos possui a potencialidade de perturbar os contratos no âmbito do "e-commerce", produzindo injustiças e insegurança jurídica.

Por outro lado, é inquestionável, outrossim, a necessidade de se realizar estudo detido, no específico âmbito do comércio eletrônico, da figura dos contratos de adesão, que, por si só, já possui inegáveis peculiaridades em face dos demais contratos. Nesse passo, a obra avança na delimitação dos contornos dogmáticos atuais dessa específica forma de contratação, tão presente no dia a dia dos agentes econômicos.

A obra, de inestimável riqueza e qualidades miríficas, vem disposta em duas grandes partes e cinco capítulos.

A *primeira parte* dedica-se ao estudo do direito do consumidor à informação. Composta por três capítulos, nela o autor discorre, pormenorizadamente, sobre os princípios gerais que regem o dever de informação; examina e delineia os contornos do dever pré-contratual de informação nos contratos de adesão concluídos por meios eletrônicos; e esclarece a conexão entre o dever de informação pré-contratual e o direito de arrependimento.

Já a *segunda* parte, composta por dois capítulos, dedica-se ao exame das hipóteses e das consequências do descumprimento do dever de informação, incursionando o autor, com maestria, no estudo da *culpa in contrahendo*, do cumprimento defeituoso dos contratos, das práticas comerciais desleais e das sanções civis, administrativas e morais pelo descumprimento do dever de informar.

Não bastasse a complexidade do tema e a profundidade com que ele é abordado pelo autor, deve-se ressaltar, ainda – e este é talvez o principal diferencial da obra que o leitor tem em mãos –, que todo o estudo é permeado por uma perspectiva luso-brasileira, traçando o autor, a cada capítulo, os delineamentos da matéria tanto no sistema jurídico brasileiro quanto no sistema jurídico português.

O trabalho, ademais, com a preocupação sempre presente de "morder a realidade", isto é, de apresentar ao leitor a utilidade prática das conclusões fixadas, não deixa de realizar análise crítica da jurisprudência tanto brasileira quanto portuguesa, revelando como o tema vem sendo tratado no âmbito do Poder Judiciário.

Ademais, como é evidente desde o início da leitura, a obra se vale da importante e rica interface existente entre o Direito Civil e o Direto do Consumidor, chamando o autor a atenção para a necessidade de se tutelar os direitos dos consumidores aderentes no âmbito dos contratos de adesão concluídos por meios eletrônicos, examinando como, nesse contexto, a informação é transmitida, veiculada e assimilada por estes sujeitos vulneráveis.

Isso não bastasse, fora de uma perspectiva estritamente dogmática da matéria – que está presente na obra e se revela de fundamental importância –, o estudo tangencia, com habilidade, aspectos da própria sociologia do direito ao questionar a própria efetividade do dever de informação para a tutela dos interesses dos mais vulneráveis.

A presente obra, portanto – notadamente por vir a lume em momento em que o mundo se vê às voltas com a pandemia de COVID-19, que erigiu o comércio eletrônico à protagonista das trocas comerciais –, representa contribuição singular para o fortalecimento do Direito Privado, na medida em que demonstra a capacidade de atualização e adaptação dos clássicos institutos desse ramo do Direito.

A obra, de inegável atualidade, induz o leitor a uma profunda reflexão, sempre necessária, sobre o dever de informação e a figura do contrato de adesão na sociedade contemporânea, representando, além de consulta obrigatória para os mais variados profissionais do Direito, relevante contribuição para as letras jurídicas, encerrando o anúncio de um futuro promissor para os grandes institutos do Direito Civil, que se mostram capazes de atender ao chamado da vida real do séc. XXI, garantindo soluções justas para os conflitos intersubjetivos de interesses.

Feliz leitura!

Inverno/Pandemia/2021.

Nancy Andrighi
Ministra do STJ.

PREFÁCIO

Este livro corresponde à tese apresentada por João Pedro Leite Barros em 2021 às Universidades de Brasília e de Lisboa no âmbito de um programa de doutoramento realizado em cotutela, em que o candidato foi orientado pela Senhora Professora Doutora Inez Lopes Matos Carneiro de Farias e pelo signatário.

Através da publicação dessa tese, aprovada com distinção em provas públicas por um júri presidido pela Senhora Professora Doutora Cláudia Lima Marques, ela logrará obter a desejável divulgação para além do meio universitário, ficando acessível a todos os que se interessam pela temática – de inequívoca atualidade – da contratação eletrónica.

A obra de João Pedro Leite Barros ocupa-se, com efeito, de um problema da máxima relevância nos sistemas jurídicos contemporâneos: a definição dos deveres de informação que recaem sobre aqueles que celebram com consumidores contratos de adesão por meios eletrónicos e das consequências do seu incumprimento.

Partindo de uma análise do regime dos contratos de adesão no Brasil e em Portugal e das suas especificidades quando a celebração desses contratos se dá por meios eletrónicos, o autor oferece-nos na presente obra uma visão comparada do direito à informação pré-contratual e do correspondente dever nos sistemas jurídicos destes países, bem como da sua conexão com o denominado direito ao arrependimento que neles é reconhecido ao consumidor, tanto nas suas expressões legislativas como nas respetivas aplicações pelos tribunais.

Procura em seguida João Pedro Leite Barros identificar as consequências do incumprimento daquele dever nos dois sistemas jurídicos em apreço, para daí concluir que é, no essencial, convergente a orientação adotada pelos mesmos no tocante à matéria em apreço.

Não deixa, no entanto, o autor de formular um juízo crítico a respeito das insuficiências que identifica no tratamento da matéria em ambos os sistemas em que situou a sua investigação, com destaque para o excesso de informação que entende encontrar-se previsto no Direito português e que, em seu entender, se traduz a final em desinformação do consumidor.

Ficam assim descritos e analisados, com apreciável minúcia, o regime normativo e as concretizações jurisprudenciais de um dever jurídico que tem conhecido uma evolução muito significativa nos Direitos brasileiro e português; evolução essa que tem correspondência com a própria relevância social que a matéria adquiriu na contemporânea sociedade da informação, dada a especial necessidade de proteção que esta gera relativamente aos consumidores, não raro pressionados a contratar por técnicas de marketing particularmente invasivas e privados da possibilidade de verificarem adequadamente a qualidade dos produtos que adquirem.

A literatura jurídica de língua portuguesa fica deste modo enriquecida com um contributo fundamental para a identificação e conceitualização, numa ótica comparada, de um dever de conduta de inequívoca centralidade no regime contemporâneo dos contratos.

De salientar que esse contributo surge no quadro de uma investigação empreendida pelo autor dos dois lados do Atlântico, designadamente nas bibliotecas das duas Escolas que o acolheram durante a preparação da sua tese: a Faculdade de Direito da Universidade de Brasília e a Faculdade de Direito da Universidade de Lisboa. Que a experiência possa ser replicada noutros trabalhos académicos de igual vulto é o voto que aqui se deixa consignado.

Lisboa, novembro de 2021.

Dário Moura Vicente
Professor Catedrático da Faculdade de Direito da Universidade de Lisboa.

LISTA DE ABREVIAÇÕES E SIGLAS

Ac – Acórdão

art.– Artigo

arts.– Artigos

B2C – Business to Consumer

Cap. – Capítulo

CC – Código Civil

CDC – Código Brasileiro de Proteção e Defesa do Consumidor

Cf. – Confira

CONAR – Conselho Nacional de Autorregulamentação publicitária

CPC – Código de Processo Civil

CRP – Constituição da República Portuguesa

DGC – Direção-Geral do Consumidor

DL – Decreto-Lei

Fls. – Folhas

LAV – Lei da Arbitragem Voluntária

LCCG – Lei das Cláusulas Contratuais Gerais

LDC – Lei de Defesa do Consumidor

LVBC – Lei de Vendas de Bens de Consumo

n. – Número

ODR – *Online Dispute Resolution*

ONU – Organização das Nações Unidas

p. – Página

REsp – Recurso Especial do Superior Tribunal de Justiça

ss. – seguintes

STF – Supremo Tribunal Federal

STJ – Superior Tribunal de Justiça

TJUE – Tribunal de Justiça da União Europeia

UE – União Europeia

v. – Volume

SUMÁRIO

AGRADECIMENTOS... V

APRESENTAÇÃO VII

PREFÁCIO... XI

LISTA DE ABREVIAÇÕES E SIGLAS... XIII

INTRODUÇÃO 1

1. DELIMITAÇÃO DO TEMA E METODOLOGIA APLICADA 1

2. ESTRUTURA DA INVESTIGAÇÃO.. 6

3. INTERESSES EM JOGO: CONSUMIDOR E EMPRESA 8

4. CONCEITOS FUNDAMENTAIS... 10

    4.1 Sociedade de informação... 10

    4.2 Comércio eletrônico... 13

    4.3 Contrato eletrônico 17

    4.4 Consumidor 18

    4.5 Fornecedor 21

    4.6 Contrato de adesão 22

        4.6.1 Portugal... 22

        4.6.2 Brasil 29

5. A IMPORTÂNCIA DA ANÁLISE COMPARATIVA HISTÓRICA DO CO-
MÉRCIO ELETRÔNICO DE CONSUMO... 35

PARTE I
DEVER DE INFORMAÇÃO

CAPÍTULO 1 – PRINCÍPIOS GERAIS SOBRE O DEVER DE INFORMAÇÃO 43

    1.1 Definição... 43

    1.2 Direito à informação como um direito fundamental 45

    1.3 Ônus de informação entre os contraentes...................................... 48

1.4	Princípios fundamentais inerentes ao dever de informação ao consumidor ..	53
	1.4.1 Princípio da vulnerabilidade informacional do consumidor	53
	1.4.2 Princípio da confiança..	58
	1.4.3 Princípio da transparência	62
	1.4.4 Diálogo das fontes	66
1.5	Requisitos para informação completa	68
1.6	Dever de informação como papel inclusivo no âmbito das pessoas com deficiência...	73
1.7	Perspectiva econômica do dever de informar	77
1.8	Conformidade à boa-fé e ao dever de informar	80
1.9	*Compliance* e o dever de informar..	84
	1.9.1 Colocação do problema...	84
	1.9.2 Experiência do *compliance* no comércio eletrônico no Direito Internacional	89
1.10	Direito à informação como política pública.......................................	92
1.11	A função social do direito à informação	95
1.12	Conclusões parciais...	100

CAPÍTULO 2 – DEVER PRÉ-CONTRATUAL DE INFORMAÇÃO NOS CONTRATOS DE ADESÃO CONCLUÍDOS POR MEIOS ELETRÔNICOS 103

2.1	Notas preliminares	103
2.2	Definições...	104
	2.2.1 Oferta...	104
	2.2.2 Publicidade..	107
2.3	Regimes jurídicos..	114
	2.3.1 Portugal	114
	2.3.1.1 Evolução do dever pré-contratual de informação...............	115
	2.3.1.2 Dever pré-contratual de informação no Decreto-lei 7/2004..	117
	2.3.1.3 Dever pré-contratual de informação na Directiva 2011/83 ..	119
	2.3.1.4 Dever pré-contratual de informação no Decreto-lei 24/2014	122
	2.3.1.5 Dever pré-contratual de informação no Decreto-lei 78/2018...	125
	2.3.1.6 Directiva 2019/2161..	127

| | | 2.3.1.7 | Directiva 2019/770 e Directiva 2019/771 | 132 |

2.3.2 Brasil 136

    2.3.2.1 Nota introdutória 136

    2.3.2.2 Dever pré-contratual de informação no Código de Defesa do Consumidor 138

    2.3.2.3 Dever pré-contratual de informação no Decreto 7.962/2013 e na Lei 12.965/2014 141

    2.3.2.4 Dever pré-contratual de informação no Decreto 10.271/2020 143

2.4 Conclusões parciais 145

CAPÍTULO 3 – CONEXÃO ENTRE O DEVER DE INFORMAÇÃO PRÉ-CONTRATUAL E O DIREITO DE ARREPENDIMENTO 147

3.1 Definição 148

3.2 Portugal 149

    3.2.1 Regime jurídico do direito de arrependimento 149

    3.2.2 Efeitos do contrato na pendência do prazo para o exercício do direito de arrependimento 153

    3.2.3 Efeitos do exercício do direito de arrependimento 157

    3.2.4 Prazo e modo de exercício do direito de arrependimento .. 159

    3.2.5 Deveres pré-contratuais de informação e o direito de arrependimento 161

    3.2.6 Exceções ao direito de arrependimento 163

3.3 Brasil 163

    3.3.1 Positivação no Código de Defesa do Consumidor 163

    3.3.2 Regime jurídico do direito de arrependimento 165

    3.3.3 Efeitos do contrato na pendência do prazo para o exercício do direito de arrependimento 167

    3.3.4 Efeitos do exercício do direito de arrependimento 168

    3.3.5 Prazo e modo de exercício do direito de arrependimento .. 170

    3.3.6 Deveres pré-contratuais de informação e o direito de arrependimento 171

    3.3.7 Exceções ao direito de arrependimento 173

3.4 Conclusões parciais 175

PARTE II

INCUMPRIMENTO DO DEVER DE INFORMAÇÃO

CAPÍTULO 4 – QUALIFICAÇÃO DO INCUMPRIMENTO DO DEVER DE INFORMA-
ÇÃO 181

4.1 Considerações preliminares acerca da responsabilidade pré-contratual 182

4.2 Natureza jurídica da *culpa in contrahendo* 185

4.3 Aplicabilidade do instituto da *culpa in contrahendo* 188

4.4 Regras gerais de cumprimento do contrato 194

4.5 Notas preliminares sobre o cumprimento defeituoso do contrato de consu-
mo 197

4.6 Cumprimento defeituoso do contrato de consumo. Decreto-lei 67/2003 e
Decreto-lei 84/2008 204

    4.6.1 Meios de reação do consumidor em relação à desconformidade 206

4.7 Notas preliminares 209

4.8 Práticas comerciais desleais 212

    4.8.1 Atraso na entrega do produto 219

    4.8.2 Falhas na veiculação das informações ao consumidor 223

    4.8.3 Publicidade por comissão e por omissão 225

    4.8.4 Utilização dos dados do consumidor indevidamente 231

    4.8.5 *Geopricing* e *Geoblocking* 238

4.9 A ausência e o excesso de informação 244

4.10 O direito à legítima ignorância informacional 249

4.11 Conclusões parciais 254

CAPÍTULO 5 – SANÇÕES DO INCUMPRIMENTO 257

5.1 Sanções legais 257

    5.1.1 Portugal 257

    5.1.2 Brasil 260

        5.1.2.1 Sanções legais administrativas 264

        5.1.2.2 O Incidente de Demandas Repetitivas no Código de Pro-
cesso Civil brasileiro 265

5.2 Tratamento jurisprudencial no direito comparado 270

    5.2.1 Portugal 270

    5.2.2 Brasil 272

5.2.3	Pontos convergentes	275
5.2.4	Pontos divergentes	275
5.3	Sanções morais – O poder do *eletronic word of mouth*	277
5.4	Coerção moral – Plataformas de avaliação	281
5.5	Consequências	286
5.6	Plataformas de resolução do litígio em linha – Portugal	289
5.7	Plataformas de resolução do litígio em linha – Brasil	293
5.8	Conclusões parciais	299

SÍNTESE E CONCLUSÕES 301

REFERÊNCIAS 307

INTRODUÇÃO

1. DELIMITAÇÃO DO TEMA E METODOLOGIA APLICADA

O surgimento de novas modalidades de negócios, notadamente o comércio eletrônico, exigiu uma necessária intervenção pública, através da regulamentação legislativa do Estado, e privada, por intermédio das empresas e associações que estabeleceram códigos de condutas e regras internas, com a finalidade de garantir um nível elevado de arrimo ao consumidor.

O dever de informação[1] insere-se nesse contexto protetivo dos consumidores, transversal à generalidade dos ordenamentos jurídicos. A informação é um bem valioso; ao propagar (in)certezas, cumpre função primordial na escolha do contraente. Sabe-se que o vetor da informação é dual, isto é, compreende-se o direito à informação *versus* dever de informação, enquanto "faces de uma mesma moeda", a da tutela do consumidor.

Nos contratos de adesão concluídos por meio eletrônico, as declarações do proponente são a base para que o consumidor adquira o bem ali proposto de forma virtual, sem mesmo ter analisado as características e a qualidade da mercadoria ou serviço, confiando fundamentalmente naquilo que está sendo transmitido.

Não se pretende, portanto, um estudo abrangente do contrato (gênero), mas um enfoque direcionado principalmente à informação que permeia o processo de contratação de adesão por meio eletrônico, notadamente no período pré-contratual, tendo em conta os problemas numerosos e substanciais nessa espécie de contratação.

Os contratos de adesão concluídos por meio eletrônico abrangem três grandes espécies: a) a primeira espécie, *"b2b"*, compreende os contratos *"business to business"*, tendo em conta os negócios jurídicos eletrônicos praticados entre empresas, com franco caráter empresarial; b) a segunda espécie, *"c2c"*, denota os contratos *"consumer to consumer"*, aqueles realizados por contratantes em situação jurídica igualitária, de natureza civil; c) a última espécie, *"b2c"*, depreende os contratos *"business to consumer"*, que assinalam os negócios celebrados entre fornecedor e consumidor.

A presente investigação fará um corte metodológico e ficará centrada nos contratos de adesão de consumo concluídos por meios eletrônicos, notadamente nas

---

1. Como mostra Ignácio Ramonet, nos últimos trinta anos, mais informação foi produzida no mundo que durante os cinco mil anos anteriores. Cf.: RAMONET, Ignácio. *La tyrannie de la communication*. Paris: Galilée, 1999, p. 184.

questões relativas à observância do cumprimento do dever de informação inerente ao fornecimento de produtos e serviços entre fornecedores e consumidores.

Se, por um lado, a disponibilização de informações pela internet proporciona aos consumidores melhores condições para escolha livre e consciente de um produto ou serviço, por outro, reforça a necessidade de proteção[2] aos riscos peculiares inerentes às transações eletrônicas, particularmente a ausência, omissão ou excesso de informações transmitidas ao consumidor, bem como a utilização de seus dados pessoais sem consentimento.

Nesse sentido, o problema analisado nesta tese envolverá o redimensionamento na forma como a informação pré-contratual é transmitida (*modus operandi*), veiculada (apresentada ao consumidor) e assimilada (compreendida) ao consumidor, em sede de contratos de adesão concluídos por meio eletrônico, buscando responder até que ponto a prestação do dever de informação pré-contratual tem sido eficaz para o vulnerável.

O escopo fundamental desta investigação é contribuir para uma melhor compreensão do dever de informação em contratação eletrônica de consumo, distinguindo da contratação tradicional, com finalidade de promover a reflexão e o debate sobre a necessidade regulatória instrumental do tema, com vistas a defender os interesses econômicos dos consumidores.

Em outras palavras, a tese tem como objetivos específicos, sem prejuízo de outros: (i) determinar se os requisitos jurídicos e critérios próprios para a aferição do cumprimento do dever de informação, sobretudo no período pré-contratual, são adequados o bastante para tutelar a parte hipossuficiente, (ii) interpretar o dever informacional à luz da ordem jurídica justa do Professor Cappelletti[3], (iii) responder qual o conteúdo e alcance do direito à informação no comércio eletrônico de consumo para o pleno exercício do direito à informação no período pré-contratual, (iv) assinalar em qual medida o dever de informar, obrigação do fornecedor decorrente da noção tradicional dos sistemas jurídicos ocidentais, tem o condão de resolver as questões que surgem a cada dia na sociedade de informação, (v) explicar se há necessidade de criar legislação e critérios universais coerentes às transações decorrentes do comércio eletrônico de consumo, tendo em consideração a tutela do consumidor e dever de informação, com o fito de serem tutelados, em igual tempo, os direitos dos consu-

---

2. Sobre o tema, o Professor Pedro Alberto de Miguel Asensio assim pontua: "El desarrollo del comercio electrónico en Internet plantea importantes riesgos para los consumidores: la posibilidad de enviar pedidos simplemente pulsando el ratón y el diseño de ciertas páginas web facilitan declaraciones negociales impulsivas; la necesidad de tomar decisiones con base en la información contenida en páginas web, sin posibilidad de inspeccionar físicamente los productos; la potencial falta de estabilidad de la contraparte en la medida en que se contrata con su establecimiento virtual; y el empleo generalizado de los contratos de adhesión." Cf.: ASENSIO, Pedro Alberto de Miguel. Derecho Privado de Internet. 5. ed. Madri: Civitas Ediciones, 2015, p. 888 e ss.

3. Confira: CAPPELLETTI, Mauro; GARTH, Bryant. *Acesso à justiça*. Trad. e revisão Ellen Gracie Northfleet. Porto Alegre: Sergio Fabris, 2002, p. 67 e ss.

midores e os anseios econômicos do mercado, (vi) demonstrar a relação intrínseca entre o dever de informação e o instituto do direito de arrependimento, (vii) qualificar as situações de incumprimento do dever de informação, notadamente os casos de culpa *in contrahendo* e cumprimento defeituoso do contrato, (viii) perscrutar se há possibilidade do exercício ao direito à legítima ignorância pelo consumidor (matéria desenvolvida pelo Professor Menezes Cordeiro em contratos bancários e de seguro) em sede de contratação eletrônica, (ix) no que tange aos mecanismos de controle de infração ao dever de informação pré-contratual, demonstrar que o incidente de resolução de demandas repetitivas, instituto brasileiro, pode ser o caminho para proteção dos direitos de informação do consumidor, garantindo eficácia vinculante aos órgãos jurisdicionais e segurança jurídica para casos idênticos de infração aos deveres de informação.

Em face desses questionamentos, o trabalho apresenta as seguintes hipóteses: a) a insuficiente e inadequada normatização do dever de informação promove insegurança jurídica e favorece a atuação irregular e atentatória aos princípios da boa-fé objetiva pelos fornecedores; b) a regulação mínima legal necessária do dever de informação em contratos eletrônicos, além dos próprios mecanismos de autorregulação existentes no mercado contemplam as condições essenciais para que o consumidor seja protegido à luz das finalidades constitucionais de amparo do direito do consumidor.

Para a verificação dessas hipóteses, o estudo tem como premissa o caráter irrenunciável e indisponível do direito à informação em sede de contrato eletrônico, uma vez que visa proteger o consumidor contra sua própria irreflexão na pactuação dos contratos. Razão disso é que o dever de informação deriva de normas de interesse e ordem pública, posto que regula interesses gerais e fundamentais da coletividade.

A justificativa para tanto é que a própria liberdade na contratação eletrônica pressupõe, necessariamente, reflexão e ponderação do consumidor àquilo disposto, associado à incondicional proteção dos consumidores na sociedade de massa.

Se o consumidor não pode, de forma voluntária, se abster de receber as informações em sede de contratação eletrônica, por outro, ao fornecedor, cabe atender um *standard* mínimo do dever de informar, notadamente por se tratar de uma contratação *sui generis*. Tais informações cruciais devem ser prestadas, independentemente do desejo do consumidor.

Nesse âmbito, os limites do dever de informar desempenham papel crucial na distinção entre informação deficitária daquela transmitida com vistas a compreensão do consumidor. A necessária extensão da informação e o seu conteúdo serão problematizados, cotejando elementos subjetivos e objetivos, a fim de alcançar uma informação justa, sob a ótica de Cappelletti.

Efetivamente, se a carência de regulamentação informativa prejudica o consumidor, em outra monta, a sua hiper-regulamentação[4] acaba por embaraçá-lo, notadamente no comércio eletrônico, acarretando desinformação ao consumidor. Aqui, a dialética entre teoria e prática – crucial para detectar os problemas de harmonia entre o sistema europeu e as leis portuguesa e brasileira – servirá de fundamento para demonstrar as dificuldades que o consumidor está suscetível às Directivas e respectivas transposições legais nesses sistemas jurídicos, detectando as zonas onde tal dever nos pareça insuficiente ou excessivo, sem deixar de levantar outras questões pertinentes ao tema.

Se, por um lado, ao adotar Directivas específicas (cláusulas contratuais gerais, Lei de Defesa do Consumidor, Decreto-lei 7/2004, Decreto-lei 24/2014) o legislador português[5] sensibilizou-se com a natureza *sui generis* do contrato de adesão e com diminuta proteção normativa do consumidor, por outro, o legislador brasileiro está aquém das expectativas, rogando-se de um ordenamento geral (Código de Defesa do Consumidor), leis especiais imprecisas e princípios gerais para delinear as regras desse tipo de contratação.

Com base legal já disponível, serão desenvolvidos pragmaticamente, de forma reflexa, a definição de contrato de adesão em análise de direito comparado, o conceito de dever de informação mínimo que o consumidor precisa para assimilação do conteúdo na fase pré-contratual, assim como delineados o impacto da informação na relação comercial, a inaplicabilidade do direito à não informação na contratação eletrônica, as balizas inerentes ao dever de informação do fornecedor e os consectários advindos ao instituto do direito de arrependimento.

Assim, em se tratando de contratação eletrônica, a forma como a informação é transmitida ganha relevo e merece ser aprofundada em detrimento da autonomia da vontade entre as partes em dispor as informações à sua ótica.

Pelo fato de a tese possuir natureza predominantemente qualitativa, o estudo busca interpretar, em sede de direito comparado, as relações de consumo e o dever de informação a partir do Código de Defesa do Consumidor, do Código Civil e das legislações específicas que tratam sobre contratação eletrônica.

---

4. Nesse contexto, o Professor Dário Moura Vicente já explicava que "o risco de uma hiper-regulação da internet, por via da aplicação à actividade através dela desenvolvida, por tribunais de diferentes países, de uma multiplicidade de leis com os conteúdos mais diversos, seria susceptível de coarctar aquela liberdade, restringindo o fluxo da informação através das fronteiras e o acesso do público a esta". Cf.: VICENTE, Dário Moura. Direito do Autor e Comércio Eletrônico: aspectos internacionais. *Revista Lusíada. Direito.* Lisboa, n. 7, 2010, p. 25. Disponível em: http://revistas.lis.ulusiada.pt/index.php/ldl/article/view/459/433. Acesso em: 10 jun. 2020.

5. O DL 272/87, de 03 de julho de 1987, que protegia o consumidor em matéria de contratos negociados fora dos estabelecimentos comerciais, acolheu as balizas da Directiva 85/577/CEE do Conselho, de 20 de dezembro de 1985.

Com essas premissas bem postas, o estudo aprofundará a dogmática do dever de informação, especialmente na sua fase pré-contratual, e como tem sido o seu tratamento doutrinário e jurisprudencial em perspectiva do direito comparado.

A tese está inserida nos procedimentos metodológicos atinentes à pesquisa teórica, uma vez que prioriza a elaboração de conceitos específicos notadamente acerca do dever de informação de qualidade para o consumidor, procedendo a utilização das doutrinas brasileira e portuguesa para fundamentação das conclusões propostas.

Será realizada uma análise doutrinária dos aspectos fundamentais, com base na literatura, jurisprudência, dispositivos legais do Brasil, Portugal, regras do direito internacional privado e *guidelines* das principais Organizações mundiais, bem como estudos de caso relacionados ao objeto de estudo.

A pesquisa proporcionará a possibilidade de preparar uma proposta de solução para minimizar a falta de harmonização jurídica internacional sobre o dever de informação em sede da contratação eletrônica de adesão na seara do consumo.

Outrossim, será abordada a (in)eficácia da supervisão do Estados (Portugal e Brasil) sobre fornecedores de produtos e serviços que utilizam os meios eletrônicos e as condições gerais da contratação ali tratadas, notadamente no que concerne ao dever de informar por parte dos profissionais.

Ademais, o estudo cotejará as similitudes e divergências do dever pré-contratual de informação nos dois sistemas jurídicos em uma síntese comparativa jurisprudencial, revelando quais os reflexos que a omissão ou excesso de informação têm na responsabilidade civil de cada sistema.

Deveras, até que se encontre uma solução mais coesa com princípios de um direito digital, o caminho seria adotar as formas hodiernas de resolução de conflito, notadamente as formas preventivas através de uma rede de *compliance* eletrônico de consumo entre fornecedores, na perspectiva de autorregulação do mercado?

Ou melhor, até que ponto as normas de conduta e a regulamentação de padrões de conduta através de entidades certificadoras podem regular o comportamento dos fornecedores na sociedade de informação, à luz da observância dos deveres de informação?

Ciente das resoluções de mercado para regulação desses problemas, abordaremos soluções jurídicas relevantes para evitar, abrandar ou suprir os efeitos da assimetria informacional na esfera do contrato de adesão por meio eletrônico.

Sob a perspectiva do consumidor, este estudo também percorrerá as situações de incumprimento do dever de informação, notadamente os casos de culpa *in contrahendo* e cumprimento defeituoso do contrato, bem como os mecanismos utilizados pelos sistemas para coibir e punir as infrações relativas ao dever de informação cometidas pelos fornecedores em face dos consumidores.

A decisão adequada de um consumidor passa, necessariamente, pelo cotejo do consumidor às alternativas de produtos ou serviços ofertados pelos fornecedores; em outras palavras, as informações ali dispostas são cruciais para a tomada de decisão do consumidor.

Por fim, insta salientar que a presente pesquisa alcança relevância ainda maior em tempos da COVID-19, uma vez que o setor do comércio eletrônico de consumo foi o que mais cresceu[6] nesse período e, com ele, todos os problemas decorrentes dessa espécie de transação, notadamente a inobservância dos deveres de informação por parte dos fornecedores.

2. ESTRUTURA DA INVESTIGAÇÃO

A tese está estruturada em 5 capítulos, divididos em duas partes: a primeira relacionada ao direito à informação do consumidor, composta pelos capítulos 1, 2 e 3, e a segunda atinente ao incumprimento ao dever de informação, perfazendo os capítulos 4, 5.

Vale mencionar que, antes de se adentrar nos capítulos em si, a investigação contextualiza o tema, os limites e o potencial da pesquisa, albergando conceitos introdutórios importantes e que constituem pressupostos teóricos dessa investigação, como a definição de consumidor, fornecedor, comércio eletrônico, espécies de contrato eletrônico, contrato de adesão e os interesses em jogo na relação de consumo.

Dito isto, o capítulo inaugural enfatizará, de forma pormenorizada, os princípios gerais sobre o dever de informar, notadamente a sua inserção como direito fundamental, a distribuição do ônus de informação entre os contraentes e quais os requisitos para informação completa.

Além disso, serão abordados os princípios fundamentais inerentes ao dever de informação, como o princípio da vulnerabilidade informacional, princípio da confiança, princípio da transparência, diálogo das fontes. Em outra perspectiva e ainda inserido no primeiro capítulo, serão delineadas questões cruciais para entender o dever de informação sob seu aspecto transversal, desde a função de inclusão no âmbito das pessoas com deficiência, perspectiva econômica do dever de informar, conformidade à boa fé e o dever de informar, *compliance* e o dever de informação na perspectiva internacional, o direito à informação como política pública e, por último, a função social do direito à informação.

Delimitadas tais questões, o segundo capítulo discorrerá sobre o dever pré-contratual de informação nos contratos de adesão concluídos por meio eletrônico, na perspectiva luso-brasileira, com imersão profunda nos conceitos cruciais como ofer-

---

6. Sobre o tema, confira reportagem disponível em: https://www.ecommercebrasil.com.br/noticias/vendas--online-delivery-nova-realidade/. Acesso em: 10 ago. 2020.

ta, publicidade, regime jurídico, evolução normativa, disposições legais pertinentes aos dois países. Se, por um lado, a transparência da informação gera confiança no comércio eletrônico, por outro, a disposição incorreta dos elementos informativos em sede de contratação eletrônica pode criar problemas de assimilação ao consumidor.

Em continuidade, será realizada uma análise crítica de jurisprudências nos dois ordenamentos, com a finalidade de pontuar qual o real impacto que o dever de informação pré-contratual tem nas decisões de cada país.

Ato contínuo, o terceiro capítulo, último da primeira parte, tratará sobre a conexão entre o dever de informação pré-contratual e o direito de arrependimento, notadamente quais as implicações que o direito de arrependimento podem irradiar no direito de informação elementar do consumidor e na própria relação de consumo, delineando os efeitos de sua inobservância pelo fornecedor, desde resolução do contrato, até mesmo a ampliação do prazo para o exercício do direito de arrependimento ao consumidor.

A segunda parte da investigação, iniciando pelo capítulo 4, se dedicará a qualificar o incumprimento do dever de informação, notadamente os casos de culpa *in contrahendo* e cumprimento defeituoso do contrato, assim como as inúmeras práticas comerciais desleais corriqueiras ao consumidor.

Como se verificará, a culpa *in contrahendo* advém da transgressão aos deveres de informação e esclarecimento de todos os elementos com importância direta ou indireta para o conhecimento da temática do contrato. Por outro lado, abordaremos a questão do cumprimento defeituoso do contrato, em que, na prática, há o cumprimento efetivo da prestação, sem qualquer tipo de atraso, mas eivado de defeitos, vícios ou irregularidades, sobremaneira no dever de informar.

Pari passu, ainda no capítulo 4, examinaremos boa parte das frequentes situações vexatórias pelas quais o consumidor transita, desde práticas comerciais desleais, pormenorizando os casos de atraso na entrega do bem, falhas na veiculação das informações ao consumidor, as espécies de publicidade e a utilização indevida de dados do consumidor.

Ato contínuo, será discutido ainda nesse capítulo se há um direito à legítima ignorância informacional do consumidor em sede de contratação eletrônica, e em qual medida ela pode ser compreendida pelo consumidor. Concretamente, será colocada em xeque a aplicabilidade do instituto do *venire contra factum proprium* com o princípio irrenunciável do direito à informação, nos casos em que consumidor recusa receber as informações em sede de contratação eletrônica e, tempos depois, requer ao fornecedor tais informações.

Finalmente, o capítulo 5 tratará sobre as sanções ao incumprimento em suas espécies, desde a sanção administrativa, civil e moral, visualizando em qual medida os ordenamentos português e brasileiro se aproximam e se afastam.

Serão abordadas as Plataformas de reputação criadas pelos próprios consumidores e por terceiros independentes, demonstrando qual a consequência prática para o fornecedor quando o mesmo é exposto em casos de prestação deficitária do serviço nessas Plataformas.

Trataremos também de dois institutos jurídicos eminentemente processuais, mas que trazem consequências objetivas, sobretudo à prevenção de infrações pelo fornecedor: o Incidente de Resolução de Demandas Repetitivas, no Brasil e a ação inibitória, em Portugal.

Finalmente serão abordados quais os caminhos adequados que o consumidor pode trilhar com a finalidade de resolver esses problemas decorrentes da inobservância do dever de informar do fornecedor, notadamente as Plataformas de Resolução de Litígio em Linha em Portugal e no Brasil.

Em sede conclusões e na perspectiva do direito comparado luso-brasileiro, serão retratados quais os pontos de convergência e divergência entre os sistemas jurídicos, acrescentando que o aspecto legislativo deve ser complementado necessariamente pela autorregulação empresarial, com vistas a atender o dever de informação ideal ao consumidor.

3. INTERESSES EM JOGO: CONSUMIDOR E EMPRESA

O vetor da informação nunca se fez tão presente na modernidade, em especial nos contratos de adesão. Seja para proteger o consumidor, seja para resguardar direitos do fornecedor, não se pode olvidar a sua função social: instrumento capaz de satisfazer os anseios das partes.

É senso comum que as informações[7] de produtos e serviços auxiliam os consumidores a realizarem boas escolhas no momento da aquisição de um produto ou serviço.

Nesse mesmo sentido e em outra perspectiva, é notório que a dinâmica do mercado de consumo sucede, fatalmente, pela interação eficiente entre consumidor e fornecedor. Uma vez bem informado, os consumidores desempenham papel crucial na promoção de uma concorrência sadia[8] entre as empresas.

As informações disponíveis para o consumidor são valiosas, sobretudo, porque permitem a opção mais adequada. Nesse caso, o compartilhamento de informações é um mecanismo necessário para que o consumidor seja melhor atendido.

No comércio eletrônico, a forma como a informação é alinhavada pode levar a uma decisão imponderada pelo consumidor. A sensibilidade do consumidor é retrato da maneira como as informações são estruturadas.

---

7. ALMEIDA, Fabrício Bolzan de. *Direito do Consumidor.* 7. ed. São Paulo: Saraiva, 2019, p. 289 e ss.
8. Sobre o tema, confira: BENNETT, Matthew *et al.* Competition Policy International. *What does behavioral economics mean for competition policy?* v. 6, n. 1, 2010, p. 111 e ss.

Os *sites* intermediários de comparação de preços de produtos e serviços atenuam essa questão, compilando as informações elementares de cada produto ou serviço, refletindo a visão utilitária[9] do comércio eletrônico. Em outras palavras, há possibilidade de acesso do consumidor a variadas ofertas em espaço mínimo de tempo, de fornecedores espalhados pelo mundo.

Contudo, a não resolvem por completo. Seja porque muitas vezes essas espécies de plataforma possuem interesses econômicos em jogo ou porque frequentemente há promoções vinculadas ao próprio *site* ofertante, em que o consumidor precisa necessariamente acessá-lo para ganhar eventual desconto.

Em adição, há diversas vezes estratégias de ofuscação nesses *sites* de buscas realizadas por empresas para, intencionalmente[10], criarem um produto de qualidade inferior que pode ser oferecido a um preço substancialmente mais baixo e, com isso, inibir uma escolha consciente do consumidor.

Bom que se diga que a divulgação das informações promove a tomada consciente de decisão individual do consumidor, respeitando sua autonomia e liberdade de escolha[11].

Outro mecanismo apto a reduzir o poder de conhecimento geral do consumidor é a informação abrangente do produto ou serviço que está adquirindo, sem tomar por base eventuais custos adicionais. Por exemplo, em pesquisa científica[12], Hall concluiu que apenas 3% dos consumidores que compram impressoras a jato (aquelas mais caras e com melhor resolução de impressão) conhecem os custos de tinta (recarga de cartuchos e cartuchos novos) associados no momento da compra. Essa ignorância do consumidor pode, na prática, inibir uma pesquisa melhor de mercado e qual o custo benefício da melhor impressora, por exemplo.

Fato é que há pesquisas[13] que demonstram que a forma pela qual a informação é apresentada representa um impacto significativo nos padrões de consumo do con-

---

9. Confira: MARTÍNEZ, Julio Jiménez; HOYOS, Maria José Martín De. Indicadores y dimensiones que definen la actitud de Consumidor hacia el uso del comercio electrónico. *Cuadernos de Economía y Dirección de la Empresa. Universidad de Zaragoza*, n. 31, 2007, p. 19 e ss.
10. Sobre o tema, confira "[…] In the Pricewatch universe, we see that demand is sometimes remarkably elastic, but that this is not always whathappens. The most popular obfuscation strategy for the products we study is to intentionally create an inferior quality good that can be offered at a very low price. […]". Cf.: ELLISON, Glenn; ELLISON, Sara Fisher. National Bureau of Economic Research. *Search, Obfuscation, and Price Elasticities on the Internet*, 2004, p. 38 e ss. Disponível em: https://papers.ssrn.com/sol3/papers. cfm?abstract_id=564742. Acesso em: 20 ago. 2020.
11. Cf.: SUNSTEIN, Cass. *Too Much Information. Understanding what you don't want to know*. Cambridge: MIT Press, 2020. p 79 e ss.
12. Cf.: HALL, Robert E. Nukote International. *The Inkjet Aftermarket*: An Economic Analysis, Stanford University, p. 17 e ss.
13. Neste ponto, vide estudo realizado pelo Office of Fair Trading (OFT), setor responsável em tutelar os interesses econômicos do Reino Unido, *verbis*: "The research uses a controlled economic experiment to test five pricing practices, whereby the true price is provided in a complex way. The report found that all of the pricing practices have some adverse effect on consumer choice and that most of them negatively impact consumer welfare. It suggests that the root of the errors can be found in the existence of the behavioural biases, largely the endowment effect and cognitive errors." Confira em: OFFICE OF FAIR TRADING. *The

sumidor. Na prática, sistematicamente há um desconforto e incerteza no momento da compra para o consumidor.

Não bastasse isso, por exemplo, em casos[14] de contratação de serviços bancários, estudos apontam que, para minimizar a concorrência dos bancos, uma saída seria aumentar a dificuldade dos consumidores em comparar produtos e serviços. Diante dessa realidade, algumas instituições bancárias criaram estruturas e serviços amplamente distinguíveis dos bancos concorrentes, travando uma verdadeira guerra silenciosa pelo cliente, único prejudicado nesse enredo.

Em outro panorama, a falta de informação não somente distorce o comportamento do consumidor na relação de consumo, assim como afeta diretamente a concorrência[15] entre as empresas.

Nesse quadrante, o ambiente de contratação eletrônica e a variedade de oferta em contratos os mais distintos possíveis acarretam, em regra, na dificuldade em reconhecer as informações que são importantes; em outras palavras, os diversos vieses cognitivos[16] formados pelo consumidor dificultam a tomada de decisão ideal e permitem o oportunismo do fornecedor.

Finalmente, o que está em xeque é a vulnerabilidade cognitiva do consumidor no caso do comércio eletrônico de consumo, como se verá adiante.

4. CONCEITOS FUNDAMENTAIS

4.1 Sociedade de informação

A sociedade da informação é, por muitos[17], um termo utilizado para assinalar a capacidade do indivíduo de acessar, transferir e compartilhar informações livremente.

Impact of Price Frames on Consumer Decision Making, 2010, p. 15 e ss. Disponível em: https://webarchive.nationalarchives.gov.uk/20140402165040/http://oft.gov.uk/shared_oft/economic_research/OFT1226.pdf. Acesso em: 20 ago. 2020.

14. Sobre a questão, vide: "The likelihood that banks continually try to undersell one another is greater if their price structures make it easy for customers to compare offers. In order to prevent easy comparisons, a bank should create price structures that are clearly distinguishable from those of its rivals. Price systems with several price components are especially effective." In: WUEBKER, Georg; BAUMGARTEN, Jens. *Strategies against Price Wars in the Financial Service Industry (Simon-Kucher and Partners)*. Disponível em: http://www.simon-kucher.com/ita04/local_whitepapers/whp_ strategies_against_price_wars_fs-industry.pdf. Acesso em: 26 jul. 2020.

15. Neste ponto, confira: BENNETT, Matthew; COLLINS, Philip. European Competition *Journal. The Law and Economics of Information Sharing*: The Good, the Bad and the Ugly. *European Competition Journal*, v. 6, n. 2, p. 311-337, 2010, p. 316 e ss. DOI: 10.5235/174410510792837542010.

16. Sobre o tema, confira: KIM, Nancy S. Wrap contracting and the online environment: Causes and cures. *Research Handbook on Electronic Commerce Law*. Massachusetts: Edward Elgar Publishing, 2016, p. 11 e ss.

17. Como já mencionamos em oportunidade anterior. Confira: BARROS, João Pedro Leite. *Arbitragem Online em Conflitos de Consumo*. São Paulo: Tirant to Blanch, 2019, p. 25 e ss. Confira: BENNETT, Matthew; COLLINS, Philip. European Competition Journal. The Law and Economics of Information Sharing: The Good, the Bad and the Ugly. *European Competition Journal*, v. 6, n. 2, p. 311-337, 2010, p. 311 e ss. DOI: 10.5235/174410510792837542010. Sobre o tema, confira: FARRANHA, Ana Claudia. Mecanismos

No mais, é caracterizada[18] por ser aquela que deixou de circunscrever-se em torno da produção de bens materiais, para recentrar-se na produção de conhecimento. Sendo assim, é um conceito[19] empregado para descrever uma sociedade que faz o melhor uso possível das tecnologias de informação e comunicação no sentido de lidar com a informação e que a toma como elemento central de toda a atividade humana.

Na prática, a sociedade de informação[20] recorre predominantemente às tecnologias da informação[21] para a troca de informações em formato digital, suportando o intercâmbio entre indivíduos e entre estes e instituições, recorrendo a práticas e métodos em construção permanente.

Essas informações disponíveis em tempo real, transmitidas imediatamente pelas redes sociais e *websites* conduzem infalivelmente a transformações econômicas e sociais nas relações de consumo.

O rápido acesso à informação proporcionada pela *internet*, elevou-a a um protagonismo até então desconhecido: além de bem de consumo, hoje é tida como fator de produção[22]. Isto é, o progresso tecnológico[23] permite hoje armazenar, recuperar e transmitir informações sob qualquer forma, seja oral, escrita ou visual, sem limitações de distância, tempo ou volume.

Essa democratização da conectividade[24] é resultado da convergência digital nos serviços de voz, dados e vídeos através da *internet*.

---

para a construção da transparência: uma breve análise do caminho entre a democracia representativa e a democracia digital. In: PINHO, José Antonio G. de. (Org.). *Artefatos digitais para mobilização da sociedade civil*: perspectivas para avanço da democracia. Salvador: UFBA, 2016, p. 123 e ss.

18. Na Espanha, a sociedade de informação é calcada por 2 bases: a) convergência de instrumentos e meios técnicos suficientemente conhecidos e úteis socialmente (sistema de telefone, rádio, satélites e outros); b) novas tecnologias, como a informática e as telecomunicações, junto com outras técnicas de compreensão de dados criptografados. Sobre o tema, confira: SEGADE, José Antonio Gómez; BALTAR, Ángel Fernandez-Albor; PLAZA, Anxo Tato. *Comercio Electrónico en Internet*. Madri: Marcial Pons, 2001, p. 21-25.

19. Sobre o tema, confira. o texto intitulado de Sociedade da Informação: Notas de Contribuição para uma definição operacional do Professor Luis Manuel Borges Gouveia. Disponível em: http://homepage.ufp.pt/lmbg/reserva/lbg_socinformacao04.pdf. Acesso em: 14 nov. 2017.

20. Para o professor Manuel Castells, há diferença entre sociedade de informação e sociedade informacional. O termo sociedade da informação enfatiza o papel da informação na sociedade. Por outro lado, o termo informacional indica o atributo de uma forma específica de organização social em que a geração, o processamento e a transmissão da informação tornam-se as fontes fundamentais de produtividade e poder devido às novas condições tecnológicas surgidas nesse período histórico. Cf.: CASTELLS, Manuel. *A era da informação*: Economia, sociedade e cultura. São Paulo: Paz e Terra, 1999, p. 65 e ss.

21. Sobre o tema e sobre o excesso de informação, confira: "[…] The rise of the Information Society is closely related to the evolution of the ICT industry and the diffusion of ICT in everybody's life. Yet, the Information Society tends towards something that can be characterised as an information affluent society, where more information than needed is available. […]" Cf.: RANNENBERG, Kai; ROYER, Denis; DEUKER, André. *The future of identity in the information society*: Challenges and opportunities. New York: Springer, 2009, p. 21 e ss.

22. Cf.: desenvolvimento em: VICENTE, Dário Moura. *Problemática internacional da sociedade de informação*. Coimbra: Almedina, 2005, p. 13 e ss.

23. Cf.: ideia presente no documento UNIÃO EUROPEIA. *A Europa e a sociedade global da informação*: Recomendações ao Conselho Europeu, de 26.05.1994. 1994.

24. Sobre a expressão, confira: TOSCANO, Silvia Susana; GALMARINI, Luciano. Derecho a la información, habeas data e Internet. *Revista Iberoamericana de Derecho Informático*, n. 1, 2016, p. 82 e ss. Em outra ver-

Na forma procedimental, esse fenômeno é devido a dois fatores[25]: a) a possibilidade de armazenamento e processamento da comunicação atrelada à tecnologia digital; e b) disseminação das comunicações eletrônicas, através das quais as informações possam ser disponibilizadas instantaneamente ao público, de forma ampla, geral e irrestrita, acessíveis a qualquer lugar e hora.

Bom que se mencione que a *internet* cumpre efetivamente sua função social: redução de obstáculos geográficos[26] transfronteiriços e permissão ao acesso informacional de forma instantânea. Entretanto, os entraves são variados, notadamente quando está em destaque a obrigação de abarcar novos comércios e, em igual tempo, com a preservação de direitos fundamentais das pessoas, especialmente no direito do consumo[27].

Nesse universo, a nova infraestrutura da informação, as *autoestradas eletrônicas da informação*[28], somadas à abolição de fronteiras nacionais, ocasionaram não somente problemas econômicos, mas, especialmente, jurídicos.

Outro aspecto não menos relevante foi a criação pela União Europeia de estratégias para construção de um mercado único digital na Europa. Na prática[29], seria assegurada a livre circulação de mercadorias, pessoas, serviços e capitais, em que os cidadãos e as empresas pudessem se beneficiar de um acesso sem descontinuidades a atividades em linha e desenvolvessem essas atividades em condições de concorrência[30] leal, com um elevado nível de proteção aos consumidores e seus dados pessoais, independentemente da sua nacionalidade ou local de residência.

---

tente, o Professor Manuel Castells explica que ainda persiste em alguns países a info-exclusão, cerceando as pessoas a acessarem o meio digital, em sobrelevo pela desigualdade no próprio acesso à *internet*. Cf.: CASTELLS, Manuel. *A Galáxia Internet*: Reflexões sobre internet, Negócios e Sociedade. Lisboa: Fundação Calouste Gulbenkian, 2004, p. 250 e ss.

25. Cf.: VICENTE, Dário Moura. *Direito Internacional Privado*: Problemática Internacional da Sociedade da Informação. Coimbra: Almedina, 2005, p. 14.

26. A Professora Inez Lopes de Farias pondera que "a tecnologia digital impulsiona o surgimento da economia digital em face do uso de meios eletrônicos nas transações comerciais, econômicas e financeiras transfronteiriças". Cf.: FARIAS, Inez Lopes Matos Carneiro de. *A proteção do consumidor internacional no comércio eletrônico*. Dissertação (Mestrado em Direito) – Faculdade de Direito de São Paulo, São Paulo, 2002, p. 190 e ss.

27. Em contrapartida, por exemplo, a nova Directiva 2011/83/UE, transposta pelo DL 24/2014, referente aos contratos celebrados à distância e fora do estabelecimento comercial, abarcou proteção mais densa ao consumidor, sobretudo no que pertine aos deveres pré-contratuais de informação. Sobre o tema, confira: CARVALHO, Jorge Morais. Consumer sales in Portugal after the implementation of the Consumer Rights Directive. In: CRISTOFARO, Giovanni De; FRANCESCHI, Alberto De. *Consumer Sales in Europe*. Cambridge: Intersentia, 2016, p. 150 e ss.

28. O ambiente digital impulsiona o desenvolvimento das infraestruturas de comunicação. Sobre o tema, Cf.: MARQUES, Garcia; MARTINS, Lourenço. *Direito da informática*. Coimbra: Almedina, 2006, p. 42 e ss.; VICENTE, Op. cit., 2005, p. 89 e 90.

29. Cf.: UNIÃO EUROPEIA. *Comunicação da Comissão ao Parlamento Europeu, ao Conselho, ao Comitê Econômico e Social Europeu e ao Comitê das Regiões Estratégia para o Mercado Único Digital na Europa COM 192*. 2015. Disponível em: http://eur-lex.europa.eu/legal-content/PT/TXT/?uri=CELEX:52015DC0192. Acesso em: 23 dez. 2017.

30. A proteção dos consumidores e sua regulação não pode ser separada da regulação das relações competitivas entre as diferentes empresas. Sobre o tema, confira: CALVO, Roberto. I contratti del consumatore. In: GALGANO, F. *Trattato di diritto commerciale e di diritto pubblico dell'economia*. v. XXXIV, Padova, 2005. p. 789 e ss.

Sabe-se, por outro lado, que a desconfiança[31] na contratação eletrônica tem origem, em sua natureza jurídica distinta: a desmaterialização da contratação, a natureza atemporal da oferta, inexistência de contato pessoal entre consumidor e o comerciante, eventual dificuldade na pactuação e execução do contrato, sem olvidar o anseio descomedido por parte dos fornecedores de bens para ocultar as condutas comerciais ávidas por receitas[32]. Nesse elenco, a intensidade, forma e amplitude da informação e sua respectiva transmissão tem relevo diferenciado em função do caráter da transação (*online* e sem a presença das partes).

Assim, essa difusão acelerada do comércio eletrônico pode levar ao consumidor uma postura passiva, diferenciando-se dos demais consumidores por se tratar de uma compra *sui generis* e pelos motivos acima elencados.

Em suma: o direito dos consumidores à informação adequada, com o inerente dever de informar pelos fornecedores, tem relevância notadamente nas situações em que a assimetria informativa entre as partes é peculiar, como é no comércio eletrônico.

4.2   Comércio eletrônico

O comércio eletrônico é definido pelo Professor Alexandre Libório Dias Pereira[33] como negociação feita à distância por via eletrônica, ou seja, através de processamento e transmissão eletrônicos de dados.

A *internet*[34], rede[35] transnacional que conecta incontáveis grupos diminutos de redes de usuários interligados entre si, propiciou o surgimento de uma nova espécie de comércio: o comércio eletrônico.

---

31. Sobre o tema, confira: PEREIRA, Alexandre Libório Dias. Empresa, Comércio Eletrónico e Propriedade Intelectual. *Congresso Empresas e Sociedades*, Coimbra Ed., 2007, p. 71 e 72.
32. A Professora Paula Vaz Freire desenvolve a noção dominante de crescimento econômico ilimitado atrelado a riscos calculáveis. Cf.: FREIRE, Paula Vaz. Sociedade de risco e direito do consumidor. In: LOPEZ, Tereza A. (Org.). *Sociedade de risco e direito privado*. São Paulo: Atlas, 2013, p. 375-379.
33. Cf.: PEREIRA, Alexandre Libório Dias. A proteção do consumidor no quadro da diretiva sobre o comércio eletrônico. *Estudos de Direito do Consumidor*, n. 2, 2000, p. 43 e ss.
34. Confira desenvolvimento de: GONZÁLES, Paloma Llaneza. Internet y comunicaciones digitales: Régimen legal de las tecnologias de la información y la comunicación. Barcelona: Bosh, 2000, p. 36. Na versão originária: "*Internet* no es una entidad física o tangible sino más bien una red gigante que interconecta innumerables pequeños grupos de redes de ordenadores conectados a su vez entre sí.". O Professor Lorenzetti assim preleciona: "Este espaço não tem características somente "passivas", mas sim "ativas", no sentido de que exerce influência sobre os demais sistemas. Produz um efeito de "desterritorialização" e "descentralização", porque não há uma relação centro-periferia, não conhece ordens e hierarquias e, sobretudo, não há uma autoridade central. Isso afeta categorias analíticas, como a original-cópia, leitor-autor, fornecedor-consumidor, porque se diz que, ao alterar o espaço, modificam-se os papéis, e o consumidor pode ser um fornecedor". Cf.: LORENZETTI, Ricardo Luis. *Comércio eletrônico*. São Paulo: Ed. RT, 2004, p. 31 e ss.
35. A *internet* é a rede das redes (network of network). Vide termo e origem histórica em: OLIVEIRA, Elsa Dias. *A protecção dos consumidores nos contratos celebrados através da Internet:* Contributo para uma análise numa perspectiva material e internacional privatista. Coimbra: Almedina, 2002, p. 13.

O comércio eletrônico representou uma oportunidade de ampliação de mercado por parte das pequenas e médias empresas, com diminuição de custos e reposicionamento[36] em mercados específicos, outrora impossibilitados pelos limites geográficos e espaciais.

Na última década, com o acelerado[37] incremento das relações comerciais e eletrônicas, a regulamentação tornou-se imperativo[38]. Para tanto, basta observar o caráter vanguardista adotado pela Assembleia Geral da ONU[39], em 1996, ao compilar em resolução os cruciais princípios basilares na relação comercial eletrônica: a) princípio da equivalência funcional dos atos produzidos por meios eletrônicos diante dos atos jurídicos tradicionais; b) princípio da inalterabilidade do direito existente sobre obrigações e contratos; c) princípio da neutralidade tecnológica das disposições reguladoras do comércio eletrônico; d) princípio da boa-fé; e) princípios da autonomia privada e da liberdade de contratar.

---

36. Sobre o tema, confira: RAMOS, Fabiana D'Andrea; FERREIRA, Vitor Hugo do Amaral. Por um direito comum ao consumidor: a órbita global de consumo e a proteção internacional, p. 465-480. In: MIRAGEM, Bruno; MARQUES, Claudia Lima; OLIVEIRA, Amanda Flávio de (Coord.). *25 anos do Código de Defesa do Consumidor*: trajetória e perspectivas. São Paulo: Ed. RT, 2016, p. 465-480. Em outro sentido, o Professor Rodrigo Toscano chama a atenção para o fato de que "esse comportamento sem fronteiras enfraquece as empresas nacionais, gerando, por via de consequência, um maior enfraquecimento do consumidor doméstico e das empresas nacionais". Confira: BRITO, Rodrigo Toscano de. O ambiente da nova contratualidade e a tendência da jurisprudência do STJ em matéria contratual. *Revista Brasileira de Direito Civil*, Volume I, julho/setembro 2014, p. 138 e ss.

37. No país lusitano, 26% dos consumidores adquiriram algum produto por meio da *Internet* em 2013. Cf.: UNIÃO EUROPEIA. *Flash Eurobarometer 359*: Retailers' attitudes towards crossborder trade and consumer protection Disponível em: http://ec.europa.eu/public_opinion/flash/fl_359_en.pdf. Acesso em: 04 ago. 2019. Em outra perspectiva, Fernando Araújo aprofunda o tema, elencando os fatores positivos e negativos acerca da indiferenciação informativa. Cf.: ARAÚJO, Fernando. Op. cit., 2007, p. 77-80. Por outro lado, o Professor Alexandre Dias Pereira há muito já anunciava a importância da *internet* nas relações privadas. Cf.: PEREIRA, Alexandre Libório Dias. *As telecomunições e o Direito na Sociedade da Informação*. Coimbra: Instituto Jurídico da Faculdade de Direito da Universidade de Coimbra, 1999, p. 263 e ss.; OLIVEIRA, Elsa Dias. Tutela do Consumidor na *Internet*. In: MARTINS, A. G. Lourenço et al (Org.). *Direito da Sociedade da Informação*. Coimbra: Coimbra ED., 2004, p. 335 e ss. Já o Professor Luis Menezes Leitão pontuou acerca da importância econômica da *internet* e suas consequências jurídicas. Sobre o tema, Cf.: LEITÃO, Luís Manuel Teles de Menezes. A responsabilidade civil na *internet*. In: MARTINS, A. G. Lourenço et al (Org.). *Direito da Sociedade da Informação*. Coimbra: Coimbra Ed., 2002, v. III, p. 148 e ss.

38. Para o Professor Flávio Tartuce, o direito digital ou eletrônico é marcado pela autorregulamentação. Sobre o tema, Cf.: TARTUCE, Flávio. Contratação Eletrônica. Princípios Sociais, Responsabilidade Civil Pré-Contratual e Pós-Contratual. Uma Abordagem Luso-Brasileira. In: MARTINS, A. G. Lourenço et al (Org.). *Direito da Sociedade da Informação*. Coimbra: Coimbra Ed., 2011, v. IX, p. 198 e ss. Sob a ótica do sistema fiscal, ainda hoje há discussões sobre eventual tributação do comércio eletrônico, através de "bit tax", imposto sobre o consumo ou imposto por retenção na fonte. Cf.: ALMEIDA, Pedro Pais de. Direito Fiscal e *Internet*. In: MARTINS, A. G. Lourenço et al (Org.). *Direito da Sociedade da Informação*. Coimbra: Coimbra Ed., 2001. v. II, p. 41 e ss.

39. A ONU – Organizações das Nações Unidas, através da United Nations Commission on International Trade Law (Uncitral), elaborou um conjunto de normas assim compreendidas como a Lei Modelo da Uncitral, que têm por objetivo, entre outros aspectos, dispor sobre o comércio eletrônico e a validade dos documentos celebrados por meio eletrônico. Vide Lei Modelo da UNCITRAL sobre o comércio eletrônico, confira: NAÇÕES UNIDAS. *Resolução 51/162 de 16 de dezembro de 1996*. Disponível em: http://www.lawinter. com/1uncitrallawinter.htm. Acesso em: 04 ago. 2018.

O Professor Dário Moura Vicente[40] conceitua sinteticamente a expressão comércio eletrônico, à luz das considerações da Directiva n. 2000/31/CE, ao deduzir que seria toda atividade de prestação de serviços da sociedade de informação.

Ademais, o Professor Jorge Morais Carvalho[41] pontua que, não obstante se possa compreender o comércio eletrônico como uma espécie de comércio que utiliza um meio eletrônico, como o caso de contrato celebrado por fax, a expressão remete institivamente aos casos que são usados como computadores, *smartphones*, *tablets*, ou seja, a *internet* passa a ser o elemento definidor do comércio eletrônico.

Deste conceito, pode-se mencionar dois grandes tipos de atividades[42] diferentes: comércio eletrônico direto e indireto. O primeiro[43] versa na encomenda, pagamento e entrega *online* de bens incorpóreos e serviços intangíveis, como materiais de entretenimento, software. Tal espécie possibilita a realização de transações eletrônicas sem qualquer tipo de interrupção ou entrave geográfico, fato que amplia o potencial dos mercados eletrônicos a nível mundial.

Por sua vez, o segundo revela-se na encomenda eletrônica de produtos que, pela sua natureza tangível (leia-se bens corpóreos), continuam a ter de ser entregues fisicamente, utilizando, para esse efeito, as habituais formas de distribuição. A propagação dessa espécie comercial, embora frequente, possui óbices na logística, tendo em conta ser necessário parcerias em canais de distribuição eficazes e em quantidade suficiente para garantir a entrega dos bens. Ressalta-se, por oportuno, que dita espécie[44] não foi abarcada inicialmente[45] pela Directiva 2000/31/CE.

---

40. Cf.: VICENTE, Dário Moura. A informação como objeto de direitos. *Revista de Direito Intelectual*, Coimbra, n. 1, 2014. p. 116 e ss. No Brasil, a Lei n 12.965/2014 visou estabelecer os princípios, garantias, direitos e deveres para o uso da Internet no Brasil. Seu ponto de partida está disposto em suas razões: "[...] à utilização democrática e justa da internet [...]". Neste sentido, a disciplina do uso da internet é fundamentada na tutela do hipossuficiente, sem olvidar que ao usuário é assegurado aplicação das normas de proteção e defesa do consumidor nas relações de consumo realizadas na internet, assegurando-lhe especialmente o direito de arrependimento. Cf.: artigo 2º da Lei 12.965/2014. Confira também a Lei 12.965, artigo 7º, inciso XIII, de 23 de abril de 2014; FARIAS, Cristiano Chaves de; ROSENVALD, Nelson; NETTO, Felipe Peixoto Braga. *Curso de Direito Civil*: Responsabilidade Civil. 2. ed. São Paulo: Atlas, 2015, v. 3, p. 728.

41. Cf.: CARVALHO, Jorge Morais. *Manual de Direito do Consumo*. 3 ed. Coimbra: Almedina, 2019, p. 226 e ss.

42. Sobre o tema, confira: CASSANO, Giuseppe. *Il commercio elettronico: una premessa*. In diritto delle nuove tecnologie informatiche e dell'internet. Milano: Ipsoa, 2002, p. 360. Veja também: AUTORIDADE NACIONAL DE COMUNICAÇÕES. *O comércio electrônico em Portugal*: o quadro-legal e o negócio. Lisboa, 2004, p. 17. Disponível em: http://www.anacom.pt/streaming/manual_comercio_elec.pdf?contentId=178219&-field=ATTACHED_FILE. Acesso em: 04 ago. 2019.

43. Sobre o tema, confira.: CAMPOS, Diogo Leite de. *A Internet e o princípio da territorialidade dos impostos*. *Revista da Ordem dos Advogados*. Lisboa, v. 58, p. 637-643, 1998, p. 639. Confira também: COMISSÃO EUROPEIA. *COM (97)157 de 16 de abril de 1997*. Bruxelas, 1997, p. 8. Disponível em: ftp://ftp.cordis.europa.eu/pub/esprit/docs/ecomcomp.pdf. Acesso em: 04 ago. 2019.

44. VICENTE, Dário Moura. *Problemática internacional da sociedade de informação*. Coimbra: Almedina, 2005, p. 202.

45. O TJUE, através de seu acórdão C-108/09, referente ao caso Ker-Optika, aclarou de forma diversa, nos seguintes termos: "(...) As regras nacionais relativas à comercialização de lentes de contacto estão abrangidas pelo âmbito de aplicação da Directiva 2000/31/CE do Parlamento Europeu e do Conselho, de 8 de Junho de 2000, relativa a certos aspectos legais dos serviços da sociedade de informação, em especial do comércio

Nesse sentido, consoante pontua o Professor Luís de Lima Pinheiro[46], existe uma propensão, nos centrais sistemas jurídicos, em distinguir, no que pertine à determinação do direito aplicável, as relações interempresariais e as relações com consumidores, como se percebe desde o Regulamento Roma I, na Europa, e nos EUA, através do *Uniform Commercial Code*.

De mais a mais, das variadas possibilidades reais para a classificação do comércio eletrônico[47] – como, por exemplo, a espécie de produto ou serviço negociado, o objeto a ser pactuado – a doutrina tem predileção diferenciada nos tipos de intervenientes envolvidos nos negócios.

Nesse compasso, a classificação comum aos dois ordenamentos e a mais recorrente é aquela indicada por Roberto Senise[48] e seguida pela ANACOM[49] como *b2b*, *b2c* e *c2c*.

A primeira espécie, *b2b* compreendem-se os contratos "business to business", considerando os negócios jurídicos eletrônicos feitos entre empresas, com patente caráter empresarial; por *b2c* depreendem-se os contratos "business to consumer", que designariam os negócios celebrados entre fornecedor e consumidor; e, por fim, os *c2c*, "consumer to consumer", seriam os contratos entre sujeitos sem relação de consumo, de natureza civil. De resto, o Professor Dário Moura Vicente[50] ainda expôs outra espécie de negócios jurídicos, caracterizada pelo comércio entre empregadores e trabalhadores (employer to employee).

Nessa particularidade, o estudo limitar-se-á ao tipo *business to consumer*, tendo em vista englobar as relações comerciais *online* entre empresas e consumidores finais, nomeadamente através das lojas virtuais e sítios eletrônicos[51].

---

electrónico, no mercado interno («Directiva sobre o comércio electrónico»), na medida em que respeitam ao acto de venda dessas lentes através da Internet. Em contrapartida, as regras nacionais relativas à entrega das referidas lentes não estão abrangidas pelo âmbito de aplicação desta Directiva.(...)". Confira: UNIÃO EUROPEIA. Tribunal de Justiça da União Europeia. *Processo C-108/09*, julgado em 02 de dezembro de 2010.

46. PINHEIRO, Luís de Lima. Direito aplicável aos contratos celebrados através da *internet*. In: PINHEIRO, Luís de Lima. *Estudos de Direito Internacional Privado*. Coimbra: Almedina, 2009. v. 2.

47. A Professora Inez Farias pontua categoricamente que antes do surgimento do comércio eletrônico, as relações de consumo internacionais se limitavam "a necessidade do deslocamento físico dos consumidores para alcançar os mercados estrangeiros, ou num processo inverso, quando um produto estrangeiro era vendido aos consumidores em seu território". Sobre o tema, confira: FARIAS, Inez Lopes Matos Carneiro de. *A proteção do consumidor internacional no comércio eletrônico*. Dissertação (Mestrado em Direito) – Faculdade de Direito de São Paulo, São Paulo, 2002, p. 39 e ss.

48. LISBOA, Roberto Senise. *Manual Elementar de Direito Civil*. São Paulo: Ed. RT, 2005, p. 80. Na literatura portuguesa: VASCONCELOS, Pedro Pais de. Teoria geral do direito civil. *Revista do Centro de Estudos Judiciários*, n. 1, 2015, p. 428.

49. AUTORIDADE NACIONAL DE COMUNICAÇÕES, op. cit., p. 20-22.

50. VICENTE, Dário Moura. *Direito Internacional Privado*: Problemática Internacional da Sociedade da Informação. Coimbra: Almedina, 2005, p. 202-203. Confira também: COMISSÃO EUROPEIA. *COM (97)157 de 16 de abril de 1997*. Bruxelas, 1997, p. 8. Disponível em: ftp://ftp.cordis.europa.eu/pub/esprit/docs/ecomcomp.pdf. Acesso em: 4 ago. 2019.

51. Confira desenvolvimento da ideia em: CARVALHO, Jorge Morais. *Manual de Direito do Consumo*. 3. ed. Coimbra: Almedina, 2019, p. 50 e ss.

4.3   Contrato eletrônico

A clássica doutrina define contrato eletrônico[52] como aquele em que o ajuste das partes contratantes se efetiva através do uso da informática, sem a presença física simultânea de ambas as partes.

Vale mencionar que a classificação ordinária é atrelada ao grau de interação da pessoa com o meio eletrônico, classificando-se em contratos intersistêmicos, interpessoais ou interativos.

A primeira classificação refere-se aos contratos intersistêmicos, aqueles realizados entre computadores previamente programados[53], em que a vontade humana já fora previamente estipulada pelas vias tradicionais de contratação. Em regra, essa espécie de contrato utiliza o *electronic data interchange* (EDI), tipo de intercâmbio de dados eletrônicos frequentemente[54] acionado no comércio entre pessoas jurídicas voltado para comércio atacadista.

Por sua vez, os contratos interpessoais são aqueles em que as mensagens eletrônicas são trocadas entre pessoas de forma instantânea (via chats, vídeo, conferência) ou não (via e-mail), sendo o computador não somente um meio, mas um efetivo instrumento para a formalização do contrato.

Já os contratos interativos são aqueles que consubstanciam no intercâmbio[55] de uma pessoa com um computador, como ocorre nas páginas eletrônicas mais modernas, em que o internauta seleciona os produtos que deseja adquirir e, após este processo de seleção, declara sua vontade de aceitar a oferta mediante um clique confirmatório.

O Professor Jorge José Lawand[56] explica que referida classificação é própria ao *e-commerce* e tais contratos são também denominados de *click-trough agreements*[57],

---

52. Sobre o caráter intrínseco com o Direito de Informática, confira: TELLES, Inocêncio Galvão. *Manual dos Contratos em Geral*. Coimbra: Coimbra Ed., 2002, p. 151-154. Sobre o tema, já tivemos a oportunidade de nos manifestar, confira: BARROS, João Pedro Leite. Os Contratos de Consumo Celebrados pela *Internet*. Um Estudo de Direito Comparado Luso-Brasileiro. *Estudos de Direito do Consumo*. V V. AAFDL. Lisboa. 2017, p. 503 e ss.

53. Confira ideia em: BARBAGALO, Erica Brandini. *Contratos Eletrônicos*: contratos formados por meio de redes de computadores: peculiaridades jurídicas da formação do vínculo. São Paulo: Saraiva, 2001, p. 51.

54. Outro exemplo seria quando uma empresa se comunica com o sistema de vendas de um fornecedor, por meio do envio de documentos eletrônicos de pedido de compra, visando à aquisição de um produto. Confira em: ROSSI, Mariza Delapieve. Aspectos Legais do Comércio Eletrônico – Contratos de Adesão. *Anais do XIX Seminário Nacional de Propriedade Intelectual*, São Paulo, ago. 1999, p. 233.

55. Confira ideia em: LEAL, Sheila do Rocio Cercal Santos. *Contratos Eletrônicos*: Validade jurídica dos contratos via *Internet*. São Paulo: Atlas, 2007, p. 87.

56. LAWAND, Jorge José. *Teoria Geral dos Contratos Eletrônicos*. São Paulo: Juarez de Oliveira, 2013, p. 103.

57. Referida espécie é similar aos contratos por adesão, tendo em vista que, se o contratante não anuir com aquilo disposto nas cláusulas, não há como modificá-las a sua vontade. Cumpre dizer que o DL 24/2014, em seu artigo 5°, dispõe de forma expressa a proibição de campos previamente preenchidos pelos fornecedores nos sítios eletrônicos para cobrar pagamentos adicionais.

em que a manifestação de vontade quanto à aquisição de um produto ou serviço ocorre através de um simples *click* do consumidor internauta[58].

Passa-se, pois, para o aprofundamento da última espécie, não sem antes sedimentar conceitos basilares da relação de consumo inerentes à investigação.

4.4 Consumidor

O conceito de consumidor no sistema jurídico europeu passou por diversas transformações[59] dogmáticas e sociológicas. Essa última vertente é bem contextualizada pela professora Adelaide Leitão[60] quando traduziu consumidor como um conceito abstrato, que fragmenta a realidade humana, reduzindo-a a uma característica hipervalorizada.

A definição mais recente de consumidor é fruto do DL 24/2014, o qual preceitua ser pessoa singular[61] que atue com fins que não se integrem no âmbito da sua atividade comercial, industrial, artesanal ou profissional.

A bem dizer, independentemente da evolução conceitual[62], elementos fixos e pontuais sempre se fizeram parte da conceituação do termo: a) elemento subjetivo, na acepção de que há necessidade de ser pessoa singular[63] em sentido jurídico, ou

---

58. Sobre o tema, confira: SANTOLIM, Cesar Viterbo Matos. Os princípios de proteção do consumidor e o comércio eletrônico no direito brasileiro. *Revista de Direito do Consumidor*, v. 14, n. 55, p. 63 e ss., jul./set. 2005. Vale ressaltar que a vontade do consumidor deve ser sempre através de um ato comissivo, ou seja, não há possibilidade de presunção de silêncio para eventual contratação. Confira em: MARQUES, op. cit., 2004, p. 271.

59. Vide alterações históricas em: CARVALHO, Jorge Morais. *Manual de Direito de Consumo*. Coimbra: Almedina, 2019, p. 25 e ss. Sobre o tema, o jurista italiano Guildo Alpa pontua da seguinte forma: "La scoperta del consumatore è piuttosto recente. Essa è un dato tipico delle società opulente, e avviene gradualmente in tutti i paesi occidentali, via via che si raggiungono gli stadi del capitalismo avanzato. Alla scoperta del consumatore non fa seguito, tuttavia, l'adozione immediata di misure legislative a sua difesa. Occorrerà un lungo tempo per sensibilizzare l'opinione pubblica e richiamare l'attenzione dei legislatori sui problemi dei consumatori". Cf.: ALPA, Guido. *Il diritto dei consumatori*. Roma: Laterza, 2002, p. 4 e ss.

60. LEITÃO, Adelaide Menezes. Comércio Eletrônico e direito do consumo. *X Curso Intensivo de Direito de Autor e Sociedade da Informação*. Em Estudos em Homenagem ao Dr. Mario Frota. 2011, p. 31 e ss.

61. A doutrina francesa entende que a pessoa coletiva, fora do seu específico âmbito profissional, pode ser consumidora, beneficiando das regras que não pressuponham individualidade biológica. Para mais, confira: CORDEIRO, António Menezes. Da natureza civil do direito de consumo. *Estudos em memória do Professor Doutor Antônio Marques dos Santos*. Coimbra: Almedina, 2005, p. 709.

62. Para histórico evolutivo, vide: OLIVEIRA, Elsa Dias. *A proteção dos consumidores nos contratos celebrados através da internet*: contributo para uma análise numa perspectiva material e internacional privatista. Coimbra: Almedina, 2012, p. 49-56.

63. Note que a ideia de pessoa singular é também visualizada no código do consumidor italiano (Decreto Legislativo 206, de 6 de setembro de 2005). Artigo 3, I, a, "consumatore o utente: la persona fisica che agisce per scopi estranei all'attività imprenditoriale, commerciale, artigianale o professionale eventualmente svolta". No mesmo sentido: ZACCARIA, Alessio; CRISTOFARO, Giovanni de. *La Vendita Dei Beni di Consumo*. Padova: CEDAM, 2002, p. 16. A Professora Teresa Almeida já dizia que a formulação de direitos formulada pela Lei de Defesa do Consumidor, 24/96 implica ser o consumidor necessariamente uma pessoa singular. Sobre o tema, confira: ALMEIDA, Teresa. Comentários aos artigos iniciais da lei portuguesa de defesa do consumidor de 1996. *Revista do Direito do Consumidor*, São Paulo, v. 37, 2001, p. 27.

seja, sujeito de direitos; b) objetivo, referente aos bens ou serviços que os consumidores vierem a adquirir; c) relacional[64], atinente ao fornecedor que oferta bens ou serviços; d) teleológico, relacionado à aquisição de bens ou serviços para fins que sejam estranhos à atividade profissional ou comercial do consumidor (esse último elemento é comum aos ordenamentos brasileiro e português).

Ao defrontar com sistema luso, a legislação brasileira[65] se difere normativamente sob dois aspectos.

O primeiro, no conceito *stricto sensu*, ao estatuir que pessoa jurídica pode e deve ser considerada consumidora, tão somente sendo relevante se a mesma é destinatária final do produto ou serviço. Além disso, o CDC adotou a teoria finalista/subjetiva, em que a pessoa física ou jurídica que seja destinatária final é a que retira o produto do mercado, para seu uso pessoal, no intuito de satisfazer sua necessidade pessoal e não para acoplá-lo a outro e mantê-lo na cadeia econômica, em que pese entendimento pretoriano diverso[66].

Nesse contexto, merece referência a interpretação ampliativa[67] sobre o termo na figura do consumidor equiparado: a) considera-se consumidor a coletividade de pessoas, ainda que indetermináveis, que haja intervindo nas relações de consumo; b)

---

64. Nesse contexto, merece referência a interpretação ampliativa que o Código de Defesa do Consumidor brasileiro tem sobre o termo na figura do consumidor equiparado: a) considera-se consumidor a coletividade de pessoas, ainda que indetermináveis, que haja intervindo nas relações de consumo; b) considera-se consumidor qualquer vítima da relação de consumo; c) equiparam-se aos consumidores todas as pessoas, determináveis ou não, expostas às práticas comerciais e empresariais nele previstas. Cf.: TARTUCE, Flávio; NEVES, Daniel Amorim Assumpcão. *Manual de Direito do Consumidor*. 9. ed. São Paulo: Método, 2020, p. 71 e ss.; Confira também artigo 17 e 29 do CDC.

65. Conceito de consumidor pelo Código de Defesa do Consumidor (CDC) brasileiro: o art. 2º da Lei 8.078/1990 que "Consumidor é toda pessoa física ou jurídica que adquire ou utiliza produto ou serviço como destinatário final". Sobre discussões do conceito de consumidor a nível do direito internacional privado, confira: RIBEIRO, Gustavo Ferreira; et al. Crônicas de direito internacional privado. *Revista de Direito Internacional*, v. 13, n. 2, 2016.

66. Em que pese referida doutrina majoritária, o Superior Tribunal de Justiça adota entendimento diverso. Isso porque em situações específicas é mister mitigar a rigidez do critério subjetivo conceitual de consumidor, a fim de permitir a aplicabilidade da lei consumerista nas relações entre fornecedores e consumidores-empresários em que fique evidenciada a relação de consumo, adotando-se a teoria finalista mitigada. Vide o exemplo: Assim, para fins elucidativos, se um advogado adquire uma televisão para instalar em sua residência, seria o destinatário final desse produto. Mas se o mesmo profissional adquire, no mesmo instante, outra televisão para instalar no seu ambiente de trabalho com o fito de proporcionar mais conforto aos seus clientes, ele já não se encaixaria como destinatário final, porque manteria o produto na cadeia econômica. Na literatura portuguesa, Ascensão segue entendimento vanguardista do Superior Tribunal de Justiça do Brasil, aduzindo que o sentido da lei será sempre o de uma maior aproximação das situações de vulnerabilidade, por estar sempre mais ligado à diretriz da proteção mais débil. Cf.: ASCENSÃO, José de Oliveira. Sociedade de Risco e Direito do Consumidor. In: LOPES, Teresa Ancona et al. (Coord.). *Sociedade de Risco e Direito Privado*. São Paulo: Atlas, 2013. Sobre o tema, confira artigo desenvolvido pelo Ministro Antônio Carlos Ferreira: FERREIRA, Antônio Carlos. Revisão Judicial de Contratos. *Doutrina*: edição comemorativa 25 anos – STJ. Disponível em: https://www.stj.jus.br/publicacaoinstitucional/index.php/Dout25anos/issue/view/30/showToc. Acesso em 20 dezembro 2021.

67. TARTUCE, Flávio; NEVES, Daniel Amorim Assumpcão. *Manual de Direito do Consumidor*. 9. ed. São Paulo: Método, 2020, p. 71 e ss.

considera-se consumidor qualquer vítima[68] da relação de consumo; c) equiparam-se aos consumidores todas as pessoas, determináveis ou não, expostas[69] às práticas comerciais e empresariais nele previstas.

O segundo aspecto remete-se à dicotomia entre os ordenamentos acerca da proteção consumerista especial abordada nos contratos celebrados através da *internet*. Na doutrina portuguesa, a Professora Elsa Dias[70] aduz que o consumidor virtual (aquele que se utiliza da *internet*) se subsume às regras gerais do contrato de consumo, orientação similar segue a doutrina brasileira[71], no sentido de que a venda de bens pelo meio eletrônico também pode (e deve) ser objeto das relações de consumo.

Quanto à necessidade de proteção consumerista especial nos contratos celebrados através da *internet*, há quem entenda[72] que o consumidor virtual se subsume às regras gerais do contrato de consumo e não deve ser beneficiado nem tampouco penalizado por isso, pois tal fato não é merecedor de maior ou menor proteção do que aquela dada ao consumidor tradicional, devendo o consumidor ser tutelado adequadamente face ao meio de contratação que utiliza.

Em outra perspectiva, outros juristas portugueses[73] e brasileiros[74] compreendem que o consumidor deve ser alvo de atenção especial, principalmente quando se trata de comércio eletrônico. Isso porque as razões giram em torno do próprio *modus operandi* singular[75], já que essa espécie contratual fragiliza a posição do consumidor no sentido de seu poder negocial ser diminuto (ausência física do consumidor)

---

68. CDC, Art. 17.
69. CDC, Art. 29.
70. OLIVEIRA, 2012, op. cit., p. 58.
71. Vide entendimento de: BRAGA NETTO, Felipe Peixoto. *Manual de Direito do Consumidor*. Salvador: Jus Podivm, 2020, p. 469 e ss. e TARTUCE, Flávio; NEVES, Daniel Amorim Assumpção. *Manual de Direito do Consumidor*. 9. ed. São Paulo: Método, 2020, p. 36 e ss.
72. Cf.: OLIVEIRA, op. cit., 2002, p. 58.
73. O Professor Alexandre Libório Dias Pereira já referendava, há algum tempo, a necessidade de existir um elevado nível de proteção aos consumidores, tendo em conta o seu papel fundamental para assegurar confiança no comércio eletrônico. Sobre o tema, confira: PEREIRA, Alexandre Libório Dias. *Comércio electrônico na sociedade de informação:* Da segurança técnica à confiança jurídica. Coimbra: Almedina, 1999, p. 52 e ss. Sobre a proteção de dados pessoais e tutela do direito à privacidade na sociedade de informação, confira: ALMEIDA, Pedro Pais de. Protecção de dados pessoais e direito à privacidade. In: MARTINS, A. G. Lourenço et al (Org.). *Direito da Sociedade de Informação*. Coimbra: Coimbra Ed., 2009, v. 1, p. 241 e ss.
74. Vide DL 7962 de 2013, que regulamenta a Lei 8.078, de 11 de setembro de 1990, para dispor sobre a contratação no comércio eletrônico. Cumpre também trazer à baila o entendimento de: MARCONDES, Laura de Toledo Ponzoni. Aplicação do Código de Defesa do Consumidor ao Comércio Eletrônico. *Sociedade de Risco e Direito Privado*, São Paulo: Atlas, 2013, p. 415.
75. O DL 7/2004 dispõe em seu artigo 7º, n. 1, c, que a liberdade de circulação de um determinado serviço da sociedade de informação proveniente de outro Estado-membro da União Europeia pode ser restringida pelos Tribunais ou outras entidades competentes, se lesar ou ameaçar gravemente os consumidores. Sobre o tema, confira: PRATA, Ana. *Dicionário Jurídico*. 5. ed. Coimbra: Almedina, 2008, p. 361. No Brasil, vide DL n. 7.962 de 2013, que regulamenta a Lei 8.078, de 11 de setembro de 1990, para dispor sobre a contratação no comércio eletrônico.

bem como o deixa em posição vulnerável, especialmente sobre a insegurança na circulação das informações pessoais[76].

Nesse cenário, o DL 7/2004, ao versar sobre comércio eletrônico, mitigou[77] o princípio da livre autonomia das partes e sinalizou proteção especial[78] aos consumidores (vide art. 3, n. 5, art. 28, n. 2, art. 29, n. 1), visto que as exigências de proteção aos consumidores são imperativas. Mais que isso, era necessário proteger o consumidor ante o uso abusivo de *cookies* e hiperligações invisíveis[79], reduzindo o tempo de maturação do consumidor.

Por último, a Professora Claudia Lima Marques[80] arremata que, como usuário da *internet*, a suposta aparência de liberdade é sucumbida por *links* e conexões em transações ambiguamente coordenadas, potencializando a vulnerabilidade do consumidor.

4.5 Fornecedor

O conceito de fornecedor não sofreu alterações substanciais em Portugal. A Lei de Defesa do Consumidor[81] o definia como pessoa que exercesse, com caráter profissional e independente, uma atividade econômica que visasse a obtenção de benefícios.

O DL 24/14, diploma mais recente, define[82] ser fornecedor a pessoa singular ou coletiva, pública ou privada, que, num contrato com um consumidor, atue no

---

76. Sobre a proteção de dados pessoais e tutela do direito à privacidade na sociedade de informação, confira: VASCONCELOS, Pedro Pais de. Protecção de dados pessoais e direito à privacidade. *Direito da Sociedade de Informação.* Coimbra: Coimbra Ed., 2009, v. 1, p. 241 e ss.

77. Cf.: art. 25, n. 2, como por exemplo: casamento, reis imobiliários. Além disso, Carlos Ferreira de Almeida alerta para o que ele chama de massificação dos contratos. Segundo Almeida, os contratos celebrados via *internet* promoveram em grande parte desigualdade de níveis de informação entre as partes: a liberdade contratual das partes foi sucumbida pela autonomia da vontade exclusiva fornecedor. Cf.: ALMEIDA, Carlos Ferreira de. *Contratos I.* 5. ed. Coimbra: Almedina, 2015, p. 184.

78. Sobre a proteção especial, confira a doutrina italiana: ALPA, Guido. *Contratti a distanza.* Prime considerazioni. In I Contratti, 1999, p. 849 e ss.

79. Cf.: CORREIA, Miguel Pupo. Contratos à distância: uma fase na evolução da defesa do consumidor na sociedade de informação? *Estudos de Direito do Consumidor,* n. 4, 2002, p. 170.

80. MARQUES, Claudia Lima. MARQUES, Claudia Lima. *Confiança no comércio eletrônico e a proteção do consumidor:* um estudo dos negócios jurídicos de consumo no comércio eletrônico. São Paulo: Ed. RT, 2004, p. 71 e 72.

81. A Lei 24/96- artigos 1º e 2º dispunha ainda que seriam considerados incluídas no âmbito da referida lei os bens, serviços e direitos fornecidos, prestados e transmitidos pelos organismos da Administração Pública, por pessoas coletivas públicas, por empresas de capitais públicos ou detidos majoritariamente pelo Estado, pelas regiões autônomas ou pelas autarquias locais e por empresas concessionárias de serviços públicos.

82. Cumpre ressaltar que o DL 24/2014 não usou a noção de "profissional", como se observou na Directiva relativa aos direitos dos consumidores" (Directiva 2011/83/UE, artigo 2º, n. 2), mas antes a de "fornecedor de bens ou prestador de serviços", consoante artigo 3º, alínea i; Confira: o julgado: PORTUGAL. Supremo Tribunal de Justiça. Acórdão do processo 1129/11.5TBCVL-C.C1.S1. Relatora: Ana Paula Boularot. Lisboa, julgado em 07 de maio de 2016. Para uma imersão minuciosa sobre o tema, confira: SANSEVERINO, Paulo de Tarso Vieira. *Responsabilidade Civil no Código do Consumidor e a defesa do Fornecedor.* São Paulo: Saraiva, 2002. p. 159 e ss.

âmbito da sua atividade profissional, ou através de outro profissional, que aja em seu nome ou por sua conta.

De forma similar ao sistema lusitano, no Brasil a caracterização é disposta pelo artigo 3º do Código de Defesa do Consumidor, ao insculpir que fornecedor[83] é toda pessoa física ou jurídica, pública ou privada, nacional ou estrangeira, bem como os entes despersonalizados, que desenvolvem atividade de produção, montagem, criação, construção, transformação, importação, exportação, distribuição ou comercialização de produtos ou prestação de serviços.

Com efeito, a maior parte dos juristas compreende que a nota característica do fornecedor ou prestador de serviços cinge-se ao fato de ele desenvolver uma atividade no mercado mediante remuneração[84]. Melhor: a habitualidade[85] também é requisito *sine qua non* para a caracterização do mesmo. Isto é, a produção de bens e serviços que sejam imanentes ao consumidor não deve ser resultado de atividade acidental ou transitória, mas sim de atividade particularizada e profissional através de organismos econômicos nela disponíveis.

Por último, no que compete às características gerais, os dois sistemas possuem similar exigência normativa[86] de se limitarem ao caráter profissional da atividade exercida pelo sujeito e através dela auferir receitas.

4.6 CONTRATO DE ADESÃO

4.6.1 *Portugal*

Cláusulas contratuais gerais ou contrato de adesão

Antes de adentrar no dever de informação nos contratos de adesão concluídos por meio eletrônico, é mister conhecer as particularidades desse tipo de contrato e como ele se relaciona com o consumidor.

Com o intuito de proteger eventuais desvios do fornecedor na interpretação do princípio da liberdade contratual, conciliando, por conseguinte, os interesses das empresas na racionalização de seus negócios com a proteção necessária à parte econômica e socialmente mais fraca, o legislador português consagrou o regime das cláusulas contratuais gerais[87].

---

83. O vocábulo "fornecedor" está aplicado de forma ampla, abarcando o fornecedor de produtos – em sentido estrito – e o prestador de serviços. Vide entendimento de: TARTUCE, Flávio; NEVES, Daniel Amorim Assumpcão. *Manual de Direito do Consumidor*. 9. ed. São Paulo: Método, 2020, p. 66 e ss.

84. Vide acórdão do: BRASIL. Superior Tribunal de Justiça. Recurso Especial 519.310/SP. Terceira Turma. Relatora Ministra Nancy Andrighi. Julgado em 20 abr. 2004.

85. Por exemplo: alguém que vende coisas usadas tão somente para desfazer de peças que não queria mais. Vide SIMÃO, José Fernando. *Vícios do produto no novo Código Civil e no Código de Defesa do Consumidor.* São Paulo: Atlas, 2003, p. 38. Vide também: PINTO, Cristiano Vieira Sobral. *Direito Civil Sistematizado.* 5. ed. São Paulo: Método, 2014, p. 1155.

86. BARBIERI, Diovana. *A Proteção do Consumidor no Comércio Eletrônico.* Lisboa: Juruá, 2013, p. 45.

87. Sobre o tema, confira: COSTA, Mário Júlio de Almeida, *Direito das obrigações.* 8. ed. Coimbra: Almedina, 2000, p. 221 e ss.

A definição de contratos de adesão, sendo também reconhecidas como cláusulas vexatórias, no direito italiano, cláusulas escalonadas (*standard terms*) no direito inglês, tem origem nos estudos do Professor Raymond Salleilles[88], quando os caracterizava como aqueles em que haveria o predomínio exclusivo de uma só vontade, que, atuando de forma unilateral, dita sua lei, não somente a um indivíduo, mas também a uma coletividade indeterminada.

Extrai-se dessa versão o elemento crucial atinente à ausência de negociação do conteúdo do contrato[89], já que o conceito contempla a pluralidade de destinatários e a eles a imposição do conteúdo contratual.

Sobre tal definição, Galvão Telles[90] explica que a compreensão de contratos de adesão permeia a ideia de algo estrutural e constante, no âmbito de um número indeterminado de contratos, e não factual.

Sob outro prisma, a doutrina italiana delineava enfoque maior não aos limites da negociação que os sujeitos estavam suscetíveis, mas sobretudo ao conteúdo repetitivo do contrato, denominando-o de fenômeno da *standardizzazione*[91].

Por sua vez, cláusulas contratuais gerais são aquelas que aparecem de antemão estabelecidas de modo geral e abstrato para uma série de contratos[92] e que acabam por integrar-se no contrato singular sem que a contraparte tenha qualquer possibilidade de manifestar ou opinar acerca dos respectivos termos (rigidez[93]).

---

88. No seu estudo, o Professor Raymond salientou que muitos documentos os quais supostamente seriam contratos, na verdade eram fruto de uma das partes que redigia e impunha à contraparte cláusulas insuscetíveis de negociação. Cf.: SALLEILLES, Raymond. *De la declaration de volonté.* Contribution à l'étude de l'acte juridique dans le Code Civil allemand. Paris: [s.n.], 1929, p. 227 e 228. Na seara jurídica latina, denominou-se ("contrat d' adhésion, "contrato por adhésion", "contrato per adesione"), nos sistemas common law ("adhesion contract"), em que pese nesse último tenha frequentemente sido utilizado a expressão "contrato estandardizado" ("standard contract, "standard form contracts"). Para mais, confira: FERNANDES, António Joaquim, Contratos de adesão e defesa do consumidor. *Estudos-Instituto Nacional de Defesa do Consumidor*, Lisboa: [s.n.], 1987, p. 26 e ss.
89. Para mais, confira: PRATA, Ana. *Contratos de adesão e cláusulas contratuais gerais.* Coimbra: Almedina, 2010, p. 20 e ss.
90. O Professor Galvão Telles esclarece que a bom rigor a definição de Salleilles abrangeria todos os contratos nascidos de uma imposição unilateral de vontade, incluindo contratos individuais quando não precedidos de negociação ou discussão. Vide TELLES, Inocêncio Galvão. *Manual dos Contratos em Geral.* Coimbra: Coimbra Ed., 2002, p. 312.
91. Sobre tal ideia o Professor Vicenzo Roppo, da seguinte forma: "[...] Ciò significa che il testo del contratto non esce da una trattativa col cliente, ma viene elaborato dalla stessa impresa interessata, o anche dall'organizzazione di categoria delle imprese di un certo settore, che lo mette a disposizione delle imprese associate, ciascuna delle quali lo utilizza poi nei rapporti coi propri clienti.Il cliente non può fare altro che aderire al contratto standard: lo accetta a scatola chiusa, senza discuterlo o comunque senza riuscire a ottenere modifiche al testo prediposto.[...]." Cf.: ROPPO, Vincenzo. *Il contratto.* Milano: Giuffrè Editore, 2011, p. 849. Sob outra perspectiva, colocando em relevo as cláusulas a partir das quais os contratos se formam, originou-se a expressão germânica "cláusulas contratuais gerais". Sobre o tema, confira termo utilizado por: ALMEIDA, Carlos Ferreira de. *Contratos.* 5. ed. Coimbra: Almedina, 2015, p. 184.
92. Cf.: PORTUGAL, Tribunal da Relação de Coimbra. Acórdão do Processo 97/10.5T2SVV.C1. Relatora: Regina Rosa. 06 de março de 2012.
93. CARVALHO, Jorge Morais. *Manual de Direito de Consumo.* Coimbra: Almedina, 2019, p. 117 e ss.

Parte da doutrina[94] entende que muito embora haja similitude conceitual das expressões "contratos de adesão" e "cláusulas contratuais gerais", os contratos de adesão constituiriam gênero e as cláusulas contratuais gerais seriam espécie.

Explico. Partindo do pressuposto[95] que o processo é integrado por duas etapas subsequentes, a primeira[96] referente à redação e pré-disposição unilateral das cláusulas a serem incluídas nos contratos (fase preparatória); a segunda[97] atinente à efetiva conclusão desses; a expressão "cláusulas contratuais gerais" subsumiria-se ao primeiro instante, e "contratos de adesão" contemplaria o segundo.

Por seu turno, Sousa Ribeiro[98] assevera que a expressão "contratos de adesão" é um conceito mais amplo, vez que nem todos os contratos celebrados por adesão têm, na sua estrutura, cláusulas contratuais gerais. É tanto que, por exemplo, podem existir contratos de adesão em que, apesar de terem cláusulas unilaterais elaboradas, pelo proponente ou por recomendação de terceiro, destinam-se a reger as relações entre tais agentes econômicos e pessoas determinadas ou determináveis. Em tais casos, por exemplo, foge-se à característica elementar das cláusulas contratuais gerais em aplicação geral e indeterminada.

Em síntese: a doutrina majoritária[99] entende que as expressões "condições gerais do contrato" e "contratos de adesão não são fungíveis nem tampouco equivalentes.

Positivação

Os contratos de adesão não foram tratados pelo Código Civil português de 66, ausente qualquer disposição específica sobre o tema. No entendimento do Professor Souza Ribeiro, tal fato demonstra a falta de conscientização da doutrina portuguesa[100] no alcance dos problemas suscitados por essa espécie de contrato.

---

94. Em Portugal, confira: PRATA, Ana. *Contratos de adesão e cláusulas contratuais gerais*. Coimbra: Almedina, 2010, p. 20 e ss. e ASCENSÃO, José de Oliveira. Cláusulas contratuais gerais, cláusulas abusivas e boa-fé. *Revista da ordem dos advogados*, v. ano 60, n. II, 2000, p. 4 e ss. Disponível em: http://www.fd.ulisboa.pt/wp-content/uploads/2014/12/Ascensao-Jose-Oliveira-CLAUSULAS-CONTRATUAIS-GERAIS-CLAUSU-LAS-ABUSIVAS-E-O-NOVO-CODIGO-CIVIL.pdf. Acesso em: 21 nov. 2019.

95. RIBEIRO, Joaquim de Sousa. *Cláusulas contratuais gerais e o paradigma do contrato*. Coimbra: [s.n.], 1989, p. 140 e ss.

96. Essa primeira fase é também chamada de estática, a qual antecede e abstrai dos contratos vindouros. Cf.: MONTEIRO, Antônio Pinto. Contratos de adesão/Cláusula contratuais gerais. *Estudos de direito do consumidor*. v. 3. Coimbra: Centro de Direito do Consumo, 2001, p. 136. Disponível em: http://www.fd.uc.pt/cdc/pdfs/rev_3_completo.pdf. Acesso em: 25 nov. 2019.

97. A segunda fase é denominada também de dinâmica, em que se conclui o contrato dito de adesão e que integra tais cláusulas. Cf.: Ibidem.

98. RIBEIRO, Joaquim de Sousa. *Cláusulas contratuais gerais e o paradigma do contrato*. Coimbra: [s.n.], 1989, p. 148 e ss. No mesmo sentido, confira: MONTEIRO, Antônio Pinto. Contratos de adesão/Cláusula contratuais gerais. *Estudos de direito do consumidor*. Coimbra: Centro de Direito do Consumo, 2001, v. 3, p. 136 e ss.

99. Ideia extraída do Professor Joaquim Ribeiro de Sousa. Cf.: RIBEIRO, Joaquim de Sousa. *Cláusulas contratuais gerais e o paradigma do contrato*. Coimbra: [s.n.], 1989, p. 599. Vide também: CORDEIRO, Antônio Menezes. *Tratado de Direito Civil II*. Parte geral. Coimbra: Almedina, 2014, p. 358 e ss.

100. Tal crítica é exposta no exemplar do Professor Joaquim de Sousa Ribeiro. Cf.: RIBEIRO, Joaquim de Sousa. *Direito dos contratos* – Estudos. Coimbra: Coimbra Ed., 2007, p. 181 e ss.

À época, a doutrina valia-se do artigo 236 do referido diploma, em que o negócio jurídico deveria ser interpretado consoante a teoria da impressão do destinatário[101]. Nesse mesmo tom[102], o artigo 246 do Código Civil conferiu relevo à vontade das partes na produção dos efeitos do contrato, traduzindo-se na exigência de consciência de declaração, sem a qual essa não produziria qualquer efeito.

Com efeito, na década de 70 desenvolveu-se na Europa um movimento supranacional[103] que visava a criação de uma disciplina determinada à proteção do aderente. Nesse iter, a Resolução Europeia de 1976[104] recomendou a criação de mecanismos legislativos eficientes para proteção do consumidor.

Nessa senda de proteção ao aderente, a lacuna regulativa[105] portuguesa foi preenchida pelo legislador ao publicar o diploma das cláusulas contratuais gerais que serviu de resposta à ordem contratual a qual divergia acerca dos critérios legais para uma equilibrada composição de interesses.

Passo a passo surgiu a Directiva 93/13/CEE, de 5 de abril de 1993, que tratava sobre as cláusulas abusivas nos contratos celebrados com os consumidores, contemplando desde a definição de cláusula abusiva, o âmbito de aplicação, até mesmo a adoção de disposições rigorosas para assegurar proteção maior[106] do consumidor[107].

---

101. Sobre o tema, confira: TELLES, Inocêncio Galvão. *Manual dos Contratos em Geral*. Coimbra: Coimbra Ed., 2002, p. 315 e ss.

102. Cf.: VICENTE, Dário Moura. A autonomia privada e seus diferentes significados à luz do Direito Comparado. *Revista de Direito Civil*, ano I, n. 2, 2016, p. 285.

103. Capitaneadas pela doutrina e jurisprudência alemãs, as incertezas dogmáticas foram aclaradas pela elaboração das condições gerais dos contratos dispostas pela lei germânica. Cf.: PRATA, Ana. *Contratos de adesão e cláusulas contratuais gerais*. Coimbra: Almedina, 2010, p. 68 e ss. Na doutrina portuguesa, o primeiro escrito que aprofunda o tema é do Professor Carlos Mota Pinto. Cf.: PINTO, Carlos Alberto da Mota. Contratos de adesão/Uma manifestação jurídica da moderna vida económica. *Separata da Revista de Direito e de Estudos Sociais*, ano XX, abr.-dez., n. 2,3 e 4, 1973, p. 1 e ss.

104. Cf.: Resolução 76 (47) adotada pela Comissão de Ministros do Conselho da Europa, em 16 de novembro de 1976.

105. CORDEIRO, António Menezes. *Direito Comercial*. Coimbra: Almedina, 2012, p. 582 e ss. No mesmo sentido: RIBEIRO, Joaquim de Sousa. *Direito dos contratos – Estudos*. Coimbra: Coimbra Ed., 2007, p. 184.

106. Sobre o tema, confira preleção dos Professores Willett e Morgan-Taylor: *"Again, this new European regime is especially significant, not only because it sets minimum standards but also, vitally, because being a 'full harmonisation' measure it also sets the ceiling, in terms of the protection that can be provided"*. Cf.: WILLETT, Chris; MORGAN-TAYLOR, Martin. Recognising the limits of transparency in EU consumer law. In *European Consumer Protection: Theory and Practice*. Cambridge: Cambridge University Press, 2012, p. 145 e ss.

107. O Professor Menezes Cordeiro entende que talvez não fosse necessária a alteração, vez que somente trouxe aspectos pontuais, restando as cláusulas gerais um diploma de maior grau de analitismo. Cf.: CORDEIRO, António Menezes. *Direito Comercial*. Coimbra: Almedina, 2012, p. 585. Sobre a repercussão no ordenamento italiano e francês vide: PRATA, Ana. *Contratos de adesão e cláusulas contratuais gerais*. Coimbra: Almedina, 2010, p. 76 e ss. Por forte pressão de influentes setores doutrinais da área germânica, avessos à consagração de uma bipartição geral do direito dos contratos, foi introduzido o artigo 3º, n. 1, requisito suplementar. Nos termos do artigo 3º, n. 1, apenas as cláusulas de um contrato de consumo que não tenham sido objeto

Ato contínuo, sobrevieram as reformas legislativas de 95, 99 e 2001 que definiram, em síntese, o domínio de aplicação das cláusulas contratuais gerais entre fornecedores[108] e consumidores[109], colocando em primeiro plano a tutela do consumidor.

Sobre o tema, o estudo mais extenso desenvolvido e ainda hoje muito bem conceituado é do Professor Carlos Mota Pinto[110], que pontua toda a gênese francesa e germânica do instituto, concluindo que a liberdade do aderente é aparente[111]: o princípio abstrato da liberdade contratual pode servir para criar uma ordem econômica e jurídica privada, submetendo ou até muitas vezes oprimindo o ofensor.

Por último, em outro viés, o Professor Antunes Varela[112] alertava para o perigo da tendência de alguns setores do direito de concederem tutela excessiva aos interesses do consumidor, em detrimento dos legítimos interesses das empresas produtoras.

Contrato de adesão

Os contratos de adesão[113] são aqueles em que, uma das partes, em virtude da sua desigualdade econômica, se vê forçada a aceitar as condições compelidas pela contraparte[114]. Nesse mesmo tom, o contrato de adesão pode ser visto[115] como

---

de negociação individual ficam sujeitas ao juízo de abusividade. Cf.: RIBEIRO, Joaquim de Sousa. *Direito dos contratos* – Estudos. Coimbra: Coimbra Ed., 2007, p. 185 e ss.

108. O conceito moderno e sintético de fornecedor é disposto pelo DL 24/2014 ao aduzir que seria a pessoa singular ou coletiva, pública ou privada, que, num contrato com um consumidor, atue no âmbito da sua atividade profissional, ou através de outro profissional, que aja em seu nome ou por sua conta. Cumpre ressaltar que o DL 24/2014 não usou a noção de "profissional", como se observou na Directiva relativa aos direitos dos consumidores" (Directiva 2011/83/UE, artigo 2º, n. 2), mas antes a de "fornecedor de bens ou prestador de serviços", consoante artigo 3º, alínea i; Confira o julgado: Portugal. Supremo Tribunal de Justiça. Acórdão do processo 1129/11.5TBCVL-C.C1.S1. Relatora: Ana Paula Boularot. Lisboa, 07 de maio de 2016.

109. O DL 24/2014 preceitua ser consumidor a pessoa singular que atue com fins que não se integrem no âmbito da sua atividade comercial, industrial, artesanal ou profissional. Para mais, confira: CORDEIRO, António Menezes. Da natureza civil do direito de consumo. *Estudos em memória do Professor Doutor Antônio Marques dos Santos*. Coimbra: Almedina, 2005, p. 709.

110. PINTO, Carlos Alberto da Mota. Contratos de adesão/Uma manifestação jurídica da moderna vida econó-mica. *Separata da Revista de Direito e de Estudos Sociais*, ano XX, abr./dez., n. 2,3 e 4, 1973, p. 147.

111. Nesse mesmo viés, Oliveira Ascensão explica que, ao aderente, muitas vezes sequer resta a liberdade econômica de decidir contratar, dada a necessidade que o tem de fazer. Cf.: ASCENSÃO, José de Oliveira. Cláusulas contratuais gerais, cláusulas abusivas e boa-fé. *Revista da ordem dos advogados*, v. ano 60, n. II, 2000.

112. Cf.: VARELA, João de Matos Antunes. *Das Obrigações em Geral*. Coimbra: Almedina, 2011, p. 46 e ss. Nessa mesma linha, vide: LEITÃO, Luís Manuel Teles de Menezes. *Direito das Obrigações*. Coimbra: Almedina, 2018, v. I, p. 21 e ss.

113. TAVARES, José Maria Joaquim. *Os princípios fundamentais do Direito Civil I* – Teoria geral do Direito Civil. [s.l.: s.n.], 1929, p. 446 e ss.

114. Sobre a experiência lusófona, confira: CORDEIRO, Antônio Menezes. *Tratado de Direito Civil II*. Parte geral. Coimbra: Almedina, 2014, p. 409 e ss.

115. GONÇALVES, Luiz da Cunha. *Tratado de Direito Civil 4*. [s.l.: s.n.], 1931, p. 276 e ss.

mecanismo impositivo promovido pelas entidades de grande porte em face dos particulares, que somente poderiam aceitar ou recusar o contrato.

Antunes Varela[116] enfatizou que esse tipo de contrato "forjado" se distanciava do modelo clássico da época liberal, sendo alcunhado desde o início, por Saleilles, de contrato de adesão. Era comum[117] que os contratos de adesão fossem caracterizados por uma defesa exaustiva dos interesses do emitente e um desinteresse ao aderente.

Tais contratos contêm, por via de regra, cláusulas preparadas genericamente[118] para valerem em relação a todos os contratos singulares de certo tipo, que venham a ser celebrados nos moldes próprios dos chamados contratos de adesão.

Tais cláusulas caracterizam-se por quatro requisitos[119]: a) proposições negocialmente significativas (juridicidade); b) pré-elaboração unilateral de um contraente; c) utilização na conclusão de multiplicidade de contratos; d) rigidez ou inalterabilidade por via negocial.

O primeiro requisito é tão somente para expressar que não se trata de proposições opinativas, mas sim esquemas capazes de exprimir uma vontade negocial. Uma vez subscrita, a cláusula negocial dota-se de vinculabilidade.

Por sua vez, o segundo requisito refere-se à ideia de que as cláusulas pré--formuladas[120] existem antes mesmo de sua inclusão no contrato, fato que lhes asseguram uma certa juridicidade. Já o terceiro requisito traduz a possibilidade de uso dos contratos de adesão a diversos negócios singulares, dirigindo-se também a contratos futuros[121].

O critério da rigidez, quarto critério, cinge-se ao fato do aderente se limitar a acolher o que está disposto, sem produzir modificações.

Finalmente, sobre esse último ponto, o Professor Carlos Ferreira de Almeida[122] assevera que não se trata de um requisito jurídico relevante, mas sim uma característica tendencial, uma vez que o artigo 7º das cláusulas contratuais gerais permite

---

116. VARELA, João de Matos Antunes. *Das Obrigações em Geral*. Coimbra: Almedina, 2011, p. 252 e ss.
117. ASCENSÃO, José de Oliveira. *Direito Civil: Teoria Geral*. Coimbra: Coimbra Ed., 1999, p. 390.
118. TELLES, Inocêncio Galvão. *Direitos das Obrigações*. Coimbra: Coimbra Ed., 1989, p. 75.
119. CORDEIRO, Antônio Menezes. *Tratado de Direito Civil II*. Parte geral. Coimbra: Almedina, 2014, p. 373 e ss. Para o Professor Carlos Ferreira de Almeida, apenas duas características são preponderantes: predisposição unilateral e generalidade. Cf.: ALMEIDA, Carlos Ferreira de. *Contratos I*. 5. ed. Coimbra: Almedina, 2015, p. 170.
120. Cf.: DL 446/85, de 25 de outubro, artigo 1º, n. 2; Lei 24/96, artigo 9º, n .2 e n. 3.
121. Cumpre esclarecer que o artigo 7º da Lei das Cláusulas Gerais deve ser relido no sentido de que os proponentes ou destinatários podem ser indeterminados ou não, passando da ideia de generalidade para multiplicidade. Sobre essa observação, confira: ALMEIDA, Carlos Ferreira de. *Contratos I*. 5. ed. Coimbra: Almedina, 2015, p. 172 e ss. CORDEIRO, Antônio Menezes. *Tratado de Direito Civil II*. Parte geral. Coimbra: Almedina, 2014, p. 374.
122. Cf.: ALMEIDA, Carlos Ferreira de. *Contratos I*. 5. ed. Coimbra: Almedina, 2015, p. 171 e ss.

que o aderente elimine ou modifique alguma cláusula, prevalecendo aquelas que tenham sido negociadas, sem afastar, quanto às demais, a natureza e o regime legal próprio das cláusulas contratuais gerais.

Contrato de adesão por meio eletrônico

A doutrina tradicional entende o contrato eletrônico[123] como aquele em que o ajuste das partes contratantes se efetiva através do uso da informática, sem a presença física simultânea de ambas as partes.

Em uma análise perfunctória, especular-se-ia que a contratação eletrônica[124] nada teria de diferente da temática dos contratos em geral, adaptando-se o objeto de cada contrato à disciplina do respectivo regime geral, à luz dos princípios da autonomia da vontade ou liberdade contratual[125].

Contudo, não é isso que ocorre. A liberdade contratual das partes deve ser exercida dentro dos limites da lei[126] e, embora constitua o fundamento da contratação entre particulares, não pode alcançar perspectiva de fundamento[127] exclusivo de força obrigatória dos contratos, como caso do contrato de adesão por meio eletrônico. Basta observar especialmente quando são traduzidas em restrições[128] e limitações[129] a esse princípio, em que a ausência de liberdade de negociação do conteúdo do contrato é marcante nessa espécie.

---

123. Sobre o caráter intrínseco com o Direito de Informática, confira: TELLES, Inocêncio Galvão. *Manual dos Contratos em Geral*. Coimbra: Coimbra Ed., 2002, p. 151-154.
124. Sobre o tema, Antônio Pinto Monteiro afirma que contratos informáticos não são só os contratos sobre bens ou serviços, mas também os que forem celebrados através de meios informáticos ou ainda os que sejam executados através de meios informáticos. Cf.: MONTEIRO, Antônio Pinto. A responsabilidade civil na negociação informática. *Direito da sociedade de informação*. [s.l.: s.n., s.d.], v. I, p. 229.
125. Cf.: ROCHA, Manuel Lopes; CORREIA, Miguel Pupo; RODRIGUES, Marta Felino et al. *Lei da sociedade da informação* – Comércio eletrônico. Coimbra: Coimbra Ed., 2008, p. 315 e ss. Vide também artigos 405 e 219 do Código Civil português que tratam sobre o princípio da liberdade de forma; e artigo 25º do DL 7/2004.
126. Cf.: Código Civil português, artigo 405, n. 1.
127. Sobre o tema, Professor Dário acrescenta que os efeitos do contrato se baseiam também na tutela da confiança: cada contraente deve responder pelas expectativas dignas de tutela jurídica que gerar na contraparte através de sua declaração. Cf.: VICENTE, Dário Moura. A autonomia privada e seus diferentes significados à luz do Direito Comparado. *Revista de Direito Civil*, ano I, n. 2, 2016, p. 26 e 287.
128. Sobre o tema, confira o julgado: BRASIL. Superior Tribunal de Justiça. AgRg no AREsp 164.365/RS. Relatora Ministra Eliana Calmon, Segunda Turma. Julgado em 16 de outubro de 2012, DJe 22.10.2012. *verbis*: "A intervenção judicial, pois, ocorre dentro da hipótese constitucionalmente autorizada e segundo os éditos legais reitores, seja o estatuto de defesa do consumidor, a prever um necessário equilíbrio e harmonia na relação jurídica de consumo, seja o próprio Código Civil, ao estabelecer nos seus arts. 395, 394 e 422, os efeitos da mora e a submissão dos contratantes à boa-fé objetiva".
129. Muitas vezes o fornecedor utiliza esse tipo de contrato para impor cláusulas limitativas de sua responsabilidade pelo fato ou vício do produto ou do serviço, eleger o foro competente para o julgamento de eventuais litígios ou, até mesmo estabelecer a cláusula compromissária obrigatória. Cf.: ROSA, Victor Castro, *Lei do comércio eletrônico anotada*, Coimbra: Coimbra Ed., 2005, p. 194.

Diante desse quadro, são fatores[130] que conduziram a uma proteção especial[131] ao consumidor: o caráter *sui generis* do contrato por meio da *internet*[132], revelado pela impotente capacidade negocial do consumidor, a fragilidade do consumidor em face de técnicas de promoção e de venda nem sempre leais, bem como a publicidade invasiva do fornecedor.

Os diplomas mais recentes, nomeadamente os Decretos-lei 7/2004[133] e 24/2014, ao versarem sobre comércio eletrônico, mitigaram o princípio da livre autonomia das partes e também sinalizaram proteção especial aos consumidores (vide artigos 3º, n. 5; 28, n. 2; 29, n. 1 do DL 7/2004 e artigo 4º, *in totum*, artigo 10, n. 2), visto que as exigências de proteção aos consumidores são, de fato, imperativas.

Em síntese: entende-se que a adesão ao contrato só deve consolidar após o aderente ter tido a possibilidade de ler[134] o seu conteúdo, razão pela qual as condutas que visem obter acesso aos termos do contrato não podem ser interpretadas como adesão a eles.

4.6.2 Brasil

Positivação

O Código de Defesa do Consumidor (Lei 8.078/90) dedicou um capítulo ao contrato de adesão, conceituando-o[135] como aquele cujas cláusulas tenham sido aprovadas pela autoridade competente ou estabelecidas unilateralmente pelo fornecedor de produtos ou serviços, sem que o consumidor possa discutir ou modificar substancialmente seu conteúdo.

---

130. Sobre o tema, Cf.: MARQUES, Garcia; MARTINS, Lourenço, *Direito da informática*. Coimbra: Almedina, 2006, p. 402 e ss.
131. No âmbito da contratação massificada, a generalização das comunicações eletrônicas caracterizada pelos fluxos transfronteiriços de dados através das redes criou diversos problemas: repartição do ônus da prova, impacto e matéria de distribuição de riscos, e todos os problemas decorrentes da responsabilidade pré--contratual, especialmente dos deveres pré-contratuais de informação (objeto em voga dessa pesquisa). Sobre o tema, confira: Ibidem, p. 403.
132. O Professor Ramiro Manuel Gonçalves refere-se à ubiquidade da *internet*, elemento que permite as pessoas acessarem o meio digital em qualquer lugar e hora. Cf.: GONÇALVES, Ramiro Manuel Ramos Moreira. *Iniciativas de comércio e negócio eletrônico*. Vila Real: Utad, 2009, p. 23 e ss.
133. Em seu capítulo V, disciplina-se a contratação eletrônica especificamente em seu artigo 24, pretendendo o legislador tornar clara a admissibilidade da contratação eletrônica tanto em contratos comerciais, como para civis ou administrativos.
134. Uma das formas para fazê-lo é quando, por exemplo, no campo em que adesão às cláusulas é declarada, apenas se torna passível de ser assinalado após o consumidor ter transcorrido inteiramente o conteúdo das cláusulas, isto é, a princípio, tão somente quando garantida a oportunidade de ler todo o conteúdo é que se entenderá como aderido ao contrato. Tal exemplo, aliás, tem inspiração no princípio do *duty to read*, no sentido de que a declaração de aceitação de uma parte a vincula ao contrato mesmo que ela não tenha lido os seus termos. Mas para que o princípio possa ser aplicado é mister certificar que a parte tenha tido acesso ao conteúdo do contrato. Cf.: CALAMARI, John D. Duty to Read – A Changing Concept. *Fordham Law Review*, v. 43, n. I.3. Disponível em: http://ir.lawnet.fordham.edu/cgi/viewcontent.cgi?article=2144&context=flr. Acesso em: 14 jun. 2019.
135. Cf.: Código de Defesa do Consumidor, artigo 54.

Alguns autores[136] preferem utilizar a expressão contratos por adesão para denominar o contrato de adesão, uma vez que verificar-se-ia que se constitui pela adesão da vontade de um oblato indeterminado à oferta permanente do proponente ostensivo.

Contudo, a terminologia aplicada tanto pelo Código de Defesa do Consumidor quanto pelo Código Civil de 2002 tem predileção à expressão contratos DE adesão. Na realidade, pode-se dizer que as expressões contratos de adesão e contratos por adesão são sinônimas, ambas com a finalidade de inclusão da proteção do vulnerável contratual.

De toda sorte, os contratos de adesão constituem uma oposição à ideia de contrato paritário, por inexistir a liberdade de convenção, visto que excluem a possibilidade de qualquer debate e transigência entre as partes. Na prática, um dos contratantes se restringe a aceitar as cláusulas e condições previamente elaboradas pelo outro, aderindo a uma situação contratual já antecipadamente definida em determinados termos.

Contrato de adesão por meio eletrônico

Contrato de adesão[137], em síntese, é aquele em que uma parte, o estipulante, impõe o conteúdo negocial, restando à outra parte, o aderente, duas opções: aceitar ou não o conteúdo desse negócio (*take it or leave it*[138]), afastada qualquer possibilidade de discussão.

Além de comumente ser endereçado a um número indeterminado e desconhecido de pessoas, a falta de negociações e de discussão implica uma situação de disparidade econômica e de inferioridade psíquica para o contratante, teoricamente mais fraco[139].

Apesar da liberdade contratual ser a principal expressão da autonomia privada[140], no que toca aos contratos de adesão, a mesma deve ser exercida dentro dos

---

136. Cf.: DINIZ, Maria Helena, *Direito Civil Anotado*, São Paulo: Saraiva, 2014, p. 421 e ss. Cf.: também: DONIZETTI, Elpídio; QUINTELLA, Felipe, *Curso Didático de Direito Civil*, São Paulo: Atlas, 2016, p. 560 e ss.
137. TARTUCE, Flávio, *Manual de Direito Civil*, São Paulo: Método, 2020, p. 545 e ss.
138. Cf.: TARTUCE, Flávio; NEVES, Daniel Amorim Assumpcão. *Manual de Direito do Consumidor*. 9. ed. São Paulo: Método, 2020, p. 352 e ss.
139. Sobre o tema, confira: DINIZ, Maria Helena. *Curso de Direito Civil Brasileiro*. São Paulo: Saraiva, 2018, v. 1, p. 486 e ss. Para Orlando Gomes, distinguir-se-ia por ser oferta a uma coletividade, ou por ser obra exclusiva de uma das partes, por ter regulamentação complexa, porque preponderante a posição de uma das partes, ou por não admitir a discussão a proposta, havendo quem o explique como o instrumento próprio da prestação dos serviços privados de utilidade pública. Cf.: GOMES, Orlando. *Contratos*. Rio de Janeiro: Forense, 2001, p. 117.
140. VICENTE, Dário Moura. A autonomia privada e seus diferentes significados à luz do Direito Comparado. *Revista de Direito Civil*, ano I, n. 2, 2016, p. 286. Sobre o tema, o Professor Paulo Lôbo pontua da seguinte forma: "se não há (...) autodeterminação dos seus próprios interesses, o que supõe a liberdade de determinação de cada parte; se os direitos, pretensões, ações e exceções já são prefixados pelo legislador e/ou pela empresa, não pode o negócio jurídico, com seu preciso conteúdo conceptual, ser uma explicação adequada". Confira: LÔBO, Paulo Luiz Netto. *O Contrato*. Exigências e concepções atuais. São Paulo: Saraiva, 1986 .p. 20 e ss.

limites da lei[141], em razão e nos limites da função social do contrato[142], sem olvidar a previsão da lesão e da onerosidade excessiva dispostas também no Código Civil[143] como fundamentos de exoneração do devedor.

Com efeito, restringe-se à autonomia privada visando o benefício maior que é a proteção do consumidor vulnerável, devidamente justificado pela natureza da relação de consumo, pautada eminentemente em assimetria informacional, desequilíbrio econômico e fático entre as partes

A doutrina preleciona[144] quatro traços característicos dos contratos de adesão:

a) uniformidade: a finalidade do estipulante é obter, da maior quantidade possível de contratantes, o mesmo conteúdo contratual, para maior racionalidade de sua atividade e segurança das relações estabelecidas;

b) predeterminação unilateral: a fixação das cláusulas é realizada previamente a qualquer negociação e discussão sobre o objeto a ser contratado. De fato, a simples uniformidade não seria suficiente para se considerar um contrato como de adesão, pois seria imprescindível que tais cláusulas uniformes sejam impelidas por somente uma das partes;

c) rigidez: além de uniformemente predeterminadas, não é possível rediscutir as cláusulas do contrato de adesão, sob pena de descaracterizá-lo como tal;

d) posição de vantagem (superioridade material) de uma das partes: embora a expressão superioridade econômica seja a mais utilizada (até pela circunstância de ser a mais comum), considera-se mais adequada a concepção de superioridade material[145].

Ademais, alguns defendem[146] que o objetivo do contrato de adesão é especialmente a redução de custos[147] pelo fornecedor. Isso porque nas contratações de

---

141. Segue o mesmo viés português. Cf.: Ibidem, p. 285 e ss.
142. Cf:. artigo 421 do Código Civil. Sobre o tema, o Professor Arnoldo Wald reflete que "não desaparecem pois, nem a autonomia da vontade, nem a liberdade de contratar; ambas mudam de conteúdo e densidade, refletindo a escala de valores e o contexto que uma sociedade em constante evolução e de um Estado que precisa ser eficiente por mandamento constitucional". Confira: WALD, Arnoldo. A dupla função econômica e social do contrato. *Revista Trimestral de Direito Civil*. ano 5, v. 17, Rio de Janeiro: Renovar, Instituto de Direito Civil – IDC, jan./mar. 2004, p. 5 e ss.
143. Cf:. artigos 157 e 478 do Código Civil.
144. GOMES, Orlando. *Contratos*. Rio de Janeiro: Forense, 2001, p. 117 e ss. O Professor Guilherme Fernandes Neto assim preleciona: "Vê-se, de forma clara, que inexistem as negociações preliminares, típicas para a elaboração de um contrato; a margem de negociação é mínima, limitada basicamente ao preenchimento da qualificação pessoal e demais dados pertinentes ao aderente, raramente pode-se vislumbrar uma demonstração da vontade do aderente que extrapole a mera adesão, todavia factível". Cf: FERNANDES NETO, Guilherme. *Cláusulas, Práticas e Publicidades Abusivas*: O Abuso do Direito no Código Civil e no Código de Defesa do Consumidor. São Paulo: Atlas, 2012, p. 50 e ss.
145. Confira em: DINIZ, Maria Helena. *Direito Civil Anotado*. São Paulo: Saraiva, 2014, p. 416 e ss.
146. COELHO, Fábio Ulhoa. *Curso de Direito Civil*. 9. ed. São Paulo: Thomson Reuters, 2020, v. 3. Contratos. p. 82 e ss.
147. Sobre as novas formas de publicidade que reduzem custos, especialmente o uso de plataformas intuitivas para obtenção de engajamento do consumidor, confira: PINHO, José Benedito. *Publicidade e vendas na Internet*: técnicas e estratégias. São Paulo: Summus, 2000, p. 120 e ss.

massa, como as das relações de consumo, o fornecedor não tem meios de processar contrapropostas sem incorrer em custos, que, regra geral, superam em muito o valor da margem de lucratividade do produto ou serviço ali negociado.

Recorde-se ainda que a doutrina brasileira[148] pontua que nem todo contrato de consumo é de adesão e nem todo contrato de adesão é de consumo. Basta notar, por exemplo[149], o contrato de franquia ou *franchising*, relação entre franqueador e franqueado. É imposto ao franqueado o conteúdo de todo o negócio, por meio dos manuais e regras de conduta. Contudo, como sabido, o franqueado não é consumidor, tendo em vista não ser destinatário final fático e econômico dos produtos ou serviços.

Assim, tal modalidade não se subsume à forma de contrato de consumo, mas, na prática, é considerado contrato de adesão, eis que o franqueador impõe todo o conteúdo do pacto. O franqueado, assim, não terá a seu favor a proteção do Código de Defesa do Consumidor, mas apenas a proteção prevista no Código Civil de 2002.

Aplicando os conceitos dos contratos de adesão à contratação telemática, temos que os contratos de adesão eletrônicos são aqueles que se consubstanciam no intercâmbio[150] de uma pessoa com um computador, como ocorre nas páginas eletrônicas, em que o internauta seleciona os produtos que deseja adquirir e, após o preenchimento dos dados pessoais, declara sua vontade de aceitar a oferta mediante um clique confirmatório.

Nesse domínio, ganha relevo os contratos de compra e venda ou prestação de serviços click-wrap[151]: são os contratos fundados numa proposta, geralmente constante de uma página de *internet*, cuja formação resulta de uma aceitação dos respectivos termos e condições que se manifesta apenas por um *click*.

---

148. Nesse sentido, foi aprovada a nossa proposta de enunciado na III Jornada de Direito Civil, promovida pelo Conselho da Justiça Federal em dezembro de 2004, segundo a qual "o contrato de adesão, mencionado nos arts. 423 e 424 do novo Código Civil, não se confunde com o contrato de consumo" (Enunciado n. 171). Cf.: TARTUCE, Flávio. *Manual de Direito Civil*. São Paulo: Método, 2020, p. 545 e ss.

149. Cf.: TARTUCE, Flávio; NEVES, Daniel Amorim Assumpção. *Manual de Direito do Consumidor*. 9. ed. São Paulo: Método, 2020, p. 360 e ss. Veja também: BRASIL. Tribunal de Justiça do Rio Grande do Sul. Apelação Cível 70031345077. Relator: Desembargador Pedro Celso Dal Prá. Porto Alegre, julgado em 10 de setembro de 2009, publicado em 18 de setembro de 2009; BRASIL. Tribunal de Justiça de São Paulo. Acórdão do Agravo de Instrumento n. 7343481-2. Relator: Desembargador Salles Vieira. São Paulo, julgado em 23 de abril de 2009, publicado em 01 de junho de 2009.

150. Contratos os quais o consumidor tem a oportunidade de ler inteiramente as cláusulas contratuais antes de manifestar sua aquiescência ou não, ao clicar em uma caixa de diálogo concordando com os termos, em um verdadeiro tipo de contrato de adesão eletrônico. Confira ideia em: LEAL, Sheila do Rocio Cercal Santos, *Contratos eletrônicos: validade jurídica dos contratos via internet*, São Paulo: Atlas, 2007, p. 87.

151. Sobre o tema, confira: ROCHA, Manuel Lopes; CORREIA, Miguel Pupo; RODRIGUES, Marta Felino; et al. *Lei da sociedade da informação – Comércio eletrônico*. Coimbra: Coimbra Ed., 2008., p. 322 e ss; CORREIA, Miguel J. A. Pupo. *Direito Comercial – Direito de empresa*. Lisboa: Ediforum, 2009., Lisboa: Ediforum, 2009, p. 624.

Tal classificação[152] é própria ao *e-commerce* e tais contratos são também denominados de *click-through agreements*[153], em que a manifestação de vontade quanto à aquisição de um produto ou serviço ocorre através de um simples *click*[154] do consumidor internauta[155].

Uma outra ideia intrínseca ao contrato de adesão eletrônico no Brasil é evidenciada pela Professora Judith Martins Costa no sentido de que a informação do objeto transmitida pelo fornecedor deve ser aquela em que era razoável esperar em vista da compreensibilidade do universo dos contratantes-aderentes[156].

Por tudo isto, esse tipo de contrato consumerista constitui um caso de assimetria de informação[157], em que tipicamente uma das partes tem conhecimento de

---

152. LAWAND, Jorge José. *Teoria geral dos contratos eletrônicos*. São Paulo: Juarez de Oliveira, 2013, p. 103.

153. Aliás, essa espécie de contrato é bastante símile aos contratos por adesão, uma vez que se o contratante não aceitar o que estiver disposto nas cláusulas, não há como refazê-las no sentido de serem dimensionadas aos seus anseios. Cabe ressaltar que o DL 24/2014, em seu artigo 5°, dispõe de forma expressa a proibição de campos previamente preenchidos pelos fornecedores nos sítios eletrônicos para cobrar pagamentos adicionais. A doutrina anglo-saxã revela ser necessária a distinção entre "click-wrap agreements" com o "shrink-wrap licenses", vejamos: "[...]Shrink-wrap agreements are the terms and conditions of use that accompany software distributed in the local computer stores. Typically, buyers can find the terms and conditions of use printed on the outside of the software box or in an envelope attached to the box, wrapped in "shrink-wrap plastic." They usually read something like, "By opening the packaging or using the software, you are bound by the terms and conditions of the license" [...] Click-wrap is a variation of shrink-wrap. There are two main ways to enter into a click-wrap agreement. A party may "Type and Click" where the consumer must type "I accept" or something synonymous in an onscreen box, and then click a "send" button of some sort to signal acceptance of the contractual terms. Usually without filling in the assente box, a user cannot proceed to use the service. The second way to enter into a click-wrap agreement is through "Icon Clicking." Here, an online user clicks "I accept" to website terms and conditions of use online. The same term can apply to software when a person clicks "I accept" in order to complete installation of the software [...]". Cf.: GROSSMAN, Mark; HIFT, Allison Kimberly; ROTHMAN, Raquel Grossman. *Click--Wrap Agreements – enforceable contracts or wasted words?* Disponível em: http://www.beckerpoliakoff.com/publications/article_archive/click-wrap.html. Acesso em: 14 jun. 2017.

154. A jurista Cíntia Pereira Lima entende que o *"click-wrap"* pode ser conceituado como o contrato de adesão telemático, cujo objeto seja um bem imaterial (digitalizado) ou material, em que o fornecedor estabeleça unilateralmente as cláusulas contratuais, notificando o adquirente sobre elas antes de obter a manifestação de vontade deste, que é exteriorizada mediante uma conduta social típica, quer seja por meio de um clique em determinado ícone, quer seja por utilizar o produto digitalizado, salvo em seu computador, ou usar o produto após a entrega do bem, quando for material. Cf.: LIMA, Cintia Rosa. *Validade e obrigatoriedade dos contratos de adesão eletrônicos (shrink-wrap e click-wrap) e dos termos de condição de uso (brwase-wrap)*: um estudo comparado Brasil e Canadá. Universidade de São Paulo, Faculdade de Direito, Departamento de Direito Civil: [s.n.], 2009, p. 526.

155. Vale ressaltar que a vontade do consumidor deve ser sempre através de um ato comissivo, ou seja, não há possibilidade de presunção de silêncio para eventual contratação. Confira em: MARQUES, Claudia Lima. *Confiança no comércio eletrônico e a proteção do consumidor*: um estudo dos negócios jurídicos de consumo no comércio eletrônico. São Paulo: Ed. RT, 2004, p. 271.

156. A Professora Judith Martins Costa ainda explica que o intérprete não deve circunscrever à literalidade, ignorar as conotações e o contexto disposto naquele contrato de adesão, bem como analisar a posição do consumidor vulnerável. Cf.: MARTINS-COSTA, Judith. *A boa-fé no direito privado: critérios para sua aplicação*. São Paulo: Marcial Pons, 2015, p. 466 e ss.

157. Mesma compreensão difundida por: VASCONCELOS, Pedro Pais de. Teoria geral do direito civil. *Revista do Centro de Estudos Judiciários*, n. 1, 2015, p. 47. Fernando Araújo descreve acerca dos efeitos da assimetria de informação na perspectiva da análise econômica do direito, dispondo os prós e contras sobre a indiferenciação informativa. Cf.: ARAÚJO, Fernando. *Teoria Econômica do Contrato*. Coimbra: Almedina, 2007, p. 280-285.

informação superior à outra, seja do próprio contrato, do regime jurídico e/ou até do próprio desequilíbrio no poder de negociação.

Interpretação do contrato de adesão

O Código Civil estabeleceu expressamente duas regras de interpretação dos contratos de adesão. A primeira consta do artigo 423, que assim dispõe: quando houver no contrato de adesão cláusulas ambíguas ou contraditórias, dever-se-á adotar a interpretação mais favorável ao aderente.

Ou seja, será ambígua a cláusula que da sua interpretação gramatical for possível a compreensão de várias formas[158]. O Professor Guilherme Fernandes Neto[159] acrescenta que, no tocante às cláusulas duvidosas ou ambíguas, de intricada interpretação, sempre deverão ser interpretadas a favor daquele que apenas aderiu às cláusulas contratuais gerais e não daquele que as elaborou, ou que eventualmente tenha ordenado a sua elaboração.

Caio Mário[160] entende que as expressões dúbias deveriam ser interpretadas segundo os usos do país; por outro, aconselha que naquelas de duplo sentido deveriam prevalecer a mais condizente com a mesma natureza do contrato.

Ora, se o predisponente das cláusulas gerais de negócio propositalmente as redige com vistas a obscurecer seu sentido ou alcance e auferir benefício disso, a regra da interpretação em seu desfavor (*interpretatio contra stiulatorem*) frustra o proveito indevido[161], sendo a medida que se impõe.

A segunda regra emana do artigo 424 do Código Civil brasileiro, dispondo que nos contratos de adesão são nulas as cláusulas que estipulem a renúncia antecipada do aderente a direito resultante da natureza do negócio, seja por gerarem insegurança ou até mesmo induzirem ao desequilíbrio contratual[162].

Ou seja, ambos os artigos 423 e 424 do Código Civil de 2002, ao protegerem o consumidor aderente como vulnerável contratual, albergam como conteúdo a eficácia interna da função social do contrato. O primeiro dispositivo contempla a interpretação pró-aderente. O segundo, por sua vez, transpõe para os contratos de adesão a experiência relativa às cláusulas abusivas nos contratos de consumo,

---

158. Cf.: GONÇALVES, Carlos Roberto. *Direito Civil Brasileiro: contratos e atos unilaterais.* 16. ed. São Paulo: Saraiva, 2019, p. 57 e ss.
159. Cf.: FERNANDES NETO, Guilherme. *Cláusulas, Práticas e Publicidades Abusivas:* O Abuso do Direito no Código Civil e no Código de Defesa do Consumidor. São Paulo: Atlas, 2012, p. 62 e ss.
160. PEREIRA, Caio Mário da Silva. *Instituição de Direito Civil* – Contratos. Rio de Janeiro: [s.n.], 2003.
161. NADER, Paulo. *Curso de Direito Civil* – Contratos. 8. ed. Rio de Janeiro: Forense, 2015, p. 173.
162. Confira em: DINIZ, Maria Helena. *Direito Civil Anotado.* São Paulo: Saraiva, 2014, p. 369. No direito português, o art. 16° estabelece que, sem prejuízo do estabelecido em matéria de LCCG, qualquer convenção ou disposição contratual que exclua ou restrinja os direitos atribuídos pela LDC é nula, nulidade que apenas pode ser invocada pelo próprio consumidor ou seus representantes.

regendo a nulidade absoluta das cláusulas de renúncia a um direito inerente ao negócio[163].

Demais disso, como se percebeu, o legislador[164] mirou proteção nos direitos correlatos, os quais na prática comercial são comumente excluídos por cláusulas-padrão, como, por exemplo, a de não reparação pelos danos decorrentes de defeitos da coisa, evicção e outros.

Em síntese: como se verá no primeiro capítulo, o parâmetro da proteção legislativa não deve ser somente ter acesso à informação, mas sobretudo compreendê-la e assimilá-la, notadamente na fase pré-contratual.

5. A IMPORTÂNCIA DA ANÁLISE COMPARATIVA HISTÓRICA DO COMÉRCIO ELETRÔNICO DE CONSUMO

Em que pese o princípio da autonomia da vontade encontrar no contrato clássico sua expressão máxima, surgiram inúmeras categorias contratuais, notadamente o contrato eletrônico com suas peculiaridades, individualizados com seu aspecto de formação e sobretudo de maior ou menor dificuldade de assimilação pelo consumidor[165].

Pari passu, as barreiras do comércio eletrônico[166] ainda são muitas. Para o fornecedor que ainda não aderiu à modalidade do *e-commerce*, diversos questionamentos

---

163. Essa é a ideia desenvolvida pelo Professor Tartuce. Cf.: TARTUCE, Flávio; NEVES, Daniel Amorim Assumpcão. *Manual de Direito do Consumidor*. 9. ed. São Paulo: Método, 2020, p. 352 e ss. Confira reflexo na jurisprudência: Recurso inominado. Contrato de seguro de vida em grupo. Cobertura para invalidez permanente total por doença. Alteração unilateral posterior. Ausência de comunicação ao estipulante ou ao consumidor – Cláusula que limita direito da autora – Abusividade nulidade da cláusula reconhecida – Incidência do CDC – ofensa ao dever de transparência e informação – Ausência de previsão de gradação da invalidez e tabela na apólice entregue a consumidora invalidez permanente total por doença devidamente comprovada decreto do município de Araucária aposentando a autora por invalidez – Prova suficiente nos autos – Dever de pagamento do valor integral da indenização. Dever de restituição, de forma simples, do valor referente ao prêmio após a invalidez da correção monetária desde o evento danoso súmula 43 do STJ – Sentença mantida. Recurso conhecido e desprovido.: Ante o exposto, esta Turma Recursal resolve, por unanimidade de votos, *conhecer e negar provimento* ao recurso, nos termos do voto (TJPR – 2ª Turma Recursal – 0005019-37.2013.8.16.0025/0 – Araucária – Rel.: Luiz Gustavo Fabris, julgado em 13.11.2014).

164. Sobre o tema, confira: GONÇALVES, Carlos Roberto. *Direito Civil Brasileiro*: contratos e atos unilaterais. 16. ed. São Paulo: Saraiva, 2019, p. 57 e ss.

165. Sobre o tema, confira o seguinte julgado: PORTUGAL. Supremo Tribunal de Justiça. Acórdão n. 1786/12.5TVLSB.L1.S1. Relator Helder Roque. Julgado em 08 de março de 2016.

166. Em Portugal, 26% dos consumidores compraram alguma coisa através da *Internet* em 2013. Cf.: UNIÃO EUROPEIA. *Flash Eurobarometer 359*: Retailers' attitudes towards crossborder trade and consumer protection Disponível em: http://ec.europa.eu/public_opinion/flash/fl_359_en.pdf. Acesso em: 4 ago. 2019. Por sua vez, Fernando Araújo desenvolve posição peculiar sobre o tema, dispondo os prós e contras acerca da indiferenciação informativa. Cf.: ARAÚJO, Fernando. Op. cit., 2007. p. 77-80. Por outro lado, o Professor Alexandre Dias Pereira há muito já anunciava a importância da *internet* nas relações privadas. Cf.: PEREIRA, Alexandre Libório Dias. *As telecomunições e o Direito na Sociedade da Informação*. Coimbra: Instituto Jurídico da Faculdade de Direito da Universidade de Coimbra, 1999, p. 263 e ss.; OLIVEIRA, Elsa Dias. Tutela do Consumidor na *Internet*. In: MARTINS, A. G. Lourenço et al (Org.). *Direito da Sociedade da Informação*. Coimbra: Coimbra Ed., 2004, p. 335 e ss. Já o Professor Luis Menezes Leitão pontuou acerca

surgem para implementá-lo: a) conferir se os produtos ou serviços são passíveis e se ajustam às vendas eletrônicas; b) analisar os custos para implementação de um sistema de tecnologia e a sua posterior manutenção; c) a segurança digital[167] que deverá ser adotada; d) necessidade de uma logística diferenciada para cumprir com os pedidos, nomeadamente aqueles que requerem uma modalidade *express* de envio; e) treinamento de funcionários para operacionalizar o sistema e manter uma relação com o consumidor; f) publicidade e mídia digitais, necessárias para alavancar as vendas; g) ausência de relacionamento direto com o consumidor.

Nesse mesmo contexto, mas sob outro enfoque, a doutrina[168] mais enfática pontua que a parte mais forte ficou em condições de legislar por contrato, de forma amplamente autoritária, com vistas a satisfazer o interesse pessoal dos fornecedores.

Com efeito, os interesses econômicos dos consumidores estão expostos ao risco de serem eventualmente esquecidos ou mitigados pelos fornecedores, uma vez que eles detêm maior força econômica e contratual comparados ao consumidor[169].

Neste particular domínio, as transações *online* propiciaram uma nova visão[170] do sistema tradicional de vendas, permitindo uma real integração de sistemas de informação de *marketing*, vendas e pós-vendas; em síntese: oferta variada de produtos, a preços competitivos, desde que pautados na segurança técnica da transação e ambiente jurídico que inspire confiança[171] ao consumidor.

---

da importância econômica da *internet* e suas consequências jurídicas. Sobre o tema, confira: LEITÃO, Luís Manuel Teles de Menezes. A responsabilidade civil na *internet*. In: MARTINS, A. G. Lourenço et al (Org.). *Direito da Sociedade da Informação*. Coimbra: Coimbra Ed., 2002, v. III. p. 148 e ss.

167. Sobre o tema, Bauman e Lyon assim verbalizaram sobre a necessidade de controle e regulação de determinadas práticas eletrônicas: "[...] Os principais meios de obter segurança, ao que parece, são as novas técnicas e tecnologias de vigilância, que supostamente nos protegem, não de perigos distintos, mas de riscos nebulosos e informes [...]". Cf.: BAUMAN, Zygmunt; LYON, David. *Vigilância líquida*. Trad. Carlos Alberto Medeiros. Rio de Janeiro: Zahar, 2013, p. 95 e ss.

168. Sobre o tema, confira: KESSLER, Friedrich. The Contracts of Adhesion-Some Thoughts about Freedom of Contract Role of Compulsion in Economic Transactions. *Columbia Law Review*, n. 629, 1943, p. 629 e ss. Sobre a necessária proteção do consumidor em sede de comércio eletrônico, confira: SÁ, Almeno de. *Cláusulas Contratuais Gerais e Directiva sobre Cláusulas Abusivas*. 2. ed. Coimbra: Almedina, 2005, p. 78 e ss.; COSTA, Mário Júlio de Almeida; CORDEIRO, António Menezes. *Cláusulas Contratuais Gerais*: anotação ao Decreto-Lei 446/85, de 25 de outubro. Coimbra: Almedina, 1993, p 62 e ss.

169. Sobre o tema, confira: RAMOS, Luisa María Estaban. La Tutela de los Consumidores en la Contratación en Mercados Electrónicos. In: PEDRO, Luis Antonio Velasco San; SÁENZ, Joseba Aitor Echebarría; SUÁREZ, Carmen Herrero (Dir.). *Acuerdos Horizontales, Mercados Electrónicos, y otras cuestiones actuales de competencia y distribución* Instituto de Estudios Europeos. Valladolid: Thomson Reuters Lex Nova, 2014, p. 468 e ss.

170. Cf.: REBELO, Fernanda Neves. O comércio eletrônico e os novos desafios da era digital à luz da Diretiva Europeia 2000/31/CE: da venda itinerante às lojas virtuais. *Revista Júris Advocatus*, n. 11, p. 42-95, 2018, p. 92 e ss. Confira também: RATNASINGAM, Pauline. The Evolution of Online Relationships in Business to Consumer E-commerce. *E-commerce Trends for Organizational Advancement*: New Applications and Methods. New York: British Cataloguing, 2010, p. 168 e ss.

171. Sobre o tema, confira: PEREIRA, Alexandre Libório Dias. Comércio Electrónico e Consumidor. *Estudos de Direito do Consumidor*, n. 6, CDC/FDUC, Coimbra, 2004, p. 342 e ss.

Há dois modelos de análise sobre os reflexos ao consumidor decorrente do fenômeno do comércio eletrônico. Em uma perspectiva, do ponto de vista contratual, há necessidade de regulamentação capaz de tutelar o consumidor, vulnerável da relação, garantindo-lhe direitos inegociáveis, impondo regras obrigatórias aos fornecedores, fundadas em ferramentas de controle sancionatório. Em outra, do ponto de vista competitivo concentra-se no comportamento correto dos *sites* intermediários, mas privilegia-se a liberdade de ação e a autonomia de negociação dos consumidores e fornecedores, alavancando a concorrência e a satisfação do cliente.

Há quem entenda[172] que a satisfação do consumidor depende de instrumentos de autorregulação do mercado, além de uma intervenção marginal e secundária do Estado, restrita ao estabelecimento de princípios gerais que as partes na relação de consumo devem cumprir.

Nos Estados Unidos, desde o início do desenvolvimento do comércio eletrônico, a diretriz que o país adotava era a desregulamentação[173] das relações comerciais eletrônicas, ou seja, as transações comerciais eram reguladas pelo próprio mercado, sem interferência governamental[174] em regra. É dizer: o livre mercado promovia e permitia uma alocação eficiente de recursos que estaria mais próxima das preferências individuais[175].

Por outro lado, com o passar do tempo e em virtude dos problemas que surgiram, travou-se um debate doutrinário com a finalidade de se questionar de qual forma o comércio eletrônico e a *internet* propriamente dita poderiam ser regulamentados, tendo em conta a necessária segurança dos sistemas e privacidade[176] dos dados pessoais dos clientes. Naquele contexto, a falta de acordo político e doutrinário contribuiu para uma deficitária proteção do consumidor no comércio eletrônico nos Estados Unidos.

Precisamente, há de se consignar que desde 1952 há um conjunto de leis gerais que regem as transações comerciais nos Estados Unidos, o conhecido Uniform

---

172. Cf.: CASTRONOVO, Carlo. *Un contratto per l'Europa*. In Principi di diritto europeo dei contratti, I e II, a cura di C. Castronovo, Milano, 2001, p. 741 e ss. Sobre as alavancas regulatórias para estímulo ao desenvolvimento, confira: ARANHA, Marcio Iorio. *Manual de Direito Regulatório*. 5. ed. Londo: Laccademia Publishing, 2019, p. 15 e ss.

173. Sobre o tema, confira: ROLLAND, Sonia. Consumer protection issues in cross-border ecommerce. *Research Handbook on Electronic Commerce Law*. Massachusetts: Edward Elgar Publishing, 2016, p. 385 e ss.; AGUILLAR, John. International Journal of Communications Law and Policy. *Over the rainbow*: European and American consumer protection policy and remedy conflicts on the internet adn a possible solution, 2000, p. 2 e ss.

174. ROTHCHILD, John. Protecting the Digital Consumer: The Limits of Cyberspace Utopianism. *Indiana Law Journal*, v. 74, n. 3, 1999, p. 51 e ss.

175. Sobre o tema, o Professor Cass sintetiza da melhor forma: "The basic position is that people know what is in their own best interests and that respect for preferences, as expressed in market transactions, is the best way to promote aggregate social welfare." Cf.: SUNSTEIN, Cass. *Markets and Justice*. New York: New York Press, 1989, p. 281 e ss.

176. Para uma análise histórica, confira: BESSA, Leonardo Roscoe. *O consumidor e os limites dos bancos de dados de proteção ao crédito*. São Paulo: Ed. RT, 2003, p. 97 e ss.

Commercial Code (UCC), Código Comercial Uniforme. Na prática, não se trata de lei federal, mas de um conjunto de orientações adotadas uniformemente pelos Estados, visando uma maior segurança jurídica entre eles. Alguns entendem[177] que as regras ali contidas é que servem de esteio para o comércio eletrônico, em que pese existam regras especiais ditadas por novas leis.

Aqui há de se fazer um adendo sobre a vanguardista regulamentação do comércio eletrônico via *soft law*[178] promovida pela Uncitral. A Lei Modelo da UNCITRAL[179], – Comissão das Nações Unidas para o Direito do Comércio Internacional - foi criada pela Resolução 2205 (XXI) de sua Assembleia Geral de 17 de dezembro de 1966, com instalação de seus trabalhos na primeira sessão de 29 de janeiro de 1968, com o desígnio específica de promover a progressiva harmonização e a unificação do direito do comércio internacional, através de ações tendentes a impulsionar o comércio entre os Estados por meio da modernização e harmonização de regras para as relações comerciais internacionais[180].

O primeiro[181] texto legislativo nessa área, como já realçado, foi a Lei Modelo sobre Comércio Eletrônico (1996) a qual pretendia facilitar as transações de comércio eletrônico, eliminando obstáculos encontrados pelo uso de meios eletrônicos, reconhecendo que não se negarão efeitos jurídicos, validade ou eficácia à informação apenas porque esteja na forma de mensagem eletrônica[182].

Historicamente, em 1997, sob influência da Lei Modelo da Uncitral, pôde se observar no documento *"Framework for Global Electronic Commerce"*, elaborado

---

177. Sobre o tema, confira: MAGGS, Gregory E. Regulating Electronic Commerce. *GW Law Faculty Publications & Other Works*, v. 50, p. 665, 2002, p. 11 e ss.

178. De forma sintética, o conceito "soft law" exprime em sua essência "direito flexível", e alberga "instrumentos internacionais sem carácter vinculativo", "mas nem por isso desprovidos de eficácia". Cf.: VICENTE, Dário Moura. *Direito Internacional Privado*: Problemática Internacional da Sociedade da Informação. Coimbra: Almedina, 2005, p. 126-127.

179. A ONU – Organizações das Nações Unidas elaborou um conjunto de normas compreendidas como a Lei Modelo da Uncitral, as quais visavam regular, ainda que de forma incipiente, o comércio eletrônico e a validade dos documentos celebrados por meio eletrônico. Vide Lei Modelo da UNCITRAL sobre o comércio eletrônico: NAÇÕES UNIDAS. Resolução 51/162 de 16 de dezembro de 1996. Disponível em: http://www.lawinter.com/1uncitrallawinter.htm. Acesso em: 4 ago. 2018.

180. Pontua ainda o Professor que "na UNCITRAL, trata-se, isto sim, da elaboração de um "jus gentium mercatorum", direito que regula as relações dos agentes do comércio internacional, e que tendem a ser uniformizados no mundo, não por força de constarem em tratados internacionais, mas pela sua própria vocação de ultrapassarem as fronteiras dos Estados". Sobre o tema, confira: SOARES, Guido Fernando Silva. Arbitragem comercial internacional e o projeto da UNCITRAL (lei-modelo). *Revista da Faculdade de Direito*, Universidade de São Paulo, n. 82, 1987, p. 28 e ss.

181. Posteriormente, a UNCITRAL lançou a Lei Modelo de Assinaturas Eletrônicas (2001), a Convenção de Comunicações Eletrônicas (2005) e, mais recentemente, a Lei Modelo de Registros Eletrônicos Transferíveis (2017).

182. Confira a Resolução 51/162 da Assembleia Geral de 16 de dezembro de 1996, Lei Modelo da UNCITRAL sobre o comércio eletrônico, Capítulo II – Aplicação de requisitos legais às mensagens de dados, artigo 5 – Reconhecimento jurídico das mensagens de dados, nos seguintes termos: "Não se negarão efeitos jurídicos, validade ou eficácia à informação apenas porque esteja na forma de mensagem eletrônica". Cf.: NAÇÕES UNIDAS. Resolução 51/162 de 16 de dezembro de 1996. Disponível em: http://www.lawinter.com/1uncitrallawinter.htm. Acesso em: 4 ago. 2018.

pelo então presidente americano Bill Clinton, que os governos deveriam incentivar a autorregulação[183] da privacidade na *internet* e de suas questões afins sempre que possível. Apesar do próprio documento já salientar que o Uniform Commercial Code (UCC)[184], adotado pelos governos estaduais, deveria ser reestruturado à luz do *cyberspace*[185], havia outra diretriz maior que ali estava consubstanciada.

O texto[186] explicitou que a regulamentação, muitas vezes desnecessária das atividades comerciais, acabava por desvirtuar o desenvolvimento do comércio eletrônico de consumo, majorando o custo de produtos e serviços para os próprios consumidores. Além disso, pontuou que os Estados deveriam abster-se de elaborar novos regulamentos, procedimentos burocráticos ou criação de impostos ou tarifas decorrentes de atividades comerciais via *internet*.

Finalmente, assinalou que quando a intervenção do Estado fosse necessária, deveria sê-lo para facilitar o comércio eletrônico, na perspectiva de garantir a concorrência, proteger a privacidade dos usuários, promover a transparência das transações e simplificar eventuais resoluções de disputas.

Pari passu, o "Uniform Electronic Transactions Act", de 1999, previa que o consumidor pudesse reter[187] as informações enviadas pelo fornecedor na contratação, para, caso precisasse, pudesse consultar a qualquer tempo.

Via de consequência, as diretrizes propostas[188] pela OCDE sobre a Proteção do Consumidor no contexto do comércio eletrônico, em 1999, já propunham que as informações deveriam ser claras, exatas, de fácil acesso, e fornecidas de forma a oferecer ao consumidor a possibilidade real de as examinar antes de se comprometer na transação propriamente dita. Transparência[189], práticas justas,

---

183. Cf.: SWIRE, Peter. Trustwrap: The Importance of Legal Rules to Electronic Commerce and Internet Privacy. *Hastings Law Journal*, v. 54, 2003, p. 859 e ss.

184. Todo governo estadual adotou o UCC. Na prática, diversos problemas surgiram, especialmente na forma como a transação deveria ser concluída (contratos escritos). Diferentemente do modelo de negócio tradicional, o comércio eletrônico está pautado nas transações eletrônicas. Sobre o tema, confira o *site*: https://www.uniformlaws.org/acts/ucc. Acesso em 15.10.2019.

185. Cf.: Framework for Global Electronic Commerce, disponível em: http://www.w3.org/TR/NOTE-framework-970706.html. Acesso em: 09 out. 2019, *verbis*: "In the United States, every state government has adopted the Uniform Commercial Code (UCC), a codification of substantial portions of commercial law. The National Conference of Commissioners of Uniform State Law (NCCUSL) and the American Law Institute, domestic sponsors of the UCC, already are working to adapt the UCC to cyberspace."

186. Cf.: Framework for Global Electronic Commerce, disponível em: http://www.w3.org/TR/NOTE-framework-970706.html. Acesso em: 09 out. 2019.

187. Cf.: Uniform Electronic Transaciton Act – 1999. Disponível em: http://euro.ecom.cmu.edu/program/law/08-732/Transactions/ueta.pdf. Acesso em: 14.10.2019, p. 19 e ss.

188. Cf.: http://www.oecd.org/sti/consumer/oecd*guidelines*forconsumerprotectioninthecontextofelectroniccommerce1999.htm. Acesso em: 15 out. 2019.

189. Confira o princípio I, § 1º, presente no anexo à Recomendação do Conselho relativa às Linhas Diretrizes que regem a Protecção dos Consumidores no Contexto do Comércio Electrónico "os consumidores que participam no comércio eletrónico devem beneficiar de uma proteção transparente e eficiente de um nível pelo menos equivalente ao da proteção assegurada em outras formas de comércio", disponível em: http://www.oecd.org/sti/consumer/oecd*guidelines*forconsumerprotectioninthecontextofelectroniccommerce1999.htm. Acesso em: 20 jan. 2020.

educação na relação de consumo e privacidade[190] eram substantivos que nortea-vam essas diretrizes.

Com efeito, apesar de não possuírem eficácia vinculante, as orientações seriam como um guia para os Estados na formulação e implementação de proteção aos consumidores no comércio eletrônico, incentivando também a autorregulação e a adoção de programas de "boas práticas", visando sempre uma relação mais equânime entre consumidor e fornecedor.

Sintetizando, os organismos e organizações mundiais relacionadas ao comércio há muito se preocupavam com as transações eletrônicas, levando a nossa conclusão preliminar que, apesar de todos os esforços de debate e imersão no tema, ainda há muito para se concretizar, especialmente no que toca ao dever de informação efi-ciente na relação de consumo.

---

190. Para imersão na evolução do tema sobre a privacidade, confira: TOMÉ, Bruna Borghi; MARTINS, Patrícia Helena Marta. A proteção constitucional da privacidade de consumidores. Uma análise da ADI 6387. *Relações de Consumo no Brasil: Decisões e Temas Contemporâneos*. São Paulo: Singular, 2021, p. 36 e ss.

PARTE I
DEVER DE INFORMAÇÃO

A primeira parte da investigação atine-se ao direito à informação do consumidor, em sua máxima amplitude. O primeiro capítulo cinge-se aos princípios gerais sobre o dever de informar, sobretudo sobre a contextualização do direito do consumidor como direito fundamental, a distribuição do ônus de informação entre os contraentes e elencaremos quais os requisitos para informação completa.

Especificamente quanto aos princípios em espécie, por questões metodológicas, trataremos dos 5 princípios centrais que têm similitude maior em nossa investigação, a saber: princípio da vulnerabilidade informacional, princípio da confiança, princípio da transparência, diálogo das fontes, princípio da boa-fé, sem prejuízos dos demais princípios concebidos pela doutrina[1].

De mais a mais, serão tracejadas questões cruciais para compreender o dever de informação sob seu aspecto transversal, desde a função de inclusão no âmbito das pessoas com deficiência, perspectiva econômica do dever de informar, conformidade à boa fé e o dever de informar, *compliance* e o dever de informação na perspectiva internacional e, por último, o direito à informação como política pública.

Pari passu, o segundo capítulo abordará sobre a temática do dever pré-contratual de informação nos contratos de adesão concluídos por meio eletrônico, na perspectiva luso-brasileira, com estudo detalhado nos conceitos categóricos como oferta, publicidade, regime jurídico, evolução normativa, cotejo jurisprudencial e disposições legais pertinentes ao Brasil e Portugal.

Finalmente, o terceiro e último capítulo da primeira parte tratará sobre a conexão entre o dever de informação pré-contratual e o direito de arrependimento, notadamente quais as implicações que o direito de arrependimento podem irradiar no direito de informação elementar do consumidor e na própria relação de consumo, tracejando os efeitos de sua inobservância pelo fornecedor, desde resolução do contrato, até mesmo a ampliação do prazo para o exercício do direito de arrependimento ao consumidor.

---

1. No Brasil, o Professor Fabrício Bolzan pondera outros tantos princípios, tais como: princípio da intervenção estatal, princípio da harmonia nas relações de consumo, princípio do equilíbrio, princípio da educação e informação, princípio da coibição e repressão ao abuso, dentre outros. Confira: ALMEIDA, Fabrício Bolzan de. *Direito do Consumidor*. 7. ed. São Paulo: Saraiva, 2019, p. 249 e ss. Por sua vez, na doutrina portuguesa, o Professor José Engrácia Antunes elenca outros princípios, como: direito à proteção dos interesses econômicos, direito à proteção da saúde e segurança física, direito de participação. Confira: ANTUNES, José Engrácia. *Direito do Consumo*. Coimbra: Almedina, 2019, p. 76 e ss.

Capítulo 1
PRINCÍPIOS GERAIS SOBRE O DEVER DE INFORMAÇÃO

1.1 DEFINIÇÃO

Dever jurídico[2] é a imposição do sistema de normas a uma determinada conduta do indivíduo, na medida em que arbitra uma sanção ao comportamento contrário. Por seu turno, o direito subjetivo[3] à informação surge como consequência da obrigação legal que o fornecedor tem de informar o consumidor, resguardado a qualquer tempo o seu exercício.

Sob essas premissas, dever de informação é conceituado[4] simplificadamente como transmissão de fatos de forma objetiva, quer verse ela sobre pessoas, coisas ou qualquer relação. Em outras palavras: o dever de informar consiste na imposição, às partes, da obrigação de disponibilizar toda e qualquer informação atinente ao negócio que as une.

Sobre o caráter real da informação, a Professora Elsa Dias de Oliveira[5] explica que a preocupação do legislador não se restringiu a proporcionar ao consumidor informações sobre os elementos cruciais dos bens ou serviços, mas visou garantir que pudesse contratar com conhecimento efetivo do contrato e dos direitos e deveres que lhe coubessem.

Em que pese o entendimento minoritário inglês[6] no sentido de que não há nenhum dever geral de informar entre as partes, fato é que a proteção pela informação

---

2. Vide LARENZ, Karl. *Metodologia da ciência do direito*. Lisboa: Fundação Calouste Gulbenkian, 2005, p. 102 e ss.
3. Sobre o tema, confira: CALDAS, Luis Miguel Simão da Silva. Direito à informação no âmbito do direito do consumo. *Revista Julgar*, Coimbra Ed., 21, 2013, p. 203 e ss.; LIZ, Jorge Pegado. "Algumas reflexões a propósito do direito dos consumidores à informação", Liber Amicorum Mário Frota, Coimbra, Almedina, 2012, p. 33 e ss. Confira também: PORTUGAL. Tribunal da Relação de Lisboa. Acórdão do processo. 6067/2006-6. Relator Granja da Fonseca. Lisboa, 21 de setembro de 2006. Para aprofundamento, vide notas de rodapé 423,424 e 425.
4. Cf.: MONTEIRO, Jorge Ferreira Sinde, *Responsabilidade por conselhos, recomendações ou informações*, Coimbra: Almedina, 1989, p. 14 e ss.
5. OLIVEIRA, 2012, p. 75. Sobre o tema, confira os julgados: PORTUGAL. Supremo Tribunal de Justiça. Acórdão do processo n3501/06.3TVLSB.L1.S1. Relator: Lopes do Rego. Lisboa, 04 de agosto de 2010; PORTUGAL. Supremo Tribunal de Justiça. Acórdão do processo 738/12.0TBCVL.C1.S1. Relatora: Maria dos Prazeres Beleza. Lisboa, 26 de fevereiro de 2015.
6. Vide: MONTEIRO, Jorge Ferreira Sinde. *Responsabilidade por conselhos, recomendações ou informações*. Coimbra: Almedina, 1989, p. 154.

e seus consectários se tornou realidade na última década, em especial na área do consumidor.

Explico. A falsa sensação de segurança econômica e a facilidade de crédito[7] mobilizou os consumidores a adquirirem mais produtos[8] no mercado e, com isso, muitos fornecedores se aproveitaram da situação para visar tão somente o lucro[9]. Assim, foi no comércio eletrônico que se concentrou a maior expansão econômica entre os países, sobretudo por permitir que o cidadão acessasse o sítio eletrônico em qualquer lugar e tempo e pudesse pactuar com o fornecedor quando bem entendesse.

Nesse contexto, a informação do produto ou serviço passou de mero coadjuvante na compra e venda de mercadorias a protagonista, tornando-se o elemento principal. Contudo, àquela época, a proteção do consumidor não foi acompanhada no mesmo compasso pela doutrina portuguesa[10], uma vez que o adquirente virtual se subsumia às regras gerais do contrato de consumo e não despendia atenção especial.

Por outro lado, ao passo em que o consumo cresceu, também desencadeou, em similar proporção, a necessidade de tutelar a parte vulnerável[11], em especial, quanto aos deveres de informação dos produtos e serviços que a ela eram ofertados.

A bem dizer, a proteção do consumidor virtual ganhou espaço nas legislações recentes em face do próprio *modus operandi* peculiar[12] do contrato eletrônico, já que esta espécie contratual fragiliza a posição do consumidor no sentido de seu poder negocial ser diminuto (ausência física do consumidor), deixando-o em posição mais vulnerável, especialmente no que diz respeito à insegurança na circulação das informações pessoais e dados de cartão de crédito para que se concretize a transação.

---

7. Vide comentários de VASCONCELOS, Pedro Pais de. O abuso do abuso do direito: um estudo de direito civil. *Revista do Centro de Estudos Judiciários*, n. 1, 2015, p. 41.

8. Na economia consumista, os produtos surgem, e só então se buscam aplicações para eles. Cf.: BAUMAN, Zygmunt. *A ética é possível num mundo de consumidores?* Trad. Alexandre Werneck. Rio de Janeiro: Zahar, 2013, p. 351.

9. Confira em: FREIRE, Paula Vaz. Sociedade de Risco e Direito do Consumidor. In: LOPEZ, Teresa Ancona et al. (Org.). *Sociedade de Risco e Direito Privado*. São Paulo: Atlas, 2013, p. 375-379. Ademais, a conduta acentuada dos fornecedores é facilmente visualizada nos contratos eletrônicos com consumidores, objeto deste estudo, especialmente porque o consumidor, em regra, vincula-se a contratos que são celebrados automaticamente, sem liberdade para alterar as cláusulas ali expostas.

10. O fato de ser comércio eletrônico não beneficiaria nem tampouco prejudicaria o consumidor. Cf.: OLIVEIRA, Elsa Dias. *A proteção dos consumidores nos contratos celebrados através da internet:* contributo para uma análise numa perspectiva material e internacional privatista. Coimbra: Almedina, 2012, p. 58.

11. O discurso do presidente norte-americano John Kennedy é considerado o marco histórico da proteção do consumidor. Cf.: SILVA, João Calvão da. A publicidade na formação do contrato. *Comemorações dos 35 anos do Código Civil e dos 25 anos da reforma de 1977*. Coimbra: Coimbra Ed., 2006, v. 2, p. 696. Confira também: MONTEIRO, António Pinto. Do Direito do Consumo ao Código do Consumidor. *Estudos de Direito do Consumidor*, n. 1, Coimbra, 1999, p. 201 e ss.

12. Vide DL 7.962 de 2013 que regulamenta a Lei 8.078, de 11 de setembro de 1990, para dispor sobre a contratação no comércio eletrônico. Ademais, o excesso de publicidade eletrônica, muitas vezes agressiva para com o consumidor induz ao consumo, impossibilitando o adquirente de ter o discernimento necessário para avaliar se o produto é realmente aquele que deseja. Cf.: CARVALHO, Jorge Morais. *Manual de Direito do Consumo*. 3. ed. Coimbra: Almedina, 2019, p. 148 e ss.

Com efeito, como se verá, reiteradas vezes as informações propagadas ao consumidor são demasiadamente extensas e, embora sejam verdadeiras, o confundem na compreensão dos elementos cruciais do contrato.

O professor Dário Moura Vicente[13] já trazia elementos da presente crise moderna de informação quando explanou que a descodificação do direito privado tem levado à adoção de Directivas europeias descoordenadas entre si, sem ter o legislador preocupação valorativa dessas. Com o advento da sociedade de informação[14], surgiram múltiplas demandas jurídicas, muitas delas ainda sem solução.

Se, por um lado, a máxima amplitude informacional dos regulamentos exige um dever geral de informação[15] completa, verdadeira, atual, clara, objetiva e lícita, abordando os seus pormenores, por outro, os diplomas legais[16] não se preocuparam com o fenômeno recente do excesso de informação.

Incongruências à parte, fato é que a superproteção legislativa ao consumidor, por vezes, acarreta prejuízos para esse. Informações que, em excesso, acabam por traduzir em desinformação.

1.2 DIREITO À INFORMAÇÃO COMO UM DIREITO FUNDAMENTAL

A informação, *per si*, tem um valor público e democrático[17], uma vez que permite transparência e difusão do poder, sendo simultaneamente uma ferramenta eficiente de controle de decisões.

O direito à informação tem esteio no próprio regime democrático, sendo decorrente do princípio da liberdade de expressão e informação em todas as manifestações. Antes mesmo das relações contratuais privadas, o direito a ser informado corresponde ao direito da coletividade[18] em obter informações, com acesso livre.

Para mais: o direito à informação supera a noção de liberdade de expressão[19], uma vez que tende a conciliar os interesses de quem informa e de quem recebe a informação, garantindo igualmente o direito de ser informado.

---

13. Confira VICENTE, Dário Moura. Culpa na formação dos contratos. *Comemorações dos 35 anos do Código Civil e dos 25 anos da reforma de 1977*. Coimbra: Coimbra Ed., 2006, v. 3, p. 278. Vide também VICENTE, Dário Moura. Tendências da Codificação do Direito Civil no século XXI: Algumas Reflexões. In: LOPEZ, Teresa Ancona et al. (Coord.). *Sociedade de Risco e Direito Privado*. São Paulo: Atlas, 2013, p. 701-717.
14. Vide: VICENTE, Dário Moura. A informação como objeto de direitos. *Revista de Direito Intelectual*, Coimbra, n. 1, 2014, p. 116.
15. Confira artigo 7, n. 1, do Código dos Valores Mobiliários, 304-A, n. 2, e artigo 8, n. 1, da lei de defesa do consumidor.
16. Vide: lei de defesa do consumidor, cláusulas gerais, DL 24/2014.
17. Vide conceito bem explicitado por: BARLOW, John Perry. A Declaration of the Independence of Cyberspace. *EFF Eletronic Frontier Foundation*, 1996, p. 735 e ss. Disponível em: https://www.eff.org/cyberspace-independence. Acesso em: 23 maio 2019.
18. Sobre o tema, confira: CARVALHO, Luis Gustavo Grandinetti Castanho de. *Direito de informação e liberdade de expressão*. Rio de Janeiro: Renovar, 1999, p. 144.
19. Sobre o tema, confira: DUHALDE, Eduardo Luis; ALÉN, Luis Hipólito. *Teoría jurídico-política de la comunicación*. Buenos Aires: Editorial Universitária de Buenos Aires, 2001, p. 90 e ss.

Ademais, o direito à informação correta, verdadeira e adequada foi há muito proclamado pelos princípios basilares do Direito do Consumo, com espeque na Resolução 39/248 da Assembleia Geral das Nações Unidas[20], de 16 de abril de 1985, visando o acesso dos consumidores à informação adequada para permitir-lhes fazer escolhas embasadas de acordo com seus desejos e necessidades e a informação propriamente dita ao consumidor.

Por sua vez, a Carta dos Direitos Fundamentais da União Europeia afiança, em seu artigo 11, que "qualquer pessoa tem direito à liberdade de expressão. Este direito compreende a liberdade de opinião e a liberdade de receber e de transmitir informações ou ideias, sem que possa haver ingerência de quaisquer poderes públicos e sem consideração de fronteiras". Além do mais, ressalta que a União Europeia deve assegurar um elevado nível de defesa dos consumidores[21].

O direito à informação foi alçado como direito fundamental[22] pela Constituição Portuguesa de 1976, e dentro da possível normatização[23], o direito à informação é hoje encontrado sobretudo nos seguintes diplomas[24]: cláusulas contratuais gerais, lei 24/96, Código Civil e no comércio eletrônico, no DL 7/2004 e DL 24/2014.

Antes de mais, o consumidor alçou à qualidade[25] de sujeito de direitos fundamentais essencialmente por conta da sua subalternidade e vulnerabilidade na relação econômica com o fornecedor.

Os Professores Jorge Miranda e Rui Medeiros pontuam que o direito à informação é decorrente do dever de proteção[26] constitucional do consumidor na Carta

---

20. Confira artigo 3º da Resolução da Organização das Nações Unidas, n. 39/248, de 16 de abril de 1985. Cumpre ressaltar que no Ato Único Europeu de 1987, a Comunidade Europeia consagrou pela primeira vez ao nível do direito originário, a protecção dos consumidores como um objetivo autônomo, confira artigo 100 A.

21. Confira artigo 38 da Carta dos Direitos Fundamentais da União Europeia (2010/C 83/02).

22. Sobre o tema, confira: CRISTAS, Assunção. Protecção constitucional do consumidor e suas implicações no direito contratual. In: AA.VV. *Direito Contratual entre Liberdade e Protecção dos Interesses e Outros Artigos Alemães-Lusitanos*. Coimbra, Almedina, 2008.; NABAIS, José Casalta. O estatuto constitucional dos consumidores. In: AA.VV. *Estudos em Homenagem ao Prof. Doutor Sérvulo Correia*, Coimbra, Coimbra Ed., 2010, v. I, p. 479 e ss. Pondera o Professor José Engrácia Antunes da seguinte forma: "Apesar de ter assim alçados os direitos dos consumidores à dignidade de direitos fundamentais, o preceito constitucional tem uma natureza essencialmente programática, sendo duvidoso que seja diretamente aplicável às relações de consumo e, assim, fonte de direitos subjetivos para os consumidores. Confira: ANTUNES, José Engrácia. Os Direitos dos Consumidores. *Cadernos de Direito Privado*, n. 63, Centro de Estudos Jurídicos do Minho, 2018, p. 3 e ss.

23. Cumpre salientar que os deveres pré-contratuais de informação foram dispostos pelo Código Civil português, em seu artigo 227.

24. O direito dos cidadãos à informação já se encontrava de forma difusa nas Declarações Universais e das Cartas de Direitos Fundamentais do Homem e do Cidadão. Vide: LÔBO, Paulo Luiz Netto. A informação como direito fundamental do consumidor. *Direito do Consumidor*: proteção da confiança e práticas comerciais. São Paulo: Ed. RT, 2011, v. 3, p. 595-614.

25. Sobre o tema, confira: CANOTILHO, José Joaquim Gomes; MOREIRA, Vital Martins. *Constituição da República Portuguesa Anotada*. Coimbra: Coimbra Ed., 2007, p. 781 e ss.

26. Sobre o tema, confira: MIRANDA, Jorge; MEDEIROS, Rui. *Constituição Portuguesa Anotada*. Coimbra: Coimbra Ed., 2010, p. 617 e ss.

CAPÍTULO 1 • PRINCÍPIOS GERAIS SOBRE O DEVER DE INFORMAÇÃO   **47**

mor portuguesa, uma vez que patenteia bem um fenômeno de subjetivação derivado das transformações da sociedade e da consciência da relação de poder em que os consumidores se encontram frente aos produtores e fornecedores públicos ou, mais frequentemente, privados.

No Brasil, há previsão constitucional do direito à informação prevista no artigo 5º, XIV, da Constituição Federal de 1988, além de se enquadrar como direito fundamental. Nesse caso, vale fazer uma explicação. Se, por um lado, os direitos fundamentais são, via de regra, oponíveis[27] contra o Estado e contra os particulares no que toca à prestação negativa (Estado ou particulares não podem cercear ou bloquear que o cidadão titular de um direito deixe de exercê-lo), por outro, no caso especificamente do direito à informação, há necessidade de uma prestação positiva[28] do fornecedor em face do consumidor.

Além disso, a informação também foi disciplinada nos artigos 220 e 221, inserida no capítulo que dispõe acerca da Comunicação Social, sendo necessário acentuar dois aspectos: a circulação de informação é livre, não podendo sofrer qualquer tipo de restrição (*caput* do art. 220); a finalidade da informação deverá estar relacionada a objetivos educativos, culturais e informativos e respeitar os valores éticos e sociais da pessoa e da família.

Existem também o artigo 24, inciso VIII, que regulou como competência exclusiva da União legislar sobre direito do consumidor; o artigo 150, § 5º, o qual dispõe acerca da necessidade de que os consumidores sejam devidamente informados sobre os impostos[29] que incidem sobre os produtos e serviços e, finalmente, os direitos dos usuários de serviços públicos (artigo 175, parágrafo único).

Outrossim, o inciso XXXIII do artigo 5º dispõe acerca do direito à informação frente aos órgãos públicos, enquanto o inciso LXXII, do mesmo artigo, prevê o *habeas data*, recurso o qual permite e garante que o cidadão tenha acesso às informações armazenadas a seu respeito e o direito de corrigi-las em caso de algum vício. A finalidade de todos os dispositivos visualizados é a proteção da tutela da parte mais fraca (tecnicamente hipossuficiente) e mais vulnerável: o consumidor.

---

27. LÔBO, Paulo Luiz Netto. A informação como direito fundamental do consumidor. *Direito do Consumidor*: proteção da confiança e práticas comerciais. São Paulo: Ed. RT, 2011, v. 3, p. 595-614.
28. Confira seguinte julgado: Ementa: agravo de instrumento. Ação coletiva de consumo. Transporte aéreo de passageiros. Dever de informação. Inversão do ônus da prova. Multa diária. – No caso concreto, a decisão recorrida nada mais fez do que garantir, por ora, o direito fundamental de informação aos usuários (consumidores) dos serviços prestados pela agravante, consoante determina o art. 5º, incisos XIV e XXXIII, da Constituição Federal, bem como as regras protetivas do Código de Defesa do Consumidor. (Agravo de Instrumento 70023393754, Décima Segunda Câmara Cível, Tribunal de Justiça do RS, Relator: Dálvio Leite Dias Teixeira, Julgado em 17.03.2008).
29. Sobre o tema, confira: Lei 12.741/2012, que dispõe sobre as medidas de esclarecimento ao consumidor, de que trata o § 5º do artigo 150 da Constituição Federal; altera o inciso III do art. 6º e o inciso IV do art. 106 da Lei 8.078, de 11 de setembro de 1990 – Código de Defesa do Consumidor.

Nesse contexto, foi criada a Lei de Acesso à informação[30] para regulamentar o dispositivo constitucional com a finalidade de facilitar o acesso às informações públicas específicas através de requerimento do interessado, de autarquias, empresas públicas, sociedades de economia mista, órgãos públicos, visando a transparência e controle social da administração pública.

Referida lei é de suma importância, uma vez que os contratos pactuados com as concessionárias de água e energia são, via de regra, de adesão e muitas vezes concluídos por meios eletrônicos, demonstrando sua relevância.

Como visto, em que pese o direito à informação nas relações de consumo não tenha sido tratado expressamente na Constituição Federal nas relações de consumo, impõe-se o seu reconhecimento[31] na medida em que o direito do consumidor somente será devidamente observado se, e somente se, o consumidor tiver acesso à informação ampla e verdadeira. Adiante, trataremos daquilo disposto na legislação infraconstitucional, à luz do direito comparado.

1.3 ÔNUS DE INFORMAÇÃO ENTRE OS CONTRAENTES

Antes de discutir propriamente o ônus de informação dos contraentes, cumpre trazer à baila a distinção que a doutrina portuguesa trata sobre os deveres de informação, comunicação e esclarecimento.

Os deveres de comunicação e de informação estão dispostos expressamente nos artigos 5º e 6º da Lei das Cláusulas Contratuais Gerais – LCCG.[32]

---

30. Cf.: Lei 12.527, de 18 de novembro de 2011. Regula o acesso a informações previsto no inciso XXXIII do art. 5º, no inciso II do § 3º do art. 37 e no § 2º do art. 216 da Constituição Federal; altera a Lei 8.112, de 11 de dezembro de 1990; revoga a Lei 11.111, de 5 de maio de 2005, e dispositivos da Lei 8.159, de 8 de janeiro de 1991; e dá outras providências. Sobre o tema, o Conselheiro e Professor Richard Kim assim acrescentou: "O Sistema de Justiça deve aperfeiçoar os seus sistemas de controle e de fiscalização, de modo a garantir não só eficiência interna, mas também o conhecimento pleno de dados processuais pelos interessados, inclusive por presos e por membros da sociedade, eis que todos têm direito de receber dos órgãos públicos informações de seu interesse particular, ou de interesse coletivo ou geral (cf. art. 5º, inciso XXXIII, da Constituição Federal e Lei 12.527/11)". Confira: KIM, Richard Pae. *O Conselho Nacional de Justiça e suas políticas judiciárias garantidoras de direitos fundamentais*. Disponível em: https://www.tjsp.jus.br/download/EPM/Publicacoes/ObrasJuridicas/15federalismo.pdf?d=637006247774866622. Acesso em: 20 dez. 2021.

31. Convergindo sobre o tema, confira: GARCIA, Leonardo Medeiros. *O princípio da informação na pós-modernidade*: direito fundamental do consumidor para o equilíbrio nas relações de consumo. Disponível em: http://www.revistas.unifacs.br/index.php/redu/article/viewFile/3466/2482. Acesso em: 04 jun. 2020.

32. Cf.: DL 446/85, de 25 de outubro, que institui as cláusulas contratuais gerais. "Artigo 5.º Comunicação 1 – As cláusulas contratuais gerais devem ser comunicadas na íntegra aos aderentes que se limitem a subscrevê-las ou a aceitá-las. 2 – A comunicação deve ser realizada de modo adequado e com a antecedência necessária para que, tendo em conta a importância do contrato e a extensão e complexidade das cláusulas, se torne possível o seu conhecimento completo e efectivo por quem use de comum diligência. 3 –O ónus da prova da comunicação adequada e efectiva cabe ao contratante que submeta a outrem as cláusulas contratuais gerais.; Artigo 6º Dever de informação 1 – O contratante que recorra a cláusulas contratuais gerais deve informar, de acordo com as circunstâncias, a outra parte dos aspectos nelas compreendidos cuja aclaração se justifique. 2 – Devem ainda ser prestados todos os esclarecimentos razoáveis solicitados.

O dever de comunicar corresponde, na prática, à obrigação de o predisponente facultar ao aderente, em momento oportuno, o teor integral das cláusulas contratuais de modo a que este tome conhecimento, completo e efetivo, do seu conteúdo.

Nesse sentido, a jurisprudência portuguesa[33] entende que para se aferir que o dever de comunicação foi prestado em sua plenitude, basta a possibilidade de o aderente conhecer o conteúdo das cláusulas, com a antecedência necessária para que possa refletir e decisão quanto a uma possível contratação.

O dever de informação, que pressupõe a efetivação da comunicação, dirige-se essencialmente à compreensão e assimilação do conteúdo e corresponde à explicação desse conteúdo quando não seja de esperar o seu conhecimento real pelo aderente consumidor.

Nessa última hipótese, impõe-se a prestação espontânea de informação das nuances das cláusulas que exijam aclaração, sem prejuízo da prestação de todos os esclarecimentos[34] razoáveis e possíveis que sejam solicitados pelo próprio consumidor.

Desdobra-se, portanto, em duas vertentes[35], notadamente na fase pré-contratual: a iniciativa de informar por parte do predisponente, em relação a nuances que justifiquem aclaração necessária; a obrigação de informar, em resposta aos esclarecimentos razoáveis que lhe sejam solicitados pelo consumidor.

Nesse ponto, o Professor António Barreto Menezes Cordeiro[36] propõe-nos que os deveres passivos de esclarecimento são atinentes às questões e dúvidas colocadas pelo consumidor; por sua vez, os deveres ativos de esclarecimento referem-se às informações necessárias à luz do conhecimento e experiência do consumidor, tendo em mente sempre uma decisão fundamentada e esclarecida, ainda que o consumidor não as solicite.

---

33. Sobre o tema, confira: PORTUGAL. Supremo Tribunal de Justiça. Acórdão do processo 06A818. Relator: Sebastião Póvoas. Lisboa, julgado em 18 de abril de 2006.; PORTUGAL. Supremo Tribunal de Justiça. Acórdão do processo 2963/07.6TVLSB.L1.S1. Relator: Alves Velho. Lisboa, julgado em 20 de janeiro de 2010.; PORTUGAL. Supremo Tribunal de Justiça. Acórdão do processo 5477/8TVLSB.L1.S1. Relator: Azevedo Ramos. Lisboa, julgado em 29 de abril de 2010.

34. Confira as lições do Professor Menezes Cordeiro, *verbis*: "os deveres acessórios de esclarecimento obrigam as partes a, na vigência do contrato que as une, informar todos os aspectos atinentes ao vínculo, de ocorrências que ainda, de todos os efeitos que, da execução contratual, possam advir". CORDEIRO, António Menezes. *Da boa-fé no direito civil*. Coimbra: Almedina, 2015, p. 605 e ss.

35. Sobre o tema, confira o seguinte julgado: "Trata-se de, e ainda na fase de negociação, ou pré-contratual, comunicar quais as cláusulas a inserir no negócio mas, e também, prestar todos os esclarecimentos necessários, designadamente informando o aderente do seu significado e implicações" – Acórdão do STJ de 18/4/2006 (Proc. 06A818; Relator: Sebastião Coutinho Póvoas; texto integral acessível in www.dgsi.pt)".

36. Em outra perspectiva, confira: CORDEIRO, António Barreto Menezes. O contrato de gestão de carteira. *Revista de Direito Financeiro e dos Mercados de Capitais*. Lisboa, fev. 2020., p. 41 e ss. Sobre o caráter proativo da transmissão da informação, confira o seguinte julgado: acórdão TRC 16-jan.-2018 (Arlindo Oliveira), proc. 2918/16.0T8LRA.C1.

Em outras palavras, o dever de informação concretiza-se em informar, de acordo com as circunstâncias do caso em concreto[37], à outra parte sobre as nuances assentadas nas cláusulas contratuais gerais cuja aclaração se justifique e na prestação de todos os esclarecimentos razoáveis possíveis solicitados pelo consumidor.

Há ainda quem entenda que exista o dever de aconselhamento[38], notadamente nas relações entre especialista e não especialista, como por exemplo, cliente-advogado, médico-paciente etc. Nessa última situação, o médico, por deter conhecimento técnico do tratamento, encontra-se em uma situação inegavelmente privilegiada ante ao paciente, o que torna esse dever mais acentuado[39], implicando

---

37. Sobre o tema, a Professora Ana Prata explica que a extensão da obrigação da informação varia em função da natureza do contrato e situação recíproca das partes. Cf.: PRATA, Ana. *Responsabilidade pré-contratual:* uma perspectiva comparada dos direitos brasileiro e português. Coimbra: Almedina, 2018, p. 106 e ss.

38. Exemplifica também o Professor Jorge Ferreira Sinde Monteiro que o dever dos vendedores de equipamentos de informática é de aconselhamento, tendo em vista "produtos de tecnologia avançada, em que o adquirente não está normalmente em condições de avaliar correctamente as características e possibilidades. Especialmente em matéria de informática, no que respeita ao fornecimento de grandes e médios sistemas. Neste sector, como em outros em que a prestação apresenta uma elevada tecnicidade, o vendedor tem de ter em conta as necessidades do utilizador, para que este obtenha a satisfação desejada, o que implica deveres de *mettre em garde* e uma orientação na escolha. É aqui particularmente importante a relação entre as qualidades da coisa e o seu destino. Ao fornecedor poderá assim ser imputada uma 'culpa profissional', quer no caso de fornecimento de um sistema demasiadamente poderoso e inutilmente custoso, quer no propor um equipamento insuficiente, ou até mesmo não utilizável pelo adquirente. Tratando-se da 'venda' de um sistema 'chaves na mão', foi decidido que o fornecedor estava adstrito a uma obrigação de conselho 'reforçada', faltando às 'regras da arte' ao não efectuar uma análise funcional séria". Cf.: MONTEIRO, Jorge Ferreira Sinde, *Responsabilidade por conselhos, recomendações ou informações,* Coimbra: Almedina, 1989, p. 407 e ss. No Brasil, não há qualquer distinção na jurisprudência entre dever de esclarecimento simples e dever de conselho ou aconselhamento, ou seja, os dois casos são entendidos como dever de informar, vejamos: "Direito Civil. Oferta de Imóvel à venda. Correta informação e transparência. Princípio da boa-fé objetiva. Rescisão do contrato de compra e venda diante do inadimplemento do dever de informar. 1 – Trata- se de ação intitulada de 'rescisão de escritura pública de compra e venda com pacto adjeto de hipoteca', ajuizada por comprador em face da vendedora (CEF) sob o fundamento de que houve violação à boa-fé contratual, considerando que o adquirente não foi informado a respeito da possibilidade concreta da presença de terceira pessoa no imóvel. 2 – A cláusula 'no estado em que se encontra' somente poderia ser considerada no contexto do estado de conservação do imóvel, e não quanto à ocupação do imóvel. 3 – Há determinados deveres implícitos aos contratos de adesão (como no caso da venda de vários imóveis pela CEF), entre eles o de informar corretamente os interessados da situação jurídica do imóvel que, se descumpridos, ensejam a aplicação de medidas sancionatórias como a rescisão do contrato e o ressarcimento dos prejuízos sofridos no campo patrimonial. 4 – Apelação conhecida e improvida" (BRASIL. Tribunal de Justiça do Rio de Janeiro. Apelação Cível 12455, processo 9002142889, Relator Desembargador Juiz Guilherme Calmon Nogueira da Gama, julgado em 09 de abril de 2003.); confira também; "Responsabilidade civil. Oftalmologista. 1. Dever de indenizar decorrente da omissão do dever de informar previamente o paciente a respeito dos riscos de cirurgia ocular que, a rigor, não seria imprescindível. Complicações subsequentes que obrigaram o paciente a outros procedimentos, sofrendo perda de acuidade visual. Confirmação da sentença, quanto ao mérito, por seus próprios fundamentos. Jurisprudência. 2. Dano moral. Majoração. 3. Pretendendo o autor também ressarcimento por danos materiais, negados na sentença, deveria ter manejado recurso próprio e não aderido ao apelo do réu. Em tais circunstâncias, o recurso adesivo, nesta parte, não apresenta contraposição à matéria tratada no apelo. Apelo do réu improvido. Recurso adesivo conhecido em parte e provido parcialmente" BRASIL. Tribunal de Justiça do Rio Grande do Sul. Apelação Cível 70007712698. Décima Câmara Cível. Relator Dr. Luiz Lúcio Merg, julgado em 20 de maio de 2004.

39. No Brasil, confira o seguinte julgado: Responsabilidade civil. Cirurgia para redução de mamas. Paciente obesa. Súmula 07 da Corte. Embargos de declaração. Súmula 98 da Corte. 1. Examinada a prova dos autos

no fornecimento de informações para o que o consumidor possa realizar eventuais escolhas em procedimentos de forma livre e consciente, inclusive com todas as consequências vindouras.

No que toca ao ônus do dever de informação[40], o diploma português é claro ao enfatizar que "o ónus da prova da comunicação adequada e efetiva cabe ao contratante determinado que submeta a outrem as cláusulas contratuais gerais", no caso em estudo, caberá ao fornecedor.

Nas relações civis prevalece o entendimento de que existe um ônus de autoinformação[41] por parte do contratante. Isto é, em sede de negociações preliminares não há o dever de informar à outra parte sempre que a mesma consiga obter as informações por si, numa perspectiva de grau médio de diligências.[42] Ou seja, não há obrigação da parte de informar todos os aspectos da informação, notadamente aqueles que poderiam afastar do firmamento do contrato, como, por exemplo, informar que há outro concorrente que vende o mesmo produto por um preço mais em conta. Tal entendimento tem como premissa[43] a preservação na fase pré-contratual da livre autonomia das partes e da possibilidade de utilizar as informações quem possuem ao seu próprio interesse.

Compreende-se, à luz do exposto, que a parte não tem a obrigação de informar-se; no entanto, se não o fizer por desleixo, não poderá aproveitar-se da situação e invocar posteriormente deveres pré-contratuais.

---

pelo Acórdão recorrido, com a indicação de que faltou o médico com o dever de informação sobre os riscos da cirurgia, ainda mais tratando-se de paciente obesa, com sua ausência durante o pós-operatório que teve complicações, aliada à falta de prova de ter a autora exercido atividade que teria causado o problema e, ainda, inexistente prova da especialização do médico para a execução do tipo de cirurgia realizada, presente está a Súmula 07 da Corte, não havendo as alegadas violações aos artigos 131 e 458 do Código de Processo Civil. (REsp 332.025/MG, Rel. Ministro Carlos Alberto Menezes Direito, Terceira Turma, julgado em 28/05/2002, DJ 05.08.2002, p. 332).

40. Na doutrina portuguesa, o Professor José Manuel de Araújo Barros pontua que referido ônus de comunicação (bem como o de informação – art. 6º do mesmo diploma legal) são instrumentos paradigmático do direito à informação contido no art. 60º, n. 1 da Constituição da República Portuguesa, no âmbito contratual. Cf.: BARROS, José Manual de Araújo. *Cláusulas Contratuais Gerais*. Coimbra: Coimbra Ed., 2010, p. 64 e ss.

41. SILVA, Eva Sonia Moreira da, *Da responsabilidade pré-contratual por violação dos deveres de informação*, Coimbra: Almedina, 2003, p. 121 e ss. Confira também: LEITÃO, Luís Manuel Teles de Menezes. *Direito das Obrigações*. Coimbra: Almedina, 2018, v. I, p. 27 e ss. Vide o seguinte julgado: PORTUGAL. Tribunal da Relação de Lisboa. Acórdão do processo 2360/2008-6. Relatora: Fátima Galante. Lisboa, 24 de abril de 2008.

42. De forma peculiar, Professor Dário Moura Vicente entende que "[...] Não nos parece, em todo o caso, de admitir um dever geral de informar ou esclarecer a contraparte acerca da totalidade das circunstâncias de facto e de Direito determinantes da decisão de contratar: o dever de informar apenas existe onde o padrão de diligência exigível ao comum das pessoas não requeira que o contraente obtenha, pelos seus próprios meios, as informações e explicações necessárias a fim de se esclarecer [...]". Cf.: VICENTE, Dário Moura, A responsabilidade pré-contratual no Código Civil Brasileiro de 2002. *Revista Trimestral de Direito Civil*, v. 18, p. 3-20, abr./jun. 2004. Disponível em: http://www.fd.ulisboa.pt/wp-content/uploads/2014/12/Vicente-Dario-A-RESPONSABILIDADE-PRE-CONTRATUAL-NO-CODIGO-CIVIL-BRASILEIRO-DE-2002. pdf. Acesso em: 06 ago. 2017.

43. Sobre o tema, confira: VICENTE, Dário Moura. Culpa na formação dos contratos. *Comemorações dos 35 anos do Código Civil e dos 25 anos da reforma de 1977*. Coimbra: Coimbra Ed., 2006, p. 270 e ss.

Se adotar o entendimento da Professora Elsa Dias de Oliveira[44], chega-se à mesma conclusão, uma vez que tendo o fornecedor feito esforços sérios no sentido de informar o consumidor, se este não fizer a mínima diligência de se informar, o fornecedor nada mais poderia fazer, nem também deveria ser responsabilizado por tal ignorância do consumidor.

Tal mecanismo funcionaria como uma espécie de contrapeso da obrigação de informar a cargo do profissional. Explica a Professora[45] que, apesar do dever de informação legalmente previsto, o consumidor tem o ônus de agir de modo a conhecer as informações que lhe estão a ser disponibilizadas, não podendo o profissional ser *a posteriori* responsabilizado pela circunstância de o consumidor não querer ter conhecimento das informações que lhe foram prestadas em conformidade com a legislação vigente.

Irrepreensível, neste passo, o magistério de Vaz Serra[46] no sentido de que o dever de informar surge quando finda o encargo de se informar.

Apesar da concepção inglesa[47] de que não há nenhum dever geral de informar entre as partes, fato é que a proteção pela informação e seus consectários se tornou realidade na última década[48], em especial na área do consumidor[49].

É tanto que referida regra geral acima não é aplicada à relação de consumo, nem tampouco aos contratos de adesão eletrônicos. Explico. A regra geral[50] de que ninguém está obrigado a informar seu cocontratante é excepcionada por lei ou por convenção entre as partes, ou que a reticência seja geradora de dolo ou erro substancial.

No caso, a exclusão do ônus de autoinformação (aparecimento dos deveres pré-contratuais) decorreria de uma especial relação de confiança entre as partes, em que a informação em voga seja vetor supremo para decisão de pactuar ou não.

Mais que isso: se, por um lado, é dever do fornecedor informar, por outro, é direito básico do consumidor ser informado[51]. Tal princípio tem esteio no princípio

---

44. OLIVEIRA, Elsa Dias. *A protecção dos consumidores nos contratos celebrados através da Internet*: contributo para uma análise numa perspectiva material e internacional privatista. Coimbra: Almedina, 2002, p. 74 e 75.
45. Ibidem.
46. SERRA, Adriano Paes da Silva Vaz. Culpa do devedor ou do agente. *Boletim do Ministério da Justiça*, n. 68, 1957. Confira também o artigo de: COSTA, Mariana Fontes da. O dever pré-contratual de informação. *Repositório Aberto da Universidade do Porto*, s.d. Disponível em: https://repositorio-aberto.up.pt/bitstream/10216/23890/2/49873.pdf. Acesso em: 2 ago. 2019.
47. Vide: MONTEIRO, Jorge Ferreira Sinde. *Responsabilidade por conselhos, recomendações ou informações*. Coimbra: Almedina, 1989, p. 154.
48. Na economia consumista, os produtos surgem, e só então se buscam aplicações para eles. Cf.: BAUMAN, Zygmunt. *A ética é possível num mundo de consumidores?* Rio de Janeiro: Zahar, 2013, p. 351.
49. Confira em: FREIRE, Paula Vaz. Sociedade de risco e direito do consumidor. In: LOPEZ, Tereza A. (Org.). *Sociedade de risco e direito privado*. São Paulo: Atlas, 2013, p. 375-379. Ademais, a conduta acentuada dos fornecedores é facilmente visualizada nos contratos eletrônicos com consumidores, especialmente porque o consumidor, em regra, vincula-se a contratos que são celebrados automaticamente, sem liberdade para alterar as cláusulas ali expostas.
50. Sobre o tema, confira: MONTEIRO, Jorge Ferreira Sinde. *Responsabilidade por conselhos, recomendações ou informações*. Coimbra: Almedina, 1989, p. 359 e ss.
51. Cf.: ALMEIDA, Fabrício Bolzan de. *Direito do Consumidor*. 7. ed. São Paulo: Saraiva, 2019, p. 289 e ss.

CAPÍTULO 1 • PRINCÍPIOS GERAIS SOBRE O DEVER DE INFORMAÇÃO **53**

da boa-fé objetiva, enquanto regra elementar de conduta dos indivíduos nas relações jurídicas obrigacionais. Como se percebe na área do consumo[52], o dever de informação é unilateral e promovido pelo fornecedor.

Em suma: a fidúcia pelo consumidor no comércio virtual ultrapassa aquelas extensas informações descritas e que são expostas no momento da contratação, muitas vezes restringindo-se tão somente à reputação do fornecedor, na confiança depositada e na linguagem de fácil compreensão, especialmente por se tratar de comércio eletrônico[53].

Finalmente, uma vez delineada a importância do direito à informação é fundamental e de seu respectivo ônus na relação de consumo, é importante agora adentrar nos princípios fundamentais inerentes ao dever de informação ao consumidor.

Como já mencionamos anteriormente, por questões metodológicas trataremos sobre o princípio da vulnerabilidade informacional, princípio da confiança, princípio da transparência, diálogo das fontes e, em sequência, sobre o princípio da boa-fé objetiva.

1.4 PRINCÍPIOS FUNDAMENTAIS INERENTES AO DEVER DE INFORMAÇÃO AO CONSUMIDOR

1.4.1 Princípio da vulnerabilidade informacional do consumidor

A vulnerabilidade do consumidor tem origem nas relações históricas[54] e díspares entre consumidores e fornecedores, notadamente na imposição vertical de ideologia e percepções de consumo fundadas em práticas comerciais, em regra, abusivas.

Sua importância e conceito foram reconhecidos[55] na Resolução 39/248 da Organização das Nações Unidas de 1985, distinguindo a necessária proteção do consumidor em face das desigualdades históricas e presentes na relação de consumo.

---

52. Cf.: APOSTOLIDES, Sara Costa. *Do Dever Pré-contratual de Informação e da sua Aplicabilidade na formação do contrato de trabalho.* Coimbra: Almedina, 2008, p. 102.; PORTUGAL. Supremo Tribunal de Justiça. Acórdão 2356/10.8TVLSB.L1.S1. Relator: Silva Salazar. Lisboa, julgado em 07 de janeiro de 2014.
53. Sobre o tema, confira: CRAVETTO, Chiara; PASA, Barbara. The 'Non-sense' of Pre-Contractual Information Duties in Case of Non-Concluded contracts. *European Review of Private Law*, v. 19, n. 6, 2011.
54. Desde o discurso proferido pelo Presidente John Kennedy, na década de 60, o mundo pode perceber que há necessidade de proteção de direitos, notadamente a tutela do consumidor, sendo o marco de partida para intervenção legislativa de diversos países. Cf.: HOPKINS, Tom M. New Battleground-Consumer Interest. *Harvard Business Review*, v. 42, p. 97-104, set./oct. 1964; AAKER, David; DAY, George. A Guide to Consumerism. *Journal of Marketing*, v. 34, n. 3, jul. 1970, p. 12 e ss.
55. Resolução 39/241 da Organização das Nações Unidas, *verbis*: "*Guidelines* for Consumer Protection I. Objectives 1. Taking into account the interests and needs of consumers in all countries, particularly those in developing countries; recognizing that consumers often face imbalances in economic terms, educational levels, and bargaining power; and bearing in mind that consumers should have the right of access to non--hazardous products, as well as the right to promote just, equitable and sustainable economic and social development [...].

Tal princípio, decorrente do princípio constitucional da isonomia[56], é a razão conceitual[57] do microssistema protetivo brasileiro e sua sustentação, além de ser o reconhecimento do Estado de que o consumidor é a parte frágil do mercado de consumo, merecedor de tutela protetiva.

A presunção da vulnerabilidade absoluta do consumidor frente ao fornecedor tem uma razão histórica: tentativa de reestabelecer o equilíbrio[58] material das relações entre consumidor e fornecedor, notadamente no que concerne à prevenção e reparação de danos. Diante de tal cenário, é mister proteger o consumidor de sua própria fraqueza[59], decorrente das tentações que lhe são ofertadas através de técnicas comerciais agressivas de parte dos fornecedores.

A vulnerabilidade é um estado anímico da pessoa, traço universal[60] entre todos os consumidores, independentemente do poderio econômico. A doutrina brasileira aponta 4 espécies de vulnerabilidade: técnica, jurídica, fática e informacional.

A vulnerabilidade técnica refere-se à ausência de conhecimentos específicos sobre o produto ou serviço que está adquirindo e, nessa medida, pode ser mais facilmente persuadido pelo fornecedor. Por exemplo, o caso em que há aquisição de produtos informáticos quando o consumidor é leigo no assunto e, eventualmente, pode adquirir uma mercadoria mais cara daquela que seria apta à sua necessidade.

Por sua vez, a vulnerabilidade jurídica ou científica atina-se à ausência de conhecimentos jurídicos específicos, conhecimentos de contabilidade ou de economia na relação de consumo. Tal espécie é presumida para o consumidor não profissional e para o consumidor pessoa física. Por outro lado, para os profissionais e pessoas jurídicas, a presunção é às avessas[61], ou seja, os mesmos devem possuir conhecimentos jurídicos mínimos e também sobre economia para exercerem adequadamente a profissão, ou consultar pessoas qualificadas antes de pactuarem com o consumidor.

---

56. Sobre a questão, o Professor Roberto Senise Lisboa defende que "o reconhecimento da vulnerabilidade do consumidor decorre do princípio constitucional da isonomia, partindo-se da ideia segundo a qual os desiguais devem ser tratados desigualmente, na proporção de suas desigualdades, a fim de que se obtenha a igualdade desejada". Cf.: LISBOA, Roberto Senise. *Manual Elementar de Direito Civil*. São Paulo: Ed. RT, 2005, p. 111 e ss.
57. Sobre o tema, confira: MIRAGEM, Bruno. *Curso de Direito do Consumidor*. São Paulo: Ed. RT, 2020, p. 198 e ss.
58. Sobre o tema, confira: KRETZMANN, Renata Pozzi. *Informações nas relações de consumo*. Belo Horizonte: Casa do Direito, 2019, p. 30 e ss.
59. O Professor Menezes Cordeiro complementa da seguinte forma: "Desde o início que o Direito visou proteger os fracos". Sobre o tema, confira: CORDEIRO, António Menezes. Da natureza civil do direito de consumo. *Estudos em memória do Professor Doutor Antônio Marques dos Santos*. Coimbra: Almedina, 2005, p. 677.
60. Sobre o tema, confira: BENJAMIN, Antônio Herman de Vasconcellos; GRINOVER, Ada Pellegrini. *Código Brasileiro de Defesa do Consumidor comentado pelos Autores do Anteprojeto*. Rio de Janeiro: Forense Universitária, 2011, p. 224 e ss.
61. Cf.: MARQUES, Claudia Lima; BENJAMIN, Antonio Herman V.; MIRAGEM, Bruno. *Comentários ao Código de Defesa do Consumidor*. São Paulo: Thomson Reuters Brasil, 2019, p. 268.

Em outro viés, a vulnerabilidade fática tem como norte as características do contraente, em regra, o fornecedor, que impõe sua força e superioridade. É a desproporção fática[62] de forças entre os contratantes, seja intelectual ou econômica[63].

Finalmente, a vulnerabilidade informacional é aquela decorrente da assimetria de informação, ou seja, da detenção das informações por parte do fornecedor de todo o processo produtivo de seu produto ou serviço, gerando uma carência informacional para o consumidor.

Cabe fazer um adendo. Consoante ensinamentos do Professor Federico Ferretti[64], a assimetria de informação faz referência aos diferentes conhecimentos ou informações que uma parte de uma transação comercial tem sobre a outra parte, isto é, uma parte possui as informações inerentes aos riscos relativos à execução do contrato quando a outra não possui tais informações. Tal situação difere daquela em que uma parte tem menos informações do que o ideal, conhecida como doutrinariamente como informação imperfeita.

Retomando, tal vulnerabilidade é a representação própria do desequilíbrio contratual entre fornecedores, uma vez que detêm informações capitais do produto ou serviço.

Nessa esteira, o direito à informação afiança igualdade formal e material[65] para o consumidor na relação de consumo, pelo próprio déficit informacional.

Por sua vez, o caráter da vulnerabilidade assume algumas peculiaridades na doutrina europeia[66]. A Professora Sandra Passinhas explica que há uma vulnerabilidade posicional do consumidor, decorrente posição subserviente no mercado de consumo, em contraponto aos profissionais, via de regra qualificados e poderosos, mandatários na promoção dos bens ou serviços, na negociação e na celebração do contrato de consumo.

---

62. Cf.: Ibidem, p. 268 e ss.
63. Sobre o tema, o Professor Perlingieri pondera da seguinte forma: "il consumatore non sempre è debole, neppure economicamente [...] I consumatori di determinati beni, se uniti, costituiscono un gruppo di pressione forte e condizionante, come pur è stato ricordato. D'altro canto, si pu essere protagonisti del mercato quali produttori in un certo settore e consumatori in altro: a volte il produttore è consumatore e portatore di handicaps culturali e psicofisici, utente di servizi non organizzati a scopo di lucro, di servizi pubblici essenziali, consumatore in regime di monopoli di fatto e via discorrendo. Sono tutte situazioni estremamente diversificate". Cf.: PERLINGIERI, Pietro. La tutela del consumatore tra liberismo e solidarismo. *Riv. giur. Molise e Sannio*, 1995, p. 97 e ss.
64. Cf.: FERRETTI, Federico. *EU Competition Law, the Consumer Interest and Data Protection*. United Kingdom: Springer, 2014. p. 8 e ss.
65. Cf.: artigo 5º, I e XXXII da Constituição Federal.
66. Cf.: LEITÃO, Luís Manuel Teles de Menezes. A Protecção do Consumidor contra as Práticas Comerciais Desleais e Agressivas. *Estudos de Direito do Consumidor*, v. 5, 2003, p. 427 e ss. O Professor Miguel Asensio assim pontua: "La vulnerabilidad de la información es determinante de la importancia de su seguridad, encaminada típicamente a garantizar su disponibilidad (el acceso legítimo a la información en los términos fijados por su titular), confidencialidad (que excluye la puesta a disposición de personas o para usos no autorizados) e integridad (referida a su no modificación)". Cf.: ASENSIO, Pedro Alberto de Miguel. *Derecho Privado de Internet*. 5. Madri: Civitas Ediciones, 2015, p. 954 e ss.

Entende-se que, a proteção em regra destinada ao consumidor médio[67], por circunstâncias concretas, não abarcam pessoas que se encontrarem em situações de debilidade acentuada. Isto é, em Portugal, por exemplo, há previsão expressa e literal da proibição de determinadas práticas comerciais a situações de vulnerabilidade especial[68], sendo vedadas "as práticas comerciais susceptíveis de distorcer substancialmente o comportamento económico de um único grupo claramente identificável de consumidores particularmente vulneráveis, em razão da sua doença mental ou física, idade ou credulidade, à prática comercial ou ao bem ou serviço subjacantes, se o profissional pudesse razoavelmente ter previsto que a sua conduta era susceptível de provocar essa distorção".

Há quem entenda que essa lista de características geradoras dessa vulnerabilidade peculiar é taxativa.[69]

Nesse contexto, há aqueles que compreendem, na doutrina europeia[70], que a vulnerabilidade pode ser classificada da seguinte forma: vulnerabilidade endógena e permanente – vulnerabilidade derivada da incapacidade mental, física ou psicológica, idade ou gênero; b) vulnerabilidade temporal – o consumidor possui uma vulnerabilidade transitória, por sua situação financeira, social, impossibilidade de acesso à *internet*, causando consequências perniciosas para os atos de consumo ; c)

---

67. Sobre o conceito de consumidor médio, o modelo europeu consumidor médio deve ser apreciado tendo em consideração o tipo de compra e de produto, o contexto sociocultural do consumidor e a informação de senso comum. Os Tribunais Europeus devem ter em conta, em cada caso concreto, a reação típica do consumidor médio em cada caso. Cf.: RODRIGUES, Tiago Rigor. O Conceito Consumidor Médio no Panorama Comunitário: Subsídios para a sua Compreensão. *Revista Portuguesa de Direito do Consumidor*, n. 58, 2009, p. 26 e ss.; PASSINHAS, Sandra. A propósito das práticas comerciais desleais: contributo para tutela positiva do consumidor. *Estudos de Direito do Consumidor*, v. 13, 2017, p. 117 e ss. Há quem entenda que esse conceito se fundamenta numa em uma ideia utópica de consumidor ideal, que atua invariavelmente de forma interessada e diligente. Cf.: LIZ, Jorge Pegado. A «Lealdade» no Comércio ou as Desventuras de uma Iniciativa Comunitária (Análise Crítica da Directiva 2005/29/CE). *Revista Portuguesa de Direito do Consumidor*, n. 44, 2005, p. 77 e ss.
68. Sobre o tema, a Professora Elsa Dias Oliveira pontua da seguinte forma: "nos casos em que a prática comercial se dirige a um grupo determinado de consumidores, – v.g. crianças, adolescentes, idosos – que, devido a qualquer razão, sejam particularmente vulneráveis à prática utilizada ou ao bem ou serviço em causa – e essa vulnerabilidade seja previsível para o profissional –, na avaliação do impacto da prática comercial, devem ser tidas em conta as características da pessoa média desse grupo e não já o consumidor médio tout court". Cf.: OLIVEIRA, Elsa Dias. Práticas comerciais proibidas. *Estudos do Instituto de Direito do Consumo*. Coimbra: Almedina, 2006, v. III, p. 425 e ss.
69. Sobre o tema, confira: CARVALHO, Jorge Morais. Práticas Comerciais Desleais das Empresas face aos Consumidores. *Revista de Direito das Sociedades*, ano III, n. 1, p. 187-219, 2011. No Brasil, o consumidor hipervulnerável é aquele que necessita de proteção especial, sendo referenciado a uma categoria com vários atores (criança, deficientes, indígenas, idosos etc.). Sobre o tema, confira: SCHMIDT, Cristiano Heineck. *Consumidores Hipervulneráveis – A proteção do idoso no mercado de consumo*. São Paulo: Atlas, 2014, p. 217 e ss.
70. Sobre o tema, confira: MANSO, Teresa Hualde. *Del consumidor informado al consumidor real*. El futuro del Derecho de Consumo europeu. Madrid: Dykinson, 2016, p. 96 e ss.; DÍAZ-AMBRONA, Maria Dolores Hernández. *Consumidor vulnerable*. Madrid: Reus, 2015, p. 34 e ss.; VAQUÉ, Luis González. La protección de los consumidores vulnerables en el derecho del consumo de la EU. *Revista CESCO de Derecho de Consumo*, n. 10, 2014. Disponível em: http://www.revista.uclm.es/index.php/cesco. Acesso em: 17 jul. 2020.

vulnerabilidade episódica – qualquer consumidor pode se inserir nessa espécie em algum momento de sua vida, devido a fatores externos ou a internos com o mercado, dificuldade de ter acesso à informação adequada.

No Brasil, as decisões dos Tribunais também já indicam que a ideia de *homo medius* é meramente exemplificativa, uma vez que há consumidores com uma hipervulnerabilidade potencializada[71], como os idosos, crianças, doentes, pessoas com necessidades especiais etc. Aliás, são para esses menos favorecidos[72] que a rede normativa tem o dever maior de proteção, parâmetros qualificados de informação[73], notadamente quando estamos diante de contratações à distância via *internet*.

É dizer: os diferentes estados do consumidor, sobretudo no que concerne à capacidade cognitiva, devem ser levados em consideração para encontrar equilíbrio entre a necessária proteção do consumidor e eventuais novos custos para o fornecedor, tendo em conta a adequação dos elementos informativos transmitidos.

---

71. Confira julgado do Superior Tribunal de Justiça que pontua acerca da importância de ser reconhecida a hipervulnerabilidade, *verbis*: Recurso especial. Direito do consumidor. Ação indenizatória. Propaganda enganosa. Cogumelo do sol. Cura do câncer. Abuso de direito. Art. 39, inciso IV, do CDC. Hipervulnerabilidade. Responsabilidade objetiva. Danos morais. Indenização devida. Dissídio jurisprudencial comprovado. 1. Cuida-se de ação por danos morais proposta por consumidor ludibriado por propaganda enganosa, em ofensa a direito subjetivo do consumidor de obter informações claras e precisas acerca de produto medicinal vendido pela recorrida e destinado à cura de doenças malignas, dentre outras funções; 2. O Código de Defesa do Consumidor assegura que a oferta e apresentação de produtos ou serviços propiciem informações corretas, claras, precisas e ostensivas a respeito de características, qualidades, garantia, composição, preço, garantia, prazos de validade e origem, além de vedar a publicidade enganosa e abusiva, que dispensa a demonstração do elemento subjetivo (dolo ou culpa) para sua configuração. 3. A propaganda enganosa, como atestado pelas instâncias ordinárias, tinha aptidão a induzir em erro o consumidor fragilizado, cuja conduta subsume-se à hipótese de estado de perigo (art. 156 do Código Civil). 4. A vulnerabilidade informacional agravada ou potencializada, denominada hipervulnerabilidade do consumidor, prevista no art. 39, IV, do CDC, deriva do manifesto desequilíbrio entre as partes. 5. O dano moral prescinde de prova e a responsabilidade de seu causador opera-se *in re ipsa* em virtude do desconforto, da aflição e dos transtornos suportados pelo consumidor (REsp 1329556/SP, Rel. Ministro Ricardo Villas Bôas Cueva, Terceira Turma, julgado em 25.11.2014, DJe 09.12.2014).

72. Cf.: MARQUES, Claudia Lima; BENJAMIN, Antonio Herman V.; MIRAGEM, Bruno. *Comentários ao Código de Defesa do Consumidor*. São Paulo: Thomson Reuters Brasil, 2019, p. 338 e ss. Sobre o tema, confira: NISHIYAMA, Adolfo Mamoru; DENSA, Roberta. A proteção dos consumidores hipervulneráveis: os portadores de deficiência, os idosos, as *crianças* e os adolescentes. *Revista de Direito do Consumidor*, v. 76, set./out. 2010, p 431 e ss., *verbis*: "Em relação ao segundo aspecto que caracteriza a vulnerabilidade (na realidade a hipervulnerabilidade) do consumidor idoso, está relacionado com a sua maior dependência de determinados produtos e serviços, fazendo-se presumir que "eventual inadimplemento por parte do fornecedor dê causa a danos mais graves do que seriam de se indicar aos consumidores em geral".

73. Cf.: LARENZ, Karl. *Derecho justo*. Fundamentos de ética jurídica. Trad. Luiz Díez-Picazo, Madrid: Civitas, 2001, p. 95 e 96, *verbis*: "El principio de la confianza tiene un elemento componente de Ética jurídica y otro que se orienta hacia la seguridad del trafico. Uno y otro no se pueden separar. El componente de Ética jurídica resuena sólo en la medida en que la creación de la apariencia tiene que ser imputable a aquel en cuya desventaja se roduce la protección del que confió. En cambio, el componente ético-jurídico está en primer plano en el principio de buena fe. Dicho principio consagra que una confianza despertada de un modo imputable debe ser mantenida cuando efectivamente se ha creído en ella. La suscitación de la confianza es „imputable cuando el que la suscita sabía o tenía de saber que el otro iba a confiar".

Aliás, o Código de Defesa do Consumidor esclarece, em seu artigo 39, inciso IV, que é prática abusiva prevalecer-se da fraqueza ou ignorância do consumidor, tendo em vista sua idade, saúde, conhecimento ou condição social, para impingir-lhe seus produtos ou serviços.

Nos Estados Unidos, por sua vez, funcionam as agências reguladoras destinadas a cada setor econômico, responsáveis pela execução das leis vigentes. Vale frisar que tais agências possuem competência normativa, sancionatória e fiscalizatória, complementando as regras setoriais, em que pese muitas vezes seja necessário buscar o Poder Judiciário para o cumprimento de obrigações não observadas.

Na seara de consumo, a agência federal americana, Federal Trade Comission[74] é comprometida em proteger de forma diferenciada esse grupo, através de leis mais exigentes, fiscalização e educação. O combate contra esquemas fraudulentos de ganhar dinheiro, publicidade enganosa de produtos de saúde, violação de segurança e privacidade de dados são eixos de tutela da Comissão.

De maneira simplificada, a extensão e a profundidade das informações transmitidas pelo fornecedor deverão ser tanto maiores quanto menor for a experiência do consumidor e o seu grau de discernimento e conhecimento, tendo em conta sempre a concreta compreensão do consumidor acerca dos elementos informativos transmitidos.

1.4.2 Princípio da confiança

As novas relações jurídicas[75] deram espaço às declarações e comportamentos objetivamente considerados e positivados pelo legislador, em detrimento da tradicional manifestação escrita pelas partes e a vontade propriamente dita. Referida transformação adequa-se ao tipo de mercado e de organização econômica vigente à nossa época.[76]

A tutela da confiança tem fundamento ético enquanto valor basilar nos negócios jurídicos, consubstanciado na proteção de expectativas entre as partes, vedado o comportamento contraditório entre elas.

Em Portugal, a tutela da confiança tem relevo diferenciado em sua doutrina. Forte nos ensinamentos do Professor Dário Moura Vicente[77], a tutela da confiança revela-se *prima facie* como um princípio concretizador do Estado de Direito, uma

---

74. Confira relatório: Protecting Older Consumers --2018-2019 -- A Report of the Federal Trade Commission. Disponível em: https://www.ftc.gov/system/files/documents/reports/protecting-older-consumers--2018-2019-report-federal-tradecommission/p144401_protecting_older_consumers_2019_1.pdf. Acesso em: 17 maio 2020.
75. Sobre o tema, confira: DOMINGUES, Alessandra de Azevedo. *O erro na compra e venda telemática*: análise da experiência brasileira. São Paulo: Faculdade de Direito da Universidade de São Paulo, 2008, p. 112 e ss.
76. Sobre o tema, confira: ROPPO, Vincenzo. *Il contratto*. Milano: Giuffrè Editore, 2011, p. 311 e ss.
77. VICENTE, Dário Moura. *Da Responsabilidade Pré-Contratual em Direito Internacional Privado*. Colecção Teses, Almedina, 2001, p. 42 e ss.

exigência indispensável para a segurança do tráfico jurídico e uma vida coletiva pacífica e de cooperação.

O princípio da confiança, imperativo ético-jurídico, integrante do conteúdo da boa-fé, surgiu como uma espécie de mediador entre a boa-fé e o caso concreto. Menezes Cordeiro[78] sintetiza: exige-se que as pessoas sejam protegidas quando, em termos justificados, tenham sido levadas a crer na mantença de um certo estado de coisas. Ou seja, a pessoa que legitimamente tenha confiado em um certo estado de coisas não pode receber o tratamento igual se não o tivesse; seria tratar o diferente de modo igual.[79]

É patente na doutrina portuguesa[80] que a tutela da confiança pressupõe a coexistência de quatro requisitos: (i) uma situação de confiança efetiva e imputável a determinada pessoa; imputação da confiança; (ii) uma justificação para tal confiança, expressa na presença de elementos objetivos capazes de, em abstrato, provocar uma crença plausível; (iii) um investimento de confiança, resultante dessa e traduzido por atos externos e concretos; (iv) uma imputação da confiança à pessoa atingida pela proteção dada ao confiante.

Da teoria à prática, exemplifiquemos os casos que ocorrem na contratação eletrônica. No primeiro instante, no instante em que o consumidor procura o sítio eletrônico do fornecedor para adquirir um bem ou serviço é depositada uma confiança[81] por parte do adquirente. Tal confiança é justificada pela própria reputação do fornecedor, pela qualidade dos produtos ou serviços que são prestados, ou até mesmo em razão do preço cobrado. O investimento à confiança é manifestado pelo desenrolar da negociação, consequente contrato entabulado e as responsabilidades contratuais vindouras, as últimas vistas como reflexo da imputação da confiança ali depositada.

Nesse contexto, a vertente da primazia da materialidade subjacente[82] visa garantir a conformidade material dos exercícios jurídicos, exigindo-se a efetividade

---

78. Vide CORDEIRO, António Menezes. Da natureza civil do direito de consumo. *Estudos em memória do Professor Doutor Antônio Marques dos Santos*. Coimbra: Almedina, 2005. Confira também: CORDEIRO, António Menezes. *Da boa-fé no direito civil*. Coimbra: Almedina, 2015, p. 1234-1251.

79. A brilhante lição de Rui Barbosa: tratar os iguais de forma igual, desiguais de forma desigual, na medida de sua desigualdade. Vide: BARBOSA, Rui. *Oração aos moços*. 5. ed. Rio de Janeiro: Edições Casa de Rui Barbosa, 1999, p. 26.

80. VASCONCELOS, Pedro Pais de. O abuso do abuso do direito: um estudo de direito civil. *Revista do Centro de Estudos Judiciários*, n. 1, 2015, p. 18 e ss.; CORDEIRO, António Menezes. *Tratado de Direito Civil I*. 2. ed. Coimbra: Almedina, 2000, p. 234 e ss. Confira também: ALMEIDA, Carlos Ferreira de. *Contratos I*. 5. ed. Coimbra: Almedina, 2015, p. 208; LEITÃO, Luís Manuel Teles de Menezes. *Direito das Obrigações*. Coimbra: Almedina, 2018, v. I. p. 54 e ss.

81. Em contratos eletrônicos, a confiança tem relevância diferenciada. Cf.: PORTUGAL. Tribunal da Relação de Lisboa. Acordão do processo 9807-12.5TBOER.L1-8. Relatora: Teresa Prazeres Pais. Lisboa, julgado em 06 de abril de 2015.

82. Cf.: OLIVEIRA, Madalena Perestrelo. Conflitos de princípios na repartição da competência material dos tribunais: os casos aut-aut e et-et. *O Direito*, Coimbra, a. 142, v. 3, p. 593-615, 2010.

dos valores pretendidos pelo ordenamento. O formalismo jurídico é sucumbido pela efetiva concretização material das regras e princípios consagrados pelo legislador.

Melhor: é da materialidade subjacente[83] que decorrem exigências ético-jurídicas que ditam o comportamento dos envolvidos. Assim, as negociações devem ter como paradigma[84] o consenso contratual e não objetivos secundários e, por vezes atrozes, a chicana ou simples infligir de danos à contraparte.

Aqui, por sua vez, o fornecedor deve, de forma diligente, estruturar todas as informações legais dispostas na norma detalhadamente, suprindo todas as expectativas do consumidor. Isto é, a infração à boa-fé *in contrahendo*[85] será configurada quando o fornecedor não descrever toda a realidade relevante à contraparte, sem utilizar termos adequados para o fazer como fidelidade, como se verá nos capítulos a seguir.

Observe que o fornecedor deve preencher os três requisitos[86] imanentes ao dever de informar: adequação (no momento em que emprega os meios compatíveis com o destinatário); suficiência (leia-se informação integral, sem omissões) e veracidade[87] (elementos condizentes com a realidade do produto ou serviço).

Pois bem. Acontece, na verdade, com relativa frequência, a situação em que o fornecedor não cumpre o efetivo dever de informação, não cabendo ao consumidor sofrer as consequências desse fato jurídico desconforme[88] e avesso à boa-fé objetiva.

Ou seja, mesmo com observância estrita à norma (no aspecto formal), o fornecedor não se atenta à compreensão das informações postas ao consumidor, uma vez que, conscientemente ou não, não dispõe de forma adequada o caráter das informações a serem transmitidas ao consumidor, provocando-lhe prejuízos.

Aliás, o excesso de confiança[89] dos consumidores perante o fornecedor, decorrente de marketing eletrônico agressivo e persuasivo dos fornecedores induz,

---

83. CORDEIRO, António Menezes. *Litigância de má-fé, abuso do direito de ação e culpa "in agendo"*. Coimbra: Almedina, 2011, p. 154 e 155.

84. Vide ensinamentos de: CORDEIRO, António Menezes. Concessão de crédito e responsabilidade bancária. *Boletim do Ministério da Justiça*, n. 359, p. 30 e ss., 1987, p. 34.

85. Vide entendimento de: CORDEIRO, António Menezes. *Direito Bancário*. Coimbra: Almedina, 2014, p. 400.

86. LÔBO, Paulo Luiz Netto. *Contratos*. São Paulo: Saraiva, 2011, p. 595-614. A professora Eva Sónia Moreira entente que o dever de verdade está imbricado ao dever de informação: se o fornecedor faltar com a verdade, estaria descaracterizada a prestação da informação ao consumidor. Cf.: SILVA, Eva Sonia Moreira da. *Da responsabilidade pré-contratual por violação dos deveres de informação*. Coimbra: Almedina, 2003, p. 71.

87. Sobre o tema, confira: Civil. Processo civil. Duplo apelo. Compra e venda de imóvel. Promessa de entrega com quadra de esportes. Isenção de ITBI. Folder publicitário. Propaganda enganosa. Recurso das rés parcialmente provido. Recurso da autora desprovido. [...] 3.1. O princípio da "veracidade da publicidade", contido no artigo 37, § 1º, do Código de Defesa do Consumidor, coíbe qualquer meio de divulgação ou propaganda que tenha aptidão para enganar ou induzir a erro o consumidor. [...] Cf.: BRASIL. Tribunal de Justiça do Distrito Federal. Apelação 20150110359439. Relator: Des, Gilberto Pereira de Oliveira, 3ª Turma Cível, julgado em. 15 de fevereiro de 2016.

88. Cf.: CARVALHO, Jorge Morais. *Manual de Direito de Consumo*. Coimbra: Almedina, 2019, p. 160 e ss. Vide também acórdão emanado do Supremo Tribunal de Justiça 139/12.0TVLSB.L1.S1, 2ª seção, Relator: Oliveira Vasconcelos. Data: 19.11.2015.

89. Sobre o tema, confira: SCHÜLLER, Bastian. The definition of consumers in EU consumer law. *European Consumer Protection*: Theory and Practice, Cambridge: Cambridge University Press, 2012, p. 136 e ss.

necessariamente, à promoção e adoção de regras e incentivos legais para que os fornecedores observem o estrito cumprimento das leis, notadamente daquilo que é proibido ou permitido.

No Brasil, o artigo 4º, alínea d, do Código de Defesa do Consumidor aborda o vetor confiança como elemento importante na relação de consumo[90], fomentando que os consumidores compreendam que as informações expostas pelos fornecedores devem, a princípio, gozar de veracidade. Para isso, o fornecedor deve seguir à risca os ditames do ordenamento, excluindo produtos ou serviços que representem risco à saúde[91] ou segurança[92] do consumidor.

De mais a mais, as relações jurídicas entre as partes inevitavelmente não serão acompanhadas pela normatividade jurídica em sua plenitude, sendo necessário uma proteção que transcende[93] a própria lei *stricto sensu*, fundada na proteção de expectativas e princípios éticos entre as partes.

A propósito, nos dizeres do Professor Anderson Schreiber[94], o reconhecimento da necessidade de tutela da confiança reposiciona a atenção do direito, que não mais se fundamenta exclusivamente sobre a fonte das condutas para examinar também os efeitos práticos da sua adoção. Mais que isso: altera-se o foco da vontade individual, como fonte essencial das obrigações, para uma visão solidária, atenta à repercussão externa dos atos individuais sobre os inúmeros interesses, atribuindo-lhes eficácia obrigacional independentemente da vontade ou da intenção do sujeito que os praticou.

Da confiança emerge um comportamento da contraparte, independente da própria consciência na declaração ou vontade negocial ali entabulada. Como se percebe,

---

90. Sobre o tema, confira: MARQUES, Claudia Lima; BENJAMIN, Antonio Herman V.; MIRAGEM, Bruno. *Comentários ao Código de Defesa do Consumidor*. São Paulo: Thomson Reuters Brasil, 2019, p. 271.

91. Por outro lado, cumpre mencionar que o CDC trata sobre o dever de informação como proteção ao consumidor, nos casos elencados pelo artigo 8º, *verbis*: Art. 8º Os produtos e serviços colocados no mercado de consumo não acarretarão riscos à saúde ou segurança dos consumidores, exceto os considerados normais e previsíveis em decorrência de sua natureza e fruição, obrigando-se os fornecedores, em qualquer hipótese, a dar as informações necessárias e adequadas a seu respeito.

92. Sobre o tema, confira na doutrina portuguesa de forma mais aprofundada: BARBOSA, Ana Mafalda Miranda. A obrigação geral de segurança e a responsabilidade civil. *EDC*, n. 14, p. 274 e ss. 2018,

93. Sobre o tema, confira: FRADA, Manuel Antonio de Castro Portugal Carneiro da. *Teoria da Confiança e responsabilidade civil*. Coimbra: Almedina, 2004, p. 62 e ss., *verbis*: "O qualificativo ético-jurídico significa que este tipo de responsabilidade pela confiança se situa para além das formas que as regras do *ius strictum* permitem, assumindo uma intencionalidade mais profunda e material, a tocar de fato os fundamentos e implicações últimas da juridicidade. Trata-se, portanto, de uma proteção que se pode dizer imposta por indecliáveis exigências da convivência humana e de sua ordenação pelo Direito, requerida por um princípio jurídico (ou ético-jurídico) fundamental que transcende, pela sua própria natureza, as decisões e a oportunidade de positivação por parte do legislador. No domínio da proteção das expectativas a ética é sem dúvida uma realidade particularmente próxima, dada a compenetração daquelas com virtudes pessoais como a veracidade e a fiabilidade. Mas isso não afasta que estejamos perante uma realidade especificamente jurídica. Deverá é não se esquecer a inaceitabilidade da separação radical entre Direito e Moral, levada, a cabo por vários positivismos e normativismos".

94. Cf.: SCHREIBER, Anderson. *A proibição de comportamento contraditório*. Tutela da confiança e *venire contra factum proprium*. 2. ed. Rio de Janeiro: Renovar, 2007, p. 94 e ss.

a confiança de um produto ou serviço é a legítima expectativa que o consumidor tem de, ao menos, ter uma segurança mínima[95] de funcionamento daquilo adquirido.

No comércio eletrônico pode ser definida[96] como crença subjetiva do consumidor de que o fornecedor eletrônico fará uma transação justa, afetando a própria essência do negócio jurídico, uma vez que a informação transmitida integra o próprio conteúdo[97] do contrato.

Ao final, referido princípio é manifestado de diversas formas no meio *online*, seja através da reputação da empresa em *sites* intermediadores de reclamação, na relação consumidor-fornecedor em todos os períodos contratuais e, sobretudo, na transmissão da qualidade do produto. Para tanto, a informação prestada deve ser livre de qualquer obstáculo, sem manipulação, completa e compreensível aos consumidores.

1.4.3 Princípio da transparência

O princípio da liberdade contratual entre as partes deve ser exercido, notadamente no que atine aos contratos de adesão, à luz da proteção do consumidor com regimes especiais de proteção (Código de Defesa do Consumidor, cláusulas contratuais gerais, leis esparsas de tutela do consumidor etc.).

Referida proteção, em sua função, visa conter os efeitos disfuncionais da liberdade contratual, especialmente ao predisponente, protegendo os aderentes às situações desfavoráveis impostas pelo fornecedor, o que, na prática, impossibilita a autotutela[98] de seus anseios. A liberdade contratual[99] ao ceder espaço à intervenção estatal, representa a necessária intervenção legislativa para minimizar as diferenças entre fornecedor e consumidor.

Na prática, é patente a necessidade de pactuar por intermédio da imposição dos sistemas jurídicos, notadamente em serviços públicos regidos por concessionárias (serviços de telefonia, água, luz, planos de saúde etc.).

A bem dizer, os consumidores não possuem qualquer liberdade de negociação contratual em contratos de adesão eletrônicos, inclusive de fazer eventuais contra-

---

95. Sobre o tema, o Professor Roberto Senise Lisboa pondera que a confiança pode ser encontrada no sistema jurídico como valor fundamental consecutivo da segurança. Cf.: LISBOA, Roberto Senise. *Da confiança como valor fundamental e princípio geral do negócio jurídico.* Tese (Concurso de Professor Titular de Direito Civil) – Faculdade de Direito da Universidade de São Paulo, 2009, p. 124 e ss.

96. Nesse mesmo viés, confira: KIM, Dan; FERRIN, Donald; H. RAGHAV, Rao. Trust and Satisfaction, Two Stepping Stones for Successful E-commerce Relationships. *Information Systems Research,* v. 20, n. 2, 2009, p. 239 e ss.

97. Cf.: artigos 30,31,33,35,46 e 54 do Código de Defesa do Consumidor.

98. Sobre o tema, confira: Portugal. Supremo Tribunal de Justiça. Acórdão do processo 306/10.0TCGMR. G1.S1. Relator: Maria Clara Sottomayor.12 de fevereiro de 2013.

99. Sobre o tema, Rakoff já preconizava: "'Freedom of contract' now consists in the absence of governmental meddling except when a substantial public policy justifies that intervention", cf.: RAKOFF, Todd. Contracts of Adhesion: An Essay in Reconstruction. *Harvard Law Review,* v. 96, n. 6, 1983, p. 1236 e ss.

CAPÍTULO 1 • PRINCÍPIOS GERAIS SOBRE O DEVER DE INFORMAÇÃO **63**

propostas ou requerer alteração de cláusula, sendo inevitavelmente compelidos pela necessidade básica de sobrevivência no mundo contemporâneo, tendo que aceitar aquilo ofertado.

Diante dessa realidade atroz, a garantia de um "imperativo de transparência"[100] tem por desiderato potencializar a formação consciente e sensata da vontade negocial entre as partes, com vistas a minimizar a disparidade cognitiva do consumidor, seja quanto ao objeto em voga ou até mesmo as próprias condições de contrato.

Ser transparente nas relações de consumo é, sem dúvidas, manter a lealdade e correição entre si, permitindo que consumidor e fornecedor pactuem da forma mais límpida possível, sem engodos ou ciladas.[101]

Assim, quanto maior for o envolvimento do consumidor no processo de compra de um produto ou serviço eletrônicos (saber os direitos que possui – ex. o direito de arrependimento –, perquirir a origem do produto, averiguar os preços da concorrência etc.), as informações recebidas serão utilizadas eficazmente para um processo de decisão de compra mais crítico e consciente.

Observa-se que, tanto no Brasil como em Portugal, a transparência das informações está intimamente ligada a reparar a estrutural assimetria informativa entre as partes, e existe, o que a doutrina pontuou de deveres positivos de informação, de acordo com parâmetros quantitativos e qualitativos capazes de afiançarem a integralidade, a exatidão e a eficácia de comunicação.[102]

---

100. Sobre o tema, confira: RIBEIRO, Joaquim de Sousa. *Direito dos contratos – Estudos.* Coimbra: Coimbra Ed., 2007, p. 49 e ss. No Brasil, o Ministro Herman Benjamin expôs com clareza a importância do princípio da transparência nos seguintes termos: " O direito à informação, abrigado expressamente pelo art. 5°, XIV, da Constituição Federal, é uma das formas de expressão concreta do Princípio da Transparência, sendo também corolário do Princípio da Boa-fé Objetiva e do Princípio da Confiança, todos abraçados pelo CDC", no julgamento do BRASIL. Superior Tribunal de Justiça. REsp 586.316/MG, Relator Ministro Herman Benjamin julgado em 17 de abril de 2007.

101. Sobre o tema, confira: FROTA, Mário. Os contratos de consumo-realidades sócio jurídicas que se perspetivam sob novos influxos. *Revista Portuguesa de Direito do Consumo (doravante RPDC),* n. 23, set. 2000, p. 12 e ss.

102. Sobre o tema, confira julgado do Superior Tribunal de Justiça: Recurso especial. Violação ao art. 535 do CPC/1973. Contrato de transporte aéreo de pessoas. Trechos de ida e volta adquiridos conjuntamente. Não comparecimento do passageiro para o trecho de ida (no show). Cancelamento da viagem de volta. Conduta abusiva da transportadora. Falta de razoabilidade. Ofensa ao direito de informação. Venda casada configurada. Indenização por danos morais devida. 5. A ausência de qualquer destaque ou visibilidade, em contrato de adesão, sobre as cláusulas restritivas dos direitos do consumidor, configura afronta ao princípio da transparência (CDC, art. 4°, caput) e, na medida em que a ampla informação acerca das regras restritivas e sancionatórias impostas ao consumidor é desconsiderada, a cláusula que prevê o cancelamento antecipado do trecho ainda não utilizado se reveste de caráter abusivo e nulidade, com fundamento no art. 51, inciso XV, do CDC. Cf.: BRASIL. Superior Tribunal de Justiça. REsp 1595731/RO. Relator Ministro Luis Felipe Salomão, Quarta Turma, julgado em 14 de novembro de 2017. Na jurisprudência portuguesa, confira: PORTUGAL. Supremo Tribunal de Justiça. Processo 753/16.4TBLSB.L1.S1, jugado em 10 de abril de 2018. com a seguinte ementa: "O dever de conhecimento do perfil do cliente, sobretudo nos casos de investidores não qualificados, a avaliação não só da sua capacidade de investimento como a de suportar o risco inerente ao produto que pretende adquirir, para se ajuizar se certa transacção é adequada ao cliente – suitablity test –, impõe ao intermediário financeiro um rigoroso dever pré-contratual de informação, que não se queda pelo

Nessa esteira, o princípio da proteção da confiança[103] do consumidor no vínculo contratual visa o equilíbrio contratual, repudiando a utilização de cláusulas abusivas e tendo como norte a interpretação mais favorável ao consumidor.

A função do princípio da transparência é servir de instrumento à autonomia privada e aos seus limites inerentes à proteção do consumidor, com vistas a aperfeiçoar a qualidade do consentimento do consumidor no átimo da contratação e corrigir eventual desequilíbrio nas prestações contratuais, em defesa da justiça interna do contrato[104].

Aliás, diante da impossibilidade de flexibilização das cláusulas contratuais em sede de contrato de adesão, o consumidor acaba por não se atentar as condições gerais do contrato. Nesse sentido[105], a empresa impõe suas vontades negociais, para obter além de redução de custos com a celebração do contrato propriamente dita, deslocamento de riscos para os consumidores aderentes, imposição de cláusulas abusivas.

Além disso, o resguardo à informação transparente é estatuído no artigo 4º, *caput*, do CDC, segundo o qual "a Política Nacional de Relações de Consumo tem por objetivo o atendimento das necessidades dos consumidores, o respeito à sua dignidade, saúde e segurança, a proteção de seus interesses econômicos, a melhoria da sua qualidade de vida, bem como a transparência e harmonia das relações de consumo". Em verdade, se insere no contexto das políticas públicas necessárias

---

padrão do bom pai de família, mas antes, dada a professionalidade do banco/intermediário financeiro, lhe impõe um grau de diligência mais acentuado, devendo actuar como "diligentissimus pater familias", não sendo toleráveis procedimentos que possam sequer ser incursos em culpa leve. O dever contratual de agir de acordo com elevados padrões de diligência, lealdade e transparência, impostos ao intermediário financeiro, no interesse legítimo dos seus clientes, não é mais, afinal, que o dever de agir de boa-fé, constituindo um dever principal – a prestação propriamente dita no complexo obrigacional a cargo do intermediário financeiro. A relação contratual obrigacional que se estabelece entre o cliente e o intermediário financeiro, exige deste um elevado padrão de conduta, com lealdade e rigor informativo pré-contratual e contratual: informação completa, verdadeira, actual, clara, objectiva e lícita, tendo em conta que, entre clientes não qualificados, a avaliação do risco não é tão informada quanto a da contraparte".

103. Confira seguinte julgado: Apelação cível. Transporte. Pacote turístico. Ingresso para assistir ao embate futebolístico Grêmio x Boca Juniors. Privação. Relação de consumo. Dever de qualidade. Quebra da confiança. Reveses material e moral diagnosticados. 1. Tutela da confiança: o mercado de consumo reclama a observância continente e irrestrita ao dever de qualidade dos serviços e produtos nele comercializados, amparado no princípio da confiança, que baliza e norteia as relações de consumo. Inobservado este dever de qualidade e, via reflexa, a tutela da confiança – pedra angular para o desenvolvimento do mercado –, a Lei impõe gravames de ordem contratual e extracontratual ao infrator. 2. Reveses material e moral: diagnosticada a mácula no serviço ofertado pela ré – privação de comparecer à partida futebolística de notório relevo, envolvendo clubes de tradição indesmentível no certame –, rompe-se o laço de confiança que ata consumidor e fornecedor do produto, ensejando a indenização por revés moral. Dano material insofismável. Apelo desprovido" BRASIL. Tribunal de Justiça do Rio Grande do Sul. Acórdão 70029751328, Pelotas, Décima Segunda Câmara Cível, Relator Desembargador Umberto Guaspari Sudbrack, julgado em. 28 de maio de 2009.

104. Sobre o tema, confira: VASCONCELOS, Pedro Pais de. *Contratos Atípicos*. 2. ed. Lisboa: Almedina, 2009, p. 423 e ss.

105. Sobre o tema, confira: RIBEIRO, Joaquim de Sousa. *Direito dos contratos* – Estudos. Coimbra: Coimbra Ed., 2007, p. 63 e ss.

para o atendimento das necessidades do consumidor e a proteção de seus interesses econômicos.

No CDC, o princípio da transparência também disposto no art. 6º, III, do CDC somente será efetivamente observado pelo fornecedor quando a publicidade do produto ou serviço for realizada de forma adequada, clara e específica, garantido ao consumidor o exercício do consentimento informado[106].

Caso interessante[107] foi de um consumidor que teve seus dados pessoais compartilhados automaticamente pela administradora de cartão de crédito, previsão inserida através de cláusula contratual abusiva, uma vez que não foi ofertado ao consumidor a opção de não o fazer, caso quisesse. Ou seja, um típico caso em que a informação transparente foi solapada pelos interesses econômicos do empresariado.

Visualiza-se também como reflexo do princípio da transparência a necessidade de cláusulas redigidas em destaque, quando eventualmente regulem limitação de direitos do consumidor, conforme artigo 54, § 4º, do CDC.

Finalmente, a necessidade de transparência e de informação, atinente à fase da formação da vontade, permite repelir a estrutural assimetria informativa[108] entre as partes. São exigidos ao fornecedor deveres positivos de informação, de acordo com parâmetros quantitativos e qualitativos capazes de afiançarem a integralidade, a exatidão e a eficácia de comunicação.

---

106. Sobre o tema, confira: BRASIL. Superior Tribunal de Justiça. Recurso Especial 1.540.566 – SC (2015/0154209-2), Relatora Ministra Nancy Andrighi, julgado em 11 de setembro de 2018.

107. Cf.: recurso especial. Consumidor. Cerceamento de defesa. Não ocorrência. Contrato de cartão de crédito. Cláusulas abusivas. Compartilhamento de dados pessoais. Necessidade de opção por sua negativa. Desrespeito aos princípios da transparência e confiança. Abrangência da sentença. Astreintes. Razoabilidade. 1. É facultado ao Juízo proferir sua decisão, desde que não haja necessidade de produzir provas em audiência, assim como, nos termos do que preceitua o princípio da livre persuasão racional, avaliar as provas requeridas e rejeitar aquelas que protelariam o andamento do processo, em desrespeito ao princípio da celeridade. 2. A Anadec – Associação Nacional de Defesa do Consumidor, da Vida e dos Direitos Civis tem legitimidade para, em ação civil pública, pleitear o reconhecimento de abusividade de cláusulas insertas em contrato de cartão de crédito. Precedentes. 3. É abusiva e ilegal cláusula prevista em contrato de prestação de serviços de cartão de crédito, que autoriza o banco contratante a compartilhar dados dos consumidores com outras entidades financeiras, assim como com entidades mantenedoras de cadastros positivos e negativos de consumidores, sem que seja dada opção de discordar daquele compartilhamento. 4. A cláusula posta em contrato de serviço de cartão de crédito que impõe a anuência com o compartilhamento de dados pessoais do consumidor é abusiva por deixar de atender a dois princípios importantes da relação de consumo: transparência e confiança. 5. A impossibilidade de contratação do serviço de cartão de crédito, sem a opção de negar o compartilhamento dos dados do consumidor, revela exposição que o torna indiscutivelmente vulnerável, de maneira impossível de ser mensurada e projetada. 6. De fato, a partir da exposição de seus dados financeiros abre-se possibilidade para intromissões diversas na vida do consumidor. Conhecem-se seus hábitos, monitoram-se a maneira de viver e a forma de efetuar despesas. Por isso, a imprescindibilidade da autorização real e espontânea quanto à exposição. 7. Considera-se abusiva a cláusula em destaque também porque a obrigação que ela anuncia se mostra prescindível à execução do serviço contratado, qual seja obtenção de crédito por meio de cartão. (REsp 1348532/SP, Rel. Ministro Luis Felipe Salomão, Quarta Turma, julgado em 10.10.2017, DJe 30.11.2017).

108. Na verdade, a massificação dos contratos, em especial aqueles celebrados via *internet*, promoveu em grande parte desigualdade de níveis de informação entre as partes: a liberdade contratual das partes foi sucumbida pela autonomia da vontade exclusiva fornecedor. Cf.: ALMEIDA, 2015, p. 184.

Em síntese: o imperativo de transparência[109] informacional, cuja finalidade é potencializar a formação consciente[110] e ponderada da vontade negocial, visa tornar equânime as posições de disparidade cognitiva, quer quanto ao objeto, quer quanto às condições do contrato.

1.4.4 Diálogo das fontes

A pluralidade de leis é, sem dúvida, um desafio do aplicador contemporâneo. Os critérios tradicionais de resolução de conflitos de lei no tempo (anterioridade, especialidade e hierarquia) deram espaço a um novo modelo de coesão e coexistência das leis.

A teoria do diálogo das fontes trata de um método que prima pela coordenação de diplomas, em detrimento da solução hierárquica para solucionar um conflito. Sobre a discussão, Erik Jayme prelecionou que, no pluralismo pós-moderno, diante da diversidade de fontes legislativas, ressurgiu a necessidade de se chegar à coesão entre os diplomas, apontando sempre para um sistema jurídico justo e eficiente[111].

Visando a harmonia e integração do sistema jurídico, Erik Jayme criou a expressão "diálogo das fontes" (*Dialog der Quellen*) para uma teoria que representaria uma visão mais humanista sobre a relação entre as normas do Direito, em uma aplicação simultânea e coordenada entre as fontes legislativas convergentes.[112]

A coerência de um sistema jurídico passa, necessariamente, pela conexão entre os diplomas que tratam de um determinado tema. Mais que isso: há uma aplicação conjunta (ao mesmo tempo e no mesmo caso) das normas (tratados, leis, códigos etc.), independentemente se for de ordem complementar ou subsidiária, competindo ao magistrado coordenar tais fontes[113], tendo sempre como baliza que os direitos humanos, fundamentais e constitucionais não se excluem nem tampouco revogam pela existência do outro.

A Professora Claudia Lima Marques[114] compreende que são 3 tipos de diálogos coerentes entre normas. O primeiro, o diálogo sistemático de coerência, há aplicação

---

109. RIBEIRO, Joaquim de Sousa. *Direito dos Contratos*: Estudos. Coimbra: Coimbra Ed., 2007.

110. Sobre o tema, o Professor José Vieira de Andrade explica que "a informação relativa aos produtos é decisiva para uma escolha minimamente consciente por parte de quem adquire bens ou serviços". Cf.: ANDRADE, José Vieira. Os Direitos dos Consumidores como Direitos fundamentais na Constituição Portuguesa de 1976. *Estudos de Direito do Consumidor*. FDUC, Centro de Direito do Consumo, Coimbra, n. 5, 2003, p. 139-161, esp. p. 156 e 157.

111. ERIK, Jayme. Identité culturelle et integration: le droit international. *Recueil des Cours*, n. 251, II, 1995, p. 251 e ss.

112. Sobre o tema, confira: MARQUES, Claudia Lima; BENJAMIN, Antonio Herman V.; MIRAGEM, Bruno. *Comentários ao Código de Defesa do Consumidor*. São Paulo: Thomson Reuters Brasil, 2019, p. 39 e ss.

113. Cf.: Ibidem, p. 41 e ss.

114. Cf.: MARQUES, Claudia Lima. Diálogo entre o Código de Defesa do Consumidor e o novo Código Civil: do diálogo das fontes no combate às cláusulas abusivas. *Revista de Direito do Consumidor*, v. 45, jan./mar., 2003, p. 71 e ss.

simultânea de duas leis, em que uma pode servir de base conceitual para outra, ex. no caso em que uma lei é geral e a outra especial[115], preservando assim cada uma o seu âmbito de incidência. O segundo seria o diálogo sistemático de complementariedade e subsidiariedade em antinomias[116], destinado aos casos em que, na aplicação coordenada das duas leis, uma lei pode complementar a aplicação da outra em um determinado caso concreto, ex. cláusulas gerais de uma determinada lei pode encontrar utilização subsidiária em caso regulado por outra lei. O terceiro, finalmente, seria o diálogo de influências recíprocas sistemáticas[117] – influência do sistema especial no geral e vice-versa – um diálogo de *double sens* (diálogo de coordenação e adaptação sistemática).

No Brasil, o direito à informação se enquadra como direito fundamental e, de partida, são 4 grandes instrumentos que comunicam entre si, a Constituição Federal, o Código de Defesa do Consumidor, o Código Civil[118], a Lei do Comércio Eletrônico e o Marco Civil da *internet*.

O artigo 7º, *caput*, do CDC, assinala de forma clarividente que os direitos previstos neste código não excluem outros decorrentes de tratados ou convenções internacionais de que o Brasil seja signatário, da legislação interna ordinária, de regulamentos expedidos pelas autoridades administrativas competentes, bem como dos que derivem dos princípios gerais do direito, analogia, costumes e equidade.

No caso em estudo, é fácil perceber que o Decreto 7.962, de 15 de março de 2013, regulamentou a Lei 8.078, de 11 de setembro de 1990, para dispor sobre a contratação no comércio eletrônico e catalogar quais as n. 12.965, de 23 de abril de 2014 estabeleceu princípios, garantias, direitos e deveres para o uso da *internet* no Brasil.

---

115. Esse caso é mais recorrente nas seguintes hipóteses: uma lei é geral e a outra é especial; uma lei é central no sistema e a outra um microssistema específico etc. Conforme a Professora Claudia Lima Marques, as definições de decadência, prescrição, nulidade etc., não estão conceituados no Código de Defesa do Consumidor; entretanto, são dispostos e definidos no Código Civil e terão aplicação nas relações consumeristas.

116. O Professor Giovanni Ettore Nanni pontuou, nesse contexto, que os dispositivos do Código Civil somente podem disciplinar as relações de consumo se forem mais favoráveis ao consumidor. Sobre o tema, confira: NANNI, Giovanni Ettore. Relação de consumo: uma situação jurídica em interação entre o Código de Defesa do Consumidor e o Código Civil. *20 anos do Código de Defesa do Consumidor* – conquistas, desafios e perspectivas. São Paulo: Saraiva, 2011, p. 123 e ss.

117. Sobre o tema, a Professora Claudia Lima Marques complementa que "como no caso de uma possível redefinição do campo de aplicação de uma lei (assim, por exemplo, as definições de consumidor stricto sensu e de consumidor equiparado podem sofrer influências finalísticas do novo Código Civil, uma vez que esta lei nova vem justamente para regular as relações entre iguais, dois iguais-consumidores ou dois iguais-fornecedores entre si – no caso de dois fornecedores, trata-se de relações empresariais típicas, em que o destinatário final fático da coisa ou do fazer comercial é um outro empresário ou comerciante), ou como no caso da possível transposição das conquistas do Richterrecht (direito dos juízes) alcançadas em uma lei para a outra." Sobre o tema, confira: MARQUES, Claudia Lima; BENJAMIN, Antonio Herman V.; MIRAGEM, Bruno. *Comentários ao Código de Defesa do Consumidor*. São Paulo: Thomson Reuters Brasil, 2019, p. 43 e ss.

118. O Professor Bruno Miragem pontua que se aplica o código Civil às relações de consumo, consoante artigo 7º, *caput*, do CDC. Cf.: MIRAGEM, Bruno. Eppur si muove: diálogo das fontes como método de interpretação sistemática. *Diálogo das fontes*. Do conflito à coordenação de normas do direito brasileiro. São Paulo: Ed. RT, 2012, p. 76 e ss.

Sob esse alicerce, o diálogo das fontes no direito do consumidor tem uma lógica que norteia essa coordenação[119]: promover os direitos do consumidor à luz da Constituição Federal, em seu artigo 5°, inciso XXXII, na forma da lei, a defesa do consumidor, promovendo a efetivação dos direitos dos mais vulneráveis, na norma que lhe seja mais benéfica[120], tendo em conta os instrumentos para promoção da pessoa humana[121].

1.5 REQUISITOS PARA INFORMAÇÃO COMPLETA

Antes de assinalar quais os requisitos para informação completa, a doutrina americana[122] ressalta que as informações imperfeitas estão, em regra, presentes nos contratos de adesão de consumo por via eletrônica e se subdividem em 3 grandes leques: a) ausência[123] de informações sobre o risco do produto ou serviço; b) desconhecimento dos consumidores de outras opções de fornecedores (o que permite que as empresas eventualmente cobrem valores mais altos em seus produtos)[124]; c) incompreensão daquilo que está descrito.

---

119. MARQUES, Claudia Lima; BENJAMIN, Antonio Herman V.; MIRAGEM, Bruno. *Comentários ao Código de Defesa do Consumidor*. São Paulo: Thomson Reuters Brasil, 2019, p. 46 e ss.

120. Tal entendimento é consolidado pelo STJ, consoante se percebe nos seguintes julgados: Consumidor e civil. Art. 7° do CDC. Aplicação da lei mais favorável. Diálogo de fontes. Relativização do princípio da especialidade. Responsabilidade civil. Tabagismo. Relação de consumo. Ação indenizatória. Prescrição. Prazo. O mandamento constitucional de proteção do consumidor deve ser cumprido por todo o sistema jurídico, em diálogo de fontes, e não somente por intermédio do CDC. – Assim, e nos termos do art. 7° do CDC, sempre que uma lei garantir algum direito para o consumidor, ela poderá se somar ao microssistema do CDC, incorporando-se na tutela especial e tendo a mesma preferência no trato da relação de consumo. Recursos especiais providos. (BRASIL. Superior Tribunal de Justiça. REsp 1009591/RS. Relatora: Ministra Nancy Andrighi, Terceira Turma, julgado em 13 de abril de 2010.). Confira também: Processual civil e bancário. Ação civil pública. Títulos de capitalização. Cláusula instituidora de prazo de carência para devolução de valores aplicados. Abusividade. Não ocorrência. [...] 5. Deve ser utilizada a técnica do "diálogo das fontes" para harmonizar a aplicação concomitante de dois diplomas legais ao mesmo negócio jurídico; no caso, as normas específicas que regulam os títulos de capitalização e o CDC, que assegura aos investidores a transparência e as informações necessárias ao perfeito conhecimento do produto. (BRASIL. Superior Tribunal de Justiça. REsp 1216673/SP. Relator Ministro João Otávio De Noronha, Quarta Turma, julgado em 02 de junho de 2011).

121. Explica o Professor Gustavo Tepedino que "Não se devem tomar o Código Civil e o Código de Defesa do Consumidor por diplomas contrastantes, senão complementares, no âmbito da complexidade do ordenamento. Constituem-se, cada um em sua esfera de atuação, verdadeiros instrumentos para promoção da pessoa humana.". Cf.: TEPEDINO, Gustavo. A aplicabilidade do Código Civil nas relações de consumo: diálogos entre o Código Civil e o Código de Defesa do Consumidor. *20 anos do Código de Defesa do Consumidor*: conquistas, desafios e perspectivas. São Paulo: Saraiva, 2011, p. 72 e ss.

122. Para mais, confira: SCHWARTZ, Alan; WILDE, Louis. Imperfect Information in Markets for Contract Terms: The Examples of Warranties and Security Interests. *Virginia Law Review*, v. 69, n. 8, 1983, p. 1461 e 1462.

123. Sobre o tema, a Professora Elsa Dias Oliveira pondera que "um dos factores determinantes da fragilidade contratual do consumidor é justamente a sua falta de informação [...]", uma vez que é frequente que este não compreenda as técnicas de venda utilizadas pelo proponente e não conheça os seus direitos, não resistindo, portanto, a eventuais abusos cometidos pelo profissional". Cf.: OLIVEIRA, Elsa Dias. *A protecção dos consumidores nos contratos celebrados através da Internet*: contributo para uma análise numa perspectiva material e internacional privatista. Coimbra: Almedina, 2002, p. 65 e ss.

124. Na prática, essa questão tem sido cada vez menos acentuada, especialmente pelo surgimento de *sites* que comparam o custo-benefício entre os mesmos produtos para o consumidor. A comparação de preços, na

CAPÍTULO 1 • PRINCÍPIOS GERAIS SOBRE O DEVER DE INFORMAÇÃO   **69**

No que toca à primeira espécie, os consumidores frequentemente não são informados[125] sobre os riscos que o contrato e os termos ali propostos se denotam, tornando-se muitas vezes incapazes de escolher o produto ou serviço que realmente indica sua preferência. Podemos notar, por exemplo, quando um consumidor adquire um serviço de canais de televisão pela *internet* em um preço promocional e ele não é informado, por exemplo, que terá de pagar uma multa proporcional ao valor do contrato anual caso queira se desvincular. Nesse ponto, parte das empresas exploram essa ignorância do consumidor; uma vez confiável o produto ou serviço, o consumidor tende a aceitar imposição de valores.

Na prática, para algumas empresas, explorar a ignorância do consumidor, em regra, é mais lucrativo que ficar buscando o que a doutrina denominou de *smart consumers*[126], consumidores que são mais perspicazes quando da contratação.

Acresce-se a isso a linguagem rebuscada[127] com termos do juridiquês que acabam por tornar as informações incompreensíveis para a maioria dos consumidores.

A informação completa, implica necessariamente, na implementação de ações (públicas ou privadas) tendentes a assegurar a formação consciente[128] do consumidor, bem como uma informação completa e leal sobre os bens e produtos oferecidos pelo fornecedor, capaz de possibilitar uma decisão responsável (sobre as características essenciais dos bens e serviços fornecidos[129]; sobre a natureza, qualidade, composição, quantidade, durabilidade, origem, procedência; sobre

---

prática, leva a redução de valores por parte dos fornecedores. Sobre esse ponto, os avanços dos algoritmos na coleta, armazenamento, síntese e análise de dados permitiram que se verificasse um maior número de sites em tempo reduzido. Sobre o tema, confira: REIDENBERG, Joel R.; BHATIA, Jaspreet; BREAUX, Travis D.; NORTON, Thomas B. Ambiguity in Privacy Policies and the Impact of Regulation. *Journal of Legal Studies*, v. 45, p. 23 e ss. University of Chicago Law School, 2016.

125. Sobre o tema, confira o seguinte julgado: Direito do consumidor. Informação clara e precisa. Artigo 31 do CDC. O Código de Defesa do Consumidor assegura, expressamente, ao consumidor o direito à informação correta, clara e precisa do preço dos produtos, inclusive para os casos de pagamento via cartão de crédito. Recurso Especial provido. (BRASIL. Superior Tribunal de Justiça. REsp 81.269/SP. Relator Ministro Castro Filho, Segunda Turma, julgado em 08 de maio de 2001, p. 150).

126. Sobre o tema, confira: SCHWARTZ, Alan; WILDE, Louis. Imperfect Information in Markets for Contract Terms: The Examples of Warranties and Security Interests. *Virginia Law Review*, v. 69, n. 8, 1983, p. 1450 e ss.

127. Sobre o tema, confira: DAVIS, Jeffrey. Protecting consumers from overdisclosure and gobbledygook: an empirical look at the simplification of consumer-credit contracts. *Virginia Law Review*, 6. ed., 1977, p. 906 e ss.

128. Sobre o tema, confira: CANOTILHO, José Joaquim Gomes; MOREIRA, Vital Martins. *Constituição da República Portuguesa Anotada*. Coimbra: Coimbra Ed., 2007, p. 781 e ss.

129. Sobre o tema, confira seguinte julgado: Processual civil e direito do consumidor. Recurso especial. Ação civil pública. Violação do art. 535, II, do CPC, não configurada. Legitimidade do ministério público para a tutela de direitos individuais homogêneos. Legitimidade passiva ad causam da concessionária do serviço de telefonia celular. Direito à informação. Fornecimento de fatura detalhada. Impossibilidade de cobrança. Exegese do art. 3º da Lei 7.347/85. Obrigações de fazer, de não fazer e de pagar quantia. Possibilidade de cumulação de pedidos. Precedentes. 5. Não é razoável que se exclua do conceito de "serviço adequado" o fornecimento de informações suficientes à satisfatória compreensão dos valores cobrados na conta telefônica. Consectário lógico da consagração do direito do consumidor à informação precisa, clara e detalhada é a impossibilidade de condicioná-lo à prestação de qualquer encargo. O fornecimento do detalhamento

utilização ou não de ingredientes geneticamente modificados; sobre o modo de funcionamento e de utilização dos produtos) e, sobretudo, decisão livre e consciente pelo consumidor.

O dever de informação não se reduz à aferição de sua veracidade, clareza ou objetividade; mais que isso, o dever de informação compreende as orientações e advertências ao consumidor sobre os riscos associados do produto ou serviço que está sendo contratado.

A informação completa também está consubstanciada na possibilidade de o consumidor poder guardar uma cópia do contrato entabulado eletronicamente, para poder acessá-lo quando quiser. Aliás, esse deve ser o ônus do fornecedor, isto é, deve a qualquer momento demonstrar que enviou as informações referente ao contrato pactuado.

Em paralelo, exigir ou impor um rol extenso de informações pode gerar um efeito adverso, isto é, compartilhar informações desnecessárias para a compra instantânea do consumidor acarreta confusão[130] ao escolher o produto ou serviço.

Na formação dos contratos em geral, os deveres de informação e comunicação decorrem do princípio da autonomia privada, cujo exercício pressupõe liberdade das partes para negociar e celebrar contratos, desde que o aderente tenha prévio e substancial conhecimento das cláusulas dispostas[131].

Notadamente nos contratos de adesão concluídos por meio eletrônico, esse dever é maximizado, especialmente pela situação peculiar à qual o consumidor é submetido.

No Brasil, os requisitos para a efetiva satisfação do direito à informação do consumidor estão previstos no artigo 31 do CDC[132], impingindo o fornecedor a transmitir as informações do serviço e do produto de forma correta (verdadeira), clara (facilidade de assimilação), precisa (elementos cruciais) e ostensiva (simplificada percepção do consumidor), além de ser útil e completa. Mais que isso: em sua inteireza, a informação deve ser apta a tornar o consumidor consciente para uma decisão de compra de um bem ou contratação de um determinado serviço.

---

da fatura há de ser, portanto, gratuito. (BRASIL. Superior Tribunal de Justiça. REsp 684.712/DF. Relator Ministro José Delgado, Primeira Turma, julgado em 07 de novembro de 2006, p. 218).

130. Já tratamos esse tema em outra oportunidade, confira: BARROS, João Pedro Leite; BORBA, Letícia de Oliveira. Consumidor digital – perspectivas. In: VERBICARO, Dennis; Loiane, VIEIRA; Janaína (Coord.). *Direito do Consumidor Digital*. São Paulo: Lumen Juris, 2020, p. 295 e ss.

131. Pode se extrair também da conduta escorreita decorrente da boa-fé, conforme artigo 227 do CC português.

132. Confira artigo 31 do CDC, *verbis*: "A oferta e apresentação de produtos ou serviços devem assegurar informações corretas, claras, precisas, ostensivas e em língua portuguesa sobre suas características, qualidades, quantidade, composição, preço, garantia, prazos de validade e origem, entre outros dados, bem como sobre os riscos que apresentam à saúde e segurança dos consumidores". Confira também artigo 6º, III, do CDC, *verbis*: Art. 6º São direitos básicos do consumidor: III – a informação adequada e clara sobre os diferentes produtos e serviços, com especificação correta de quantidade, características, composição, qualidade, tributos incidentes e preço, bem como sobre os riscos que apresentem.

Aliás, a doutrina[133] explica que muitas vezes ao tomar as decisões os consumidores raramente realizam uma busca aprofundada das informações do produto, nem tampouco processam todas as informações que recebem. Ao invés disso, os adquirentes corriqueiramente confiam em informações parciais adquiridas aceitáveis para fazê-las com que efetuem a compra, no chamado processo satisfatório[134]. Essas informações parciais são, em regra, o preço e as principais características do produto ou serviço. Isto implica em dizer que a responsabilidade é ainda mais aguçada do fornecedor, notadamente na forma em que as informações forem disponibilizadas.

De mais a mais, o conhecimento do consumidor decorrente das inúmeras informações transmitidas e pormenorizadas é ilusório[135], uma vez que a mente humana não foi projetada para armazenar elevada quantidade de informação ao mesmo tempo.

Nesse sentido, em que pese muitas vezes a informação seja clara, há frequente excesso de informação disponível na contratação para o consumidor, o que faz com que os adquirentes limitem sua atenção aos aspectos essenciais da transação.

Sem dúvida, os consumidores tendem a reduzir suas decisões a alguns fatores (preço e qualidade aparente), ainda que casualmente tenham acesso a inúmeras informações. Havendo confiança na empresa, muitas das vezes os consumidores acreditam ser razoável abster-se de ler todas as cláusulas ali descritas.

Além disso, é imperioso constatar que frequentemente os consumidores são inclinados a desconsiderar os riscos futuros[136] de determinada compra, seja pelo marketing aparentemente positivo[137] e retórico, seja porque não possuem tempo suficiente para ler o clausurado apresentado, fato que potencializa ainda mais os requisitos da compreensão e objetividade das informações transmitidas.

Assim, faz mister o dever pré-contratual de comunicação das cláusulas que serão inseridas no contrato de adesão, possibilitando ao consumidor seu prévio conhecimento com um tempo suficiente para reflexão, e o dever de informação, notadamente através de prestação de esclarecimentos daquilo que está sendo contratado[138].

---

133. Sobre o tema, confira: HILLMAN, Robert; RACHLINSKI, Jeffrey. Standard-Form Contracting in the Electronic Age. *Cornell Law Faculty Publications*, v. 77, n. 2, 2002, p. 20 e ss..; EISENBERG, Melvin Aron. The Limits of Cognition and the Limits of Contract. *Stanford Law Review*, v. 47, p. 212 e ss. 1995.

134. Cf.: EISENBERG, Melvin Aron. The Limits of Cognition and the Limits of Contract. *Stanford Law Review*, v. 47, p. 211-240, 1995, p. 215 e ss.

135. Sobre o tema, confira: SLOMAN, Steven; FERNBACH, Philip. *The knowledge illusion*, New York: Riverhed books, 2017, p. 8 e ss.

136. Sobre o tema, confira: RAMSAY, Iain. *Consumer Law and Policy. Text and Materials on Regulating Consumer Markets*. Oxford: Hart Publishing, 2007. p. 73 e ss.

137. Sobre o tema, confira: WILLETT, Chris. The functions of transparency in regulating contract terms: Uk and Australian approaches. *International and Comparative Law Quarterly*, 60, Cambridge, Cambridge Journal, 2011, p. 358 e ss.

138. Sobre o tema, confira a jurisprudência portuguesa nos seguintes termos: PORTUGAL. Supremo Tribunal de Justiça de Portugal. Acórdão do processo 08B2977. Relator Salvador da Costa. Lisboa, julgado de 23 de outubro de 2008., nos seguintes termos: "As cláusulas contratuais gerais..., inseridas em propostas de contratos singulares, devem ser comunicadas na íntegra e de modo adequado e com a antecedência

Aqui há uma falha corriqueira em grande parte das empresas, uma vez que não possuem canais de assistência para informações prévias antes da efetiva contratação, somente existindo, regra geral, para consumidores que já adquiriram o produto ou serviço.

A informação transmitida deve ter em conta sempre as circunstâncias objetivas e subjetivas presentes na fase pré-contratual e na própria conclusão do contrato, a complexidade das cláusulas e o nível de instrução ou conhecimento do consumidor, tendo em conta sempre a diligência do cidadão médio.

A redução das informações por simplificação transmitidas por contratação via eletrônica pode, em um primeiro momento, não só aparentar ausência de proteção ao consumidor assim como cercear o consumidor de saber detalhes de sua transação. Contudo, não é bem assim. As informações postas no primeiro momento no *site* eletrônico são, sem dúvidas, aquelas ditas cruciais para a transação. Nesse ponto, estaríamos diante de um contrato sinótico (resumo), o qual conteria as informações básicas e primordiais no primeiro plano[139]: objeto do contrato, preço, forma de pagamento, multa rescisória e eventual complemento informativo de cada espécie de contratação. Por outro lado, o consumidor deve ter acesso ao hiper*link* que lhe direciona para uma aba que trate pormenorizadamente das demais informações.

Obviamente que o predisponente deve observar o efetivo conhecimento do consumidor das cláusulas contratuais ofertadas, não apenas a transmissão da informação. Não se trata, portanto, de uma postura passiva por parte do fornecedor, muito pelo contrário, almeja-se uma atitude proativa do fornecedor.

Com efeito, espera-se do consumidor um comportamento leal e diligente, também decorrente da boa-fé objetiva.

Na visão de Cappelletti[140], uma ordem jurídica justa passa por 3 etapas de solução[141]: a) assistência judiciária; b) novos modelos de tutelar os interesse difusos e coletivos, especialmente no âmbito do consumidor e na esfera ambiental; c) denominada de enfoque à justiça, essa terceira etapa engloba as demais e visa fundamentalmente aprofundar as formas de transpor os obstáculos ao acesso à justiça,

---

necessária aos aderentes que se limitem a subscrevê-las ou a aceitá-las, incluem-se nos contratos por via da aceitação, e o ónus de prova daquela comunicação incumbe ao contraente predisponente".

139. Cf.: DL 7962 de 2013, que regulamenta a Lei 8.078, de 11 de setembro de 1990, para dispor sobre a contratação no comércio eletrônico, sobretudo o artigo 4°, I.

140. CAPPELLETTI, Mauro; GARTH, Bryant. *Acesso à justiça*. Trad. e revisão Ellen Gracie Northfleet. Porto Alegre: Sergio Fabris, 2002, p. 34 e ss.

141. O Ministro Reynaldo Soares da Fonseca sintetiza didaticamente da seguinte forma: "A primeira onda diz respeito à assistência judiciária aos pobres (obstáculo econômico do acesso à justiça). A segunda onda refere-se à representação dos interesses difusos em juízo (obstáculo organizacional do acesso à justiça) – coletivização do processo. A terceira onda, denominada de "o enfoque do acesso à justiça", soluções – técnicas adequadas para a solução dos conflitos.". Confira: FONSECA, Reynaldo Soares da. As soluções consensuais de conflitos à luz do princípio constitucional da fraternidade: realidade e desafios do NCPC –São Paulo – SP. *Revista de Ciências Jurídicas e Sociais*. v. 7, n. 1, 2017. p. 77 e ss.

CAPÍTULO 1 • PRINCÍPIOS GERAIS SOBRE O DEVER DE INFORMAÇÃO   **73**

de forma mais articulada, notadamente através dos meios alternativos de resolução de litígio, fundado nos diversos instrumentos processuais. Em suma: o acesso à justiça passa, necessariamente, por caminhos concretos para que o cidadão atinja o seu objetivo de solucionar seu conflito.

Partindo dessa visão e ampliando seu espectro, a informação "justa" é aquela que contempla os instrumentos[142] processuais e materiais da relação de consumo, quer dizer, é aquela que permite a concreta e real compreensão da mensagem transmitida ao consumidor, não limitando à transmissão propriamente dita.

Nos Tribunais, capitaneado pelo Ministro Herman Benjamin[143], desenvolveu-se uma nova teoria mais ampla sobre o valor informação, desdobrando-se em quatro categorias principais: a) informação-conteúdo (atinente às peculiaridades do produto ou serviço); b) informação-utilização (delineia-se como o produto ou serviço deve ser utilizado); c) informação-preço (condições de pagamento, custos e a forma escolhida para fazê-lo); d informação-advertência (pontua-se os riscos do produto ou serviço). Com relação a essa última classificação, denota-se que toda advertência é informação, mas nem toda informação é advertência.

Finalmente, pela interpretação finalística do CDC, tem-se que o legislador estatuiu uma obrigação ampla de informação, comum aos integrantes das relações jurídicas de consumo; por sua vez, as leis especiais e setorizadas preconizam uma obrigação especial de informação, aquela pontual e específica para tais situações.

1.6 DEVER DE INFORMAÇÃO COMO PAPEL INCLUSIVO NO ÂMBITO DAS PESSOAS COM DEFICIÊNCIA

A acessibilidade[144] é um dos espectros do dever de informação, através do qual a transmissão da informação deve ser necessariamente adaptada ao meio de comunicação empregado e para a quem é destinada, tornando a informação mais inteligível ao interlocutor.

Como se observa, o presente estudo atina-se ao comércio eletrônico, especialmente aos contratos interativos, aqueles que consubstanciam no intercâmbio[145] de

---

142. Sobre o tema, os Professores Fabiano Hartmann e Debora Bonat assim asseveram: "[...] o Poder Judiciário se transformou em agente efetivador dos direitos fundamentais. Desta forma, na missão de políticas públicas, passa a atuar de maneira incisiva, concretizando direitos aos cidadãos e obrigando o Estado a cumprir seus deveres constitucionais". Cf.: BONAT, Debora; PEIXOTO, Fabiano Hartmann. A nova interpretação do princípio do acesso à justiça: uma análise a partir da crise da democracia liberal, da influência do neoconstitucionalismo e da judicialização da política. In: MEIRELLES, Delton Ricardo Soares; COUTO, Monica Bonetti; MATOS, Eneas de Oliveira. (Org.). *Acesso à justiça*. Florianópolis: FUNJAB, 2012, v. 1, p. 276-298.

143. Cf.: BRASIL. Superior Tribunal de Justiça. REsp 586.316/MG, Relator Ministro Herman Benjamin julgado em 17 de abril de 2007.

144. PINTO, Paulo Mota. Princípios relativos aos deveres de informação no comércio à distância. *Estudos de Direito do Consumidor*, Coimbra, n. 5, p. 186-206, 2003, p. 199.

145. Confira ideia em: LEAL, Sheila do Rocio Cercal Santos. *Contratos Eletrônicos*: Validade jurídica dos contratos via *Internet*. São Paulo: Atlas, 2007, p. 87.

uma pessoa com um computador, *smartphones*, *tablets* etc., como ocorre nas páginas eletrônicas mais modernas, em que o internauta seleciona os produtos que deseja adquirir e, após este processo de seleção, declara sua vontade de aceitar a oferta mediante um clique confirmatório.

Regra geral, tais contratos são também de adesão[146], vez que têm elaboração prévia e unilateral por parte do fornecedor e a impossibilidade de influência da contraparte. Aliás, é o meio que o fornecedor tem para impelir a contratação de seu modo, em flagrante exercício desarrazoado de sua posição jurídica.[147]

Passo a passo, no comércio eletrônico, a informação é o instrumento[148] necessário e essencial para se obter negócios jurídicos transparentes e leais e, sua inobservância, dá azo ao incumprimento legal e consequente punição.

Dito isso, o dever de informação do fornecedor deve se amoldar ao consumidor e suas respectivas necessidades.[149] Por ser completa e eficaz, o fornecedor deve dispor de ferramentas para que os deficientes assimilem o conteúdo posto e que possam, de forma profícua, efetuar compra de um produto ou serviço na mesma medida de compreensão[150] dos demais consumidores.

É certo que a *internet* possui um padrão internacional para acessibilidade da Web, as Diretrizes de Acessibilidade para Conteúdo da Web (*Web Content Accessibility Guidelines* – WCAG)[151], ao denotar que as alternativas de texto sirvam à finalidade equivalente das figuras que descrevem. Com efeito, as figuram devem ser captadas

---

146. Nos contratos de adesão não são permitidas discussões prévias e a manifestação de vontade da parte hipossuficiente é prejudicada, ou seja, a vontade restringe tão somente a aquiescer a condição imposta do fornecedor. Para mais, confira em: ROPPO, Enzo. *O contrato*. Coimbra: Almedina, 1988, p. 317 e 318.

147. Em última análise, há de convir que a imposição do dever de informação tende a interferir no equilíbrio contratual, em especial se a parte é forçada a partilhar informação que lhe seja potencialmente desfavorável. Para mais, vide: ARAÚJO, Fernando. *Teoria Econômica do Contrato*. Coimbra: Almedina, 2007, p. 553-562.

148. MARQUES, Claudia Lima. *Confiança no comércio eletrônico e a proteção do consumidor*: um estudo dos negócios jurídicos de consumo no comércio eletrônico. São Paulo: Ed. RT, 2004, p. 255.

149. Sobre o tema, a Professora Inmaculada Vivas Tesón, ao tratar sobre acessibilidade no turismo e na proteção do consumidor com deficiência, explica que há diversas barreiras, notadamente a informativa que "barreras (físicos y actitudinales): desde la información vacacional (p. ej. folletos o páginas web de operadores turísticos con diseños y formatos no accesibles ni comprensibles [...]". Cf.: TESÓN, Inmaculada Vivas. Turismo accesible e inclusivo:la protección jurídica del consumidor con discapacidad. *Revista CESCO de Derecho de Consumo*, 2/2012. Disponível em: http://www.revista.uclm.es/index.php/cesco. Acesso em: 21 jul. 2020.

150. Sobre o tema, o Professor Felipe Braga Netto pontuou em sua obra que o STJ brasileiro obrigou que as instituições financeiras deveriam utilizar o sistema braile na confecção dos contratos bancários de adesão às pessoas com deficiência visual. Cf.: BRAGA NETTO, Felipe Peixoto. *Manual de Direito do Consumidor*. Salvador: Jus Podivm, 2020, p. 73 e ss. Vide também: BRASIL. Superior Tribunal de Justiça. REsp 1.315.822. Relator Ministro Marco Aurélio Belizze, 3ª Turma, DJ 16 de abril de 2015.

151. As Diretrizes de Acessibilidade de Conteúdo da Web (WCAG) são desenvolvidas através do processo em cooperação com indivíduos e organizações em todo o mundo, com o objetivo de fornecer um único padrão compartilhado para acessibilidade de conteúdo da *web* que atenda às necessidades de indivíduos, organizações e governos internacionalmente. Disponível em: https://www.w3.org/WAI/standards-*guidelines*/wcag/?. Acesso em: 27 abr. 2020.

CAPÍTULO 1 • PRINCÍPIOS GERAIS SOBRE O DEVER DE INFORMAÇÃO

e compreendidas no âmbito de seu conteúdo e finalidade, com a perspectiva de fornecer alternativas úteis de acessibilidade[152] ao usuário.

Em 2018, a Microsoft[153] elaborou um notável programa "AI for Accessibility", investindo até 2022 por volta de 25 milhões de dólares em projetos, com o fito de fomentar ideias e projetos referentes às tecnologias assistivas de ponta, por intermédio da inteligência artificial, através de universidades, pesquisadores, ONGs e associações.

Tais tecnologias facilitam substancialmente a rotina de pessoas com deficiência, tornando-as mais autônomas, permitindo melhor inserção no mercado de trabalho e convertendo-as em consumidoras cidadãs[154]. No contexto da investigação dessa pesquisa, tais instrumentos permitem que o consumidor com alguma deficiência possa adquirir produto ou serviço com o mesmo grau de assimilação da informação que os demais consumidores, devendo o fornecedor utilizar as ferramentas disponíveis, muitas delas gratuitas[155], para a cumprir seu dever. Nesse ponto, é importante frisar que há inúmeros aplicativos e ferramentas de tecnologia assistiva que auxiliam os usuários a lerem, interagirem com o assistente virtual, controlar o mouse, comandos de voz com movimentos com o rosto etc.

---

152. Sobre o tema, a Professora Inmaculada Vivas Tesón pontua, à luz do direito espanhol e europeu, que ainda há um longo caminho a percorrer para que as pessoas com deficiência tenham direitos efetivados concretamente. Assim conclui: "De otro lado, si bien es digno de un largo y sonoro aplauso el reconocimiento expreso del principio de autonomía y libertad en la toma de decisiones, no llegamos a comprender cómo no se ha cumplido ya con la promesa de reforma del procedimiento de incapacidad judicial (tan sólo ha sufrido un mínimo retoque terminológico) y el sistema tuitivo español mediante la creación de mecanismos de protección de la persona ajustados al modelo social de discapacidad proclamado por la Convención ONU, convirtiendo la tutela en la última medida de guarda e intentando proteger a la persona humana y sus derechos, no sus bienes. Sin duda alguna, se trata ésta de una reforma legislativa de mayor alcance y complejidad, pues afecta a la capacidad jurídica de la persona, pero si no se acomete (lo cual, a estas alturas, consideramos inexplicable), el reconocimiento expreso de la autonomía y libertad en ltoma de decisiones no es más que un (bonito) papel mojado si nuestros jueces y tribunales, aplicadores del Derecho civil vigente, siguen en sus sentencias privando a las personas de su libertad hasta límites extremos como la negación de su derecho de sufragio activo." Cf.: TESÓN, Inmaculada Vivas. Retos actuales en la protección jurídica de la discapacidad. *Revista Pensar*, Fortaleza, v. 20, n. 3, p. 823-846.
153. Disponível em: https://venturebeat.com/2019/05/06/how-microsoft-is-using-ai-to-improve-accessibility/. Acesso em: 27 fev. 2020.
154. LANCIONI, Giulio E.; SINGH Nirbhay N. Assistive Technologies for Improving Quality of Life. *Assistive Technologies for People with Diverse Abilities*. Nova Iorque: Springer, 2014, p. 1-20. Confira também: ABOU-ZAHRA, Shadi; COOPER, Michael; BREWER, Judy. Artificial Intelligence (AI) for Web Accessibility: Is Conformance Evaluation a Way Forward? Abril, 2018. Disponível em: https://dl.acm.org/doi/10.1145/3192714.3192834. Acesso em: 20 abr. 2020. Nos Estados Unidos da América, a nível federal, há o Americans with Disabilities Act (ADA), que tem como objetivo a proteção das pessoas com alguma deficiência, bem como proibir a discriminação de indivíduos com deficiência em todas as áreas da vida pública e privada, garantindo que as pessoas com deficiência tenham os mesmos direitos e oportunidades que todos os demais. Sobre o tema, confira: https://www.ada.gov/. Acesso em: 20 abr. 2020.
155. Cf.: TelepatiX, disponível em: https://telepatixweb.tecladointeligente.com.br, See A. Disponível em: https://apps.apple.com/br/app/seeing-ai/id999062298. HandTalk, disponível em: https://www.handtalk.me/br. Acesso em 20 abr. 2020.

O implemento das tecnologias assistivas[156], através de softwares, plataformas digitais inteligentes e assistentes virtuais merece especial atenção quanto ao aspecto da garantia de sigilo da informação e privacidade do usuário, pela ampliação da circulação, conexão e coordenação de dados pessoais sensíveis estruturados, o que potencializa os riscos de vazamento.

Os riscos das tecnologias assistivas sucedem, necessariamente, por problemas básicos na precisão e sensibilidade dos dados transmitidos. Quanto à precisão, muitas vezes, alternativas de textos imprecisos e obscuros, como diagramas e gráficos, podem ter consequências sérias para saúde e segurança do consumidor. Explico. O reconhecimento automático de imagens, em geral, não oferece a confiabilidade suficiente na sua interpretação, podendo ocasionar distorções expressivas para o consumidor.

Além disso, os produtos e serviços fundados nesse tipo de tecnologia, que geralmente se utiliza da inteligência artificial, possuem muitas informações/dados do usuário, a fim de obter uma funcionalidade ideal do bem ou serviço adquirido. Por exemplo, serviços de adaptação e interpretação de textos possuem informações detalhadas sobre a própria deficiência do usuário, sendo este compreendido como um dado sensível.

Não custa lembrar que os dados fornecidos pelos usuários e captados por essas empresas fornecedoras devem ter sido colhidos com sua aquiescência[157] e de forma expressa, podendo o usuário acessar, atualizar ou até mesmo excluir tais dados, carecendo a empresa disponibilizar imediatamente tais opções. Exemplificando, o usuário pode não mais querer acessar um aplicativo ou plataforma, requisitando que a empresa exclua seus dados coletados imediatamente.

O comprometimento dos fornecedores é crucial para não haver qualquer tipo de devassa nas informações pessoais dos usuários.[158] Nesse ambiente, a proteção à privacidade e a segurança de pessoas com deficiência frequentemente não é observada. Sobre essas questões, há empresas[159] que verificam o grau de acessibilidade do *site* (se há barreiras ou não) e se estão de acordo Diretrizes de acessibilidade de conteúdo da *web*. Mais que isso: indicam a adoção de ferramentas de eficiência maior do usuário.

---

156. Para maior aprofundamento, vide artigo escrito em conjunto com a Professora Rafaella Nogaroli intitulado "Aspectos Ético-Jurídicos Da Inteligência Artificial (Ia) na Inclusão Social de Pessoas com Deficiência", na obra Deficiência e Superação – Os desafios para uma sociedade inclusiva, ainda no prelo.

157. Já dissemos isso antes, em outra oportunidade. Cf.: BARROS, João Pedro Leite. *Programas de compliance no comércio eletrônico de consumo*. Disponível em: https://www.conjur.com.br/2019-jun-20/joao-leite-barros-*compliance*-comercio-eletronico-consumo. Acesso em: 14 mar. 2020.

158. Ponderamos em outros escritos que muitas vezes "não são cumpridos os requisitos da suitability (adequabilidade) da informação, cujos parâmetros fundamentais são especialmente a exatidão, dimensão sucinta, compreensibilidade, clareza e fácil acesso". Confira nosso texto: BARROS, João Pedro Leite. O excesso de informação como abuso do direito (dever). *Revista Luso-Brasileira de Direito do Consumo*, v. VII, n. 25, p. 13-60, Curitiba, mar. 2017.

159. Confira o trabalho da empresa Level Acess. Disponível em: https://www.levelaccess..com/solutions/services/. Acesso em: 20 abr. 2020.

Nesse contexto, é crucial que os órgãos de fiscalização façam um controle de qualidade prévio da informação transmitida, sempre que possível, nos sites que comercializam produto ou serviço, para aferir se a informação é acessível a todos indistintamente.

Por fim, convém ressaltar que essa informação deve ser acessível especialmente a pessoas com deficiência, seja por previsão legal[160] expressa, mas sobretudo pelo princípio constitucional da igualdade transversal a praticamente todos os ordenamentos jurídicos.

1.7 PERSPECTIVA ECONÔMICA DO DEVER DE INFORMAR

Analisar quais informações que devam ser transmitidas à luz da análise econômica do direito é, na prática, atribuir um valor econômico[161] às informações e consequentemente saber o custo-benefício para fazê-lo, assim como qual sua utilidade esperada. Ou seja, qual a real medida do benefício ao consumidor e, ao mesmo tempo, qual o investimento que o fornecedor deverá suportar.

Na visão empresarial[162], quanto mais informações são agregadas em bloco e menos detalhadas, menos ameaçadora é a competição entre as empresas. Isso porque, uma vez reveladas as informações específicas do produto ou serviço, torna-se mais fácil a identificação de quais são as estratégias da empresa concorrente ou a real natureza do produto ou serviço ofertado. Por outro lado, as informações imprecisas podem distorcer o comportamento do mercado e a própria justiça ou *"fair play"* na competição entre as empresas.

Aliás, quando o mercado[163] tem seu funcionamento calcado na sistemática em que, aqueles que já estão em desvantagem estrutural são ainda mais prejudicados, o que se espera é uma relação de maior dependência dos vulneráveis com os fornecedores.

---

160. Cf.: Código de defesa do consumidor, art. 6º São direitos básicos do consumidor: Parágrafo único. A informação de que trata o inciso III do *caput* deste artigo deve ser acessível à pessoa com deficiência, observado o disposto em regulamento. Confira também: Lei 13.146, de 6 de julho de 2015, Lei que Institui a Lei Brasileira de Inclusão da Pessoa com Deficiência (Estatuto da Pessoa com Deficiência), notadamente Art. 69. O poder público deve assegurar a disponibilidade de informações corretas e claras sobre os diferentes produtos e serviços ofertados, por quaisquer meios de comunicação empregados, inclusive em ambiente virtual, contendo a especificação correta de quantidade, qualidade, características, composição e preço, bem como sobre os eventuais riscos à saúde e à segurança do consumidor com deficiência, em caso de sua utilização, aplicando-se, no que couber, os arts. 30 a 41 da Lei 8.078, de 11 de setembro de 1990.

161. Sobre a perspectiva da informação como possibilidade de avaliação dos riscos de um determinado negócio, confira: MARTINS-COSTA, Judith. *A boa-fé no direito privado*: critérios para sua aplicação. São Paulo: Marcial Pons, 2015, p. 529 e ss.

162. Cf.: FERRETTI, Federico. *EU Competition Law, the Consumer Interest and Data Protection*. United Kingdom: Springer, 2014. p. 93 e ss.

163. Cf.: PHAM, Adam; CASTRO, Clinton. The moral limits of the market: the case of consumer scoring data. *Ethics and Information Technology Journal Springer*, 2019. p. 3 e ss.

Nessa perspectiva, a transparência dos elementos informativos em um mercado de consumo pode ser positiva para um modelo de concorrência ideal que tem como premissa a mitigação da assimetria de informação sobre o próprio mercado em si (promovendo uma relação equilibrada entre os concorrentes) e o consequente benefício para os consumidores.

Assim, a transparência deve permitir melhor avaliação e monitoramento de empresas[164] cujo comportamento não reflita a preocupação com o consumidor. O equilíbrio[165] de forças na relação de consumo, sobretudo através de tratamento leal entre as partes, é o único meio de tutelar e proteger as expectativas das partes na relação de consumo, seja através da intervenção estatal ou não.

Alguns doutrinadores[166] entendem que o Estado só deve intervir no mercado com o intuito de corrigir suas falhas. Essa visão isolada e fechada não abrange a questão da justiça social de consumo, notadamente com o intuito de equilibrar a relação entre consumidor e fornecedor.

A literatura pontua que as falhas de mercado resultam, em linhas gerais, de monopólio, externalidades negativas e assimetria de informação, essa última que nos interessa.

Em traços amplos, na assimetria de informação o fornecedor detém o monopólio das informações em todo seu processo produtivo, repassando ao consumidor somente aquelas informações que lhes convêm. Sob diferentes perspectivas[167], há ganhos e perdas na transmissão das informações.

Partindo do pressuposto de que a informação é um bem público[168], há ainda quem pontue que a regulamentação governamental[169] deva ser determinada por seu fim, tendo em vista sempre o interesse da sociedade. Ou seja, é necessário um agente

---

164. Cf.: GIANNETTI, Caterina; JENTZSCH, Nicola, SPAGNOLO, Giancarlo. Information-sharing and cross-border entry in European banking. *European Credit Research Institute (ECRI)*, Research Report n. 11, Brussels: Centre for European Policy Studies, 2010. p. 1 e ss.

165. MARQUES, Claudia Lima; BENJAMIN, Antonio Herman V.; MIRAGEM, Bruno. *Comentários ao Código de Defesa do Consumidor*. São Paulo: Thomson Reuters Brasil, 2019, p. 336.

166. Cf.: COOTER, Robert; ULEN, Thomas. *Law and Economics*. Boston: Pearson, 2016, p. 38 e ss.; SHAVELL, Steven. *Foundations of Economics Analysis of Law*. Cambridge: Harvard University Press, 2004, p. 56 e ss.

167. O Professor Sunstein pontua da seguinte forma: "[…] With respect to information, there is also a great deal of heterogeneity out there. Because of their preferences and values, some people benefit from information to which other people are indifferent. Some people are harmed by receiving information from which other people gain. […]". Cf.: SUNSTEIN, Cass. Ruining popcorn? The welfare effects of information. *Journal of Risk and Uncertainty*, Springer, v. 58, n. 2, p. 121-142, 2019.

168. Sobre o tema, confira: ROBINSON, Lisa; VISCUSI, W Kip; ZECKHAUSER, Richard. Efficient Warnings, Not "Wolf or Puppy" Warnings. *HKS Faculty Research Working Paper Series*, p. 16-33, 2016.

169. Sobre o tema, confira: FRANCK, Jens-Uwe; PURNHAGEN, Kai. Law and Economics in Europe – Foundations and Applications. *Homo Economicus, Behavioural Sciences, and Economic Regulation*: On the Concept of Man in Internal Market Regulation and its Normative Basis. Lucerne: Springer, 2014, p. 361 e ss., *verbis*: "Yet functioning markets also require positive economic regulation, for example regulation that counters the risks of adverse selection due to systematic information deficits".

governamental que proteja o direito do consumidor com a finalidade de exigir o cumprimento da correta informação.

Com efeito, o ideal seria que a informação fosse personalizada e direcionada para cada consumidor, não somente analisando seu grau de instrução, mas sobretudo seus anseios e expectativas com o produto e serviço ofertado.

A solução da assimetria de informação sobrevém pela divulgação compulsória[170] de informações elementares na relação de consumo. O acesso à informação aumentará a qualidade da compra do consumidor por dois principais motivos: a) com tais informações, o consumidor sentirá mais seguro na hora da compra, tendo em vista que saberá sobre a origem do produto, qualidade da matéria prima, dentre outros elementos definidores; b) com as informações claras, o consumidor poderá comparar com outros produtos similares, para a escolha do melhor produto para si.

Por outro lado, o fornecedor tem ganhos com isso, uma vez que, sendo o seu produto diferenciado, de boa qualidade e a um preço de mercado, o consumidor possivelmente o escolherá.

Simplificar as informações implica, fundamentalmente, em responder as seguintes questões: a) a informação transmitida é adequada? b) quais informações são passíveis de simplificação? c) qual o benefício econômico dessa simplificação e a quem seria destinado?

Alguns defendem a desnecessidade de regulamentação das informações, tendo em vista que o próprio mercado (vendedores) competirá[171] entre si, e as ofertas propaladas de forma enganosa serão facilmente descobertas.

Por outro lado, a maior parte assevera que a regulamentação deve ser legal, protegendo o consumidor de arbitrariedades feitas por fornecedores.

Como já dito, é importante frisar que a simples divulgação dos termos contratuais através da contratação via *internet* não é útil completamente, caso não seja de uma compreensão solar ao consumidor. Não deve se esforçar para decifrar as informações expostas, ao revés, a informação deve ser o mais simples possível para melhor assimilação.

Mais do que isso, a literatura dispõe que há uma quantidade ideal para a absorção de informações pelo consumidor; contudo, o que se vê são informações

---

170. Há quem entenda que assimetria de informação pode destruir ou diminuir a eficiência de barganha entre consumidores e fornecedores. Sobre o tema, confira: COFFEE, John. Market Failure and the Economic Case for a Mandatory Disclosure System. *Virginia Law Review*, v. 70, p. 751 e ss. School of Law-University of Virginia Year, 1984.

171. Sobre o tema, confira: BEALES, Howard; CRASWELL, Richard; SALOP Steven C. The Efficient Regulation of Consumer Information. *The Journal of Law and Economics*, v. 24, n. 3, 1991, p. 505, *verbis*: "Disseminating false information and withholding negative information about a brand are obviously profitable in the short run, if the claims are believed and not countered by others".

desnecessárias que inundam a tela do computador ou do celular do consumidor, no reconhecido fenômeno da *"information overload"*.

Há aqueles que querem ler minunciosamente todas as informações decorrentes do contrato que esteja pactuando, não devendo os fornecedores os excluírem. Por isso, é mister a criação de um *hiperlink* de acesso para informações pormenorizadas do contrato.

Contudo, não é a maioria. Na sociedade da informação, o tempo vem garantindo seu protagonismo de uma forma inimaginável. Assim, os consumidores, em regra, não possuem disponibilidade de captar todas as informações do produto ou serviço, se atentando somente para aquelas capitais.

1.8 CONFORMIDADE À BOA-FÉ E AO DEVER DE INFORMAR

O ato de informar, em si, é decorrente de uma conduta (ação) de boa-fé do fornecedor perante o consumidor, ou seja, um comportamento positivo em que a omissão da parte traduz na própria violação do seu dever[172].

Aponta Karl Larenz[173] que o princípio da boa-fé exprime o dever de guardar fidelidade com a palavra dada e não frustrar a confiança ou abusar dela, já que esta forma a base indispensável das relações humanas. Prossegue ainda que, para sua aplicação, cabe ao juízo o viés interpretativo e valorativo das exigências geralmente vigentes de justiça. O Professor Paulo Mota Pinto[174] acrescenta que a boa-fé constitui regra jurídica, além de ser um princípio normativo transpositivo e extralegal para qual o legislador é remetido.

Oliveira Ascensão[175] aduz que, à luz da boa-fé objetiva, são atendidos critérios que estabelecem regras de conduta[176], no plano das relações intersubjetivas. Na concretização de valores subjacentes à boa-fé, os deveres peculiares de proteção, informação e lealdade ganham especial relevância, seja porque buscam reverberação na tutela da confiança legítima ou até mesmo na materialidade jurídica.

Aliás, foi com a consagração e consequente "alargar das posições jurídicas"[177] que emergiram, de forma reiterada, tais vetores consectários da boa-fé. O âmbito da proteção da confiança e conjuntura das situações jurídicas materiais convergem no

---

172. Vide: MARQUES, Claudia Lima; BENJAMIN, Antonio Herman V.; MIRAGEM, Bruno. *Comentários ao Código de Defesa do Consumidor*. São Paulo: Thomson Reuters Brasil, 2019, p. 339.

173. LARENZ, Karl. *Derecho de obligaciones*. Trad. Jaime Santos Brinz. Madrid: Editorial Revista de Derecho Privado, 1958, p. 142 e ss.

174. Sobre o tema, confira: PINTO, Carlos Alberto da Mota. *Teoria Geral do Direito Civil*. 4. ed. por António Pinto Monteiro e Paulo Mota Pinto, Coimbra Ed., 2005, p. 125 e ss.

175. ASCENSÃO, José de Oliveira. *Direito Civil: Teoria Geral*. Coimbra: Coimbra Ed., 1999, p. 419-420.

176. Segundo o Professor Wieacker, da boa-fé emanam normas implícitas de dever ser. Sobre o tema, confira: WIEACKER, Franz. *El principio general de la buena fé*. Trad. José Luiz Carro. Madrid: Civitas, 1977, p. 52 e ss.

177. CORDEIRO, António Menezes. *Da boa-fé no direito civil*. Coimbra: Almedina, 2015, p. 900.

CAPÍTULO 1 • PRINCÍPIOS GERAIS SOBRE O DEVER DE INFORMAÇÃO **81**

seguinte sentido: a conexão e derivação com a boa-fé[178]. Vez violados, caracterizam-se como disfuncionalidade ante o sistema jurídico.

O Professor Ruy Rosado de Aguiar Júnior[179] explica que a boa-fé constitui numa fonte autônoma de deveres, independente da vontade, com poder limitador da autonomia contratual, pois através dela pode ser regulada a extensão e o exercício do direito subjetivo.

A materialização do conceito de boa-fé[180] é mais acentuada no âmbito das relações de consumo[181], como se observa no artigo 9°, n. 1, da Lei de Defesa do Consumidor portuguesa ao dispor que "o consumidor tem direito à protecção dos seus interesses económicos, impondo-se nas relações de consumo a igualdade material dos intervenientes, a lealdade e a boa-fé, [...] na vigência dos contratos".

Ressalta-se que esse dever é bilateral, devendo ser observado pelo fornecedor e pelo consumidor, em que pese se compreenda que a finalidade primordial é reforçar a tutela do consumidor.

No Código de Defesa do Consumidor brasileiro, a boa-fé (leia-se objetiva[182]) está prevista expressamente no artigo 4°, inciso III, atendendo a harmonização dos interesses dos participantes das relações de consumo e compatibilização da proteção do consumidor com a necessidade de desenvolvimento econômico e tecnológico, de modo a viabilizar os princípios nos quais se funda a ordem econômica[183] (art.

---

178. Ligam-se à boa-fé de forma peculiar: o primeiro, atrelado aos temas da aparência e crença; o segundo, por sua vez, o segundo, ao movimento histórico no sentido de superação do formalismo. Vide CORDEIRO, António Menezes. *Da boa-fé no direito civil*. Coimbra: Almedina, 2015, p. 901 e ss. Confira também: CORDEIRO, António Menezes. *Tratado de Direito Civil IX:* Direito das obrigações. 2. ed. Coimbra: Almedina, 2016, p. 543-550.

179. Cf.: AGUIAR, Ruy Rosado. A boa-fé na relação de consumo. *Revista de Direito do Consumidor,* n. 14, p. 20-27, abr./jun. 1995.

180. Há muito é pontuada como princípio geral, consignado na LCCG, nos seguintes termos: "são proibidas as cláusulas contratuais gerais contrárias à boa-fé" (art. 15). Mais que isso: o art. 16 da mesma norma pontua que na aplicação do artigo 15, "devem ponderar-se os valores fundamentais do direito, relevantes em face da situação considerada, e, especialmente: a) A confiança suscitada, nas partes, pelo sentido global das cláusulas contratuais em causa, pelo processo de formação do contrato singular celebrado, pelo teor deste e ainda por quaisquer outros elementos atendíveis; b) O objectivo que as partes visam atingir negocialmente, procurando-se a sua efectivação à luz do tipo de contrato utilizado."

181. Sobre o tema, o Professor João Calvão da Silva entende que no cumprimento das obrigações, as partes devem se ater a correção, a lealdade, a lisura e a honestidade próprias de pessoas de bem, inerentes à cooperação e solidariedade contratual a que reciprocamente se vincularam. Cf.: SILVA, João Calvão da. Não Cumprimento das Obrigações. *Comemorações dos 35 Anos do Código Civil e dos 25 Anos da Reforma de 1977.* Coimbra: Coimbra Ed., 2007, v. III – Direito das Obrigações, p. 483 e ss.

182. Pondera o Professor Bruno Miragem que a boa-fé estatuída no Código de Defesa do Consumidor brasileiro é a boa-fé objetiva. "Isso porque a boa-fé subjetiva não se trata de princípio jurídico, mas tão somente de um estado psicológico que se reconhece à pessoa e que constitui requisito importante no suporte fático presente em certas normas jurídicas, para produção de efeitos jurídicos. A boa-fé subjetiva, neste sentido, diz respeito à ausência de conhecimento sobre determinado fato, ou simplesmente a falta da intenção de prejudicar outrem". Cf.: MIRAGEM, Bruno. *Curso de Direito do Consumidor.* São Paulo: Ed. RT, 2020, p. 216 e ss.

183. Sobre a ordem econômica, o Professor Eros Grau assim define como "conjunto de normas que define, institucionalmente, um determinado modo de produção econômica, parcela da ordem jurídica (mundo do

170, da Constituição Federal), sempre com base na boa-fé e equilíbrio nas relações entre consumidores e fornecedores.

Antes de mais, é preciso explicar que a boa-fé exerce três grandes funções[184] na fiscalização do cumprimento das obrigações: interpretação das regras pactuadas (função interpretativa[185]), criação de novas normas de conduta (função integrativa[186]) e limitação[187] dos direitos subjetivos (função de controle contra o abuso de direito).

Na sua função interpretativa, elencada no artigo 113 do Código Civil, ao dispor que os negócios jurídicos devem ser interpretados conforme a boa-fé e os usos do lugar de sua celebração, a boa-fé assiste no processo de interpretação das cláusulas contratuais, com um verdadeiro referencial hermenêutico, analisando objetivamente aquilo pactuado entre as partes.

Por sua vez, na função de controle, restringe o exercício dos direitos subjetivos, estabelecendo para o credor (fornecedor), ao exercer o seu direito, o dever de circunscrever aos limites traçados pela boa-fé, sob pena de uma atuação antijurídica, consoante previsto pelo art. 187 do Código Civil brasileiro de 2002.

A aplicação do princípio da boa-fé objetiva[188], como função de colmatação, implica na multiplicação de deveres entre os contraentes, notadamente no surgimento de deveres laterais ou anexos, os quais não são atinentes à obrigação principal, mas sim com o atendimento de deveres de cuidado, segurança, informação, proteção entre as partes.

Em complemento, a eficácia do princípio da boa-fé objetiva é visualizada em diferentes perspectivas.

Nos contratos de adesão concluídos por meio eletrônico, para adquirir o produto ou serviço, o consumidor deve aceitar de forma obrigatória o teor do conteúdo cor-

---

dever-ser), não é senão um conjunto de normas que institucionaliza uma determinada ordem econômica (mundo do ser)". Cf.: GRAU, Eros Roberto. *A ordem econômica na Constituição de 1988*. 13. ed. São Paulo: Malheiros, 2008, p. 70 e ss.

184. Sobre o tema, confira: GAGLIANO, Pablo Stolze; PAMPLONA FILHO, Rodolfo. *Novo curso de direito civil*. São Paulo: Saraiva, 2019. v. 4, p. 102 e ss.

185. Cf.: artigo 113, do CC: Art. 113. Os negócios jurídicos devem ser interpretados conforme a boa-fé e os usos do lugar de sua celebração.

186. Cf.: artigo 422, do CC: Art. 422. Os contratantes são obrigados a guardar, assim na conclusão do contrato, como em sua execução, os princípios de probidade e boa-fé.

187. Cf.: artigo 187, do CC: Art. 187. Também comete ato ilícito o titular de um direito que, ao exercê-lo, excede manifestamente os limites impostos pelo seu fim econômico ou social, pela boa-fé ou pelos bons costumes.

188. Com efeito, a boa-fé oferece uma proposta ou plano de disciplina, "ficando aberta, deste modo, a possibilidade de atingir todas as situações carecidas de uma intervenção postulada por exigências fundamentais de justiça". Cf.: COSTA, Mário Júlio de Almeida; CORDEIRO, António Menezes. *Cláusulas Contratuais Gerais*: anotação ao Decreto-Lei 446/85, de 25 de outubro. Coimbra: Almedina, 1993, p. 39 e ss. Por sua vez, o Professor José Manuel Araújo de Barros defende que "uma cláusula será contrária à boa fé se a confiança depositada pela contraparte contratual naquele que a predispôs for defraudada em virtude de, da análise comparativa dos interesses de ambos os contraentes resultar para o predisponente uma vantagem injustificável". Cf.: BARROS, José Manual de Araújo. *Cláusulas Contratuais Gerais*. Coimbra: Coimbra Ed., 2010, p. 172.

riqueiramente conhecido como "Termos e Condições"[189], em regra muito extenso e previamente elaborado pelo fornecedor. Aliás, a supremacia dos fornecedores desses tipos de modelo contratual, traduz, com certa frequência, na introdução de cláusulas abusivas[190], por meio das quais se potencializam os direitos e prerrogativas dos predisponentes e mitigam ou eliminam os seus respectivos encargos e obrigações, acentuando as obrigações dos respectivos aderentes, no caso, consumidores. Na prática, são condutas desconformes com os padrões de boa-fé e a lealdade entre as partes.

Ademais, decorre também da boa-fé objetiva o efeito vinculante da oferta e publicidade transmitidas pelo fornecedor, na medida em que gera uma confiança e legítima expectativa do consumidor, forte nas informações transmitidas.

Cabe ir mais longe. Há uma sanção estatuída no artigo 46 do CDC, dispondo que os contratos que regulam as relações de consumo não obrigarão os consumidores, se não lhes for dada a oportunidade de tomar conhecimento prévio de seu conteúdo, ou se os respectivos instrumentos forem redigidos de modo a dificultar a compreensão de seu sentido e alcance.

Nesse viés, o princípio da boa-fé reclama ao fornecedor um dever de informação qualificado, não se limitando à transmissão das informações, mas sim pela efetiva compreensão do consumidor.

Nesse quadro, Andrea Torrente[191] sintetiza que a adequada informação e a correta publicidade ao exercício da prática comercial devem ser observadas segundo o princípio da boa-fé, honestidade e justiça. Em similar contexto protetivo consumerista, a Lei 46/2012[192] refletiu a inquietação do uso das informações fornecidas pelo consumidor e continuadamente empregadas de forma arbitrária e sem a anuência do mesmo.

Vale registrar o brocardo: quantidade de informações não induz em qualidade. O vocábulo "mais" não é necessariamente melhor. Ou seja, o padrão de consumo que deve ser aplicado é a compreensibilidade do consumidor.

No caso dos contratos de adesão concluídos por meio eletrônico, em regra, o fornecedor detém o monopólio[193] de inúmeras informações ao consumidor sobre

---

189. Não há qualquer tipo de flexibilidade para o consumidor, além de não existir qualquer tipo de espaço em branco para ser preenchido pelo consumidor.

190. Sobre as práticas abusivas, confira: FARIAS, Inez Lopes Matos Carneiro de. *A proteção do consumidor internacional no comércio eletrônico*. Dissertação (Mestrado em Direito) – Faculdade de Direito de São Paulo, São Paulo, 2002, p. 151 e ss.

191. Sobre o Código Civil italiano, vide: TORRENTE, Andrea; SCHLESINGER, Piero. *Manuale di diritto privato*. 20. ed. Milão: Giuffre Editore, 2011, p. 666.

192. Alterou parcialmente o DL 7/2004, que trata sobre comunicações eletrônicas.

193. Sobre o tema, o Professor Joaquim de Sousa Ribeiro pontua que "quem tem o poder de pré-estabelecer os termos dos negócios jurídicos na área onde exerce a sua atividade, antecipadamente à própria determinação da contraparte, deve sopesar também os interesses previsíveis dos aderentes, em ordem a atingir um equilíbrio para cuja avaliação as soluções dispositivas/supletivas previstas na ordem jurídica constituem um padrão de referência". Cf.: RIBEIRO, Joaquim de Sousa. *O problema do contrato, as cláusulas contratuais gerais e o princípio da liberdade contratual*. Almedina, reimpressão, 2003, p. 562 e ss.

aquele produto ou serviço, o que atrapalha a assimilação das informações elementares de consumo.

O padrão de inteligibilidade informativa acaba por se perder na complexidade de informações transmitidas. Com efeito, muito embora a demanda por informações se diferencie entre os mais diversos consumidores individuais, é claro que o conteúdo e seu formato são relevantes no momento da compra. Aliás, a forma como a informação é transmitida já era criticada[194] há muito tempo, notadamente pela doutrina americana.

Um exemplo[195] interessante foi o julgado emanado do Superior Tribunal de Justiça em que houve o descredenciamento e consequente interrupção de tratamento oncológico de um usuário/consumidor sem qualquer tipo de informação prévia ou notificação, sendo responsabilizados tanto a operadora do plano quanto o hospital conveniado. Ressalta-se que muitos desses casos de contratação de plano de saúde são efetivados pela *internet*, com as artimanhas e inúmeros "benefícios" e, logo após a contratação, o consumidor é relegado ao segundo plano, sem qualquer tipo de informação relevante ou alvo de posturas arbitrárias como do caso em exame.

As noções acima expostas visam concretizar a boa-fé, na perspectiva do dever de informação, em situações concretas que muitas vezes são atendem a esse princípio.

1.9 *COMPLIANCE* E O DEVER DE INFORMAR

1.9.1 Colocação do problema

A nível mundial[196], nos últimos anos, o *compliance* tem sido uma maneira eficaz adotada por algumas empresas para suprir a falta de regulamentação adequada

---

194. Sobre o tema, confira: DAVIS, Jeffrey. Protecting consumers from overdisclosure and gobbledygook: an empirical look at the simplification of consumer-credit contracts. *Virginia Law Review*, 6. ed., 1977, *verbis*: "Aside from the common requirement that certain disclosures be clear and conspicuous, statutes offer very few guidelines for the form of disclosure. For example, the Truth-in- Lending Act requires the disclosures to be made "in meaningful sequence." Electronic Code of Federal Regulations (e-CFR), Title 12. Banks and Banking, Chapter II. Federal Reserve System Subchapter A. board of governors of the federal reserve system, part 226. truth in lending (Regulation z), Subpart B. Open-End Credit Section 226.6. Account-opening disclosures".

195. Cf.: Direito do consumidor. Recurso especial. Ação de obrigação de fazer. Planos de saúde. Embargos de declaração. Omissão. Não ocorrência. Prequestionamento. Ausência. Súmula 211/STJ. Fundamento do acórdão não impugnado. Súmula 283/STF. Prestadores de serviço. Operadora de plano de saúde. Descredenciamento. Interrupção de tratamento oncológico. Responsabilidade solidária configurada. 8. Os princípios da boa-fé, cooperação, transparência e informação, devem ser observados pelos fornecedores, diretos ou indiretos, principais ou auxiliares, enfim todos aqueles que, para o consumidor, participem da cadeia de fornecimento. 9. O entendimento exarado pelo Tribunal de origem encontra-se em consonância com o do STJ, no sentido que existe responsabilidade solidária entre a operadora de plano de saúde e o hospital conveniado, pela reparação dos prejuízos sofridos pela beneficiária do plano decorrente da má prestação dos serviços; configurada, na espécie, pela negativa e embaraço no atendimento médico-hospitalar contratado. (BRASIL. Superior Tribunal de Justiça. REsp 1725092/SP. Relator Ministra Nancy Andrighi, Terceira Turma, julgado em 20 de março de 2018).

196. Sobre o tema, confira: LÓPEZ, Francisco José Martínez; HUERTAS, Paula Luna. Sociedad de la información y del conocimiento y nuevos paradigmas del derecho: el caso de los códigos de conducta en el comercio electrónico. *Revistas de la UHU*, Derecho y conocimiento: anuario jurídico sobre la sociedad de la información y del conocimiento, v. 2, 2002.

nas relações de comércio eletrônico entre fornecedores e consumidores. Em linhas gerais[197], *compliance* significa a obediência de comandos legais[198] e regulatórios aplicáveis, bem como o cumprimento dos valores éticos gerais e padrões de condutas assentes por ramos específicos de atividades.

Com efeito, o *compliance* pode ser observado como cumprimento e observação às normas internas de uma empresa (códigos de conduta[199], políticas de privacidade, regulamento de termos e condições de compra, incorporação de *guidelines*, diretrizes de associações), bem como observâncias às normas externas (legais, no sentido normativo).

Sob o primeiro aspecto, *compliance* estaria inserido no contexto da *soft law*[200], ou seja, apesar de não possuir um caráter compulsório e ter natureza de adesão e aplicação voluntárias, está sujeito aos incentivos do mercado e reconhecimento de sua credibilidade perante o consumidor.

Bom que se diga que o atendimento a tais regras por cada funcionário de uma determinada empresa fornecedora estimula, ao menos em tese, a que os novos funcionários que vierem a integrar à equipe também observem os *standards* reconhecidos e adotados por ela.

Aliás, não é de agora[201] que essas novas formas de autorregulamentação, em que as instituições de padrões regulatórios através de *standards*, *best practises*, certificações por terceiros, têm em seu bojo a criação da confiança entre seus adeptos e eleição de regras voluntárias, decorrentes de um processo colaborativo.

Mais que isso: tais obrigações morais assumidas por uma empresa e seus funcionários muitas vezes são mais fortes do que obrigações legais, notadamente quando emergem do direito internacional consuetudinário e podem ofertar de forma mais clara respostas eficientes para problemas comuns.[202]

---

197. Nesse sentido, confira: CUEVA, Ricardo Villas Bôas. Funções e finalidades dos programas de compliance. *Compliance*. Perspectivas e desafios dos programas de conformidade. Belo Horizonte: Fórum, 2018.

198. O *compliance* também é visualizado como elemento para cumprimento de normas internas e externas, confira: THORHAUER, Yvonne. Compliance und Fairness – Ein Vorschlag zur Begriffsbestimmung. *Compliance im Sport*. Alemanha: Springer, 2018, p. 22 e ss.

199. Sobre o tema, a Professora Inez Lopes pontua que os códigos de conduta são instrumentos gerenciais de iniciativa da própria empresa, de autorregulação como diretriz para as atividades por ela desempenhadas. Sobre o tema, confira: FARIAS, Inez Lopes Matos Carneiro de. Sindicatos Globais e a Proteção dos Direitos Trabalhistas. In: DELGADO, Gabriela Neves; PEREIRA, Ricardo José Macêdo de Britto (Coord.). *Trabalho, Constituição e Cidadania*. São Paulo: LTR, 2014. p. 86 e ss.

200. O Professor Miguel Teixeira de Sousa define *soft law* como direito sancionatório com imperatividade diminuída. Confira: SOUSA, Miguel Teixeira de. *Introdução ao Direito*. Coimbra: Almedina, 2013, p. 104 e ss. Sobre o tema, confira também: GIOVANOLI, Mario. The reform of the international financial architecture after the global crisis, 2013. Disponível em: http://nyujilp.org/wp content/uploads/2013/02/42.1-Giovanoli. pdf. Acesso em: 18 jul. 2020.

201. Sobre o tema, confira: FLOHR, Annegret. *Self Regulation and Legalization* –Making Global rules for banks and corporations. Reino Unido: Palgrave Macmillan, 2014, p. 2 e ss.

202. Sobre o tema, confira: SHELTON, Dinah. *Commitement and Compliance*: The role of Non-binding norms in the international legal system. Reino Unido: Oxford University Press, 2013, p. 20 e ss.

Por outro lado, importante esclarecer que, em muitos casos, uma empresa associada a uma Organização de Boas Práticas deve seguir protocolos específicos para tratamento de reclamações e sanções de empresas membros que não sigam a diretriz ali estabelecida, sob pena de suspensão ou até mesmo expulsão desta empresa na Organização.

Não limitado a essa definição, o *compliance* de consumo vai além de regras de conduta[203] estatuídas pelas empresas aos seus funcionários; essa ferramenta surge como um fator de integração social e agregador de valores dentro da própria empresa[204] e perante os consumidores.

As vantagens da adoção de um sistema de *compliance* são inúmeras, por exemplo: a) diferencial competitivo da empresa, através do aperfeiçoamento de sua imagem perante o público; b) possibilidade de obter financiamento em bancos e investidores privados; c) redução das penalidades legais por eventuais descumprimentos, por conta de medidas preventivas adotadas; d) proteção dos administradores das empresas, pela observância do dever de diligência; sem prejuízo das demais qualidades.

É fato que o crescimento de qualquer empresa que comercializa bens e serviços de forma eletrônica decorre, forçosamente, da adoção de um plano geral: elaboração de termos e condições de venda, políticas de privacidade e de um plano específico: conformidade com as leis, estratégia de *marketing* e proteção de dados.[205]

Sob a perspectiva organizacional e social da empresa, o *compliance* no comércio eletrônico visa primordialmente atingir um padrão de qualidade para os produtos e serviços ofertados pelas companhias, criando requisitos de qualidade e metodológicos no processo de produção, devendo ser acompanhado necessariamente pelos preceitos culturais[206] da própria empresa.

Para tanto, é imprescindível que a empresa proceda ao mapeamento de riscos de forma aprofundada, sejam os riscos negativos: riscos à imagem da empresa, através da opinião pública, grau de confiança do consumidor; sejam os riscos legais, as

---

203. Sobre o tema, a Lei de Defesa do Consumidor portuguesa já dispunha sobre essa questão, *verbis*: Artigo 19.º Acordos de boa conduta. 1 – As associações de consumidores podem negociar com os profissionais ou as suas organizações representativas acordos de boa conduta, destinados a reger as relações entre uns e outros. 2 – Os acordos referidos no número anterior não podem contrariar os preceitos imperativos da lei, designadamente os da lei da concorrência, nem conter disposições menos favoráveis aos consumidores do que as legalmente previstas. 3 – Os acordos de boa conduta celebrados com associações de consumidores de interesse genérico obrigam os profissionais ou representados em relação a todos os consumidores, sejam ou não membros das associações intervenientes. 4 – Os acordos atrás referidos devem ser objeto de divulgação, nomeadamente através da afixação nos estabelecimentos comerciais, sem prejuízo da utilização de outros meios informativos mais circunstanciados.

204. Já dissemos isso antes, em outra oportunidade. Cf.: BARROS, João Pedro Leite. *Programas de compliance no comércio eletrônico de consumo*. Disponível em: https://www.conjur.com.br/2019-jun-20/joao-leite-barros-compliance-comercio-eletronico-consumo. Acesso em: 14 mar. 2020.

205. Confira a Lei 13.709, de 14 de agosto de 2018, Lei Geral de Proteção de Dados (LGPD).

206. A ideia foi extraída do Professor Wieland, confira: WIELAND, Josef. Corporate governance, values management, and standards: A European perspective. *Business & Society*, v. 44, 2005.

obrigações legislativas que o fornecedor está adstrito, como a observância das leis gerais e especiais de consumo ou, por fim, os riscos positivos, entendido como as oportunidades de negócios que surgem para a empresa.

Concretamente, as bases do *compliance* em qualquer empresa, passa pela observância da seguinte tríade: prevenção, detecção e correção. Ou seja, há de se prevenir para que não ocorra qualquer vilipêndio às orientações dispostas; contudo, existindo transgressão, a detecção do problema deve ser eficaz, bem como as ações corretivas necessárias para solvê-lo.

As grandes empresas que visam em primeiro plano a credibilidade perante o consumidor submetem suas práticas e seus códigos de conduta a entidades independentes, o que a doutrina denominou de terceiros confiáveis. Os padrões de qualidade, como a adequação aos "ISO 9000", por exemplo, gerou adoção de práticas transparentes e confiança perante o consumidor. Nesses casos, a *soft law* atua como fator preventivo[207] às sanções aplicadas pelas leis rígidas, em caso de eventuais descumprimentos legislativos.

Por outro lado, existe a possibilidade de estabelecer dentro da própria empresa um comitê de *compliance* ou *compliance officer*, tendo em conta os seguintes parâmetros: a) definir se os responsáveis serão escolhidos internamente ou através de consultoria especializada, tendo sempre em conta a autonomia; b) conhecer a totalidade da organização; c) adequar as regras aos níveis de responsabilidade de cada setor; d) ter um procedimento e controle ao cumprimento de cada tarefa designada por sua área competente; e) ter legitimidade para solicitar informações a todas as áreas da empresa; g) traçar as prioridades de cada setor.

Na ausência de normas específicas e convergentes, a autorregulação por parte de algumas empresas supre a lacuna legislativa, alcançando um desenvolvimento melhor para a relação de consumo.

Por outro lado, há quem entenda[208] que regulamentar a divulgação das informações ao consumidor impõe, necessariamente, custos vultosos às empresas, o que, na prática, seriam suportados pelos próprios consumidores.

Ao submeter as diretrizes da companhia aos processos de *compliance* de alto padrão, as empresas têm suas práticas certificadas[209] por terceiros independentes, notadamente ao analisar se suas condutas desenvolvidas têm resultados eficazes e aprovação por parte dos consumidores.

Nesse contexto, visando evitar a necessidade de legislação para fazer cumprir a boa governança, as empresas devem desenvolver suas próprias políticas e diretrizes

---

207. Cf.: SHELTON, Dinah. *Commitement and Compliance*: The role of Non-binding norms in the international legal system. Reino Unido: Oxford University Press, 2013, p. 21 e ss.
208. Cf.: EASTER-BROOK, Frank; FISCHEL, Daniel. The Economic Structure of Corporate Law. *The Cambridge Law Journal*, v. 67, n. 3, p. 472-475, 1993.
209. Sobre o tema, confira: PALFREY, John; GASSER, Urs. *Born Digital*. New York: Basic Books, 2008, p. 173 e ss.

para uma governança adequada, baseada em sistemas de melhores práticas à luz da própria cultura organizacional das empresas.[210]

Apurando-se mais sobre o tema, um programa de *compliance* bem instruído deve contemplar ações conjuntas dos mais variados setores de uma empresa, notadamente o setor de vendas com o *marketing* digital. Com efeito, deve ser composto por diferentes espectros de orientação: código de ética, diretrizes e treinamento comportamental *in concreto*, e, finalmente, mecanismos de controle preventivo e sanções por descumprimento das regras.

Explico. De nada adianta fazer uma publicidade distinta para o consumidor, com diversos artifícios de *marketing*, se o dever de informação prestado pelo fornecedor for deficiente. Em outras palavras: o dever de informação não é limitado ao cumprimento formal da lei, mas, sim, na efetiva compreensão do consumidor ao conteúdo posto.

Em contrapartida, algumas empresas, no afã de implementar o *compliance* a qualquer custo, simplesmente despejam informações de todos os tipos e qualidades aos seus funcionários, com a finalidade de verem a instituição adequada aos novos tempos.

Contudo, adianto-lhes que não há eficácia alguma uma profusão de informações contidas em 400 páginas, por exemplo, com a finalidade de que seu funcionário se adeque às regras de conduta da empresa, nem tampouco consiga transmitir as informações corretas ao consumidor sobre o produto ou serviço ofertado.

Para o efetivo respeito às normas e políticas internas vigentes da empresa, pressupõe assimilá-las e compreendê-las. Isto é, os pilares do *compliance* em qualquer empresa, como o aconselhamento, investigação e resposta às intercorrências, ações corretivas, passam necessariamente pela assimilação daquilo que está sendo transmitido.

Nesse quadrante, para implementação do *compliance* é mister diferenciar o modelo de informações que devem ser transmitidas ao funcionários: informações gerais internas (leia-se aquelas atinentes à própria empresa, diretrizes, conceitos, metodologia) e informações específicas[211] direcionadas ao consumidor (informações personalizadas[212], por exemplo: como o consumidor pode resolver o contrato no exercício do direito de arrependimento, informações adicionais sobre produto

---

210. Sobre o tema, confira: BARROS, João Pedro Leite. Desafios na implementação do *compliance* no direito desportivo. *Revista de Direito Desportivo*, n. 5, 2020, p. 57 e ss.

211. Sobre o tema e em outra perspectiva, confira: BOS, Aline; EEKEREN, Frank van. Implementation and compliance of good governance in international sports organisations. *Action for Good Governance in International Sports Organisations*. Dinamarca: Play the Game/Danish Institute for Sports Studies, 2013, p. 52 e ss.

212. Sobre o tema, confira: OLIVEIRA, Amanda Flávio; CASTRO, Bruno Braz. Proteção do consumidor de crédito: uma abordagem a partir da economia comportamental. *Revista de Direito do Consumidor*, ano 23, maio/junho 2014, p. 238-239, *verbis*: "Em contraponto, sugere-se que a política de oferta de informação seja individualizada e tempestiva às decisões de tomada de crédito e quitação de débitos. Assim, por exemplo, pode-se levar em consideração os hábitos anteriores do consumidor relembrando-o de seu comportamento passado quanto ao crédito; ou também pode-se informá-lo das consequências específicas do pagamento

ou serviço, informações pormenorizadas sobre o período pós-contratual, como eventual *recall* etc.).

Vale mencionar que, na prática, o monitoramento dos colaboradores (leia-se fiscalização do cumprimento das normas indicativas) dentro da própria empresa passa pela implementação de sistemas de controle: canais de denúncia, investigações, controles prévios, regras para se contratar novos funcionários, protocolos claros de condutas para eventuais desvios.

Com efeito, tal monitoramento contínuo deve ser um impositivo cultural da empresa replicado através dos exemplos dos próprios sócios (*tone at the top*) com o intuito de fomentar a consciência dos colaboradores.

Na oportunidade em que o *compliance* melhore as relações com os consumidores, essa ferramenta também possibilitará educar os funcionários sobre as obrigações e direitos envolvidos, com vistas a obter uma relação harmônica.

A credibilidade e confiança de uma empresa passam necessariamente pela sua imagem[213] perante os consumidores, sendo movida pela transparência[214] de suas condutas perante o consumidor.

Assim, o modelo de proteção ao consumidor deve ceder espaço para soluções híbridas[215], isto é, instrumentos que combinem políticas públicas legislativas governamentais aliados a mecanismos de autorregulação efetiva entre as empresas, com vistas a satisfazer uma relação equilibrada de consumo.

Feitas tais considerações, vejamos como o *compliance* no comércio eletrônico é aplicado em alguns países.

1.9.2 Experiência do *compliance* no comércio eletrônico no Direito Internacional

O primeiro exemplo que citamos é o "Sello Web Trader"[216], proposto pelas associações de consumidores e usuários pertencentes à rede "Web Trader" de diferentes países, incluindo a Organização de Usuários e Consumidores Espanhóis (OCU).

---

do valor mínimo mensal da fatura do cartão de credito – com informações como o prazo que levará para quitar suas obrigações se continuar efetuando o pagamento mínimo, e qual o valor total desta operação".

213. Sobre o tema, confira: GEERAERT, Arnout. Good governance in international non-governmental sport organisation: an empirical study on accountability, participation and executive body members in sport governing bodies. *Alm, J.*, 2013, p. 212.

214. O princípio da transparência tem funcionado como um princípio moral, sendo interpretado à luz do imperativo categórico de Kant. Sobre o tema, confira: KUMMERT, Irina. Der Zauber der Transparenz. Über die Ambivalenz eines moralischen Prinzips im Kontext der Digitalisierung. *Face-to-Interface. Werte und ethisches Bewusstsein im Internet*. Berlin: Springer, 2017, p. 69 e ss.

215. Cf.: PONCIBÓ, Cristina. A modernisation for European consumer law? *European Consumer Protection*: Theory and Practice. Cambridge: Cambridge University Press, 2012. p. 48 e ss.

216. Cf.: LÓPEZ, Francisco José Martínez; HUERTAS, Paula Luna. *Marketing en la sociedad del conocimiento*. Claves para la empresa. Madrid: Delta Publicaciones, 2008, p. 183 e ss.

Em síntese, o selo é disponibilizado às lojas que observam o código de conduta sobre segurança e respeito ao consumidor/usuário no comércio eletrônico, notadamente regras uniformes para: segurança jurídica, informação aos consumidores, procedimento de realização de pedidos, prazo para exercer o direito de arrependimento, modalidades de pagamento, proteção da vida privada e dos menores, segurança nas transações, reclamações e soluções de eventuais litígios.

Por outro lado, o consumidor deve fazer sua parte, qual seja, perceber as empresas que são detentoras desses selos para escolhê-las em detrimento das demais, visando uma compra consciente e socialmente adequada[217].

Além disso, outra opção[218] ao consumidor é conferir se a empresa é aderente ao Código de Conduta em Comércio Electrônico e *Marketing* Interativo da "Federation of European Direct Marketing (FEDMA)[219]", uma associação que tutela o setor de *marketing* europeu.

A Federação tem como finalidade principal a promoção do comércio eletrônico no mercado europeu, com incentivo direto do *marketing online* em consonância com os interesses dos consumidores.

O código de conduta, na verdade, corresponde ao denominado *"Ring of Confidence"*, que inclui um selo de garantia, mecanismos para resolução de queixas de consumidores com fornecedores.

Dentre outros pontos, o Código contém as seguintes diretrizes: a) aumentar a confiança dos consumidores virtuais, com o consequente aumento dos negócios; b) responder às Directivas da União Europeia sobre comércio eletrônico; c) fomento ao *marketing* direto, com a promoção de condutas escorreitas nos negócios *online*.

Com efeito, a Professora Elsa Dias Oliveira[220] salienta que a adoção de Códigos de Conduta pode significar um prenúncio comportamental de honestidade do fornecedor, podendo assegurar uma proteção maior ao consumidor e conferir uma segurança jurídica além daquela estabelecida pela ordem legal.

Nesse contexto, a própria Directiva 2000/31/UE do Parlamento Europeu e do Conselho, ciente das alterações instantâneas da tecnologia, fomentou[221] aos Esta-

---

217. Sobre o tema, confira: FARIAS, Inez Lopes Matos Carneiro de. Sindicatos Globais e a Proteção dos Direitos Trabalhistas. In: DELGADO, Gabriela Neves; PEREIRA, Ricardo José Macêdo de Britto. (Coord.). *Trabalho, Constituição e Cidadania*. São Paulo: LTR, 2014. p. 86.

218. Sobre o tema, confira: LÓPEZ, Francisco José Martínez; HUERTAS, Paula Luna. Sociedad de la información y del conocimiento y nuevos paradigmas del derecho: el caso de los códigos de conducta en el comercio electrónico. *Revistas de la UHU*, Derecho y conocimiento: anuario jurídico sobre la sociedad de la información y del conocimiento, v. 2, p. 67 e ss. 2002.

219. Confira o *site* oficial: http://www.oecd.org/sti/ieconomy/2091875.pdf. Acesso em: 06 out. 2019.

220. Cf.: OLIVEIRA, Elsa Dias. Práticas comerciais proibidas. *Estudos do Instituto de Direito do Consumo*. Coimbra: Almedina, 2006, v. III, p. 147-173.

221. Cf.: Considerando 32 da Directiva 2000/31/EU, *verbis*: "(32) Para suprimir os entraves ao desenvolvimento dos serviços transfronteiriços na Comunidade que os membros das profissões regulamentadas poderiam propor na *internet*, é necessário garantir, a nível comunitário, o cumprimento das regras profissionais

dos-membros a promoção de códigos de conduta[222], através de associações e organizações profissionais, com a fito de incentivar a expansão do comércio eletrônico da UE, em diversos momentos.

Não por acaso, a adoção de regras de condutas nas empresas muitas vezes suplanta as variadas normas dispersas de um ordenamento. Na verdade, tais normas que regulamentam o comércio eletrônico não conseguem, muitas das vezes, acompanhar a evolução tecnológica dos sistemas de informática.

Por esse ângulo, a comunidade empresarial europeia disponibilizou de forma voluntária uma ferramenta[223] *online* que permite ao consumidor se informar melhor sobre as compras *online* e às empresas se adequarem às normativas do comércio eletrônico.

Em síntese, a finalidade desse *site* é auxiliar as empresas a encontrarem soluções adequadas especialmente no que toca à forma de apresentar as informações aos consumidores, inclusive com os termos técnicos triviais: os termos e condições padrão de compra.

A ferramenta inclui um gráfico que assessora as empresas a captarem em qual estágio a informação do consumidor tem sido deficitária, seja no momento pré-contratual, no decorrer da compra, como o caso dos métodos de pagamento, ou após a finalização da compra, quando eventualmente o consumidor quiser saber mais sobre os direitos que possui em caso de vício no produto, por exemplo.

Nessa lógica, as empresas teriam maior facilidade em ajustar a maneira pela qual as informações são transmitidas e afinar as expectativas de seus consumidores.

Essa ferramenta, sem dúvida, vem preencher uma lacuna no comércio de consumo internacional, na medida em que, inexistindo normativa transnacional que regulamente o comércio eletrônico transfronteiriço entre os vários continentes, não restará outra alternativa para o consumidor senão pela confiança da conduta escorreita das empresas com seus consumidores.

---

previstas para proteger, nomeadamente, o consumidor ou a saúde pública. Os códigos de conduta a nível comunitário constituem a melhor forma para determinar as regras deontológicas aplicáveis à comunicação comercial e é necessário incentivar a sua elaboração, ou a sua eventual adaptação, sem prejuízo da autonomia dos organismos e associações profissionais". Confira também o Considerando 49 – "(49) Os Estados-Membros e a Comissão deverão incentivar a elaboração de códigos de conduta. Tal facto não deverá alterar o carácter voluntário desses códigos e a possibilidade de as partes interessadas decidirem livremente se aderem ou não a esses códigos". Cf.: artigo 16, *in totum*.

222. Sobre o tema, a Professora Cristina Poncibó ilustra alguns exemplos na União Europeia, *verbis*: "(...) For example, in England and Wales we encounter varieties of self-regulation in the codes of practice associated with the Office of Fair Trading (OFT), co-regulation of advertising by the Advertising Stand-ards Authority, the OFT and OFCOM, private groups and standards in consumer safety, a banking code of practice and internet codes (...) " Cf.: PONCIBÓ, Cristina. A modernisation for European consumer law? *European Consumer Protection: Theory and Practice.* Cambridge: Cambridge University Press, 2012, p. 48 e ss.

223. Desenvolvida no ideal imposto pelo New Deal for Consumers (2018), a ferramenta tem como objetivo permitir que o dever de informação seja alcançado em sua plenitude, tanto para o consumidor (que recebe a informação) quanto ao fornecedor (que a fornece). Sobre as recomendações: Disponível em: https://ec.europa.eu/info/*sites*/info/files/sr_information_presentation.pdf. Acesso em: 06 out. 2019.

É fato que a União Europeia resolveu, ainda que não totalmente, os problemas decorrentes do mercado de consumo europeu através das Directivas supracitadas, traçando orientações gerais à relação de consumo, sobretudo no comércio eletrônico.

Contudo, referida norma limita-se aos países integrantes da União Europeia, excluindo, portanto, as relações de consumo com consumidores ou fornecedores de outros cantos do mundo.

Assim, o dever de informação deve irradiar para todos os países, visando um consumo saudável, sustentável, em que a ética e a transparência sejam fios condutores da própria relação de consumo.

Aliás, como já mencionado nas notas introdutórias, desde 1999 a OCDE[224] elaborou um conjunto de diretrizes com vista a proteger os consumidores que participam no comércio electrônico sem criar obstáculos às trocas.

As recomendações[225] dirigidas aos governos, às empresas, aos consumidores e aos seus representantes, ressaltaram as características essenciais para uma proteção efetiva dos consumidores quanto ao comércio eletrônico, notadamente indicações claras sobre as características cruciais das informações e das práticas comerciais leais que as empresas deveriam dispor e com as quais os consumidores poderiam contar no contexto do comércio electrônico.

Nesta conformidade, a ideia de dispor de um quadro mínimo de proteção ao consumidor já há muito é desenvolvida pela OCDE, sem prejuízo, obviamente, de maior proteção ao consumidor tutelado pelos países membros.

Finalmente, a inexistência de um legislador internacional que tenha o poder de elaborar normas uniformes que regulem as relações de caráter privado no comércio internacional de consumo, torna uma questão complexa, muitas vezes valendo-se de organismos interestatais, bem como da utilização dos usos e costumes vigentes nas relações comerciais entre particulares submetidos a jurisdições estatais diferentes.

1.10 DIREITO À INFORMAÇÃO COMO POLÍTICA PÚBLICA

No Brasil, o direito à informação justa e transparente deve ser protagonista na promoção de políticas públicas, como preleciona o artigo 4º, inciso IV, da Política Nacional das Relações de Consumo, fomentando o conhecimento desses direitos aos consumidores. Em outras palavras, políticas públicas diferenciadas[226] para atingir

---

224. Sobre a Proteção do consumidor no contexto do comércio eletrônico, confira: http://www.oecd.org/sti/consumer/oecd*guidelines*forconsumerprotectioninthecontextofelectroniccommerce1999.htm. Acesso em: 15 out. 2019.

225. Confira: http://www.oecd.org/sti/consumer/oecd*guidelines*forconsumerprotectioninthecontextofelectroniccommerce1999.htm. Acesso em: 15 out. 2019.

226. Sobre o tema, o Professor José Geral Brito Filomeno assevera da seguinte forma: "Pelo que já ficou assentado, a chamada "filosofia de defesa do consumidor" funda-se basicamente em uma diretriz que tem como alvo as boas relações de consumo, objetivo este que é atingido mediante a utilização de certos instrumentos

aquelas pessoas que já dominam e são usuárias frequentes do comércio eletrônico, bem como para aquelas que são leigas e nunca adquiriram produtos ou serviços pela *internet*.

Nesse ponto, a debilidade informacional do consumidor é aferida pela ausência de conhecimento e experiência[227] no manejo de compras através da *internet*, devendo o fornecedor reforçar a transmissão de uma informação correta, clara e objetiva, contemplando eventuais esclarecimentos do consumidor.

Aliás, tão importante quanto conscientizar o consumidor do direito a ser informado é orientar[228] os fornecedores de como podem elucidar[229] as dúvidas ao consumidor sobre aquilo ofertado.

Mais que isso: as empresas devem ser incentivadas a terem uma política de informação eficiente, distinguindo informações úteis e irrelevantes ao consumidor. O retorno financeiro do fornecedor passa, fatalmente, pelo aumento da transparência e capacidade de reunir e processar as informações cruciais para a compra do consumidor.

Nesse ambiente, partindo da premissa real que a *internet* permite o compilamento de inúmeras informações, é importante incentivar que os consumidores se envolvam na busca das melhores condições de venda do produto, avaliando em *sites* intermediários ou por conta própria qual o fornecedor que melhor lhe atende.

---

colocados à disposição do consumidor. Tais instrumentos, não exclusivos uns com relação aos demais, mas alternativos, muitas vezes, devem ser encarados como um verdadeiro leque de opções que o consumidor deve ter sempre a sua mão, e, à sua conveniência e oportunidade, escolher o que esteja mais de acordo com a sua necessidade e em decorrência de um impasse verificado em dada relação de consumo". Cf.: FILOMENO, José Geraldo Brito. *Código de Defesa do Consumidor comentado pelos autores do anteprojeto.* 10. ed. Rio de Janeiro: Forense, 2011, p. 16 e ss.

227. Sobre o tema, confira: CORDEIRO, António Menezes. *Banca, Bolsa e Crédito.* Coimbra: Almedina, 1990, p. 40 e ss.

228. O artigo 6°, II, do CDC aponta que são direitos básicos do consumidor a educação e divulgação sobre o consumo adequado dos produtos e serviços, asseguradas a liberdade de escolha e a igualdade nas contratações. Sobre o tema, o Professor José Geraldo Brito Filomeno assim conclui: "A educação de que cuida o inc. II do art. 6° do CDC deve ser aqui encarada sob dois aspectos: a) a educação formal, a ser dada nos diversos cursos desde o primeiro grau das escolas públicas ou provadas, aproveitando-se as disciplinas afins (por exemplo educação moral e cívica, onde se tratará dos aspectos legais e institucionais; ciências, onde se cuidara da qualidade dos alimentos, da água e de outros produtos essências, e assim por diante); b) educação informal, de responsabilidade desde logo dos próprios fornecedores quando, já mediante a ciência do marketing, como acentuado, noutro passo, e tendo-se em conta seus aspectos éticos, procurando bem informar o consumidor sobre as características dos produtos e serviços já colocados no mercado, ou ainda, que serão aí colocados à disposição do público consumidor. É indispensável, por conseguinte, que haja uma ligação permanente, ou um elo de comunicação constante entre fornecedores /consumidores para que estes últimos possam efetivamente ter acesso às informações sobre produtos e serviços". Cf.: FILOMENO, José Geraldo Brito. *Código de Defesa do Consumidor comentado pelos autores do anteprojeto.* 10. ed. Rio de Janeiro: Forense, 2011, p. 153 e ss.

229. Sobre o tema, confira: REZABAKHSH, Behrang; BORNEMANN, Daniel; HANSEN, Ursula; SCHRADER, Ulf. Consumer Power: A Comparison of the Old Economy and the *Internet* Economy. *Journal of Consumer Policy*, Springer, 2006, p. 27 e ss.

Aliás, com maior nível de informação sobre qualidade efetiva dos serviços e produtos e com a consequente compra, será possível reduzir do mercado os produtos e fornecedores que promovem menor qualidade.

Além disso, outro viés importante de conscientização dos fornecedores é a promoção do consumo consciente, tendo em conta a responsabilidade de todos um por meio ambiente equilibrado[230]. Ou seja, é importante que as políticas públicas do consumidor e ambiental sejam convergentes ou até mesmo coincidentes.

Explico. É necessário dar relevo sobretudo às informações relativas ao período pós-contratual, nomeadamente sobre o que deve se fazer com o bem durável após sua utilização, seja indicando o lugar de descarte, eventual reutilização ou até mesmo criando pontos de coleta.

Sobre esse ponto, o Professor Klaus Tonner é enfático ao afirmar que a democracia de consumo[231] chega ao fim se todos fizerem o uso dela, exemplificando que se todas as pessoas tiverem carro o caos estaria se instalado em todo mundo. Portanto, as informações transmitidas ao consumidor no momento da venda do produto não devem se ater às características do bem em si, mas também deve dispor sobre sua utilização consciente visando o bem coletivo.

Por outro lado, cabe aos Órgãos competentes demonstrar aos fornecedores que o baixo custo de apresentação de informações na *internet* favorece a disposição das informações detalhadas sobre os seus bens e serviços ofertados, alargando o poder de escolha do consumidor. Aqui vale a máxima: se o produto é bom, cada detalhe é imperativo à ciência do consumidor.

Ademais, estimular organizações e associações de consumidores a promover ou transmitir os estudos elaborados pelos órgãos estatais, sem olvidar das pesquisas elaboradas por elas mesmas, tendo em conta sempre o interesse do consumidor e uma relação de consumo harmônica.

Por sua vez, em Portugal existe previsão expressa[232] para que os órgãos governamentais promovam uma política educativa para os consumidores, através da inserção nos programas e nas atividades escolares, bem como nas ações de educação permanente, de matérias relacionadas com o consumo e os direitos dos consumidores, através de meios tecnológicos próprios numa sociedade de informação. Nesse contexto, inclui-se o apoio às iniciativas promovidas pelas associações de consumidores, ações de educação permanente de formação e sensibilização para os consumidores em geral.

---

230. Sobre o tema, confira: MAK, Vanessa; TERRYN, Evelyne. Circular Economy and Consumer Protection: The Consumer as a Citizen and the Limits of Empowerment Through Consumer Law. *Journal of Consumer Policy*, v. 43, p. 231 e ss. Springer, 2020.
231. Cf.: TONNER, Klaus. Consumer Protection and Environmental Protection: Contradictions and Suggested Steps Towards Integration. *Journal of Consumer Policy*, v. 23, p. 63 e ss. Kluwer Academic Publishers, 2000.
232. Cf.: Lei de Defesa do Consumidor, artigo 6º, n. 1, 2, 3 e 4.

À evidência, medida interessante adotada pela agência federal americana *Federal Trade Comission* foi criar um programa específico[233] de educação ao consumidor, destinado a orientá-lo sobre as informações necessárias para utilização de aplicativos de pagamento móvel e dicas como proteger seu telefone e os dados nele contidos, protegendo o consumidor de fraudes.

Finalmente, outra importante ação desenvolvida nos Estados Unidos foi a campanha criada pela FTC denominada "Pass it on"[234] que trata sobre as informações importantes de caráter educativo que o consumidor deve saber no momento de compra de produto ou serviço, distribuindo cartilhas elucidativas por órgãos públicos, grupos comunitários, bibliotecas etc. Além disso, quem é cadastrado no *site*, a FTC emite alertas através de mensagens e *e-mails* para os consumidores sobre novos golpes fraudulentos de uso de dados, ligações indesejadas, publicidade abusiva.

1.11 A FUNÇÃO SOCIAL DO DIREITO À INFORMAÇÃO

O direito à informação se limita a um direito individual do consumidor ou deve ser compreendida em uma perspectiva longitudinal, com vistas a satisfazer o direito à informação em sua coletividade[235]?

Pedro Pais de Vasconcelos[236], ao referir ao fim social de um direito, aponta a necessidade de distinguir o direito subjetivo enquanto categoria jurídica e os direitos existentes em concreto. Explica o autor[237] que o direito subjetivo, enquanto ordem jurídica, tem uma função social, almejando resultados em benefício para sociedade; enquanto função pessoal deve contribuir para realização particular do cidadão.

Complementa[238] que em regra os direitos subjetivos seguem uma dinâmica própria: o seu fim é eminentemente pessoal, mas pode assumir função social e

---

233. Confira o seguinte relatório: Privacy & Data Security Update: 2019. Federal Trade Commission January 2019 – December 2019. Disponível em: https://www.ftc.gov/system/files/documents/reports/privacy-data-security-update-2019/2019-privacy-data-security-report-508.pdf. Acesso em: 17 maio 2020.

234. Sobre o tema, confira relatório: Protecting Older Consumers --2018-2019 -- A Report of the Federal Trade Commission. Disponível em: https://www.ftc.gov/system/files/documents/reports/protecting-older-consumers-2018-2019-report-federal-trade-commission/p144401_protecting_older_consumers_2019_1.pdf. Acesso em: 17 maio 2020.

235. O Professor Paulo Nalin explica que o perfil extrínseco da função social de um contrato "rompe com o aludido princípio da relatividade dos efeitos do contrato, preocupando-se com suas repercussões no largo campo das relações sociais, pois o contrato em tal desenho passa a interessar a titulares outros que não só aqueles imediatamente envolvidos na relação jurídica de crédito". Sobre o tema, confira: NALIN, Paulo. *Do Contrato*. Conceito pós-moderno. (Em busca de sua formulação na perspectiva civil-constitucional). Curitiba: Juruá, 2001. p. 226 e ss.

236. VASCONCELOS, Pedro Pais de. Teoria geral do direito civil. *Revista do Centro de Estudos Judiciários*, n. 1, 2015, p. 239.

237. VASCONCELOS, Pedro Pais de. Teoria geral do direito civil. *Revista do Centro de Estudos Judiciários*, n. 1, 2015.

238. VASCONCELOS, Pedro Pais de. Teoria geral do direito civil. *Revista do Centro de Estudos Judiciários*, n. 1, 2015.

economicamente relevantes, sempre que a sua titularidade e o efetivo exercício tangenciem aos interesses de ordem pública.

Nesse sentido, é notório que o vínculo jurídico-obrigacional materializado em negócio jurídico pode ser realizado sob a perspectiva de um interesse social subjacente[239]. Aliás, o interesse social[240], por redundância (o interesse da própria sociedade) tem sua origem no próprio princípio da isonomia[241] entre as partes, bem como é decorrente dos princípios da liberdade e da autonomia da vontade.

A expressão função social, por ser um conceito juridicamente indeterminado[242] e não expresso no ordenamento português, tem seu conteúdo atribuído pelo operador do direito consoante as nuances de cada caso, sempre tendo em conta o resguardo dos direitos subjetivos mais elementares.

No Brasil, nas palavras da Professora Giselda Hironaka[243], a doutrina da função social emerge com o fito de limitar institutos de conformação nitidamente individualista, de modo a atender os ditames do interesse coletivo, acima daqueles do interesse particular, e, importando, ainda, em igualar os sujeitos de direito, de modo que a liberdade que a cada um deles cabe, seja igual para todos.

No estudo em destaque, a função social do direito à informação do consumidor e o consequente dever de informar do fornecedor é percebida quando os interesses das partes puderem ser legitimamente obtidos e alcançados, sem prejuízo dos interesses socialmente mais relevantes[244].

Explico. O interesse relevante aqui albergado é a proteção da parte vulnerável da relação negocial: o consumidor[245].

Nesse passo, a liberdade negocial entre as partes deve encontrar justo limite no interesse social (no caso, a resguarda do consumidor) e nos valores personalís-

---

239. Cf.: LISBOA, Roberto Senise. *Contratos difusos e coletivos*: a função social do contrato. 4. ed. São Paulo: Saraiva, 2012, p. 74. Sobre os limites à liberdade contratual e proteção do consumidor, confira: MARTINEZ, Pedro Romano. *Direito das Obrigações*. 3. ed. Lisboa: Associação Acadêmica da Faculdade de Direito de Lisboa, 2010/2011, p. 30-44.

240. No Código de Defesa do Consumidor brasileiro, logo no artigo 1º refere-se, expressamente, à natureza de ordem pública e interesse social (art. 5º, inciso XXXII e do art. 170, inciso V da CF/1988) das normas ali estabelecidas, protegendo o consumidor.

241. Vide tema aperfeiçoado por DRAY, Guilherme Machado. *A influência dos Estados Unidos da América na afirmação do princípio da igualdade no emprego nos países da lusofonia*. Coimbra: Almedina, 2016, p. 83.

242. LISBOA, Roberto Senise. *Responsabilidade Civil nas Relações de Consumo*. 3. ed. São Paulo: Saraiva, 2012, p. 134.

243. Sobre o tema, confira: HIRONAKA, Giselda M. Fernandes Novaes. A função social do Contrato. *Revista de Direito Civil, Imobiliário, Agrário e Empresarial*, Ano 12, São Paulo: Ed. RT, jul./set. 1988, p. 141-152.

244. LISBOA, Roberto Senise. *Responsabilidade Civil nas Relações de Consumo*. 3. ed. São Paulo: Saraiva, 2012, p. 135.

245. No mesmo sentido: MORAIS, Ezequiel. *Código de Defesa do Consumidor Comentado*. São Paulo: Ed. RT, 2011, p. 234. Vide artigo 47 do CDC brasileiro. A proteção do consumidor é de ordem pública, constitucionalmente garantida. Cf.: MONTEIRO, Antônio Pinto. As cláusulas limitativas e de exclusão de responsabilidade sob o olhar da jurisprudência portuguesa recente. In: MENDES, João de Castro et al. (Coord.). *Estudos dedicados ao Professor Doutor Luís Alberto Carvalho Fernandes*. Lisboa: Universidade Católica Ed., 2011, v. I, p. 284.

simos do cidadão. Qualquer avanço para além dessa fronteira caracteriza abuso, judicialmente atacável[246].

Em adendo, cabe aludir a esse efeito o fenômeno da constitucionalização[247] do direito civil, ao dar prevalência a pessoa (consumidor) à coisa (objeto do contrato), isto é, o primado da pessoa, por ocasião de cada elaboração dogmática, em cada interpretação da norma. Dito de outra forma, na medida em que se atribui maior dimensão social às relações privadas, consequentemente diminui-se o espaço da autonomia negocial[248], como reflexo da ordem constitucional[249].

É neste sentido que o fim social do dever de informação prestado pelo fornecedor é, em última análise, para assegurar negociações mais cedas[250], afastando cláusulas que colidem com a ordem pública[251], e assim, com o que se garanta uma igual dignidade social aos indivíduos[252].

Aliás, tal lição é extraída do ordenamento jurídico brasileiro através do Código Civil de 2002 que consagrou o princípio da socialidade, atribuindo a todas as categorias civis[253] função social, especialmente aos contratos e à responsabilidade civil.

---

246. Confira ideia em: GAGLIANO, Pablo Stolze; PAMPLONA FILHO, Rodolfo. *Novo curso de direito civil*. São Paulo: Saraiva, 2019, v. 4, p. 103 e ss.

247. No Direito Civil fundado pela Constituição, a prevalência e precedência hão de ser atribuídas às relações existenciais, e não aos direitos patrimoniais. Mais que isso: no chamado direito civil-constitucional, não pode haver norma jurídica que não seja interpretada à luz da Constituição e que não se coadune com os princípios fundamentais. Sobre o fenômeno da constitucionalização do Direito Civil, confira: MORAES, 2010, p. 30-31; 400 e ss.; RODRIGUES, Francisco Luciano Lima. *O fenômeno da constitucionalização do direito: seus efeitos sobre o direito civil*. In: TEPEDINO, Gustavo (Coord.). *Direito Civil Constitucional*. Florianópolis: Conceito Editorial, 2014, p. 547-561. Gustavo Tepedino faz críticas sobre a resiliência brasileira em não aproximar o Direito Constitucional ao direito civil. Para mais: TEPEDINO, Gustavo. Normas constitucionais e relações de direito civil na experiência brasileira. *Temas de direito civil*. Rio de Janeiro: Renovar, 2005, t. 2, p. 24; confira também: Cf.: TARTUCE, Flávio. *Manual de Direito Civil*. São Paulo: Método, 2020, p. 49 e ss.

248. LÔBO, Paulo Luiz Netto. *Contratos*. São Paulo: Saraiva, 2011, p. 61 e ss. O professor Fachin entende que o fenômeno da constitucionalização impõe repercussões sobre os institutos jurídicos, que ganharam uma maior funcionalidade, atendendo aos interesses sociais. Vide: FACHIN, Luiz Edson. *Teoria crítica do direito civil*. Rio de Janeiro: Renovar, 2000, p. 72 e ss. Sobre o fenômeno da constitucionalização de normas privadas, confira: LISBOA, Roberto Senise. *Responsabilidade Civil nas Relações de Consumo*. 3. ed. São Paulo: Saraiva, 2012, p. 83.

249. Vide artigo 60 da Constituição da República Portuguesa.

250. Sobre o tema, o Professor Rodrigo Toscano explica que, em que pese seja a regra a observância da obrigatoriedade contratual, "tendo em vista a segurança das relações, não se pode afastar de outro princípio, qual seja, o de que os contratantes não possam tirar vantagem de um contrato abusivo, por ser obrigatório". Confira: BRITO, Rodrigo Toscano de. Função social dos contratos como princípio orientador na interpretação das arras. In: DELGADO, Mário Luiz; ALVES, Jones Figueiredo (Coord.). *Questões controvertidas no novo Código Civil*. São Paulo: Método, 2004, p. 370 e ss.

251. Sobre o tema, o Professor Nelson Nery Junior pontua que "o excesso de liberalismo, manifestado pela premência do dogma da vontade sobre tudo, cede às exigências da ordem pública econômica e social, que deve prevalecer sobre o individualismo, funcionando como fatores limitadores da autonomia privada individual, no interesse geral da coletividade". NERY JUNIOR, Nelson. Da proteção contratual. In: GRINOVER, Ada Pellegrini et. alli. *Código de Defesa do Consumidor. Comentado pelos autores do anteprojeto*. 8 ed. Rio de janeiro: Forense Universitária, 2004, p. 499 e ss.

252. GODOY, Cláudio Luiz Bueno. *Função social do contrato*. Saraiva: São Paulo, 2004, p. 131.

253. Para mais, vide NEVES, Daniel Amorim; TARTUCE, Flávio. *Manual de Direito do Consumidor*. 4. ed. São Paulo: Método, 2014, p. 75. Confira também: TEPEDINO, Gustavo. Notas sobre a função social dos contratos. *Temas de Direito Civil*. 4. ed. Rio de Janeiro: Renovar, 2009, p. 145.

À semelhança das lições brasileiras, referido entendimento converge com aquele adotado pelo ordenamento jurídico luso, notadamente pela compreensão que o legislador teve ao consagrar os direitos do consumidor com relevo constitucional, em especial no tratamento dedicado à informação[254]. É tanto que a tutela do indivíduo enquanto agente econômico (consumidor) insculpe-se aos direitos fundamentais, especificamente aos direitos econômicos e sociais, inscrevendo-se a necessidade de repor um mínimo de igualdade[255] dos consumidores ante a supremacia técnica do fornecedor.

Mais que isso: legitima[256] as ações públicas interventivas na atividade dos fornecedores de bens e serviços necessárias para implementá-las, tendo em vista sua força irradiante[257].

Na verdade, foi o instrumento hábil concebido pelo legislador com o fito de repor um mínimo de igualdade[258] nas relações dos fornecedores com consumidores, consagrando a proteção objetiva ao consumidor e atrelando-os ao escorreito uso dos meios contratuais adequados.

A função social *stricto sensu* do direito à informação[259] é materializada na legislação ordinária através do DL 24/2014[260], quando eleva o caráter informativo como guia do consumidor, desobrigando-o, por exemplo, a pagar custos e encargos se não foi devidamente informado. Por outro lado, pode também ser verificada na Lei de Defesa do Consumidor[261] ao dispor sobre a responsabilidade civil do fornecedor caso descumpra o dever de informar.

Acresce-se: o DL 24/96 e as Directivas adiante expostas são normas, *per si*, de função social[262], que trazem como consequência alterações consideráveis nas relações juridicamente relevantes na sociedade, sobrelevo quando a legislação infra introduz

---

254. Vide artigo 60, n. 1, da Constituição portuguesa.
255. Confira ideia desenvolvida em: NABAIS, José Casalta. O estatuto constitucional dos consumidores. In: AA.VV. *Estudos em Homenagem ao Prof. Doutor Sérvulo Correia*, Coimbra, Coimbra Ed., 2010, v. I, p. 480 e ss. Sobre os deveres fundamentais dos consumidores, confira: CANOTILHO, José Joaquim Gomes; MOREIRA, Vital Martins. *Constituição da República Portuguesa Anotada*. Coimbra: Coimbra Ed., 2007, p. 778-786.
256. Confira também em: CANOTILHO; MOREIRA, 2007, p. 781.
257. NABAIS, 2010, p. 494.
258. O desenvolvimento de obrigação pré-contratual de informação ao consumidor reverbera a necessidade contumaz de autêntica igualdade real entre as partes. Aprofunda-se em: DRAY, Guilherme Machado. *A influência dos Estados Unidos da América na afirmação do princípio da igualdade no emprego nos países da lusofonia*. Coimbra: Almedina, 2016, p. 82 e ss.
259. A amplitude internacional é reflexo do standard europeu de elevado nível de defesa dos consumidores, os quais, *per si*, pressupõem exigências tantas quanto aos mecanismos de defesa.
260. Em especial, vide artigo 4, n. 4.
261. Vide Lei 24/96. Artigo 8º, n. 6 ,7 e 8.
262. MARQUES, Claudia Lima; BENJAMIN, Antônio Herman V.; BESSA, Leonardo Roscoe. *Manual de Direito do Consumidor*. 3. ed. São Paulo: Ed. RT, 2010, p. 64. Ademais, as situações subjetivas sofrem uma intrínseca limitação pelo conteúdo das cláusulas gerais, que se tornaram expressões gerais do princípio da solidariedade. PERLIGIERI, Pietro. *Perfis do Direito Civil*: Introdução ao direito civil constitucional. Trad. Maria Cristina de Cicco. 3. ed. Rio de Janeiro: Renovar, p. 122.

novos direitos ou até mesmo limita de maneira imperativa as relações jurídicas de direito privado.

Ora, em que pese o ordenamento jurídico estivesse em sintonia com a preocupação moderna de proteção aos consumidores ante os abusos perpetrados pelos fornecedores, o mesmo não se preocupou com a carga excessiva de informação ao consumidor, elaborando diversas Directivas sem cadência e coesão necessárias para tutelar o consumidor.

Embora sob a aparência de um comportamento lícito (qual seja, o dever de prestar informação), o seu exercício não cumpre, em concreto, a intenção normativa que materialmente fundamenta a obrigação disposta: o dever de informação justa[263].

No caso em estudo, o direito à informação, enquanto direito fundamental português, revela também uma dupla perspectiva, tanto como direitos subjetivos individuais quanto como elemento integrante da sociedade[264]. Se analisado sob essa ótica, o direito à informação ganha função autônoma que extrapola o próprio prisma subjetivo individual da relação de consumo.

Em abono da nossa tese, o direito à informação assume uma perspectiva transcendental, em que os interesses coletivos se sobrepõem aos individuais. Ou seja, os efeitos do negócio jurídico ultrapassam a relação entre as partes e atingem a sociedade, numa espécie de efeito *erga omnes*.

A título ilustrativo, se determinada a informação no sítio eletrônico de alguma empresa não cumprir com sua função social (ex. publicidade verossímil, informações claras na oferta), em demanda individual, pode o magistrado suspender o funcionamento da página virtual, até que cesse a infração, ou seja, demanda individual que tem efeitos perante a coletividade.

A miríade de informações dispostas pelos fornecedores em inúmeras situações colide com o fim social do direito à informação que constitui a *ratio legis* do consumidor, subvertendo a própria essência consumerista de proteção à parte hipossuficiente.

Por fim, a função social do dever de informar do fornecedor se revela quando o consumidor pode obter a informação adequada[265], correspondendo às suas reais

---

263. Tal noção foi inspirada no professor Barbas Homem, que conclui sua obra da seguinte forma: "[...] a validade de uma noção mínima de injustiça como limite absoluto de validade do direito [...]." Confira em: HOMEM, Antônio Pedro Barbas. *O justo e injusto*. Lisboa: Associação Acadêmica da Faculdade de Direito, 2001, p. 141. Ademais, a ideia desenvolvida tem origem no raciocínio do professor Cappelletti, ao aduzir que a justiça *stricto sensu* deve ser entendida como justiça social, com buscas de procedimento que sejam conducentes à proteção das pessoas comuns. Cf.: CAPPELLETTI, Mauro; GARTH, Bryant. *Acesso à justiça*. Trad. e revisão Ellen Gracie Northfleet. Porto Alegre: Sergio Fabris, 2002, p. 34 e ss. Confira também a diferença entre obrigação de informar e dever de verdade no seguinte julgado: PORTUGAL. Supremo Tribunal de Justiça. Acórdão do processo 1246/10.9TVLSB.L1.S1. Relator: Helder Roque. Lisboa, 17 de dezembro de 2014.

264. No direito brasileiro, tal ideia é aperfeiçoada por: SARLET, Ingo Wolfgang. *A eficácia dos Direitos Fundamentais*. 6. ed. Porto Alegre: Livraria do Advogado, 2006, p. 165.

265. O dever de informar do fornecedor deve ser necessariamente vinculado ao pressuposto básico do direito do consumidor: compreender a noção de consumidor como parte vulnerável, sem levar em conta o que

expectativas e necessidades, aferidas em função do conteúdo, finalidade e amoldamento. Por sua vez, nos casos em que a informação é deficitária ou excessiva, há infração à correção, lealdade e honestidade do fornecedor.

1.12 CONCLUSÕES PARCIAIS

Como foi visto, o dever de informação não é uma obrigação hodierna na sociedade. Ancorada no mandamento constitucional no Brasil e em Portugal, o dever de informação tem raiz no princípio da liberdade e tem por finalidade permitir que as partes pactuem da melhor forma, desempenhando papel relevante nas relações civis.

Em se tratando de dever de informação em contrato de adesão eletrônico, os requisitos para a transmissão da informação são mais proeminentes. Isso porque, nos contratos de adesão, a parte vulnerável é obrigada a aceitar as condições propostas pelo fornecedor, sem possibilidade de qualquer tipo de flexibilização. Aliás, esse tipo de contrato de massa[266] é muito comum nos dias de hoje, ex. contratos de cheque especial, empréstimos bancários, contrato de transporte aéreo, comércio eletrônico varejista entre o consumidor e grandes multinacionais, contratação *online* de prestação de serviço de televisão, *internet* etc.

Nesses casos, há uma necessidade de proteção especial[267] ao consumidor, seja pelas técnicas invasivas de publicidade ou até mesmo pela impossibilidade que o consumidor tenha em verificar a qualidade daquilo que está sendo adquirido, elevando a um patamar superior as informações ali postas. Contudo, como ficou demonstrado, muitas vezes não é economicamente sustentável para o fornecedor a transmissão correta das informações, seja porque o empresário tem sempre em mente a avidez pelo lucro ou até mesmo porque para fazê-lo, teria que repassar os custos ao próprio consumidor.

Nesse contexto, o regime das cláusulas contratuais gerais[268] assentou que a informação deve ser preparada consoante o interlocutor da mensagem, uma vez que a capacidade de compreensão depende das experiências de cada um.

Assim, por se tratar de modo de contratação diferenciada, o fornecedor deve ter como pressuposto que seu dever de informar e consequente responsabilidade

---

alguns doutrinadores entendem como paradigma: o consumidor médio, esclarecido e advertido. Cf.: LIZ, Jorge Pegado. Algumas reflexões a propósito dos direitos dos consumidores à informação. *Liber Amicorum Mário Frota*: A Causa dos Direitos dos Consumidores. Coimbra: Almedina, 2012, p. 350.

266. Sobre o tema, confira: MONTEIRO, António Pinto. A Contratação em Massa e a Protecção do Consumidor numa Economia Globalizada. *Revista de Legislação e de Jurisprudência*, ano 139, n. 3961, 2010. refere-se a "um instrumento da globalização das relações económicas".

267. Sobre o tema, o Professor Vicenzo Roppo pontua que "Qui il rischio è l'effetto sorpresa e pressione: il consumatore – colto di sorpresa o pressato dall'iniziativa del professionista – non riesce ad attivare le opportune difese psicologiche e cede all'offerta del professionista senza rifletterci bene. [...]". Cf.: ROPPO, Vicenzo. *Diritto Privato*. Torino: G. Giappichelli Editore, 2016, p. 828 e ss.

268. Cf.: artigos 4 e 6 do DL 446/85.

em fazê-lo é proporcional à ignorância e à experiência da contraparte adquirente: quanto mais leiga for, maior será seu dever de esclarecimento[269], no qual o fornecedor deverá informar sobre riscos do serviço, forma de utilização e outros aspectos relevantes na contratação.

Pontuou-se também que as facetas da informação completa (qualidade, forma de apresentação, disposição, quantidade, clareza etc.) desafia os contratos virtuais de adesão consumeristas, especialmente por ser um fenômeno contemporâneo.

Contudo, o afã do legislador de resguardar o direito do consumidor não foi transformado em tutela real ao vulnerável. O malfadado esforço em normatizar ao máximo o dever de informação, promovido através de Directivas descoordenadas entre si, não atingiu o resultado desejado, demonstrando-se que o sistema é, ao mesmo tempo, protetivo e defeituoso.

Nesse compasso, ficou nítido que a noção de quanto mais informação melhor para o consumidor foi sucumbida pela consequente desinformação por parte desse. A título exemplificativo, basta observar que a pletora de informações veiculadas pelo fornecedor, na prática, não permite que o consumidor diferencie quais são as mais relevantes, prejudicando a assimilação daquelas essenciais para o contrato.

Em contrapartida, através do *compliance* no comércio eletrônico, muitas empresas adotam regras de conduta tuteladas por organismos internacionais, diretrizes nacionais, orientações internas, códigos de conduta, o que, na prática, se traduz em segurança ao consumidor.

Na relação de consumo especificamente, a transmissão das características e qualidade a respeito do serviço ou objeto de forma transparente é frequentemente suplantada pela confiança que o consumidor tem naquela empresa, especialmente quando não há clareza na informação. Assim, disponibilizar toda e qualquer informação relevante para um provável negócio jurídico é um mandamento a seguir, decorrente da própria boa-fé objetiva.

Partindo-se do propósito de aplicação de fontes normativas múltiplas, mas harmônicas e coordenadas entre si, é que o dever de informação pré-contratual será analisado nos diversos diplomas dos respectivos ordenamentos brasileiro e português, sempre tendo em conta a proteção do consumidor.

Passa-se, então, a analisar tais exigências sob a essa ótica.

---

269. No momento de elaboração das cláusulas contratuais, o fornecedor deve observar as circunstâncias concretas do aderente, nomeadamente a capacidade e o nível cultural do interessado. Confira o seguinte julgado: PORTUGAL. Supremo Tribunal de Justiça. Acórdão do processo 3501/06.3TVLSB.L1.S1. Relator: Lopes do Rego. Lisboa, 04 de agosto de 2010. Confira também: PORTUGAL. Supremo Tribunal de Justiça. Acórdão do processo 738/12.0TBCVL.C1.S1. Relatora: Maria dos Prazeres Beleza. Lisboa, 26 de fevereiro de 2015.

Capítulo 2
DEVER PRÉ-CONTRATUAL DE INFORMAÇÃO NOS CONTRATOS DE ADESÃO CONCLUÍDOS POR MEIOS ELETRÔNICOS

2.1 NOTAS PRELIMINARES

Hodiernamente as informações publicitárias alcançam os consumidores de diversas formas, seja pelos *sites*, provedores de conexão, aplicativos, mídias sociais, automaticamente ou não, com ofertas tentadoras e em breve espaço de tempo, gerando seguidamente a desconfiança[1] do consumidor.

Assim sendo, alguns autores[2] defendem que são 5 grandes etapas que o fornecedor deve trilhar para conseguir atingir o consumidor no comércio eletrônico.

A primeira delas é o denominado estágio de conscientização ("*customers recognize*"), em que o consumidor reconhece a marca e a qualidade do produto através de publicidades tradicionais, modernas ou até mesmo pela divulgação dos outros clientes do produto ou serviço.

A segunda etapa é a denominada fase de exploração ("*exploration stage*"), em que o potencial cliente se informa mais sobre a empresa e o produto, buscando mais informações no *site*, tirando dúvidas pelo *call center* ou eventualmente indo em lojas físicas (caso existam) para inteirar-se melhor. Nessa fase, o consumidor busca sites de reclamação, analisando a reputação da empresa perante os outros adquirentes e eventuais problemas e soluções para com os consumidores.

A terceira etapa é quando o consumidor, já familiar com o potencial produto ou serviço, avança e conclui a transação, uma vez que já está habituado com as diretrizes

---

1. PINHEIRO, Patrícia Peck Garrido. Os perigos da nova rua digital. *Direito Digital 3.0 Aplicado*. São Paulo: Thomson Reuters Brasil, 2018, p. 86 e ss.
2. SCHNEIDER, Gary. *Electronic Commerce*. Boston: Cengage Learning, 2017, p. 174 e ss. Por sua vez, há quem entenda que o binômio confiança e satisfação são os requisitos essenciais para negócios bem-sucedidos no comércio eletrônico de consumo. Cf.: KIM, Dan; FERRIN, Donald; H. RAGHAV, Rao. Trust and Satisfaction, Two Stepping Stones for Successful E-commerce Relationships. *Information Systems Research*, v. 20, n. 2, 2009, p. 237 e ss.

básicas da empresa: forma de pagamento, direito de arrependimento, políticas claras de entrega e troca do produto.

Por sua vez, a quarta etapa representa o nível de satisfação do cliente e seu efeito reverberador. Sendo um índice de satisfação elevada, os clientes aumentam a confiança no comerciante e preferem ou tendem a comprar produtos ou adquirir serviços somente dele. É a relação de confiança freguês-cliente na modalidade virtual.

A quinta e última etapa, caso o cliente se depare com experiência negativa com o fornecedor, há uma ruptura imediata por quebra da confiança. Pode ser causada por diversas razões: seja por um atraso na entrega do produto, pela apresentação destoante da oferta disponibilizada pelo fornecedor ou pela demora na resposta de eventuais queixas do consumidor.

Feitas essas breves considerações, é necessário aprofundar nos conceitos elementares de como a informação atinge o consumidor, mas sobretudo como ela se apresenta ao consumidor em sede de contratação eletrônica.

2.2 DEFINIÇÕES

2.2.1 Oferta

No Brasil, a oferta regulamentada pelo CDC é realizada pelo fornecedor, detentor do monopólio informativo da relação jurídica, dirigindo-se ao consumidor, vulnerável por essência.

O Código de Defesa do Consumidor brasileiro é claro ao valorizar o momento de tratativas preliminares antes mesmo de haver o pacto contratual, dispondo que "toda informação ou publicidade, suficientemente precisa, veiculada por qualquer forma ou meio de comunicação com relação a produtos e serviços oferecidos ou apresentados, obriga o fornecedor que a fizer veicular ou dela se utilizar e integra o contrato que vier a ser celebrado." Da mesma forma que no Brasil, a Lei de Defesa de Consumo portuguesa preceitua na mesma senda, dispondo em seu artigo 7º, n. 5, que "as informações concretas e objetivas contidas nas mensagens publicitárias de determinado bem, serviço ou direito consideram-se integradas no conteúdo dos contratos que se venham a celebrar após a sua emissão, tendo-se por não escritas as cláusulas contratuais em contrário".

De igual contorno, os legisladores português e brasileiro dispuseram que as informações concretas contidas nas mensagens publicitárias de determinado bem, serviço ou direito consideram-se integradas no conteúdo dos contratos que se venham a celebrar após a sua emissão[3].

---

3. Confira artigo 7º, n. 5, da Lei 24/96, de 31 de julho, Lei de Defesa do Consumidor.

CAPÍTULO 2 • DEVER DE INFORMAÇÃO NOS CONTRATOS DE ADESÃO POR MEIOS ELETRÔNICOS **105**

Nesse aspecto, todas as informações suficientemente precisas que visam capturar a atenção do consumidor na *internet*, especialmente aquelas que surgem em hiper*links* e *cookies* antes mesmo de acessar o campo do *site* propriamente dito, vincula[4] o fornecedor a cumpri-las.

Há quem entenda[5] que oferta é gênero, e a publicidade é espécie. A primeira, seria toda manifestação do fornecedor com o objetivo de propor a colocação do produto ou serviço no mercado; a segunda, por sua vez, seria a mensagem estratégica e minunciosamente elaborada por técnicos responsáveis pelo *marketing* da empresa, cujas finalidades são: a) tornar o produto ou serviço conhecido pelo consumidor; b) persuadir o consumidor para adquiri-lo

A vinculação do fornecedor é plena e irrestrita em todas as etapas do contrato.

A oferta ou proposta é a declaração inicial de vontade direcionada à realização de um contrato, sendo, portanto, o seu elemento inicial.[6] Ou seja, qualquer informação ou publicidade transmitida, com os elementos mínimos de precisão (objeto, preço e características elementares do que será pactuado) é tida como vinculante, remanescendo apenas a aceitação do consumidor. Trata-se, na verdade, da integração publicitária contratual[7], uma vez que há incorporação imperativa das mensagens publicitárias ao próprio contrato.

Afora isso, cumpre ressaltar que as ofertas dos produtos e serviços muitas vezes são consubstanciadas através de e-mails, hiper*links*, não havendo mais os limites tradicionais preestabelecidos pelo direito civil tradicional. Referidas circunstâncias não descaracterizam o caráter vinculativo, muito pelo contrário, reforçam a necessária proteção ao consumidor nas situações de ausência de contato com o fornecedor.

Outrossim, a linguagem textual é constantemente trocada por sons, figuras e ilustrações que podem conduzir a uma declaração viciada de vontade, ou até mesmo a uma compra sem reflexão do consumidor. Aliás, a oferta é um negócio jurídico unilateral[8] e deve ser suficientemente precisa e clara ao consumidor, preservando a sua livre vontade e escolha.

---

4. Confira também o artigo 429 do Código Civil.
5. Sobre o tema, confira: FILOMENO, José Geraldo Brito, *Direitos do Consumidor*, São Paulo: Atlas, 2018, p. 215 e ss.
6. MARQUES, Claudia Lima; BENJAMIN, Antonio Herman V.; MIRAGEM, Bruno. *Comentários ao Código de Defesa do Consumidor*. São Paulo: Thomson Reuters Brasil, 2019, p. 920 e ss.
7. A doutrina portuguesa também compreende que muitas vezes é difícil destrinchar o conteúdo informativo (objetivo) e informacional (persuasivo) das mensagens transmitidas, impondo consequentemente a responsabilização dos empresários pelas informações divulgadas. Cf.: ANTUNES, José Engrácia. *Direito do Consumo*. Coimbra: Almedina, 2019, p. 115 e ss.
8. No direito argentino, a oferta também é considerada proposição unilateral, consoante artigo 7º, da lei argentina 24.240. Sobre o tema, confira: WAJNTRAUB, Javier. *Protección jurídica del consumidor*: ley 24.240 comentada y anotada. Buenos Aires: Depalma, 2004, p. 69 e ss.

Apesar do Código de Defesa do Consumidor brasileiro não impor a forma específica[9] de transmissão da informação, é necessário fazê-lo à luz dos princípios da boa-fé objetiva e transparência.

Queda ressaltar ainda que não há possibilidade de revogação[10] da oferta pelo fornecedor ao público, ainda que seja de forma *online*, uma vez que agravaria a situação de vulnerabilidade do consumidor, especialmente a informativa. Assim, não se aplica o artigo 429 do Código Civil[11], que dispõe ser possível a revogação da oferta na mesma via de divulgação, desde que ressalvada esta faculdade na oferta realizada.

Contudo, é conveniente abordar que, ao tratar-se de equívoco ou erro justificável, como por exemplo, em casos esdrúxulos (ex. vendedor que oferta uma televisão 32 polegadas por R$ 15,00 reais, típico erro substancial por falta de um número ou vírgula), os Tribunais[12] têm entendimento que o fornecedor não deve cumprir a oferta, pela própria boa-fé objetiva e preservação do equilíbrio contratual.

Finalmente, conclui o Professor Guilherme Fernandes Neto[13] ser missão do fornecedor, dentro da relação de consumo, fornecer produtos ou serviços que contemplem a vontade do consumidor, tendo em conta sempre a segurança para o adquirente daquilo exposto na oferta.

---

9. Não há qualquer tipo de formalidade na transmissão da informação, podendo ser realizada através de anúncios, *e-mail*, mensagens, dentre outras. Cf.: ALMEIDA, João Batista de. *A proteção jurídica do consumidor.* São Paulo: Saraiva, 2003, p. 108 e ss.

10. O professor Filomeno é claro em sua obra: "prometeu, tem de cumprir". Sobre o tema, confira: FILOMENO, José Geraldo Brito. *Direitos do Consumidor*. São Paulo: Atlas, 2018, p. 218 e ss.

11. O Professor Anderson Schreiber complementa que nas relações civis paritárias, "garante-se uma margem de flexibilidade ao ofertante como a preservação das expectativas do público, vez que, alertado da possibilidade de revogação, poderá tomar conhecimento da retirada da oferta.". Cf.: SCHREIBER, Anderson; TARTUCE, Flávio; SIMÃO, José Fernando et al. *Código Civil Comentado*. Rio de Janeiro: Forense, 2019, p. 255 e ss.

12. Confira a ementa da decisão emanada do Tribunal de Justiça do Distrito Federal, relator Angelo Passareli, nos seguintes termos: Direito do consumidor. Compra pela *internet*. Preço divulgado. Publicidade manifestamente equivocada. Desproporção aparente com o valor de mercado. Propósito de ludibriar. Inocorrência. Vinculação à oferta. Afastamento. Preservação do equilíbrio contratual. Vedação ao enriquecimento sem causa. Restituição do valor. Validade do comprovante. Correção monetária devida. Sentença parcialmente reformada. 1 – Não há oferta enganosa da fornecedora a implicar que seja relevada a vulnerabilidade do consumidor, de forma a impor-se a vinculação ao negócio (art. 30 e 35 do CDC), mas sim aparente erro material no preço divulgado do produto, consubstanciado na grande desproporção entre o preço de mercado e aquele ofertado, o que afasta a existência do propósito de ludibriar o consumidor (má-fé). Descabe, portanto, impor-se a vinculação à oferta, sob pena de violação aos princípios do equilíbrio contratual, da boa-fé objetiva e da vedação ao enriquecimento sem causa. 2 – Em que pese haver o Autor afirmado genericamente que o comprovante de ordem bancária em seu favor inserido no corpo da petição afigurava-se duvidoso, em nenhum momento confrontou ou expôs a infidelidade dos códigos de autenticação ali constantes, os quais, portanto, hão de prevalecer. Contudo, mesmo considerada realizada a restituição do valor, esta se concretizou pelo valor nominal meses após a quitação do boleto, motivo porque se faz impositiva a condenação da Apelada ao pagamento da correção monetária incidente nesse interregno. Apelação Cível parcialmente provida. Maioria qualificada. (BRASIL. Tribunal de Justiça do Distrito Federal. Acórdão n. 1027558. Relator Desembargador Angelo Passareli, 5ª Turma Cível, julgado em 21 de junho de 2017).

13. Cf.: FERNANDES NETO, Guilherme. *Cláusulas, Práticas e Publicidades Abusivas*: O Abuso do Direito no Código Civil e no Código de Defesa do Consumidor. São Paulo: Atlas, 2012, p. 113 e ss.

2.2.2 Publicidade

A publicidade é uma atividade consciente e finalística[14] do fornecedor, que expõe e veicula ao consumidor as qualidades e virtudes do produto ou serviço, levando sempre em conta suas características e sua utilidade[15] ao consumidor. Tem, na prática, função dúplice[16]: informar[17] e persuadir[18] o consumidor acerca do produto ou serviço ofertado, sendo necessária a real identificação da mesma e vedada a mensagem subliminar.

No Brasil, o Conselho Nacional de Autorregulamentação publicitária – CONAR – preceitua que publicidade é toda atividade destinada a estimular o consumo de bens e serviços bem como promover e instituições, conceitos e ideias[19]. Em Portugal, o Instituto de Auto Regulação Publicitária[20], em seu Código de Conduta da Auto Regulação Publicitária em matéria de publicidade e outras formas de comunicação comercial[21], dispõe que o termo "publicidade" significa uma forma de comunicação comercial difundida através dos meios, notadamente qualquer plataforma, serviço

---

14. Sobre o tema, confira: MARQUES, Claudia Lima; BENJAMIN, Antonio Herman V.; MIRAGEM, Bruno. *Comentários ao Código de Defesa do Consumidor*. São Paulo: Thomson Reuters Brasil, 2019, p. 924 e ss. A Professora Maria Elizabete Vilaça Lopes pontua que a publicidade é um "conceito, universalmente, acatado, identifica a publicidade como o conjunto de meios destinados a informar o público e a convencê-lo a adquirir um bem ou serviço". Confira: LOPES, Maria Elizabete Vilaça. O consumidor e a publicidade. *Revista de Direito do Consumidor*, v. 1, 1994, p. 149 e ss.

15. O Professor Fabiano Dolenc Del Masso entende que "a sobrevivência da sociedade de consumo dependente diretamente da publicidade; o hábito de consumir é orientado pela comunicação entre o empresário e o consumidor". Cf.: DEL MASSO, Fabiano Dolenc. *Direito do consumidor e publicidade clandestina*. São Paulo: Campus Elsevier, 2009, p. 44 e ss.

16. Sobre o tema, o Professor Rizatto Nunes assim assevera: "a publicidade como meio de aproximação do produto e do serviço ao consumidor tem guarida constitucional, ingressando como princípio capaz de orientar a conduta do publicitário no que diz respeito aos limites da possibilidade de utilização desse instrumento". Cf.: NUNES, Rizzato. *Comentários ao Código de Defesa do Consumidor*. 12. ed. São Paulo: Saraiva, 2018, p. 67.

17. Sobre o contexto evolutivo da informação publicitária, os Professores Alexandre Araújo Costa e Henrique Araújo Costa desenvolveram o tema nos seguintes termos: "É claro que havia pessoas que organizavam a publicidade de cada empresa e que era possível contratar artistas que desenhassem ou pintassem anúncios, como os célebres cartazes do Moulin rouge pintados por Toulouse-Lautrec. Porém, a produção de propaganda não era uma atividade profissional regular, e sim um trabalho episódico, não havendo no mercado espaço para empresas que se dedicassem especificamente à publicidade. Isso começou a mudar já nas primeiras décadas do séc. XX, quando as propagandas deixaram de ser informativa se voltaram-se à persuasão dos consumidores, o que exigia um esforço criativo e um apuro técnico cada vez maior na sua elaboração. COSTA, Alexandre Araújo; COSTA, Henrique Araújo. *Direito da Publicidade*. Brasília: Thesaurus, 2008, p. 12 e ss.

18. Sobre o tema, o Professor Calvão da Silva explica que o "consumidor tem o direito não somente de não ser enganado mas também de ser informado verídica e lealmente". Cf.: SILVA, João Calvão da. Não Cumprimento das Obrigações. *Comemorações dos 35 Anos do Código Civil e dos 25 Anos da Reforma de 1977*, Coimbra Ed., Coimbra, 2007, v. III – Direito das Obrigações, p. 697 e ss.

19. Cf.: art. 8º. do Código Brasileiro de Auto-regulamentação Publicitária.

20. Cf.: Disponível em: https://auto-regulacaopublicitaria.pt/quem-somos/. Acesso em: 21 jul. 2020.

21. Confira a parte introdutória e conceitual no Código, disponível em: https://auto-regulacaopublicitaria.pt/codigos/. Acesso em: 21 jul. 2020.

ou aplicação de mídia que disponibilize comunicações eletrônicas, com recurso à *internet*, serviços digitais, e/ou eletrônico e redes de telecomunicações.

Por sua vez, no Código da Publicidade[22] em Portugal, nos termos do artigo 3°, considera-se publicidade qualquer forma de comunicação feita por entidades de natureza pública ou privada, no âmbito de uma actividade comercial, industrial, artesanal ou liberal, com o objetivo direto ou indireto de: a) promover, com vista à sua comercialização ou alienação, quaisquer bens ou serviços; b) promover ideias, princípios, iniciativas ou instituições.

É fato que a publicidade virtual, através do comércio eletrônico, possibilita que os fornecedores divulguem seus produtos sem qualquer limite geográfico, com a criação de campanhas personalizadas[23] em tempo real e sob demanda, reduzindo os antigos estoques e alcançando um público maior. Aliás, a publicidade pela *internet* possibilitou que empresas pequenas ou de médio porte concorressem em um nível melhor com as grandes empresas, uma vez que a informação pode ser acessada por qualquer interessado e a qualquer tempo.

Além disso, as vantagens são várias, citando algumas a título exemplificativo.

A primeira delas é a eficiência na relação entre custos e número de consumidores potencialmente alcançáveis, ou seja, com as devidas configurações na publicidade no *site* da empresa (diversos idiomas, facilidades de envio de produto, parceiros de logística), o fornecedor consegue atingir a custo reduzido consumidores transnacionais[24], algo inimaginável em publicidade tradicional (televisão, rádio, jornais).

A segunda vantagem é permitir que o consumidor participe ativamente da finalização e compra do produto ou serviço, escolhendo a cor, formato, disposição, quantidade, serviços adicionais de entrega, adereços etc.

A técnica utilizada de *pull* e *on demand* permite uma comunicação estreita entre consumidor e fornecedor, definida como *narrowcasting*[25], ou seja, transmissão de determinado conteúdo e oferta para consumidores específicos e interessados naquela linha de produto ou serviço. Tal prática procura personalizar[26] a publicidade a um

---

22. Confira DL 330/90, de 23 de outubro, Código da Publicidade, artigo 3°.

23. GAMBINO, Alberto M; STAZI, Andrea. *Diritto dell'informatica e della comunicazione*. Roma: Giappichelli Editore, 2009, p. 64 e ss.

24. Sob o aspecto do marketing transfronteiriço, o Professor Hugh Collins denota preocupação com os custos e a falta de harmonização das leis e Directivas europeias, nos seguintes termos: "(...)Diversity of laws governing marketing create the risk that national legal systems may prohibit aspects of these marketing techniques, there by forcing businesses to incur the expense of devising new methods. Consumers will be concerned that foreign traders may not be bound by the domestic rules and codes of conduct that prevent unfair marketing practices, so maybe reluctant to respond to an offer, no matter how enticing it appears. (...)". Cf.: COLLINS, Hugh. The Freedom to Circulate Documents: Regulating Contracts in Europe. *European Law Journal*, vol. 10, n. 6, Oxford, 2004, 787 e ss.

25. GAMBINO, Alberto M; STAZI, Andrea. *I contratti di pubblicità e di sponsorizzazione*. Torino: Giappichelli Editore, 2012, p. 41 e ss.

26. Cf.: BIONI, Bruno Ricardo. *Proteção de Dados Pessoais*. São Paulo: Forense, 2018, p. 41 e ss.

determinado fator social que potencialize a possibilidade de êxito no fomento ao consumo, em uma espécie de *marketing* segmentado.[27]

Soma-se ainda que nesse tipo de publicidade é possível mensurar e avaliar os resultados imediatamente, seja através de ferramentas disponíveis como o *Google Analytics*, que permite monitorar a quantidade de consumidores visitantes diariamente, o passo a passo do usuário no *site* e quanto tempo permaneceu, bem como a cidade dos visitantes do web*site*; fatos que permitem avaliar as estratégias do *marketing* e o perfil do consumidor e melhorar para alcançar mais consumidores. Tais mecanismos seriam custosos nas estruturas tradicionais de publicidade, além de mais complexos.

Outra vantagem relevante é a interatividade instantânea do consumidor com o fornecedor já que, ao visualizar a oferta, pode o consumidor tirar dúvidas e esclarecimentos sobre as informações dos produtos ou serviços imediatamente. Nesse contexto, os elementos informativos devem ser simples e claros, para que o consumidor possa comparar facilmente com outros produtos similares, bem como perceba se atende às suas necessidades[28] e, por consequência, realize uma escolha informada, independentemente do tipo ou formato de embalagem do produto, por exemplo.

No caso da publicidade *online*, há uma diferença peculiar com a tradicional contratação presencial: a facilidade de adquirir o produto ou serviço por apenas um *click*. Tecnicamente, a publicidade virtual atinge estratégias diferenciadas.[29] Pode ser feita por *banners*, um anúncio de um formato gráfico-texto dentro de um formato específico, induzindo ao consumidor ao *click* no *link* e traduzindo em um desvio de rota do consumidor para outro *site*. Na prática, pode ser um obstáculo à navegação na web ou eventualmente útil, se o consumidor perceber como algo sugestivo.

Outra forma de publicidade *online* é aquela por meio de vídeo; ao clicar no anúncio, abre-se a janela com um comercial real com áudio e vídeo transmitidos por streaming ou download, podendo o usuário interagir, sendo acessíveis pelo computador, smartphone ou *tablets*.

Vale mencionar que a arquitetura[30] do *website* do fornecedor, leia-se facilidade[31] de uso para o consumidor, interação[32] e alegorias no processo de compra, bem como

---

27. Sobre o tema, confira: LIMEIRA, Tânia M. Vidigal. *E-marketing na Internet com casos brasileiros*. São Paulo: Saraiva, 2003, p. 9 e ss.
28. Sobre o dever de assistência ao consumidor, confira: GOMES, Januário. *Contratos Comerciais*. Coimbra: Almedina, 2012, p. 288 e ss.
29. Cf.: PINHEIRO, Patrícia Peck Garrido. *Direito Digital*. São Paulo: Saraiva, 2018, p. 413 e ss.
30. Cf.: CHILDERS, Terry L.; CARR, Christopher L; PECK, Joann; CARSON, Stephen. Hedonic and utilitarian motivations for *online* retail shopping behavior. *Journal of Retailing*, v. 77, n. 4, Elsevier, 2001, p. 415 e ss.
31. Sobre o tema, confira: STAFFORD, Marla Royn; STERN, Barbara. Consumer Bidding Behavior on *Internet* Auction Sites. *International Journal of Electronic Commerce*, v. 7, n. 1, 2002, p. 135-150.
32. Sobre o tema, confira: HOFFMAN, Donna L.; NOVAK, Thomas P. Marketing in Hypermedia Computer--Mediated Environments: Conceptual Foundations. *Journal of Marketing*, v. 60, jul. 1996, p. 65 e 66.

a acessibilidade visual e linguística, influencia na predisposição e na vontade para compras *on-line*.

Nesse universo, as informações transmitidas nos rótulos dos produtos para sinalizar aquelas importantes (ex. regras de segurança, saúde, passo a passo de como utilizar a mercadoria etc.) ganham relevo pelo fato de o consumidor não poder ter o contato físico com o bem. Além disso, regras de classificação etária para produtos que sejam direcionados para criança, por exemplo, alcançam prisma diferenciado na divulgação *online* dessa informação.

O caráter onipresente da publicidade virtual deve ser acompanhado com o controle pelo fornecedor das informações comerciais transmitidas, seja pela proteção do próprio consumidor quanto do seu concorrente. Nesse sentido, os dois requisitos cruciais da publicidade lícita é a veracidade da mesma e identificação ou clareza da mensagem publicitária.[33] Cabe também referir que nem toda publicidade detém uma oferta, uma vez que as atividades promocionais de *marketing* podem ser tão somente para difusão e conhecimento da marca.

Se por um lado, a publicidade, inserida no contexto da liberdade econômica, goza de proteção constitucional[34], seja como atividade resguardada pela livre iniciativa, fundamento da ordem econômica e pela livre concorrência, e pelo próprio princípio da liberdade de expressão, por outro, o Código de Defesa do Consumidor determinou que devem existir limites para o uso da publicidade, conforme teor dos artigos 30, 36 e 37 do CDC.

A publicidade enganosa[35] é qualquer modalidade de informação ou comunicação de caráter publicitário, inteira ou parcialmente falsa, ou, por qualquer outro modo, mesmo por omissão, capaz de induzir em erro o consumidor a respeito da natureza, características, qualidade, quantidade, propriedades, origem, preço e quaisquer outros dados sobre produtos e serviços.[36]

Além disso, pode ser por comissão, quando demonstra ao consumidor uma situação irreal ou totalmente desconexa com a realidade; por omissão, quando suprime uma informação essencial do produto ou serviço, como por exemplo o preço e a cobrança de juros.

---

33. JACOBINA, Paulo Vasconcelos. *A publicidade no direito do consumidor*. Rio de Janeiro: Forense, 1996, p. 97 e ss. O Professor Pasqualotto explica que "esse dever de identificação, ademais de ser legal, deriva de um princípio de lealdade e da boa-fé objetiva. Como se concede ao anunciante a persuasão, exige-se-lhe que não esconda o seu emprego". Cf.: PASQUALOTTO, Adalberto. *Os efeitos obrigacionais da publicidade* – no código de defesa do consumidor. São Paulo: Ed. RT, 1997, p. 2 e ss.

34. Cf.: artigos 5º, inciso IX, artigo 220, e artigo 170, caput, inciso V e parágrafo único da CF.

35. Sobre a publicidade enganosa, a doutrina italiana pontua que se deve avaliar objetivamente a não veracidade das informações, falta de transparência, incompletude, ambiguidade e sua adequação para enganar os destinatários ou aqueles que poderiam, em algum caso, prejuízo econômico. Sobre o tema: MELI, Vicenzo. Pubblicità ingannevole. *Enciclopedia giuridica Treccani*, Roma, 2006.

36. Cf.: artigo 37 do CDC, § 1º Sobre o tema, confira: BRASIL. Superior Tribunal de Justiça. REsp 1159799. Relator Ministro Mauro Campbell Marques, julgado em 18 de outubro de 2011.

A publicidade abusiva[37] é, dentre outras, a publicidade discriminatória de qualquer natureza, a que incite à violência, explore o medo ou a superstição, se aproveite da deficiência de julgamento e experiência da criança, desrespeita valores ambientais, ou que seja capaz de induzir o consumidor a se comportar de forma prejudicial ou perigosa à sua saúde ou segurança, em síntese, que fere os interesses da coletividade.[38]

Esse tipo abordagem para o consumidor é geralmente feito por ferramentas interativas do *marketing* digital, com inúmeras vantagens ao fornecedor: custo reduzido para envio, pontualidade (em regra, o envio de e-mails é instantâneo); mensurabilidade (consegue-se precisar quantos acessaram o *e-mail* e abriram a mensagem). Por vezes, esses tipos de mensagens são inseridos em boletins informativos (newsletter) das empresas enviados com frequência para os consumidores (semanalmente, a cada 15 dias, mensalmente etc.) para usuários registrados e que têm interesse em receber tais notícias.

Contudo, referido envio é realizado frequentemente omitindo o *link* de possibilidade de cancelamento imediato de referidos e-mails ao consumidor ou até mesmo sem conter o *e-mail* de envio, ou ainda em muitos casos o endereço eletrônico do *e-mail* enviado que não permite qualquer tipo de resposta, em afronte total à vontade do consumidor.

No contexto de publicidade desleal, é muito frequente o envio de mensagens comerciais não desejadas e invasivas[39] por *e-mail marketing* (spams[40]), o que na prática, pode acarretar não só aborrecimentos diários, como eventualmente também a perda de mensagens importantes na caixa postal do usuário, por ter ultrapassado o limite. Aliás, há um projeto de lei[41] no Brasil tipificando como crime o envio de e-mails sem a anuência do consumidor.

A bem dizer, muitas vezes as empresas fazem uso de listas de e-mails preexistentes, em bancos de dados especiais, para divulgar mensagens e ofertas promocionais a consumidores que jamais consentiram em receber qualquer tipo de mensagem.

Nesse sentido, esse tipo de mensagem viola a garantia constitucional da intimidade e privacidade, a própria liberdade de não querer receber referidas mensagens e, consequentemente, a indução ao consumidor para adquirir softwares antispam.

---

37. Cf.: artigo 38 do CDC, § 2º.
38. Sobre o tema, confira: ALMEIDA, Fabrício Bolzan de. *Direito do Consumidor*. 7. ed. São Paulo: Saraiva, 2019, p. 567 e ss.
39. Sobre a perspectiva do neuromarketing de consumo, confira: EFING, Antônio Carlos; BAUER, Fernanda Mara Gibran; ALEXANDRE, Camila Lindenberg. Os deveres anexos da boa-fé e a prática do neuromarketing nas relações de consumo: análise jurídica embasada em direitos fundamentais. *Revista Opinião Jurídica*, Fortaleza, ano 11, n .15, jan/dez 2013.p. 43 e ss.
40. Sobre o tema, confira na doutrina italiana: GIARDINI, Federica. *La protezione contro lo spamming: un'analisi comparata*. Milano: Giuffre, 2010, p. 3.
41. Cf.: PL 2186/2003, disponível em: http://www.camara.gov.br/proposicoesWeb/fichadetramitacao ?idProposicao= 136751. Acesso em: 20 jun. 2020.

Contudo, a jurisprudência consolidada no STJ[42] é que o envio de mensagens eletrônicas de massa, *per si*, não justifica a condenação do fornecedor em danos morais, uma vez que a evolução tecnológica permite o bloqueio e a própria exclusão da mensagem na caixa postal.

Muitas empresas, visando o interesse maior do cliente consumidor, encaminham nessas próprias mensagens por *e-mail* a possibilidade de o consumidor alterar a frequência de recebê-la, ou até mesmo a opção de não mais enviar esse tipo de publicidade.

Entendemos que, nessa última hipótese, uma vez que o consumidor tenha informado não desejar mais receber esse tipo de *e-mail* ou promoção, caso a empresa continue enviando as mensagens, deve o fornecedor responder pela violação à privacidade[43] e pelo próprio abuso de direito de promover publicidade indevidamente.

É bom frisar que a garantia da privacidade eficaz e ampla não significa necessariamente limitar o comércio eletrônico de consumo, ao revés, representa um elemento de credibilidade e transparência, adequado no contexto de seriedade e profissionalismo.

Com efeito, além do consentimento explícito do destinatário (*opt in*) com uma postura ativa, que deverá ser específico e gratuito, os fornecedores devem ter mais controle sobre a realização de campanhas de *marketing*, exercendo fiscalização adequada para impedir que funcionários enviem mensagens indesejadas aos clientes. O que eventualmente significa mais um cliente (quantidade) pode, por outro lado, ser motivo de abalo na relação de confiança entre consumidor-fornecedor e na reputação na relação de consumo.

Nos Estados Unidos, por exemplo, essa proteção à privacidade e segurança do consumidor é amparada pela agência federal de política e proteção à privacidade desde 1970, a Federal Trade Commission. Protetora da autonomia das pessoas, a privacidade está longe de ter papel dificultador no comércio eletrônico, especialmente por garantir credibilidade à transação comercial.

---

42. Cf.: BRASIL. Superior Tribunal de Justiça. REsp 844.736. Relator Ministro Luis Felipe Salomão, julgado em 27 de outubro de 2009, *verbis*: *Internet* – Envio de mensagens eletrônicas – *Spam* – Possibilidade de recusa por simples deletação – Dano Moral não configurado – Recurso Especial Não Conhecido. 1 – segundo a doutrina pátria "só deve ser reputado como dano moral a dor, vexame, sofrimento ou humilhação que, fugindo à normalidade, interfira intensamente no comportamento psicológico do indivíduo, causando-lhe aflições, angústia e desequilíbrio em seu bem-estar. Mero dissabor, aborrecimento, mágoa, irritação ou sensibilidade exacerbada estão fora da órbita do dano moral, porquanto tais situações não são intensas e duradouras, a ponto de romper o equilíbrio psicológico do indivíduo". 2 – Não obstante o inegável incômodo, o envio de mensagens eletrônicas em massa – SPAM – por si só não consubstancia fundamento para justificar a ação de dano moral, notadamente em face da evolução tecnológica que permite o bloqueio, a deletação ou simplesmente a recusada de tais mensagens. – Inexistindo ataques a honra ou a dignidade de quem o recebe as mensagens eletrônicas, não há que se falar em nexo de causalidade a justificar uma condenação por danos morais. 4 – Recurso Especial não conhecido.

43. Sobre o tema, confira: PINHEIRO, Patrícia Peck Garrido. *Direito Digital*. São Paulo: Saraiva, 2018, p. 416 e ss.

CAPÍTULO 2 • DEVER DE INFORMAÇÃO NOS CONTRATOS DE ADESÃO POR MEIOS ELETRÔNICOS

Em Portugal, de forma mais ampla, o legislador também limitou algumas formas de comunicação das empresas, especialmente aquelas contidas com informações falsas ou omissão de elementos cruciais para o contrato, que afetam sobremaneira as decisões negociais esclarecidas.

Basta ver, por exemplo, que é considerada enganosa[44] a prática comercial que contenha informações falsas ou que, mesmo sendo factualmente corretas, por qualquer razão, nomeadamente a sua apresentação geral, induza ou seja suscetível de induzir em erro o consumidor, como por exemplo, a existência ou a natureza do bem ou serviço, as características do bem, o preço, dentre outras.

Outro ponto importante é a proibição de publicidade subliminar ou subrrepití-cias, ou seja, aquela apta a influenciar os desígnios do consumidor de maneira que a capacidade de emitir julgamentos rápidos e tomar decisões significativas remetem-se ao seu inconsciente.

No caso da contratação eletrônica, a forma de apresentação publicitária e a variedade linguística seduzem muitas vezes o consumidor, induzindo-o a comprar de supetão e sem necessidade real. Assim, é necessário que a publicidade denote senso de responsabilidade social[45], notadamente por exercer ingerência[46] cultural e apelativa nos consumidores virtuais.

Como por exemplo, em sede de contratação eletrônica, o consumidor fica centrado no anúncio principal da tela, com letras garrafais e letras coloridas, quando, na prática, o elemento subliminar[47] atua no inconsciente, nas expressões, números e letras em segundo plano, interferindo diretamente no juízo de valor do consumidor.

Finalmente, da mesma forma que no Brasil, é necessária identidade do forne-cedor e da própria oferta. Note que o artigo 21 do DL 7/2004, também aponta que nas comunicações publicitárias prestadas à distância, por via eletrônica, devem ser claramente identificados[48] de modo a serem apreendidos com facilidade por um destinatário comum: a) a natureza publicitária, logo que a mensagem seja apresen-

---

44. Cf.: artigos 7º e 8º do DL 57/2008, de 26 de março, que dispõe sobre as Práticas Comerciais Desleais.

45. Sobre essa perspectiva, confira: CONAR, artigo 2º: Todo anúncio deve ser preparado com o devido senso de responsabilidade social, evitando acentuar, de forma depreciativa, diferenciações sociais decorrentes do maior ou menor poder aquisitivo dos grupos a que se destina ou que possa eventualmente atingir.

46. Cf.: CONAR, artigo 7: Artigo 7º: De vez que a publicidade exerce forte influência de ordem cultural sobre grandes massas da população, este Código recomenda que os anúncios sejam criados e produzidos por Agências e Profissionais sediados no país - salvo impossibilidade devidamente comprovada e, ainda, que toda publicidade seja agenciada por empresa aqui estabelecida.

47. Sobre o tema, confira: DIAS, Lucia Ancona Lopez de Magalhães. *Publicidade e Direito*. São Paulo: Ed. RT, 2013, p. 258 e ss.

48. Confira DL 330/90, de 23 de outubro – Código da Publicidade, artigo 8º, *verbis*: "Artigo 8º Princípio da identificabilidade. 1 – A publicidade tem de ser inequivocamente identificada como tal, qualquer que seja o meio de difusão utilizado. 2 – A publicidade efectuada na rádio e na televisão deve ser claramente separada da restante programação, através da introdução de um separador no início e no fim do espaço publicitário. 3 – O separador a que se refere o número anterior é constituído, na rádio, por sinais acústicos".

DIREITO À INFORMAÇÃO: REPERCUSSÕES NO DIREITO DO CONSUMIDOR • João Pedro Leite Barros

tada no terminal e de forma ostensiva; b) o anunciante; c) as ofertas promocionais, como descontos, prémios ou brindes, e os concursos ou jogos promocionais, bem como os condicionalismos a que ficam submetidos.

2.3 REGIMES JURÍDICOS

2.3.1 Portugal

No que concerne à Lei 24/96, os artigos 7º e 8º esmiúçam as características de informação para o consumo. O artigo 7º, ao dispor sobre o direito à informação geral, exprime todas as diretrizes gerais sobre o tema: a língua a ser adotada, as atribuições dos órgãos fiscalizadores e até mesmo as ações proativas necessárias para a tutela do consumidor.

Por sua vez, o artigo 8º de tal norma, ao discorrer sobre o direito à informação em particular[49], dispôs minuciosamente sobre todos os requisitos que compõem uma informação clara, precisa e suficiente, quer seja a identidade do fornecedor do serviço ou até mesmo as modalidades de pagamento.

A despeito das cláusulas contratuais gerais, os artigos 5º e 6º da Lei 446/85 preveem o dever de informar[50] tendo em vista as circunstâncias e um dever de prestar os esclarecimentos razoáveis, uma vez solicitados.[51] O primeiro, respeita a todos os elementos negociais relevantes, quer para decisão do consumidor em contratar, quer ainda para satisfazer os interesses de ambas as partes em um possível contrato vindouro. O segundo expressa-se quando cada uma das partes tem de dar a conhecer à outra, especificadamente, cada uma das cláusulas que pretende ver incluídas no contrato, explicando, por exemplo, o sentido que elas comportam, a fim de evitar disposições negociais obscuras ou controvertidas.[52]

Por fim, imperativo lembrar que antes mesmo do Código Civil[53] atual entrar em vigor, o doutrinador Mota Pinto[54] já defendia que o vínculo entre os negociantes se limitava aos deveres de declaração, esse último esmiuçado em deveres de informa-

---

49. A Professora Eva Sónia Moreira da Silva entende que a enumeração feita nesse artigo é meramente exemplificativa. Cf.: SILVA, Eva Sonia Moreira da. *Da responsabilidade pré-contratual por violação dos deveres de informação*. Coimbra: Almedina, 2003, p. 52.

50. Esses preceitos refletem a aplicação do artigo 573 do Código Civil português, *in verbis*: artigo 573 (Obrigação de informação) – A obrigação de informação existe, sempre que o titular de um direito tenha dúvida fundada acerca da sua existência ou do seu conteúdo e outrem esteja em condições de prestar as informações necessárias.

51. Cf.: DL 446/85, artigos 5º e 6º. Sobre a perspectiva da informação como sendo um fato social, vide: MONTEIRO, Jorge Ferreira Sinde. *Responsabilidade por conselhos, recomendações ou informações*. Coimbra: Almedina, 1989, p. 18 e ss.

52. Cf.: Código Civil português, artigo 236, n. 1.

53. Cf.: Código Civil português, artigos 573 e 485, n. 2.

54. PINTO, Carlos Alberto da Mota. *A responsabilidade pré-negocial pela não conclusão dos contratos*. Suplemento XIV. Coimbra: BFDUC, 1966, p. 156 e 157.

CAPÍTULO 2 • DEVER DE INFORMAÇÃO NOS CONTRATOS DE ADESÃO POR MEIOS ELETRÔNICOS

ção[55] e deveres de verdade. No mesmo tom, o Professor Menezes Cordeiro[56] revela ser crucial que o fornecedor descreva substancialmente toda a realidade relevante ao consumidor, procurando os termos mais adequados para o fazer com fidelidade.

Vejamos como está delineado o dever pré-contratual de informação, não sem antes explicitar sua evolução.

2.3.1.1 Evolução do dever pré-contratual de informação

De ordem histórica, o dever pré-contratual de informação é consequente da boa-fé, enquanto regra de conduta aplicável às tratativas contratuais, tendo em vista englobar todas as circunstâncias que em concreto possam influenciar na formação do contrato[57].

Oliveira Ascensão[58] aduz que a boa-fé expressa no artigo 227 e 334 do Código Civil português deve ser entendida pelo sistema jurídico como a boa-fé objetiva[59], ou melhor, são atendidos critérios que estabelecem regras de conduta no plano das relações intersubjetivas.

Na concretização de valores subjacentes à boa-fé, os deveres peculiares de proteção, informação e lealdade ganham especial relevância, sobretudo porque buscam reverberação na tutela da confiança legítima ou na materialidade jurídica.

A lealdade, como elemento integrante da boa-fé, impõe ao profissional um comportamento honesto perante as circunstâncias. Assim, violaria o princípio da lealdade se, no momento da prestação da informação, o profissional não atendesse às circunstâncias concretas (espectros da debilidade do consumidor no caso em concreto) de que tem conhecimento.[60]

---

55. Com efeito, sobre o caráter real da informação, a Professora Elsa Dias de Oliveira explica que a preocupação do legislador não se restringiu a proporcionar ao consumidor informações sobre os elementos cruciais dos bens ou serviços, mas visou garantir que este pudesse contratar com conhecimento efetivo do contrato e dos direitos e deveres que lhe coubessem. Cf.: OLIVEIRA, Elsa Dias. *A protecção dos consumidores nos contratos celebrados através da Internet*: contributo para uma análise numa perspectiva material e internacional privatista. Coimbra: Almedina, 2002, p. 75.

56. O Professor Menezes Cordeiro pormenoriza as modalidades do dever de informar, desde a distinção sobre a fonte, conteúdo, autoria da determinação. Cf.: CORDEIRO, António Menezes, *Direito Bancário*, Coimbra: Almedina, 2014, p. 396-400; CORDEIRO, António Menezes, *Direito dos Seguros*, 2. ed. Coimbra: Almedina, 2016, p. 610-612.

57. VASCONCELOS, Pedro Pais de. Teoria geral do direito civil. *Revista do Centro de Estudos Judiciários*, n. 1, 2015, p. 432.

58. Cf.: ASCENSÃO, José de Oliveira. *Direito Civil*: teoria geral. Acções e factos jurídicos. 2. ed. Coimbra: Coimbra Ed., 2003, v. II, p. 419-420.

59. Ou seja: não está em causa um estado do sujeito, o conhecimento ou não de determinado fato ou circunstância, mas algo de exterior, que se impõe à pessoa, pelo que releva neste contexto a boa-fé objetiva. Vide: COSTA, Mário Júlio de Almeida. Intervenções Fulcrais da Boa Fé nos Contratos. In: LIMA, A. Pires de; PEREIRA, Alexandre L. Dias; FRANK, Jerôme; et al (Org.). *Estudos de direito do consumidor*. Coimbra: [s.n.], v. 2, p. 357–368, 2000, p. 364.

60. Vide: CARVALHO, Jorge Morais. Comércio eletrônico e proteção dos consumidores. *Themis-Revista da Faculdade de Direito da UNL*, v. II, n. 13, 2006, p. 44.

Em outra perspectiva, o Professor Mota Pinto[61] entende que no âmbito das relações pré-negociais, há um dever de informação (obrigação de fato positiva) e um dever de verdade (obrigação de fato negativa). Ou melhor, não existe apenas a obrigação de omitir comportamentos danosos, mas também a necessidade de impedir que a outra parte sofra danos em decorrência da falta de colaboração que esta podia legitimamente esperar da contraparte.

Assim, como se verá adiante, a *culpa in contrahendo* pode advir[62] da violação dos deveres de informação e esclarecimento de todos os elementos com relevo direto ou indireto para o conhecimento da temática do contrato. Ou seja, informações erradas quanto à qualidade do bem, da falta de instruções de funcionamento ou de qualquer outra omissão relevante com respeito à existência de um defeito no cumprimento do contrato.

O legislador[63], ao impor aos fornecedores de bens e prestadores de serviços um dever de informar aos consumidores esclarece o verdadeiro desequilíbrio formal[64] entre os contraentes bem como pontua para a necessidade de tutelar[65] o consumidor adquirente.

Nesse mesmo contexto protetivo consumerista[66], o DL 7/2004, que versa sobre comunicações eletrônicas, em especial a Lei 46/2012, reflete a preocupação com a utilização das informações fornecidas pelo consumidor e muitas vezes empregadas de forma arbitrária e sem a anuência dele.

Por fim, em referência ao DL 24/2014, o iminente diploma suscitou novidades[67] sobre a matéria, principalmente no tocante à informação pré-contratual adequada[68].

---

61. PINTO, Carlos Alberto da Mota. *A responsabilidade pré-negocial pela não conclusão dos contratos*. Suplemento XIV. Coimbra: BFDUC, 1966, p. 156 e 157. Sobre a análise econômica da responsabilidade pré-contratual, especialmente no que toca ao dever de informação pré-contratual, confira: PINTO, Paulo Mota. *Interesse contratual negativo e interesse contratual positivo*. Coimbra: Coimbra Ed., 2008, p. 453 e ss.

62. Vide: Acórdão do Supremo Tribunal de Justiça Ac de 13.05.04, proferido nos autos de Revista registados sob o n. 1324/04-7ª, *Sumários*, n. 81, p. 19.

63. No mesmo sentido, vide alteração ao artigo 8º da Lei de Defesa do Consumidor, que reforça e estabelece as bases para a introdução de uma cláusula geral de informação pré-contratual para os contratos de consumo.

64. Cf.: MARQUES, Garcia; MARTINS, Lourenço. *Direito da informática*. Coimbra: Almedina, 2006, p. 408.

65. Vasconcelos aprofunda os deveres tipificados da boa-fé: deveres de proteção, deveres de esclarecimento e deveres de lealdade. Cf.: VASCONCELOS, Pedro Pais de. Teoria geral do direito civil. *Revista do Centro de Estudos Judiciários*, n. 1, 2015, p. 432 e ss.

66. Cf.: ALMEIDA, Carlos Ferreira de. *Contratos I*. 5. ed. Coimbra: Almedina, 2015; p. 167 e 168. Confira também: SÁ, Almeno de. *Cláusulas contratuais*. Coimbra: Almedina, 2001, p. 59-64. Vide seguinte julgado: PORTUGAL. Supremo Tribunal de Justiça. Acórdão do processo 109/13.0TBMLD.P1.S1. Relator: Helder Roque. Lisboa, julgado em 02 de junho de 2015.

67. O DL 24/2014 trouxe novidades sobre o tema. Em suma, impôs aos comerciantes a alteração de alguns procedimentos, seja na prestação de informação pré-contratual, no modo de celebração de contratos à distância bem como no exercício do chamado direito de arrependimento.

68. Já aduzia Ascensão que a fase que precede a formação de um contrato não é um vazio jurídico. Mesmo fora do que representa propriamente o processo formativo do contrato – que desemboca no acordo – já há disciplina jurídica. Confira em: ASCENSÃO, José de Oliveira. *Direito Civil Teoria Geral*. Coimbra: Coimbra Ed., 1999, v. 2. p. 366 e 367.

CAPÍTULO 2 • DEVER DE INFORMAÇÃO NOS CONTRATOS DE ADESÃO POR MEIOS ELETRÔNICOS **117**

Isso porque, no que tange ao comércio eletrônico, as peculiaridades contratuais aparecem sobretudo por se tratar de um comércio em que a desigualdade fática (formal e substancial) entre os contraentes pode ser interpretada como estratégia desleal para ludibriar o consumidor.

Abaixo, tratemos as peculiaridades dos diplomas supracitados, em sua ordem cronológica.

2.3.1.2 Dever pré-contratual de informação no Decreto-lei 7/2004

O DL 7/2004 transpôs a Directiva 2000/31/CE, referente ao comércio eletrônico[69], regulando o que os prestadores de serviços devem disponibilizar permanentemente em linha, em condições que permitam um fácil e direto acesso, notadamente um conjunto de elementos completos de identificação[70] (nome, endereço, inscrição etc.).

Sobre informações prévias, ou pré-contratuais, o artigo 28º do DL 7/2004 giza que os prestadores de serviços em rede que celebrem contratos em linha devem facultar aos destinatários, antes de ser dada a ordem de encomenda, informação mínima inequívoca[71] que inclua: o processo de celebração do contrato; os termos contratuais e as cláusulas gerais do contrato a celebrar, dentre outros.

Tal "informação mínima inequívoca" é uma cláusula aberta, em que deve ser preenchida com o recurso ao princípio da boa-fé quando da celebração do contrato, o que nos faz depreender que o rol de informações alinhavadas no artigo 28 é meramente ilustrativo, cabendo ao juiz analisar cada caso e observar a relevância da informação[72] ou não para aquele contexto inserido.

Referidos deveres de informação e respectivos requisitos só comportam derrogação por acordo em contrário se a parte adquirente do bem ou serviço for um não-consumidor, e, por conseguinte, são inderrogáveis no que toca aos consumidores, mesmo com seu consentimento expresso.[73] Ou seja, assumem natureza cogente,

---

69. O Decreto 7/2004, se comparado ao DL 24/2014, é mais abrangente, uma vez que não disciplina somente relações jurídicas de consumo. Sobre o tema, confira: REBELO, Fernanda Neves. O direito de livre resolução no quadro geral do regime jurídico da proteção do consumidor. Universidade de Coimbra (Org.). *Nos 20 anos do Código das sociedades comerciais*: homenagem aos profs. Doutores A. Ferrer Correia, Orlando de Carvalho e Vasco Lobo Xavier. Coimbra: Coimbra Ed., 2007. v. II, p. 587 e s.
70. Vide DL 7/2004, artigo 10.
71. Sobre o tema, confira: CRISTAS, Assunção; ASCENSÃO, José de Oliveira; SILVA, Paula Costa e et al. *Lei do Comércio Electrónico Anotada*. Coimbra: Coimbra Ed., 2005, p. 115 e ss.
72. Cf.: VICENTE, Dário Moura. *Direito Internacional Privado*: Problemática Internacional da Sociedade da Informação. Coimbra: Almedina, 2005, p. 13 e ss.; ASCENSÃO, José de Oliveira. Sociedade da informação e mundo globalizado. Globalização e Direito. *Boletim da Faculdade de Direito da Universidade de Coimbra*. Studia Juridica, 2003, p. 13 e ss.
73. Cf.: ROCHA, Manuel Lopes; CORREIA, Miguel Pupo; RODRIGUES, Marta Felino et al. *Lei da sociedade da informação* – Comércio eletrônico. Coimbra: Coimbra Ed., 2008, p. 319 e ss.

tendo em vista a vulnerabilidade do consumidor e que, via de regra, não possui instrumentos contratuais paritários.

Por sua vez, a liberdade contratual está contemplada às partes que queiram concluir um contrato por meio de qualquer sistema eletrônico, ressalvadas algumas exceções previstas no artigo 25 do DL 7/2004. Vale sublinhar o amparo ao consumidor, especialmente na alínea "4" do artigo 25°, em que há proibição expressa do fornecedor de obrigar o consumidor a contratar por via eletrônica, através de cláusulas contratuais gerais.

Ademais, na relação empresa-consumidor, importa referir que a maioria dos contratos eletrônicos são contratos de adesão. Assim, o artigo 31 do DL 7/2004 trata do dever de comunicação das cláusulas gerais nos contratos eletrônicos, bem como no tocante aos termos contratuais e o aviso de recepção das declarações negociais: a de que o destinatário possa armazenar e reproduzir os respectivos documentos eletrônicos.

Outrossim, há ainda um dever de informação suplementar[74], ao determinar que nos *sites* dedicados ao comércio eletrônico é obrigatória a indicação, de forma clara e legível, no mais tardar no início do processo de encomenda, da eventual existência de restrições geográficas ou outras à entrega e aos meios de pagamento aceitos.

Nesse quadrante, outro item relevante disposto no DL 7/2004 é a que se refere o princípio da transparência[75], que visa reforçar a proteção dos interesses das contrapartes em face das assimetrias de informativas presentes, pretendendo-se que o comportamento de quem fornece conteúdos digitais em linha seja transparente.

Finalmente, outro ponto que deve se mencionar é que a leitura da Directiva 2000/31/UE, no que toca ao dever de informação do fornecedor, deve ser a mais ampla possível, combinando[76] inclusive às disposições do Regime Geral de Proteção[77] de dados que são correlacionais, seja normativamente ou por princípios[78] ali estabelecidos.

---

74. Sobre o tema, confira: Sobre esta norma, vide: CARVALHO, Jorge Morais; PINTO-FERREIRA, João Pedro. *Contratos celebrados à distância e fora do estabelecimento comercial*. Coimbra: Almedina, 2014, p. 81-83.
75. No direito comercial, há o imperativo de transparência negocial. Sobre o tema, confira: ANTUNES, José Engrácia. *Direito dos Contratos Comerciais*. Coimbra: Almedina, 2009, p. 110. Confira artigo 10°, *in totum*, do DL 24/2014. Vale salientar que o prestador que pretenda celebrar contratos em linha, deve também se inserir ao artigo 28° do DL 7/2004, bem como aos requisitos previstos em legislação especial, como é o caso do DL 24/2014.
76. Sobre o tema, confira: VICENTE, Dário Moura; CASIMIRO, Sofia de Vasconcelos. Data Protection in the Internet: General Report. In: VICENTE, Dário Moura; CASIMIRO, Sofia de Vasconcelos. *Data Protection in the internet*. Springer, 2020, v. 38, p. 13 e ss.
77. Cf.: REGULAMENTO (UE) 2016/679 do Parlamento Europeu e do Conselho, de 27 de abril de 2016.
78. Sobre o tema, o Professor Marcel Leonardi explica que "Leis gerais de proteção de dados pessoais têm a difícil missão de equilibrar a inovação baseada em dados com a proteção do cidadão contra potenciais danos. Tais leis costumam apresentar uma redação baseada em princípios gerais, de modo a permitir interpretações adequadas à realidade de um determinado momento". Cf.: LEONARDI, Marcel. Legítimo Interesse. *Revista do Advogado*, v. 39, n. 144, 2019, p. 73.

CAPÍTULO 2 • DEVER DE INFORMAÇÃO NOS CONTRATOS DE ADESÃO POR MEIOS ELETRÔNICOS **119**

Em face disso, as informações disponíveis ao consumidor no momento de uma transação virtual também devem contemplar os termos obrigatórios da política de privacidade do fornecedor, sempre respeitando o consentimento e vontade do consumidor nas comunicações publicitárias que possam surgir.

2.3.1.3 Dever pré-contratual de informação na Directiva 2011/83

Como já antecipado, a celebração do contrato à distância (notadamente contrato eletrônico) requer uma proteção maior ao consumidor. Na contratação eletrônica, busca-se inferir em qual grau o consumidor deve ser informado sobre os elementos cruciais[79] do contrato. Até que ponto as mensagens publicitárias transmitidas devem conter as informações pormenorizadas? Qual o limite proporcional na divulgação dos elementos informativos que o fornecedor deve seguir para não incorrer em ilícito civil?

Atenta a esse fato, a União Europeia, através da Directiva 2011/83/UE do Parlamento Europeu e do Conselho de 25 de outubro de 2011[80], traçou orientações necessárias para esse tipo de contratação.

Com o intuito de responder essas perguntas, a Directiva 2011/83/UE, relativa aos direitos dos consumidores, visando a proteção[81] dos consumidores nos casos de contratação à distância (incluindo aquela realizada pela *internet*), dispôs, em seu artigo 6º, os requisitos de informação dos contratos celebrados à distância[82] e fora do estabelecimento comercial, devendo o fornecedor observar diversos elementos, tais como: a) características principais dos bens ou serviços, na medida adequada ao suporte utilizado e aos bens e serviços em causa; b) identidade do profissional, como o seu nome, firma ou denominação social; c) endereço geográfico no qual o

---

79. Sobre os elementos cruciais, o Professor Vicenzo Roppo, ao tratar sobre as informações pré-contratuais, explica que "Tali informazioni precontrattuali riguardano gli aspetti essenziali dell'operazione (caratteristiche del bene o servizio, dati per l'identificazione del professionista, prezzo e spese aggiuntive, modalità di pagamento e consegna, ecc.), in modo da offrire al consumatore un'adeguata conoscenza dei diritti e degli obblighi che gli deriveranno dal contratto.". Cf.: ROPPO, Vicenzo. *Diritto Privato*. Torino: G. Giappichelli Editore, 2016, p. 825 e ss.

80. Referido diploma promoveu modificações no direito dos contratos europeu, ao modificar a Directiva 93/13/CEE – relativa às cláusulas abusivas nos contratos celebrados com consumidores, assim como a Directiva 1999/44/CE, relativa a certos aspetos da venda de bens de consumo e das garantias a ela relativas. Nesse contexto, foi aprovado o DL 24/2014: o qual revogou o anterior diploma sobre vendas à distância DL143/2001.

81. Não se trata somente de proteção, mas sim de harmonização entre os Estados-membros, ao estatuir em seu artigo 4º que os Estados-Membros "não devem manter ou introduzir na sua legislação nacional disposições divergentes das previstas na presente Directiva".

82. Aqui se inclui o contrato realizado pela *internet*. Confira Considerando 20, da Directiva 2011/83/UE, *verbis*: "A definição de contrato à distância deverá abranger todos os casos em que os contratos são celebrados entre o profissional e o consumidor no âmbito de um sistema de vendas ou prestação de serviços vocacionado para o comércio à distância, mediante a utilização exclusiva de um ou mais meios de comunicação à distância (por correspondência, *Internet*, telefone ou fax), e/inclusive até ao momento da celebração do contrato".

profissional está estabelecido, o seu número de telefone e de fax, bem como o seu endereço de correio eletrónico, se existirem, para permitir ao consumidor contactá-lo rapidamente e comunicar com ele de modo eficaz e, se for o caso, o endereço geográfico e a identidade do profissional por conta de quem atua; d) no caso de ser diferente do endereço comunicado no termos da alínea c) o endereço geográfico do estabelecimento comercial do profissional e, se aplicável, o do profissional por conta de quem atua, onde o consumidor possa apresentar uma reclamação; e) preço total dos bens ou serviços, incluindo impostos e taxas ou, quando devido à natureza dos bens ou serviços o preço não puder ser calculado de forma antecipada, a forma como o preço é calculado, bem como, se for caso disso, todos os encargos suplementares de transporte, de entrega e postais, e quaisquer outros custos ou, quando tais encargos não puderem ser razoavelmente calculados de forma antecipada, indicação de que podem ser exigíveis; f) custo da utilização do meio de comunicação à distância para a celebração do contrato, sempre que esse custo for calculado numa base diferente da tarifa de base; g) modalidades de pagamento, de entrega, de execução, a data-limite em que o profissional se compromete a entregar os bens ou a prestar os serviços, bem como, se for caso disso, o sistema de tratamento de reclamações do profissional; dentre outros.

Contudo, consciente à realidade virtual do consumidor, o legislador entendeu por bem tecer algumas ressalvas. Em seu artigo 8°, n. 4, da Directiva, assim pontuou: " Se o contrato for celebrado através de um meio de comunicação à distância em que o espaço ou o período para divulgar a informação são limitados, o profissional faculta, nesse meio específico antes da celebração do referido contrato, pelo menos, as informações pré-contratuais relativas às características principais dos bens ou serviços, à identidade do profissional, ao preço total, ao direito de retractação, ao período de vigência do contrato".

Nesse contexto, o Considerando 36[83] da Directiva 2011/83/UE estabelece que, nos contratos celebrados à distância, os requisitos de informação devem ser adaptados de forma a ter em conta os condicionalismos técnicos de certos meios, muitas vezes

---

83. Confira *in totum* o Considerando 36, *verbis*: o caso dos contratos à distância, os requisitos de informação deverão ser adaptados de forma a ter em conta os condicionalismos técnicos de certos meios, como as restrições do número de caracteres em alguns ecrãs de telefones móveis ou as limitações de tempo em anúncios de vendas televisivos. Nesses casos, o profissional deverá respeitar um conjunto mínimo de requisitos de informação e remeter o consumidor para outra fonte de informação, por exemplo, fornecendo um número de telefone gratuito ou uma interligação a uma página *Internet* do profissional onde a informação pertinente esteja directamente disponível e facilmente acessível. No que diz respeito à obrigação de informação do consumidor sobre o custo da devolução de bens que, pela sua natureza, não podem ser devolvidos pelo correio, ela considera-se cumprida, por exemplo, se o profissional indicar um transportador (por exemplo, o transportador que encarregou da entrega do bem) e um preço para a devolução dos bens. Nos casos em que o profissional não possa razoavelmente calcular com antecedência o custo da devolução dos bens, por exemplo por não ser ele a ocupar-se da sua devolução, deverá fornecer uma declaração em que indique que esse custo será debitado ao consumidor e poderá ser elevado, juntamente com uma estimativa do custo máximo, que se poderá basear no custo da entrega ao consumidor.

CAPÍTULO 2 • DEVER DE INFORMAÇÃO NOS CONTRATOS DE ADESÃO POR MEIOS ELETRÔNICOS

com as restrições do número de caracteres em alguns ecrãs de telefones móveis ou as limitações de tempo em anúncios de vendas por televisão.

Em tais casos, o fornecedor deverá respeitar um rol mínimo de requisitos de informação a serem prestadas e deve indicar ao consumidor outra fonte/*link* em que possa obter as informações mais pormenorizadas, por exemplo, fornecendo um número de telefone gratuito ou uma interligação a uma página *internet* do fornecedor onde os dados detalhados e pertinentes estejam diretamente disponível e facilmente acessível.

Ademais, a Directiva expõe que o real dever de informação passa, necessariamente, pela compreensão[84] do consumidor. É tanto que a Directiva previu que as disposições informativas já delineadas pela legislação sejam visíveis na proximidade da confirmação exigida para a realização da encomenda.

Para além desses aspectos, a Directiva tornou elemento relevante a garantia que o consumidor possa determinar o momento em que assume a obrigação de pagar o fornecedor. Pode, por exemplo, o fornecedor chamar a atenção do consumidor em uma nova "aba" no sítio eletrônico para que ele perceba que ali já será feita a contratação.[85]

Outrossim, o regulamento europeu dispôs, de forma inovadora, a necessidade de existirem suportes duradouros[86] para os consumidores a fim de guardarem as informações durante o tempo necessário para proteger os seus interesses decorrentes da sua relação com o profissional. Tais suportes são, por exemplo, papel, chaves USB, DVD, cartões de memória ou discos computadores, bem como mensagens de correio eletrônico.

E mais: tal informação deveria ser transmitida[87] ao consumidor no momento da celebração do contrato a distância ou, em última hipótese, no momento da entrega do produto ou antes da execução do serviço. Ressalta-se que essas formas de consolidação da informação pelo consumidor são meramente exemplificativas[88], especialmente por conta da evolução das mídias digitais.

---

84. Sobre o tema, confira o seguinte julgado: UNIÃO EUROPEIA. Tribunal de Justiça da União Europeia. Processo C-430/17, 3ª Secção, julgado em 23 de janeiro de 2019, assim ementado: " «Reenvio prejudicial – Defesa dos consumidores – Directiva 2011/83/UE – Contratos celebrados à distância – Artigo 6º, n. 1, alínea h) – Dever de informação sobre o direito de retratação – Artigo 8º, n. 4. – Contrato celebrado através de um meio de comunicação à distância em que o espaço ou o período para divulgar a informação são limitados – Conceito de "espaço ou [...] período [limitados] para divulgar a informação" – Folheto incluído numa publicação periódica – Postal de encomenda com uma interligação que remete para as informações sobre o direito de retratação".

85. Confira o Considerando 39 da Directiva 2011/83/UE.

86. Confira Considerando 23 da Directiva 2011/83/UE.

87. Confira o artigo 8º, n. 7, da Directiva 2011/83/UE do Parlamento Europeu e do Conselho de 25 de outubro de 2011.

88. ASENSIO, Pedro Alberto de Miguel. *Derecho Privado de Internet*. 5. Madri: Civitas Ediciones, 2015, p. 925 e ss.

Em última instância, o fornecedor tem a obrigação de fornecer uma cópia[89] do contrato assinado ao consumidor, especialmente para fins de garantia da efetiva transação com o fornecedor.

Por fim e não menos importante e amplamente repelido pela lei é quando o fornecedor se vale de uma informação "tácita" ou "escondida", ou seja, deduz-se da contratação eventual gasto adicional ao consumidor, por exemplo, transporte da mercadoria adquirida, sob pena de ser obrigado a devolver os valores desembolsados.[90] Aliás, no ordenamento brasileiro, no que toca às práticas abusivas vedadas pelo Código de Defesa do Consumidor, não pode ser atribuído ao silêncio do consumidor (em um dado decurso de tempo) o similar efeito jurídico disposto no Código Civil em seu artigo 111[91] (anuência/aceitação tácita), tendo em vista a exigência legal de declaração de vontade expressa para a prestação de serviços ou aquisição de produtos no mercado de consumo.[92]

2.3.1.4 Dever pré-contratual de informação no Decreto-lei 24/2014

Teleologicamente orientado pela mesma finalidade, o DL 24/2014 consagra um catálogo demasiado extenso e não exaustivo[93] de informações pré-contratuais necessárias: elementos de caracterização do fornecedor[94], características do bem ou serviço[95]; composição do preço[96] (módulo de cálculo, descrição das despesas, ônus); modalidade de pagamento[97] (leia-se entrega, execução, sistema de tratamento de reclamação); disposição[98] acerca da existência de livre resolução do contrato; disposição[99] acerca dos valores proporcionais de serviços que são contratados, acaso o consumidor não utilize do mesmo; custo[100] de utilização da técnica de comunicação

---

89. Cf. artigo 7°, n. 2, da Directiva.
90. Cf.: artigo 5°, n. 1, c, e artigo 22 da Directiva.
91. Cf. artigo 111 do Código Civil, *verbis*: "O silêncio importa anuência, quando as circunstâncias ou os usos o autorizarem, e não for necessária a declaração de vontade expressa". A doutrina pontua que o ordenamento jurídico só reconhece o silêncio circunstanciado, que somente se verifica quando o contexto negocial torna possível extrair da ausência de manifestação a concordância do agente. No caso do CDC, por outro motivo, há determinação de que os serviços prestados e produtos remetidos ou entregues ao consumidor sem solicitação prévia equiparam-se às amostras grátis (artigo 39, III c/c parágrafo único doo CDC), afastando a possibilidade de se interpretar o silêncio como anuência. Cf.: SCHREIBER, Anderson; TARTUCE, Flávio; SIMÃO, José Fernando et al. *Código Civil Comentado*. Rio de Janeiro: Forense, 2019, p. 73 e ss.
92. Há a ressalva na hipótese de "prática habitual" entre as partes.
93. O Professor Jorge Carvalho ressalta esse rol constitui no conteúdo mínimo que deve ser emitido pelo fornecedor. Cf.: CARVALHO, Jorge Morais. Comércio eletrônico e proteção dos consumidores. *Themis-Revista da Faculdade de Direito da UNL*, v. II, n. 13, 2006, p. 150.
94. Identificação do fornecedor. DL 24/2014, artigo 4°, itens a e b.
95. DL 24/2014, artigo 4°, item c.
96. DL 24/2014, artigo 4°, itens d, e, f, g e h.
97. DL 24/2014, artigo 4°, item i.
98. DL 24/2014, artigo 4°, itens j, l e n.
99. DL 24/2014, artigo 4°, itens m.
100. DL 24/2014, artigo 4°, item o.

CAPÍTULO 2 • DEVER DE INFORMAÇÃO NOS CONTRATOS DE ADESÃO POR MEIOS ELETRÔNICOS | 123

à distância; duração do contrato e aspectos de renovação automática[101]; existência e prazo de garantia e condições pós venda[102]; existência de código de conduta relevante[103]; duração mínima das obrigações dos consumidores decorrentes do contrato, quando for o caso[104]; necessidade de depósito ou garantias financeiras[105]; sendo o caso, a funcionalidade dos conteúdos digitais[106] e, finalmente, a possibilidade de acesso a um método extrajudicial de reclamação e recurso a que o profissional esteja vinculado, e o respectivo modo de acesso.[107]

Nesse contexto, prevê o artigo 4º, n. 3, que tais informações supracitadas integram o contrato, não podendo o respectivo conteúdo ser alterado, salvo acordo das partes em contrário, devendo ser anterior e expresso à celebração do contrato[108]. A rigor, para modificar as informações na vigência do contrato deve existir mútuo consentimento ou previsão expressa legal.[109]

Ou seja, a informação deve ser prestada em tempo útil[110], de forma clara (se transmitida ao consumidor português, em língua portuguesa[111]) e compreensiva (através da linguagem de fácil entendimento).

Outro ponto não menos importante é a necessidade das informações acerca da identidade do fornecedor e sua respectiva localização geográfica, assim já previsto na DL 7/2004, em seu artigo 10, n. 1. Toma relevância essa informação, sobretudo por o consumidor não conhecer propriamente o fornecedor contratado, coibindo, ao menos em tese, que as empresas não explorem as especificidades do comércio eletrônico para dissimular a sua verdadeira identidade ou localização.[112]

Nesse iter, há ainda a previsão legal que densifica o dever de informação em seu artigo 7º, uma vez que eventual restrição geográfica[113] ou limitações à entrega e aos meios de pagamento devem ser aclarados antes mesmo de se iniciar a comprar ou, no mais tardar, no início do processo de encomenda.

---

101. DL 24/2014, artigo 4º, item p.
102. DL 24/2014, artigo 4º, itens q e r.
103. DL 24/2014, artigo 4º, item s.
104. DL 24/2014, artigo 4º, item t.
105. DL 24/2014, artigo 4º, item u.
106. DL 24/2014, artigo 4º, itens v e x.
107. DL 24/2014, artigo 4º, item z.
108. Cumpre ressaltar que a Directiva 2011/83/EU, em seu artigo 6º, n.5, dispõe de forma diversa, ao exigir o acordo expresso das partes, sem indicar se o mesmo deve ser anterior ou posterior à celebração do contrato.
109. Cf.: artigo 406 do CC português.
110. DL 24/2014, artigo 4º, n. 1.
111. Lei de Defesa do Consumidor, artigo 7º, n. 3.
112. Cf.: o princípio II, parágrafo 7, e o princípio III-A do anexo à Recomendação do Conselho relativa às Linhas Directrizes que regem a Protecção dos Consumidores no Contexto do Comércio Electrónico, disponível em: https://www.oecd-ilibrary.org/governance/recomendacao-do-conselho-relativa-as-linhas-directrizes--que-regem-a-proteccao-dos-consumidores-no-contexto-do-comercio-electronico_9789264065802-pt. Acesso em: 30 mar. 2020.
113. Para maior aprofundamento, confira o subtópico 4.8.5.

No DL 24/2014, a obrigação de informar é mais exigente se comparado ao anterior (DL 7/2004), especialmente por delinear melhor o dever pré-contratual do fornecedor, tendo em conta as circunstâncias que se inserem na celebração desse tipo de contrato.

Além disso, a informação[114] transmitida em sede de contratação eletrônica deve ser visível, compreensível, com texto claro, especialmente no momento anterior à própria efetivação do contrato, sendo vedada esconder-se em hiper*links* ou com letras diminutas.

Ademais, quando se tratar de situações onerosas[115] ao consumidor, o diploma é mais exigente no cumprimento do dever de informação, além de criar requisitos complementares que devem ser observados, como se denota no artigo 4º, n. 1, para características essenciais do bem ou do serviço, preço e restantes encargos ou despesas associadas ao contrato, a informação deve ser visível e clara, imediatamente antes da celebração do contrato.

Ou seja, se o consumidor adquirir uma televisão através de um contrato de adesão eletrônico, e nas condições ofertadas estiverem omissos os custos de transporte e envio, o consumidor não deve arcar com esses custos.

Nesse mesmo viés protetivo[116], quando a contratação cuja celebração implique a ativação de um botão (*click*) ou de função semelhante, esse botão ou função deve indicar, de forma clara e objetiva, que o contrato induz uma obrigação de pagamento, seja através da expressão "encomenda com obrigação de pagar", ou de outra frase que seja inequívoca ao consumidor quanto à exigência dessa obrigação.

Contudo, é importante sedimentar que as empresas devem oferecer oportunidade de o consumidor revisar aquilo que está adquirindo, com informações resumidas, antes mesmo de confirmar a transação, para que não haja prejuízos para o consumidor

É dizer: se o consumidor se encontrar em situação desfavorável e o fornecedor tiver conhecimento, seja por qualquer meio, há um dever especial de informação[117] que resulta dessa norma. Ou seja, o fornecedor tem um dever especial de informação no tocante às cláusulas inseridas na proposta e que não sejam legalmente exigidas, tornando-se uma espécie de cláusula coringa[118] pró-consumidor.

Finalmente, outro tópico relevante é a fixação do ônus da prova[119], determinando o artigo 7º, n. 4, que cabe ao profissional provar o cumprimento do dever de

---

114. Sobre o tema, confira: PASSA, Jerome. *Commerce Electronique et Protection du Consommateur*. Commerce électronique et protection du consommateur, n. 35, 2002, p. 555.
115. Cf.: artigo 5, n.2, e artigo 4º, n. 1.
116. Cf.: artigo 5, *in totum*.
117. Sobre o tema, confira: CARVALHO, *Comércio eletrônico e proteção dos consumidores*, p. 44 e 45.
118. Essa ideia tem origem legal no DL 446/85 estabelece em seu artigo 6º, n. 1 que o contraente o qual recorra às cláusulas gerais deve informar à outra os aspectos nela compreendidos cuja aclaração se justifique.
119. O Decreto-lei 446/85 já previa de forma similar em seu artigo 5, n. 3, 3 – O ónus da prova da comunicação adequada e efectiva cabe ao contratante que submeta a outrem as cláusulas contratuais gerais.

CAPÍTULO 2 • DEVER DE INFORMAÇÃO NOS CONTRATOS DE ADESÃO POR MEIOS ELETRÔNICOS — 125

informação pré-contratual, seguindo a previsão já estatuída pelo artigo 6°, n. 9, da Directiva 2011/83/UE.

2.3.1.5 Dever pré-contratual de informação no Decreto-lei 78/2018

O Decreto-lei 78/2018 promoveu alterações pontuais no DL 24/2014, sobretudo na sua abrangência e também no que pertine às informações pré-contratuais na relação de consumo.

No que toca à abrangência, o novo diploma atualizou o DL 24/2014 para incluir, em sua proteção, no âmbito das viagens organizadas, a tutela aos viajantes[120], notadamente aos requisitos informativos linguísticos em contratos celebrados à distância e fora do estabelecimento comercial, assim como outros pontos específicos relativos a pagamentos adicionais e outros.

Outro ponto não menos importante é a alteração nas informações pré-contratuais, visando conferir maior proteção maior ao consumidor. Conforme visualizado, o artigo 4° do DL 24/2014 dispunha rol extenso de informações pré-contratuais que o fornecedor deve observar no momento prévio à contratação.

Como já destacado no subtópico anterior, o rol de informações a serem prestadas ao consumidor era meramente exemplificativo e, portanto, foi acrescentado a ele a alínea c., ao dispor o fornecedor deve indicar o endereço físico do estabelecimento comercial do profissional, no caso de ser diferente do endereço comunicado nos termos das alíneas anteriores e, se aplicável, o endereço físico do profissional por conta de quem atua, onde o consumidor possa apresentar uma reclamação.

Referida alteração veio para acrescentar maior proteção ao consumidor, em que pese não tenha efeito prático a todos os comerciantes, notadamente aqueles pequenos e médios, já que sua maioria não possui sede física e utilizam tão somente da *internet* para ser uma plataforma de vendas locais.

Ademais, o novo DL 78/2018 ratificou o DL 24/2014 no que pertine à previsão de que o fornecedor deve informar sobre os encargos suplementares[121] do contrato, sob pena de, havendo descumprimento, o consumidor ficar isento desses custos e encargos.

---

120. Cf.: artigo 2° do DL 24/2014, incluídos pelo DL 78/2018, o inciso h e o n. 3, *verbis*: 2 – Sem prejuízo do disposto no número anterior, os artigos 4° a 21 não se aplicam a: h) Contratos relativos a viagens organizadas na aceção da alínea p) do n. 1 do artigo 2° do Decreto-Lei 17/2018, de 8 de março, que estabelece o regime de acesso e de exercício da atividade das agências de viagens e turismo, sem prejuízo do n. 3 do mesmo artigo. Veja também a inserção do n. 3, do artigo 2°: 3 – Sem prejuízo do disposto na alínea h) do número anterior, os n. 2, 3, 4, 7 e 8 do artigo 5° do presente decreto-lei, o n. 3 do artigo 7° e os artigos 9°-A e 9°-D da Lei 24/96, de 31 de julho, na sua redação atual, são aplicáveis, com as devidas adaptações às viagens organizadas, no que respeita aos viajantes, tal como definidos nas alíneas p) e q) do n. 1 do artigo 2° do Decreto-Lei 17/2018, de 8 de março sem prejuízo do n. 3 do mesmo artigo.

121. Cf.: artigo 4°, n. 4, do DL 24/2014, ratificado pelo DL 78/2018.

Outro ponto de modificação nesse DL 78/2018 foi a alteração do artigo 15, n. 6, que trata sobre um tópico específico da temática do exercício ao direito de retratação.

A nova inserção[122] assim dispõe: " *quando se trate de contrato celebrado à distância de prestação de serviços ou o fornecimento de água, gás ou eletricidade, caso não sejam postos à venda em volume ou quantidade limitados, ou de aquecimento urbano, sempre que o consumidor pretenda que a prestação ou o fornecimento desses serviços se inicie durante o prazo de retratação previsto no artigo 10, o profissional deve exigir que o consumidor apresente um pedido expresso.* "

Na prática, a nova redação traz um resguardo ao próprio fornecedor, uma vez que o consumidor deve apresentar pedido expresso para início do serviço, caso se inicie durante o prazo de retratação de 14 dias. Tal medida reforça a boa-fé objetiva entre as partes, para não haver abusos entre os contratantes.

É de bom tom ressaltar que, mesmo tendo iniciado o serviço no período de retratação, caso o consumidor queira exercer seu direito de arrependimento, ele pode o fazê-lo, pagando proporcionalmente o preço do serviço efetivamente utilizado, tendo em conta o preço contratual total.

Nesse ponto, conforme já explicamos, se o fornecedor não tiver cumprido devidamente os deveres pré-contratuais de informação quanto à existência e prazo do direito de arrependimento ou quanto à obrigação de pagar, o consumidor não deve suportar quaisquer custos.

Ademais, no âmbito dos requisitos de forma nos contratos celebrados à distância, outro ponto que o DL 78/2018 reiterou[123] foi a obrigação do fornecedor de prestar a informação pré-contratual dispostas alíneas c), d), e), f), g), h), p) e t) do n. 1 do artigo 4º, de forma límpida e visível imediatamente antes de o consumidor concluir a encomenda, com vistas a dar ciência ao consumidor que, ao concluir tal encomenda, implica necessariamente uma obrigação de pagamento. Caso o consumidor não observe essas normas, o consumidor não ficará vinculado ao contrato.

Dessa forma, conforme artigo 6º, n. 1 e 2, do DL 78/2018, o fornecedor de bens ou prestador de serviços deve confirmar a celebração do contrato à distância no prazo de cinco dias contados dessa celebração e, o mais tardar, no momento da entrega do bem ou antes do início da prestação do serviço. Outrossim, a confirmação do contrato a que se refere o número anterior realiza-se com a entrega ao consumidor das informações pré-contratuais previstas no n. 1 do artigo 4º em suporte duradouro, salvo se o profissional já tiver prestado essa informação, em suporte duradouro, antes da celebração do contrato.

---

122. A antiga previsão do DL 24/2014 era assim normatizada: "6 – O presente artigo aplica-se aos contratos de fornecimento de água, gás ou eletricidade, caso não sejam postos à venda em volume ou quantidade limitados, ou de aquecimento urbano".

123. Sobre o tema, confira: PASSINHAS, Sandra. *Contratação à distância*: entre as alterações nacionais recentes e o 'New Deal for consumers'. Disponível em: http://hdl.handle.net/11067/5468. Acesso em: 25 jul. 2020.

2.3.1.6   Directiva 2019/2161

Com o objetivo de modernizar e melhor aplicar as regras de defesa do consumidor, a Directiva 2019/61 foi adotada pelo Parlamento Europeu Parlamento e Conselho em 27 de novembro de 2019 e entrou em vigor a 7 de janeiro de 2020.

Deveras, os Estados-membros devem transpor a Directiva em direito nacional até novembro 2021 e aplicar as medidas a partir de maio 2022. Tal Directiva é integrante do projeto "New Deal for Consumers", pacote proposto pelo Parlamento Europeu que tem como escopo aumentar a transparência para os consumidores nas compras on-line, notadamente nos deveres de informação, elaborando novas obrigações de divulgação para comerciantes e sanções eficazes e regras claras.

Além disso, o novel diploma altera a Directiva relativa aos Termos de Contrato Desleais (Directiva 93/13 / CEE), a Directiva 2011/83 / UE, a Directiva relativa a práticas comerciais desleais (Directiva 2005/29/CE) e a Directiva sobre indicação de preços (Directiva 98/6/CE).

A bem dizer, a recente Directiva[124] dispõe sobre novas situações em que apresentação da informação não é tão clara, ambígua, ou incompreensível, em que pese seja considerada crucial para efeitos de aplicação e subsunção ao regime das práticas comerciais desleais.

A primeira grande alteração da norma refere-se à transparência e o dever de informação pré-contratual ao consumidor quando for adquirir um produto ou serviço através de *sites* intermediários.

Explico. Nos casos de plataformas *online* de intermediação de vendas de bens e serviços, o vendedor propriamente dito pode ser um indivíduo e não uma pessoa jurídica ou comerciante. Pela nova Directiva há a obrigatoriedade[125] de a Plataforma indicar ao adquirente que o vendedor se trata de um comerciante ou não, demonstrando clareza nessa informação.

Aliás, essa informação é importante e deve ser prestada no *site* intermediador indicando de quem seria a responsabilidade civil em uma possível desavença comercial. Isso porque, sendo o vendedor um cidadão comum, um particular, não se aplicarão as regras de consumo para qualquer venda decorrente dele.

---

124. Confira o Considerando 24 da Directiva, *verbis*: 24) Quando um produto é disponibilizado aos consumidores num mercado em linha, tanto o prestador do mercado em linha como o terceiro que fornece o produto participam na prestação da informação pré-contratual prevista na Directiva 2011/83/UE. Consequentemente, os consumidores que utilizam o mercado em linha podem não entender claramente qual é a sua contraparte contratual, assim como a forma como os seus direitos e obrigações são afetados.

125. Directiva 2019/61 «*Artigo 6.o-A*, 1., b) o facto de o terceiro que oferece os bens, serviços ou conteúdos digitais ser ou não um profissional, com base nas declarações prestadas por esse terceiro ao prestador do mercado em linha; c) se o terceiro que oferece os bens, serviços ou conteúdos digitais não for um profissional, que os direitos do consumidor decorrentes do direito da União em matéria de defesa dos consumidores não se aplicam ao contrato celebrado;

Afora isso, o consumidor deve ser informado[126] pela Plataforma quem será o responsável pela entrega, devolução ou retirado do produto adquirido, esmiuçando melhor o dever de informação e deixando clara a responsabilidade, se da Plataforma ou do comerciante.

Ademais, a Directiva dispõe[127] que os comerciantes devem informar aos consumidores quando o preço que lhes for apresentado de forma online for com base em um algoritmo que usa o comportamento pessoal do consumidor para ajustar ou modificar o preço, para que eles estejam cientes do risco de aumentar o preço do produto ou serviço.

Razão disso é que muitas vezes os comerciantes personalizam o preço de suas ofertas para consumidores ou grupos de consumidores específicos com base no seu histórico de compra ou de *clicks* em um determinado produto ou serviço. Assim, os consumidores devem ser informados se preço apresentado for baseado em um algoritmo que leve em consideração o comportamento pessoal do consumidor, para que eles tenham ciência do risco de aumento do preço ali disposto.

Nos termos[128] da Directiva, as avaliações de consumidores existentes no próprio *site* dos fornecedores devem ser fidedignas, ou seja, o fornecedor deve demonstrar

---

126. Confira o Considerando 27 da Directiva, (27) Os prestadores de mercados em linha deverão informar os consumidores do facto de o terceiro que oferece os produtos, serviços ou conteúdos digitais ser ou não um profissional, com base numa declaração prestada por esse terceiro ao referido prestador. Quando o terceiro que disponibiliza os produtos, serviços ou conteúdos digitais declara a sua qualidade de não profissional, os prestadores de mercados em linha deverão fornecer uma curta declaração com a indicação de que os direitos dos consumidores decorrentes do direito da União em matéria de defesa dos consumidores não se aplicam ao contrato celebrado. Além disso, os consumidores deverão ser informados do modo como as obrigações contratuais são partilhadas entre o terceiro que oferece os produtos, serviços ou conteúdos digitais e o prestador do mercado em linha. As informações deverão ser prestadas de forma clara e compreensível e não apenas através de uma referência nas cláusulas contratuais ou nos documentos contratuais equivalentes. Os requisitos de informação aplicáveis aos prestadores de mercados em linha deverão ser proporcionados. Esses requisitos têm de encontrar um equilíbrio entre um elevado nível de defesa dos consumidores e a competitividade dos prestadores de mercados em linha. Os prestadores de mercados em linha não deverão ser obrigado a elencar os direitos específicos dos consumidores ao informarem os consumidores quanto à sua inaplicabilidade. Tal não prejudica os requisitos de informação aos consumidores previstos na Directiva 2011/83/UE, nomeadamente no artigo 6º, n. 1. As informações a fornecer quanto à responsabilidade por assegurar os direitos dos consumidores dependem das disposições contratuais entre o prestador de mercado em linha e os terceiros profissionais em causa. Um prestador de mercados em linha poderá indicar que um terceiro profissional é o único responsável por assegurar os direitos dos consumidores, ou descrever as suas responsabilidades específicas, assumindo esse prestador a responsabilidade por certos aspetos do contrato, por exemplo, a entrega ou o exercício do direito de retratação.

127. Confira o Considerando 23 da Directiva (UE) 2019/2161: [...] Os profissionais deverão fornecer uma descrição geral dos principais parâmetros que determinam a classificação, explicando os principais parâmetros automáticos utilizados pelo profissional e a sua importância relativa em comparação com outros parâmetros, embora essa descrição não precise de ser apresentada de uma forma personalizada para cada pesquisa.

128. Confira os Considerandos 47-49 e art. 3º, n. 4, c), da Directiva (UE) 2019/2161. Além disso, há alteração da Directiva 2005/29/CE no seu artigo 6º, *verbis*: 6. Caso um profissional disponibilize o acesso a avaliações de é considerada substancial a informação sobre se e de que forma" "produtos efetuadas por consumidores, esse profissional garante que as avaliações publicadas são efetuadas por consumidores que efetivamente utilizaram ou adquiriram o produto".

CAPÍTULO 2 • DEVER DE INFORMAÇÃO NOS CONTRATOS DE ADESÃO POR MEIOS ELETRÔNICOS **129**

ao consumidor que aqueles comentários expostos foram proferidos por pessoas que realmente adquiriram produtos ou serviços da empresa.

Essa demonstração ao consumidor é fruto de nova disposição da Directiva que visa fundamentalmente coibir qualquer tipo de fraude, devendo o fornecedor utilizar mecanismos tecnológicos (se entender pertinente), verificando se aquela pessoa que realmente postou o comentário realmente adquiriu o bem ou serviço. Busca, assim, a Directiva 2019/2161/UE estabelecer a verdade entre a real expectativa do consumidor e aquilo que de fato ocorre no comércio eletrônico.

Outra situação que Directiva tratou[129] se refere aos supostos serviços gratuitos[130] ofertados pelos fornecedores em nuvem ou mídias sociais, como por exemplo, acesso a *wifi*, plataforma de e-mails, plataforma de namoro etc. Na prática, a contrapartida do consumidor referente a esses serviços supostamente gratuitos e "impostos "via contrato de adesão é curtir determinada publicação nas redes sociais do fornecedor, além do compartilhamento indevido de seus dados pessoais, seja para envio de ofertas em sequência ou até mesmo para comum comercialização ilegal entre fornecedores. Nessas situações, a Directiva previu que o provedor desses serviços hipoteticamente gratuitos deve fornecer informações objetivas e claras sobre as características do contrato, sua duração e condições de rescisão, além da previsão que o consumidor tem de rescindir e se arrepender desse contrato *online* dentro de 14 dias imotivadamente.[131]

Além disso, a Directiva previu uma especificidade do dever de informação aos casos de redução de preço de um determinado produto, no sentido de que o forne-

---

129. Confira o Considerando 31: Os conteúdos e os serviços digitais são frequentemente fornecidos em linha no âmbito de contratos em que o consumidor não paga um preço, mas fornece dados pessoais ao profissional. A Directiva 2011/83/UE já é aplicável aos contratos de fornecimento de conteúdos digitais que não sejam fornecidos num suporte material (a saber, o fornecimento de conteúdos digitais em linha), independentemente do facto de o consumidor pagar um determinado preço em dinheiro ou fornecer dados pessoais. Contudo, essa Directiva apenas se aplica aos contratos de serviços, incluindo os contratos de serviços digitais, ao abrigo dos quais o consumidor paga ou se compromete a pagar um preço. Por conseguinte, essa Directiva não é aplicável aos contratos de serviços digitais ao abrigo dos quais o consumidor fornece dados pessoais ao profissional sem pagar qualquer preço. Dadas as semelhanças entre estes serviços e a permutabilidade entre serviços digitais contra o pagamento de um preço e serviços digitais fornecidos em troca de dados pessoais, estes serviços deverão ser sujeitos às mesmas regras ao abrigo dessa Directiva. Referida prática pode-se também enquadrar no art. 8°, z), ou nos art. 9° e 10 do DL 57/2008.

130. Em uma análise concorrencial, a Professora Juliana Domingues, em conjunto com o Professores Eduardo Gaban e Breno Silva assim manifestaram: " No mercado digital, é comum oferecimento gratuito de determinado bem ou serviço. Nesse contexto, as empresas obtêm faturamento de outras fontes majoritariamente publicidade - que não a cobrança direta ao consumidor final. Dessa forma, as orientações para análise de preço predatório, bem como os testes para auferir eventuais dados, devem levar em consideração as possibilidades da utilização de outras fontes de renda da empresa dominante, bem como a flutuação de preços ao longo do tempo e a diferenciação entre consumidores e, por fim, a correta medição dos custos dos demais concorrentes". Confira: GABAN, Eduardo Molan; DOMINGUES, Juliana Oliveira; SILVA, Breno Fraga Miranda e. Direito Antitruste 4.0 e o abuso de posição dominante nos mercados digitais: um desafio atual para o Cade. *Direito Antitruste 4.0* – Fronteiras entre Concorrência e Inovação. São Paulo: Singular, 2019. p. 173 e ss.

131. Cf. artigo 9°, da Directiva 2011/83/EU.

cedor, ao aplicar eventual redução, deve demonstrar ao consumidor o preço anterior aplicado (preço de referência é o menor preço aplicado dentro de um período de pelo menos 30 dias antes do anúncio de redução de preço) para que o consumidor possa fazer o juízo de valor.[132]

Essa previsão é importantíssima, uma vez que muitos fornecedores, antes de aplicar um desconto substancial no produto ou serviço, aumentavam o preço nas semanas anteriores. Na prática, o "desconto" era meramente ilusório para o consumidor, demonstrando que o abatimento ou promoção nem sempre era a melhor escolha para ele.

Um caso muito interessante[133] foi a abertura de investigação da Autoridade Italiana de Concorrência em virtude de um possível abuso de posição dominante da *Amazon* perante as demais empresas e os consumidores. Em síntese, a *Amazon* está sendo investigada por supostamente oferecer visibilidade maior das ofertas (classificação mais alta nas pesquisas e acesso melhor a consumidores em seu comércio eletrônico) a comerciantes que são aderentes ao seu serviço de logística, ou seja, procedendo a comportamento discriminatório perante os demais.

Esse tipo de prática, além de ser desleal perante os concorrentes, é notadamente desonesta com o consumidor, que acessaria o *site* de empresas não pela sua qualidade e eficiência, mas por ter um serviço de parceria com a *Amazon* que em nada reflete sobre a qualidade do produto adquirido por ele.

Além disso, outra questão que a Directiva coloca é a observância do dever de informação em casos de comércio transnacional dentro da União Europeia, em que o mesmo bem é vendido em vários Estados-membros, contudo, com a composição ou características diferentes.[134]

---

132. Cf.: Artigo 6º-A "1. Qualquer anúncio de redução de preço indica o preço anteriormente praticado pelo comerciante durante um determinado período anterior à aplicação da redução do preço. 2. Entende-se por preço anteriormente praticado, o preço mais baixo praticado pelo comerciante durante um período que não seja inferior a 30 dias anterior à aplicação da redução do preço. 3. Os Estados-Membros podem estabelecer regras diferentes para os bens suscetíveis de se deteriorarem ou de ficarem rapidamente fora de prazo de validade. 4. Caso o produto esteja no mercado há menos de 30 dias, os Estados-Membros podem igualmente fixar um período mais curto do que o estabelecido no n. 2. 5. Os Estados-Membros podem estabelecer que, aquando do aumento gradual da redução do preço, o preço anteriormente praticado é o preço sem redução antes da primeira aplicação da redução do preço".

133. Sobre o tema, confira: https://en.agcm.it/en/media/press-releases/2019/4/Amazon-investigation-launche-d-on-possible-abuse-of-a-dominant-position-in-*online*-marketplaces-and-logistic-services. Acesso em: 17 abr. 2020.

134. Confira a inserção, pela Directiva, do artigo 6, n2,c da Directiva 2005/29/CE, assim disposto: É considerada também enganosa uma prática comercial que, no seu contexto factual, tendo em conta todas as suas características e circunstâncias, conduza ou seja susceptível de conduzir o consumidor médio a tomar uma decisão de transacção que este não teria tomado de outro modo, e envolve: c. qualquer atividade de *marketing* de um bem, num Estado-Membro, como sendo idêntico a um bem comercializado noutros Estados-Membros, quando esse bem seja significativamente diferente quanto à sua composição ou características, exceto quando justificado por fatores legítimos e objetivos. Sobre o tema, foi realizado um estudo pelo serviço científico e de conhecimento da Comissão da União Europeia, o Centro Comum de Investigação. O estudo avaliou 1.380 amostras de 128 gêneros alimentícios diferentes de 19 Estados-Membros. Porém, a amostra

Ora, é possível que as empresas tenham que alterar a composição de um produto vendido em diversos Estados-membros, em virtude de ausência de matéria-prima em determinado local (ingredientes locais ou sazonais), por conta de restrições sanitárias ou alimentares, ou até mesmo por estratégia comercial em virtude dos hábitos dos consumidores.

Infere-se, portanto, que fornecedor deve aclarar ao consumidor a composição do bem, especialmente quando a compra for realizada por meios eletrônicos, para que o consumidor saiba exatamente a composição do seu material, a origem do produto e eventuais restrições.

Outra abordagem que a Directiva propõe é a proteção do consumidor em situações de compra em mercados *online*. Frequentemente o consumidor, ao adquirir um produto, analisa somente os resultados mais "relevantes", critério vago e abstrato, e acaba por ser geralmente o critério empregado pelos mercados.

Assim, a Directiva indica[135] que é necessário ficar claro ao consumidor quais são os critérios ali adotados, ou seja, como as ofertas são classificadas (preço, distância, classificação do consumidor etc.), bem como informar se as ofertas que aparecem na página de pesquisa se trata de publicidade pagas ou não.

Esses parâmetros que determinam um ranking dos produtos ou serviços, independentemente se a transação for concluída ou não são cruciais para a tomada de decisão do consumidor. Menciona-se, por derradeiro, que não se aplica aos prestadores de motores de pesquisa *online*, por ter uma análise diferenciada.

Cumpre ressaltar ainda, por fim, que a Directiva se preocupou com os danos em massa, causados por empresas que só visam ao lucro, atingindo todos os cida-

---

não é representativa da enorme diversidade de géneros alimentícios disponíveis no mercado da UE. As conclusões do estudo foram as seguintes: Na maioria dos casos, a composição correspondia à apresentação do produto: 23 % dos produtos com apresentação idêntica na frente da embalagem tinham também composição idêntica e 27 % dos produtos revelavam a sua composição diferente em diferentes países da UE por meio da apresentação diferente na frente da embalagem. – Entre os produtos apresentados como sendo os mesmos em toda a UE, 9 % tinham composição diferente: a frente da embalagem era idêntica, mas a composição era diferente. – Além disso, 22 % dos produtos com apresentação semelhante tinham uma composição diferente: a frente da embalagem era semelhante, mas a composição era diferente. – Não existe um padrão geográfico consistente na utilização da mesma embalagem ou de uma embalagem semelhante para produtos com composição diferente. Além disso, a diferença na composição dos produtos ensaiados não constitui necessariamente uma diferença na qualidade do produto. Confira os dados integrais no *site*: https://ec.europa.eu/commission/presscorner/detail/pt/IP_19_3332. Acesso em 18: abr. 2020.

135. Cf.: «4-ANo caso de os consumidores terem a possibilidade de procurar produtos oferecidos por diferentes profissionais ou por consumidores com base numa pesquisa sob a forma de palavra-chave, frase ou outros dados, independentemente do local onde as transações se venham finalmente a realizar, são considerados substanciais as informações gerais, disponibilizadas numa secção específica da interface em linha que seja direta e facilmente acessível a partir da página onde os resultados da pesquisa são apresentados, sobre os principais parâmetros que determinam a classificação dos produtos apresentados ao consumidor em resultado da pesquisa e a importância relativa desses parâmetros em comparação com outros parâmetros. O presente número não se aplica a fornecedores de motores de pesquisa em linha, na aceção do artigo 2°, ponto 6, do Regulamento (UE) 2019/ do Parlamento Europeu e do Conselho (*).

dãos da União Europeia. Nesse contexto, importante relembrar que muitas vezes as penalidades variam substancialmente entre os Estados-membros, o que induz inevitavelmente em reincidência da empresa.

Sendo assim, a Directiva concede às autoridades nacionais legitimidade de impingir sanções efetivas, proporcionadas e dissuasivas de maneira coordenada, quando se deparar em infrações transnacionais e afetaram consumidores de diversos Estados-membros.

Em tais casos, as autoridades nacionais poderão aplicar multa de até 4% do volume de negócios do comerciante ou de até 2 milhões de euros quando as informações sobre o volume de negócios do comerciante não estiverem disponíveis.

2.3.1.7 Directiva 2019/770 e Directiva 2019/771

Com a finalidade de buscar harmonização[136] máxima e regulação em contratos de consumo, com as devidas e necessárias revisões[137], a União Europeia elaborou duas recentes Directivas que versam sobre o tema.

De início, cumpre dizer que essas duas Directivas são complementares e versam, essencialmente, sobre a conformidade dos produtos, conteúdos ou serviços digitais, instrumentos corretivos e modalidades para seu exercício.

Com efeito, a principal razão[138] para a concepção dos dois diplomas remete-se à ausência de uniformidade entre as normas nacionais europeias, acarretando

---

136. Cf.: artigo 4º da Directiva 2019/770/EU e da Diretiva 2019/771/UE. Tal harmonização tem como objetivo proibir expressamente que os Estados-membros mantenham ou introduzam disposições mais ou menos restritas do que aquelas previstas nas Directivas correspondentes, tendo em vista a atual e patente fragmentação entre as legislações nacionais. Sobre o tema, confira: ASENSIO, Pedro Alberto de Miguel. *Los contratos transfronterizos de suministro de contenidos y servicios digitales y de compraventa de bienes tras las Directivas 2019/770 y 2019/771.* Disponível em: https://pedrodemiguelasensio.blogspot.com/2019/06/los-contratos-transfronterizos-de.html. Acesso em: 03 set. 2020.

137. Sobre o tema, a Professora Claudia Lima Marques explica que a União Europeia optou em "revisar o tradicional contrato de compra e venda (sobre a execução do contrato de compra e venda online, que complementa a diretiva sobre vendas à distância 97/7 mais focada na contratação), agora também incluindo bens digitais ou inteligentes ou com software incluído, e de forma separada regular os chamados serviços digitais e os conteúdos digitais e, em um terceiro momento, as plataformas intermediárias de busca e da economia compartilhada". Confira: MARQUES, Claudia Lima. Comentário à Diretiva (EU) 2019/770 do Parlamento Europeu e do Conselho, de 20 de maio de 2019, sobre certos aspectos relativos aos contratos de fornecimento de conteúdos e serviços digitais. *Revista de Direito do Consumidor.* ano 29, n, 127, jan./fev. 2020. p. 477 e ss.

138. Como bem pontua o Professor Pedro Alberto de Miguel de Asensio, o vendedor deve respeitar as regras obrigatórias de defesa do consumidor em cada Estado-membro. E continua da seguinte forma: "En gran medida la Directiva (UE) 2019/770, de 20 de mayo, relativa a determinados aspectos de los contratos de suministro de contenidos y servicios digitales, está destinada a hacer frente a las dificultades que para el comercio electrónico (intracomunitario) derivan del artículo 6 del Reglamento Roma I (593/2008), en relación con la fragmentación existente entre los Estados miembros en materia de normas imperativas sobre contratos de consumo. Lo mismo cabe decir de la Directiva (UE) 2019/771, de 20 de mayo, relativa a determinados aspectos de los contratos de compraventa de bienes y que deroga la Directiva 1999/44/CE. Es conocido que el régimen de Derecho aplicable previsto en el artículo 6 RRI determina que, para los

CAPÍTULO 2 • DEVER DE INFORMAÇÃO NOS CONTRATOS DE ADESÃO POR MEIOS ELETRÔNICOS

custos demasiados para empresas que comercializam bens e serviços digitais em vários Estados-membros do bloco europeu, na medida em que precisam se adequar à diversidade de legislações nacionais vigentes.

A primeira delas, a Directiva 2019/770/UE do Parlamento Europeu e do Conselho, de 20 de maio de 2019, trata sobre certos aspectos relativos aos contratos de fornecimento de conteúdos e serviços digitais, dispondo requisitos e regras e comuns entre vendedores e consumidores para o fornecimento de conteúdos ou serviços digitais, abarcando, via de regra, as situações em que o consumidor compartilha os dados pessoais[139] em troca de serviços, assim como os casos em que o consumidor paga efetivamente (contraprestação em pecúnia) pelo serviço pactuado.

Por outro lado, a Directiva 2019/771/UE do Parlamento Europeu e do Conselho, de 20 de maio de 2019, dispõe sobre certos aspectos dos contratos de compra e venda de bens, sejam realizados em lojas físicas ou online, ou através de outros meios relativos à venda à distância, alterando o Regulamento (UE) 2017/2394 e a Directiva 2009/22/CE e que revoga a Directiva 1999/44/CE. Referida Directiva agrega valor e complementa a Directiva 2011/83/UE, implementando regras relativas à conformidade dos bens, os meios de ressarcimento em caso de falta de conformidade e as modalidades para o exercício desses meios de ressarcimento.

---

contratos de consumo comprendidos en su ámbito de aplicación, cuando la empresa dirige su actividad a varios Estados miembros deba respetar las normas imperativas de protección de los consumidores de cada uno de esos Estados. En virtud de lo dispuesto en el mencionado artículo 6 RRI, aunque el comerciante pueda prever la elección de la ley de un único país como aplicable a todos sus contratos, esa elección no podrá acarrear, para el consumidor, la pérdida de la protección que le proporcionen aquellas disposiciones del país de su residencia habitual que no puedan excluirse mediante acuerdo. El considerando 4 de la Directiva (UE) 2019/770 y el considerando 7 de la Directiva (UE) 2019/771 hacen referencia a los costes que ello implica para las empresas que ofrecen contenidos y servicios digitales o comercializan productos en varios Estados miembros, en la medida en que requiere que tengan en cuenta una pluralidad de legislaciones nacionales." Cf.: ASENSIO, Pedro Alberto de Miguel. *Los contratos transfronterizos de suministro de contenidos y servicios digitales y de compraventa de bienes tras las Directivas 2019/770 y 2019/771*. Disponível em: https://pedrodemiguelasensio.blogspot.com/2019/06/los-contratos-transfronterizos-de.html. Acesso em: 03 de setembro de 2020.

139. Sobre o tema, o Professor Jorge Morais Carvalho explana nos seguintes termos: "De acuerdo con el segundo párrafo del artículo 3-1 de la Directiva 2019/770, para la aplicación del régimen, debe existir una contraprestación, pero dicha contraprestación no tiene que ser en dinero, sino que puede resultar de la facilitación de datos personales. Aunque se ha evitado la referencia a una "contraprestación", a diferencia de las versiones anteriores de la directiva, utilizándose una terminología más neutral, el hecho es que los datos personales pueden considerarse en estos casos como una contraprestación. Se trata de uno de los principales retos del derecho contractual en general y del derecho de los consumidores en particular en los próximos años." E arremata da seguinte forma: "El concepto de precio es amplio e incluye representaciones digitales de valor, como vales o cupones electrónicos, y monedas virtuales (considerando 23 de la Directiva 2019/770). Aunque no exista una norma expresa, esta conclusión debe aplicarse también a la Directiva 2019/771". Sobre o tema, confira: CARVALHO, Jorge Morais. Contratos de compraventa de bienes (Directiva 2019/771) y suministro de contenidos o servicios digitales (Directiva 2019/770) – ámbito de aplicación y grado de armonización. *Cuadernos de Derecho Transnacional*, v. 12, n. 1, p. 930-940, mar. 2020, 2020.

Sobre essa última Directiva, no que toca aos requisitos objetivos[140] de conformidade dos bens, nomeadamente os bens digitais, deve o vendedor assegurar que o consumidor seja informado sobre as atualizações (com inclusão daquelas referentes à segurança) e que estas lhe sejam fornecidas durante o lapso temporal pactuado no contrato, inclusive nas hipóteses de fornecimento contínuo durante um determinado lapso temporal. Acrescenta ainda a Professora Mafalda Miranda Barbosa[141] que o vendedor também deve assegurar referida informação nos casos em que há único ato de fornecimento ou uma série de atos individuais de fornecimento, durante o período em que o consumidor possa razoavelmente contar com esse serviço acessório, dado o tipo e finalidade dos conteúdos ou serviços digitais e tendo em consideração as circunstâncias e natureza do contrato. Complementa aduzindo que se exige da parte do consumidor a diligência para proceder às referidas atualizações, sob pena de se excluir qualquer responsabilidade do fornecedor.

Cumpre mencionar que o consumidor deve proceder à instalação dessas atualizações, em um prazo razoável, sob pena de não poder responsabilizar o vendedor por qualquer falta de conformidade decorrente da falta de atualização do bem. Por outro lado, cabe ao vendedor informar ao consumidor sobre a disponibilidade da atualização e as consequências da sua não instalação.

Por sua vez, os requisitos subjetivos[142] de conformidade relativamente aos bens, conteúdos e serviços digitais devem ser, além de fiéis à descrição, qualidade, quantidade, compatibilidade exigidas pelo contrato, adequados aos fins que se destinam e que o consumidor possa razoavelmente esperar, e para os quais seriam usualmente utilizados pelo consumidor, ou eventualmente qualquer outro fim específico, desde que tenha requerido e tenha sido aceite pelo vendedor.

Outrossim, insta referir que se o bem transacionado entre o vendedor e o consumidor não seguir as regras gerais de conformidade[143], como serem adequados às

---

140. Cf.: artigo 7º da Directiva 2019/771/UE.
141. Cf.: BARBOSA, Ana Mafalda Castanheira Neves de Miranda. O Futuro da Compra e Venda (de Coisas Defeituosas). *Revista da Ordem dos Advogados*, ano 79, v. III/IV, p. 740 e ss. jul./dez. 2019.
142. Cf.: artigo 7º da Directiva 2019/770/UE e artigo 6º da Directiva 2019/771/UE.
143. Cf.: artigo 7º da Directiva 2019/771/UE, *verbis*: Requisitos objetivos de conformidade 1. Além de cumprirem todos os requisitos objetivos de conformidade, os bens devem: a) Ser adequados às utilizações a que os bens do mesmo tipo normalmente se destinam, tendo em conta, sendo caso disso, o direito da União e os direitos nacionais aplicável, as normas técnicas, ou, na falta de tais normas técnicas, os códigos de conduta específicos do setor que forem aplicáveis; b) Se aplicável, possuir a qualidade e corresponder à descrição de uma amostra ou modelo que o vendedor tenha disponibilizado ao consumidor antes da celebração do contrato; c) Sendo caso disso, ser entregues juntamente com os acessórios, incluindo a embalagem, instruções de instalação ou outras instruções que o consumidor possa razoavelmente esperar receber; e d) Corresponder à quantidade e possuir as qualidades e outras características, inclusive no que respeita à durabilidade, funcionalidade, compatibilidade e segurança, que são habituais nos bens do mesmo tipo e que o consumidor possa razoavelmente esperar, dada a natureza dos bens e tendo em conta qualquer declaração pública feita pelo vendedor ou em nome deste ou por outras pessoas em fases anteriores da cadeia de transações, incluindo o produtor, particularmente através de publicidade ou de rotulagem. 3. No caso dos bens com elementos digitais, o vendedor deve assegurar que o consumidor seja informado sobre as atualizações e que estas lhe sejam fornecidas, incluindo atualizações de segurança, que sejam necessárias

CAPÍTULO 2 • DEVER DE INFORMAÇÃO NOS CONTRATOS DE ADESÃO POR MEIOS ELETRÔNICOS | 135

normas técnicas da União Europeia, instruções diferenciadas para uso, características especiais sobre durabilidade, funcionalidade, ou seja, sendo um bem *sui generis*, os deveres de informação a serem diligenciados pelo vendedor são mais robustos[144], cabendo a ele obter uma declaração expressa e separada[145] do consumidor acerca dessas peculiaridades e desvios dos requisitos gerais de conformidade de um bem.

No que toca aos meios de ressarcimento, a Directiva 2019/770/UE prevê[146] para casos de não conformidade com os requisitos nela estabelecidos, os seguintes meios de solução: a reposição da conformidade do serviço ou conteúdo, a redução do preço ou a rescisão do contrato; por sua vez, a Directiva 2019/771/UE prevê[147], além dessas alternativas citadas, a reparação e substituição dos bens em desconformidade.

Cumpre dizer que se a falta de conformidade for menor, nos termos do artigo 13, n. 5, da Directiva 2019/771, o direito à resolução do contrato deixa de existir. Aqui há um ponto interessante que merece menção. Como se verá no tópico 4.6, nos termos do artigo 4º, n. 5, do DL 67/2003, o consumidor pode escolher qualquer alternativa ao seu alvedrio, seja a reparação, substituição do bem, redução do preço ou resolução do contrato, exceto se tal se manifestar impossível ou constituir-se abuso do direito. Com a nova Directiva 2019/771, o direito à redução do preço ou resolução do contrato surgem como hipóteses subsidiárias ao consumidor.

Seguindo o mesmo traçado, na esfera da Directiva 2019/770, a ideia de alternatividade de escolha ao consumidor também não terá mais protagonismo. Explico. Nos casos[148] em que não há fornecimento dos conteúdos ou serviços digitais, o consumidor deverá solicitar que ao fornecedor que o faça; caso este último permaneça inerte sem demora indevida, ou em prazo adicional expressamente convencionado entre as partes, o consumidor tem direito de rescindir o contrato.

Por outro lado, opera-se imediatamente o direito à resolução[149] do contrato nas hipóteses em que o fornecedor declarar que não fornecerá o conteúdo ou serviços digitais ou se tiver convencionado em termo expresso entre as partes que há um momento essencial e específico para o fornecimento do serviço ou conteúdo do contrato para o consumidor e, mesmo assim, o vendedor não cumprir aquilo acordado.

---

para colocar tais bens em conformidade, durante o período: a) Em que o consumidor pode razoavelmente esperar, dado o tipo e finalidade dos bens e dos elementos digitais, e tendo em consideração as circunstâncias e natureza do contrato, caso o contrato de compra e venda estipule um único fornecimento do conteúdo ou serviço digital; ou b) Indicado no artigo 10, n. 2 ou n. 5 , consoante aplicável, sempre que o contrato de compra e venda estipule o fornecimento contínuo do conteúdo ou serviço digital durante um determinado período.

144. Sobre o tema, confira: CARVALHO, Jorge Morais. Venda de Bens de Consumo e Fornecimento de Conteúdos e Serviços Digitais – As Diretivas 2019/771 e 2019/770 e o seu Impacto no Direito Português. *Revista Electrónica de Direito*. v. 20, n. 3, p. 68 e ss. 2019.

145. Cf.: artigo 7º, n. 5, da Directiva 2019/771/UE.

146. Cf.: artigo 14 da Directiva 2019/770/UE.

147. Cf.: artigos 13, 14, 15, 16 Directiva 2019/771/UE.

148. Cf.: artigo 13, n. 1, da Directiva 2019/770/UE.

149. Cf.: artigo 13, n. 2, da Directiva 2019/770/UE.

Pari passu, nas demais hipóteses de falta de conformidade, o consumidor tem direito que os conteúdos ou serviços digitais sejam devidamente repostos em conformidade, salvo se tal for impossível ou se impuser custos desproporcionais ao fornecedor, a uma redução do preço ou à resolução do contrato. Sobre esse ponto, a Professora Mafalda Miranda Barbosa[150] conclui que a ideia de alternatividade entre os remédios possíveis ao consumidor cede espaço à uma precedência necessária entre eles, como observado.

Outra temática de supra importância disposta nas Directivas[151] é a garantia mínima de dois anos para a reparação dos defeitos que surjam e venham ser detectados após a entrega dos bens, podendo os Estados-membros ampliarem esse prazo. Por outro lado, se o contrato for relativo a bens com elementos digitais, a garantia, nesse caso, também deve abarcar os períodos em que os conteúdos digitais ou serviços foram fornecidos inseridos[152] temporalmente no contrato de compra e venda do bem.

Ademais, questão interessante abordada pela Directiva 2019/771/EU foi a possibilidade de os Estados-membros flexibilizarem[153] medidas que possibilitem aos vendedores e consumidores convergirem e adotarem prazos mais curtos de garantia nos casos em que o objeto do contrato de compra e venda sejam bens de segunda mão.

Forte nos ensinamentos do Professor Jorge Morais Carvalho[154], é viável adotar um regime jurídico unificado de conformidade e não conformidade para todos os contratos celebrados com consumidores, contanto que este regime único integre as especificidades contidas nas duas Directivas.

Por fim, convém sublinhar que os Estados-membros terão até dia 1º de julho de 2021 para proceder a transposição para o respectivo ordenamento jurídico das Directivas (UE) 2019/770 e 2019/771; por sua vez elas entrarão em vigor a partir de 1º de janeiro de 2022.

2.3.2 Brasil

2.3.2.1 *Nota introdutória*

A informação, na seara jurídica brasileira, tem dupla face[155]: o dever de informar e o direito de ser informado, sendo o primeiro relacionado com quem oferece o seu produto ou serviço ao mercado, e o segundo, com o consumidor vulnerável.

---

150. Cf.: BARBOSA, Ana Mafalda Castanheira Neves de Miranda. O Futuro da Compra e Venda (de Coisas Defeituosas). *Revista da Ordem dos Advogados*, ano 79, v. III/IV, p. 744 e ss. jul./dez. 2019.
151. Cf.: artigos 11 *in totum* da Directiva 2019/770/UE e artigo 10 *in totum* da Directiva 2019/771/UE.
152. Cf.: artigo 11, n. 3, da Directiva 2019/770/UE.
153. Cf.: artigo 10, n. 6, da Directiva 2019/771/UE.
154. Cf.: CARVALHO, Jorge Morais. Las Directivas 2019/770 y 2019/771. Introducción y ámbito de aplicación. *La notaria*, n. 2-3. p. 119, 2019.
155. TARTUCE, Flávio; NEVES, Daniel Amorim Assumpcão. *Manual de Direito do Consumidor*. 9. ed. São Paulo: Método, 2020, p. 36 e ss.

CAPÍTULO 2 • DEVER DE INFORMAÇÃO NOS CONTRATOS DE ADESÃO POR MEIOS ELETRÔNICOS | **137**

No ordenamento brasileiro, o dever de informação[156] foi expressamente tutelado pelo artigo 5º, XIV da Constituição Federal. No diploma infralegal, os artigos 4º, *caput*; 6º, III; e 46º do Código de Defesa do Consumidor reiteraram o dever de informação e consagraram o princípio da transparência[157], na medida em que a informação repassada ao consumidor integra o próprio conteúdo do contrato. Deveras, trata-se de dever inerente ao negócio e que deve estar presente não apenas na formação do contrato, mas também em toda a sua execução.

Para além de constituir direito básico do consumidor, a correta prestação de informações revela-se, ainda, consectário da lealdade inerente à boa-fé objetiva e princípio da confiança, e constitui o ponto de partida a partir do qual é possível determinar a perfeita coincidência entre o serviço oferecido e o efetivamente prestado.

Na prática, o direito à informação visa assegurar ao consumidor uma escolha consciente, permitindo que suas expectativas em relação ao produto ou serviço sejam de fato atingidas, manifestando o que vem sendo denominado de consentimento informado ou vontade qualificada.[158]

Diante disso, o comando do artigo 6º, III, do Código de Defesa do Consumidor[159], somente estará sendo efetivamente cumprido[160] quando a informação for também entendida como aquela que se apresenta simultaneamente completa, gratuita e útil, vedada, neste último caso, a diluição da comunicação efetivamente relevante pelo uso de informações soltas ou destituídas de qualquer utilização para o consumidor. É dizer: não se trata de abster informações incorretas ou aquelas que podem induzir o consumidor a erro, mas sim na efetivação da prestação positiva[161] de informar.

---

156. Confira sobre o tema: NEGRÃO, Theotônio. *Código Civil e legislação civil em vigor*. 34. ed. São Paulo: Saraiva, 2016. p. 1531.

157. O amparo da informação transparente pode ser retirado especificamente do art. 4º, *caput*, do Código de Defesa do Consumidor, segundo o qual "[...] A Política Nacional de Relações de Consumo tem por objetivo o atendimento das necessidades dos consumidores, o respeito à sua dignidade, saúde e segurança, a proteção de seus interesses econômicos, a melhoria da sua qualidade de vida, bem como a transparência e harmonia das relações de consumo [...]".

158. No mesmo sentido, vide julgado: BRASIL. Superior Tribunal de Justiça. Recurso Especial 976.836/RS. Relator: Ministro Luiz Fux. Brasília, julgado em 25 de agosto de 2010, publicado em 5 de outubro de 2010.

159. Ainda no que diz respeito ao art. 6º, inciso III, do Código de Defesa do Consumidor, o recente Estatuto da Pessoa com Deficiência (Lei 13.146/2015) instituiu um parágrafo único em tal diploma da Lei 8.078/1990, estabelecendo que as informações prestadas aos consumidores devem ser acessíveis às pessoas com deficiência, observado o disposto em regulamento específico.

160. NUNES, Rizzato. *Comentários ao Código de Defesa do Consumidor*. 12. ed. São Paulo: Saraiva, 2018, p. 217 e ss. Vide artigo 6º, inciso III, do Código de Defesa do Consumidor. Confira julgado do Superior Tribunal de Justiça do Brasil: BRASIL. Superior Tribunal de Justiça. Recurso Especial n. 1.144.840. Relator: Ministra Nancy Andrighi. Brasília, julgado em 20 de março de 2012, publicado em 11 de abril de 2012.

161. Sobre o tema, confira: LÔBO, Paulo Luiz Netto. A informação como direito fundamental do consumidor. *Direito do Consumidor*: proteção da confiança e práticas comerciais. São Paulo: Ed. RT, v. 3, 2011, p. 598, *verbis*: "O direito à informação, no âmbito exclusivo do direito do consumidor, é direito à prestação positiva oponível a todo aquele que fornece produtos e serviços no mercado de consumo. Assim, não se dirige negativamente ao poder político, mas positivamente ao agente de atividade econômica. Esse segundo sentido, próprio de direito do consumidor, cobra explicação de seu enquadramento como espécie do gênero de direitos fundamentais".

A Professora Judith Martins Costa alerta que muitas vezes há superposição entre os interesses de prestação e os de proteção no que concerne ao dever de informar, cabendo fazer a distinção. Os interesses de prestação[162], na prática, são visualizados quando a informação é, ela própria, o bem objeto da relação principal ou quando é necessária para que o interesse à prestação possa vir a ser satisfeito de forma eficaz.

Já os deveres de proteção referem-se à fase pré-contratual, em que ainda não existe relação entre as partes, e servem sobretudo para promover o consentimento informado entre as partes.

Ressalta ainda a Professora[163] que a informação não é um objeto que se apresenta em igual forma e medida a todos, ao revés, há de perquirir qual o tipo de relação jurídica e o interesse envolvido (prestar – fornecedor ou proteger – consumidor). Além disso, a intensidade do dever de informar é diferenciada caso a caso, seja pela espécie de contratação (tradicional ou eletrônica), seja pela capacidade de assimilação do interlocutor que receberá a mensagem.

É dizer: cabe ao magistrado a avaliação *in concreto* dos elementos fáticos subjetivos (saber se o destinatário da mensagem tem domínio sobre o que está sendo estabelecido, ou se existe assimetria informacional entre as partes, colocando em pauta a intensidade do dever de informar).

Por fim, é mister avaliar se a omissão de determinada informação era pertinente para a conclusão do contrato bem como averiguar se o lesado pôde ter acesso, razoavelmente, à informação ou se simplesmente se eximiu dessa tarefa.

2.3.2.2 Dever pré-contratual de informação no Código de Defesa do Consumidor

No que diz respeito ao dever pré-contratual de informação, o Código de Defesa do Consumidor brasileiro não o trata de forma expressa, apesar de abordá-lo indiretamente em dois momentos.

O primeiro é observado no artigo 6º, III, ao dispor que a informação tem de ser adequada e clara sobre os diferentes produtos, com especificação correta de suas características quantitativas e qualitativas[164]. Ademais, o Código dispôs na seção

---

162. Vide o exemplo, no contrato de seguro, em que ambas as partem têm o dever de informar durante toda a relação; ou no caso do contrato de prestação de serviços advocatícios, em que a fidúcia entre cliente e advogado é o elemento principal. Cf.: MARTINS-COSTA, Judith. *A boa-fé no direito privado*: critérios para sua aplicação. São Paulo: Marcial Pons, 2015, p. 386 e ss.

163. Cf.: MARTINS-COSTA, Judith. *A boa-fé no direito privado*: critérios para sua aplicação. São Paulo: Marcial Pons, 2015, p. 385 e ss.

164. Vide também Decreto 7.962/2013, artigo 2º, II, que obriga o fornecedor a disponibilizar no seu *site* o endereço físico do estabelecimento.

CAPÍTULO 2 • DEVER DE INFORMAÇÃO NOS CONTRATOS DE ADESÃO POR MEIOS ELETRÔNICOS

sobre publicidade[165] o dever de não abusar, ou dever de proteção que dizem respeito à fase pré-contratual.

Sob esse prisma, o Professor Nelson Rosenvald[166] explica que o dever de informar é estudado da seguinte forma: a) informação-conteúdo (características do produto e serviço); b) informação-utilização (motivo pelo qual se presta e utiliza o produto ou serviço); c) informação-preço (custo e condições de pagamento); d) informação-advertência (riscos do produto ou serviço).

Por sua vez, a Professora Claudia Lima Marques[167] preleciona que o direito à informação transparente significa informação clara e correta sobre o produto a ser vendido, sobre o contrato a ser firmado, significa lealdade e respeito nas relações entre fornecedor e consumidor, mesmo na fase pré-contratual, isto é, na fase negocial dos contratos de consumo.

Além disso, há que se frisar que as informações pré-contratuais de bens ou serviços possuem espectros e alcance diferenciados, a depender da finalidade e características daquilo adquirido. Por exemplo, adquirir uma camiseta difere da aquisição de um computador, por exemplo.

Explico. Em ambos os casos, a composição dos produtos deve se fazer presente, para que o consumidor saiba a origem do material e eventualmente como foram fabricados. Contudo, no caso do computador, é crucial que o fornecedor pormenorize as funções de uso, desde as funções de cada comando ou tecla, até mesmo quando se tratar de garantir a segurança do consumidor, eventualmente se a bateria superaquecer, por exemplo.

É dizer: a depender do tipo de bem, as informações precisam conter as principais funcionalidades, recursos de interrupção do funcionamento do produto, limitações técnicas que possam afetar o consumidor, informações sobre a segurança e saúde do produto, restrições de idade para uso etc.

---

165. Especialmente os itens I a V, do artigo 39º. "É vedado ao fornecedor de produtos ou serviços, dentre outras práticas abusivas: (Redação dada pela Lei 8.884, de 11.6.1994) I – condicionar o fornecimento de produto ou de serviço ao fornecimento de outro produto ou serviço, bem como, sem justa causa, a limites quantitativos; II – recusar atendimento às demandas dos consumidores, na exata medida de suas disponibilidades de estoque, e, ainda, de conformidade com os usos e costumes; III – enviar ou entregar ao consumidor, sem solicitação prévia, qualquer produto, ou fornecer qualquer serviço; IV – prevalecer-se da fraqueza ou ignorância do consumidor, tendo em vista sua idade, saúde, conhecimento ou condição social, para impingir-lhe seus produtos ou serviços; V – exigir do consumidor vantagem manifestamente excessiva".

166. FARIAS, Cristiano Chaves de; ROSENVALD, Nelson; NETTO, Felipe Peixoto Braga. *Curso de Direito Civil* 3 – Responsabilidade Civil. 2. ed. São Paulo: Atlas, 2015, p. 109 e ss.

167. De mais a mais, o Código de Defesa do Consumidor traz regulamentação própria quanto à matéria, relacionando regras aplicadas ao princípio da transparência ou da confiança (vide artigos 30º a 38º). MARQUES, Claudia Lima. *Contratos no Código de Defesa do Consumidor:* o novo regime das relações contratuais. São Paulo: Ed. RT, 2016, p. 282 e ss. No mesmo sentido: TARTUCE, Flávio; NEVES, Daniel Amorim Assumpcão. *Manual de Direito do Consumidor.* 9. ed. São Paulo: Método, 2020, p. 36 e ss. No mesmo sentido: NUNES, Rizzato. *Comentários ao Código de Defesa do Consumidor.* 12. ed. São Paulo: Saraiva, 2018, p. 216 e 217; FARIAS, Cristiano Chaves de; ROSENVALD, Nelson; NETTO, Felipe Peixoto Braga. *Curso de Direito Civil* 3 – Responsabilidade Civil. 2. ed. São Paulo: Atlas, 2015, p. 725.

O dever de informação se amolda àquilo adquirido (bem ou serviço), muitas vezes se elastecendo nos casos em que a segurança e a saúde do consumidor podem estar em risco.

O segundo momento refere-se à menção expressa do cumprimento da boa-fé entre as partes, insculpida nos artigos 4°[168] e 51[169] do Código de Defesa do Consumidor brasileiro. A propósito, é do princípio da boa-fé objetiva que são extraídos os chamados deveres anexos de conduta[170] (de proteção, cooperação, informação), os quais permeiam toda relação jurídica obrigacional, no intuito de instrumentalizar o correto cumprimento da obrigação principal e a satisfação dos interesses envolvidos no contrato.[171]

Outrossim, quando se descumprem tais deveres anexos de conduta incorrem-se também na denominada violação positiva do contrato ou adimplemento ruim[172], mesmo sendo a obrigação principal satisfeita.

Ademais, cabe apontar os casos raros em que o dever de informação pré-contratual tem eficácia relativizada e é afastado, como o caso de atendimento hospitalar de urgência em que os médicos não são obrigados a fornecer previamente o orçamento de uma cirurgia de emergência, por exemplo.

Finalmente, outra questão específica em complemento às regras já existentes foi publicação da Lei n. 11.785[173] que alterou o artigo 54°, § 3°, do Código de Defesa

---

168. Cf.: artigo 4°- A Política Nacional das Relações de Consumo tem por objetivo o atendimento das necessidades dos consumidores, o respeito à sua dignidade, saúde e segurança, a proteção de seus interesses econômicos, a melhoria da sua qualidade de vida, bem como a transparência e harmonia das relações de consumo, atendidos os seguintes princípios: III – harmonização dos interesses dos participantes das relações de consumo e compatibilização da proteção do consumidor com a necessidade de desenvolvimento econômico e tecnológico, de modo a viabilizar os princípios nos quais se funda a ordem econômica (art. 170, da Constituição Federal), sempre com base na boa-fé e equilíbrio nas relações entre consumidores e fornecedores.

169. Cf.: Código de Defesa do Consumidor, artigo 51°: "São nulas de pleno direito, entre outras, as cláusulas contratuais relativas ao fornecimento de produtos e serviços que: [...] IV – estabeleçam obrigações consideradas iníquas, abusivas, que coloquem o consumidor em desvantagem exagerada, ou sejam incompatíveis com a boa-fé ou a equidade". Sobre o tema, confira jurisprudência emanada pelo Tribunal de Justiça Europeu: "Directiva 93/13/CEE – Cláusulas abusivas em los contratos celebrados com los consumidores – Efectos jurídicos de una cláusula abusiva – facultad y obligación del jues nacional de examinar de oficio el caracter abusivo de una cláusula atributiva de competencia – critérios de apreciación". Sentencia del Tribunal de Justicia Europeo (sala Cuarta) de 04.06.2009. Assunto: C-243/08".

170. Sobre a interpretação implícita do artigo 422 do Código Civil brasileiro, confira: TARTUCE, Flávio. *Manual de Direito Civil*. São Paulo: Método, 2020, p. 554 e ss. Sobre o tema e em outra perspectiva, o Professor Gonçalo Castilho dos Santos pondera que a diligência, a lealdade e a transparência não são deveres acessórios de conduta, mas antes deveres de prestação fundados na boa fé. O dever de assegurar uma conduta diligente desempenha, simultaneamente, uma função integradora, promotora e de imputação em relação à conduta do intermediário financeiro". Cf.: SANTOS, Gonçalo Castilho dos. *A Responsabilidade Civil do Intermediário Financeiro Perante o Cliente*. Almedina: Coimbra, 2008, 278 e ss.

171. NEGREIROS, Teresa. *Teoria do contrato*: novos paradigmas. Rio de Janeiro: Renovar, 2002, p. 153 e 154.

172. GARCIA, Leonardo de Medeiros. *Código de Defesa do Consumidor Comentado*. Salvador: Jus Podivm, 2017, p. 651 e ss.

173. Cf.: Lei 11.785, de 22 de setembro de 2008. Altera o § 3° do artigo 54 da Lei 8.078, de 11 de setembro de 1990 – Código de Defesa do Consumidor, para definir tamanho mínimo da fonte em contratos de adesão.

CAPÍTULO 2 • DEVER DE INFORMAÇÃO NOS CONTRATOS DE ADESÃO POR MEIOS ELETRÔNICOS **141**

do Consumidor para reger expressamente que a dimensão da letra usada nesse tipo de contrato não dever ser inferior ao corpo 12. A modificação visou extinguir qualquer tipo de discussão acerca dos "caracteres ostensivos e legíveis", outrora citado genericamente pelo artigo 54º, § 3º, do Código de Defesa do Consumidor.

2.3.2.3 Dever pré-contratual de informação no Decreto 7.962/2013 e na Lei 12.965/2014

Diferentemente do legislador europeu, que compilou no mesmo instrumento o regime jurídico da prestação de serviços da sociedade da informação e da contratação eletrônica, o legislador brasileiro dividiu as matérias: o regime da contratação no comércio eletrônico no Decreto 7.962, de 15 de março de 2013 e a disciplina da utilização da *internet*[174] na Lei 12.965/14.

Ambos os diplomas tratam sobre aspectos gerais do comércio eletrônico especificamente: o primeiro, o Decreto n. 7.962/2013 regula a contratação no comércio eletrônico, e o segundo a Lei n. 12.965/2014 (Marco Civil da *internet*), que dispõe acerca dos princípios, garantias, direitos e deveres para o uso da *internet* no Brasil.

Na primeira norma há três elementares deveres anexos que devem servir de norte[175] nas relações comerciais eletrônicas que envolvam consumidor e fornecedor: o dever de prestar informações claras a respeito do produto, do serviço e do fornecedor; atendimento facilitado ao consumidor e respeito ao direito de arrependimento, todos dispostos em seu artigo 1º.[176]

Ato contínuo, o diploma esmiúça em seu artigo 2º quais os deveres pré-contratuais de informação[177] que o fornecedor deve ofertar, regendo uma variedade de elementos obrigatórios que devem constar nos sítios eletrônicos, como o nome empresarial e número de inscrição do fornecedor; características essenciais do produto ou do serviço, incluídos os riscos à saúde e à segurança; discriminação, no

---

174. A tutela do consumidor no tocante à utilização da *Internet* foi consolidada pela Lei n. 12.965/14, de 23 de abril, que trata sobre o uso da *Internet* no Brasil, ao declarar ser a defesa do consumidor um dos fundamentos basilares da lei, consagrando o direito do usuário à aplicação das normas de proteção e defesa do consumidor nas relações de consumo realizadas na *Internet*, embora o tenha feito 14 anos depois da Directiva europeia de 2000. Confira artigo 2º, §V e artigo 7º, inciso XIII. Confira a Directiva 2000/31/CE do Parlamento Europeu e do Conselho, de 8 de junho de 2000 relativa a certos aspectos legais dos serviços da sociedade de informação, em especial do comércio electrónico, no mercado interno.

175. Sobre o tema, confira: TEIXEIRA, Tarcísio. *Comércio eletrônico*: conforme o Marco Civil da Internet e a regulamentação do ecommerce no Brasil. São Paulo: Saraiva, 2015, p. 83 e ss.

176. Cf.: Artigo 1º Este Decreto regulamenta a Lei 8.078, de 11 de setembro de 1990, para dispor sobre a contratação no comércio eletrônico, abrangendo os seguintes aspectos: I – informações claras a respeito do produto, serviço e do fornecedor; II – atendimento facilitado ao consumidor; e III – respeito ao direito de arrependimento.

177. Apesar de referir-se ao dever de informação, a leitura que fazemos é o que o artigo também se insere no âmbito do dever de informação pré-contratual.

preço, de quaisquer despesas adicionais ou acessórias, tais como as de entrega ou seguros; dentre outras.[178]

A menção expressa aos deveres pré-contratuais de informação está descrita no artigo 4º, ao dispor que o fornecedor deverá apresentar sumário do contrato antes da contratação, com as informações necessárias ao pleno exercício do direito de escolha do consumidor, enfatizadas as cláusulas que limitem direitos.

Ademais, as contratações no comércio eletrônico deverão dar cumprimento das condições da oferta[179], com a entrega dos produtos e serviços contratados, observados prazos, quantidade, qualidade e adequação, já dispostas no Código de Defesa do Consumidor.

Além disso, o fornecedor é obrigado a manter um serviço de atendimento em meio eletrônico adequado e eficaz, que possibilite ao consumidor a resolução de demandas referentes à informação, dúvida, reclamação[180], não atingindo o prazo superior a 5 dias para solução do problema.[181]

No tocante ao direito de arrependimento, regrado pelo artigo 5º, cabe ao fornecedor informar, de forma clara e ostensiva, os meios adequados e eficazes para o seu exercício pelo consumidor. Ademais, pode o consumidor exercer seu direito de arrependimento pela mesma ferramenta utilizada para a contratação, sem prejuízo de outros meios disponibilizados, o que também abrangerá os contratos acessórios, sem qualquer ônus.

Destaque-se que, se a compra foi realizada via cartão de crédito, o exercício do direito de arrependimento será comunicado imediatamente pelo fornecedor à instituição financeira ou à administradora do cartão, a fim de que a transação não

---

178. Sobre o tema, confira na casuística: Apelação cível. Negócios jurídicos bancários. Ação cautelar de exibição de documento. Contrato eletrônico. Dever de informação. Improcedência do pedido no caso concreto. – É da instituição financeira o dever de exibir os documentos exigidos, consoante previsão do CDC e da legislação processual vigente. Ademais, é de posse do instrumento contratual que a parte autora poderá aferir de seu interesse no ajuizamento de demanda revisional. – Ainda que se trate de contrato celebrado por meio eletrônico, compete à instituição financeira informar os encargos, a especificação das prestações e o saldo atualizado do débito resultante da contratação. Na hipótese, constatado que tais dados são disponibilizados administrativamente aos correntistas, improcede o pedido. Recurso provido. (BRASIL. Tribunal de Justiça do Rio Grande do Sul. Apelação Cível 70052199643. Relator: Desembargador Breno Beutler Junior. Julgado em 27 de março de 2013, publicado em 03 de abril de 2013)

179. Decreto 7.962, artigo 6º, de 15 de março de 2013.

180. Insta destacar interessante julgado sobre o tema, no qual o Tribunal de Justiça de São Paulo reconheceu o direito do consumidor a ter acesso aos termos do contrato formalizado por meio eletrônico. Ementa: Ação de exibição de documento. Contrato eletrônico não impresso no momento da adesão. Aderente que escolhe o valor e quantidade de prestações implicando ciência do conteúdo de algumas cláusulas. Irrelevância. Direito do consumidor de ter acesso a todas as cláusulas do contrato. Recurso não provido (BRASIL. Tribunal de Justiça de São Paulo. Apelação 9096614-70.2007.8.26.0000. Relator: Desembargador Paulo Sérgio Romero Vicente Rodrigues. São Paulo, julgado em 25 de fevereiro de 2008).

181. Cf.: Decreto n. 7.962, artigo 4º, inciso V e parágrafo único, de 15 de março de 2013 que regulamenta a Lei 8.078, de 11 de setembro de 1990, para dispor sobre a contratação no comércio eletrônico.

seja lançada ou para que seja efetivado o estorno do valor, caso o lançamento na fatura já tenha sido realizado.

Outro domínio sensível é que o Decreto não contém critérios para aquisição de bens e serviços de caráter *sui generis*, como é o caso, de produtos digitais[182] ou até mesmo compra de passagem aérea, tipicamente contratos peculiares que demandariam um dever de informação pré-contratual específico.

Por seu turno, a Lei 12.965/2014 (Marco Civil da *internet*) visou estabelecer os princípios, garantias, direitos e deveres para o uso da *internet* no Brasil. Seu ponto de partida baseia-se na utilização democrática e justa da *internet*. Extrai-se de seu artigo 2°, o resguardo à lei a defesa do consumidor, sem olvidar de advertir que ao usuário é assegurado aplicação das normas de proteção e defesa do consumidor nas relações de consumo realizadas na *internet*.[183]

Outrossim, o diploma[184] aponta serem nulas de pleno direito cláusulas que impliquem ofensa à inviolabilidade e ao sigilo das comunicações privadas, pela *internet*; ou em contrato de adesão, não ofereçam como alternativa ao contratante a adoção do foro brasileiro para solução de controvérsias decorrentes de serviços prestados no Brasil. Referida disposição tem esteio no interesse público[185] e não produz efeitos entre as partes, devendo ser decretada de ofício[186], independentemente de alegação das partes.

Por fim, destaca-se ainda a previsão da liberdade dos modelos de negócios promovidos na *internet*, desde que não conflitem com os demais princípios estabelecidos na lei.[187]

2.3.2.4 *Dever pré-contratual de informação no Decreto 10.271/2020*

O Decreto 10.271/2020, de 06 de março de 2020, tendo em conta a adoção pelo Grupo de Mercado Comum da Resolução – GMC 37/19, de 15 de julho de 2019, o qual dispõe sobre a proteção dos consumidores nas operações de comércio eletrônico,

---

182. Professor Teixeira já traduzia a necessidade de critérios diferenciadores para contratos peculiares. Alvim, A., & Alvim, T. (1995). Código do Consumidor Comentado (2. ed.). São Paulo: Ed. RT. Amaral, G. R. (s.d.). Efetividade, segurança, massificação e a proposta de um "incidente de coletivização". Acesso em: 04 jul. 2019, disponível em http://www.tex.pro.br/home/artigos/261-artigos-mar-2014/6432-efetividade-seguranca-massificacao-e-a-proposta-de-um-incidente-de-coletivizacao-1; vide também: MARQUES, Garcia; MARTINS, Lourenço. *Direito da informática*. Coimbra: Almedina, 2006, p. 83 e ss.
183. Confira Lei n. 12.965, artigo 7°, inciso XIII, de 23 de abril de 2014; FARIAS, Cristiano Chaves de; ROSEN-VALD, Nelson; NETTO, Felipe Peixoto Braga. *Curso de Direito Civil 3* – Responsabilidade Civil. 2. ed. São Paulo: Atlas, 2015, p. 728.
184. Lei n. 12.965, artigo 8°, *in totum*.
185. Sobre o tema, confira: COSTA, José Augusto Fontoura; Wachowicz, Marcos. Cláusulas contratuais nulas no marco civil da *internet*. *Revista da Faculdade de Direito UFMG*, Belo Horizonte, n. 68, p. 477-496, jan./jun. 2016.
186. Sobre o tema, confira: ASCENSÃO, José de Oliveira. *Direito Civil*. São Paulo: Saraiva, 2010, t. 2, p. 322 e ss.
187. Lei 12.965, artigo 3°, inciso VIII, de 23 de abril de 2014.

disciplinou o comprometimento do Brasil na observância de requisitos mínimos de proteção ao consumidor no âmbito de transações comerciais provenientes de meios digitais entre os participantes do Mercosul, em uma nítida postura de proteção do consumidor em sede de comércio eletrônico transfronteiriço.

Na prática, o regulamento reforça adoção de medidas de uniformização transnacional de consumo, especificamente no Mercosul, visando um patamar mínimo de tutela ao consumidor, prevendo acordos de cooperação[188] entre os Órgãos de proteção do consumidor em cada país membro integrante.

Referido diploma abrange[189] os fornecedores radicados ou estabelecidos em algum dos Estados integrantes ou que operem comercialmente sob algum de seus domínios de *internet*, aplicando a todos os consumidores dos países do Mercosul. Visa, em síntese, a harmonização de legislações na área de defesa do consumidor no âmbito do Mercosul.

Ademais, há o incentivo de adotar e fomentar mecanismos[190] de resolução de controvérsias *online* transparentes, acessíveis e de baixo custo, a fim de que os consumidores possam obter êxito em relação às suas queixas.

No que toca especificamente à tutela da informação, em dois artigos, o referido diploma reitera aquilo já delineado pelo CDC e também pelo Decreto 7.962/2013, acima mencionado.

No artigo 1º do diploma há menção clara no sentido de que se deve garantir, durante todo o processo da transação, o direito à informação clara, suficiente, verídica e de fácil acesso sobre o fornecedor, o produto e/ou serviço e a transação realizada.

Finalmente, no artigo 2º, há também disposição similar ao Decreto 7962/2013, ao expor que o fornecedor deve facultar aos consumidores, no *site* eletrônico e no momento antes da contratação, as seguintes informações (sem prejuízo de outras): a) nome comercial e social do fornecedor; b) endereço físico e eletrônico do fornecedor; c) as características essenciais do produto ou serviço, incluídos os riscos para a saúde e a segurança dos consumidores; d) o preço, incluídos os impostos e a discriminação de qualquer custo adicional ou acessório, tais como custos de entrega ou seguro; e) qualquer outra condição ou característica relevante do produto ou serviço que deva ser de conhecimento dos consumidores.

Com efeito, compreendemos que o diploma congrega um passo importante no que toca à harmonização do comércio transnacional de consumo no âmbito do Mercosul, em que pese elenque dispositivos normativos gerais que não albergam efeitos práticos para essas demandas transfronteiriças.

---

188. Cf.: artigo 9º do DL 10.271/2020.
189. Cf.: artigo 10 do DL 10.271/2020.
190. Cf.: artigo 8º do DL 10.271/2020.

CAPÍTULO 2 • DEVER DE INFORMAÇÃO NOS CONTRATOS DE ADESÃO POR MEIOS ELETRÔNICOS

Cumpre finalmente ressaltar que o GMC 36/19, de 15 de julho de 2019, estabeleceu o princípio da equiparação de direitos, alçando a contratação eletrônica ao mesmo nível de proteção das outras modalidades de comercialização, fomentando o comércio eletrônico através de políticas públicas transparentes e eficazes.

2.4 CONCLUSÕES PARCIAIS

Nesse capítulo, ficou claro que há diferenças pontuais no que concerne ao dever pré-contratual de informação entre os dois ordenamentos.

No primeiro momento, em que foi colocado em voga o sistema português, foi aprofundada a dogmática do dever pré-contratual de informação, iniciada pelos conceitos, evolução normativa (Lei de Defesa do Consumidor, regime das cláusulas contratuais gerais, DL 7/2004 e DL 24/2014), ressaltando-se que não há um ordenamento completo que contemple integralmente as normas do dever de informação no comércio eletrônico, devendo, portanto, conjugar diversos diplomas.[191]

Da análise, restou patente que o DL 24/2014 ampliou o rol de obrigações que o fornecedor tem de cumprir atinentes ao dever de informar no momento prévio à celebração do contrato, culminando em uma malfadada tentativa de proteger o consumidor. Isso porque, como visualizado, a excessiva proteção não refletiu em eficaz proteção ao consumidor.

No segundo momento, em que estava em discussão o ordenamento brasileiro, foi exaurido o dever pré-contratual de informação nos contratos de adesão eletrônicos em sua plenitude, esmiuçando todas as características no Código Civil, Código de Defesa do Consumidor assim como nos últimos diplomas que normatizam o comércio eletrônico, o Decreto 7.962/2013, a Lei 12.965/2014 e o Decreto 10.271/2020.

Apesar da intenção louvável do legislador brasileiro em regulamentar o comércio eletrônico, ficou evidente que os dispositivos imprecisos e obscuros não foram suficientemente hábeis para proteger o consumidor, ainda permanecendo diversas lacunas sobre o tema. A solução, como já mencionamos e ainda retomaremos, passa necessariamente pela adoção de um contrato sinótico no momento da contratação eletrônica, facilitando a visualização das informações mais importantes ao consumidor, além da adoção de medidas autorregulatórias pelos fornecedores, visando a satisfação informativa para o adquirente.

Esmiuçadas essas questões, passa-se a análise da conexão entre o dever pré-contratual de informação e o direito de arrependimento.

---

191. Sobre o tema, confira: LEITÃO, Adelaide Menezes. Comércio Eletrônico e Direito do Consumo. *Liber Amicorum Mario Frota*: a causa dos direitos dos consumidores. Coimbra: Almedina, 2012, p. 33 e ss.; PEREIRA, Alexandre Libório Dias. Comércio Electrónico e Consumidor. *Estudos de Direito do Consumidor*, n. 6, CDC/FDUC, Coimbra, 2004, p. 2 e ss.

Capítulo 3
CONEXÃO ENTRE O DEVER DE INFORMAÇÃO PRÉ-CONTRATUAL E O DIREITO DE ARREPENDIMENTO

O desafino da relação jurídica consumerista passa, necessariamente, pela abissal diferença de informação por seus atores: fornecedores, que conhecem os bens e serviços disponíveis no mercado, e os consumidores, vulneráveis por definição, muitas vezes com dificuldade de avaliar a informação proposta, em cotejo com os demais produtos do mercado[1].

O pujante desequilíbrio no poder econômico[2] entre fornecedor e consumidor pode ser minimizado pela informação transparente e verossímil emitida pelo fornecedor e, sobretudo, por mecanismos que permitam a reflexão do consumidor, promovendo um mercado de consumo mais eficiente e harmonioso.

Por isso, a liberdade de adquirir um produto ou serviço advém, em contratos eletrônicos, necessariamente da possibilidade de reflexão do consumidor. Concretamente, a carência da informação transmitida muitas vezes nesse tipo de contratação vem acompanhada do déficit de reflexão, sendo necessária a intervenção estatal nesse tipo de contratação.

Se, em uma medida, a *internet* trouxe benefícios de propagação e penetração na vida do consumidor, como comodidade de contratar sem sair de casa, por outro, a diminuição do tempo da maturação[3] da vontade de contratar, através de um *click*, levou o consumidor a comprar de forma instintiva e desnecessária.

No presente capítulo será aprofundado quais os efeitos que o direito de arrependimento, obrigação fulcral inserida nos deveres de informação pré-contratual em contrato de adesão eletrônico, podem irradiar dentro da própria relação de consumo.

Ou seja, apontar em que medida a ausência do dever pré-contratual de informação relativa ao direito de arrependimento pode alterar a relação jurídica dos

---

1. Já tivemos oportunidade de nos manifestar sobre o tema, confira: BARROS, João Pedro Leite. O direito de arrependimento nos contratos eletrônicos de consumo como forma de extinção das obrigações. Um estudo de direito comparado luso-brasileiro. *Estudos de direito do consumidor*, n. 14, p. 113-183, Coimbra, 2008.
2. Sobre o tema, confira: WEATHERILL, Stephen. *EU Consumer Law and Policy.* United Kingdom: Edward Elgar Publishing, 2005. p. 84 e ss.
3. Sobre o tema, confira: CORREIA, Miguel Pupo. Contratos à distância: uma fase na evolução da defesa do consumidor na sociedade de informação? *Estudos de Direito do Consumidor*, n. 4, 2002, p. 170 e ss.

contratantes, permitindo eventual resolução do contrato, ou até mesmo ampliando o prazo para o exercício do direito de arrependimento ao consumidor.

3.1 DEFINIÇÃO

O direito de arrependimento[4] (legítimo, potestativo[5], irrenunciável[6] e indisponível) surgiu para responder essencialmente aos problemas colocados pelo descompasso do regime geral da invalidade dos vícios da vontade, especialmente da coação e erro.

Mais que isso: foi elaborado para permitir que o consumidor tomasse uma decisão arrazoada sobre o contrato, como contraponto à utilização de técnicas de contratação agressivas por parte do fornecedor; corrigir as assimetrias de informação resultantes da distância face ao bem ou serviço e ao profissional e, por fim, para proteger os demais concorrentes e o próprio mercado.[7]

Em termos conceituais, o direito de arrependimento é definido como todas as hipóteses em que a lei concede ao consumidor a faculdade de, em prazo determinado e sem contrapartida (inindenizável[8]), se desvincular de um contrato por meio de declaração unilateral e desmotivada.[9]

Nesse sentido, o direito de arrependimento não é decorrente de uma norma geral aplicável a todos os contratos de consumo. Ao revés, a sua existência tem com fonte contratual (decorrente de disposição em contratos) ou legal (decorrente de lei), essa última espécie será o nosso objeto de estudo nesse capítulo.

Outrossim, a doutrina pontua a fluidez na definição (direito de retração, direito de arrependimento, direito à livre resolução, direito de reflexão etc.), mas que, ao fim e ao cabo, traduzem similar propósito: o adquirente se arrepende da decisão de contratar que já havia tomado, já depois de ter emitido a declaração de vontade.[10]

Nos contratos à distância, máxime aqueles celebrados pela *internet*, o direito de arrependimento também tem origem na impossibilidade de o consumidor não

---

4. Alusão histórica feita em: CARVALHO, Jorge Morais. *Manual de Direito de Consumo*. Coimbra: Almedina, 2019, p. 237 e ss.
5. Convergem com referido entendimento: TARTUCE, Flávio; NEVES, Daniel Amorim Assumpcão. *Manual de Direito do Consumidor*. 9. ed. São Paulo: Método, 2020, p. 295 e ss..; CARVALHO, Jorge Morais. *Manual de Direito de Consumo*. Coimbra: Almedina, 2019, p. 183 e ss.
6. Vide artigo 11, n. 7 e 29 do DL 24/2014. No Brasil, segue o mesmo entendimento o Professor Carlos Roberto Gonçalves. Cf.: GONÇALVES, Carlos Roberto. *Direito Civil Brasileiro: contratos e atos unilaterais*. 16. ed. São Paulo: Saraiva, 2019, p. 198 e ss.
7. Cf.: CARVALHO, Jorge Morais. *Manual de Direito de Consumo*. Coimbra: Almedina, 2019, p. 185 e ss.
8. Não cabe nenhuma punição ao consumidor. Vide artigo 11, n. 7 do DL 24/2014.
9. Mesmo que o bem lhe agrade, o consumidor pode resolver o contrato se concluir que determinada cláusula é desajustada de seu interesse. Cf.: MARTINEZ, Pedro Romano. *Da Cessação do Contrato*. 3. ed. Coimbra: Almedina, 2015, p. 270.
10. Cf.: OLIVEIRA, Elsa Dias. *A protecção dos consumidores nos contratos celebrados através da Internet*: contributo para uma análise numa perspectiva material e internacional privatista. Coimbra: Almedina, 2002, p. 99.

CAPÍTULO 3 • DEVER DE INFORMAÇÃO PRÉ-CONTRATUAL E DIREITO DE ARREPENDIMENTO

poder verificar as qualidades da mercadoria adquirida nem tampouco de analisar as características dos serviços antes de ter decidido por sua contratação.

Finalmente, apesar de mitigar a força obrigatória dos contratos, o que não deixa de ser uma ingerência na autonomia privada[11], o direito de arrependimento serve para contrapor a força econômica dominante e opressora do fornecedor[12] em detrimento da vulnerabilidade[13] e hipossuficiência do consumidor.[14]

3.2 PORTUGAL

3.2.1 Regime jurídico do direito de arrependimento

A doutrina ainda não é unânime quanto à definição de um regime jurídico ao direito de arrependimento. No entanto, para aprofundar sobre o tema, vale a pena recordar as características do direito de arrependimento para isolar, uma por uma, as espécies de extinção das obrigações que não se amoldariam e, por fim, aquelas que mais se aproximariam de sua natureza jurídica.

São características pacíficas e aceitas pela doutrina[15] sobre o direito de arrependimento: a) direito discricionário, independente de qualquer justificação para produzir efeitos (únicos pressupostos são atinentes ao prazo e modo de exercício);

---

11. Cf.: ALMEIDA, Carlos Ferreira de. *Direito do consumo*. Coimbra: Almedina, 2005, p. 114.
12. A noção de fornecedor não passou por mudanças significativas em Portugal. A Lei de Defesa do Consumidor 24/96 define como pessoa que exercesse, com caráter profissional e independente, uma atividade econômica que visasse a obtenção de benefícios. À semelhança do ordenamento português, no Brasil, a caracterização é conferida pelo artigo 3º do Código de Defesa do Consumidor, ao dispor que fornecedor é toda pessoa física ou jurídica, pública ou privada, nacional ou estrangeira, bem como os entes despersonalizados, que desenvolvem atividade de produção, montagem, criação, construção, transformação, importação, exportação, distribuição ou comercialização de produtos ou prestação de serviços. Vide entendimento de: TARTUCE, Flávio; NEVES, Daniel Amorim Assumpcão. *Manual de Direito do Consumidor*. 9. ed. São Paulo: Método, 2020, p. 66 e ss.
13. Sobre o desequilíbrio institucional entre os contraentes, Cf.: ALMEIDA, Carlos Ferreira de. *Contratos I*. 5. ed. Coimbra: Almedina, 2015, p. 199 e ss. Nesse ponto, se comparado ao revogado DL n. 143/2001 (artigo 6º, n. 2, b), o regime atual é menos favorável ao consumidor, uma vez que ele tinha anteriormente a possibilidade de se arrepender até ao início da execução do contrato de prestação de serviço e, no diploma atual, o prazo inicia-se a partir do momento da celebração do contrato.
14. A definição hodierna de consumidor é fruto do DL 24/2014, o qual preceitua ser pessoa singular que atue com fins que não se integrem no âmbito da sua atividade comercial, industrial, artesanal ou profissional. No Brasil, é conceituado pelo Código de Defesa do Consumidor (CDC) brasileiro, artigo 2º: "Consumidor é toda pessoa física ou jurídica que adquire ou utiliza produto ou serviço como destinatário final. Salienta-se que, no Brasil, ao estatuir que pessoa jurídica pode e deve ser considerada consumidora, tão somente sendo relevante se a mesma é destinatária final do produto ou serviço". Nesse sentido, confira o desenvolvimento tema em: LIZ, Jorge Pegado. *Conflitos de consumo*: uma perspectiva comunitária de defesa dos consumidores. Lisboa: Centro Informação Jacques Delors, 1998 (Prémio Jacques Delors), p. 124.
15. Nesse sentido: CORREIA, Miguel Pupo. Contratos à distância: uma fase na evolução da defesa do consumidor na sociedade de informação? *Estudos de Direito do Consumidor*, n. 4, 2002, p. 175 REBELO, Fernanda Neves. O direito de livre resolução no quadro geral do regime jurídico da proteção do consumidor. Universidade de Coimbra (Org.). *Nos 20 anos do Código das sociedades comerciais*: homenagem aos profs. Doutores A. Ferrer Correia, Orlando de Carvalho e Vasco Lobo Xavier. Coimbra: Coimbra Ed., v. II, 2007, p. 611 e ss.

b) direito potestativo, exercido por declaração lateral e não receptícia, alcançando eficácia desde o momento em que é emitida dentro do prazo, ainda que a outra parte só venha conhecê-la depois de expirado o prazo de resolução; c) caracterizado como uma forma de extinção legal dos efeitos do negócio jurídico e opera de forma retroativa; d) direito temporário *ex lege*, uma vez que caduca com o prazo fixado legalmente para o seu exercício; e) uma vez exercido, não há qualquer tipo de sanção, em que pese produza efeitos relativamente a terceiros.

Sob essas premissas, afastar-se-ia a modalidade da denúncia[16], apesar de essa forma se efetivar através de uma simples declaração unilateral, ser inerente aos vínculos obrigacionais duradouros e sem termo estipulado, e, regra geral, não operar retroativamente.[17]

Por sua vez, a retratação é figura utilizada para uma declaração que tenha como fito evitar a produção de efeitos de outra declaração, exigindo-se como requisito de validade que o destinatário tenha conhecimento dela antes (ou simultaneamente) da outra. Assim, não inscreveria ao direito de arrependimento, vez que pressupõe um contrato celebrado, pelo que não seria adequado falar em retratação a esse propósito.[18]

Quanto à resolução[19], a doutrina também diverge. Carlos Mota Pinto preleciona que a resolução é uma forma de extinção dos efeitos negociais com fundamento na lei ou através de cláusula resolutiva. Na verdade, a resolução não é fruto de um vício na formação do contrato, mas sim de um fato *a posteriori* à sua celebração, podendo valer-se de uma simples declaração à outra parte. Regra geral, é necessário invocar um fundamento que a justifique[20], além de possuir eficácia retroativa (retorno ao *status quo ante*[21]).

---

16. Cf.: MARTINEZ, Pedro Romano. *Da Cessação do Contrato*. 3. ed. Coimbra: Almedina, 2015, p. 60 e ss. Sobre o tema, confira: PEREIRA, Manuel das Neves. *Introdução ao Direito e às Obrigações*. 4. ed. Coimbra: Almedina, 2015, p. 413 e ss.

17. OLIVEIRA, Elsa Dias. *A protecção dos consumidores nos contratos celebrados através da Internet*: contributo para uma análise numa perspectiva material e internacional privatista. Coimbra: Almedina, 2002, p. 110.

18. CARVALHO, Jorge Morais. *Manual de Direito de Consumo*. Coimbra: Almedina, 2019, p. 237 e ss.

19. Há muito o Professor Januário Gomes aduzia que o direito de arrependimento é uma forma de resolução contratual que possui, de *prima facie*, efeito retroativo. Cf.: GOMES, Januário. Sobre o direito de arrependimento do adquirente de direito real de habitação periódica (time-sharing) e a sua articulação com direitos similares noutros contratos de consumo. *Revista portuguesa de direito do consumo*, n. 3, 1995, p. 82 e ss. Sobre o tema, o Professor Alexandre Dias Pereira entende o direito de arrependimento seria uma "condição legal resolutiva de natureza imperativa, potestativa e arbitrária" do negócio, tendo em vista que a eficácia deste fica dependente da inocorrência de determinado evento. Cf.: PEREIRA, Alexandre Libório Dias. Comércio Electrónico e Consumidor. *Estudos de Direito do Consumidor*, n. 6, CDC/FDUC, Coimbra, 2004, p. 376 e ss.

20. Cf.: PORTUGAL. Supremo Tribunal de Justiça. Acórdão do processo 2/09.1YFLSB. Relator: Fonseca Ramos; Sentença do CICAP. 18 de abril de 2016, processo n. 1317/2016. Juíza: Sara Lopes Ferreira.

21. Sobre o tema, confira: COSTA, Mário Júlio de Almeida. *Direito das obrigações*. 8. ed. Coimbra: Almedina, 2000, p. 280 e ss.

CAPÍTULO 3 • DEVER DE INFORMAÇÃO PRÉ-CONTRATUAL E DIREITO DE ARREPENDIMENTO **151**

Ademais, esse elemento não se faz presente ao direito à livre resolução, vez que o consumidor, mesmo apreciando o produto em questão, pode exercer seu direito independentemente de qualquer justificação. Aqueles que pensam sob esse aspecto[22], portanto, diriam que não se trata de um direito de resolução do contrato.

Há quem entenda que, apesar desse pressuposto *fattispecie* constitutivo, a ausência de um motivo a invoca como causa de resolução do contrato; assim, a resolução estampada nos artigos 432 e seguintes do Código Civil seria o instituto que mais se aproximaria da livre resolução[23].

Por outro lado, se entender que a vinculação é uma característica inarredável da resolução, então esse direito não se enquadraria no âmbito dessa modalidade, podendo ser considerado uma figura *sui generis*[24] que, uma vez exercido, faz extinguir o contrato.[25]

Sobre a modalidade da revogação, alguns compreendem que também deve ser afastada já que, muito embora possa ser feita através de declaração unilateral sem sujeição a quaisquer pressupostos[26], não opera retroativamente[27]. Ademais, tratando-se de um contrato, o negócio jurídico tem mais de um autor, pelo que a revogação diz respeito ao modo de extinção por acordo das partes[28]. Na verdade, a revogação tem efeitos para o futuro (*ex nunc*), e, eventualmente tem efeitos retroativos interpartes,

---

22. Cf.: OLIVEIRA, Elsa Dias. *A protecção dos consumidores nos contratos celebrados através da Internet*: contributo para uma análise numa perspectiva material e internacional privatista. Coimbra: Almedina, 2002, p. 109 e ss.; RODRIGUES, Sofia Nascimento. O direito de resolução do investidor na contratação de serviços financeiros à distância. In: PINA, Carlos Costa; Instituto Dos Valores Mobiliários (Portugal) (Org.). *Direito dos valores mobiliários*. Coimbra: Coimbra Ed., 2007, v. VII, p. 256 e ss.; REBELO, Fernanda Neves. O direito de livre resolução no quadro geral do regime jurídico da proteção do consumidor. Universidade de Coimbra (Org.). *Nos 20 anos do Código das sociedades comerciais*: homenagem aos profs. Doutores A. Ferrer Correia, Orlando de Carvalho e Vasco Lobo Xavier. Coimbra: Coimbra Ed., 2007, v. II, p. 612.

23. Talvez o legislador tenha utilizado o termo "livre", dentro do contexto de livre resolução, com o fito de fincar na lei mais uma espécie de resolução não fundamentada. Cf.: REBELO, Fernanda Neves. O direito de livre resolução no quadro geral do regime jurídico da proteção do consumidor. Universidade de Coimbra (Org.). *Nos 20 anos do Código das sociedades comerciais*: homenagem aos profs. Doutores A. Ferrer Correia, Orlando de Carvalho e Vasco Lobo Xavier. Coimbra: Coimbra Ed., v. II, 2007, p. 5 e 30.

24. Cf.: BARATA, Carlos Lacerda. Contratos celebrados fora do estabelecimento comercial. *Revista de direito civil*, v. A.1, n. 4, p. 861-919, 2016, p. 918. Sobre os tradicionais modos de extinção de obrigações, confira: SÁ, Fernando Augusto Cunha de. Modos de Extinção das obrigações. In: CORDEIRO, António Menezes; LEITÃO, Luís Menezes; GOMES, Januário da Costa (Org.). *Estudos em homenagem ao Prof. Doutor Inocêncio Galvão Telles*. Coimbra: Almedina, 2002, v. I. p. 172 e ss.

25. Cf.: OLIVEIRA, Elsa Dias. *A protecção dos consumidores nos contratos celebrados através da Internet*: contributo para uma análise numa perspectiva material e internacional privatista. Coimbra: Almedina, 2002, p. 109.

26. Nesse sentido, confira.: MIRANDA, José Miguel de Sá. *O contrato de viagem organizada*. Coimbra: Almedina, 2000, p. 199.

27. Cf.: OLIVEIRA, Elsa Dias. *A protecção dos consumidores nos contratos celebrados através da Internet*: contributo para uma análise numa perspectiva material e internacional privatista. Coimbra: Almedina, 2002, p. 115 e ss.

28. PRATA, Ana. *Dicionário Jurídico*. 5. ed. Coimbra: Almedina, 2008, (com a colaboração de Jorge Carvalho; 1), p. 1310 e ss.

dependendo das vontades dos contratantes. Em qualquer delas, não se coaduna com o direito de arrependimento.[29]

Há quem analise que o direito de arrependimento poderia ser considerado uma forma de revogação unilateral que, na falta de regras próprias, seguiria o regime da resolução.[30]

Já o Professor Menezes Cordeiro[31] sustenta tecnicamente que o direito de arrependimento, manifestado pela lei e pela doutrina de "direito à livre resolução" se agrega à espécie de revogação. Pontua o Professor que tal direito de exercício é unilateral, diferenciando-se, assim, do distrate. Obtempera que surge discricionário, o que o apartaria da resolução. Assim, tanto basta para que se revele como uma forma de revogação, remetendo-se ao paralelismo com a figura do mandato.

Salienta o Professor que a total liberdade de retratação afasta as regras relevantes do incumprimento ou da impossibilidade, inerentes à resolução, fato que permitiria robustecer a "resolução pelo consumidor" como uma modalidade de revogação.[32]

Seguindo a mesma linha do Professor Menezes Cordeiro, o Professor espanhol José Ramón Garcia Vicente[33] também compreende não se tratar de resolução, uma vez que esta figura não está diretamente atrelada ao incumprimento contratual por uma das partes, o que não é o caso, aproximando-se mais da revogação, tendo em conta o efeito retroativo que o seu exercício implica.

Por fim, nos aliamos à posição da Professora Claudia Lima Marques, adiante detalhada, que entende que a natureza jurídica do direito de arrependimento se aproxima mais da resolução, pelos motivos já referidos e adiante esposados.

---

29. Sobre o tema, confira: PINTO, Carlos Alberto da Mota. *Teoria geral do direito civil*. 4. reimp. Coimbra: Coimbra Ed., 2012, p. 628 e ss. Em sentido diverso, confira: ASCENSÃO, José de Oliveira. *Direito Civil: teoria geral. Acções e factos jurídicos*. 2. ed. Coimbra: Coimbra Ed., 2003, v. II, p. 479, *verbis*: "É discutida a natureza deste direito do consumidor. A Directriz fala em rescisão, que é uma qualificação que, como dissemos, deve ser evitada. O DL fala em resolução, mas esta pressupõe justa causa. Também se fala em arrependimento, mas é mais uma descrição que uma precisa qualificação jurídica. Pareceria mais revogação, pois o exercício fica inteiramente na disponibilidade de consumidor [...]".
30. Cf.: MARTINEZ, Pedro Romano. *Da Cessação do Contrato*. 3. ed. Coimbra: Almedina, 2015, p. 56 e ss.
31. Cf.: CORDEIRO, António Menezes. *Tratado de Direito Civil IX*. Parte Geral. 3. ed. Coimbra: Almedina, 2017, p. 965 e ss.
32. Cf.: Ibidem.
33. Cf.: VICENTE, José Ramón García. *Ley de contratos celebrados fuera de los establecimientos mercantiles*: el derecho de revocación. Pamplona: Aranzadi, 1997, p. 113. *verbis*: "[...] Hubiera sido igualmente correcto (en razón de su función extintiva de una relación obligatoria ya existente y su modo de ejercicio a través de una declaración de voluntad unilateral recepticia) que el legislador lo hubiera denominado "derecho de desistimiento"; en realidad, desistimiento y revocación son términos plenamente intercambiables desde un punto de vista dogmático, porque las fronteras entre estas figuras son borrosas y el legislador no ha tenido especial cuidado en distinguirlas. Tantas son sus afinidades que si difícilmente podemos apuntar algo más que una simple tendencia en orden a su configuración técnica más precisa, parece imposible señalar esa tendencia en la razón de su atribución". No mesmo sentido: ÁLVAREZ MORENO, María Teresa. *El desistimiento unilateral del consumidor en los contratos con condiciones generales*. Madrid: Edersa, 2001, p. 193 e ss. Disponível em: http://0-vlex.com.fama.us.es/account/login_ip?fuente_id=1300. Acesso em: 06 set. 2019.

3.2.2 Efeitos do contrato na pendência do prazo para o exercício do direito de arrependimento

Os contratos de consumo celebrados à distância, em que há previsão legal do direito de arrependimento, são celebrados sob condição resolutiva legal (decorrente da lei) e potestativa[34] (porque sua verificação depende de um ato jurídico resultante, ficando a resolução dos seus efeitos subordinada a um acontecimento futuro e incerto, que consiste no exercício do direito pelo consumidor).

Explico. A condição é resolutiva porque os efeitos do contrato se produzem integralmente com a celebração, podendo ser praticados quaisquer atos dispositivos[35]. Ou seja, o contrato fica perfeito, quando da sua celebração.[36] A revogação pelo consumidor é uma superveniência permitida pela lei; antes de esgotada a possibilidade legal de utilizá-la, as partes já dispõem de pretensões de cumprimento.

Vale ressaltar aqui que não se trata de um direito de revogação da declaração negocial do consumidor, cuja atuação se inseriria na fase de formação do contrato, que, assim, ficaria suspensa durante o prazo para o exercício do direito.[37]

Ao revés, o exercício do direito provocará a cessação da relação contratual existente, tipicamente em seus efeitos retroativos, ou seja, com eficácia extintiva.[38]

Sob essas premissas, é mister separar os efeitos resultantes da celebração do contrato, em especial durante o decurso de prazo em que o consumidor pode exercer o direito de arrependimento dos efeitos do exercício do direito de arrependimento (esse último visualizaremos no tópico subsequente).

Nesse quadrante, antes de mais nada, é necessário responder a seguinte indagação: será o contrato celebrado eficaz enquanto não tiver decorrido o prazo para o exercício do direito de arrependimento?

Para resolução do questionamento, o Professor Carlos Ferreira de Almeida[39] arremata ser necessário distinguir os dois modelos de raízes alemãs. No primeiro modelo, nomeadamente modelo da eficácia suspensa, apenas se considera eficaz o

---

34. Hoje admite-se pacificamente que se trata de um direito potestativo, concedido ao consumidor, de fazer cessar livremente o contrato, dentro do período de *cooling off*. Cf.: CORDEIRO, António Menezes. *Tratado de Direito Civil IX*. Parte Geral. 3. ed. Coimbra: Almedina, 2017, p. 965.

35. Assim, não se aplica o artigo 274 do Código Civil português, podendo o consumidor alienar o bem após a celebração do contrato, mesmo durante o decurso de prazo para o exercício do direito de arrependimento, não ficando esse segundo ato dependente da não verificação da condição. Nesse caso, o direito de arrependimento deixaria de ser exercido.

36. Segundo o Professor Pedro Romano Martinez, o contrato produz os seus efeitos nos termos comuns desde à data da celebração, podendo executar-se desde logo, mas, durante o período de reflexão, pode cessar com eficácia retroativa. Cf.: MARTINEZ, Pedro Romano. *Da Cessação do Contrato*. 3. ed. Coimbra: Almedina, 2015, p. 161.

37. Cf.: BARATA, Carlos Lacerda. Contratos celebrados fora do estabelecimento comercial. *Revista de direito civil*, v. A.1, n. 4, p. 861-919, 2016, p. 914.

38. Confira artigos 433 e 434, ambos do Código Civil português. Sobre o tema: Ibidem, p. 918.

39. Cf.: ALMEIDA, Carlos Ferreira de. *Direito do consumo*. Coimbra: Almedina, 2005, p. 111 e ss.

contrato, durante o período de reflexão, se o direito de arrependimento não tiver sido exercido. Ou melhor, o contrato começaria ineficaz, tornando-se eficaz pela não verificação do exercício do direito de arrependimento.

Contudo, tal modelo não foi o contemplado recentemente pelo DL 24/2014[40]. Ao revés, o dispositivo elegeu o modelo da eficácia resolúvel[41], ou seja, o contrato produz eficácia de pronto, apenas ficando sem efeito no caso de o consumidor exercer o direito de arrependimento no lapso temporal do período de reflexão.

Vejamos. Se o contrato possuir como objeto um bem, o artigo 14 do DL 24/2014 regula uma parcela dos efeitos resultantes dessa celebração, em relevo à utilização que o adquirente pode dar ao produto no transcorrer do prazo para o exercício do direito de arrependimento.

Nesse ponto, a norma não afasta a subsunção das regras gerais ou especiais relativas à essa espécie contratual, ao revés, infere-se que essas regras devam ser adaptadas à limitação prevista na lei.

Sendo assim, o contrato produz seus efeitos desde sua celebração[42], podendo executar-se desde logo, mas, durante o período de reflexão, pode cessar com eficácia retroativa. Tratando-se, por exemplo, de um pacto de compra e venda, a propriedade transmite-se por mero efeito do contrato se tratar de coisa específica[43] e, em regra, no momento do cumprimento se tratar de uma coisa genérica.[44]

No caso em estudo, em que estão em voga as relações jurídicas de consumo à distância celebrada pela *internet*, o objeto do contrato é, via de regra, uma coisa genérica, coincidindo o momento da recepção do bem pelo consumidor com o da concentração da obrigação e transmissão da propriedade.

Assim, uma vez proprietário, o consumidor goza de pleno exercício dos direitos de uso, fruição e disposição do bem, dentro dos limites da lei com a observância das

---

40. Note que o fornecedor está vinculado ao reembolso ao consumidor, no prazo máximo legal, sob pena de devolução em dobro.

41. Sobre o modelo da eficácia resolúvel, confira: REBELO, Fernanda Neves. O direito de livre resolução no quadro geral do regime jurídico da proteção do consumidor. Universidade de Coimbra (Org.). *Nos 20 anos do Código das sociedades comerciais*: homenagem aos profs. Doutores A. Ferrer Correia, Orlando de Carvalho e Vasco Lobo Xavier. Coimbra: Coimbra Ed., 2007, v. II, p. 611 e ss. No mesmo sentido: GOMIDE, Alexandre Junqueira. *Direito de Arrependimento nos Contratos de Consumo*. Coimbra: Almedina, 2014, p. 64 e ss.

42. Nesse sentido: MARTINEZ, Pedro Romano. *Da Cessação do Contrato*. 3. ed. Coimbra: Almedina, 2015, p. 160 e ss.

43. Confira artigo 408, n. 1 do Código Civil português. O ordenamento optou pelo sistema do título e do modo, independentemente da natureza móvel ou imóvel do objeto do direito real em causa. Cf.: GONÇALVES, José Alberto. *Código Civil Anotado*. Lisboa: Quid Juris, 2012, v. II – Direito das Obrigações. p. 35 e 36. Disponível em: http://www.almedina.net/catalog/product_info.php?products_id=19045. Acesso em: 07 set. 2019. Cf.: LIMA, Fernando Andrade Pires de; VARELA, João de Matos Antunes. *Código Civil – Anotado*. 4. ed. Coimbra: Coimbra Ed., 2011, V. I, p. 375. Veja também: PORTUGAL. Tribunal da Relação de Coimbra. Acórdão do processo n. 1207/05.OPBTMR.C1, julgado em 17 de dezembro de 2008.

44. Cf.: artigo 541 do Código Civil português.

restrições por ela impostas[45], permitindo o consumidor experimentar e utilizar o bem normalmente.

Aqui é relevante fazer uma importante distinção entre os verbos experimentar e utilizar, especialmente em virtude dos consectários advindos dispostos pelo diploma.

Quanto a experimentar o bem, não se vê maiores problemas, especialmente pela necessidade de inspecioná-lo, verificando suas características e observando o bom funcionamento do produto.[46]

A rigor, o direito de livre resolução não deve ser prejudicado pela averiguação realizada pelo consumidor, para observar a natureza do bem, características e seu funcionamento, embora o adquirente possa ser responsabilizado pela depreciação do bem, se o manuseio realizado para tal inspeção em si exceder a manipulação que habitualmente é tolerada em estabelecimento comercial.[47]

Ou seja, tal manipulação que corriqueiramente é admitida em lojas comerciais é tida como parâmetro definidor[48] dos limites da licitude da inspeção aferida ao consumidor; ultrapassá-la o fará incorrer numa obrigação de indenizar o fornecedor pela depreciação do bem.

Quanto à utilização do bem, o DL 24/2014 é claro ao dispor que o consumidor pode ser responsabilizado pela depreciação do bem, regra que pode acarretar problemas probatórios práticos, mas tende a ser mais equitativa. Ou seja, não é legítimo o profissional impedir o exercício do direito do arrependimento com fundamento de utilização do bem pelo consumidor, mas poderá valer-se desse dispositivo para obter um ressarcimento adequado[49], se constatado algum dano.

Convém ressaltar que em nenhum caso o consumidor é responsabilizado pela depreciação do bem quando o fornecedor não o tiver informado do seu direito de livre resolução[50]. Isto é, deve o profissional comunicar ao consumidor, antes da celebração do contrato, sobre o direito de arrependimento (prazo, modo, forma), sob pena de o consumidor poder exercê-lo sem custos.

Apesar da necessária proteção do consumidor, acreditamos que o artigo conjuga, no mesmo patamar, dois fatores distintos. Para nós, o fato de o consumidor não ser informado não ilide sua responsabilidade pela depreciação do bem.

---

45. Cf.: artigo 1305 do Código Civil português. Sobre as restrições, confira: ABÍLIO NETO. *Código Civil anotado*. 19. ed. Lisboa: Ediforum, 2016, p. 1192-1196.
46. Cf.: artigo 14, n. 1, DL 24/2014.
47. Cf.: artigo 14, n. 1 e 2.
48. Cf.: PINTO, Carlos Alberto da Mota. O Novo Regime Jurídico dos Contratos à Distância e dos Contratos Celebrados Fora do Estabelecimento Comercial. *Estudos do Direito do Consumidor*, n. 9, p. 51-91, 2015, p. 76 e ss. No mesmo sentido: PASSINHAS, Sandra. A Directiva 2011/83/UE, do Parlamento Europeu e do Conselho, de 25 de outubro de 2011, Relativa Aos Direitos Dos Consumidores: Algumas Considerações. *Estudos do Direito do Consumidor*, n. 9, p. 93-141, 2015, p. 116 e ss.
49. Vide artigo 14, n. 2, do DL 24/2014.
50. Cf.: artigo 14, n. 3, do DL 24/2014.

Compreendemos que seria reparar um erro com outro, podendo inclusive o consumidor se valer desse artifício para usufruir do bem, e, logo em seguida, exercer o direito de arrependimento sobre o pretexto de que não foi devidamente informado, consubstanciando-se um patente desequilíbrio contratual.

Além dessa limitação, importa atender os limites impostos pela boa-fé no exercício de qualquer direito.[51] Por exemplo, a prática de disposição do bem (a sua venda a terceiros) implicaria, em tese, em renúncia tácita ao direito de arrependimento. Ou seja, há quem entenda que o direito de arrependimento não é transferido ao novo adquirente, mesmo que ainda esteja dentro do prazo legal, vez que o novo comprador não é parte no contrato do qual este resulta, bem como o direito não se transmite com o bem.[52]

Finalmente, quanto à transferência do risco, o DL 24/2014 não dispõe de regra especial, devendo, portanto, valer-se do regime geral do artigo 796 do Código Civil. Estando em causa um contato de compra e venda de coisa genérica, o risco de perecimento ou deterioração da coisa corre por conta do consumidor a partir do momento da concentração da obrigação, ou seja, em regra da entrega do bem. Isto é, na pendência de condição resolutiva, o risco corre por conta do adquirente se a coisa lhe tiver sido entregue.[53]

Por outro lado, se o objeto do contrato for a prestação de um serviço, a interpretação é diversa. A regra é que os efeitos do contrato ficam suspensos[54] até o termo do prazo para o exercício do direito de arrependimento. Ou melhor, as repercussões do contrato não se produzem de imediato, somente se iniciando a prestação do serviço após ter decorrido o prazo para o exercício do direito de arrependimento, ficando o consumidor inerte.

O exercício do direito de arrependimento pelo consumidor representa a não verificação da condição suspensiva[55], pelo que o contrato não chega a produzir efeitos. Nesse caso, extinguem-se os direitos e as obrigações decorrentes do pacto com efeitos a partir da sua celebração, tendo o exercício do direito eficácia retroativa.[56]

---

51. Cf.: artigo 334 do Código Civil português.
52. Entendimento contrário: GOMIDE, Alexandre Junqueira. *Direito de Arrependimento nos Contratos de Consumo*. Coimbra: Almedina, 2014, p. 188. Essa ideia vai de encontro ao que está descrito no Regime Jurídico da Venda e Garantia de Bens de Consumo, DL 67/2003 de 8 de abril (alterado e republicado pelo DL n. 84/2008 de 21 de Maio) em seu artigo 4º, n. 6 – Os direitos atribuídos pelo presente artigo transmitem-se a terceiro adquirente do bem.
53. Cf.: artigo 793, n. 3, do Código Civil português; PORTUGAL. Tribunal da Relação do Porto. Acórdão do Processo 11692/04.1TJPRT-A.P1. Relator: Henrique Antunes, julgado em 19 de janeiro de 2010.
54. Nesse sentido, confira: ALVES, Paula Ribeiro. *Contrato de seguro à distância*: o contrato electrónico. Coimbra: Almedina, 2009, p. 70 e ss.
55. As condições suspensivas são aquelas em que a verificação do fato condicionante desencadeia a eficácia do negócio jurídico condicionado ou de parte do seu regime. Cf.: VASCONCELOS, Pedro Pais de. Teoria geral do direito civil. *Revista do Centro de Estudos Judiciários*, n. 1, 2015, p. 535 e ss.; PINTO, Carlos Alberto da Mota. *Teoria geral do direito civil*. 4. reimp. Coimbra: Coimbra Ed., 2012, p. 572 e ss.; TELLES, Inocêncio Galvão. *Manual dos Contratos em Geral*. Coimbra: Coimbra Ed., 2002, p. 270 e ss.
56. CARVALHO, Jorge Morais. *Manual de Direito de Consumo*. Coimbra: Almedina, 2019, p. 242 e ss.

CAPÍTULO 3 • DEVER DE INFORMAÇÃO PRÉ-CONTRATUAL E DIREITO DE ARREPENDIMENTO **157**

Se por um lado o profissional não incorre em custos com o início da prestação do serviço; por outro o consumidor pode exercer seu direito sem estar sujeito ao pagamento de qualquer valor.

Demais disso, o consumidor pode exigir assim que queira o cumprimento imediato do contrato[57] através de uma declaração expressa em pedido expresso ou em suporte duradouro[58], não podendo o profissional opor-se a esse direito, antes do termo do prazo para o exercício do direito de arrependimento.

Uma vez exigido o cumprimento imediato do contrato, a pedido do consumidor, esse último ainda mantém o direito de arrependimento[59]. Ou melhor, em caso de prestação de serviço, o consumidor só deixa de ter o direito de arrependimento se o serviço tiver sido integralmente prestado ou, por outro lado, tiver sido esclarecido a eventual perda do direito pelo profissional.[60]

Assim, o contrato fica sujeito à condição resolutiva, o qual não tem, ao contrário da regra geral, efeitos retroativos, já que o consumidor deve pagar ao profissional o montante proporcional ao que foi disponibilizado até o momento da comunicação da resolução, em relação ao conjunto das prestações previstas no contrato.[61]

Em resumo, o consumidor poderá avaliar com mais clareza a eficácia do serviço e sua qualidade, ainda podendo (dentro do prazo legal), exercer o direito de arrependimento.

3.2.3 Efeitos do exercício do direito de arrependimento

Nos contratos entre consumidores e fornecedores que possuem como objeto um bem, são três principais efeitos do exercício do direito de arrependimento: a) dever do profissional de reembolsar o consumidor do valor pago; b) resolução dos contratos acessórios; c) dever do consumidor de conservar e restituir o bem ao profissional. Como já visto, uma vez exercido o direito, os efeitos do contrato são extintos, tendo o exercício do direito eficácia *ex tunc*.[62]

Quanto ao primeiro efeito, uma das obrigações[63] do fornecedor é reembolsar o consumidor de todos os pagamentos recebidos, incluindo os custos de entrega

---

57. Cf.: artigo 15, n. 1, DL 24/2014.
58. Na verdade, é um ônus do profissional, uma vez que sua inobservância pressuporia inexigibilidade do preço relativo ao serviço prestado. Conf. artigo 15, 5, a, ii do DL 24/2014. Cf.: PASSINHAS, Sandra. A Directiva 2011/83/UE, do Parlamento Europeu e do Conselho, de 25 de outubro de 2011, Relativa Aos Direitos Dos Consumidores: Algumas Considerações. *Estudos do Direito do Consumidor*, n. 9, p. 93-141, 2015, p. 129.
59. Cf.: artigo 15, 2, DL 24/2014.
60. Cf.: artigo 17, 1, a, ii, do DL 24/2014.
61. Cf.: artigo 15, n. 2, DL 24/2014. Sobre o tema, confira: MOREIRA, Teresa. Novos Desafios para a Contratação à Distância a Perspectiva da Defesa do Consumidor. *Estudos do Direito do Consumidor*, n. 9, p. 19–36, 2015, p. 19 e ss.
62. Cf.: artigo 276 do Código Civil português.
63. Cf.: artigo 12, n. 1, DL 24/2014. Vale frisar que o fornecedor pode retardar o reembolso até que os produtos sejam enviados pelo consumidor ou até quando o consumidor demonstre que já enviou a mercadoria ao comerciante.

do bem, no prazo de 14 dias, a contar da data em que for informado da decisão de resolução do contrato.

Sobre esse ponto, em instituto similar ao brasileiro[64], o não reembolso dos valores em causa no prazo de 14 dias implica em dizer que o montante passa a ser devido em dobro e no prazo de 15 dias[65] úteis (caráter sancionatório[66]), sem prejuízo do direito do consumidor de pleitear indenização por danos patrimoniais e não patrimoniais.

Passo a passo, a obrigação do reembolso que recai sobre o fornecedor tem um sinalagma com a obrigação de devolução do bem por parte do consumidor. Aplicando-se a regra geral do 428 do Código Civil[67], relativo à exceção de não cumprimento nos contratos sinalagmáticos, a lei permite a qualquer dos contratantes recusar a realização de sua prestação enquanto não ocorrer a prévia realização da contraparte, ou a oferta de seu cumprimento simultâneo.[68] Assim, enquanto o consumidor não devolver o bem, o profissional não tem o dever de reembolsar o consumidor do montante desembolsado.

No que toca ao segundo efeito, o exercício do direito de livre resolução nos termos do DL 24/2014 implica na resolução automática dos contratos acessórios ao contrato celebrado à distância, sem direito à indenização ou pagamento de qualquer espécie de encargos.[69]

---

64. Vide Código de Defesa do Consumidor, artigo 42, *in fine*.
65. Ressalta-se que o revogado DL n. 143/2001 dispunha o prazo de 30 dias.
66. Cf.: PORTUGAL. Tribunal da Relação do Porto. Acórdão do processo 4257/13.9TBMTS.P1. Relator: Carlos Gil. 27 de 04 de 2015, *verbis*: "A obrigação de devolução em dobro [...] tem caráter sancionatório da mora do obrigado à devolução, dependendo dos pressupostos gerais do nascimento da obrigação de indemnização, salvo no que respeita a demonstração da existência e extensão do dano, que são legalmente ficcionadas pela própria lei em montante igual ao da devolução". No mesmo sentido: PORTUGAL. Julgado de Paz do Seixal. Sentença do processo 189/2013-JP. Relatora: Fernanda Carretas. Julgado em 11 de junho de 2013; PORTUGAL. Julgado de Paz do Seixal. Sentença do processo 14/2014-JP. Relatora: Sandra Marques. Julgado em 06 de outubro de 2014; PORTUGAL. Julgado de Paz do Porto. Sentença do processo n. 130/2011-JP. Relatora: Iria Pinto. Julgado em 29 de novembro de 2011.
67. A *exceptio no adimplementi contractus* constitui uma exceção peremptória de direito material, cujo objetivo e funcionamento ligam ao equilíbrio das prestações contratuais, valendo, tipicamente, no contexto de contratos bilaterais, quer haja incumprimento ou cumprimento defeituoso. Cf.: NETO, Abílio. *Código Civil anotado*. 19. ed. Lisboa: Ediforum, 2016, p. 395 e ss.
68. A doutrina entende que para a exceção de não cumprimento do contrato poder ser invocada sem que haja contrariedade à boa-fé, se exige a observância de uma tripla relação entre o não cumprimento do outro contratante e a recusa de cumprir por parte de quem invoca exceção, em termos de sucessão, causalidade e proporcionalidade entre uma e outra. Cf.: LEITÃO, Luís Manuel Teles de Menezes. *Direito das Obrigações*. Coimbra: Almedina, 2018, v. II, p. 246; ABRANTES, José João. *A excepção de não cumprimento do contrato no Direito Português*. Coimbra: Almedina, 1986, p. 124 e ss.
69. Cf.: artigo 16 do DL 24/2014. Consoante Professor Paulo Mota Pinto, ficam, porém, salvaguardadas as disposições sobre ligação entre contratos de crédito ao consumidor e contratos de aquisição de bens ou de serviços, nos termos dos artigos 16, 17 e 18 do DL 133/2009, de 2 de junho (alterado pelos Decretos-leis 72-A/2010, de 17 de junho, e 42-A/2013, de 28 de março), que transpôs para o direito português a Directiva 2008/48/CE, do Parlamento e do Conselho, de 23 de Abril, relativa a contratos de crédito aos consumidores. Cf.: PINTO, Carlos Alberto da Mota. O Novo Regime Jurídico dos Contratos à Distância e dos Contratos Celebrados Fora do Estabelecimento Comercial. *Estudos do Direito do Consumidor*, n. 9, p. 51-91, 2015, p. 83 e ss.

CAPÍTULO 3 • DEVER DE INFORMAÇÃO PRÉ-CONTRATUAL E DIREITO DE ARREPENDIMENTO **159**

Se o objeto for um serviço contratado e já tiver iniciado sua prestação, o consumidor deverá pagar um montante proporcional ao serviço prestado calculado com base no preço contratual total[70]. Especificamente em relação ao custo de instalação[71], o mesmo só pode ser cobrado quando tal cláusula conste do contrato (deve constar expressamente no contrato, consoante artigos 5º e 8º, do Regime das Cláusulas Gerais).

Quanto ao terceiro efeito, regra geral, o consumidor deve conservar e encaminhar o produto ao fornecedor ao exercer o direito de arrependimento. Ao tempo em que lei foi mais protetiva[72] com relação ao consumidor, o mesmo diploma induziu ao entendimento de que o consumidor possa ser responsabilizado pela depreciação do bem[73], regra que apesar de suscitar problemas práticos de prova, tende a ser mais equilibrada.[74]

Por outro lado, o profissional deve recolher[75] o bem entregue no domicílio do consumidor nos casos em que, pelas dimensões ou características específicas, o produto não possa devolvido por correio (para ilustrar, um frigorífico ou um piano), devendo os custos serem suportados pelo fornecedor.

Tem-se, por certo, que o efeito imediato do exercício do direito de arrependimento é a extinção do contrato e a inerente liberação das partes, quanto às obrigações contratuais que dele resultavam.[76]

3.2.4   Prazo e modo de exercício do direito de arrependimento

Na legislação portuguesa, o prazo é de 14 dias[77] para o exercício do direito de arrependimento[78], tanto para bens quanto para prestação de serviços. Na prática, no momento da contratação, o fornecedor de bens deve disponibilizar o formulário de livre resolução para facultar ao consumidor o seu exercício.

---

70. Cf.: artigo 15, n. 2 e n. 3 do DL 24/2014. Na prática, a determinação do valor a pagar deve ter em conta o custo total e o número de meses do contrato.
71. Se o objeto for um bem, confira o artigo 13, n. 2 do DL 24/2014.
72. Vale ressaltar que o diploma anterior (DL n. 143/2011, artigo 6º, n. 3) previa um alargamento do prazo para 3 meses; o que implica em dizer que o novel diploma é mais protetivo.
73. Vide artigo 14, n. 2, do DL 24/2014.
74. Cf.: KHOURI, Paulo R. Roque. *Direito do Consumidor* – Contratos, Responsabilidade Civil e Defesa do Consumidor Em Juízo. São Paulo: Atlas, 2013, p. 91.
75. Cf.: artigo 12, n. 5, DL 24/2014.
76. Cf.: artigo 11, n. 6, DL 24/2014.
77. Cumpre ressaltar que no diploma anterior, a previsão era de 30 dias, norma que pontualmente excepciona o caráter protetivo do DL 24/2014. Aqui, Pedro Romano Martinez tece crítica sobre a discrepância legislativa, uma vez que a lei de defesa do consumidor também é aplicável ao caso, em seu artigo 8º, n. 4, *que dispõe ser de 7 dias o prazo.* Cf.: MARTINEZ, Pedro Romano. *Da Cessação do Contrato.* 3. ed. Coimbra: Almedina, 2015, p. 267-270.
78. Note que o DL 24/2014 excepciona os bens e serviços que não estão sujeitos ao direito de arrependimento, consoante o artigo 17 *in fine.*

A contagem do prazo é contínua, pelos os que os 14 dias são seguidos.[79] Essa é a dicção do artigo 296 do Código Civil que implica observar os prazos regulados por lei, subsumindo-se às regras do artigo 279.[80]

No caso de o contrato se referir a um determinado bem (compra e venda, por exemplo), o prazo[81] conta-se a partir do momento em que o consumidor recebe a encomenda e adquire a posse daquele bem.[82] Em se tratando de contratos de prestação de serviço, a regra é que o prazo começa a correr a partir da celebração do contrato.[83]

No que concerne à forma do exercício do direito de arrependimento, a lei consignou que a liberdade é a regra, podendo o consumidor utilizar qualquer forma, seja expressamente (notificação extrajudicial, telefone, e-mail) ou tacitamente (devolução do produto), sendo o ônus do consumidor provar[84] o seu exercício.[85] Ou seja, basta uma declaração inequívoca[86], podendo ou não se valer do formulário de livre resolução.[87] Em medida alternativa[88], o profissional pode ofertar ao consumidor a possibilidade de apresentar, por via eletrônica, o referido formulário ou por qualquer outro meio através de seu sítio eletrônico.

Nesse ponto, o fornecedor que possibilite a livre resolução do consumidor através de seu sítio eletrônico deve acusar a recepção ao consumidor, no prazo de 24 horas, da declaração de resolução enviada em suporte duradouro.[89]

Por outro lado, quanto ao uso da linha telefônica[90] para exercer o direito de arrependimento, possibilidade contemplada pelo diploma, é mister ressaltar que o custo da ligação não deve ser superior àquela cobrada pela tarifa base.[91]

---

79. Cf.: o Considerando 41 da Directiva 2011/83/EU.
80. Em síntese, na contagem de qualquer prazo não se inclui o dia em que ocorrer o evento a partir do qual o prazo começa a correr; bem como o prazo que termine em domingo ou dia feriado transfere-se para o primeiro dia útil seguinte. Vide inteligência da alínea "b" e "e" do artigo 279 do Código Civil português.
81. Cf.: artigo 10º na íntegra do DL 24/2014.
82. Cf.: artigo 10º, n. 1, b. Vale pontuar que o bem pode ser entregue pelo fornecedor ou por terceiros, considerando-se que o prazo começa a correr em qualquer dos casos. Confira ideia em CARVALHO, Jorge Morais. *Manual de Direito de Consumo*. Coimbra: Almedina, 2019, p. 237 e ss.
83. Cf.: artigo 10, n. 1, a e c do DL 24/2014.
84. Cf.: artigo 11, n. 1, 2 e 5, do DL 24/2014.
85. Cf.: artigo 11, n. 1 e 2 do DL 24/2014.
86. Na doutrina espanhola, confira.: RODAL, Lucía Costas. La protección de los consumidores en la contratación a distancia y fuera del establecimiento tras la reforma del TRLCU/2007 por Ley 3/2014, de 27 de março. *Aranzadi civil-mercantil. Revista doctrinal*, v. 2, n. 5, 2015, p. 44 e ss.
87. Vide anexo A do DL 24/2014. Mesmo sentido: CARVALHO, Jorge Morais. *Manual de Direito de Consumo*. Coimbra: Almedina, 2019, p. 241 e ss.
88. Sobre o tema, confira: PEREIRA, Alexandre Dias. Comércio eletrônico de conteúdos digitais: proteção do consumidor a duas velocidades? In: ALMEIDA, Carlos Ferreira de (Ed.). *Estudos de direito do consumo*: homenagem a Manuel Cabeçadas Ataíde Ferreira. [s.l.]: Deco Proteste, 2016, p. 54 e ss.
89. Cf.: artigo 11, n. 4. do DL 24/2014.
90. Cf.: MOREIRA, Teresa. Novos Desafios para a Contratação à Distância a Perspectiva da Defesa do Consumidor. *Estudos do Direito do Consumidor*, n. 9, p. 19-36, 2015, p. 22 e ss.
91. Cf.: artigo 4, n. 1, o, assim como artigo 21, ambos do DL 24/2014.

CAPÍTULO 3 • DEVER DE INFORMAÇÃO PRÉ-CONTRATUAL E DIREITO DE ARREPENDIMENTO **161**

A jurisprudência[92] entende que o mais adequado e seguro para o consumidor seria o envio de carta registrada com aviso de recepção, incluindo, de preferência, o modelo de livre resolução fornecedor pelo profissional devidamente preenchido.[93]

A este respeito, exigir-se-ia que a declaração de arrependimento fosse emitida dentro do prazo previsto em lei[94], podendo ser conhecida posteriormente pelo profissional, valendo-se aqui da teoria da expedição.[95] Ou seja, a lei estipula que o direito se considera exercido desde que a declaração seja enviada antes do termo do prazo.[96]

Por fim, é de bom alvitre fazer uma distinção pontual do direito de arrependimento, aqui devidamente desenvolvido, com a previsão legislativa da Lei de Consumo portuguesa, nomeadamente no artigo 8º, n. 4, que trata do direito de retratação em face da insuficiência de informações. Consta no dispositivo que, uma vez verificada falta de informação, informação insuficiente, ilegível ou ambígua que comprometa a utilização adequada do bem ou do serviço, o consumidor goza do direito de retratação do contrato relativo à sua aquisição ou prestação, no prazo de sete dias úteis a contar da data de recepção do bem ou da data de celebração do contrato de prestação de serviços. Assim, não há qualquer conexão com o direito de arrependimento exposto, tão somente a proximidade de nomenclatura.

3.2.5 Deveres pré-contratuais de informação e o direito de arrependimento

Como já exposto exaustivamente no item 2.3 dessa investigação, a obrigação de informar o consumidor disposta pelo DL 24/2014 é mais acurada se comparada ao DL 7/2004, notadamente por esmiuçar o dever pré-contratual de informação do fornecedor, ao estabelecer regras específicas que o fornecedor deve seguir na contratação por meio eletrônico. Nesse ponto, tais informações são relevantes para entender qual o reflexo que possuem com o direito de arrependimento e, consequentemente, com a extinção da obrigação do consumidor.

O primeiro reflexo refere-se à contagem do início do prazo[97] para os casos em que o consumidor não tenha sido esclarecido corretamente do direito de livre resolução. Simples: se o fornecedor de bens não cumprir o dever de informação pré-contratual já citado (omissão sobre a existência do direito e a forma de utilização), o prazo para

---

92. Nesse sentido, confira: Portugal. Tribunal de Relação de Lisboa. Acórdão do processo 428/11.0TVLSB. L1-2. Relator: Pedro Martins, julgado em 8 de novembro de 2012.
93. Nessa linha: REBELO, O direito de livre resolução no quadro geral do regime jurídico da proteção do consumidor, p. 600 e ss.
94. Além da previsão legal, pode ser também dentro do prazo superior previsto entre as partes.
95. Nesse sentido, confira: CARVALHO, Jorge Morais. *Manual de Direito de Consumo*. Coimbra: Almedina, 2019, p. 241 e ss.
96. Cf.: artigo 11, n. 3, DL 24/2014. Vale ressaltar que se deve ter uma leitura diferenciada dada ao artigo 224, n. 1, do Código Civil português.
97. Aqui *jaez* a importância do momento em que o contrato é celebrado, já que influencia na contagem do prazo para o exercício do direito de arrependimento.

o exercício do direito de livre resolução é de 12 meses[98] a contar da data do termo inicial, ou seja, contados a partir do final do prazo de 14 dias previsto na lei para o exercício do direito de arrependimento.

Se as informações forem supridas[99], o consumidor disporá de 14 dias para resolver o contrato a partir da data de ciência dessa informação. Ou seja, o consumidor terá sempre, no mínimo, 14 dias para exercer o direito de arrependimento a contar da data que recebeu a informação sobre sua existência.[100]

A segunda consequência é que tais informações pré-contratuais integram o contrato celebrado à distância, não podendo, regra geral[101], o respectivo conteúdo ser alterado. Neste sentido, o consumidor, se quiser, poderá exigir uma prestação correlata a essas informações, vez que será contratualmente devida.

O terceiro reflexo é no sentido de que o não cumprimento do dever de informação no tocante aos custos de devolução dos bens em caso de exercício do direito de livre resolução, consistirá na desobrigação do consumidor de honrar com custos ou encargos.

Neste domínio, além das punições mencionadas e da responsabilidade contraordenacional que poderá ser aplicada[102], bem como de outras consequências específicas do regime do direito de livre resolução, a violação destes deveres de informação constitui um ilícito pré-contratual, impelindo o fornecedor à correspondente obrigação de indenizar, uma vez provada que essa violação cause danos ao consumidor.

Finalmente, cumpre frisar que os deveres de informação prévia só comportam derrogação por acordo em contrário se a parte adquirente do bem ou serviço for um não consumidor. Em outras palavras, são inderrogáveis se aplicados aos consumidores, mesmo com seu consentimento expresso[103], ou seja, assumem natureza cogente, tendo em vista a vulnerabilidade do consumidor e que, via de regra, não possui instrumentos contratuais paritários.

---

98. Os Professores Davi Falcão e Marta Falcão entendem que legalmente o prazo de 12 meses seria aplicado tão somente se observasse a omissão da informação da existência do direito de arrependimento, e não a qualquer outra informação pré-contratual ausente. Essa última, teria somente sanção contraordenacional, o que levaria a concluir que o novo ordenamento, nesse ponto, não albergou a defesa do consumidor de forma correta. Contudo, os Professores entendem que o prazo deve ser alargado também para qualquer tipo de omissão de informação pré-contratual. Cf.: FALCÃO, Davi; FALCÃO, Marta. Análise crítica do Decreto-lei n. 24/2014, de 14-02, relativo aos contratos celebrados à distância e fora do estabelecimento comercial. *Revista jurídica Data Vênia*, ano 4, n. 5, 2016, p. 11 e 12.

99. Cf.: artigo 10, n. 3, DL 24/2014.

100. Cf.: CARVALHO, Jorge Morais. *Manual de Direito de Consumo*. Coimbra: Almedina, 2019, p. 248 e ss.

101. Cf.: artigo 4°, n. 3, do DL 24/2014.

102. Nos termos do artigo 31, n. 1, alínea b, do DL 24/2014.

103. Cf.: ROCHA, Manuel Lopes *et al. Lei da sociedade da informação* – Comércio eletrônico. Coimbra: Coimbra Ed., 2008, p. 319 e ss.

3.2.6 Exceções ao direito de arrependimento

De partida, são nulas[104] as cláusulas contratuais gerais que imponham ao consumidor uma penalização pelo exercício do direito de livre resolução ou estabeleçam a renúncia ou afastamento do mesmo.

Contudo, o artigo 17 elenca uma extensa lista de exceções ao direito de arrependimento, dentre eles: a) fornecimento de bens que, por natureza, não possam ser reenviados ou sejam suscetíveis de se deteriorarem ou de ficarem rapidamente fora de prazo; b) fornecimento de conteúdos digitais não fornecidos em suporte material; c) bens personalizados; d) bens selados que não possam ser devolvidos quando abertos (ex.: conteúdo digital).

Fixemos no caso de compra e venda de conteúdos digitais, por exemplo o ebook. O consumidor perde o direito de arrependimento se aceitar a sua transferência instantânea por via eletrônica através do download do arquivo e reconhecer que por isso não tem esse direito. Contudo, têm de estar preenchidos os seguintes requisitos: sua execução tiver início com o consentimento prévio e expresso[105] do consumidor, e se o consumidor reconhecer que o seu consentimento implica necessariamente na perda do direito de livre resolução.

Aqui mais uma vez impera o dever de informação pré-contratual ao consumidor. Há quem compreenda[106] ser uma medida excessiva que destoa do caráter protetivo do direito de arrependimento, uma vez que o consumidor não poderia visualizar os requisitos mínimos atinentes ao funcionamento e qualidade do produto digital, assim como sua operabilidade.

Contudo, entendemos ser válida a restrição, uma vez que o consumidor poderia ter acesso ao conteúdo, utilizar ao seu contento (visualizando textos e imprimindo-os, por exemplo) e, logo após, valer-se do direito de arrependimento.

Por fim, inferimos também que o rol de restrições é meramente ilustrativo, uma vez que em sede de conteúdos digitais, a evolução tecnológica diária impulsiona o surgimento de novos produtos e situações, devendo o intérprete aplicar o aspecto teleológico da lei.

3.3 BRASIL

3.3.1 Positivação no Código de Defesa do Consumidor

O direito de arrependimento constitui um direito potestativo disponível ao consumidor, contrapondo-se a um estado de sujeição existente em face do fornecedor ou prestador.[107]

---

104. Cf.: artigo 11, n. 7, 29, ambos do DL 24/2014; artigo 25 da Directiva 2001/83.
105. Cf.: CARVALHO, Jorge Morais; PINTO-FERREIRA, João Pedro. *Contratos celebrados à distância e fora do estabelecimento comercial*. Coimbra: Almedina, 2014, p. 133.
106. Vide PEREIRA, Alexandre Dias. Comércio eletrônico de conteúdos digitais: proteção do consumidor a duas velocidades? In: ALMEIDA, Carlos Ferreira de (Ed.). *Estudos de direito do consumo*: homenagem a Manuel Cabeçadas Ataíde Ferreira. [s.l.]: Deco Proteste, 2016, p. 53 e 54.
107. TARTUCE, Flávio; NEVES, Daniel Amorim Assumpção. *Manual de Direito do Consumidor*. 9. ed. São Paulo: Método, 2020, p. 295 e ss.

A *ratio* do instituto é a mesma da portuguesa: a proteção do consumidor em comércio eletrônico à distância, a fim de evitar as compras por impulso ou realizadas sob forte influência da publicidade[108] sem que o produto esteja sob contato do consumidor ou sem que o serviço possa ser melhor examinado.[109]

No Brasil, o prazo de reflexão cinge-se ao período de 7[110] dias para seu exercício. Da mesma forma que o sistema português, como se trata do exercício de um direito legítimo[111], não há a necessidade de qualquer justificativa[112], inexistindo de sua atuação regular qualquer direito de indenização por perdas e danos a favor da outra parte.

Nesse mesmo sentido, não há incidência de multa pelo exercício, o que contrariaria a própria concepção do sistema de proteção ao consumidor.[113]

Para o exercício do direito de arrependimento, o legislador brasileiro estabeleceu dois requisitos cruciais: a) o contrato de consumo deve ser realizado fora do estabelecimento comercial; b) o lapso temporal cingir-se a sete dias, independente de qualquer justificativa, a partir da assinatura ou do ato de recebimento do produto ou serviço, para o consumidor refletir a hipótese de se arrepender da compra realizada.

Apesar de não estar expressamente disposto no Código de Defesa do Consumidor, a corrente doutrinária majoritária[114] entende que o artigo 49°[115] do Código de Defesa do Consumidor é também aplicável aos contratos eletrônicos, uma vez que, além de ser um contrato à distância, a impessoalidade e a incerteza da satisfação

---

108. Sobre o direito de arrependimento nos atos de consumo levados a efeito no contexto de práticas de *marketing* agressivo, confira: COELHO, Fábio Ulhoa. *Curso de Direito Civil*. 9. ed. São Paulo: Thomson Reuters, 2020, v. 3. Contratos, p. 73 e ss.

109. Cf.: MARQUES, Claudia Lima; BENJAMIN, Antonio Herman V.; MIRAGEM, Bruno. *Comentários ao Código de Defesa do Consumidor*. São Paulo: Thomson Reuters Brasil, 2019, p. 1282 e ss. Nesse sentido, confira.: GONÇALVES, Carlos Roberto. *Direito Civil Brasileiro*: contratos e atos unilaterais. 16. ed. São Paulo: Saraiva, 2019, p. 291.

110. Vide Código de Defesa do Consumidor, artigo 49, *in fine*.

111. Cf.: TARTUCE, Flávio; NEVES, Daniel Amorim Assumpcão. *Manual de Direito do Consumidor*. 9. ed. São Paulo: Método, 2020, p. 295 e ss.

112. Cf.: BRASIL. Superior Tribunal de Justiça. Acórdão do Recurso Especial 1.340.604. Relator: Ministro Mauro Campbell. Julgado em 15 de agosto de 2013, publicado em 22 de agosto de 2013.

113. Sobre o desequilíbrio entre as partes, confira: ALVIM, Arruda; ALVIM, Thereza, *Código do Consumidor Comentado*. 2. ed. São Paulo: Ed. RT, 1995, p. 243 e ss.

114. Cf.: FARIAS, Cristiano Chaves de; ROSENVALD, Nelson. *Curso de Direito Civil*. V. 4. Salvador: Jus Podivm, 2017, p. 92 e ss. No mesmo sentido: AZEVEDO, Carlos Eduardo Mendes de. O direito de arrependimento do consumidor nas contratações eletrônicas. In: MARTINS, Guilherme Magalhães; OLIVEIRA, Amanda Flávio de (Org.). *Temas de direito do consumidor*. Rio de Janeiro: Lumen Juris, 2009, p. 101 e ss.; CAVALIERI FILHO, Sergio. *Programa de direito do consumidor*. São Paulo: Atlas, 2019, p. 306 e ss.

115. Cf.: o Código de Defesa do Consumidor, artigo 49: "O consumidor pode desistir do contrato, no prazo de 7 dias a contar de sua assinatura ou do ato de recebimento do produto ou serviço, sempre que a contratação de fornecimento de produtos e serviços ocorrer fora do estabelecimento comercial, especialmente por telefone ou a domicílio. Parágrafo único. Se o consumidor exercitar o direito de arrependimento previsto neste artigo, os valores eventualmente pagos, a qualquer título, durante o prazo de reflexão, serão devolvidos, de imediato, monetariamente atualizados".

CAPÍTULO 3 • DEVER DE INFORMAÇÃO PRÉ-CONTRATUAL E DIREITO DE ARREPENDIMENTO **165**

são características inerentes, sendo o consumidor suscetível às práticas comerciais virtuais agressivas.

De outro lado, em sentido minoritário, há quem defenda[116] que a vulnerabilidade do consumidor na *internet* não é inferior àquela albergada no meio tradicional, vez que a acessibilidade não seria elemento capaz de descaracterizar o estabelecimento virtual como estabelecimento comercial.

Por fim, cumpre dizer que a oferta vincula o fornecedor, e como o prazo decadencial[117] de 7 dias é um mínimo legal, nada impede que ele seja ampliado[118] pelo fornecedor. Prática não rara visualizada no Brasil, já que é um artifício que o fornecedor tem para captar maior clientela ou até mesmo demonstrar que seu produto ou serviço são de qualidade.

3.3.2 Regime jurídico do direito de arrependimento

A natureza jurídica do direito de arrependimento é um tema que não foi exaurido pela doutrina brasileira, ainda remanescendo aprofundamento teórico.

Imaginemos que o contrato concluído via *internet* seja imediatamente eficaz, surtindo efeitos (prestação e contraprestação) até a ocorrência de evento futuro e incerto que resolveria o vínculo contratual, qual seja, o exercício do direito de arrependimento dentro do prazo legal.[119]

---

116. COELHO, Fábio Ulhoa. Direitos do Consumidor no Comércio Eletrônico. *Revista do Advogado*: 15 Anos de Vigência do Código de Defesa do Consumidor, ano 27, n. 89, p. 32-37, 2006. Em sentido oposto, confira decisão do Superior Tribunal de Justiça: Administrativo. Consumidor. Direito de arrependimento. Art. 49 do CDC. Responsabilidade pelo valor do serviço postal decorrente da devolução do produto. Conduta abusiva. Legalidade da multa aplicada pelo Procon. [...] 2. O art. 49 do Código de Defesa do Consumidor dispõe que, quando o contrato de consumo for concluído fora do estabelecimento comercial, o consumidor tem o direito de desistir do negócio em 7 dias ("período de reflexão"), sem qualquer motivação. Trata-se do direito de arrependimento, que assegura o consumidor a realização de uma compra consciente, equilibrando as relações de consumo. [...] 4. Eventuais prejuízos enfrentados pelo fornecedor neste tipo de contratação são inerentes à modalidade de venda agressiva fora do estabelecimento comercial (internet, telefone, domicílio). Aceitar o contrário é criar limitação ao direito de arrependimento legalmente não previsto, além de desestimular tal tipo de comércio tão comum nos dias atuais. 5. Recurso Especial provido" (BRASIL. Superior Tribunal de Justiça. Acórdão do Recurso Especial 1.340.604. Relator: Ministro Mauro Campbell. Julgado em 15 de agosto de 2013, publicado em 22 de agosto de 2013). Em sentido contrário, Cf.: TARTUCE, Flávio; NEVES, Daniel Amorim Assumpcão. *Manual de Direito do Consumidor*. 9. ed. São Paulo: Método, 2020, p. 254 e ss.; NADER, Paulo. *Curso de Direito Civil* – Contratos. 8. ed. Rio de Janeiro: Forense, 2015, p. 701 e ss. Ademais, existe o Projeto de Lei 281/2012, ainda em trâmite no Congresso Nacional brasileiro, que pretende fazer alusão expressa aos contratos celebrados por meio eletrônico, não remanescendo qualquer dúvida a respeito dessa questão.

117. Vide FARIAS, Cristiano Chaves de; ROSENVALD, Nelson. *Curso de Direito Civil*. Salvador: Jus Podivm, 2017, v. 4, p. 92 e ss.

118. O prazo para o exercício do direito de livre resolução pode ser estendido, servindo muitas vezes de mecanismo de publicidade por parte do fornecedor. Vide artigo 10, n. 4, DL 24/2014. Cf.: MARTINEZ, Pedro Romano. *Da Cessação do Contrato*. 3. ed. Coimbra: Almedina, 2015, p. 269.

119. Cf.: MARQUES, Claudia Lima. *Contratos no Código de Defesa do Consumidor*: o novo regime das relações contratuais. São Paulo: Ed. RT, 2016, p. 982 e ss.

Nessa hipótese, o contrato estaria perfeito e terminado, prescindindo nova declaração de vontade para que surtisse todos os efeitos. Se o evento previsto acontecer na condição resolutiva[120] (desistência do consumidor), se extinguiria o direito estabelecido no contrato, e reestabeleceria o *status quo ante*. Isto é, as partes teriam de devolver as prestações já recebidas eventualmente e ficariam, por conseguinte, liberadas do vínculo contratual.

Contudo, a dicção do artigo 49 do Código de Defesa do Consumidor não prevê a existência de uma condição, de uma cláusula que subordina os efeitos do contrato a algum evento futuro e incerto.

Para o Professor Nelson Rosenvald[121], o direito de arrependimento seria uma hipótese de resilição unilateral oportunizada em favor do consumidor na atividade negocial de oferta de produtos e serviços em sede de contratação à distância. Para o Professor, o contrato não terá a eficácia sustida durante o prazo de reflexão, ao revés, surte efeitos concomitantes ao termo da aceitação pelo consumidor da oferta ao público, como se percebe pela literalidade do artigo 49°[122] do Código de Defesa do Consumidor.

Por sua vez, Professora Claudia Lima Marques[123] argumenta que interpretação teleológica do artigo 49 do Código de Defesa do Consumidor permite afirmar que o direito de arrependimento seria uma nova causa de resolução do contrato, repelindo os conceitos tradicionais das condições suspensiva e resolutiva. Na prática, seria uma faculdade unilateral que o consumidor possui para resolver o contrato no prazo legal de reflexão, sem ter de arcar com os ônus contratuais normais da resolução por inadimplemento.

Com efeito, a resolução opera de pleno direito, não necessitando de intervenção do Poder Judiciário, cuja eficácia depende unicamente da simples manifestação de vontade do consumidor em desistir do contrato.[124]

Ou seja, resolver-se-ia o contrato por meio dessa cláusula resolutiva tácita, sem remover todos os efeitos produzidos por ele, mas operando retroativamente para restabelecer às partes o *status quo ante*.

---

120. Sobre o tema, veja a consideração interessante do Professor Sílvio Venosa: "[...] Nessa situação, o adquirente não necessita, da mesma forma, justificar o motivo de sua recusa, nem pode o fornecedor a ela se opor. Cuida-se, evidentemente, de aplicação técnica que mais se aproxima da venda a contento em razão da natureza das relações de consumo, do que propriamente do direito de arrependimento, que o legislador denominou no parágrafo de prazo de reflexão. Como a lei refere-se a direito de arrependimento, a hipótese assume feição de condição resolutiva, no silêncio do contrato. [...] Cf.: VENOSA, Sílvio de Salvo. *Código civil interpretado*. 2. ed. São Paulo: Atlas, 2011, p. 615 e ss.

121. Cf.: FARIAS, Cristiano Chaves de; ROSENVALD, Nelson. *Direito dos Contratos*. Rio de Janeiro: Lumen Juris, 2011, p. 92 e ss.

122. O artigo 49 do Código de Defesa do Consumidor dispõe que " [...] o consumidor pode desistir do contrato [...]. Com efeito, simplesmente possibilita-se ao consumidor a faculdade unilateral de retratação. Com o exercício da faculdade resilitória, a relação consumerista será desconstituída, restabelecendo-se o *status quo ante*. Cf.: Ibidem, p. 93.

123. Cf.: MARQUES, Claudia Lima. *Contratos no Código de Defesa do Consumidor*: o novo regime das relações contratuais. São Paulo: Ed. RT, 2016, p. 982 e ss.

124. Nessa linha, confira: MIRAGEM, Bruno. *Curso de Direito do Consumidor*. São Paulo: Ed. RT, 2020, p. 504 e ss.

CAPÍTULO 3 • DEVER DE INFORMAÇÃO PRÉ-CONTRATUAL E DIREITO DE ARREPENDIMENTO

Já para o Professor Sérgio Cavalieri Filho[125], no direito de arrependimento há uma compra e venda perfeita e acabada, um contrato de eficácia imediata, apenas sujeito a um direito potestativo do consumidor. Ou seja, não se trata de venda a contento, comodato, condição suspensiva ou coisa do gênero, mas sim de um contrato consumado até que o consumidor manifeste seu arrependimento, correndo todos os riscos normais do contrato pelo consumidor.

Há quem perceba que a natureza jurídica do direito de arrependimento seria *sui generis*: o seu exercício aproxima-se da resilição ou revogação, mas as consequências jurídicas desse ato assemelham-se à resolução contratual.[126]

Por fim, salvo melhor juízo, comungamos com o entendimento da Professora Claudia Lima Marque de que a natureza jurídica do direito de arrependimento se aproxima mais da resolução, sem qualquer tipo de ônus para o consumidor.

3.3.3 Efeitos do contrato na pendência do prazo para o exercício do direito de arrependimento

A doutrina brasileira é reticente quanto ao tema. Há quem entenda[127] que o contrato somente tornará perfeito nos sete dias seguintes à sua assinatura, uma vez que o contratante terá tempo necessário para refletir sobre aquilo pactuado, além de poder se informar melhor sobre o produto adquirido. Ou seja, condiciona o aperfeiçoamento do contrato após o decurso do prazo de sete dias.

Outros advogam[128] que mesmo durante o período do *cooling of* o contrato seria válido e eficaz, perdendo somente sua eficácia por meio de uma simples manifestação de vontade do consumidor em desistir do contrato.

Essa última foi a posição tomada pelo Código de Defesa do Consumidor, vez que pressupõe um contrato já concluído, o qual produz efeitos desde a manifestação positiva do consumidor. Ou seja: o direito de arrependimento é exercido nos casos de contratos existentes, válidos e eficazes; uma vez que quando o consumidor exerce seu direito, perde a eficácia do contrato, sendo assim, extinto.[129]

---

125. CAVALIERI FILHO, Sergio. *Programa de direito do consumidor*. São Paulo: Atlas, 2019, p. 180 e ss.
126. Nesse sentido, confira: GOMIDE, Alexandre Junqueira. *Direito de Arrependimento nos Contratos de Consumo*. Coimbra: Almedina, 2014, p. 61 e ss. O Professor Cristiano Chaves entende que "o art. 49 do CDC é uma norma complexa, em que contempla várias figuras, como o arrependimento, que até então era pré-contratual, a desistência unilateral, enquanto o direito civil tradicional conhecia somente o distrato e o prazo de reflexão, que antes era considerado um simples dever acessório do contrato.". Cf.: FARIAS, Cristiano Chaves de; ROSENVALD, Nelson. *Curso de Direito Civil*. Salvador: Jus Podivm, 2017, v. 4, p. 120 e ss.
127. Cf.: AMARAL JÚNIOR, Alberto do, *Proteção do consumidor no contrato de compra e venda*. São Paulo: Ed. RT, 1993, p. 230 e ss.
128. MARQUES, Claudia Lima. *Contratos no Código de Defesa do Consumidor*: o novo regime das relações contratuais. São Paulo: Ed. RT, 2016, p. 975 e ss.
129. GOMIDE, Alexandre Junqueira. *Direito de Arrependimento nos Contratos de Consumo*. Coimbra: Almedina, 2014, p. 68.

Uma vez recebido o produto, o consumidor torna-se efetivamente proprietário. Todavia, acaso exerça o direito de arrependimento, cessa os efeitos desse contrato, com eficácia retroativa, como já dissemos.

Por fim, na mesma toada que a legislação portuguesa, quando se trata de serviços pactuados pela *internet*, o direito de arrependimento é também garantido[130], mesmo que o fornecedor já tenha iniciado a prestação do serviço.

3.3.4 Efeitos do exercício do direito de arrependimento

Uma vez operada a desistência do produto ou do serviço pelo consumidor, os efeitos da revogação do ato são *ex tunc*, isto é, retroagem ao *status quo ante*.

A este respeito, o que estabelece no artigo 49º é que se houve eventualmente alguma quantia desembolsada por parte do consumidor, o montante pago deve ser devolvido imediatamente, com correção monetária devida. A leitura desse inciso é a mais ampla possível que deve se fazer, tendo em vista que o risco do negócio e do empreendimento é do fornecedor.

No Brasil, a posição doutrinária[131] e jurisprudencial[132] é no sentido de que o fornecedor arcará com toda e qualquer despesa de transporte, serviços postais ou

---

130. Confira seguintes julgados: Juizados especiais cíveis. Consumidor. Contratação de plano de saúde. Serviço contratado fora do estabelecimento comercial. Direito de arrependimento. Prazo de reflexão. Recurso conhecido e improvido. Sentença mantida. 1. Nos termos do art. 49 do CDC, o consumidor pode desistir do contrato no prazo de 7 (sete) dias, a contar de sua assinatura ou do ato de recebimento do produto ou serviço, sempre que a compra ocorrer fora do estabelecimento comercial (prazo de reflexão). 2. Na hipótese, restou demonstrado que o autor assinou o contrato com a ré em 06/05/2014 (fl. 136/139), contudo, sua vigência iniciou somente em 01/06/2014 (fl. 51) tendo o pedido de rescisão sido recebido em 02.06.2014 (fl. 53). 3. Portanto, solicitado o cancelamento da contratação do plano de saúde dentro do prazo, *in casu*, 1 (um) dia após o início da efetiva prestação dos serviços, ao autor é garantido o direito potestativo de resolver o contrato sem qualquer ônus, posto que comprovado o uso no período albergado pela norma consumerista. 4. Recurso conhecido e improvido. Sentença mantida por seus próprios fundamentos. 5. O recorrente responde por custas e honorários advocatícios, estes arbitrados em 10% (dez por cento) do valor da causa, na forma do artigo 55 da lei 9099/95. 6. A súmula de julgamento servirá de acórdão, conforme regra do art. 46 da Lei 9.099/95. (BRASIL. Juizados Especiais do Distrito Federal do Tribunal de Justiça do Distrito Federal e dos Territórios. Acórdão da Apelação Cível 2014 01 1 093349. Relator: Carlos Alberto Martins Filho, julgado em 27 de janeiro de 2015.) No mesmo sentido: "Prestação de serviços – Arrependimento – Admissibilidade – Desistência, através de regular notificação, que se deu anteriormente à vigência do próprio contrato – Artigo 49 do Código de Defesa do Consumidor – Teleologia da norma que leva em consideração sempre o pleno início das relações – No caso, tratando-se de prestação de serviço, este só tem vigência quando opera efetivamente prestado – Devolução do preço pago e de qualquer despesa efetuada – Efeito *ex tunc* da desistência – Procedência do pedido – Apelo provido para esse fim" (BRASIL. 1º Tribunal de Alçada Civil de São Paulo. Apelação 797.271-8. Relator: Rizzatto Nunes, julgado em 24 de maio de 2000).

131. Cf.: TARTUCE, Flávio; NEVES, Daniel Amorim Assumpcão. *Manual de Direito do Consumidor*. 9. ed. São Paulo: Método, 2020, p. 295 e ss.

132. Vide julgado: BRASIL. Superior Tribunal de Justiça. Acórdão do Recurso Especial 1340604/2012. Relator: Ministro Mauro Campbell. Julgado em 15 de agosto de 2013. "Exercido o direito de arrependimento, o parágrafo único do art. 49 do CDC especifica que o consumidor terá de volta, imediatamente e monetariamente atualizados, todos os valores eventualmente pagos, a qualquer título, durante o prazo de reflexão, entendendo-se incluídos nestes valores todas as despesas com o serviço postal para a devolução do produto, quantia esta que não pode ser repassada ao consumidor. 4. Eventuais prejuízos enfrentados pelo fornecedor

CAPÍTULO 3 • DEVER DE INFORMAÇÃO PRÉ-CONTRATUAL E DIREITO DE ARREPENDIMENTO | **169**

qualquer valor que já tiver sido eventualmente pago (entrada, parcelas de cheque ou cartão de crédito etc.), devendo todo montante ser devolvido de forma corrigida.[133] Ou seja, o exercício do direito de arrependimento pelo consumidor não deve induzir ao enriquecimento sem causa do fornecedor, vez que ambos os contraentes voltam à situação primária, ficando o fornecedor obrigado a devolver todos os valores recebidos, devidamente atualizados.[134]

Aliás, pensar o contrário seria limitar, ainda que financeiramente, um direito estatuído e previsto pelo Código de Defesa do Consumidor, bem como desestimular o consumidor a não usufruir do comércio eletrônico tão difundido atualmente.

Vale dizer que no ordenamento português[135], diferentemente do que se sucede ao Brasil, a regra geral é que a responsabilidade dos custos fica a cargo do consumidor, exceto se o fornecedor acorde em suportá-lo ou quando o consumidor não tiver sido previamente informado de que teria o dever de pagar os custos da devolução.

Comungamos aqui com o entendimento brasileiro, malgrado a vulnerabilidade[136] do consumidor e o instituto da boa-fé[137] não devam ser percebidos como artifícios vantajosos na relação jurídica com fornecedor. Ao revés, devem

---

neste tipo de contratação são inerentes à modalidade de venda agressiva fora do estabelecimento comercial (*internet*, telefone, domicílio). Aceitar o contrário é criar limitação ao direito de arrependimento legalmente não previsto, além de desestimular tal tipo de comércio tão comum nos dias atuais.".

133. O risco do negócio é do fornecedor. Cf.: NUNES, Rizzato. *Comentários ao Código de Defesa do Consumidor*. 12. ed. São Paulo: Saraiva, 2018, p. 705. Sobre o fato de que a proteção do consumidor na dicção legal apresenta espectro mais amplo, confira: VENOSA, Sílvio de Salvo. *Código civil interpretado*. 2. ed. São Paulo: Atlas, 2011, p. 1615 e ss.

134. A cláusula contratual que lhe retire o direito de reembolso das quantias pagas é abusiva e, portanto, nula, nos termos do artigo 51, II, do Código de Defesa do Consumidor brasileiro. Cf.: NERY JUNIOR, Nelson; NERY, Rosa Maria de Andrade. *Leis Civis Comentadas*. 2. ed. São Paulo: Ed. RT, 2010, p. 308. Cf.: Informativo n. 0528 STJ, Período: 23 de outubro de 2013. Segunda Turma: "[...]. O parágrafo único do art. 49 do CDC, por sua vez, especifica que o consumidor, ao exercer o referido direito de arrependimento, terá de volta, imediatamente e monetariamente atualizados, todos os valores eventualmente pagos, a qualquer título, durante o prazo de reflexão – período de sete dias contido no caput do art. 49 do CDC –, entendendo-se incluídos nestes valores todas as despesas decorrentes da utilização do serviço postal para a devolução do produto, quantia esta que não pode ser repassada ao consumidor. [...]". Disponível em: https://ww2.stj. jus.br/jurisprudencia/externo/informativo/?acao=pesquisar&livre=@cod=0528. Acesso em: 14 jul. 2019.

135. Vide artigo 13, ns. 1, 2, 3, 4, do DL 24/2014. Cf.: Portugal. Tribunal da Relação de Porto. Acórdão 4257/13.9TBMTS.P1. Relator: Carlos Gil. Julgado em 27 de abril de 2015.

136. O Código de Defesa do Consumidor do Brasil também é atento a essa questão, confira: artigo 4° "A Política Nacional das Relações de Consumo tem por objetivo o atendimento das necessidades dos consumidores, o respeito à sua dignidade, saúde e segurança, a proteção de seus interesses econômicos, a melhoria da sua qualidade de vida, bem como a transparência e harmonia das relações de consumo [...]."

137. Para coibir tal prática, o Professor Menezes Cordeiro desenvolveu bem o instituto do abuso do direito. Em síntese, o abuso do direito impõe limites à autonomia privada, especialmente no exercício do direito subjetivo e funciona como dispositivo de segurança para as normas jurídicas formalmente aplicadas, atuando sobre o exercício do direito subjetivo (público ou privado). Para mais, confira: CORDEIRO, Antônio Menezes. Do abuso do direito: estado das questões e perspectivas. *Ordem dos Advogados*, Lisboa, 2005. Disponível em: http://www.oa.pt/Conteudos/Artigos/detalhe_artigo.aspx?idsc=45582&ida=%2045614. Acesso em: 23 jul. 2019. Sobre o tema: ASCENSÃO, José de Oliveira. O abuso do direito e o artigo 334 do Código Civil: uma recepção transviada. *Estudo em Homenagem ao Professor Doutor Marcello Caetano*. Coimbra: Coimbra Ed., 2006, v. 1, p. 608.

servir tão somente para equipará-lo à parte forte na relação, visando o equilíbrio de interesses de ambos e ao mesmo tempo fomentando o desenvolvimento econômico do país.

Por fim, se a compra for realizada de forma parcelada por meio do cartão de crédito, cabe ao fornecedor informar à administradora do cartão de crédito para que suste as cobranças vindouras daquele bem, sob pena de serem aplicados os consectários da responsabilidade civil.

3.3.5 Prazo e modo de exercício do direito de arrependimento

O *caput* do artigo 49 dispõe sobre duas proposições ligadas ao direito de desistir, isoladas pela partícula disjuntiva "ou", o que nos permite concluir a existência de duas situações diversas[138]; isto é, o consumidor pode desistir do negócio a contar: a) do ato do recebimento do produto ou serviço; b) da assinatura do contrato.

O comum é que em ambos os casos, a assinatura e entrega ocorram no mesmo dia, entretanto se o contrato for assinado em um dia e a entrega do produto em outro, o início do prazo conta-se a partir do último ato[139]. Ademais, é mister aduzir a forma de entrega e recebimento de determinados produtos e certos serviços (por exemplo, remessa do cartão de crédito). Nesses casos em que o produto ou serviço são entregues no domicílio do consumidor, o prazo de reflexão inicia-se a partir da efetiva entrega do produto ou da prestação do serviço.[140]

Quando couber ao consumidor retirar, por exemplo, em locais pré-determinados (correios, loja física etc.), a contagem do prazo se inicia quando da retirada no estabelecimento acordado.

Em contraposição a essa visão, a lei pressupôs que, além da aquisição do produto ou serviço, existem outras transações que merecem a tutela do prazo de reflexão, como por exemplo, assinaturas de revistas e jornais, a contratação de serviços de televisão a cabo e telefone solicitadas pela *internet*. Nesses casos, o prazo inicia-se a contar da assinatura do contrato[141].

---

138. Cf.: NUNES, *Comentários ao Código de Defesa do Consumidor*, p. 700 e ss.

139. Cf.: PINTO, Cristiano Vieira Sobral. *Direito Civil Sistematizado*. 5. ed. São Paulo: Método, 2014, p. 561 e ss.

140. Cf.: NERY JUNIOR, Nelson; NERY, Rosa Maria de Andrade. *Leis Civis Comentadas*. 2. ed. São Paulo: Ed. RT, 2010, p. 307 e ss.

141. O Professor Leonardo Garcia Medeiros entende que "para alguns serviços específicos, o prazo se iniciará somente quando da assinatura do contrato, como a adesão ao plano de saúde ou ao seguro de automóvel. Não há como o prazo se iniciar quando do recebimento do serviço, uma vez que o consumidor receberá efetivamente o serviço contratado apenas quando ocorrer o sinistro do veículo. Por isso é que, em alguns casos, o prazo será da assinatura do contrato, oportunidade em que o consumidor poderá realmente analisar as condições pactuadas". Cf.: GARCIA, Leonardo de Medeiros. *Direito do Consumidor*. Salvador: Jus Podivm, 2019, p. 359 e ss.

Com efeito, o direito de arrependimento só possui eficácia jurídica plena se o fornecedor for notificado da intenção do consumidor em desistir do negócio. Assim, quanto ao modo de exercer o direito de arrependimento, o artigo 5º, § 1º do Decreto n. 7.962/2013 permite que o consumidor exerça o seu direito de arrependimento pelo instrumento idêntico empregado na contratação, sem prejuízo de outros meios disponibilizados. Assim, pode o consumidor fazê-lo por intermédio[142]: a) do telefone; b) notificação por correspondência por meio dos correios; c) por carta entregue pessoalmente no domicílio do fornecedor, de seu preposto ou representante; d) por telegrama e) por notificação via cartório de títulos e documentos; f) ou até mesmo da própria *internet*.

Da mesma forma que o sistema português, o prazo conta-se a partir do momento da remessa do produto ao fornecedor (teoria da expedição). Ora, não faria sentido exigir que o consumidor exercesse o arrependimento no primeiro dia para garantir que o fornecedor recebesse o aviso dentro do exíguo prazo, sem poder, por exemplo, se valer do direito de arrependimento no sétimo dia. Pensar de forma diversa acabaria por limitar o direito de arrependimento a menos de 7 dias, o que infringiria a própria *ratio legis*.

Quanto à contagem do prazo, aplica-se supletivamente a norma do Código Civil (artigo 132[143]), excluindo o dia do início e incluindo-se o último dia.

Finalmente, outra novidade contemplada pelo Decreto n. 7.962/2013 refere-se à obrigatoriedade que o fornecedor tem de enviar ao consumidor a confirmação do recebimento da desistência imediatamente após a manifestação do arrependimento (§ 4 do art. 5º).

3.3.6 Deveres pré-contratuais de informação e o direito de arrependimento

Como já descrito no item anteriormente, não foi expressamente disposto o dever pré-contratual de informação no Código de Defesa do Consumidor no que concerne ao direito de arrependimento, em que pese abordá-lo genericamente em dois momentos.

O primeiro deles é o caráter geral de todas as informações que vierem a ser transmitidas ao consumidor, devendo seguir a adequação e clareza disposta no artigo 6º, III, do CDC, bem como no artigo 39, itens I a V, ao especificar sobre o tema da publicidade.

No segundo momento, as informações devem seguir os dogmas trazidos pela boa-fé objetiva, insculpida nos artigos 4º e 51º do CDC, tendo sempre em conta a

---

142. Cf.: NUNES, Rizzato. *Comentários ao Código de Defesa do Consumidor*. 12. ed. São Paulo: Saraiva, 2018, p. 700 e 701.
143. Cf.: Código Civil brasileiro, art. 132.: "Salvo disposição legal ou convencional em contrário, computam-se os prazos, excluído o dia do começo, e incluído o do vencimento. § 12 Se o dia do vencimento cair em feriado, considerar-se-á prorrogado o prazo até o seguinte dia útil".

transparência[144] da informação no momento da venda do produto ou serviço, a fim de que fique claro ao consumidor que ele possui o direito de se arrepender.

Diferentemente da legislação europeia, não há menção expressa sobre qual seria a sanção ao fornecedor infrator, ou seja, aquele que omite ao consumidor a informação acerca do direito de arrependimento. Contudo, como já pontuamos, devem ser aplicadas as sanções administrativas previstas pelo próprio diploma, particularmente em seu artigo 56º[145] ou, em último caso, acarretar nulidade do próprio contrato celebrado[146] ou das condições nele previstas que demonstrem ser desfavoráveis ao consumidor, consoante inteligência do artigo 166, inciso IV, do Código Civil brasileiro.

Anote-se também que não há nenhuma menção legal expressa da obrigatoriedade dos fornecedores de informar ao consumidor acerca da existência do direito de arrependimento, fato que, na prática, distancia o consumidor ao pleno exercício da cidadania, remanescendo somente interpretação doutrinária sobre o tema.

Ultrapassada a análise do CDC, o legislador brasileiro avançou sobre o tema do comércio eletrônico e elaborou dois diplomas: o Decreto n. 7.962, de 15 de março de 2013 que regula a contratação no comércio eletrônico, máxime sobre o direito de arrependimento.

Quanto à utilização da *internet*, a Lei 12.965/14, de 23 de abril, declarou[147] a defesa do consumidor como um de seus fundamentos, consagrando o direito do

---

144. De mais a mais, nos artigos 30, 38 e 48, a Lei 8.078/1990 traz regulamentação própria quanto à matéria, relacionando regras aplicadas ao princípio da transparência ou da confiança MARQUES, Claudia Lima. *Contratos no Código de Defesa do Consumidor*: o novo regime das relações contratuais. São Paulo: Ed. RT, 2016, p. 821 e ss. No mesmo sentido: TARTUCE, Flávio; NEVES, Daniel Amorim Assumpcão. *Manual de Direito do Consumidor*. 9. ed. São Paulo: Método, 2020, p. 36 e ss. No mesmo viés: NUNES, Rizzato. *Comentários ao Código de Defesa do Consumidor*. 12. ed. São Paulo: Saraiva, 2018, p. 216 e 217; FARIAS, Cristiano Chaves de; ROSENVALD, Nelson; NETTO, Felipe Peixoto Braga. *Curso de Direito Civil 3* – Responsabilidade Civil. 2. ed. São Paulo: Atlas, 2015, p. 275.

145. Cf.: Art. 56. As infrações das normas de defesa do consumidor ficam sujeitas, conforme o caso, às seguintes sanções administrativas, sem prejuízo das de natureza civil, penal e das definidas em normas específicas: I – multa; II – apreensão do produto; III – inutilização do produto; IV – cassação do registro do produto junto ao órgão competente; V – proibição de fabricação do produto; VI – suspensão de fornecimento de produtos ou serviço; VII – suspensão temporária de atividade; VIII – revogação de concessão ou permissão de uso; IX – cassação de licença do estabelecimento ou de atividade; X – interdição, total ou parcial, de estabelecimento, de obra ou de atividade; XI – intervenção administrativa; XII – imposição de contrapropaganda. Parágrafo único. As sanções previstas neste artigo serão aplicadas pela autoridade administrativa, no âmbito de sua atribuição, podendo ser aplicadas cumulativamente, inclusive por medida cautelar, antecedente ou incidente de procedimento administrativo.

146. Nas situações em que a cláusula seja essencial ao contrato, deve haver ser declarado nulo *in totum*. Cf.: VELOSO, Zeno. *Invalidade do negócio jurídico*. Nulidade e anulabilidade. 2. ed. Belo Horizonte: Ed. Del Rey, 2005, p. 144 e ss., *verbis*: "Aplica-se, portanto, o brocado *utile per inutile non vitiatur*, o princípio da conservação dos negócios jurídicos, resolução do negócio, com aproveitamento da parte válida. Porém, o aproveitamento do contrato só é possível se for mantido e respeitado o equilíbrio das partes. Não basta, então, que a cláusula abusiva seja separável. O restante do contrato não se salva se decorrer ônus excessivo a qualquer dos figurantes".

147. Cf.: artigo 2º, inciso V e artigo 7º, inciso XIII da Lei 12.965/14.

CAPÍTULO 3 • DEVER DE INFORMAÇÃO PRÉ-CONTRATUAL E DIREITO DE ARREPENDIMENTO

usuário à aplicação das normas de proteção nas relações de consumo realizadas na *internet*, embora o tenha feito 14 anos depois da Directiva Europeia de 2000[148]. Nesse ponto, a normativa estabeleceu princípios, garantias, direitos e deveres para o uso da *internet* no Brasil.

Ademais, a disciplina do uso da *internet* é fundamentada[149] na tutela do hipossuficiente, sem olvidar de dizer que ao usuário é assegurado aplicação das normas de proteção e defesa do consumidor nas relações de consumo realizadas na *internet*[150], assegurando-lhe especialmente o direito de arrependimento.

Sobre esse último ponto, o Decreto 7.962/2013 dispôs sobre os três elementares deveres anexos que balizam as relações comerciais eletrônicas entre consumidor e fornecedor: o dever de prestar informações claras a respeito do produto, do serviço e do fornecedor; atendimento facilitado ao consumidor; e respeito ao direito de arrependimento, todas dispostas no artigo 1º do diploma.[151]

Nesse quadro, ao instrumentalizar o disposto no artigo 49 do Código de Defesa do Consumidor, o Decreto 7.962 delineou algumas determinações específicas.[152] A primeira refere-se ao *caput* do artigo 5º que impõe ao fornecedor o dever de informar, de forma clara e ostensiva, os instrumentos apropriados e necessários para o exercício do direito de arrependimento pelo consumidor.

Essa questão é relevante, uma vez que o decreto não trata especificamente na aquisição de bens e serviços diferenciados, como o caso de softwares eletrônicos ou compras de bilhetes aéreos, uma vez que demandaria um específico dever de informação pré-contratual.

Finalmente, pode o consumidor exercer seu direito de arrependimento pelo igual meio empregado para a contratação, sem prejuízo de outros instrumentos disponibilizados, o que também abarcará os contratos acessórios, sem qualquer ônus.

3.3.7 Exceções ao direito de arrependimento

Diferentemente do legislador português, o brasileiro não tratou expressamente de exceções aplicadas ao direito de arrependimento.

---

148. Cf.: a Directiva 2000/31/CE do Parlamento Europeu e do Conselho, de 8 de junho de 2000 relativa a certos aspectos legais dos serviços da sociedade de informação, em especial do comércio electrónico, no mercado interno.
149. Cf.: artigo 2º da Lei 12.965/2014.
150. Cf.: Lei 12.965, artigo 7º, inciso XIII, de 23 de abril de 2014; Cf.: FARIAS, Cristiano Chaves de; ROSENVALD, Nelson; NETTO, Felipe Peixoto Braga. *Curso de Direito Civil 3 – Responsabilidade Civil*. 2. ed. São Paulo: Atlas, 2015, p. 728.
151. Cf.: artigo 1º: "Este Decreto regulamenta a Lei 8.078, de 11 de setembro de 1990, para dispor sobre a contratação no comércio eletrônico, abrangendo os seguintes aspectos: I – informações claras a respeito do produto, serviço e do fornecedor; II – atendimento facilitado ao consumidor; e III – respeito ao direito de arrependimento".
152. Cf.: NUNES, Rizzato. *Comentários ao Código de Defesa do Consumidor*. 12. ed. São Paulo: Saraiva, 2018, p. 702.

A construção doutrinária[153] entende que não deve incidir o direito de arrependimento do consumidor nas seguintes hipóteses: aquisição de produtos perecíveis, bens personalizados sob encomenda, com todas as especificações fornecidas; arquivos digitais de som, imagens e textos; livros eletrônicos e outros.

Ademais, não ter exceções[154] poderia ocasionar situações esdrúxulas, como por exemplo, *o consumidor que adquira um bem de conteúdo digital, acesse as informações expostas, copie todo o conteúdo, e, no final, exerça o seu arrependimento.*

Com algumas ressalvas, no tocante a softwares comercializados pela *internet*, o entendimento jurisprudencial[155] é no sentido de que o mero acesso ao conteúdo (através de *login* e senha), para aferir a qualidade do que foi contratado não ilide o exercício do direito de arrependimento, podendo o consumidor exercê-lo, se lhe aprouver.

Ademais, a lei do superendividamento[156], recentemente aprovada, robustece o artigo 49º do Código de Defesa do Consumidor, englobando o direito de arrependimento em caso de contratos que envolvem concessão de crédito[157]. Pontua

---

153. Vide LORENZETTI, Ricardo Luis. *Comércio eletrônico*. São Paulo: Ed. RT, 2004, p. 400 e ss. No mesmo sentido: FARIAS, Cristiano Chaves de; ROSENVALD, Nelson. *Direito dos Contratos*. Rio de Janeiro: Lumen Juris, 2011, p. 100 e ss.; DE LUCCA, Newton. *Direito do consumidor*: teoria geral da relação de consumo. 2. ed. São Paulo: Quartier Latin do Brasil, 2008, p. 455 e ss.; ROHRMANN, Carlos Alberto. *Curso de direito virtual*. Belo Horizonte: Del Rey, 2005, p. 100 e ss.

154. Outros compreendem que o risco é do fornecedor e, sendo assim, deve arcar com a segurança necessária de seu produto (como o caso de bloqueios anticópias, hábeis a perdurar o prazo final de 7 dias do direito de arrependimento). Cf.: AZEVEDO, Carlos Eduardo Mendes de. O direito de arrependimento do consumidor nas contratações eletrônicas. In: MARTINS, Guilherme Magalhães; OLIVEIRA, Amanda Flávio de (Org.). *Temas de direito do consumidor*. Rio de Janeiro: Lumen Juris, 200, p. 112 e ss.

155. Cf.: Seguinte julgado: Recurso inominado. Consumidor. Contratação de curso *online*, Direito de arrependimento previsto no art. 49 do CDC e na própria contratação. Prazo deve ser contado a partir da viabilização do acesso ao sistema, quando possível ao consumidor aferir a qualidade do curso contratado, e não partir do mero recebimento do *login* e da senha, quando ainda sem acesso ao sistema. Contrato adesão cujas cláusulas devem ser interpretadas do modo mais favorável ao consumidor. Exercício de direito ao arrependimento previsto no art. 49 do CDC dentro do prazo de sete dias, o que enseja a devolução integral do valor pago, bem como a declaração de inexistência de qualquer débito pendente perante a ré. Recurso provido. (BRASIL. Tribunal de Justiça de São Paulo. Acórdão do Recurso Cível 71004940532. Relator: Roberto Behrensdorf Gomes da Silva. Julgado em 11 de junho de 2014).

156. Sobre o tema, confira preleção do Professor Fernando Martins e da Professora Keila Ferreira: "A força extremada da publicidade é capaz de apagar a lógica preventiva dos menos avisados referente aos riscos potenciais em confiar os parcos ganhos mensais e anuais arregimentados com sacrifício, anulando-se exame de autotutela e o juízo crítico, incentivando o repasse das economias (geralmente oriundas da força de trabalho) às empresas que exercem atividade ilícita, mas que desfrutam de 'fachada' de idoneidade. A publicidade persuade, convence e vence o domínio intelectivo do vulnerável, que adentra no mercado certo de que o empreendimento é sólido, rígido e incontroverso." Confira: MARTINS, Fernando Rodrigues; FERREIRA, Keila Pacheco. Vulnerabilidade financeira e economia popular: promoção de bem fundamental social em face das práticas de institutos lucrativos ilusórios (das pirâmides ao marketing multinível). *Revista de Direito do Consumidor – RDC*. n. 98. p. 109 e ss. 2018.

157. Nesse contexto, Carlos Eduardo Elias e Pablo Stolze complementam da seguinte forma: "O que importa é que o preceito acima deixa claro que, se, no caso concreto, houver vínculo entre o fornecedor do serviço ou do produto e o fornecedor do crédito, a coligação contratual é manifesta a atrair o "efeito dominó": o naufrágio de um dos contratos por invalidade ou ineficácia afundará também o outro contrato (art. 54, §§ 1º e 4º, do CDC). Confira: GAGLIANO, Pablo Stolze; OLIVEIRA, Carlos Eduardo Elias. *Comentários à "Lei do Superendividamento" (Lei 14.181, de 01 de julho de 2021) e o Princípio do Crédito Responsável*: uma

a Professora Claudia Lima Marques[158] que o novel diploma estabelece a conexão entre o contrato principal de consumo e acessório de crédito (artigo 54-F), inclusive reforçando o direito de arrependimento de crédito à distância forte no artigo 49 do CDC e no novo artigo 54-F,§ 1º.

Nesse contexto, o doutrinador francês Jean Calais-Auloy[159] explica que a facilidade de crédito[160] ao consumidor pode gerar dois graves problemas que não refletem sua decisão: compras desnecessárias e comprometimento financeiro do consumidor.

Por fim, ao alargar o direito de arrependimento para essa área poderá mitigar, ao menos em partes, o superendividamento decorrente de empréstimos realizados pela internet, promovendo, de forma indireta, melhorias na situação econômica brasileira.

3.4 CONCLUSÕES PARCIAIS

Restou claro que os deveres pré-contratuais de informação relativos ao direito de arrependimento e seu exercício têm reflexo imediato na própria execução do contrato, criando a opção de o consumidor rescindi-lo sem qualquer ônus. Mais que isso: fortalece a segurança jurídica ao logo do tempo, notadamente quando forem infringidos o dever pré-contratual de informação acerca do direito de arrependimento.

Por certo, ficou patente em ambos os sistemas que o direito de arrependimento imprime à relação contratual eletrônica o necessário equilíbrio entre as partes, de maneira a resguardar os interesses dos consumidores, possibilitando uma manifestação que expresse a vontade racional e isenta de qualquer postura determinista do fornecedor.

Verificou-se que as características do direito de arrependimento são as mesmas nos dois sistemas, notadamente por ser um direito desmotivado, irrenunciável e potestativo, exercido sem qualquer ônus por parte do consumidor.

Quanto à natureza jurídica do direito de arrependimento, concluímos que ainda não reúne na doutrina portuguesa e brasileira entendimento unânime sobre o

---

primeira análise. Disponível em: https://www.migalhas.com.br/arquivos/2021/7/29FED44D9509EF_ComentariosaLeidoSuperendivida.pdf. Acesso em: 27 nov. 2021.

158. Cf.: MARQUES, Claudia Lima. *A atualização do CDC em matéria de crédito e superendividamento*. Disponível em: https://www.conjur.com.br/2021-jul-03/lima-marques-atualizacao-cdc-materia-credito-superendividamento. Acesso em: 10 jul. 2021.

159. Cf.: AULOY, Jean Calais. *Les cinq réformes qui rendent le crédit moins dangereux pour les consommateurs*. [s.l.]: Recueil Dalloz, 1975, p. 20 e ss.

160. Sobre o tema, e a necessidade do dever de informação completo: "Por outro lado, enquanto contrato de adesão que é, tal contrato está sujeito ao especial dever de comunicação e de esclarecimento por parte do concessionário do crédito, dever resultante dos arts. 5º e 6º do DL 446/85. Assim, recai sobre o concedente do crédito, enquanto parte que se prevalece de cláusulas contratuais gerais, o dever de comunicar o conteúdo das cláusulas contratuais na íntegra aos contraentes que se limitem a subscrevê-las ou a aceitá-las". Cf.: PORTUGAL. Acórdão do Tribunal da Relação de Coimbra. Processo 406/12.2TBBBR-A.C1,. Relator Jaime Carlos Ferreira, julgado em 27 de abril de 2017.

tema. Apesar disso, perfilhamos que tal direito se aproxima mais da resolução, sem qualquer tipo de ônus para o consumidor, operando retroativamente.

Por sua vez, na doutrina brasileira, a corrente majoritária compreende o direito de arrependimento como uma espécie de resolução contratual, já que o consumidor poderia resolver o contrato no prazo legal de reflexão, sem ter de arcar com os ônus contratuais normais da resolução por inadimplemento.

No que toca ao prazo legal de reflexão, restou indubitável que a doutrina portuguesa ressoa mais favorável à brasileira quanto ao prazo, vez que no Brasil limita-se a 7 dias e em Portugal a 14 dias. Por outro lado, fato comum aos dois diplomas é a possibilidade de ampliação[161] de tal prazo, vez que a tutela disposta é o pressuposto mínimo de proteção.

Quanto aos efeitos do exercício do direito de arrependimento, os dois sistemas confluem da mesma forma: o fornecedor fica obrigado a reembolsar o preço pago pelo consumidor com diferenças pontuais entre si (notadamente no que respeita aos encargos para envio do produto).

Tais considerações foram essenciais para constatar que o dever pré-contratual de informação aplicado ao direito de arrependimento é um pressuposto necessário para o efetivo exercício do direito, uma vez que a transparência, adequação e veracidade são princípios norteadores desse dever de informar, constituindo elemento fulcral para contratação.

Nesse ponto, se comparado ao diploma brasileiro, percebemos que ordenamento português demonstrou uma postura mais garantista ao consumidor, alargando o prazo do direito de arrependimento 12 meses[162], se houver falha de comunicação da informação pelo fornecedor.

Por outro lado, ônus da prova no ordenamento lusitano para o exercício do direito do arrependimento é sempre do consumidor, diferentemente do que ocorre no Brasil, vez que há previsão legal no ordenamento brasileiro da possibilidade de inversão do ônus da prova, nos casos que for constatada a verossimilhança ou hipossuficiência do consumidor.

Ademais, ambos os ordenamentos não possuem forma para o exercício do direito do arrependimento, bastando que o consumidor cientifique o fornecedor de sua vontade de exercê-lo.

Por sua vez, os custos da devolução do produto, no ordenamento luso, regra geral, ficam por conta do consumidor, salvo: a) se o fornecedor tiver acordado em

---

161. Vale mencionar a estratégia da Amazon, grande plataforma de fornecedor de produtos e serviços. Na maior parte dos produtos, existe a possibilidade de devolver o produto dentro de 30 dias após receber a remessa. Confira as políticas de compra e venda no *site*: https://www.amazon.com/gp/help/customer. Acesso em: 1º maio 2020.

162. Repisa-se que os 12 meses são contados a partir do final do prazo de 14 dias previsto pelo artigo 10, n. 2, do DL 24/2014.

suportá-los; b) se o consumidor não tiver sido informado de que teria essa obrigação de pagamento. Já no ordenamento brasileiro, como visto, há entendimento jurisprudencial de que os custos correm sempre por conta do fornecedor, tendo em conta a teoria dos riscos do negócio.

O outro ponto interessante é que o consumidor não será responsabilizado pela depreciação do bem se o fornecedor não tiver informado do seu direito à livre resolução, não havendo correspondente dispositivo no direito brasileiro. Entendemos aqui que há um flagrante abuso de direito e desequilíbrio contratual, sendo a previsão equivocada, em nosso entender.

Constatamos também que a imprecisão do Código de Defesa do Consumidor brasileiro e das leis que tratam sobre o direito de arrependimento ainda geram dúvidas não solucionadas sobre o tema. Acreditamos que somente com dispositivos mais claros poderia sanar a polêmica doutrinária quanto a algumas questões demonstradas (exceção ao direito de arrependimento, aplicabilidade do direito de arrependimento aos contratos aéreos, dentre outras) e reduzir o subjetivismo do operador do Direito quando da subsunção da norma ao caso prático.

Por último, restou inconteste a convergência entre os sistemas jurídicos português e brasileiro, distantes por vezes em conceitos, mas sempre próximos e convergentes pela busca da tutela ao consumidor.

PARTE II
INCUMPRIMENTO DO DEVER DE INFORMAÇÃO

Conforme foi visto, na primeira parte da nossa investigação trouxemos toda a parte dogmática do dever de informação, notadamente na espécie pré-contratual, nos casos de contratação de adesão eletrônica.

Nessa segunda etapa de nossa pesquisa, trataremos acerca do incumprimento[1] do dever de informação nas mais variadas perspectivas.

O capítulo 4 examina propriamente o incumprimento do dever de informação em duas óticas, notadamente da culpa *in contrahendo* e do cumprimento defeituoso do contrato, pontuando boa partes das situações acometidas ao consumidor em sede de contratação eletrônica.

Finalmente, o capítulo 5 examinará acerca das sanções ao incumprimento em suas espécies, desde a sanção administrativa, civil e moral, visualizando em qual medida os ordenamentos português e brasileiro se aproximam e se repelem.

---

1. No Brasil, a palavra incumprimento tem como correspondente descumprimento.

Capítulo 4
QUALIFICAÇÃO DO INCUMPRIMENTO DO DEVER DE INFORMAÇÃO

O comércio eletrônico induz a uma organização técnica complexa, desde infra-estrutura logística na entrega dos produtos ou serviços, ou até mesmo a acessibilidade do consumidor para eventuais dúvidas ou reclamação.

Além disso, se o fornecedor tiver a intenção de abarcar o comércio eletrônico transnacional, deve partir da premissa de que os consumidores e suas respectivas preferências são diferentes entre si, especialmente pelo aspecto cultural.

Nesse ponto, a logística propriamente dita precisa ser realmente estudada, sob pena do fornecedor repassar eventuais custos adicionais ao consumidor. Isso porque, muitas vezes, taxas aduaneiras são acrescidas a depender de cada país, assim como é necessário atentar-se à legalidade e licenças necessárias para entrada dos produtos e execução dos serviços.

Ademais, o método de pagamento é uma questão tão relevante quanto as demais, tendo em vista as inúmeras vezes que o consumidor tem que arcar com variações cambiais não previstas nas transações comerciais internacionais. Por outro prisma, a facilidade que o consumidor tem para o pagamento é consubstanciada nas transações em cartão de crédito, débito, boletos bancários, moedas virtuais, o que torna o comércio eletrônico atraente.

Feito esse preâmbulo, é importante distinguir as duas situações mais recorrentes em sede de incumprimento do dever de informação na contratação eletrônica de consumo: a) a culpa *in contrahendo*, com enfoque especial à violação das regras da boa-fé, notadamente dos deveres de informação pré-contratual; b) cumprimento defeituoso do contrato, quando há algum vício ou defeito existente na própria prestação.

Com efeito, são incontáveis os problemas[2] existentes no comércio eletrônico de consumo, sejam eles decorrentes do incumprimento dos deveres de informação na fase pré-contratual ou até mesmo no próprio cumprimento defeituoso do contrato, a título exemplificativo: a) atraso excessivo na entrega do produto ou demora no início da prestação do serviço; b) entrega do produto com vícios em decorrência do transporte; c) problemas com a forma de pagamento; d) dificuldades e ausência de

---

2. Por outro lado, cumpre ressaltar as facilidades que o consumidor tem em compra *online*, desde a flexibilidade, comodidade e rapidez de compra.

informação para o exercício do direito de arrependimento (como já mencionado); e) publicidade enganosa ou abusiva de bens ou serviços; f) cláusulas abusivas mitigando o direito do consumidor de ajuizar demandas judiciais ou negando eventual direito de indenização; g) informações superficiais sobre o produto ou serviço contratado; h) omissão de elementos básicos de contratação do fornecedor, como endereço físico, CNPJ, telefone; i) ausência dos termos de garantia do produto e a proteção dos dados pessoais do consumidor.

Sobre o último ponto, a insegurança[3] é um dos maiores receios na compra *online*, uma vez que há o risco do uso fraudulento dos dados do consumidor (número do cartão de crédito, endereço, dados pessoais etc.) e eventual falta de confidencialidade entre as empresas.

Repisa-se que a necessária proteção do consumidor decorre da própria impossibilidade de negociação[4] das cláusulas contratuais, reforçando que o consumidor deve poder armazenar e reproduzir *a posteriori*[5] os termos contratuais e cláusulas gerais entabuladas em sede de contratação.

Por conseguinte, tendo em vista questões metodológicas, trataremos a seguir dos dois institutos e, em sequência, das diversas situações concretas de consumo inseridas contexto, seja nas situações de culpa *in contrahendo* ou nos casos de cumprimento defeituoso do contrato, priorizando nesse último, os casos de contratos de compra e venda de bens de consumo, por conta de sua relevância e magnitude nas relações de consumo.

De início, limitemo-nos à culpa *in contrahendo*.

A. CULPA IN CONTRAHENDO

4.1 CONSIDERAÇÕES PRELIMINARES ACERCA DA RESPONSABILIDADE PRÉ-CONTRATUAL

A questão referente à responsabilidade pelas informações transmitidas pelo fornecedor ao consumidor na fase pré-contratual é um dos pontos centrais de nossa pesquisa, notadamente por ocorrerem inúmeras situações que podem causar danos nas negociações preliminares de consumo.

Importa reconhecer de início, que antes da própria conclusão em si do contrato, há normalmente a fase de discussões – conhecida na doutrina de negociações pre-

---

3. Cf.: VILLANUEVA, Julian; INIESTA, Francisco. Factores Inhibidores en la Adopción de *Internet* como Canal de Compra. *Revista Economía Industrial*, n. 340, 2001, p. 93 e ss.
4. Sobre o tema, confira: PEREIRA, Alexandre Libório Dias. A Protecção do Consumidor no Quadro da Directiva sobre o Comércio Electrónico. *Dir.– EDC,* n. 2, 2000, p. 118.
5. Confira: Art. 10, n. 3, da Directiva 2000/31/CE.

liminares, em que as partes buscam chegar a um denominador comum em termos, discutindo as condições do negócio e a própria execução do contrato.

No caso das contratações por adesão de forma eletrônica, essas negociações são prejudicadas. O que há, na verdade, é uma proposta efetiva, certa e determinada do fornecedor ao consumidor e, para aceitá-la, deve concordar com as condições ali expostas.

Dito isso, vale discorrer, antes de mais, sobre a evolução da responsabilidade pré-contratual e como ela tem reflexo imediato no nosso tema proposto.

Foi Jhering[6], em 1861, o primeiro jurista a defender a ideia de que nos momentos que precedem a conclusão do contrato constitui, entre as partes negociantes, uma relação obrigacional integrada por deveres de conduta, cuja violação impõe ao infrator o dever de reparar os danos causados à contraparte. Com efeito, caberia ao responsável pela invalidade do contrato indenizar a contraparte pelo interesse contratual negativo, permitindo ao prejudicado o retorno à situação em que se encontraria, caso não tivesse negociado e não houvesse um contrato nulo[7].

A tese do jurista alemão não foi unanimidade. Com efeito, a crítica acadêmica[8] ponderou no sentido de que, para fundamentar a responsabilidade contratual em lapso temporal anterior à pactuação entre as partes, Jhering pretendia desvendar um acordo de vontades por pura ficção[9], uma vez que, se não há contrato, não há, por decorrência, responsabilidade contratual.

Ademais, outra crítica pertinente refere-se à incompletude da tese, uma vez que a construção dogmática do jurista seria limitada aos casos de ocorrência de dano proveniente da invalidade do contrato celebrado entre as partes, não abarcando, por consequência, as hipóteses de ruptura injustificada das negociações, tão potencialmente lesivas àquele que esperava justamente celebrar o contrato.

Nesse contexto, no espaço latino, competiu ao professor italiano Faggela[10] ampliar os horizontes traçados por Ihering, no sentido de ser possível a responsabilização das partes no período pré-contratual, ou seja, a assunção voluntária de negociações pré-contratuais torna-se-ia a fonte verdadeira dos deveres pré-contratuais.

---

6. Os Professores Henri Mazeaud, Léon Mazeaud e André Tunc pontuaram da seguinte forma: "Jhering fue el primero que examinó a fondo el problema. Partiendo del derecho romano, llegó a la conclusión de la responsabilidad contractual". Cf.: MAZEAUD, Henri; MAZEAUD, Léon; TUNC, André. *Tratado teórico y práctico de la responsabilidad civil delictual y contractual*. Buenos Aires: Ediciones Jurídicas Europa-América, 1957, p. 166 e ss.

7. Sobre o tema, confira: CORDEIRO, Antônio Menezes. *Tratado de Direito Civil II*. Parte geral. Coimbra: Almedina, 2014, p. 489 e ss.

8. Cf.: DEPERON, Mariana Pazianotto. *Responsabilidade civil pela ruptura ilegítima das tratativas*. Curitiba: Juruá, 2009, p. 27 e ss.

9. Cf.: MAZEAUD, Henri; MAZEAUD, Léon; TUNC, André. *Tratado teórico y práctico de la responsabilidad civil delictual y contractual*. Buenos Aires: Ediciones Jurídicas Europa-América, 1957, p. 166 e ss.

10. FAGGELLA, Gabriele. Dei periodi precontrattuali e della lora vera ed esatta costruzione scientifica. *Studi giuridici in onore di Carlo Fadda*. Napoli: [s.n.], v. III, 1906, p. 271 e ss.

Prossegue o jurista italiano[11] aduzindo que não implica necessariamente a obrigação das partes de firmarem o pacto após as tratativas negociais, mas apenas de indenizar os danos quando houver interrupção injusta. Ou seja, reparação nos moldes do interesse contratual negativo, quando há obrigação tácita de ressarcir a outra parte das despesas por ela suportadas, sem que haja a necessidade de caracterizar dolo ou negligência do responsável pela ruptura.

Por outro lado, há ainda aqueles que não compactuam com a existência da responsabilidade pré-contratual, alegando que, na prática, haveria o próprio cerceamento da liberdade de contratar das partes (leia-se negociações, propostas, contrapropostas), já que a parte que não desejasse pactuar poderia facilmente ser alvo de eventual ação de responsabilização pela contraparte, bem como poderia ser obrigada a ser diligente. Nesse sentido, há quem entenda[12] que reconhecer a existência de responsabilidade pré-contratual seria, na prática, restringir a liberdade que os contratantes possuem de não querer mais negociar com a contraparte, a qualquer tipo e à sua maneira.

Aliás, essa é a percepção dos sistemas de *common law*[13], embora haja uma tendência de alteração das decisões da Suprema Corte americana. Nos Estados Unidos, muito embora o *Uniform Commercial Code* tenha assinalado, de forma geral, acerca da obrigação das partes agirem de boa-fé, referido dever é inaplicável nos preliminares e na formação dos contratos[14].

Por outro viés, é nítido que a ruptura desarrazoada e desleal de qualquer das partes em sede de negociações preliminares afronta diretamente os princípios da boa-fé, caracterizando-se uma conduta perniciosa ao direito, combalida por uma ordem jurídica calcada no solidarismo social.

Assim, é relevante avançarmos sobre o tema da culpa *in contrahendo*, notadamente nos contratos de adesão concluídos por meios eletrônicos.

---

11. *Ibid.* Sobre o tema, confira: CORDEIRO, António Menezes. *Da boa-fé no direito civil.* Coimbra: Almedina, 2015, p. 540 e ss.

12. Sobre o tema, confira: CHAVES, Antônio. *Responsabilidade pré-contratual.* Rio de Janeiro: Forense, 1959, p. 99 e ss.

13. Sobre o tema, a Professora Aditi Bagchi pontua que "Most famously, the common law does not recognize a general duty to negotiate in good faith. Once parties enter contract, they must bring claims relating to the transaction based on the contract alone; with a few exceptions, they cannot invoke overlapping tort claims." Cf.: BAGCHI, Aditi. Distributive Justice and Contract. In: KLASS, Gregory; LETSAS George; SAPRAI, Prince. *Philosophical Foundations of Contract Law.* Oxforf: Oxford University Press, 2015, p. 201 e ss. Confira também: EISENBERG, Melvin Aron. *Foundational Principles of Contract Law.* New York: Oxford University Press, 2018, p. 598 e ss.

14. Sobre o tema, confira: KESSLER, Friedrich; FINE, Edith. Culpa in Contrahendo, Bargaining in good faith, and freedom of contract: a comparative study. *Harvard Law Review*, v. 77, n. 3, 1964, p. 408 e ss., *verbis*: "Indeed, the Uniform Commercial Code has now imposed an obligation to perform in good faith, and defines good faith in terms of 'honesty in fact' and, 'in the case of a merchant', observance of reasonable commercial standards of fair dealing in the trade. But, it is argued, the good faith principie ought not to be carried over into the formation stage of contracts.". Confira também: VICENTE, Dário Moura. *Direito Comparado* – Obrigações. Coimbra: Almedina, 2018, p. 124 e ss.

4.2 NATUREZA JURÍDICA DA *CULPA IN CONTRAHENDO*

Antes de adentrar propriamente na natureza jurídica da culpa *in contrahendo*, é importante mencionar que o Código Civil brasileiro se fundamenta em dois regimes de responsabilidade: contratual e extracontratual. Os doutrinadores ainda divergem acerca da natureza da responsabilidade pré-contratual, se estaria vinculada à natureza contratual ou delitual.

Junqueira de Azevedo[15] e Carlyle Popp[16] asseveram que a responsabilidade pré-contratual seria submetida aos ditames da responsabilidade contratual, uma vez que o vínculo entre os negociantes nas tratativas preliminares visa, ao fim, a própria celebração do contrato, devendo ser regido pela mesma disciplina jurídica.

Outros entendem[17] ter a natureza aquiliana da responsabilidade pré-contratual, pelo motivo simples e único: por se tratar de dano ocorrido em situação pretérita à própria celebração do contrato, decorrente de ato ilícito. Ou seja, não há vínculo contratual ou obrigacional entre as partes na fase das tratativas.

Divergindo acerca da natureza aquiliana, o Professor Carlos Alberto Mota Pinto assevera que, apesar de ao primeiro olhar imaginar ser uma contradição o fato de o direito considerar um determinado ato como lícito e, mesmo assim, impor ao seu autor a obrigação de indenizar outrem, este fato não constitui uma incongruência, pois o que se pretende em tais casos *"é compensar o sacrifício de um interesse menos valorado na composição de um conflito teleológico, porque uma prevalência absoluta e total do interesse oposto seria injusta"*.

Em uma terceira via, a Professora Karina Fritz[18] pondera que, durante a fase preparatória do pacto, através do contato negocial, emerge uma série de deveres que individualiza uma relação jurídica especial e uma vinculação especial, denominada de *Sonderverbindung*, pelos alemães, que consiste em uma relação obrigacional distinta da relação obrigacional típica e marcada pela presença do dever de prestação. Assim, segundo seus ensinamentos, em virtude da especificidade dessa vinculação, presente no período pré-contratual, tem esteio a tese de que a responsabilidade pré-contratual consistiria, nas palavras da autora, em um terceiro gênero de responsabilidade civil, diverso da contratual e da extracontratual.

---

15. Cf.: AZEVEDO, Antônio Junqueira de. Responsabilidade pré-contratual no Código de Defesa do Consumidor: estudo comparativo com a responsabilidade pré-contratual no direito comum. *Revista da Faculdade de Direito da Universidade de São Paulo*, v. 90, p. 23 e ss. 1995. Disponível em: http://www.revistas.usp.br/rfdusp/article/viewFile/67292/69902. Acesso em: 21 jun. 2020.
16. POPP, Carlyle. *Responsabilidade civil pré-negocial*: o rompimento das tratativas. Curitiba: Juruá, 2001, p. 150 e ss.
17. Cf.: DEPERON, Mariana Pazianotto. *Responsabilidade civil pela ruptura ilegítima das tratativas*. Curitiba: Juruá, 2009, p. 228 e ss.
18. Cf.: FRITZ, Karina Nunes. *Boa-fé objetiva na fase pré-contratual*. A responsabilidade pré-contratual por ruptura das negociações. Curitiba: Juruá, 2009, p. 274 e ss.

Se, por um lado, o regime prescricional português adotado, nos termos do artigo 227, n. 2 do Código Civil, é o de 3 anos, aplicado ao da responsabilidade pré-contratual, por outro, exige-se a culpa do lesante, devendo ser presumida (nos termos do artigo 799, n. 1, do Código Civil português), essa última decorrente e privativa da responsabilidade contratual.

Sob essa constatação, o Professor Dário Moura Vicente conclui que o regime da responsabilidade pré-contratual tem natureza híbrida ou mista, tendo em vista que há situações de culpa na formação dos contratos, localizadas em uma "zona cinzenta" entre as que cedem lugar à responsabilidade contratual e extracontratual.

No Brasil, o artigo 422 prevê que os contratantes são obrigados a guardar, assim na conclusão do contrato, como em sua execução, os princípios de probidade e boa-fé. Por sua vez, violar os deveres de conduta significa cometer ato ilícito[19], devendo reparar o dano aquele que culposamente o causar a outrem. A jurisprudência e a doutrina entendem que os princípios da boa-fé e probidade são aplicáveis também nas negociações preliminares que antecedem a contratação.[20]

Feitas tais considerações, cumpre mencionar que para nosso estudo, referida dicotomia entre as teorias não tem relevo substancial nas discussões aqui postas. Isso porque, o objeto desse deslinde decorre necessariamente de uma relação de consumo, aplicando-se o Código de Defesa do Consumidor. Ou seja, trata-se de regime peculiar que não está fundado nas discussões entre responsabilidade contratual e extracontratual, mas sim na existência de um dever de transparência[21], segurança, proteção ao consumidor e, sobretudo, no princípio da boa-fé expressamente previsto pelos artigos 4º, inciso III[22] e 51, inciso IV[23], do CDC.

---

19. Cf.: Art. 186. Aquele que, por ação ou omissão voluntária, negligência ou imprudência, violar direito e causar dano a outrem, ainda que exclusivamente moral, comete ato ilícito.

20. O Professor Dário entende que, apesar de não constar expressamente a fase pré-contratual no artigo 422 do CC brasileiro, há de se considerar compreendidas no artigo 422 as negociações encetadas que visam a conclusão do contrato, sob pena de em duas fases do iter contratual funcionalmente ligadas entre si as partes ficarem submetidas a exigências ético-jurídicas distintas. Cf.: VICENTE, Dário Moura. *Direito Comparado* – Obrigações. Coimbra: Almedina, 2018, p. 114 e ss.

21. Cf.: "Art. 4º A Política Nacional das Relações de Consumo tem por objetivo o atendimento das necessidades dos consumidores, o respeito à sua dignidade, saúde e segurança, a proteção de seus interesses econômicos, a melhoria da sua qualidade de vida, bem como a *transparência* e harmonia das relações de consumo, atendidos os seguintes princípios [...]"

22. Cf.: Art. 4º A Política Nacional das Relações de Consumo tem por objetivo o atendimento das necessidades dos consumidores, o respeito à sua dignidade, saúde e segurança, a proteção de seus interesses econômicos, a melhoria da sua qualidade de vida, bem como a transparência e harmonia das relações de consumo, atendidos os seguintes princípios: [...] III – harmonização dos interesses dos participantes das relações de consumo e compatibilização da proteção do consumidor com a necessidade de desenvolvimento econômico e tecnológico, de modo a viabilizar os princípios nos quais se funda a ordem econômica (artigo 170, da Constituição Federal), sempre com base na boa-fé e equilíbrio nas relações entre consumidores e fornecedores."

23. Cf.: "Art. 51. São nulas de pleno direito, entre outras, as cláusulas contratuais relativas ao fornecimento de produtos e serviços que: [...] IV – estabeleçam obrigações consideradas iníquas, abusivas, que coloquem o consumidor em desvantagem exagerada, ou sejam incompatíveis com a boa-fé ou a equidade".

Isto é, a responsabilidade pelos danos causados nas negociações preliminares deriva do incumprimento de obrigações voluntariamente e eticamente assumidas pelas partes quanto a essa fase do iter contratual. Nas palavras do Professor Dário Moura Vicente[24], estaríamos diante de uma forma de responsabilidade cujos pressupostos e conteúdo são, independentemente de sua natureza jurídica, determinados pela vontade das partes e pela própria interpretação dos negócios jurídicos que constituem fonte de obrigações.

A culpa *in contrahendo*, da qual gerou a hoje denominada responsabilidade pré-contratual, foi conceituada por Pontes de Miranda[25] como "toda infração do dever de atenção que se há de esperar de quem vai concluir contrato, ou de quem levou alguém a concluí-lo. O uso do tráfego cria tal dever, que pode ser o dever de verdade, o dever de diligência no exame do objeto ou dos elementos para o suporte fático [...], exatidão no modo de exprimir-se, quer em punctações, anúncios, minutas e informes".

No Direito português, o Professor Dário Moura Vicente[26] tecnicamente ensina que são 3 principais categorias de fatos constitutivos de responsabilidade pré-contratual: a) celebração de contrato ineficaz por vício imputável a fato culposo de uma das partes (ex.: falta ou abuso de poderes de representação, incapacidade que uma das partes tenha ocultado à outra, falta ou vícios de vontade etc.); b) celebração de contrato válido com violação de deveres de conduta decorrentes da boa-fé; c) rompimento das negociações para celebração de um contrato.

No que toca à última hipótese, há de se ter em mente que se trata de ilícito e, portanto, há obrigação de indenizar, como por exemplo, nos casos em que, tendo uma das partes criado uma situação de confiança e uma convicção razoável de que pactuaria com ela, recusa-se a celebrar o contrato planejado.

Contudo, o Professor Dário Moura Vicente[27] explica que não incorre em violação dos deveres da boa-fé as relações pré-contratuais em que uma parte advertiu expressamente a outra que a contratação poderia ou não acontecer, sendo, portanto, uma mera hipótese.

Feitas essas breves considerações acerca da natureza jurídica do instituto da *culpa in contrahendo*, com a qual perfilhamos com a vertente de natureza híbrida (forte no ensinamento do Professor Dário Moura Vicente), é necessário analisar sua aplicabilidade nos contratos de adesão eletrônicos.

---

24. VICENTE, Dário Moura. *Direito Comparado* – Obrigações. Coimbra: Almedina, 2018, p. 115 e ss.
25. MIRANDA, Francisco C. Pontes de. *Tratado de direito privado*. Rio de Janeiro: Borsoi, 1954, t. XXXVIII, p. 321 e ss.
26. Cf.: VICENTE, Dário Moura. *Direito Comparado* – Obrigações. Coimbra: Almedina, 2018, p. 110 e ss.
27. Cf.: Ibidem, p. 111 e ss.

4.3 APLICABILIDADE DO INSTITUTO DA *CULPA IN CONTRAHENDO*

De forma preliminar, cabe traçar linhas gerais sobre a culpa *in contrahendo*. Insculpida no artigo 227[28] do Código Civil português, há obrigação das partes de atuar conforme as regras da boa fé na fase pré-contratual (preliminares como formação do contrato), sob pena de responder pelos danos que culposamente causar à outra parte.

Aliás, a boa-fé pode ser entendida sob duas grandes vertentes: por um lado, tem um sentido subjetivo que se consubstancia num estado de ignorância ou desconhecimento do sujeito face a certos fatos; por outro, uma vertente objetiva que se materializa numa norma de conduta externa que exige aos seus destinatários um comportamento leal.[29]

Acresce-se que a boa-fé objetiva surge através de uma norma que a prevê e que, como tal, deve ser observada pelos seus destinatários ou pode até ser utilizada para corrigir preceitos legais cuja aplicação em desrespeito por estes ditames poderia ir contra o sistema.[30]

Independentemente do conceito e da origem, o juízo da boa-fé descrito no artigo 227 não encontra disposto em lei; é mister uma referência aos padrões[31] de comportamento aceitável e exigível dos contraentes no contexto da sociedade e do contrato que lhe é inerente, especialmente os usos e costumes típicos na negociação.

Neste viés, Menezes Cordeiro[32] explicita que a culpa *in contrahendo* revela a sua concretização em três áreas historicamente consagradas pelo legislador português; do dever de atuar consoante a boa-fé derivam-se: os deveres de proteção, deveres de informação e deveres de lealdade.

---

28. Aliás, constitui o contraente faltoso o dever de reparar os danos que culposamente promoveu. Cf.: FERNANDES, Luís A. Carvalho. *Teoria Geral do Direito Civil II*: fonte, conteúdo e garantia da relação jurídica. 5. ed. Lisboa: Universidade Católica Editora, 2010, p. 104 e 105. Sobre o tema, confira o seguinte julgado: Portugal. Supremo Tribunal de Justiça. Processo 2604/15.8T8LRA.C1.S1. Relatora Rosa Ribeiro Coelho, julgado em 12 de setembro de 2019.

29. DRAY, Guilherme Machado. *A influência dos Estados Unidos da América na afirmação do princípio da igualdade no emprego nos países da lusofonia*. Coimbra: Almedina, 2016, p. 95. Confira o julgado: PORTUGAL. Supremo Tribunal de Justiça. Acórdão do processo 287/10.0TBMIR.C1.S1. Relatora: Maria Clara Sottomayor. Lisboa, 25 de fevereiro de 2014.

30. CORDEIRO, António Menezes. *Tratado de Direito Civil Português I*. 3. ed. Coimbra: Almedina, 2005, t. I. p. 405.

31. Vide VASCONCELOS, Pedro Pais de. Teoria geral do direito civil. *Revista do Centro de Estudos Judiciários*, n. 1, 2015, p. 20.

32. Cf.: CORDEIRO, António. *Da boa-fé no direito civil*. Coimbra: Almedina, 2015 p. 582. Vide GOMES, Manuel Januário da Costa. *Contratos Comerciais*. Coimbra: Almedina, 2012, p. 37. Confira também: ALMEIDA, Carlos Ferreira de. *Contratos I*. 5. ed. Coimbra: Almedina, 2015, p. 198 e ss.; VASCONCELOS, Pedro Pais de. Teoria geral do direito civil. *Revista do Centro de Estudos Judiciários*, n. 1, 2015, p. 433. Em perspectiva diferente, confronte: REI, Maria Raquel Aleixo Antunes. *Do contrato-quadro*. Lisboa: [s.n.], 1997.

Nas palavras do autor[33], os deveres de proteção são recíprocos entre as partes, mesmo em sede de negociações preliminares, responsabilizando-as em qualquer ação propensa a causar danos diretos ou indiretos à outra.

Segue o professor consignando que os deveres de informação se traduzem nos esclarecimentos necessários (seja por ação, com indicações obscuras, ou até mesmo por omissão) entre as partes para a conclusão correta do contrato, em especial quando uma parte se apresenta mais fraca que a outra[34]. Leia-se a necessidade das partes de compartilhar informações ou as circunstâncias[35] com relevância para a conclusão do negócio e dados relevantes, seja espontaneamente[36] ou ante a solicitação da outra parte.

Nos critérios legais, os deveres de lealdade[37] vinculam as partes a não assumirem comportamentos esdrúxulos que traduzam deslealdade entre ambas (ex. própria ruptura das negociações, uma vez que uma parte tenha adquirido confiança de que elas entabulariam o negócio). Tem aspecto residual, visto que engloba no âmbito material toda questão pré-contratual que não se inclua nos deveres de proteção e esclarecimento. Na perspectiva do fornecedor, o dever de lealdade significa, na prática, o dever de atuar no melhor interesse do consumidor.[38]

Assim, é da violação desses deveres de conduta decorrentes da boa-fé que emerge a culpa *in contrahendo*[39]. Ou seja, resulta patente quando a violação desses

---

33. Cf.: CORDEIRO, António Menezes. *Da boa-fé no direito civil*. Coimbra: Almedina, 2015, p. 582.
34. Vide as seguintes decisões: PORTUGAL. Supremo Tribunal de Justiça. CJ-ASTJ 14 (2006),1. Oliveira Barros, julgado em 4 de abril de 2006, p. 40-45.
35. Cf.: LEITÃO, Luís Manuel Teles de Menezes. *Direito das Obrigações*. Coimbra: Almedina, 2018, v. I. p. 355 e ss.
36. A parte, ao negociar, deve se colocar na condição da contraparte e agir, não só como ela de si própria razoavelmente esperaria, mas também como dela seria razoavelmente esperado que agisse, observando os padrões de seriedade e bons costumes. Cf.: VASCONCELOS, Pedro Pais de. Teoria geral do direito civil. *Revista do Centro de Estudos Judiciários*, n. 1, 2015, p. 593.
37. Disposto no artigo 9º da lei de defesa do consumidor. Cf.: LEITÃO, Luís Manuel Teles de Menezes. *Direito das Obrigações*. V. I. Coimbra: Almedina, 2018, p. 323. O Professor Menezes Cordeiro ensina que "há deveres de lealdade: as partes não podem, in contrahendo, adotar comportamentos que se desviem da procura, ainda que eventual, de um contrato, nem assumir atitudes que induzam em erro ou provoquem danos injustificados. Os deveres de lealdade distinguem-se dos de informação; pode considerar-se que, neles, não há, apenas, uma questão de comunicação; antes se joga também, um problema de conduta". Cf.: CORDEIRO, Antônio Menezes. *Tratado de Direito Civil II*. Parte geral. Coimbra: Almedina, 2014, p. 219 e ss.
38. Em perspectiva paralela, o Professor António Barreto Menezes Cordeiro, no âmbito do contrato de gestão, pontua da seguinte forma: "O dever de lealdade negativo – o núcleo do dever de lealdade – veda aos intermediários financeiros todo o tipo de atuação da qual possa originar um conflito entre os interesses do cliente e os seus interesses ou interesses de terceiros (*no conflict rule*) e impede a obtenção de lucros através da posição ocupada, salvo se previstos ou autorizados na lei ou no contrato (no profit rule). O dever de lealdade positivo assume-se como um *plus* em relação dever de prestação principal: os intermediários financeiros devem gerir as carteiras dos seus clientes sempre de forma a melhor prosseguir e potenciar os interesses dos seus clientes" Cf.: CORDEIRO, António Barreto Menezes. O contrato de gestão de carteira. *Revista de Direito Financeiro e dos Mercados de Capitais*. Lisboa, fev. 2020, p. 23-26.
39. TELLES, Inocêncio Galvão. *Manual dos Contratos em Geral*. 4. ed. Coimbra: Coimbra Editora, 2010, p. 203-208. Confira também: LEITÃO, Luís Manuel Teles de Menezes. *Direito das Obrigações*. Coimbra: Almedina, 2018, v. I, p. 320 e ss.

deveres acarrete a frustração da confiança[40] criada na contraparte, seja pela atividade anterior ao fato ensejador, ou quando essa violação altere o sentido fulcral das negociações, de maneira que as partes não possam continuar nos termos originais propostos por elas.

Feitas tais considerações, é importante frisar que condutas desleais com o consumidor também são frequentes em sede de contratação de adesão, em que os detentores do poder econômico impõem suas vontades ao consumidor através dos contratos fixos e pré-moldados, sem possibilidade alguma de modificação.

Aliás, em tais casos, o dever de informação deve ser observado de forma mais rigorosa, sobretudo pela impossibilidade do consumidor de alterar qualquer cláusula contratual.

De fato, a *culpa in contrahendo* é nítida quando uma pessoa que aceita um contrato desfavorável não for devidamente esclarecida nas tratativas preliminares, mormente em que deveria a parte detentora de conhecimento fazê-lo.

Esclareça-se também que a *culpa in contrahendo* tem caráter obrigacional[41], tendo em vista a violação de deveres específicos de comportamento baseados na boa-fé.

Imagine o caso do consumidor que adquire uma passagem aérea para determinado trecho e, logo após que adquiriu, percebeu que se equivocou nas datas. Nesse tipo de contrato de prestação de serviço, o consumidor é impelido a aderir as condições ali postas, sem qualquer possibilidade de alterá-las, em um típico exemplo de contrato de adesão concluído por meio eletrônico.

Assim, é necessário que o fornecedor, antes mesmo da realização da compra, informe ao consumidor sobre eventuais taxas para remarcação de datas, alteração eventual de destino, cancelamento dos bilhetes etc. Tais informações são preciosas e basilares em um contrato dessa espécie.

Contudo, o que mais se observa nesses casos é que há uma plêiade de informações em contratos extensos com inúmeras laudas, em que o consumidor não consegue discernir quais as informações são cruciais para aquele tipo de compra.

---

40. Nesse sentido, Rui Ataíde aduz que *responder pela confiança* só não será uma fórmula vazia se o único e verdadeiro fundamento que presidir à imputação dos correspondentes danos consistir na proteção da confiança do lesado. Cf.: ATAÍDE, Rui Paulo Coutinho de Mascarenhas. Natureza e regime jurídico dos deveres acessórios de conduta. *Estudos Comemorativos dos vinte anos da faculdade de direito de Bissau*. Lisboa: Faculdade de Direito da Universidade de Lisboa, 2010, v. 1, p. 551 e ss.

41. Sobre o tema da culpa *in contrahendo*, insta salientar finalmente que sua ocorrência não pressupõe automaticamente que o contrato não venha a ser realizado ou que, uma vez concluído, tenha sido defeituoso. Aliás, a violação culposa não impede a conclusão do contrato nem prejudica sua validade ou eficácia. Isso porque, se da conduta culposa e contrária à boa-fé resultar danos, em que pese o contrato seja plenamente eficaz e válido, caberá a incidência do instituto da responsabilidade civil. Cf.: VASCONCELOS, Pedro Pais de. Teoria geral do direito civil. *Revista do Centro de Estudos Judiciários*, n. 1, 2015, p. 243. Confira também a seguinte decisão: PORTUGAL. Supremo Tribunal de Justiça. Acórdão do processo 287/10.0TBMIR.C1.S1. Relatora: Maria Clara Sottomayor. Lisboa, 25 de fevereiro de 2014.

O *modus operandi* traduzido na própria forma de manifestação da informação no caso da contratação pela *internet* é crucial para verificação dos requisitos da boa-fé do fornecedor.

E mais: ainda que o contrato tenha sido celebrado, é possível que haja dano decorrente das ações do fornecedor na fase das tratativas preliminares, tendo em vista que o caráter da responsabilidade pré-contratual se espraia mesmo após a pactuação, atingindo dimensão mais ampla e aprofundada na boa-fé e na confiança.

Ademais, há muitas vezes a violação dos deveres decorrentes da boa-fé já descritos, seja por ação (com indicações inexatas do serviço); ou também por omissão (informações elementares que são dispostas de maneira tal que fica incompreensível ao consumidor).

Com efeito, há um dever jurídico de informar decorrente não só da confiança depositada no fornecedor, assim como decorrente da própria legislação que tutela o consumidor. Violar tal dever, também implica necessariamente em incorrer no caso da responsabilidade civil por conselho, recomendação ou informação[42], disposta no artigo 485, n° 2, do Código Civil, vez que insculpiria o fornecedor no requisito de ter agido com negligência ou procedido com a desiderato de prejudicar.

Nesses casos, é importante mensurar qual a real expectativa do consumidor naquele contrato entabulado, consubstanciado na própria lesão decorrente da ruptura injustificada do fornecedor. Até que ponto esses danos devem ser ressarcidos?

Nesse fluir de pensamento, o Professor Enzo Roppo[43] entende que a ruptura das negociações gera responsabilidade tão somente quando é injustificada e arbitrária e não quando é apoiada em uma justa causa que a torne legítimo exercício de uma liberdade econômica.

Tal entendimento contempla a própria essência da tutela da confiança e da boa-fé entre as partes.

---

42. Cf.: SÁ, Almeno de. *Cláusulas Contratuais Gerais e Directiva sobre Cláusulas Abusivas*. 2. ed. Coimbra: Almedina, 2005, p. 153. Sobre o tema, Agostinho Cardoso Guedes assim pontua: "Sempre que alguém se dirige a um banco para com ele celebrar um contrato (um depósito bancário, um empréstimo, a compra de títulos da sociedade proprietária do banco, um desconto, um empréstimo hipotecário, depósito de títulos etc., e se inicie «uma actividade comum dos contratantes, destinada à análise e elaboração do projecto de negócio», não parece restar qualquer dúvida que qualquer dos contraentes fica imediatamente vinculado aos deveres resultantes do art. 227°, e, consequentemente, o banco pode ser obrigado a prestar informações ou conselhos ou, quando tal dever não surja por força do dever de agir com boa-fé, responsabilizado, ainda assim, por informações ou conselhos inexactos (desde que, com esse comportamento, se violem outros deveres de conduta, tal como acontecia com os deveres laterais de origem contratual de que resultem danos". Cf.: GUEDES, Agostinho Cardoso. A Responsabilidade do banco por informações à luz do artigo 485° do Código Civil. *Revista de Direito e Economia*, ano XIV, 1988, p. 147 e ss.

43. Cf.: ROPPO, Vincenzo. *Il contratto*. Milano: Giuffrè Editore, 2011, p. 107 e ss.

Há de se reconhecer o espectro múltiplo de abrangência da culpa *in contrahendo*. Nas palavras do Professor Carneiro da Frada[44], tal abrangência vai desde a controversa proteção das pessoas e patrimônio das partes envolvidas contra ingerências danosas mútuas até finalidades mais pacíficas do instituto, como a de possibilitar uma adequada circulação da informação entre os sujeitos com vista a uma contratação mais consciente ou segura; respondem igualmente, desde à necessidade de ordenar adequadamente os riscos patrimoniais específicos que a atividade negociatória implica, designadamente perante a possibilidade de um fracasso do processo negocial, até a conveniência da tutela da parte mais fraca, prevenindo e sancionando um iter negocial potencialmente gerador de desequilíbrio e injustiça.

Por outro lado, para avaliar concretamente se houve infração aos deveres da boa-fé, é necessário perquirir se, nas circunstâncias postas, um observador, isento, mas informado sobre tais fontes, as considerariam subversivas a um comportamento honesto.[45]

É dizer: não se trata de aplicar indiscriminadamente o princípio da boa-fé objetiva de forma abstrata, ao revés, deve-se ter em conta bases mínimas[46] e o dever de conduta ético para sua concretização e analisar caso a caso.

No que toca aos contratos eletrônicos de adesão consumeristas, o Professor Ricardo Lorenzetti esclarece que não raro existem defeitos na negociação[47], consistentes em distorção ou sonegação de informações que acarretam a um defeito na própria formação do contrato; finalização arbitrária e inoportuna das tratativas; descumprimento dos deveres pré-contratuais do fornecedor nos contratos de consumo; e danos a pessoas derivados de prestações pré-contratuais.

O Professor Menezes Cordeiro[48] aponta para alguns casos reflexos provenientes da ruptura das tratativas, como por exemplo, o necessário dever de segurança entre as partes, com o fito de que ninguém seja lesado fisicamente, psicologicamente nem tampouco nada interfira na saúde das partes.

Se por um lado, o exercício da autonomia da vontade e a própria liberdade individual dos contratantes permitem retirar-se das negociações antes de se entabular o contrato, por outro, é necessário ponderar se foi rompida e vilipendiada a tutela da confiança[49] entre elas.

---

44. Cf.: FRADA, Manuel Antonio de Castro Portugal Carneiro da. *Teoria da Confiança e responsabilidade civil.* Coimbra: Almedina, 2004, p. 113 e ss.
45. Vide ALMEIDA, Carlos Ferreira de. *Contratos I.* 5. ed. Coimbra: Almedina, 2015, p. 204.
46. Sobre o tema, confira: CORDEIRO, Antônio Menezes. *Tratado de Direito Civil II.* Parte geral. Coimbra: Almedina, 2014, p. 504 e ss.
47. Sobre o tema, confira: LORENZETTI, Ricardo Luis. *Tratado de los contratos: parte general.* Buenos Aires: Rubinzal-Culzoni, 2004, p. 309 e ss.
48. Cf.: CORDEIRO, António Menezes. *Tratado de Direito Civil IX.* Parte Geral. 3. ed. Coimbra: Almedina, 2017, p. 504 e ss.
49. O doutrinador Manuel Carneiro da Frada entende que, apesar de qualquer informação ser inerente ao objetivo de gerar a confiança de outrem no tocante ao seu conteúdo, a culpa *in contrahendo* não se recon-

CAPÍTULO 4 • QUALIFICAÇÃO DO INCUMPRIMENTO DO DEVER DE INFORMAÇÃO **193**

Aliás, ao fazer o cotejo entre a culpa *in contrahendo* e a boa-fé, explica o Professor Menezes Cordeiro que, decorrente da boa-fé e em sede de tratativas preliminares, destacam-se dois vetores: a tutela da confiança e a primazia da materialidade subjacente. Assim, não podem nem devem as partes, na fase preparatória dos contratos, suscitar situações de confiança que venham eventualmente a frustrar depois.

De outro modo, por primazia da materialidade subjacente, deve-se entender que a autonomia privada faculta às partes negociar seus contratos livremente e interromper essas negociações quando bem entenderem, o que significa um valor a se aproveitar com esse sentido material de busca por um livre consenso, e não apenas de uma conformidade exterior com o direito, fazendo com que as negociações emulativas, chicaneiras, dilatórias ou de qualquer outro título sejam estranhas à autonomia privada e à boa-fé.[50]

Nesse sentido, diante das infindáveis situações que podem emergir da violação dos deveres de conduta na fase pré-contratual determinadas por inúmeros fatores, é patente que não há como apontar qual regime ideal (contratual e extracontratual), mas sim recorrer ao fundamento próprio da responsabilidade civil e da teoria da confiança.

A teoria da confiança emerge de valor fundamental e mecanismo de redução dessa complexidade característica da ordem social e enquanto fonte da obrigação de reparar os danos decorrentes da violação do dever ético de conduta nas relações pré-contratuais.

Assim, independentemente se houve dolo ou culpa nas retiradas negociações preliminares, daí emerge o dever de indenizar, desde que caracterizada a antijuridicidade da conduta da parte que se retirou, através da violação da confiança da contraparte, perquirindo através de critérios objetivos determinados pelos deveres de conduta supramencionados.

Nesse contexto, explica o Professor Menezes Cordeiro[51] que o desfecho de um contrato fundado em falsas indicações, de informação deficiente ou, até, de ameaças ilícitas, independentemente da aplicabilidade do regime próprio dos vícios na formação da vontade, implica o dever de indenizar, por culpa na formação dos contratos. Tal dever de esclarecimento tem relevo diferenciado quando um contratante carece de tutela especial, como o caso o consumidor.

Ademais, consoante Frada, a responsabilidade pré-contratual por violação de deveres de informação não deve ser entendida como responsabilidade pela confian-

---

duz a esta proteção, abarcando um campo de atuação que, ainda que em alguns casos sobreposto, não é com ela coincidente. Cf.: FRADA, Manuel Antonio de Castro Portugal Carneiro da. *Teoria da Confiança e responsabilidade civil*. Coimbra: Almedina, 2004, p. 159 e ss.

50. CORDEIRO, António Menezes. *Tratado de Direito Civil IX*. Parte Geral. 3. ed. Coimbra: Almedina, 2017, p. 507 e ss.

51. CORDEIRO, António Menezes. *Tratado de Direito Civil IX*. Parte Geral. 3. ed. Coimbra: Almedina, 2017, p. 549 e ss.

ça, mas sim por uma responsabilidade proveniente da "causação indevida de uma confiança alheia".[52]

É dizer: o enfoque deve ser posto não na confiança transmitida pelas informações ao consumidor, mas sim na razão indevida dessa confiança. Arremata o professor que aquilo que se pune é, portanto, o infringir dos deveres de correção, lealdade e honestidade que a ordem jurídica impõe à sociedade, em especial sancionando a indução de representações falsas.[53]

Finalmente, como se observará adiante nas práticas comerciais desleais, na legislação portuguesa, nos casos em que o fornecedor não observe os encargos pré--contratuais especificados nos artigos 28º do DL 7/2004, artigo 4º do DL 24/2014, e artigos 5º e 6º da LCCG, incorrerá no instituto da culpa *in contrahendo*, disposto no artigo 227º, n. 1, além das sanções previstas no artigo 8º e 9º da LCCG. Cabe, na prática, aos predisponentes a prova em juízo dos deveres de informação devidamente cumpridos.

B. CUMPRIMENTO DEFEITUOSO DO CONTRATO

Feita a análise do instituto da culpa *in contrahendo*, delineando sua natureza jurídica, evolução histórica e posicionamento no direito luso-brasileiro, procederemos a análise do cumprimento defeituoso do contrato, não sem antes abordar as regras gerais do seu efetivo cumprimento.

4.4 REGRAS GERAIS DE CUMPRIMENTO DO CONTRATO

A regra geral das obrigações é a sua realização de forma espontânea, restando as partes satisfeitas, seja o credor, vendo o seu interesse satisfeito, e o devedor, que por sua vez tem seu vínculo debitício resolvido. Contudo, nem sempre a obrigação é cumprida, remanescendo em falta uma das partes.

A princípio, no sistema lusitano, o efetivo cumprimento dos contratos traduz na consumação de uma prestação de coisa ou fato do devedor ao credor, conforme artigo 762, n. 1 do CC português. *Mutatis mutandis*, nos contratos de consumo, implica dizer que o fornecedor realiza a prestação pactuada (entrega de um produto ou fornecimento de serviço) nas condições de lugar[54] e tempo[55] entabulados entre as partes ou em virtude de lei.

---

52. FRADA, Manuel Antonio de Castro Portugal Carneiro da. *Teoria da Confiança e responsabilidade civil*. Coimbra: Almedina, 2004, p. 483.
53. FRADA, Manuel Antonio de Castro Portugal Carneiro da. *Teoria da Confiança e responsabilidade civil*. Coimbra: Almedina, 2004, p. 454 e s., e 466 e ss.
54. Cf.: 772 do CC português.
55. Cf.: 777 do CC português.

O regime geral do Código Civil português relativo ao cumprimento e incumprimento das obrigações (artigos 762 a 836) é aplicado às relações jurídicas de consumo em todas as hipóteses que não for regulado por lei especial. Em linhas gerais, há a regra da pontualidade, isto é, cabe ao devedor o encargo de cumprir a obrigação ponto por ponto, conforme artigo 762, I e 763, I do CC português.

Como já mencionado, às partes, em cada prestação, cabe a observância da boa-fé em sua execução[56] (conforme artigo 762, 2° do CC português).

Feitas essas razões preliminares, vejamos de uma forma mais aprofundada os elementos de cumprimento do contrato um a um: lugar, prazo, preço e observância da boa-fé.

No que toca ao lugar da prestação, o comércio tradicional de consumo subsume-se ao já estabelecido pelo artigo 773 do CC, usualmente sendo o estabelecimento comercial do fornecedor. Contudo, no comércio eletrônico, o lugar da prestação, via de regra, é a própria residência do consumidor ou lugar por ele indicado para recebimento do produto ou prestação do serviço, remanescendo os casos em que o consumidor adquire o produto pela *internet* e vai retirá-lo na loja física do fornecedor.

Por sua vez, no que pertine ao tempo da prestação, a Lei de Defesa do Consumidor estabeleceu, em seu artigo 9° B, que o fornecedor deve entregar os bens na data fixada pelo consumidor ou, em sua falta, até o prazo máximo de 30 dias após a celebração do contrato, sob pena de resolução do mesmo pelo consumidor.[57]

Referido direito de resolução pode ser exercido após a fixação do prazo estabelecido pelo consumidor ou de forma imediata, caso o fornecedor se recuse a entregar o bem ou se tratar de mercadoria essencial, devendo o fornecedor restituir a totalidade do valor desembolsado no prazo de 14 dias ou, caso não o faça, seja compelido a devolver em dobro, sem prejuízo de eventual indenização por danos patrimoniais e não patrimoniais.

Já o elemento preço, nada mais é senão o sinalagma do contrato de consumo, ou seja, a prestação do serviço ou entrega do produto pelo fornecedor ao tempo do pagamento de uma quantia, realizado pelo consumidor.

Bom que se diga que esse elemento contratual não é imprescindível em uma relação de consumo, uma vez que há os contratos gratuitos puros, em que o serviço ao consumidor é ofertado sem qualquer contrapartida econômica, como o caso de publicidade[58] de um produto; e os contratos gratuitos impuros, em que há oferta de bens ou serviços em contratos onerosos, como a oferta de brindes. Há ainda aqueles contratos travestidos de uma legalidade, em que o consumidor, para acessar o *wifi*

---

56. Cf.: PINTO, Carlos Alberto da Mota. *Teoria Geral do Direito Civil*. 4. ed. por António Pinto Monteiro e Paulo Mota Pinto, Coimbra Ed., 2005, p. 111.
57. Cf.: artigo 9, B, n.1 e n.2 da LDC.
58. Referida prática, em alguns casos, pode ser considerada desleal, conforme artigo 8°, z, da Lei de proteção contra clausulas desleais.

de um determinado estabelecimento, por exemplo, preenche dados pessoais para que futuramente seja alvo de ações promocionais da empresa.

Quanto à forma de pagamento do preço, a regra geral é a livre convenção entre as partes, podendo ser realizada em qualquer modalidade: dinheiro, cheque, cartão, *bitcoins* etc., sendo vedado que o fornecedor aplique algum desconto em razão de determinada modalidade contratada.[59]

Dito isso, no que toca à boa-fé, além de ser norma imperativa no diploma português no cumprimento contratual regido pelo Código Civil[60], a boa-fé também tem seu espaço na relação de consumo, detidamente por fazer parte como direito fundamental dos consumidores[61] e estar devidamente expressa nas relações de consumo eletrônicas.[62]

O dever de transmitir uma informação completa, objetiva, transparente e exata ao consumidor se fundamenta no dever de conduta fundamental do fornecedor, exigindo às partes que atuem em estrita observância à boa fé, seja na formação do contrato, como já mencionado artigo 227º, n. 1 CC, ou na própria execução, ao abrigo do artigo 762º, n. 2.

Cumpre dizer também que se aplica o diálogo das fontes no ordenamento português[63], isto é, aplicação simultânea de diversos ordenamentos como o Código Civil, a Lei de Defesa do Consumidor, o DL 7/2004 e DL 24/2014. Entretanto, como mencionado, quando há regime especial, não se aplica o Código Civil em relação a todos os aspectos que nele se encontrem abrangidos.[64]

No Brasil, a extinção do contrato por seu cumprimento "normal"[65] é observado quando as obrigações pactuadas forem cumpridas, sempre realizadas à luz da boa-fé objetiva, conforme artigo 422 do CC brasileiro.

O inadimplemento das obrigações gera, imediatamente, as perdas e danos mais juros e atualização monetária segundo índices oficiais ou estipulados no contrato, como se verifica daquilo elencado no art. 389 do CC brasileiro.

Assim, demonstrados os traços gerais que balizam o incumprimento contratual no regime geral do Código Civil, importa ao nosso estudo analisar em profundidade

---

59. Decreto-lei 3/2010, de 5 de janeiro, artigo 76 e ss. da RJSPME – regime jurídico de serviços de pagamento da moeda eletrônica
60. Cf.: artigo 762, n. 2, do CC português.
61. Cf.: artigo 9, n. 1, da LDC.
62. Cf.: artigo 5, n. 1, do DL 24/2014.
63. No Brasil, também se aplica o diálogo das fontes. Vide desenvolvimento no item 1.4.4.
64. Cf.: CARVALHO, Jorge Morais. *Manual de Direito do Consumo*. Coimbra: Almedina, 2019, p. 198 e ss.
65. Sobre o tema, confira: TARTUCE, Flávio. *Manual de Direito Civil*. 10. ed. São Paulo: Método, 2020, p. 631 e ss. Confira também: GONÇALVES, Carlos Roberto. *Direito Civil Brasileiro*: contratos e atos unilaterais. 16ª ed. São Paulo: Saraiva, 2019, p. 190 e ss. O Professor Humberto Theodoro Junior explica que não há contrato eterno. Entende o Professor que o vínculo contratual é, por natureza, passageiro e deve desaparecer, naturalmente, tão logo o devedor cumpra a prestação prometida ao credor. Cf.: THEODORO JUNIOR, Humberto. *O contrato e seus princípios*. 2. ed. Rio de Janeiro: AIDE, 1999, p. 100 e ss.

o regime especial português que regula o incumprimento do contrato de consumo decorrente do meio eletrônico, nomeadamente o DL 7/2004 e DL 24/2014 e a própria Lei do Consumidor, além do regime brasileiro disposto no Código Civil e Código de Defesa do Consumidor, bem como as consequências específicas que referidos diplomas estabelecem para essas circunstâncias.

4.5 NOTAS PRELIMINARES SOBRE O CUMPRIMENTO DEFEITUOSO DO CONTRATO DE CONSUMO

O cumprimento defeituoso é uma espécie de inadimplemento (igualmente à mora e ao incumprimento definitivo) caracterizado pelo cumprimento da prestação, mas que possui defeitos ou é inexato, isto é, não corresponde, totalmente, àquilo devido[66].

A essência do cumprimento defeituoso[67] é o cumprimento efetivo da prestação, sem qualquer tipo de atraso, mas eivada de defeitos, vícios ou irregularidades, isto é, ocorre um adimplemento insatisfatório ocasionando a não liberação do devedor.

Em concreto, a definição de cumprimento defeituoso não se restringe à prestação quantitativamente insuficiente (cumprimento parcial), mas abrange também a violação do dever de prestar denominada pela doutrina alemã[68] de violação positiva do contrato ou violação positiva[69] do crédito. Em outras palavras, abarcam-se a prestação principal e secundária[70] do cumprimento defeituoso, assim como a

---

66. MARTINEZ, Pedro Romano, *Cumprimento Defeituoso Em Especial Na Compra E Venda E Na Empreitada*. 2. reimp. Coimbra Almedina, 2015, p. 25 e ss.

67. Exemplo que a doutrina portuguesa realça: "A fábrica de cerveja comprometeu-se ao fornecimento de 2h/l de cerveja para uma cervejaria, duas vezes por semana e em vários fornecimentos constatou-se a qualidade inferior dela. Por esse facto, o dono da cervejaria recusou-se a receber posteriores remessas de cerveja, porque a cerveja deixou de ter a qualidade que tinha antes". Cf.: FARIA, Jorge Leite Areias Ribeiro de. *Direito Das Obrigações*. Coimbra: Almedina, 1990, v. II, p. 462 e ss.

68. A violação positiva do contrato foi alcunhada por Hermann Staub em 1902. Já em 1953, Karl Larenz ampliou o conceito para violações positivas do crédito, vez que sua aplicação extrapolava o âmbito contratual. Sobre o tema, confira: CORDEIRO, António Menezes. *Da boa-fé no direito civil*. Coimbra: Almedina, 2015, p. 595 e ss.; LARENZ, Karl. *Derecho de obligaciones*. Trad. Jaime Santos Briz. Madrid: Ed. Revista de Derecho Privado, 1958, t. I. p. 22.

69. Ressalta-se que para Staub, a mora assim como inadimplemento absoluto seriam violações positivas do crédito, sendo a primeira, caracterizada pela realização posterior da obrigação e a segunda quando a mesma não é realizada. Sobre o tema, confira: CATALAN, Marcos Jorge. *Descumprimento contratual*: modalidades, consequências e hipóteses de exclusão do dever de indenizar. Curitiba: S.n., 2005, p. 43 e ss.

70. Sobre o tema, a Professora Judith Martins-Costa explica minuciosamente: "(i.2) Os deveres de prestação secundários ou acidentais se subdividem em (i.2.1) deveres de prestação secundários meramente acessórios da obrigação principal; e (i.2.2) os deveres secundários com prestação autônoma. (i.2.1) Os deveres de prestação secundários meramente acessórios se destinam a preparar o cumprimento ou assegurar a sua perfeita realização. E.g., na compra e venda de coisa que deva ser transportada, o dever de bem embalar a coisa e transportá-la, com segurança, ao local de destino; no depósito, o dever do depositário de não apenas guardar a coisa, mas também de bem acondicionar o objeto deixado em depósito. (i.2.2) Os deveres secundários com prestação autônoma se apresentam como um sucedâneo da obrigação principal (como o dever de indenização, que surge diante da impossibilidade de prestar o prometido) ou de maneira coexistente com o dever principal (o caso de indenização por mora). Correspondem ainda a interesse de

violação dos deveres laterais[71] (anexos, instrumentais de conduta, acessórios) das condutas das partes.

É mister salientar que a expressão violação positiva possa conduzir, de forma equivocada[72], a necessariamente um comportamento positivo (proativo) de uma das partes. Contudo, deve-se compreender o termo como um comportamento que compromete o escorreito cumprimento da prestação contratual[73], seja através de ações assim como de omissões, esses últimos caracterizados pela violação dos deveres laterais implícitos[74] na relação contratual, derivados da própria boa-fé.

Note que os deveres laterais são importantes para viabilizar o adimplemento satisfativo, o que ocorre por via das funções hermenêutica e integrativa da boa-fé, vinculando-se[75] imediatamente aos deveres principais ou secundários. Tais deveres preocupam-se não somente com a prestação em si da obrigação, mas sobretudo pela forma como ela é realizada, observando-se todas as fases[76] da relação (pré-contratual, durante sua execução e no período pós-contratual).

---

prestação, ainda que supletiva ou substitutivamente. Cf.: MARTINS-COSTA, Judith. *A boa-fé no direito privado*: critérios para sua aplicação. São Paulo: Marcial Pons, 2015, p. 155 e ss.

71. Pondera o Professor Pedro Romano Martinez que "Não se torna necessário ficcionar que do contrato emergem deveres acessórios de protecção, de segurança etc., se eles já decorrem das regras gerais de responsabilidade civil". Cf.: MARTINEZ, Pedro Romano. *Cumprimento defeituoso em especial na compra e venda e na empreitada*. Coimbra: Almedina, 2015, p. 244 e ss.

72. Sobre o tema, confira: LARENZ. Karl. *Derecho de obligaciones*. Trad. Jaime Santos Brinz. Madrid: Editorial Revista de Derecho Privado, 1958, p. 366.

73. Cf.: MIRAGEM, Bruno. Curso de Direito do Consumidor. São Paulo: Editora Ed. RT, 2020, p. 376 e ss. Vide também: AZEVEDO, Antonio Junqueira. Responsabilidade Pré-Contratual no Código de Defesa do Consumidor: Estudo Comparativo com a responsabilidade Pré-Contratual no Direito Comum. *Revista da Faculdade de Direito da Universidade de São Paulo*, v. 90, p. 121-132, 1995.

74. Independe de previsão legal ou contratual. Sobre o tema, confira: AZEVEDO, Marcos de Almeida Villaça. Buena Fe Objetiva y Los Deberes de Ella Derivados. In: CÓRDOBA, Marcos M. (Dir.). *Tratado de La Buena Fe en el Derecho*. Doctrina Extranjera. Jurisprudencia. Buenos Aires: La Ley, 2004, t. II. p. 129-154.

75. O Professor Gustavo Haical faz a distinção entre deveres laterais positivos e negativos. Assim, explica que "os deveres laterais, vinculados imediatamente aos de prestação, distinguem-se por apresentar uma finalidade positiva, enquanto os laterais específicos de proteção, um caráter negativo. Contudo, mesmo dispondo de uma finalidade diferente, esses deveres preconizam tanto um fazer como um não fazer relativo à determinada conduta no que respeita aos figurantes da relação obrigacional. Assim, a parte interessada, conforme preceitua o art. 461 do CPC, pode ingressar com uma ação, para não vir a sofrer danos ou para específica conduta deixar de ser realizada de modo contrário ao prescrito por determinado dever lateral". HAICAL, Gustavo. O Inadimplemento pelo Descumprimento Exclusivo de Dever Lateral Advindo da Boa-Fé Objetiva. *Revista dos Tribunais*, v. 900, ano 99, p. 44-84, out. 2010, p. 62 e ss.

76. MARQUES, Claudia Lima. *Contratos no Código de Defesa do Consumidor*. São Paulo, Revistas dos Tribunais, 2016, p. 876 e ss.; AZEVEDO, Antônio Junqueira de. Responsabilidade pré-contratual no Código de Defesa do Consumidor: estudo comparativo com a responsabilidade pré-contratual no direito comum. *Revista da Faculdade de Direito da Universidade de São Paulo*, v. 90, 1995. Disponível em: http://www.revistas.usp. br/rfdusp/article/viewFile/67292/69902. Acesso em: 21 jun. 2019, p. 23 e ss. Confira decisão do STJ nesse sentido: "Nesses contratos, para além das cláusulas e disposições expressamente convencionadas pelas partes e introduzidas no instrumento contratual, também é fundamental reconhecer a existência de deveres anexos, que não se encontram expressamente previstos mas que igualmente vinculam as partes e devem ser observados. Trata-se da necessidade de observância dos postulados da cooperação, solidariedade, boa-fé objetiva e proteção da confiança, que deve estar presente, não apenas durante período de desenvolvimento da relação contratual, mas também na fase pré-contratual e após a rescisão da avença. A proteção especial

CAPÍTULO 4 • QUALIFICAÇÃO DO INCUMPRIMENTO DO DEVER DE INFORMAÇÃO

Conceitualmente, os deveres laterais são circunscritos à satisfação de interesses globais das partes, podendo assim ser elencados, pela doutrina luso-brasileira[77], como deveres de informação, deveres de cooperação, deveres de diligência e prudência, deveres de custódia, deveres de confiança, deveres de cuidado, deveres de coerência, deveres de segurança.

Especificamente quanto ao dever de informação na relação de consumo concluída por meio eletrônico, o fornecedor é compelido não somente a orientar e esclarecer as cláusulas ali entabuladas, mas especialmente em prestar dever adicional de informação durante as tratativas negociais, na execução do contrato e no período pós-contratual.

Aliás, é dever do fornecedor disponibilizar canais de atendimento notadamente para o serviço pós-venda, seja através do *call center*, aplicativos de celular, *e-mail*, *chat online*, garantindo[78] que o consumidor seja assistido com suas dúvidas e reclamações.

Esse dever de informar qualificado pressupõe compreensão do consumidor das informações transmitidas eletronicamente, sendo, portanto, elemento decisivo de se perquirir se houve ou não o cumprimento do dever de informar.

Por sua vez, a cooperação entre as partes respalda-se na sinergia e mutualidade durante execução do contrato, não impondo barreiras ou dificuldades na obrigação contratual. Já os deveres de diligência e prudência consistem na atuação cuidadosa e cautelosa das partes, protegendo a própria relação contratual.

Pari passu, os deveres de custódia circunscrevem na conservação e guarda do bem que um contratante confiará ao outro, seja para observação, ensaio ou prova. Não pode, nenhuma das partes, comportar com negligência, imprudência ou imperícia, sob pena de ser responsabilizada a ressarcir os danos causados.

Por seu turno, os deveres de confiança tutelam a fidúcia depositada por ambas as partes, especialmente pela expectativa do credor em receber a prestação na forma ajustada, justificando o investimento ali depositado.

---

que deve ser conferida aos contratos relacionais nasce da percepção de que eles "vinculam o consumidor de tal forma que, ao longo dos anos de duração da relação contratual complexa, torna-se este cliente cativo daquele fornecedor ou cadeia de fornecedores, tornando-se dependente mesmo da manutenção daquela relação contratual ou tendo frustradas todas as suas expectativas. Em outras palavras, para manter o vínculo com o fornecedor aceitará facilmente qualquer nova imposição por este desejada" (fls. 102/3). (REsp 1073595/MG, Rel. Ministra Nancy Andrighi, Segunda Seção, julgado em 23/03/2011, DJe 29/04/2011).

77. Cf.: COSTA, Mário Júlio de Almeida. *Direito das obrigações*. 8. ed. Coimbra: Almedina, 2000, p. 63 e ss.

78. Sobre o tema, confira previsão da OCDE de 2016, atualizando a Recomendação paradigma de 1999, nos seguintes termos: "The development by businesses of internal complaints handling mechanisms, which enable consumers to informally resolve their complaints directly with businesses, at the earliest possible stage, without charge, should be encouraged. Cf.: Consumer Protection in *E-commerce*, OECD Recommendation (Recommendation of the Council on Consumer Protection in *E-commerce* 24 March 2016 – C(2016)13). Disponível em: http://www.oecd.org/sti/consumer/ECommerce-Recommendation-2016.pdf. Acesso em: 14 maio 2020.

Uma vez verificado o adimplemento insatisfatório da obrigação, e, por consequência, a ausência de liberação do devedor, podem ocorrer as seguintes situações[79]: ou o devedor se constitui em mora[80] ou se verifica o incumprimento definitivo da obrigação.[81]

Na primeira situação, o credor conserva o seu interesse na prestação da obrigação, cabendo ao devedor reparar o defeito ou substituir a prestação defeituosa por outra em condições previstas no contrato. Na segunda situação, o credor não tem mais interesse na prestação e, assim, a obrigação se dá pelo incumprimento definitivo, devendo o devedor pagar indenização ao credor. Há ainda a última situação, distinta das anteriores, em que, antes mesmo do vencimento da obrigação, o devedor repare os defeitos ou substitua a prestação a tempo hábil.

Entende-se que, independentemente da mora ou do incumprimento definitivo, o cumprimento defeituoso pode causar danos peculiares, adquirindo, dessa forma, autonomia em relação às outras formas de violação do vínculo obrigacional.[82]

Objetivamente, o CC português não contemplou na parte geral das obrigações a hipótese de cumprimento defeituoso, referindo-se apenas ao ônus[83] da prova do devedor, no artigo 799, n. 1.

Contudo, em leis especiais, há tratamento específico sobre o cumprimento defeituoso. Nos casos de venda da coisa defeituosa, por exemplo, pode o comprador adotar, em sequência, as seguintes opções: o vendedor deve eliminar o defeito do produto; não sendo possível ou se referida eliminação tornar-se excessivamente onerosa, pode o comprador exigir a redução do preço e indenização. Por sua vez, não sendo este meio capaz de satisfazer a pretensão desejada, cabe ao comprador pedir a resolução do contrato.

Sintetizando em artigos: a) reparação ou substituição da coisa, art. 914; b) redução do preço baseando-se no mesmo facto, arts. 911 e 913, c) anulação do contrato com base no erro, arts. 909 e 913; d) indenização[84], quer haja dolo ou simples erro, arts. 908, 909, 913 e 915.

Caso interessante trazido pelo Professor João Calvão da Silva[85] é quando há defeitos de informação relacionado à falta, insuficiência ou inadequação das advertências de uso de produtos potencialmente perigosos ou lesivos ao cidadão.

---

79. LEITÃO, Luís Manuel Teles de Menezes. *Direito das Obrigações*. Coimbra: Almedina, 2018, V. II, p. 276.
80. Artigo 804 do CC português.
81. Artigo 808 do CC português.
82. LEITÃO, Luís Manuel Teles de Menezes. *Direito das Obrigações*. Coimbra: Almedina, 2018, v. II, p. 276.
83. Cf.: Artigo 799º (Presunção de culpa e apreciação desta) 1. Incumbe ao devedor provar que a falta de cumprimento ou o cumprimento defeituoso da obrigação não procede de culpa sua."
84. Cf.: Artigo 8º, n. 5, da Lei de Defesa do Consumidor portuguesa.
85. SILVA, João Calvão da. *Responsabilidade Civil do Produtor*. Coimbra: Almedina, 1999, p. 659 e ss. Cf.: Acórdão do Tribunal da Relação de Coimbra. Processo: 2411/10.4TBVIS.C1. Relatora: Maria João Areias. Julgado em 18 de setembro de 2018.

O produto, *per si*, não é considerado defeituoso com aquilo pactuado, contudo, por exigir um dever especial de informação por conta de suas particularidades, o fabricante e o comerciante do produto devem prevenir o consumidor a fim de que não haja qualquer tipo de acidente de consumo.

O defeito e a desconformidade não são aparentes, ao revés, por ser um conceito amplo, também contempla a noção de segurança do consumidor, devendo ser o fornecedor se atentar a ela.

Por outro lado, considerável parcela da doutrina brasileira[86] entende que a violação positiva do contrato seria sinônimo de cumprimento defeituoso, adimplemento ruim, inexecução contratual positiva, violação contratual positiva, sendo interpretada em vieses distintos.[87]

Malgrado exista na doutrina[88] quem faça a distinção entre deveres de proteção e deveres laterais, o pensamento majoritário é que o último engloba semanticamente[89]

---

86. CATALAN, Marcos Jorge Catalan. *Descumprimento contratual*: modalidades, consequências e hipóteses de exclusão do dever de indenizar. Curitiba: S.n., 2005, p. 161 e ss.; LÔBO, Paulo. *Teoria Geral das Obrigações*. São Paulo: Saraiva, 2005.; VARELA, João de Matos Antunes. *Das Obrigações em Geral*. Coimbra: Almedina, 2011, p. 64 e ss.

87. Sobre o tema, o Professor Jorge Cesa Ferreira da Silva explica que "[...] as diferenças entre os ordenamentos brasileiro e alemão, faz com que o modelo conceitual da violação positiva do contrato não possa ser simplesmente traduzido literalmente para o Brasil. Cumpre desvendar os espaços que poderiam ser por ele ocupados e aqueles que já estariam suficientemente regulados, tendo por ponto de partida o conceito alemão". Cf.: SILVA, Jorge Cesa Ferreira da. *A boa-fé e a violação positiva do contrato*. Rio de Janeiro: Renovar, 2002, p 214 e ss. Confira também: TERRA, Aline de Miranda Valver de. *Inadimplemento anterior ao termo*. Rio de Janeiro: Renovar, 2009, p. 110 e ss.

88. Assim pondera a Professora Judith Martins-Costa: "Conquanto reiteradamente confundidas as espécies (deveres anexos, ou instrumentais, de um lado; deveres de proteção, ou laterais, de outro), a distinção se impõe em vista do interesse que visam assegurar. Entendidos em sentido técnico, os deveres de proteção se diferenciam dos deveres de prestação (principais e secundários, bem como dos deveres anexos aos de prestação), por estarem voltados ao escopo de implementar uma «ordem de proteção entre as partes» («deveres de proteção» ou «deveres laterais»). Não se voltam, pois, ao *praestare*. Nem secundária, nem instrumentalmente, nem de forma anexa podem ser confundidos com os deveres de prestação, pois *o interesse que tutelam é outro*: não o prestar, mas o interesse de proteção, para que, da relação obrigacional, e independentemente da realização da prestação, não resultem danos injustos para a contraparte". Cf.: MARTINS-COSTA, Judith. *A boa-fé no direito privado*. Critérios para sua aplicação. 2. ed. São Paulo: Saraiva Educação, 2018, p. 156 e ss.

89. Cf.: THEODORO JUNIOR, Humberto. *Direitos do Consumidor*. 9ª ed. Rio de Janeiro: Forense, 2017, p. 243 e ss. Confira também decisão emanada do STJ, *verbis*: direito do consumidor. Recurso especial. Vício do produto. Automóveis seminovos. Publicidade que garantia a qualidade do produto. Responsabilidade objetiva. Uso da marca. Legítima expectativa do consumidor. Matéria fático-probatória. Súm. 7/STJ. 3. Na hipótese, inequívoco o caráter vinculativo da oferta, integrando o contrato, de modo que o fornecedor de produtos ou serviços se responsabiliza também pelas expectativas que a publicidade venha a despertar no consumidor, mormente quando veicula informação de produto ou serviço com a chancela de determinada marca, sendo a materialização do princípio da boa-fé objetiva, exigindo do anunciante os deveres anexos de lealdade, confiança, cooperação, proteção e informação, sob pena de responsabilidade. (BRASIL. Superior Tribunal de Justiça. REsp 1365609/SP. Relator Ministro Luis Felipe Salomão, Quarta Turma, julgado em 28 de abril de 2015).

o primeiro, abarcando outros deveres de confiança, lealdade, proteção, informação[90], cooperação[91], transparência[92], entre outros.

Há quem compreenda[93] que, diante da amplitude do conceito de mora no ordenamento jurídico brasileiro, torna-se discutível a aplicação da teoria da violação positiva da obrigação. Em visão funcional da ideia de adimplemento, entender-se-ia adimplido o contrato se, e somente se, todos os deveres de principais, secundários e anexos estiverem cumpridos, ou seja, não haveria distinção desses deveres, devendo ser analisados como um só.

O entendimento majoritário brasileiro[94] é no sentido de que a teoria deve ser aplicada sobretudo para as situações nas quais há violação dos deveres laterais do contrato e que, na prática, não estão vinculados à prestação da obrigação principal.

Nesse sentido, o Enunciado 24 da Jornada de Direito Civil do Conselho da Justiça Federal assinala que "em virtude do princípio da boa-fé positivado no artigo 422, a violação dos deveres anexos constitui espécie de inadimplemento, independentemente de culpa".

A não observância dos deveres laterais reclama a pretensão do consumidor a exigência do abatimento do preço ou perdas e danos, de eventual resolução do con-

---

90. Cf.: artigos 30 a 32 do CDC.
91. Vide dever de colaborar/cooperar durante a própria execução do contrato, com vistas a coibir as práticas comerciais abusivas (arts. 39, 40, 51, 52, 53 e 54, todos do CDC).
92. Cf.: artigo 4, *caput*, do CDC.
93. Esforços recentes têm sido empreendidos no sentido de associá-la à violação de deveres de cooperação impostos pela boa-fé objetiva, em construção que, a rigor, dispensaria a importação da figura. De outro lado, a releitura funcional do conceito de adimplemento, a exigir não apenas o cumprimento da prestação principal, mas a realização do escopo comum perseguido pelas partes, afigura-se suficiente a solucionar as hipóteses de cumprimento defeituoso da prestação que, porventura, tenham escapado à noção legal de mora. Cf.: TEPEDINO, Gustavo. SCHREIBER, Anderson. In: AZEVEDO, Álvaro Villaça (Coord.). *Código Civil Comentado*: Direito das obrigações. São Paulo: Atlas. 2008, p. 343 e 344.
94. Sobre o tema, o Professor Nelson Rosenvald e Cristiano Chaves assim explanam: "Enquanto o inadimplemento absoluto e a mora concernem a cumprimento do dever de prestação, a violação positiva do contrato aplica-se a uma série de situações práticas de inadimplemento que não se relacionam com a obrigação principal – mais precisamente, o inadimplemento derivado da inobservância dos deveres laterais ou anexos. Cf.: FARIAS, Cristiano Chaves de; ROSENVALD, Nelson. *Direito das obrigações*. São Paulo: Lumen Juris, 2011, p. 553. Em outra vertente, o Professor Anderson pontua da seguinte forma: "Na perspectiva funcional, em que o adimplemento consiste simplesmente no cumprimento da prestação principal, a tutela do crédito em tais hipóteses exige mesmo o recurso a alguma figura ou norma externa à disciplina do adimplemento, como a violação positiva do contrato ou o (mais direto) recurso à cláusula geral de boa-fé objetiva (art. 422). Não é, todavia, o que ocorre em uma perspectiva funcional, na qual o cumprimento da prestação principal não basta à configuração do adimplemento, exigindo-se o efetivo atendimento da função concretamente atribuída pelas partes ao negócio jurídico celebrado, sem o qual todo o comportamento (positivo ou negativo) do devedor mostra-se insuficiente. Vale dizer: revisitado o conceito de adimplemento, as hipóteses hoje solucionadas pela violação positiva do contrato tendem a recair em seu âmago interno, corroborando a necessidade de um exame que abarque o cumprimento da prestação contratada também sob o seu prisma funcional". Cf.: SCHREIBER, Anderson. A Boa-fé objetiva e o Adimplemento Substancial. In: HIRONAKA, Giselda Maria Fernandes Novaes; TARTUCE, Flávio (Coord.). *Direito contratual*. Temas Atuais. São Paulo: Método, 2007, p. 137 e ss.

trato em razão do inadimplemento ou até mesmo das sanções contratuais previstas por incumprimento (eventual cláusula penal).

E mais: a violação é caracterizada sobretudo quando a parte não cumpre um ou alguns dos deveres[95] que razoavelmente dela se espera, como o dever cooperação, de proteção e de informação[96].

Com efeito, o vício ou defeito ganha acuidade no caso em concreto, devendo ser apreciado à luz de critérios objetivos e da boa-fé[97].

Caso interessante foi o posicionamento do Superior Tribunal de Justiça ao tratar sobre contratos de seguradoras de saúde, concluindo que, via de regra, no momento da contratação do seguro, o segurado não está preso a definições, mas notadamente aos riscos dos quais pretende se agasalhar. Entendeu o Tribunal, abalizado no princípio da boa-fé objetiva, que cabe ao juiz examinar com maior rigor os contratos de massa e de adesão, nos quais, frequentemente, as seguradoras buscam subterfúgios para se eximir da obrigação de indenizar (mormente diante do cumprimento defeituoso do dever de informação[98]).

---

95. Há muito, a professor Judith Martins-Costa delineia com particular clareza: "Entre os deveres com tais características encontram-se, exemplificativamente: a) os deveres de cuidado, previdência e segurança, como o dever do depositário de não apenas guardar a coisa, mas também de bem acondicionar o objeto deixado em depósito; b) os deveres de aviso e esclarecimento, como o do advogado, de aconselhar o seu cliente acerca das melhores possibilidades de cada via judicial passível de escolha para a satisfação de seu *desideratum*, o do consultor financeiro, de avisar a contraparte sobre os riscos que corre, ou o do médico, de esclarecer ao paciente sobre a relação custo- do tratamento escolhido, ou dos efeitos colaterais do medicamento indicado, ou ainda, na fase pré-contratual, o do sujeito que entra em negociações, de avisar o futuro contratante sobre os fatos que podem ter relevo na formação da declaração negocial; c) os deveres de informação, de exponencial relevância no âmbito das relações jurídicas de consumo, seja por expressa disposição legal (CDC, arts. 12, in fine, 14, 18, 20, 30 e 31, entre outros), seja em atenção ao mandamento da boa-fé objetiva; d) o dever de prestar contas, que incumbe aos gestores e mandatários, em sentido amplo; e) os deveres de colaboração e cooperação, como o de colaborar para o correto adimplemento da prestação principal, ao qual se liga, pela negativa, o de não dificultar o pagamento, por parte do devedor; f) os deveres de proteção e cuidado com a pessoa e o patrimônio da contraparte, como, v.g., o dever do proprietário de uma sala de espetáculos ou de um estabelecimento comercial de planejar arquitetonicamente o prédio, a fim de diminuir os riscos de acidentes; g) os deveres de omissão e de segredo, como o dever de guardar sigilo sobre atos ou fatos dos quais se teve conhecimento em razão do contrato ou de negociações preliminares, pagamento, por parte do devedor etc." Cf.: COSTA, Judith Martins. A Boa-Fé no Direito Privado. São Paulo: Ed. RT, 1999, p. 439 e ss. Confira decisão do STJ sobre o tema: Direito do consumidor. Recurso especial. Ação civil pública. Cláusula que prevê responsabilidade do consumidor quanto aos honorários advocatícios contratuais decorrentes de inadimplemento contratual. Reciprocidade. Limites. Abusividade. Não ocorrência. 3. A liberdade contratual integrada pela boa-fé objetiva acrescenta ao contrato deveres anexos, entre os quais, o ônus do credor de minorar seu prejuízo buscando soluções amigáveis antes da contratação de serviço especializado. (BRASIL. Superior Tribunal de Justiça. REsp 1274629/AP. Relator Ministra Nancy Andrighi, Terceira Turma, julgado em 16 de maio de 2013).

96. Sobre o tema, confira: BRASIL. Superior Tribunal de Justiça. Agravo Em REsp 1.243.028, 4ª Turma. Relator Ministro Antônio Carlos Ferreira, julgado em 21 de maio de 2019.

97. COSTA, Mário Júlio de Almeida. *Direito das obrigações*. 8. ed. Coimbra: Almedina, 2000, p. 950 e ss.

98. Cf.: Recurso Especial 1835253 – SC (2019/0259466-5), Relator: Ministro Moura Ribeiro, julgado em 12 de maio de 2020. Sobre o tema, em outra oportunidade, o STJ assim julgou: civil. 'Seguro de assistência médico-hospitalar? Plano de assistência integral (cobertura total)', assim nominado no contrato. As expressões 'assistência integral' e 'cobertura total' são expressões que têm significado unívoco na compreensão

Finalmente e em outra perspectiva, o Professor Manual Carneiro da Frada[99] pondera que cabe ao devedor advertir ao credor sobre eventual e futura impossibilidade ou dificuldade séria de cumprimento, com vistas a poupá-lo de prejuízos, circunscrito no âmbito dos deveres acessórios de esclarecimento e informação.

4.6 CUMPRIMENTO DEFEITUOSO DO CONTRATO DE CONSUMO. DECRETO-LEI 67/2003 E DECRETO-LEI 84/2008

De início, impende dizer que o lusitano regime especial de compra e venda, concretizado pelo DL 67/2003 de 8 de abril atinente à venda de bens de consumo e das garantias a ela relativas e com a respectiva alteração pelo DL 84/2008, de 21 de maio, conferiu maior proteção ao consumidor, somando-se às disposições previstas pela Lei de Defesa do Consumidor.

O artigo 4° da Lei 24/96, alterado pelo DL 67/2003 é, sem dúvidas, o dispositivo guia do regime especial, ao dispor sobre a qualidade dos bens e serviços, devendo os mesmos serem aptos a satisfazer os fins a que se destinam e a produzir os efeitos que se lhes atribuem, segundo as normas legalmente estabelecidas, ou, na falta delas, de modo adequado às legítimas expectativas do consumidor.

Tal regime especial de cumprimento dos contratos de consumo gravita em uma expressão que se propaga na relação de consumo: conformidade[100] do contrato. Tal expressão implica dizer que o objeto pactuado na relação de consumo deve possuir as características delineadas na contratação (quantidade, qualidade, especificidades do material, diferença de identidade, inexistência de defeitos de concepção[101] etc.), observando as finalidades específicas dos bem ou da prestação de serviço adquirida.

É dizer: a conformidade é sempre aferida no cotejo entre aquilo estipulado pela prestação (explícita ou implicitamente) no contrato e a concreta prestação efetuada. Nesse contexto, vale mencionar o disposto no artigo 2°, 2, c, do DL 67/2003, ao dispor que os bens não são conformes com o contrato se não forem adequados às utilizados habitualmente dadas aos bens do mesmo tipo.

---

comum, e não podem ser referidas num contrato de seguro, esvaziadas do seu conteúdo próprio, sem que isso afronte o princípio da boa-fé nos negócios. Recurso Especial não conhecido. (BRASIL. Superior Tribunal de Justiça. REsp 264.562/SE. Relator Ministro Ari Pargendler, Terceira Turma, julgado em 12 de junho de 2001, p. 150).

99. FRADA, Manuel António de Castro Portugal Carneiro da. *Teoria da confiança e responsabilidade civil.* Coimbra: Almedina, 2004, p. 664 e ss.

100. Cf.: artigo 2° do DL 67/2003, *in totum*. Vale dizer que essa noção é mais abrangente que o conceito de defeito previsto na LDC, em seu artigo 4°. Referida noção já era prevista na Convenção de Viena de 1980, em seu artigo 35, *verbis*: "O vendedor deve entregar mercadorias que pela quantidade, qualidade e tipo correspondam às previstas no contrato [...]". Confira também: Considerando 8 da Directiva 1999/44/CE.

101. SILVA, João Calvão. *Compra e Venda de Coisas defeituosas, Conformidade e Segurança.* 4. ed. Coimbra, 2006, p. 48 e ss.

CAPÍTULO 4 • QUALIFICAÇÃO DO INCUMPRIMENTO DO DEVER DE INFORMAÇÃO

Exemplificadamente, a contratação de um serviço de *internet* cuja publicidade indique "*internet* mais rápida e de melhor do Brasil", subtende-se que o serviço deve seguir a qualidade assumida, velocidade contratada, sem interrupções de uma forma geral. Por outro lado, um tênis de corrida de alta performance e de preço elevado adquirido pelo consumidor deve refletir às expectativas criadas, como durabilidade e conforto.

Outra questão de relevante importância é o momento de aferir a conformidade é circunscrita ao recebimento do produto disposto no artigo 3º, n. 1, do DL 67/2003 ao indicar que o vendedor responde perante o consumidor por qualquer falta de conformidade que exista quando o bem lhe é entregue.

Sobre o tema, o Professor José Engrácia Antunes[102] explica que a ideia de conformidade contratual trouxe uma visão uniforme e "guarda-chuva" ao incumprimento contratual de consumo, abarcando de forma igual, inserido dentro desse conceito, uma série de noções dispersas no direito do consumidor, como defeito[103], vício[104], qualidade e regimes (cumprimento defeituoso, venda de coisas defeituosas e numeradas, erro sobre o objeto negocial).

Vai mais além. Explica o Autor[105] que a visão tradicional[106] em uma relação contratual fundada no regime clássico de "*caveat emptor*" (o comprador que se acautele) foi cedida em detrimento da ideia de "*caveat venditor*" (o vendedor que se cuide), conforme se observa em situações descritas no artigo 4º do DL 67/2003, quais sejam: direito à reparação ou substituição de bens desconformes[107], redução de preço e resolução do contrato, além de possibilidade de indenização por perdas e danos.[108]

Vejamos tais hipóteses e quais os mecanismos de reação que o consumidor possui para esses casos.

---

102. ANTUNES, José Engrácia. *Direito do Consumo*. Coimbra: Almedina, 2019, p. 139 e ss.

103. Cf.: PORTUGAL. Tribunal da Relação de Coimbra. Processo: 544/10.6TBCVL.C1. Relator Henrique Antunes, julgado em 27 de maio de 2014, nos seguintes termos: "Produto defeituoso é, portanto, o produto que, no momento da sua entrada em circulação e de harmonia com a utilização que dele possa razoavelmente ser feita, comporta um grau de insegurança ou perigosidade com que legitimamente se não pode contar, compreendido quer a que resulta de vícios intrínsecos – defeitos de concepção e de fabrico – como a que deriva de vícios extrínsecos – defeitos de informação."

104. O Professor Pedro Romano Martinez define como ausência das qualidades abstratamente esperadas; por sua vez, falta de qualidade refere-se à ausência das qualidades concretamente contempladas. Cf.: MARTINEZ, Pedro Romano. *Cumprimento defeituoso em especial na compra e venda e na empreitada*. Coimbra: Almedina, 2015, p. 139 e ss.

105. ANTUNES, José Engrácia. *Direito do Consumo*. Coimbra: Almedina, 2019, p. 141 e ss. Sobre o tema, confira também: ATAÍDE, Rui Paulo Coutinho de Mascarenhas. A venda de bens de consumo – Os meios de tutela do comprador. *Revista Luso-Brasileira de Direito do Consumo*, v. VI, n. 24, dez. 2016, p. 54 e ss.

106. Sobre o tema, confira: SILVA, João Calvão da. *A Responsabilidade Civil do Produtor*. Almedina: Coimbra, 1990, p. 277-284.

107. Cf.: artigo 4º da DL 67/2003, de 08 de abril.

108. Artigo 12, n. 1, da LDC.

4.6.1 Meios de reação do consumidor em relação à desconformidade

No que toca à compra e venda de bens de consumo, como já mencionado anteriormente, além da subsunção às regras gerais ditadas pelo Código Civil, há outros diplomas transversais à relação de consumo que devem ser analisados em conjunto, notadamente o DL 67/2003, alterado pontualmente pelo DL 84/2008, de 21 de maio, pelo que procedeu à transposição para o direito interno português a Directiva 1999/44/CE.

Referido diploma regula a definição de conteúdo, objeto, e sobretudo as consequências no caso de o bem fornecido não estar em conformidade com o contrato, tendo em conta que uma das partes é o consumidor. Feitas essas considerações preliminares, daremos enfoque aos consectários advindos da não conformidade do bem adquirido pelo consumidor.

Dispõe o artigo 4º, n. 1, do DL 67/2003 que em caso de falta de conformidade do bem com o contrato, o consumidor tem direito a que esta seja reposta sem encargos, por meio de reparação ou de substituição, à redução adequada do preço ou à resolução do contrato. Além disso, pode o consumidor: recusar a prestação, não recebendo o bem; invocar a exceção de contrato não cumprido; exigir uma indenização em consequência da desconformidade, verificados os pressupostos necessários para indenização.

A doutrina majoritária[109] entende que não há hierarquia de escolha entre os direitos, devendo ao consumidor escolher ao seu critério[110], em que pese o intenso debate[111] doutrinário e jurisprudencial sobre o tema. Uma vez efetuada a escolha, a mesma torna-se irrevogável, somente podendo ser alterada em caso de incumprimento por parte do fornecedor.

Vejamos de uma por uma.

A reposição do bem pode ser por intermédio de reparação ou substituição. Via de regra, a reparação incide sobre o aspecto material da coisa, visando adequá-la às disposições contratualmente acordadas.[112] Por outro lado, pode ser também a inserção de alguma qualidade ou faculdade que lhe é inerente, por exemplo, na compra de um moletom, a fixação de um zíper interno que veio com problemas.

---

109. Cf.: LEITÃO, Luís Manuel Teles de Menezes. *O novo Regime de venda de bens de consumo. Estudos do Instituto de Direito do Consumo*, 2005, v. II, p. 58 e ss.; PINTO, Paulo Mota. O anteprojeto de Código do Consumidor e a Venda de Bens de Consumo. *Estudos do Instituto de Direito do Consumo*, 2006, v. III, p. 131 e ss.; SILVA, João Calvão da. *Venda de bens de Consumo*. Coimbra: Almedina, 2010, p. 111 e ss.

110. Sobre o tema, confira: ALMEIDA, Carlos Ferreira de. *Direito do Consumo*. Coimbra: Almedina, 2005, p. 164 e ss.

111. Cf.: CARVALHO, Jorge Morais. *Manual de Direito de Consumo*. Coimbra: Almedina, 2019, p. 318 e ss.; PINTO, Alexandre Mota. Venda de Bens de Consumo e Garantias. *I Congresso de Direito do Consumo*. Coimbra: Almedina, 2016, p. 199 e ss.

112. Sobre o tema, confira: CARDONA, Cecilie; FIDALGO, Manuel. *Guia das Garantias na Compra e Venda)*. Lisboa: Direção-Geral do Consumidor – Centro Europeu do Consumidor, p. 8-35, dez. 2014. Disponível em: http://cec.consumidor.pt/topicos1/compras-na-europa/garantias.aspx. Acesso em: 02 ago. 2020.

A inclusão do artigo 1º, B, h, pelo DL 84/2008 contemplou essa previsão, ao relatar que a reposição do bem de consumo deve ser feita em conformidade com o contrato. Finalmente, em se tratando de bem imóvel, a reposição deve observar prazo razoável[113], sob pena de sanção contraordenacional nos termos do artigo 12, A, 1-a do DL 67/2003. Descumprido o prazo razoável, o consumidor pode optar imediatamente por outra solução acima exposta.

Por sua vez, a substituição do produto revela-se na observância de duas obrigações: devolução do bem pelo comprador ao vendedor e a entrega de um novo produto pelo vendedor ao comprador, havendo sinalagma entre elas. A substituição é feita sem encargos ao consumidor, realizada no prazo de 30 dias[114], em se tratando de bem móvel.

No que toca à redução[115] do preço, em falta de conformidade do bem com aquilo pactuado no contrato, o consumidor por exigir sua redução. Nesse ponto, há implicitamente a vontade do consumidor em querer ficar com o bem[116], ainda que desconforme. A redução do preço implica necessariamente ao montante que ele foi desvalorizado.

Na prática, essa opção ao consumidor apresenta dificuldades sobretudo no que pertine ao valor do bem, uma vez que a aferição será, via de regra, realizada por perícia judicial ou por um *expert*, o que pode inviabilizar essa escolha quando se tratar de produtos de menor valor. Isto é, muitas vezes, o montante desembolsado para pagar o *expert* é superior ao próprio valor do produto em destaque, portanto, a melhor opção é o acordo entre as partes sobre o valor do bem.

Pari passu, no que compete à resolução do contrato, impera nessa hipótese a eficácia retroativa disposta no artigo 434 do CC, ou seja, a devolução integral do valor pago pelo consumidor, não podendo, salvo acordo em contrário, o valor desembolsado ser transformado em crédito para utilização em futuras compras. Caso queira, basta que o consumidor declarar sua vontade ao fornecedor, nos termos gerais do artigo 436, I, do CC.

Outra possibilidade é a recusa[117] da prestação pelo consumidor, enjeitando o bem ao aferir que não corresponde àquilo contratado, devendo o fornecedor corrigir a prestação nos termos pactuados.

---

113. O Professor Menezes Cordeiro entende que, em se tratando de conceito indeterminado, devem ser preenchidos e valorados casuisticamente. Sobre o tema, confira: CORDEIRO, António Menezes. *Da boa-fé no direito civil*. Coimbra: Almedina, 2015, p. 1176 e ss.
114. Cf.: artigo 4º, n. 2, do DL 67/2003, "Tratando-se de um bem imóvel, a reparação ou a substituição devem ser realizadas dentro de um prazo razoável, tendo em conta a natureza do defeito, e tratando-se de um bem móvel, num prazo máximo de 30 dias, em ambos os casos sem grave inconveniente para o consumidor."
115. Cf.: artigo 4º do DL 67/2003.
116. Sobre o tema, confira: MORAIS, Fernando de Gravato. *União de Contratos de Crédito e de Venda para o Consumo*. Coleção Teses. Coimbra: Almedina, 2004, p. 162 e ss.
117. ALMEIDA, Carlos Ferreira de. *Direito do Consumo*. Coimbra: Almedina, 2005, p. 164 e ss.

Além dessas opções, amparado no artigo 428 a 431 do CC português, pode o consumidor exercer o mecanismo de defesa da exceção do contrato não cumprido, recusando-se a pagar o preço ou mais comumente parte dele, enquanto o fornecedor não entregar o bem em conformidade com aquilo acordado, servindo de meio hábil para exercer pressão no fornecedor.

Vale dizer que, independentemente do exercício de qualquer direito acima mencionado, o consumidor pode buscar indenização pelos danos causados pela entrega de um bem desconforme ao contrato, balizado pelo artigo 12, n. 1, da LDC. Dessa forma, tratando-se de responsabilidade contratual, a culpa é presumida, nos termos do artigo 799 do CC, devendo o consumidor demonstrar a desconformidade, o dano e o nexo de causalidade[118]. São ressarcíveis os danos patrimoniais e não patrimoniais, à luz do interesse contratual positivo.

Ademais, cabe ainda mencionar que a tutela conferida pelo DL 67/2003 é mandamental e imperativa, sendo nulos cláusula contratual ou acordo pelo qual, antes de potencial denúncia da falta de conformidade ao vendedor, limitem ou excluam direitos do consumidor ali previstos, consoante artigo 10°.

Por fim, cumpre mencionar, à luz do artigo 4°, n. 5 do DL 67/2003, que o consumidor pode escolher umas das alternativas acima expostas, salvo se tal se manifestar impossível ou constituir abuso de direito. Nesse ponto, não se deve olvidar e reconhecer que, sob qualquer perspectiva[119], o abuso do direito impõe limites da autonomia privada[120] no exercício do direito subjetivo[121] e funciona como dispositivo de segurança para as normas jurídicas formalmente aplicadas, atuando sobre o exercício do direito subjetivo (público ou privado).

C. *PRÁTICAS COMERCIAIS DESLEAIS*

Antes de adentrar nas múltiplas práticas comerciais desleais, cabe-nos fazer uma consideração preliminar.

Forte no ensinamento do Professor Pedro Romano Martinez, a celebração do contrato não afasta, em nenhuma hipótese, a aplicação do art. 227° do CC referente à culpa *in contrahendo*, vez que esta não possui, como pressuposto necessário, a imperfeição do contrato.

---

118. Confira decisão do Centro Nacional de Informação e Arbitragem de Conflitos de Consumo, processo 1820/2018, julgado em 30 de abril de 2019, Relatora: Cátia Marques Cebola.

119. Fernando Sá desenvolve o caráter amplo do abuso do direito. Cf.: SÁ, Almeno de. *Cláusulas Contratuais Gerais e Directiva sobre Cláusulas Abusivas*. 2. ed. Coimbra: Almedina, 2005, p. 128.

120. Acerca dos limites da autonomia privada, confira: PERLIGIERI, Pietro. *Perfis do Direito Civil*: Introdução ao direito civil constitucional. Trad. Maria Cristina de Cicco. 3. ed. Rio de Janeiro: Renovar, 2007, p. 279 e ss.

121. Ideia desenvolvida por: VASCONCELOS, Pedro Pais de. Teoria geral do direito civil. *Revista do Centro de Estudos Judiciários*, n. 1, 2015, p. 241.

CAPÍTULO 4 • QUALIFICAÇÃO DO INCUMPRIMENTO DO DEVER DE INFORMAÇÃO **209**

Explica o Professor[122] que a culpa *in contrahendo* advém da violação dos deveres de informação e esclarecimento de todos os elementos com importância direta ou reflexa para o conhecimento da temática do contrato[123]. Por outro lado, a transmissão de informações erradas quanto à qualidade do bem pactuado, a ausência de instruções de funcionamento ou omissão traduzem em casos de defeito no cumprimento do contrato.

Pontua o Professor que há situações as quais podem eventualmente serem insculpidas tanto em incumprimento dos deveres pré-contratual de informação como incumprimento do contrato, criando uma antinomia aparente. Pondera o Professor no sentido de que, nesses casos, há uma propensão[124] para aplicar as regras especiais da compra e venda, mas ressalvando a aplicação residual e complementar da culpa *in contrahendo*, notadamente nos aspectos que forem alheios aos defeitos da prestação.

Assim, a deficiência na prestação informacional, através da inexatidão, incompletude ou deturpação da mensagem transmitida implica responsabilização pelos danos causados, seja por via contratual, ou pela via extracontratual, como perceberemos nas situações reais adiante elencadas.

4.7 NOTAS PRELIMINARES

Após analisar os regimes jurídicos do incumprimento do dever de informação e ter um panorama detalhado sobre o assunto, procede-se ao estudo pormenorizado de algumas práticas comerciais desleais existentes na contratação *online* de consumo.

Ao tratar das cláusulas contratuais gerais e do respectivo dever de comunicação e informação do fornecedor, inseridas em contratos de adesão (artigos 5.º, 6.º e 7.º da LCCG), o legislador português partiu da premissa da existência de uma relação sadia e harmoniosa entre consumidor e fornecedor.

Contudo, qualquer transgressão das referidas normas, tem por consequência a exclusão[125] das respectivas cláusulas dos contratos de adesão, nos termos do art.

---

122. Cf.: MARTINEZ, Pedro Romano. *Cumprimento Defeituoso, em Especial na Compra e Venda e na Empreitada.* Coimbra: Almedina, 2001, p. 59 e ss.
123. Sobre o tema, confira: Acórdão do Supremo Tribunal de Justiça Ac de 13.05.04, proferido nos autos de Revista registados sob o n. 1324/04-7, *Sumários*, n. 81, p. 19. Cf.: PORTUGAL. Supremo Tribunal de Justiça. Acórdão 1324/04-7.
124. Cf.: PORTUGAL. Tribunal da Relação de Coimbra. Processo: 2634/09.9TJCBR.C1. Data do acórdão: 21 de dezembro de 2010. Relator Arlindo Oliveira.
125. Sobre o tema, confira: PORTUGAL. Tribunal da Relação de Lisboa, Processo: 9065/15.0T8LSB-2. Relator Dr. Pedro Martins, julgado em 14 de setembro de 2017, *verbis*: "I– As cláusulas que dizem que os aderentes tiveram conhecimento e aceitaram as CCG (cláusulas confirmatórias ou de confirmação) têm, quando muito e observada que seja uma série de exigências, um valor de princípio de prova da comunicação dessas CCG, que teria de ser corroborado por outros meios de prova. II – Pelo que a simples existência de uma cláusula de confirmação, aposta no rosto assinado do documento, não é sequer prova da comunicação da existência das CCG existentes no verso do documento, para mais se está escrita em letras praticamente ilegíveis e num contexto que nada tem a ver com o assunto. III – Não tendo sido comunicadas as CCG que constam do verso de um documento assinado no rosto, elas têm-se por excluídas do contrato, por força do art. 8-a-d da LCCG. [...]"

8º, alíneas *a* e *b*. Tem-se, portanto, que as cláusulas sequer integram[126] o contrato, uma vez que os deveres pré-contratuais de informação devem ser guiados à luz da boa-fé objetiva e dos deveres anexos decorrentes.[127]

Nesse sentido, o Professor Galvão Teles[128] pontua que ninguém pode dar o seu assentimento ao que, de fato, não conheça ou não entenda. Com efeito, somente quando o consumidor tiver acesso às todas informações atinentes à contratação que lhe permita razoavelmente tomar a decisão de pactuar ou não é que podemos afirmar que existe uma "vontade jurídico-negocial dirigida à respectiva vigência no todo global ao acordo celebrado".[129]

Soma-se a isso a previsão legal da alínea c do artigo 8º da LCCG, ao dispor sobre a eliminação das cláusulas que passem despercebidas ao consumidor por não serem comunicadas de forma "clara e compreensível", frequentemente inseridas em contratos extensos e confusos, com a finalidade típica de induzir o adquirente em erro. Além disso, as cláusulas que, aparentemente revelem uma situação, mas na prática podem ter conteúdo distinto, também devem ser excluídas.

Nesse contexto, esse tipo de proteção é referido também nos Princípios do UNIDROIT relativos aos Contratos Comerciais Internacionais[130], em que há proibição da inserção de cláusulas surpresa, ou seja, cláusula incluída no contrato sem que o consumidor possa razoavelmente aperceber-se dela é considerada ineficaz, a menos que tenha sido expressamente aceita sua inserção. Naturalmente, para conferir a exigibilidade ou não de uma cláusula específica, mister analisar não apenas o conteúdo propriamente dito, assim como a forma como foi elaborada e apresentada para o consumidor.

Outrossim, o artigo 11 é claro ao dispor necessária proteção em face de cláusulas ambíguas impostas pelo fornecedor, devendo prevalecer a interpretação mais favorável ao aderente.[131]

Em outra vertente, a inserção de cláusulas em formulários, após a assinatura do consumidor é nula, consoante artigo 8º, d, do regime das cláusulas gerais. Efetivamente, não há nenhuma possibilidade de uma determinada cláusula ter validade

---

126. SÁ, Almeno de. *Cláusulas Contratuais Gerais e Directiva sobre Cláusulas Abusivas*. 2. ed. Coimbra: Almedina, 2005, p. 251 e ss.

127. Cf.: ANTUNES, José Engrácia. *Direito dos Contratos Comerciais*. 3. reimp. da edição de 2009. Coimbra: Almedina, 2012, p. 192 e ss.

128. TELLES, Inocêncio Galvão. *Manual dos Contratos em Geral*. Coimbra: Coimbra editora, 2002, p. 411 e ss. Confira também: PINTO, Carlos Alberto da Mota. Contratos de Adesão: Uma Manifestação Jurídica da Moderna Vida Económica. *Revista de Direito e de Estudos Sociais*, ano 20, n. 2, 3 e 4, Coimbra, 1973, p. 133 e ss.

129. SÁ, Almeno de, *Cláusulas Contratuais Gerais e Directiva sobre Cláusulas Abusivas*. 2. ed., Coimbra: Almedina, 2005, p. 251 e ss.

130. Cf.: https://www.unidroit.org/contracts#UPICC, article 2.1.20 (Surprising terms) – "(1) No term contained in standard terms which is of such a character that the other party could not reasonably have expected it, is effective unless it has been expressly accepted by that party. (2) In determining whether a term is of such a character regard shall be had to its content, language and presentation".

131. Cf.: artigo 236 do CC português.

se não foi transmitida de forma correta e prévia ao consumidor, especialmente nos contratos de adesão concluídos por meio eletrônico, uma vez que, após a aceitação do aderente (clique do botão de aceitação) não deve o fornecedor incluir qualquer cláusula sem aquiescência do consumidor.

No Brasil, prática comum é a fixação de cláusulas para adimplemento e inadimplemento em contratos de adesão eletrônicos. Contudo, as cláusulas de inadimplemento são, quase em sua totalidade, destinadas ao consumidor[132], desde previsão de juros moratórios exorbitantes, inclusão em cadastro de inadimplentes caso não seja pago o preço na forma estipulada, dentre outras. Sem embargo, a recíproca não é verdadeira. Isso porque não há, em regra, qualquer tipo de previsão de multa ou estipulação contratual que obriga o fornecedor a adimplir o contrato, levando à constatação que não há reciprocidade, via de regra.

Por outro lado, a legislação de consumo, de caráter cogente, disciplinará os interesses sociais, valorando a boa-fé objetiva das partes nessas relações de consumo. Nesses casos, o Código de Defesa do Consumidor brasileiro é claro ao limitar os efeitos do consumidor inadimplente em seu artigo 52, parágrafo 1º, limitando a multa moratória, ao definir que não poderá superar 2% do valor da prestação.

Nesse mesmo sentido, o artigo 53 do CDC estabelece a proibição das cláusulas de decaimento[133], aquelas em que dispõem a perda integral das prestações pagas em benefício do credor que, por conta do inadimplemento, visa resolver o contrato e requisitar o bem vendido.

Não menos importante é a inserção de cláusulas abusivas em contratos de adesão eletrônico que eventualmente prevejam limitação de direitos do consumidor. Para tanto, é primordial analisar se as cláusulas foram redigidas em destaque, permitindo a sua imediata compreensão, consoante artigo 54, §4º, do CDC.

Em recente julgado no STJ[134], foi decidido que a cláusula securitária a qual garante a proteção do patrimônio do segurado apenas contra o furto qualificado, sem que tenha sido esclarecido o seu significado, bem como o seu alcance, diferen-

---

132. Cf.: Recurso especial. Direito do consumidor. Ação civil pública. Multa moratória. Previsão contratual de cominação de multa apenas em face da mora do consumidor. Assimetria a merecer correção. Harmonia das relações de consumo. Equilíbrio contratual a ser restabelecido. Negativa de prestação jurisdicional. Inocorrência. Patente inovação por parte do recorrente acerca de questões alegadamente omissas, mas não suscitadas em momento oportuno. (BRASIL. Superior Tribunal de Justiça. REsp 1548189/SP. Relator Ministro Paulo De Tarso Sanseverino, Terceira Turma, julgado em 13 de junho de 2017).

133. Cf.: MARQUES, Claudia Lima; BENJAMIN, Antonio Herman V.; MIRAGEM, Bruno. *Comentários ao Código de Defesa do Consumidor*. São Paulo: Thomson Reuters Brasil, 2019, p. 1505 e ss.

134. Cf.: Civil. Recurso especial. Ação de cobrança de indenização Securitária cumulada com compensação de danos morais e reparação de danos materiais. Contrato de seguro. Cláusula contratual que prevê a cobertura securitária para roubo e furto qualificado. Ocorrência de furto simples. Cláusula limitativa de cobertura securitária. Cláusula contratual abusiva. Falha no dever de informação ao consumidor. Indenização devida. Compensação por danos morais. Não configurado. Alegação genérica de ofensa à lei. Súmula 284/STF. (BRASIL. Superior Tribunal de Justiça. REsp 1837434/SP. Relator Ministra Nancy Andrighi, Terceira Turma, julgado em 03 de dezembro de 2019).

ciando-o do furto simples, está contaminada por abusividade pela falha do dever geral de informação da seguradora.

Ou seja, a informação transmitida deve ser entendida de forma homogênea, sendo necessário, portanto, uma diferenciação de termos e vocábulos técnicos quando a compreensão do consumidor seria outra. No caso ilustrado, a diferença entre furto simples e furto qualificado não é de conhecimento público, ao revés, somente pessoas ligadas à ciência do direito que poderiam destacar suas diferenças.

O incumprimento do fornecedor na forma em que se transmitem as informações ao consumidor, notadamente pela falta de clareza semântica, configura violação do dever legal, devendo ser sancionado pelos Tribunais.

Arremata em conclusão o Professor Remédio Marques[135] que, além dos vícios de vontade tradicionais nos ordenamentos jurídicos, na relação de consumo, há de se atentar para outros, como por exemplo: a) a formação deficiente da vontade; b) o erro ou desconhecimento acerca dos efeitos de uma declaração válida; c) a pressão das necessidades do consumidor; d) o efeito surpresa de uma proposta contratual por *internet*. Muitas vezes, a vontade superficial do consumidor não se traduz em vontade real, notadamente por não compreender aquilo descrito no clausurado contratado.

4.8 PRÁTICAS COMERCIAIS DESLEAIS

A Directiva 2005/29/CE do Parlamento Europeu, relativa às práticas comerciais desleais, tem por objetivo reduzir as incertezas e disparidades nas práticas comerciais corriqueiramente lesivas aos consumidores, tendo como balizas a segurança jurídica e a própria tutela da concorrência entre os fornecedores.

A Directiva dispõe uma regra geral[136] a qual o fornecedor deve atender, esclarecendo que uma prática é desleal se for contrária às exigências relativas à diligência profissional e distorcer ou for suscetível de desvirtuar de maneira substancial o comportamento econômico, em relação a um produto, do consumidor médio a que se destina ou que afeta, ou do membro médio de um grupo quando a prática comercial for destinada a um determinado grupo de consumidores.

Nesse sentido, preceitua textualmente o artigo 7°, n. 1, da referida Directiva que uma prática comercial é considerada enganosa quando, no seu contexto factual, tendo em conta todas as suas características e circunstâncias e as limitações do meio de comunicação, omita uma informação substancial que, atendendo ao contexto, seja necessária para que o consumidor médio possa tomar uma decisão de transa-

---

135. MARQUES, João Paulo Fernandes Remédio. A promoção de produtos e serviços e os direitos dos consumidores. In: MARQUES, Claudia Lima; MIRAGEM, Bruno (Org.). *Doutrinas essenciais do direito do consumidor*. São Paulo: Ed. RT, 2011, v. III, p. 203 e ss.
136. Cf. artigo 5°, n. 2, a e b, da Directiva 2005/29/CE do Parlamento Europeu e do Conselho.

ção esclarecida, e, portanto, conduza ou seja suscetível de conduzir o consumidor médio a tomar uma decisão de transação que este não teria tomado de outro modo.

Na expressão da Professora Ana Maria Guerra Martins[137], consumidor médio é, portanto, um consumidor com um nível de informação mediano, o qual usa de uma diligência regular nos contratos que pactua.

Pretendemos abaixo trazer algumas práticas desleais e abusivas mais corriqueiras[138] em sede de contratação eletrônica, sem a intenção de exaurir todas as situações reais que existem.

Caso comum em sede de contratação eletrônica é quando um fornecedor oferta um serviço composto de um preço mensal e uma tarifa anual e, ao fazê-lo, promove destaque tão somente ao preço mensal, especialmente por ser menor. Basta citar, por exemplo, contratação de pacotes de *internet*, televisão, telefone móvel, que em regra possuem uma "tarifa anual" de adesão, além do preço mensal pago pelo consumidor.

Na prática, o consumidor é enganado pela publicidade daquele serviço, por não impor o mesmo destaque ao preço total que o adquirente pagará pelo serviço.

Sobre esse tema, há um julgado do Tribunal de Justiça da União Europeia, C-611/14, de 26 de outubro de 2016, ressaltando que deve ser considerada uma omissão enganosa se, na comercialização, se der especial destaque ao preço mensal, ao passo que o preço semestral é omitido parcialmente ou por completo, na medida em que essa omissão conduza o consumidor a tomar uma decisão de transação que não teria tomado de outra forma.

Outra prática desleal[139] muito comum em sede de contratação eletrônica é a utilização de palavras-chave na oferta, como "grátis", "gratuito", "de graça", quando, na verdade, o consumidor deve desembolsar alguma quantia para recebimento do bem ou serviço "premiados".

Ora, a interpretação simples e de qualquer pessoa é que se o produto é ofertado gratuitamente não deve existir qualquer tipo de ônus[140] do consumidor, sendo limitado tão somente a um custo de eventual resposta por mensagem ou pelo próprio *e-mail* relatando que tem interesse em receber o produto ofertado, ou eventualmente despesas acessórias de retirar o produto, por exemplo, deslocando-se a um determinado local para levantar o produto.

---

137. Cf.: MARTINS, Ana Maria Guerra. O Direito Comunitário do Consumo – Guia de Estudo. *Estudos do Instituto de Direito do Consumo*, 2002, v. I, p. 63-91.
138. Sobre o tema, o Professor Asensio pontua da seguinte forma: "Tanto la cláusula general prohibitiva de deslealtad como la mayor parte de los diversos actos de competencia desleal tipificados – por ejemplo, relativos a actos de engaño, confusión, denigración, comparación, explotación de la reputación ajena... – se proyectan normalmente sobre la actividad publicitaria, como forma más importante de influir en los consumidores o potenciales clientes". Cf.: ASENSIO, Pedro Alberto de Miguel. *Derecho Privado de Internet*. 5. ed. Madri: Civitas Ediciones, 2015, p. 387 e ss.
139. Cf.: anexo I, n. 20, da Directiva 2005/29/CE do Parlamento Europeu e do Conselho.
140. Cf.: artigo 8, z, do DL 57/2008.

É dizer: não pode haver qualquer tipo de cobrança de embalagem, de processamento, administração do produto, ou seja, esse tipo de cobrança é considerado abusivo.

O DL 7/2004 elencou normas imperativas que visam proteger o consumidor[141] dos abusos cometidos pelos fornecedores, seja a proibição de publicidade oculta[142] ou até mesmo a obrigatoriedade de prestar um conjunto de informações prévias à ordem de encomenda e ao aviso de recepção.

Neste mesmo toar, o DL 57/2008 definiu critérios para determinar se uma prática comercial é ou não desleal, estendendo seus efeitos também para o contrato eletrônico[143]. Para tanto, é necessário verificar quatro requisitos[144]: tratar-se de uma relação jurídica de consumo; existir uma prática comercial; a prática comercial ser desarmônica com a diligência profissional; a prática comercial distorcer o comportamento econômico do consumidor. Arremata Assunção Cristas[145] que um requisito essencial para configurar prática comercial desleal é observar se a mesma induz o consumidor a tomar uma decisão diversa daquela que tomaria se não tivesse sido realizada tal conduta.

Rotineira situação em sede de contratação eletrônica é quando o fornecedor dispõe, como elemento distintivo[146] em seu *site*, que sua empresa segue todas as normas de consumo. Ora, essa conduta é abusiva, uma vez que não pode o fornecedor induzir o consumidor em erro através desse destaque indevido derivado de obrigações legais.

Outra prática desleal é quando o fornecedor, com fins de incrementar positivamente seu *site*, cria falsamente[147] elogios e críticas positivas, com o intuito de angariar clientes.

Ademais, também prática corriqueira no comércio eletrônico quando o comerciante, ao invés de comunicar o preço real dos produtos ou serviços, acopla um

---

141. Cumpre ainda elencar outros dispositivos através dos quais os consumidores também deverão estar protegidos contra as práticas desleais e enganosas nos termos da Directiva 2005/29/CE do Parlamento Europeu e do Conselho, bem como das Directivas 2000/31/CE, 2002/65/CE, 2008/48/CE, 2011/83/EU do Parlamento Europeu e do Conselho.

142. Vide artigo 21 do DL 7/2004.

143. Uma vez que todos os contratos são pactuados mediante práticas comerciais leais ou desleais. Conforme entendimento de LEITÃO, Luís Manuel Teles de Menezes. A proteção do consumidor contra as práticas comerciais desleais e agressivas. *O direito*, Lisboa, a. 134-135, p. 69-85, 2002-2003, p. 163.

144. Ver os requisitos em: CARVALHO, Jorge Morais. *Manual de Direito de Consumo*. Coimbra: Almedina, 2019, p. 140 e ss. Consoante artigo 5º do DL 57/2008, uma prática comercial é considerada desleal quando é desconforme com a diligência profissional; distorça ou possa distorcer de maneira substancial o comportamento econômico do consumidor ou; afete o comportamento econômico do consumidor relativamente a certo bem ou serviço.

145. CRISTAS, Maria de Assunção. Concorrência desleal e protecção do consumidor: a propósito da Directiva 2005/29/CE. *Homenagem da Faculdade de Direito de Lisboa ao Professor Doutor Inocêncio Galvão Telles*: 90 Anos. Coimbra: Almedina, 2007, p. 147.

146. Cf.: artigo 8º, m, do DL 57/2008.

147. Cf.: artigo 8º, ab, do DL 57/2008.

CAPÍTULO 4 • QUALIFICAÇÃO DO INCUMPRIMENTO DO DEVER DE INFORMAÇÃO **215**

serviço "grátis", quando de fato o custo real desse serviço já se encontra incluído ao preço normal. Uma prática desleal e corriqueira é utilização de cláusulas contratuais gerais que obriguem o consumidor a celebrar contrato via forma eletrônica, hipótese claramente vedada conforme art. 25º, n. 4, do DL 7/2004. Ou seja, a contratação via eletrônica é de livre arbítrio do consumidor, não devendo ser obrigado em nenhuma hipótese em concluir o contrato sob essa forma.

Não poderia deixar de mencionar também que a novel Directiva 2019/61, que visou alterar as regras de defesa do consumidor, alterou parcialmente a Directiva relativa a práticas comerciais desleais (Directiva 2005/29/CE). Nesse contexto, foi criado direito de compensação aos consumidores por práticas desleais praticadas por fornecedor de qualquer Estado-membro, em outras palavras, pode o consumidor requerer a rescisão do contrato, redução do preço ou compensação financeira quando for afetado por práticas comerciais desleais ou *marketing* enganoso na União Europeia. Nesse ponto, há uma proteção maior ao consumidor transnacional, nos casos de compra de produto ou serviço de um fornecedor de um Estado-membro diverso do seu.

Fato é que tais condutas não são estranhas à realidade jurídica portuguesa e brasileira, ao contrário, são recorrentes situações abusivas com a parte vulnerável, senão vejamos.

Nos dizeres de Jorge Morais de Carvalho[148], se o fornecedor ofertar um bem a um preço reduzido com o intuito de atrair a clientela, e esse não cumprir os contratos previsivelmente a serem celebrados, incorrerá o mesmo em prática desleal.

Na mesma ótica, o Código de consumo brasileiro[149] protege o consumidor de ofertas dessa estirpe, obrigando o fornecedor a cumpri-la na seguinte perspectiva: a) execução forçada da oferta (o consumidor pode se valer dos instrumentos processuais competentes[150]); b) aceitação de outro produto equivalente; c) rescisão do

---

148. CARVALHO, Jorge Morais. *Manual de Direito de Consumo.* Coimbra: Almedina, 2019, p. 143 e ss. Do mesmo modo, outra prática recorrente é verificada quando o fornecedor propõe, através da *internet*, a aquisição de bens a um determinado preço supostamente mais vantajoso, sendo que o mesmo está disponível tão somente em condições especiais e em um curto período, com o fito de buscar aquele consumidor menos esclarecido ou até mesmo buscando maquiar as reais funções do bem ofertado.

149. Código de Defesa do Consumidor brasileiro. Art. 35. Se o fornecedor de produtos ou serviços recusar cumprimento à oferta, apresentação ou publicidade, o consumidor poderá, alternativamente e à sua livre escolha: I – exigir o cumprimento forçado da obrigação, nos termos da oferta, apresentação ou publicidade; II – aceitar outro produto ou prestação de serviço equivalente; III – rescindir o contrato, com direito à restituição de quantia eventualmente antecipada, monetariamente atualizada, e a perdas e danos.

150. Código de Defesa do Consumidor. Art. 84. Na ação que tenha por objeto o cumprimento da obrigação de fazer ou não fazer, o juiz concederá a tutela específica da obrigação ou determinará providências que assegurem o resultado prático equivalente ao do adimplemento. § 1º A conversão da obrigação em perdas e danos somente será admissível se por elas optar o autor ou se impossível a tutela específica ou a obtenção do resultado prático correspondente. § 2º A indenização por perdas e danos se fará sem prejuízo da multa (art. 287, do Código de Processo Civil). § 3º Sendo relevante o fundamento da demanda e havendo justificado receio de ineficácia do provimento final, é lícito ao juiz conceder a tutela liminarmente ou após justificação prévia, citado o réu. § 4º O juiz poderá, na hipótese do § 3º ou na sentença, impor multa diária

contrato com restituição do valor pago, monetariamente atualizado, acrescido das perdas e danos.

Em sequência, outro exemplo cinge-se ao envio de *spams* e mensagens não solicitadas por e-mail para promover a venda de algum bem. O enredo é simples: o consumidor, ao realizar uma compra de produtos via *internet* preenche informações pessoais para a entrega da mercadoria. Com tais informações, as empresas criam banco de dados para envio de campanhas promocionais de novos produtos à revelia do consumidor, remetendo-lhe inúmeras correspondências eletrônicas indesejadas.

O ordenamento jurídico luso é incontestável: se não houve consentimento prévio[151] do consumidor sinalizando intenção de receber as referidas mensagens, o envio torna-se prática agressiva.[152]

Por outro lado, a legislação canadense[153] permite, em alguns casos, o envio das mensagens eletrônicas mediante um consentimento implícito. O primeiro exemplo seria o envio de mensagens quando já existia uma relação comercial pré-existente entre as partes ou quando o consumidor envia uma mensagem ao consumidor e, no bojo do texto, não informa que não gostaria de receber mensagens eletrônicas comerciais de publicidade.

No Brasil, a remessa de mensagens indesejadas representa flagrante violação à boa-fé[154], bem como infração ao Código de Defesa do Consumidor[155], devendo ser enquadrado pelo artigo 187 do Código Civil brasileiro. Isto é: uma vez constatados os danos decorrentes do envio, caberá a ação indenizatória correspondente.[156]

---

ao réu, independentemente de pedido do autor, se for suficiente ou compatível com a obrigação, fixando prazo razoável para o cumprimento do preceito. § 5º Para a tutela específica ou para a obtenção do resultado prático equivalente, poderá o juiz determinar as medidas necessárias, tais como busca e apreensão, remoção de coisas e pessoas, desfazimento de obra, impedimento de atividade nociva, além de requisição de força policial.

151. DL 24/2014. Artigo 8. Restrições à utilização de determinadas técnicas de comunicação à distância. – O envio de comunicações não solicitadas através da utilização de técnicas de comunicação à distância depende do consentimento prévio expresso do consumidor, nos termos da Lei 46/2012, de 29 de agosto. Vide também artigo 22 do DL 7/2004.

152. Vide artigo 60 da Constituição da República de Portugal. Sobre o tema, confira: ANDRADE, José Carlos Vieira de. Os direitos dos consumidores como direitos fundamentais na Constituição Portuguesa de 1976. *Boletim da Faculdade de Direito da Universidade de Coimbra*, LXXVIII, 2002, p. 43 e ss.

153. Sobre o Canadian anti-spam legislation, confira: SCASSA, Teresa. Data Protection and the *Internet*: Canada. In: VICENTE; Dario Moura; CASIMIRO, Sofia de Vasconcelos (Ed.). *Data Protection in the internet*. Springer, 2020, v. 38, p. 62 e ss.

154. Assim entendem: NEVES, Daniel Amorim Assumpção; TARTUCE, Flávio. *Manual de Direito do Consumidor*. São Paulo: Método, 2020, p. 89 e ss. Outrossim, citam a hipótese em que um consumidor recebe um spam de uma conhecida rede de lojas que danifica o seu computador, fazendo com que perca um trabalho realizado. Ou, ainda, a situação em que o envio do spam causa danos materiais a uma pessoa jurídica.

155. Vide artigo 39, inciso III, do CDC.

156. Contudo, o referido artigo ainda é visto com parcimônia. Consoante entendimento do Superior Tribunal de Justiça, o envio de spam, per si, não gera dano moral, entendimento não comungado por esse aluno. Vide acórdão paradigma: BRASIL. Superior Tribunal de Justiça. REsp 844.736. Relator Ministro Luis Felipe Salomão, julgado em 27 de outubro de 2009.

CAPÍTULO 4 • QUALIFICAÇÃO DO INCUMPRIMENTO DO DEVER DE INFORMAÇÃO

A este respeito, no Brasil, há em andamento o Projeto de Lei 281/2012[157] que dispõe sobre aplicação de multa civil em valor adequado à conduta e suficiente para inibir novas violações, sem prejuízo de sanções administrativas e penais.[158]

Em Portugal, há também a punição civil[159] no valor de 250 euros a 1.000 euros, quando cometidas por pessoa singular, e entre 1.500 a 8.000 euros quando cometidas por pessoa coletiva. Por sua vez, o DL 24/2014 qualifica as práticas comerciais abusivas e desleais como contraordenações, sendo assim sancionadas com coimas.[160]

Ademais, o cometimento das práticas abusivas pode ter efeito colateral no próprio conteúdo[161] contratual que, sob a ingerência de alguma prática comercial desleal, é passível de anulação a pedido do consumidor, nos termos do artigo 287 do Código Civil português[162]. Outrossim, as práticas podem constituir o infrator em responsabilidade civil[163] pelo prejuízo causado ao consumidor, devendo o mesmo ser reparado.

Importa de ver também que a propositura de ação inibitória[164] é também factível, podendo ser oferecida por qualquer pessoa que tenha interesse legítimo em debelar as práticas comerciais desleais, com vista a prevenir, corrigir ou até mesmo fazer cessar as práticas ilegítimas.

No Brasil, situação interessante são as multas aplicadas por companhias aéreas em cancelamento de voo realizado pelo consumidor, em típico caso de contrato de

---

157. O Projeto de Lei 281/2012 já foi aprovado pelo Senado Federal e agora segue para Câmara dos Deputados para discussão e aprovação. Vide artigo 49, parágrafo 9, *verbis*: O descumprimento dos deveres do fornecedor previstos neste artigo e nos artigos da Seção VII do Capítulo V do Título I desta lei enseja a aplicação pelo Poder Judiciário de multa civil em valor adequado à gravidade da conduta e suficiente para inibir novas violações, sem prejuízo das sanções penais e administrativas cabíveis e da indenização por perdas e danos, patrimoniais e morais, ocasionados aos consumidores.

158. O Estado do Delaware, nos EUA, considera crime a distribuição de mensagens eletrônicas não solicitadas, excetuando-se àquelas entre pessoas físicas, as que o receptor solicite, aquelas em que exista relação comercial prévia ou as enviadas por associações que o consumidor é membro. LEITÃO, Luis Manuel Teles de Menezes. A distribuição de mensagens de correio electrónico indesejadas (SPAM). *Estudos em Homenagem à professora Doutora Isabel de Magalhaes Colaço*. Coimbra: Almedina, 2002, p. 223.

159. Vide ensinamentos de CARVALHO, Jorge Morais; FERREIRA, João Pedro Pinto. *Contratos Celebrados à Distância e Fora do Estabelecimento Comercial*: anotação ao DL 24/2014, de 14 de fevereiro. Coimbra: Almedina, 2014, p. 85.

160. Vide artigo 31, n. 2, c do DL 24/2014. Ademais, ainda há a possibilidade de aplicar de pena acessória, consoante DL 433/82, artigo 21.

161. Basta observar, por exemplo, os casos de empréstimos bancários em que os juros estipulados são exorbitantes.

162. LEITÃO, Luís Manuel Teles de Menezes. As práticas comerciais desleais nas relações de consumo. *Liber Amicorum Mario Frota*: a causa dos direitos dos consumidores. Coimbra: Almedina, 2012, p. 385. Confira também artigo 287º (Anulabilidade) 1. Só têm legitimidade para arguir a anulabilidade as pessoas em cujo interesse a lei a estabelece, e só dentro do ano subsequente à cessação do vício que lhe serve de fundamento. 2. Enquanto, porém, o negócio não estiver cumprido, pode a anulabilidade ser arguida, sem dependência de prazo, tanto por via de acção como por via de excepção.

163. Vide artigo 29, n. 1 e n. 2, do DL 24/2014 cominado com artigo 483, n. 1, do Código Civil português e artigo 12, n. 1, da Lei de Defesa do Consumidor.

164. Vide artigo 10, n. 1, c, da Lei de Defesa do Consumidor (lei 24/96) bem como artigo 25 do DL 446/85.

adesão concluído por meio eletrônico. A depender da tarifa escolhida, o consumidor tem multa de 100% da tarifa, ou seja, não consegue reaver absolutamente nada daquele valor desembolsado.

Deveras, a multa é devida, uma vez que se o consumidor não quis viajar, ele causou um determinado prejuízo ao fornecedor, uma vez que o mesmo poderia ter vendido o bilhete aéreo para outro passageiro. Nesse ponto, as empresas alegam que o consumidor é devidamente informado sobre o tipo de tarifa e multa correspondente, sendo muitas vezes verdadeira declaração. Contudo, aplicar multa de 100% significa, na prática, enriquecimento sem causa[165] da empresa, bem como afronta o direito básico do consumidor de modificação das cláusulas contratuais que estabeleçam prestações desproporcionais[166], como o caso ilustrado.

Outro caso[167] brasileiro interessante foi o julgado no Superior Tribunal de Justiça em que uma associação de defesa dos consumidores pleiteava alteração no rótulo de um determinado produto de uma empresa a qual publicizava que aquele produto não continha glúten, mas, em letras diminutas indicava que o produto poderia conter "traços de glúten". Dessa forma, entendeu o Tribunal que o dever de informação não perfazia completo, devendo a empresa complementar a informação nos rótulos dos produtos com a referida advertência aos consumidores portadores da doença celíaca. Em suma: a análise do dever de informação é aferida de forma mais severa[168] e regrada quando se colocam em xeque a saúde e a segurança do consumidor.

---

165. Cf.: Código Civil brasileiro, Art. 884. Aquele que, sem justa causa, se enriquecer à custa de outrem, será obrigado a restituir o indevidamente auferido, feita a atualização dos valores monetários. O objetivo do artigo é restabelecer equilíbrio patrimonial entre as partes, removendo o enriquecimento ou locupletamento. Cf.: SCHREIBER, Anderson et al. *Código Civil Comentado*. Rio de Janeiro: Forense, 2019, p. 605 e ss.

166. Cf.: artigo 6°, inciso V, do CDC. Sobre outras práticas abusivas, confira: Consumidor. Concessão de serviços aéreos. Relação havida entre concessionária e consumidores. Aplicação do CDC. Ilegitimidade da ANAC. Transporte aéreo. Serviço essencial. Exigência de continuidade. Cancelamento de voos pela concessionária sem razões técnicas ou de segurança. Prática abusiva. Descumprimento da oferta. 5. A partir da interpretação do art. 39 do CDC, considera-se prática abusiva tanto o cancelamento de voos sem razões técnicas ou de segurança inequívocas como o descumprimento do dever de informar o consumidor, por escrito e justificadamente, quando tais cancelamentos vierem a ocorrer. 6. A malha aérea concedida pela ANAC é oferta que vincula a concessionária a prestar o serviço nos termos dos arts. 30 e 31 do CDC. Independentemente da maior ou menor demanda, a oferta obriga o fornecedor a cumprir o que ofereceu, a agir com transparência e a informar adequadamente o consumidor. Descumprida a oferta, a concessionária viola os direitos não apenas dos consumidores concretamente lesados, mas de toda a coletividade a quem se ofertou o serviço, dando ensejo à reparação de danos materiais e morais (inclusive, coletivos). (BRASIL. Superior Tribunal de Justiça. REsp 1469087/AC. Relator Ministro Humberto Martins, Segunda Turma, julgado em 18 de agosto de 2016).

167. Cf.: Recurso especial. Ação coletiva julgada improcedente. Irresignação da autora. Necessidade de advertência aos portadores de doença celíaca nos rótulos de produtos que contém glúten. Procedência. Recurso especial provido. [...] O fornecedor de alimentos deve complementar a informação-conteúdo "contém glúten" com a informação-advertência de que o glúten é prejudicial à saúde dos consumidores com doença celíaca. (BRASIL. Superior Tribunal de Justiça. REsp 1.745.134 – MS (2018/0132863-0). Relator Ministro Marco Aurélio Bellizze, julgado 03 de setembro de 2018); BRASIL. Superior Tribunal de Justiça. EREsp 1515895/MS. Relator: Ministro Humberto Martins, Corte Especial, julgado em 20 de setembro de 2017.

168. Cf.: artigo 9° do CDC. Sobre o tema, confira o seguinte julgado: Edcl no AResp 259.903, Relator Ministro Herman Benjamin, julgado em 20.03.2013.

4.8.1 Atraso na entrega do produto

Ao adquirir um bem pela *internet*, o fornecedor deve claramente dispor a previsão da entrega do mesmo ao consumidor. Aliás, muitas vezes, o fornecedor oferece o transporte grátis (frete grátis), fato que não ilide seu dever de informar em quantos dias aproximadamente o consumidor receberá a mercadoria. Outras tantas oportunidades, o fornecedor oferece prazos mais exíguos para entrega do produto (ex. entrega padrão normal/rápido/prioritário), através de serviço terceirizado de transporte, repassando os custos para o consumidor (desde que seja informado).

Independente dos casos, problemas podem ocorrer, seja por falta de logística do fornecedor (ausência de planejamento para envio imediato do produto, dificuldades de transporte interno até o ponto de envio, dificuldades com a empresa terceirizada de transporte) ou até mesmo por desídia do fornecedor que, visando o lucro, promete um prazo que não seria possível seu cumprimento.

Não é de se olvidar que em datas comemorativas (dia dos pais, dia das mães, Natal etc.) os atrasos na entrega dos bens são mais frequentes, pelo volume de compras assumido pelos fornecedores e pelo natural aquecimento da economia do país.

Nesse cenário, especificamente quanto à entrega do produto, a Lei portuguesa 47/2014, que alterou a Lei de Defesa do Consumidor (DL 24/96), albergou determinações específicas no que atine ao cumprimento das obrigações.

Em seu artigo 9º, B, n. 1, há predisposição de que o fornecedor de bens deve entregar os bens na data ou dentro do período especificado pelo consumidor, salvo convenção em contrário (por exemplo, no caso em que há previsão expressa no contrato de uma data específica).

Inexistindo previsão legal de prazo, o fornecedor deve entregar o produto sem demora injustificada, limitando-se ao máximo de 30 dias após a celebração do contrato.

Há quem entenda[169] que esse prazo pode ser excessivamente ampliado, especialmente em decorrência da natureza do produto adquirido, como por exemplo, medicamentos, itens de higiene pessoal. A título exemplificativo, a aquisição de um ticket de um espetáculo musical que ocorrerá em 10 dias da data adquirida, portanto, o consumidor espera que seu bilhete se encontre em sua residência antes da data que ocorrerá o show. Ora, indubitavelmente que nesse caso, o prazo de entrega do

---

169. OLIVEIRA, Elsa Dias. Contratação Eletrónica e Tutela do Consumidor. *Estudos de direito do consumo*, v. V, n. 38, 2017, p. 145 e ss.

ticket deve ser inferior à data que ocorrerá o show, assim, situações como essa são alinhavadas com a boa-fé.

Outrossim, o artigo 9, B, n. 4, da Lei de Defesa do Consumidor português dispõe que, caso não seja entregue o bem, sucessivamente, na data aprazada, no dia disposto pelo consumidor ou até mesmo sem demora injustificada, o consumidor tem a obrigação de fixar um prazo extra ao fornecedor para a entrega da mercadoria, adequado às circunstâncias.[170]

Nesse ponto, ressalta-se que o artigo descrito é a transposição do artigo 18, n. 2, da Directiva 2011/83/UE[171], seguindo a regra geral do Código Civil em seu artigo 808, ao dispor que, em caso de mora do devedor, o credor deve fixar prazo razoável para concretização da prestação.

Assevera-se que, se o produto não for entregue após o prazo adicional, o consumidor pode, caso queira, resolver o contrato, nos termos do artigo 9º, B, n. 5, da Lei de Defesa do Consumidor, na mesma linha de entendimento do Código Civil português.[172]

Um detalhe importante que o legislador previu[173] foram situações as quais o consumidor poderá resolver o contrato sem ter de conceder prazo suplementar ao fornecedor, uma vez que as vicissitudes do contrato e as informações pré-contratuais vislumbram o caráter de urgência, como por exemplo, um remédio, produto hospitalar, ou um vestido de noiva.

Outro ponto significativo é que, ao exercer a resolução contratual, seja imediatamente ou após a concessão do prazo suplementar, o fornecedor deve restituir a integralidade do valor desembolsado pelo consumidor em até 14 dias a contar da data de resolução.

Para além desses aspectos, caso o fornecedor não devolva o valor no prazo supracitado, deverá fazê-lo em dobro, sem prejuízo de eventuais danos patrimoniais e não patrimoniais que podem ser pleiteados pelo consumidor.[174]

---

170. Sobre o tema, confira: CARVALHO, Jorge Morais. *Manual de Direito do Consumo.* Coimbra: Almedina, 2019, p. 200 e ss.
171. Cf.: artigo 18 "Entrega – 1. Salvo acordo em contrário das partes sobre o momento da entrega, o profissional deve entregar os bens mediante transferência da sua posse física ou controlo ao consumidor, sem demora injustificada, e no prazo máximo de 30 dias a contar da celebração do contrato".
172. Cf.: artigo 808 (Perda do interesse do credor ou recusa do cumprimento) – 1. Se o credor, em consequência da mora, perder o interesse que tinha na prestação, ou esta não for realizada dentro do prazo que razoavelmente for fixado pelo credor, considera-se para todos os efeitos não cumprida a obrigação". "2. A perda do interesse na prestação é apreciada objetivamente". Pontua o Professor Jorge Morais Carvalho que, se a falta do cumprimento não for imputável ao devedor, o credor fica desobrigado da contraprestação, o que é, para este efeito, equivalente à resolução do contrato, conforme artigo 795, n. 1. Cf.: CARVALHO, Jorge Morais. *Manual de Direito do Consumo.* Coimbra: Almedina, 2019, p. 201 e ss.
173. Cf.: artigo 9º, B, 6, da Lei de Defesa do Consumidor.
174. Segue a linha do Código Civil, artigo 799, n. 1, isto é, tratando-se de responsabilidade obrigacional, presume-se a culpa.

CAPÍTULO 4 • QUALIFICAÇÃO DO INCUMPRIMENTO DO DEVER DE INFORMAÇÃO **221**

No Brasil, não há menção expressa na lei sobre o prazo na entrega do produto ou serviço, devendo o consumidor se valer das regras gerais da oferta, isto é, o fornecedor se vincula àquilo proposto ao consumidor, notadamente ao prazo.

O que há, de fato, é a vedação ao fornecedor de produtos ou serviços de não estipular prazo para o cumprimento de sua obrigação ou deixar a fixação de seu termo inicial a seu exclusivo critério, consoante artigo 39, inciso XII do CDC.

Além disso, pelo Código Civil brasileiro, o vendedor do produto está obrigado a prestar seu serviço no tempo, lugar e forma contratados, e acaso incida em mora deverá responder pelos respectivos prejuízos, acrescidos de juros, atualização monetária e honorários de advogado.[175]

Pelo Código de Defesa do Consumidor, o atraso da entrega caracteriza o descumprimento da oferta, consoante artigo 35[176] do CDC. Assim, pode o consumidor exigir o cumprimento forçado da entrega, outro produto equivalente ou a desistência da compra e a restituição integral do valor, incluindo eventual pagamento extra de frete, bem como perdas e danos decorrentes da demora.

Questão relevante nessa discussão é se, havendo previsão contratual de penalidade decorrente da mora ou descumprimento do contrato pelo consumidor (por exemplo, pagamento em atraso das parcelas do bem), se essa multa seria aplicada ao fornecedor da mesma forma. Diante do imperativo de equidade contratual, o STJ[177] entendeu mostrar-se abusivo a prática de se estipular penalidade exclusivamente ao consumidor, para a hipótese de mora ou inadimplemento contratual, ficando isento de tal reprimenda o fornecedor – em situações de análogo descumprimento da avença. É dizer: no caso de descumprimento do prazo de entrega do produto, por exemplo, o fornecedor também incorreria na multa estipulada ao consumidor.

---

175. Cf.: arts. 394, 395, do CC. Cf.: BRASIL. Superior Tribunal de Justiça. REsp 1787492/SP. Relator Ministra Nancy Andrighi, Segunda Seção, julgado em 11 de setembro de 2019.

176. Cf.: Art. 35. Se o fornecedor de produtos ou serviços recusar cumprimento à oferta, apresentação ou publicidade, o consumidor poderá, alternativamente e à sua livre escolha: I – exigir o cumprimento forçado da obrigação, nos termos da oferta, apresentação ou publicidade; II – aceitar outro produto ou prestação de serviço equivalente; III – rescindir o contrato, com direito à restituição de quantia eventualmente antecipada, monetariamente atualizada, e a perdas e danos.

177. Cf.: Recurso especial representativo de controvérsia. Compra e venda de imóvel na planta. Atraso na entrega. Novel Lei 13.786/2018. Contrato firmado entre as partes anteriormente à sua vigência. Não incidência. Contrato de adesão. Omissão de multa em benefício do aderente. Inadimplemento da incorporadora. Arbitramento judicial da indenização, tomando-se como parâmetro objetivo a multa estipulada em proveito de apenas uma das partes, para manutenção do equilíbrio contratual. 1. A tese a ser firmada, para efeito do art. 1.036 do CPC/2015, é seguinte: No contrato de adesão firmado entre o comprador e a construtora/incorporadora, havendo previsão de cláusula penal apenas para o inadimplemento do adquirente, deverá ela ser considerada para a fixação da indenização pelo inadimplemento do vendedor. As obrigações heterogêneas (obrigações de fazer e de dar) serão convertidas em dinheiro, por arbitramento judicial. 2. No caso concreto, recurso especial parcialmente provido. (BRASIL. Superior Tribunal de Justiça. REsp 1614721/DF. Relator Ministro Luis Felipe Salomão, Segunda Seção, julgado em 22 de maio de 2019)

Por outro lado, em recente decisão, a 2ª Seção do STJ[178] dispôs que empresas e fornecedores de bens através do comércio eletrônico não são compelidos a fixar, nos contratos de adesão, cláusulas de multa e perdas e danos para a hipótese de atraso no cumprimento de suas obrigações diante do consumidor. Contudo, ponderou a relatora Ministra Nancy Andrighi que, na hipótese de mora das empresas, é cabível sua responsabilização pelos prejuízos, inclusive com o acréscimo de juros e atualização monetária.

Outro ponto muito debatido na doutrina brasileira é se, eventual atraso na entrega da mercadoria, seria capaz de gerar dano moral. A regra geral coletada pela jurisprudência é que a falha na entrega de mercadoria adquirida pela *internet* configura, em princípio, mero inadimplemento contratual, não dando causa a indenização por danos morais[179]. Apenas excepcionalmente, quando comprovada verdadeira ofensa a direito de personalidade, será possível pleitear indenização a esse título.[180]

Caso interessante julgado pelo Tribunal de Justiça do Estado de São Paulo[181] em que uma consumidora comprou um aparelho celular pela *internet* e o produto só chegou 3 meses após a compra, mesmo após várias reclamações administrativas no *site* do fornecedor e regular pagamento das parcelas do cartão de crédito.

Entendeu a desembargadora que o fornecedor extrapolou os limites da discricionariedade, afastando-se deveras da observância dos princípios da razoabilidade e proporcionalidade e dos mandamentos previstos na legislação consumerista,

---

178. Cf.: BRASIL. Superior Tribunal de Justiça. REsp 1.787.492 – SP (2018/0212937-5). Relatora Ministra Nancy Andrighi, julgado em 11 de setembro de 2019.

179. Para imersão aprofundada sobre o tema, confira: ARAÚJO FILHO, Raul. Punitive damages e sua aplicabilidade no Brasil. *Doutrina*: edição comemorativa 25 anos – STJ. Disponível em: https://www.stj.jus.br/publicacaoinstitucional/index.php/Dout25anos/issue/view/30/showToc. Acesso em: 20 dez. 2021. Ainda sobre o tema, confira: SANTANA, Héctor Valverde. A fixação do valor da indenização por dano moral. *Revista de informação legislativa*, v. 44, n. 175 (jul./set. 2007). p. 21-40.

180. Cf.: STJ, REsp 1.399.931/MG, Rel. Min. Sidnei Beneti, Terceira Turma, julg. em 11.02.2014, DJe 06.03.2014; Agravo em recurso especial 1.059.221 – RS/ 2017/0037488-5, Relator: Ministro Luis Felipe Salomão, DJ 07.03.2017. Nesse sentido, cf.: Apelação cível. Direito privado não especificado. Compra pela *internet*. Mercadoria entregue com vício. Restituição dos valores. Dano moral não caracterizado. Ausente conduta abusiva, a ensejar a caracterização do dano moral. Transtornos decorrentes do descumprimento contratual são consequências naturais do risco inerente a qualquer negócio jurídico, sem, contudo, constituir abalo passível de indenização. (BRASIL. Superior Tribunal de Justiça. Agravo Em REsp 1.059.221 – RS (2017/0037488-5). Relator: Ministro Luis Felipe Salomão, julgado em 07 de março de 2017).

181. cf.: Ação de rescisão de contrato c.c. Obrigação de fazer, devolução de valores e indenização por danos morais. Compra e venda de aparelho celular pela *"Internet"*. Atraso de três (3) meses na entrega do produto, mesmo embora várias reclamações e o regular pagamento das parcelas do cartão de crédito. Sentença de parcial procedência para condenar a ré a restituir para a autora a quantia de R$ 407,73, com correção monetária a contar do ajuizamento e juros de mora a contar da citação, além de indenização moral de R$ 2.000,00, com correção monetária a contar da sentença e juros de mora a contar da citação, arcando a ré com os ônus sucumbenciais, arbitrada a honorária em 15% do valor da condenação. Apelação só da autora, que pede a elevação da indenização moral. Rejeição. Dano moral indenizável bem configurado. Indenização que não comporta majoração, ante os critérios da razoabilidade e da proporcionalidade e as circunstâncias específicas do caso concreto, notadamente o valor do produto e o tempo de espera. Sentença mantida. BRASIL. Tribunal de Justiça de São Paulo, Apelação Cível 1009914-28.2016.8.26.0223. Relatora Daise Fajardo Nogueira Jacot, julgado em 17 de julho de 2017.

CAPÍTULO 4 • QUALIFICAÇÃO DO INCUMPRIMENTO DO DEVER DE INFORMAÇÃO

causando mesmo o abalo moral reclamado, passível de indenização (vide artigo 5º, incisos V e X, da Constituição Federal e artigos 186, 187 e 927 do Código Civil).

Por fim, vale mencionar a experiência do Estado de São Paulo que promulgou a lei da entrega[182] para o comércio eletrônico, obrigando os fornecedores de bens e serviços a fixar data e turno para realização de serviços ou entrega de produtos aos consumidores, sem qualquer tipo de ônus ao consumidor.

4.8.2 Falhas na veiculação das informações ao consumidor

No domínio das práticas enganosas, a hodierna Directiva 2019/2161 inseriu, no contexto do *New Deal for Consumers*, novas práticas comerciais desleais recorrentes no âmbito do comércio eletrônico, notadamente na seara do dever de informação.

A primeira delas, refere-se a uma prática reiterada no comércio eletrônico em que o fornecedor afirma falsamente ser signatário de códigos de conduta, certificados de qualidade, reconhecimento de organismos públicos ou privados, visando credibilidade[183] perante os consumidores.

Questão diversa, mas igualmente interessante[184] é o fornecedor que oferta um determinado produto ou serviço a preço promocional e, com a intenção de vender outro bem ou serviço, recusa a venda daquele bem ou serviço publicitado, alegando ausência de estoque ou dificuldade na entrega, por exemplo.

Esse tipo de comportamento é corriqueiramente verificado pelo comércio eletrônico, em que muitas vezes o fornecedor alicia o consumidor com ofertas especiais quando, na prática, a intenção é a venda de outro produto ou serviço, ou até mesmo para garantir o acesso ao *website* do fornecedor.

Ademais, outra conduta desleal nos termos do artigo 8º, n, do DL 57/2008, é quando o fornecedor utiliza um conteúdo editado nos meios de comunicação social para promover um bem ou serviço tendo sido o próprio profissional a financiar essa promoção, sem indicar tal informação no conteúdo ou resultar de imagens ou sons que o consumidor possa identificar com clareza.

Na prática, o consumidor acredita estar diante de uma informação imparcial e sem juízo de valor quando, ao revés, depara-se com um anúncio publicitário eivado

---

182. Cf.: a Lei 14.951, de 06 de fevereiro de 2013, disponível em: https://www.al.sp.gov.br/repositorio/legislacao/lei/2013/lei-14951-06.02.2013.html. Acesso em: 1º maio 2020.

183. Cf.: Directiva 2019/2161, anexo I,23-C, *verbis*: Apresentar avaliações ou recomendações falsas de consumidores ou instruir uma terceira pessoa singular ou coletiva para apresentar avaliações ou recomendações falsas de consumidores, ou apresentar avaliações do consumidor ou recomendações nas redes sociais distorcidas, a fim de promover os produtos.». Nesse mesmo sentido o DL 57/2008 já dispunha no mesmo sentido, confira artigo 8, a b,c,p.

184. Cf.: artigo 8º, f, do DL 57/2008, *verbis*: f) Propor a aquisição de bens ou serviços a um determinado preço e, com a intenção de promover um bem ou serviço diferente, recusar posteriormente apresentar aos consumidores o bem ou o serviço publicitado.

de artimanhas de *marketing*, que visam tão somente captar mais um consumidor em sua teia de consumo.

Outra técnica[185] muito comum na contratação eletrônica é o *marketing* sob pressão, isto é, o fornecedor utiliza métodos sorrateiros de venda de produtos alegando que o bem ou serviço está disponível por um período curtíssimo de tempo (horas, minutos etc.) ou por uma situação especial (fechamento da loja, transferência da empresa etc.) , fomentando o consumo imediato e sem qualquer tipo de reflexão do consumidor.

Além disso, o fornecedor frequentemente se vale de informações distorcidas da natureza[186] do produto ou serviço visando ludibriar o consumidor, seja para alegar que o bem ou serviço pode aumentar as possibilidades de ganhar nos jogos de fortuna ou azar[187] ou declarar falsamente que o bem ou serviço é capaz de curar doenças, disfunções e malformações.[188] Boa parte dos casos, as declarações não têm base médica, sendo um direito do consumidor saber se essas afirmações são científicas e tecnicamente comprovadas.

Essa realidade é bem visualizada quando as empresas detêm os dados dos consumidores, histórico de compras *online* e criam ofertas personalizadas incitando a compra em cima de da fragilidade em que se encontra.

Ademais, no que toca ao período pós-contratual, as informações transmitidas ao consumidor também devem observar a transparência e veracidade. Situação concreta desleal é quando, em comércio transfronteiriço, o profissional se empenha a fornecer o serviço de assistência pós-venda[189] no idioma que foi convencionado para comunicar antes da decisão negocial, e, posteriormente, assegura este serviço apenas em outro idioma, não tendo anunciado de forma clara esta alteração ao consumidor antes da sua vinculação.

Outra situação muito comum refere-se ao fornecedor que oferta um bem ou prestação de serviço como algo lícito ou eventualmente transmite essa impressão quando tal não corresponda à verdade.[190] Por exemplo, um fornecedor com sede nos Estados Unidos que vende cigarros eletrônicos no Brasil, transmitindo ao consumidor que seria prática lícita, seja através do envio gratuito de mercadoria ou até mesmo com fotos de brasileiros tragando o cigarro, quando, na verdade, é proibida a venda desse tipo de produto no Brasil.[191]

---

185. Cf.: artigo 8º, i, do DL 57/2008.
186. Cf.: artigo 8º, o do DL 57/2008.
187. Cf.: artigo 8º, t do DL 57/2008.
188. Cf.: artigo 8º, u do DL 57/2008.
189. Cf.: artigo 8º, ac, do DL 57/2008.
190. Cf.: artigo 8º, l, do DL 57/2008.
191. Sobre a proibição de venda de cigarro eletrônico no Brasil, confira: http://portal.anvisa.gov.br/noticias/-/asset_publisher/FXrpx9qY7FbU/content/por-que-o-cigarro-eletronico-nao-e-autorizado-/219201?inheritRedirect=false. Acesso em: 22 abr. 2020.

4.8.3 Publicidade por comissão e por omissão

Tem disposição no DL português 7/2004, em seu artigo 21, a obrigatoriedade dos prestadores de serviço público tornarem as informações claramente identificadas de modo a serem apreendidos com facilidade por um destinatário comum, em especial, a natureza publicitária, logo que a mensagem seja apresentada no terminal e de forma ostensiva; o anunciante; e as ofertas promocionais, como descontos, prêmios ou brindes, e os concursos ou jogos promocionais, bem como os condicionalismos a que ficam submetidos.

No Brasil, a publicidade, como já visto, é abordada especificamente na seção III, nos arts. 36 a 38, que dispõem sobre a identificação publicitária, publicidades abusivas e enganosas e sobre a inversão do ônus da prova.

No Brasil, a primeira delas e talvez a mais reiterada é a denominada publicidade enganosa ou abusiva.[192] No caso da publicidade enganosa por ação (comissão), há um dolo positivo, uma atuação comissiva do agente.[193] Na verdade, revela uma desconformidade objetiva do conteúdo e a realidade.[194] Em outras palavras, comissiva é a publicidade que contém informação inteira ou parcialmente falsa, por exemplo, quando o fornecedor anuncia preço menor do que aquele pelo qual efetivamente comercializará a mercadoria.[195]

Por outro lado, no caso de publicidade enganosa por omissão[196], há um dolo negativo, com atuação omissiva; como se observa quando o fornecedor omite in-

---

192. O Código de Defesa do Consumidor brasileiro diferencia os dois tipos de publicidade. "Art. 37. É proibida toda publicidade enganosa ou abusiva. § 1º É enganosa qualquer modalidade de informação ou comunicação de caráter publicitário, inteira ou parcialmente falsa, ou, por qualquer outro modo, mesmo por omissão, capaz de induzir em erro o consumidor a respeito da natureza, características, qualidade, quantidade, propriedades, origem, preço e quaisquer outros dados sobre produtos e serviços. § 2º É abusiva, dentre outras a publicidade discriminatória de qualquer natureza, a que incite à violência, explore o medo ou a superstição, se aproveite da deficiência de julgamento e experiência da criança, desrespeita valores ambientais, ou que seja capaz de induzir o consumidor a se comportar de forma prejudicial ou perigosa à sua saúde ou segurança".

193. Vide entendimento de: NEVES, Daniel Amorim Assumpção; TARTUCE, Flávio. *Manual de Direito do Consumidor*. São Paulo: Método, 2020, p. 484 e ss. Outrossim, são consideradas ações enganosas as práticas comerciais as quais possuem falsa informação relativa a determinados elementos; que induzem em erro o consumidor, que o levam a tomar uma decisão que não teria tomado de outra forma, mesmo que a informação seja factualmente correta (vide artigos 5º e 6º do DL 57/2008).

194. Por exemplo, caso de campanha publicitária a qual afirma que determinado produto tem um acessório, sem o ter realmente.

195. Sobre o tema, confira: BRASIL. Superior Tribunal de Justiça. REsp 1.195.465 – SP. Relator Ministro Castro Meira. Julgado em 05 de agosto de 2011.

196. Ideia presente no seguinte julgamento: BRASIL. Superior Tribunal de Justiça. REsp 327.257/SP. Relator Ministra Nancy Andrighi, Terceira Turma, julgado em 22 de junho de 2004, p. 272. Confira também seguinte julgado: Processual Civil. Civil. Recurso Especial. Prequestionamento. Publicidade enganosa por omissão. Aquisição de refrigerantes com tampinhas premiáveis. Defeitos de impressão. Informação não divulgada. Aplicação do Código de Defesa do Consumidor. Dissídio jurisprudencial. Comprovação. Omissão. Inexistência. Embargos de declaração. Responsabilidade solidária por publicidade enganosa. Reexame fático-probatório. – Há relação de consumo entre o adquirente de refrigerante cujas tampinhas contém impressões gráficas que dão direito a concorrer a prêmios e o fornecedor do produto. A ausência de

formação crucial do produto. Em outro modo de expressão, a publicidade enganosa por omissão das informações traduz, não somente ausência de boa-fé do fornecedor, mas sobretudo a necessidade subjacente de visar o lucro indiscriminadamente.

A essencialidade da informação deve ser entendida como algo que, se o consumidor soubesse, poderia alterar seu desejo de adquirir o produto ou serviço.

Diferentemente da publicidade enganosa, que induz o consumidor a erro, a publicidade abusiva é aquela que agride os valores morais e sociais, restando configurada uma determinada conduta de abuso reprovável.[197]

Mutatis mutandis, a mesma lógica é encontrada no ordenamento jurídico português[198], o qual traz ideias semelhantes, versando-as semanticamente através da publicidade oculta e publicidade enganosa.

Em regra, o dever de prestar a informação[199] adequada ao consumidor é solapado por diversas posturas ambíguas, omissas ou até mesmo esdrúxulas do fornecedor, fato que *per si* viola os deveres[200] de lealdade, transparência, informação e assistência.

No mesmo sentido, outra prática recorrente do fornecedor se vislumbra em uma malfadada tentativa de ludibriar o consumidor, em especial através da chamada

---

  informação sobre a existência de tampinhas com defeito na impressão, capaz de retirar o direito ao prêmio, configura-se como publicidade enganosa por omissão, regida pelo Código de Defesa do Consumidor.

197. No caso, por exemplo, de propagandas de jogos de vídeo game que incitam a violência.

198. Confira DL 330/90, de 23 de outubro – Código da Publicidade – "Artigo 9º Publicidade oculta ou dissimulada – 1 – É vedado o uso de imagens subliminares ou outros meios dissimuladores que explorem a possibilidade de transmitir publicidade sem que os destinatários se apercebam da natureza publicitária da mensagem. 2 – Na transmissão televisiva ou fotográfica de quaisquer acontecimentos ou situações, reais ou simulados, é proibida a focagem directa e exclusiva da publicidade aí existente. 3 – Considera-se publicidade subliminar, para os efeitos do presente diploma, a publicidade que, mediante o recurso a qualquer técnica, possa provocar no destinatário percepções sensoriais de que ele não chegue a tomar consciência." e "Artigo 11. Publicidade enganosa – 1 – É proibida toda a publicidade que seja enganosa nos termos do Decreto-Lei 57/2008, de 26 de Março, relativo às práticas comerciais desleais das empresas nas relações com os consumidores. 2 – No caso previsto no número anterior, pode a entidade competente para a instrução dos respectivos processos de contraordenação exigir que o anunciante apresente provas da exactidão material dos dados de facto contidos na publicidade. 3 – Os dados referidos no número anterior presumem-se inexactos se as provas exigidas não forem apresentadas ou forem insuficientes".

199. Vide artigo 6º do CDC brasileiro – São direitos básicos do consumidor: [...] IV – a proteção contra a publicidade enganosa e abusiva, métodos comerciais coercitivos ou desleais, bem como contra práticas e cláusulas abusivas ou impostas no fornecimento de produtos e serviços.

200. Vide art. 39 do CDC brasileiro – É vedado ao fornecedor de produtos ou serviços, dentre outras práticas abusivas: V – exigir do consumidor vantagem manifestamente excessiva; [...] X – elevar sem justa causa o preço de produtos ou serviços. Vide também Lei Federal 8.884/94 (dispõe sobre a prevenção e a repressão às infrações contra a ordem econômica), art. 20- "Constituem infração da ordem econômica, independentemente de culpa, os atos sob qualquer forma manifestados, que tenham por objeto ou possam produzir os seguintes efeitos, ainda que não sejam alcançados: [...] III – aumentar arbitrariamente os lucros; IV – exercer de forma abusiva posição dominante". Finalmente, vide Código Civil brasileiro, art. 481 – "Pelo contrato de compra e venda, um dos contratantes se obriga a transferir o domínio de certa coisa, e o outro, a pagar-lhe certo preço em dinheiro [...] e art. 884 – "Aquele que, sem justa causa, se enriquecer à custa de outrem, será obrigado a restituir o indevidamente auferido, feita a atualização dos valores monetários".

CAPÍTULO 4 • QUALIFICAÇÃO DO INCUMPRIMENTO DO DEVER DE INFORMAÇÃO **227**

publicidade chamariz ou publicidade "isco", promovidas para ludibriar o consumidor a comprar determinado produto quando não o tem em quantidade suficiente, por exemplo.

Claudia Lima Marques[201] exemplifica na situação em que o fornecedor anuncia um determinado produto a preço vantajoso pelo sítio eletrônico, mas o consumidor é surpreendido com a informação de que o fornecedor só possui algumas unidades do produto por este preço.[202]

Assim, o fornecedor oferta um bem a um determinado preço em seu canal eletrônico, mesmo sabendo a sua incapacidade logística e operacional para cumprir os contratos vindouros. Na prática, omite-se as informações aos clientes sobre as quantidades disponíveis para venda bem como o prazo durante o qual a oferta se mantém existente.

Há ainda um recurso muito empregado em publicidade enganosa eletrônica denominado *metatag*[203], realizada através da inserção de palavras-chave na programação do *site* com o fito de serem utilizadas como indexadores em *sites* intermediários e de busca. Ou seja, quando o consumidor efetuar consulta em *sites* de busca[204], poderá obter como resultados páginas que não possuem relação intrínseca com a pesquisa feita.

Nesse contexto, prática desleal recorrente é quando o fornecedor de determinado *site*, visando angariar a clientela do concorrente, paga aos sistemas de busca para que determinadas palavras-chave, referente à marca do outro concorrente, seja

---

201. MARQUES, Claudia Lima; BENJAMIN, Antonio Herman V.; MIRAGEM, Bruno. *Comentários ao Código de Defesa do Consumidor*. São Paulo: Thomson Reuters Brasil, 2019, p. 1031 e ss.

202. O artigo 21, n. 2, do DL 24/90, excepciona o fornecedor em casos de divulgação de mensagens publicitarias genéricas, que não envolvam uma proposta concreta para aquisição de um bem ou serviço. Por sua vez, o artigo 30 do Código de Defesa do Consumidor brasileiro traduz o princípio da vinculação da oferta, obrigando o fornecedor a cumpri-la.

203. Sobre o tema, o Professor Carlos Amunategui Perello pontua da seguinte forma: "La finalidad de los metatags se encuentra estrechamente vinculada con los "buscadores" de páginas en la Red. Cuando el usuario desea ubicar información sobre un tema determinado introduce en su buscador (sea Lycos, Yahoo, Altavista u otro similar) ciertas palabras o frases relacionadas con el asunto en cuestión. En este momento el buscador da una mirada a los metatags de las páginas de la Red a fin de encontrar qué lugares contienen entre ellos alguna designación relativa a la solicitada, formando de esta manera una lista que responda a las necesidades del usuário. AMUNATEGUI PERELLO, Carlos. Los Metatags en el Comercio Electrónico: Un Análisis de la Jurisprudencia Norteamericana y la Doctrina Española. *Revista Chilena de Derecho*, Santiago, v. 33, n. 2, p. 245-257, ago. 2006. Sobre o tema, confira: FERREIRA, Ana Amelia Menna Barreto de. Proteção do Consumidor no Comércio Eletrônico sob a Ótica da Teoria da Confiança. *Revista da Escola da Magistratura do Rio de Janeiro*, v. 11, n. 42, , p. 172 e ss. 2008.

204. Sobre o tema, a Professora Juliana Abrusio assinala da seguinte forma: "É indiscutível que a ordem de aparição na qual os *links* são listados tem relevante valor comercial devido à tendência dos usuários acessarem as primeiras ocorrências apresentadas, especialmente pela comodidade de procurar pelos primeiros itens indexados. Justamente por esse motivo, muitos provedores, mediante pagamento, oferecem uma posição estratégica, para resultados de busca por determinado termo previamente cadastrado pelo anunciante junto ao *site*". Sobre o tema, confira: ABRUSIO, Juliana. O uso do *link* patrocinado como prática de conduta desleal no comércio da *internet*. *Revista Pensamento Jurídico*, v. 12, n. 1, p. 295 e ss. São Paulo, jan./jun. 2018.

vinculada ao seu produto[205]. Referida publicidade é enganosa[206], seja por induzir o destinatário do serviço ou produto em erro, ocultando sua natureza de instrumento de estímulo do consumo, em clássico exemplo de concorrência desleal.[207]

Ademais, há inúmeros casos de concorrência desleal em publicidade de *links*[208] patrocinados que, além de causar prejuízo para a contraparte, induz o consumidor em erro. O mecanismo funciona corretamente da seguinte forma: o anunciante paga um valor proporcional aos mecanismos de busca em razão do número de cliques no anúncio patrocinado, o qual aparece na primeira página de pesquisa, sob a aparência de "*link* patrocinado".

Contudo, há situações em que o sistema é manipulado. Caso interessante[209] foi a demanda entre as empresas Dafiti e *World Tennis*. Conforme entendimento do

---

205. Trata-se de violação invisível da marca, ou "invisible trademark infringement". Confira julgado: Obrigação de não fazer c.c perdas e danos. Controvérsia entre empresas do ramo imobiliário Captação indevida de clientela, via *internet* – Expressões relacionadas aos empreendimentos da autora que, quando lançadas em sítio de busca na rede mundial de computadores, têm a pesquisa redirecionada para o sítio da ré, de forma privilegiada Vinculação feita por meio de *links* patrocinados Mecanismo a incutir dúvida no elemento volitivo dos consumidores. Obrigação das rés em não utilizarem os signos questionados, salvo para identificação de referência espacial – Sentença confirmada. Aplicação do art. 252 do Regimento Interno deste Egrégio Tribunal de Justiça – Recurso não provido. (BRASIL. Tribunal de Justiça de São Paulo. Apelação Cível n. 0138471-41.2010.8.26.0100. 10ª Câmara de Direito Privado. Relator Desembargador Elcio Trujillo, julgado em 10 de setembro de 2013).
206. Sobre o tema, confira: COELHO, Fábio Ulhoa. *Curso de Direito Civil*. 9. ed. São Paulo: Thonsom Reuters, 2020, v. 3. Contratos, p. 90 e ss.
207. Cf.: marca. Obrigação de não fazer c.c. reparação de dano. *Link* patrocinado. Uso da marca da autora como palavra-chave de *link* patrocinado contratado pela ré. O consumidor que fazia uma busca na *internet* pelo nome da autora obtinha como resposta, dentre as opções, o *site* da requerida. Uso parasitário da marca. Dano moral presumido. Lesão à honra, reputação e imagem da autora que, ao lado do uso parasitário do nome da sociedade empresária, deve ser indenizado. A quantia de R$ 50.000,00 está adequada aos parâmetros do art. 944, do CC, o que justifica sua preservação. Não provimento. (BRASIL. Tribunal de Justiça de São Paulo. Apelação 1015330-08.2015.8.26.0224, 1ª Câmara Reservada de Direito Empresarial, Relator: Enio Zuliani, julgado em 18 de maio de 2016).
208. Sobre o tema, confira: ABRUSIO, Juliana; FLORENCIO FILHO, Marco Aurélio. Reflexões sobre as relações de consumo na sociedade da informação. In: CARACIOLA, Andrea Boari; ANDREUCCI, Ana Cláudia Pompeu Torezan; FREITAS, Aline da Silva (Org.). *Código de Defesa do Consumidor – 20 anos*. São Paulo: LTr., 2010.
209. Cf.: Ementa: Obrigação de não fazer c.c. reparação de dano. Uso do nome empresarial da autora como palavra-chave de *link* patrocinado contratado pela ré. O consumidor que faz uma busca na *internet* pelo nome da autora é direcionado para o *site* da ré. Concorrência desleal caracterizada. Determinação para que a ré se abstenha da conduta, sob pena de multa diária de R$ 1.000,00. Danos materiais devidos e oriundos da ilicitude que advém da violação da marca e da concorrência desleal, não ficando o prejuízo adstrito à sua efetiva comprovação na fase de conhecimento e podendo ser apurado, em conformidade com a lei, na execução da sentença. Imperiosidade de pagamento do que pagaria se tivesse adquirido o licenciamento para uso da marca da autora. Quantum que se apurará em execução nos termos do art. 210, I a III, da Lei 9279/96. Dano moral que, tanto quanto o material pelo uso parasitário da marca, é presumido. Lesão à honra, reputação e imagem da autora que, ao lado do uso parasitário do nome da sociedade empresária, deve ser indenizado para prestígio da marca e do nome e em benefício do consumidor. Teoria do "ilícito lucrativo" mencionada em embargos infringentes em que prevaleceu a tese sustentada. Arbitramento em R$ 50.000,00 que se ajusta aos parâmetros da jurisprudência. Recurso provido. BRASIL. Tribunal de Justiça de São Paulo. Apelação – 1103462-93.2013.8.26.0100, 1ª Câmara Reservada de Direito Empresarial, Relator: Maia Da Cunha, julgado em 29 de julho de 2015.

CAPÍTULO 4 • QUALIFICAÇÃO DO INCUMPRIMENTO DO DEVER DE INFORMAÇÃO **229**

Tribunal de Justiça de São Paulo, a empresa Dafiti foi proibida de usar o recurso de *link* patrocinado, nos mecanismos de buscas, em sede de comércio eletrônico, por valer-se de termos correspondentes à marca *World Tennis*. Consoante decisão, os resultados das buscas pela expressão "World Tennis" dispôs como primeiro *link* aquele que, acessado, direciona o usuário ao *site* da Dafiti, no qual é possível adquirir calçados esportivos, roupas, entre outros produtos.

Restou demonstrado pelo desembargador que o ramo de atuação da Dafiti é mesmo igual ao da *World Tennis*, e o direcionamento do *link* patrocinado favorece o desvio de clientes, por ferir a marca e incorrer em concorrência desleal.

Concluiu, portanto, que esse tipo de parasitismo acarreta confusão aos consumidores, notadamente por associar uma empresa à outra, em uma verdadeira prática desleal obrigando a Dafiti suspender esse tipo de conduta, além de condená-la em danos morais e materiais.

De mais a mais, o legislador brasileiro aprofundou o tema sobre a publicidade enganosa por omissão, evidenciando que ser também aquela que deixa de informar dado essencial[210] sobre o produto ou o serviço, também induzindo o consumidor em erro exatamente por não esclarecer elementos fundamentais (art. 37, § 3º).

Tais dados essenciais podem ser, por exemplo, o preço e a forma de pagamento, por exemplo, no caso em que o fornecedor não indica que o parcelamento de uma compra pela *internet* contenha juros.

Uma decisão interessante foi um julgamento de uma ação coletiva no Superior Tribunal de Justiça[211] em que a empresa fornecedora foi obrigada a remover a publicidade dos veículos de comunicação, assim como condenada a pagar elevada de astreintes por não a ter retirado, em razão de omissão de informações.

Em síntese, uma empresa dispôs de uma publicidade que não continha todos os elementos do produto ofertado, notadamente o preço e a forma de pagamento, devendo o consumidor, intuitivamente, ligar para a central telefônica da empresa ofertante para saber mais informações sobre a mercadoria.

Ocorre que essa ligação tinha custo para o consumidor, mesmo que ele não viesse adquirir o produto. O Ministro Relator Humberto Martins entendeu que não é válida "meia informação" ou "informação incompleta", devendo o fornecedor suprir todos os meios de comunicação ao consumidor de forma gratuita ao consumidor.

Para coibir tais práticas, há algumas possibilidades de sanção por Órgãos do Sistema Nacional de Defesa do Consumidor[212], que podem eventualmente importar

---

210. É também devidamente tutelada pelo artigo 6º, IV, ao elucidar que um dos direitos básicos do consumidor é a proteção contra a publicidade enganosa e abusiva.
211. Cf.: BRASIL. Superior Tribunal de Justiça. REsp. 1.428.801 – RJ. Relator Ministro Humberto Martins, julgado em 13 de novembro de 2015.
212. Cf.: artigo 105 do CDC.

também a obrigação de veiculação de contrapropaganda, com o fito de obrigar o fornecedor a informar os elementos verdadeiros omitidos no anúncio publicitário.

Mais um caso interessante foi julgado[213] pelo Superior Tribunal de Justiça em que um consumidor, ludibriado por publicidade enganosa pregava ter "cura do câncer" através do uso de produto denominado cogumelo do sol e, não tendo sido curado, pleiteou uma indenização por danos morais.

Ao que consta, o fornecedor foi condenado a indenizar o consumidor, uma vez que não pode o fornecedor prevalecer-se da fraqueza ou ignorância[214] do consumidor, tendo em vista sua idade, saúde, conhecimento ou condição social, para impingir-lhe seus produtos ou serviços, no caso, o cogumelo do sol.

Outra situação que o Código de Defesa do Consumidor avançou foi no sentido de obrigar o fornecedor a utilizar nos contratos de adesão a fonte mínima 12 prevista no artigo 54, § 3° do CDC.

Contudo, em recente decisão, o Superior Tribunal de Justiça[215] compreendeu que esse padrão de fonte de letra não precisa ser necessariamente observado em

---

213. Cf.: BRASIL. Superior Tribunal de Justiça. REsp 1329556/SP. Relator Ministro Ricardo Villas Bôas Cueva, Terceira Turma, julgado em 25 de novembro de 2014, *verbis*: Recurso especial. Direito do consumidor. Ação indenizatória. Propaganda enganosa. Cogumelo do sol. Cura do câncer. Abuso de direito. Art. 39, inciso IV, do CDC. Hipervulnerabilidade. Responsabilidade objetiva. Danos morais. Indenização devida. Dissídio jurisprudencial comprovado. 1. Cuida-se de ação por danos morais proposta por consumidor ludibriado por propaganda enganosa, em ofensa a direito subjetivo do consumidor de obter informações claras e precisas acerca de produto medicinal vendido pela recorrida e destinado à cura de doenças malignas, dentre outras funções. 2. O Código de Defesa do Consumidor assegura que a oferta e apresentação de produtos ou serviços propiciem informações corretas, claras, precisas e ostensivas a respeito de características, qualidades, garantia, composição, preço, garantia, prazos de validade e origem, além de vedar a publicidade enganosa e abusiva, que dispensa a demonstração do elemento subjetivo (dolo ou culpa) para sua configuração. 3. A propaganda enganosa, como atestado pelas instâncias ordinárias, tinha aptidão a induzir em erro o consumidor fragilizado, cuja conduta subsume-se à hipótese de estado de perigo (art. 156 do Código Civil). 4. A vulnerabilidade informacional agravada ou potencializada, denominada hipervulnerabilidade do consumidor, prevista no art. 39, IV, do CDC, deriva do manifesto desequilíbrio entre as partes. 5. O dano moral prescinde de prova e a responsabilidade de seu causador opera-se *in re ipsa* em virtude do desconforto, da aflição e dos transtornos suportados pelo consumidor. 6. Em virtude das especificidades fáticas da demanda, afigura-se razoável a fixação da verba indenizatória por danos morais no valor de R$ 30.000,00 (trinta mil reais). 7. Recurso Especial provido.

214. Sobre o tema, o Professor Alberto do Amaral Junior explana que o CDC procura reprimir as cláusulas contratuais abusivas, o que se tem em vista não é simplesmente, é evitar o abuso de direito, mas, acima de tudo, impedir a estipulação de cláusulas contratuais que coloquem o consumidor em desvantagem exagerada perante o fornecedor". Cf.: AMARAL JÚNIOR, Alberto do. A boa-fé e o controle das cláusulas contratuais abusivas nas relações de consumo. *Revista do Direito do Consumidor*, n. 6, p. 31, abr./jun. 1993.

215. Cumpre ressaltar que o STJ, no recurso especial 1.602.678 entendeu que referida norma deve ser ponderada em ofertas publicitárias televisivas. Confira BRASIL. Superior Tribunal de Justiça. Recurso Especial 1602678/RJ, Rel. Ministro Paulo de Tarso Sanseverino, julgado em 23 de maio de 2017, *verbis*: recurso especial. Direito do consumidor. Ação civil pública. Tamanho mínimo da letra em anúncios. Aplicação da norma do art. 54, § 3°, do CDC. Analogia. Descabimento. Elementos de distinção entre o contexto dos anúncios e o contexto dos contratos. Dano moral coletivo. Prejudicialidade. 1. Controvérsia acerca da possibilidade de se determinar a empresas de telefonia a não empregarem em seus anúncios na imprensa fonte de tamanho menor do que 12 pontos. 2. "Os contratos de adesão escritos serão redigidos em termos claros e com caracteres ostensivos e legíveis, cujo tamanho da fonte não será inferior ao corpo doze, de

todas as ofertas publicitárias, diante de peculiaridades, como dimensão do folder, banner ou até mesmo em canais de televisão.

Com a devida vênia, compreendemos que, ao menos na oferta publicitária por meio digital, deve ser usado o padrão normativo do artigo 54, § 3º do CDC, notadamente pelas características *sui generis* desse tipo de contratação.

Na prática, vários fornecedores disponibilizam informações importantes ou eventuais direitos do consumidor em letras diminutas o que acarreta na inobservância do dever de informação ao consumidor.

Por outro lado, e, por fim, cumpre mencionar algumas práticas positivas por parte das empresas que, ao invés de buscar tão somente o lucro, visam o consumo consciente[216]. Exemplo disso é a publicidade da empresa italiana Eataly[217], que leva como força motriz em sua mensagem a *"Mangiare bene aiuta a vivere meglio"* (comer bem ajuda a você viver melhor). Com efeito, a filosofia da empresa não cinge a política de preços destoantes da realidade, muito pelo contrário, a finalidade é convencer o consumidor a comprar menos quantidade de produtos, mas de melhor qualidade, fazendo fazer o valor: *"di meno e più buono"* ("menos e melhor").

4.8.4 Utilização dos dados do consumidor indevidamente

A coleta de dados e a utilização de informações dos consumidores possuem implicações jurídicas[218] imediatas, seja pela necessidade de ser conforme à legislação de proteção de dados ou até mesmo pela falta de transparência de alguns fornecedores quando fazem a captura dos dados.

Há muito foi tempo reconhecido nos Estados Unidos[219] o direito à autodeterminação informativa em relação aos dados pessoais dos cidadãos, possuindo a

---

modo a facilitar sua compreensão pelo consumidor" (art. 54, § 3º, do CDC). 3. Existência de elementos de distinção entre o instrumento escrito dos contratos de adesão e o contexto dos anúncios publicitários, que impedem a aplicação da analogia. Doutrina sobre o tema. 4. Inaplicabilidade da norma do art. 54, § 3º, do CDC ao contexto dos anúncios, sem prejuízo do controle da prática enganosa com base em outro fundamento. 5. Prejudicialidade do pedido de dano moral coletivo, porque deduzido com base na alegação de descumprimento ao art. 54, § 3º, do CDC. 6. Recurso Especial desprovido.

216. Vale a pena mencionar uma associação sem fins lucrativos reconhecida internacionalmente, denominada Slow Food Italia, que tem o objetivo de defender a biodiversidade alimentar e a educação do paladar. A associação se opõe ao processo de padronização de gostos e culturas e ao poder avassalador da indústria agroalimentar. Para o Slow Food, a gastronomia abrange toda a complexidade do mundo dos alimentos que envolve nossas vidas e a vida de todos, em um entrelaçamento de conhecimentos e sabores que não apenas dizem respeito à comida, mas são estritamente dependentes dela. www.slowfood.it. Acesso em: 29 abr. 2020. Sobre a necessária abordagem multissetorial, confira: MAFFESOLI, Michel. *Le temps des tribus*. Paris: La Table Ronde, 2000, p. 54 e ss.

217. Para mais, confira: www.eataly.it . Acesso em: 29 abr. 2020.

218. Sobre o tema, confira: WEBER, Rolf; THOUVENIN, Florent. The Legal and Ethical Aspects of Collecting and Using Information about the Consumer. *Commercial Communication in the digital age*. Berlim: De Grutier, 2017. p. 161 e ss.

219. Vale mencionar que o Privacy Act, datado de 1974, foi a lei federal que dispôs sobre as regras e os princípios para a coleta, armazenamento, uso e comunicação de dados pessoais no seio das atividades estatais

finalidade de tutelar a decisão íntima do consumidor em dispor seus dados pessoais, o momento e quais limites eles podem ser utilizados. Na Alemanha[220], por sua vez, tal direito tem esteio constitucional direto[221], respaldado como direito fundamental e que deve ser conciliado com a autonomia da vontade do cidadão.

A preocupação com os dados dos consumidores em transações pela *internet* não é de agora. Desde 1999[222], a Comissão Europeia tem se atentado para as inúmeras transações e possibilidades de o consumidor ter seus dados coletados indevidamente pela *internet*.

O Professor Miguel Asensio[223] pondera que as tecnologias da sociedade da informação propiciaram obter e processar inúmeros dados e informações sobre interesses e comportamentos dos cidadãos, seja através do próprio tráfego de dados de provedores e serviços pela *internet*, seja pela captação indevida.

Sobre os desafios da Lei Geral de Proteção de Dados brasileira, o Ministro Moura Ribeiro[224] assevera que, ao se armazenar dados pessoais, há possibilidade de estudo acerca dos nossos comportamentos e desejos, fato que poderia ser interpretado como algo temerário; por outro lado, é possível acreditar que tal situação pode, eventualmente, ofertar maior comodidade a cada um de nós.

Se, por um lado, esses dados segmentados representam grande importância comercial para os fornecedores, por outro, se obtidos de forma ilícita ou temerária, representará riscos substanciais à privacidade.

A primeira delas é o *e-mail*. Na transmissão das mensagens, o conteúdo enviado, antes de chegar ao destinatário final transfere-se de um servidor para outro, expondo ao risco de ser interceptado nesse percurso.

Além disso, um golpe constante nas transações eletrônicas é o *phishing*[225], situação na qual bandidos se valem de e-mails e mensagens pop-up sob aparência

---

conduzidas pelas agências federais. Cf.: GUILDI, Guilherme Berti de Campos. Modelos Regulatórios para proteção de dados pessoais. *Pesquisa do Instituto de Tecnologia e Sociedade do Rio de Janeiro*, 2017, p. 12 e ss. Confira ideia presente em: WESTIN, Alan F. *Information Technology in a Democracy*. Cambrigde: Harvard University Press, 1971, p. 191 e ss.

220. Sobre o tema, confira: DONEDA, Danilo. *Da privacidade à proteção de dados pessoais*. Rio de Janeiro: Renovar, 2006, p. 196 e ss.

221. Para uma visão detalhada sobre o tema, confira artigo escrito pelo Ministro Ricardo Villas Bôas Cueva. Cf.: CUEVA, Ricardo Villas Bôas. A insuficiente proteção de dados pessoais no Brasil. *Revista de Direito Civil Contemporâneo*. v. 13. ano 4. p. 59-67. São Paulo: Ed. RT, out./dez. 2017.

222. Cf.: Procedure 1999/0153/COD, COM (1999) 337: Proposta de Regulamento do Parlamento Europeu e do Conselho relativo à protecção das pessoas singulares no que diz respeito ao tratamento de dados pessoais pelas instituições e pelos órgãos da Comunidade e à livre circulação desses dados.

223. Cf.: ASENSIO, Pedro Alberto de Miguel. *Derecho Privado de Internet*. 5. ed. Madri: Civitas Ediciones, 2015, p. 390 e ss.

224. Cf.: RIBEIRO, Paulo Dias de Moura. Lei Geral de Proteção de Dados. *Direito Regulatório. Desafios e Perspectivas para a Administração Pública*. Belo Horizonte: Fórum, 2020. p. 134 e ss.

225. Sobre o tema, confira: ELEFTHERIOU, Demetrios; BERLIRI, Marco; CORAGGIO, Giulio. Data Protection and *E-commerce* in the United States and the European Union. *The International Lawyer*, v. 40, n. 2, p. 396 e ss. International Legal Developments in Review: 2005.

CAPÍTULO 4 • QUALIFICAÇÃO DO INCUMPRIMENTO DO DEVER DE INFORMAÇÃO

verdadeira de órgãos públicos, bancos, lojas, como subterfúgio para aliciar vítimas inocentes a divulgar dados pessoais em sites fraudulentos. Com efeito, muitas vezes as mensagens referem-se à suposta validação de dados no sistema ou atualização de cadastro, através de um *link* específico a ser clicado.

Outra forma de utilização de dados de forma indevida é o pharming[226], fraude semelhante ao phishing, em que os usuários são direcionados a um *site* fraudulento que espelha, de forma idêntica, o *site* verdadeiro. Ou seja, o usuário realmente pensa que está no *site* verdadeiro de um fornecedor mas, diante de um software malicioso baixado em seu computador, foi direcionado a um *site* réplica do original.

Aliás, cumpre mencionar que algumas empresas realizam mutuamente[227] trocas de base de dados ou cruzamento de cadastros, ou seja, empresas de ramos distintos permutam dados de clientes para enviar promoções por *marketing* digital, mensagens ou até mesmo ligações inoportunas. Resplandece, assim, a ideia de que os dados são tidos como bens transacionáveis com valor econômico[228], irregularmente comercializados por alguns fornecedores na maior parte das vezes.

Outra maneira de ter os dados expostos é a participação dos consumidores em grupos de discussão dentro de *sites* dos fornecedores. Muitas vezes os consumidores enviam mensagens que por vezes indicam a origem, data, hora e conteúdo. Sendo públicas, essas informações podem ser alvo de análise e investigação por qualquer um, notadamente pelo fornecedor.

Como já assinalamos, boa parte das páginas de *internet* possuem mensagens publicitárias especiais que pagam ao gerenciador de páginas para inserirem anúncios. Ao clicar na mensagem, o gerenciador do servidor consegue conhecer o tipo do cliente pelas características do usuário e pelo endereço IP do servidor, através do qual o usuário fez o login na *internet* e também pelo *website* no qual o anúncio foi acessado.

É certo que, ao adquirir determinado produto ou serviço na *internet*, o consumidor sempre preenche um cadastro para pagamento do bem, envolvendo dados do cartão de crédito, endereço da fatura, identidade pessoal, telefone, pontos de referência do domicílio, dentre outros.

A transmissão desses dados é para a própria segurança do consumidor, seja pela necessidade de o fornecedor checar as informações com os cadastros de registro nacionais, ou até mesmo para direcionar eventual ligação/mensagem do consumi-

---

226. Sobre o tema, confira: ELEFTHERIOU, Demetrios; BERLIRI, Marco; CORAGGIO, Giulio. Data Protection and *E-commerce* in the United States and the European Union. *The International Lawyer*, v. 40, n. 2, p. 397 e ss. International Legal Developments in Review: 2005.

227. Sobre o tema, confira: FRANCO, Flávio. O impacto do marco civil da *internet* nas atividades de *e-commerce*. *Regulação e Novas Tecnologias*. Belo Horizonte: Juruá, 2017, p. 497 e ss.

228. Sobre o tema, confira: BARBOSA, Ana Mafalda Castanheira Neves de Miranda. Proteção de dados, consentimento e tutela do consumidor. *Estudos de Direito do Consumidor*. Centro de Direito do Consumidor, Universidade de Coimbra, v. 15, p. 37-91, 2019, p. 38 e ss.

dor, caso não esteja encontrando o endereço de recebimento do bem, por exemplo. Aliás, protocolos de segurança entre bancos e sistemas de pagamento são cruciais para proteção desses dados do consumidor.

Sem embargo, o que se observa muitas vezes é que os *sites* dos fornecedores, no momento do fornecimento de tais dados cadastrais do consumidor, procedem a instalação de *cookies* no computador do vulnerável.

Tais *cookies* são pequenos arquivos de texto usualmente explorados por fornecedores com a finalidade de obter informações sobre o acesso do usuário ao *site* (frequência, tempo percorrido pelo *site*, quais ícones o usuário clicou) com a finalidade de rastrear o perfil do visitante. E mais: são utilizados para gravar os dados do usuário, sem sua aquiescência[229] para posterior envio de promoções, promover triagem de quais os produtos que são adquiridos com habitualidade, sempre tendo em conta a avidez pela venda e lucro.

Mais sofisticada fraude é aquela em que há implementação de um software no computador do consumidor, sem o devido consentimento, com o objetivo de enviar publicidade de determinados produtos. Denominada de *spyware*[230], essa tecnologia indesejável implantada no computador do usuário invade a privacidade do usuário e coleta dados confidenciais para melhor usufruir na publicidade direcionada de produtos e serviços, veiculando inapropriadamente anúncios e monitorando as atividades do usuário. Esse software é normalmente ativado pelo próprio consumidor, de maneira involuntária, ao clicar em *links* dentre de janelas *pop-up* do próprio *site* do fornecedor.

Aliás, por meio desses dados, as empresas fomentam a visibilidade das plataformas de venda, com o espectro detalhado por usuário, identificando as preferências, as escolhas de consumo e como se portam em sociedade, criando uma nova opção de negócios vinculados baseada nesse direcionamento, seja para rever conceitos e diretrizes da empresa ou para possivelmente aprimorar as vendas em produtos ou serviços que se encontrem em dificuldades.

Além disso, com esses dados, contatos diários por mensagem, *e-mail* ou até mesmo por telefone são procedidos pelo fornecedor através de *marketing* à distância, oferecendo novos produtos ou serviços, causando múltiplos inconvenientes[231] ao consumidor. Ao parar para atender, responder ou até mesmo explicar ao fornecedor que não possui qualquer tipo de interesse, o consumidor gasta seu tempo, elemento precioso na sociedade da informação.

---

229. Sobre o tema, confira: FRIGNANI, Aldo; CARRARO, Wanya; D'AMICO, Gianmaria. *La comunicazione pubblicitaria d'impresa*. Manuale giuridico teorico e pratico. Milano: Giuffrè Editora, 2009, p. 326 e ss.
230. Sobre o tema, confira: BERNAL, Paul. *Internet Privacy Rights*. United Kingdom: Cambridge University Press, 2014, p. 152 e ss.
231. Cf.: ponto 26 do anexo I da Directiva 2005/29/CE.

Essa perda de tempo de trabalho, de lazer, de descanso do consumidor, acumulada pelas inúmeras ligações, mensagens ou e-mails, se insere na teoria do desvio produtivo enunciada pelo Professor Marcos Dessaune[232], assinalando que o fornecimento de um produto ou serviço de qualidade ao consumidor tem o poder de liberar os recursos produtivos que ele utilizaria para produzi-lo, remanescendo mais tempo livre para si.

Nesse contexto, o Superior Tribunal de Justiça do Brasil já teve a oportunidade de se pronunciar[233] sobre a questão, entendendo que a proteção à perda do tempo útil do consumidor deve ser, portanto, realizada sob a vertente coletiva, a qual, por possuir finalidades precípuas de sanção, inibição e reparação indireta, permite seja aplicada a teoria do desvio produtivo do consumidor e a responsabilidade civil pela perda do tempo.

Por outro lado, quando há interesse do consumidor em repassar seus dados e for devidamente autorizado, essa ferramenta pode ser instrumento hábil para os fornecedores. Explico. Hoje, parte das farmácias[234] e drogarias criaram um sistema de promoção personalizado ao consumidor. Isto é, com a ciência do consumidor, através de um sistema de inteligência artificial, há o envio de promoções específicas para os produtos que o consumidor compra com habitualidade, gerando muitas vezes economia para o adquirente.

Nesse contexto, para ser eficiente[235], o mercado da informação tende a ser segmentado, com a possibilidade de processar e atender as necessidades de cada um de forma individualizada.

À evidência, antes mesmo da coleta desses dados, o *website* deve informar de que maneira serão processados, a natureza optativa ou obrigatória da prestação dos mesmos e quais as consequências caso o consumidor não os forneça.

Nesse sentido, a regra do consentimento do usuário[236] (expresso, livre, específico e informado) está disposta no art. 7, VII e IX, da Lei 12.965/2014, denominada de Marco Civil da *internet,* assim como no artigo 9°, in *totum*, da Lei 13.709/2018, Lei Geral de Proteção de Dados (LGPD). Por conseguinte, esses dispositivos são claros ao condicionar o fornecimento dos dados pessoais a terceiros através do consentimento

---

232. Cf.: DESSAUNE, Marcos V. Teoria aprofundada do desvio produtivo do consumidor: uma visão geral. *Revista de Direito do Consumidor*, v. 27, n. 119, p. 89-103, São Paulo, set./out. 2018.

233. Cf.: BRASIL. Superior Tribunal de Justiça. REsp 1737412/ SE, Relatora Ministra Nancy Andrigh, julgado em 05 de fevereiro de 2019.

234. Já dissertamos sobre esse tema em outra oportunidade. Cf.: Barros, João Pedro Leite. Programas de *compliance* no comércio eletrônico de consumo. Disponível em: https://www.conjur.com.br/2019-jun-20/joao-leite-barros-*compliance*-comercio-eletronico-consumo. Acesso em: 14 mar. 2020.

235. Cf.: WARNERYD, Karl-Erik. The Limits of Public Consumer Information. *Journal of Consumer Policy*, n. 4, p. 138 e ss. 1980.

236. Cf.: MENDES, Laura Schertel. A tutela da privacidade do consumidor na *internet*: uma análise à luz do marco civil da *internet* e do código de defesa do consumidor. *Direito e Internet* III – Marco Civil da *Internet*. São Paulo: Quartier Latin, s.d., p. 476 e ss.

livre, expresso e informado do usuário, salvo em caso de previsão legal diversa; por outro lado, a norma dispõe orientação geral acerca do consentimento em caso de coleta, uso, armazenamento e tratamento de dados pessoais, estabelecendo ainda que o consentimento deve ocorrer de forma destacada das demais cláusulas contratuais.

Situação corriqueira é quando o fornecedor alonga propositalmente os termos contratuais pactuados com a finalidade de que o consumidor não tenha interesse de ler aquilo disposto, ou simplesmente por ser extenso, clicar na opção mais cômoda "li e concordo" e pronto.

Nesse contexto, há inúmeras cláusulas abusivas impostas nesse clausurado, em especial aquelas que possibilitam que o fornecedor utilize os dados do consumidor para envio de promoções, *marketing* ou até mesmo compartilhamento das informações com empresas parceiras ou do mesmo grupo econômico.

Esse tipo de cláusula-surpresa não produz qualquer efeito; deve ser considerada inexistente[237]. O seu conteúdo deve chegar ao conhecimento do consumidor de forma clara e adequada[238], inexistindo a possibilidade de ser camuflada para não ser percebida.

Em outro viés, para que o dever de informação seja devidamente atendido, o fornecedor deve ter sempre em mente que o cliente pode, ou não, optar pelo recebimento de ofertas através de e-mails, mensagens de telefone; e ainda que tenha optado por recebê-los, em cada e-mail ou mensagem enviados, deve se constatar se há instruções objetivas sobre como cancelar a inscrição.

Outro ponto não menos importante é quando o consumidor inicia a compra, insere os dados cadastrais e, ao fim, desiste de fazê-la. Nessa situação, vale rememorar que na ordem de encomenda, o consumidor passa por diversas etapas no *site* do fornecedor, consentindo (ao menos em tese) com aquilo disposto e, finalmente, alcançando a página de pagamento. Ressalta-se que em qualquer das etapas o consumidor pode desistir da compra, sem qualquer tipo de embaraço. Ao fim do processo, na aba de pagamento, deve aparecer uma sinopse daquilo contratado, isto é, as informações essenciais para efetivação da compra.

Ocorre que, muitas vezes, mesmo o consumidor desistindo da compra, o *site* do fornecedor capta as suas informações do consumidor e fica bombardeando por *e-mail* e mensagens aquele produto que não foi adquirido. O abandono do carrinho pode

---

237. Sobre o tema, confira: ASCENSÃO, José Oliveira. Cláusulas contratuais gerais, cláusulas abusivas e o novo código civil. *RFDUFP*, v. 39, p. 11 e ss. 2003. Confira também: COSTA, Mário Júlio de Almeida; CORDEIRO, António Menezes. *Cláusulas Contratuais Gerais* – Anotação ao Decreto-Lei 446/85, de 25 de outubro. Coimbra: Almedina, 1986, p. 27 e ss.

238. Cf.: Lei LCCG, artigo 8: Consideram-se excluídas dos contratos singulares: a) As cláusulas que não tenham sido comunicadas nos termos do artigo 5° [...]; Artigo 5° Comunicação 2 – A comunicação deve ser realizada de modo adequado e com a antecedência necessária para que, tendo em conta a importância do contrato e a extensão e complexidade das cláusulas, se torne possível o seu conhecimento completo e efectivo por quem use de comum diligência.

ser decorrente de um suposto desconto no produto que, na prática, é compensado em um frete elevado para envio da mercadoria, afastando o consumidor do *site* ou até mesmo por não ter informações relevantes do produto.

É importante frisar que os dados[239] devem ser objeto de tratamento lícito, transparente e leal, coletados para finalidade determinada, legítima e explícita, não podendo ser utilizado para outra finalidade incompatível com a pactuada. Aliás, é interessante mencionar que o titular dos dados, o consumidor, tem o direito de dispor deles e controlá-los[240] a qualquer tempo.

É tanto que, ao dispor das informações nos *sites* de compras, há sempre um termo de consentimento[241] sobre os dados ali enviados, devendo o consumidor ser informado sobre eventual compartilhamento e qual a finalidade.

Importante mencionar que muitas vezes os softwares codificados[242] pelos fornecedores podem obscurecer a escolha livre e consciente do consumidor, simplificando hipoteticamente a escolha do consumidor quando, na verdade, direciona para determinados produtos ou serviços.

Caso interessante[243] ocorreu no âmbito do Superior Tribunal de Justiça brasileiro, quando do julgamento de um caso de consumo em que se debateu a comercialização indevida de dados pessoais bem como seu armazenamento.

Em síntese: a empresa detentora de um cadastro de dados (endereço pessoal, telefone, data de nascimento etc.) não informou[244] ao demandante a abertura do

---

239. Cf.: artigo 5º, *in totum*, do REGULAMENTO (UE) 2016/679 DO PARLAMENTO EUROPEU E DO CONSELHO, de 27 de abril de 2016 relativo à proteção das pessoas singulares no que diz respeito ao tratamento de dados pessoais e à livre circulação desses dados e que revoga a Directiva 95/46/CE (Regulamento Geral sobre a Proteção de Dados). Confira também: BESSA, Leonardo Roscoe. *Nova Lei do Cadastro Positivo*. São Paulo: Thomson Reuters, 2019, p. 55 e ss.

240. MAIA, Roberta Mauro Medina. A titularidade de dados pessoais prevista no art. 17 da LGPD: direito real ou pessoal? In: FRAZÃO, Ana; TEPEDINO, Gustavo; OLIVA, Milena Donato (Coord.). *Lei Geral de Proteção de Dados Pessoais e suas repercussões no Direito Brasileiro*. São Paulo: Thomson Reuters Brasil, 2019, p. 149 e ss.

241. Sobre o tema, confira: BIONI, Bruno Ricardo. *Proteção de dados pessoais*: a função e os limites do consentimento. Rio de Janeiro: Forense, 2019, p. 194 e ss.; TEPEDINO, Gustavo; TEFFÉ, Chiara Spadaccini. Consentimento e proteção de dados pessoais na LGPD. In: FRAZÃO, Ana; TEPEDINO, Gustavo; OLIVA, Milena Donato (Coord.). *Lei Geral de Proteção de Dados Pessoais e suas repercussões no Direito Brasileiro*. São Paulo: Thomson Reuters Brasil, 2019, p. 300 e ss.

242. Confira: SCHOLZ, Lauren Henry. Algorithmic Contracts. *Stanford Technology Law Review*, v. 20, 2017, p. 142 e ss.

243. BRASIL. STJ. Recurso Especial 1.758.799/MG (2017/0006521-9). Relatora Ministra Nancy Andrighi. Terceira Turma. Julgado em 12/11/2019, DJe 19/11/2019. Disponível em: https://ww2.stj.jus.br/websecstj/cgi/revista/REJ.cgi/ITA?seq=1888267&tipo=0&nreg=201700065219&SeqCgrmaSessao=&CodOrgaoJgdr=&dt=20191119&formato=PDF&salvar=false. Acesso em: 17 dez. 2019.

244. Sobre o tema, o Professor Leonardo Bessa pontua que "O art. 5º, V, da Lei 12.414/2011, é bastante claro no sentido de que é direito do consumidor "ser informado previamente sobre o armazenamento, a identidade do gestor do banco de dados, o objetivo do tratamento dos dados pessoais e os destinatários dos dados em caso de compartilhamento". Por outro lado, há casos em que o tratamento é decorrente de lei, independente da vontade do consumidor. Cf.: Lei 13.709, de 14 de agosto de 2018, artigo 7º O tratamento de dados pessoais somente poderá ser realizado nas seguintes hipóteses: X – para a proteção do crédito,

cadastro e o compartilhamento de seus dados, obstando-lhe o acesso ao conteúdo ali disposto e a possibilidade de eventuais retificações.

Salientou a Ministra Nancy Andrighi que, independentemente de os dados estarem publicados em redes sociais, por exemplo, não implica o consentimento tácito para a utilização desses para qualquer outra finalidade, ainda mais com fins lucrativos. Por fim, condenou a empresa detentora do cadastro a pagar indenização pecuniária por gerar danos morais *in re ipsa*, infringindo os direitos da personalidade do cidadão e o dever de informação.

Em viés diametralmente oposto, vale discorrer atitudes proativas de empresas que visam a segurança do consumidor no momento de dispor os dados pessoais. Exemplo disso é o programa de segurança Secure Sockets Layer (SSL) utilizado pela Amazon[245], que codifica as informações dos consumidores no momento do cadastro no *site*, impedindo o compartilhamento dos dados com outras empresas. Por sua vez, o Ebay[246] possui um Centro de Privacidade e Padrões Corporativos de vinculação, que visa aplicar padrões de privacidade uniformes e adequados, protegendo os dados dos usuários de fraudes e atividades criminosas.

Em suma: as empresas devem gerenciar os riscos de invasão de hackers, garantindo a segurança digital do consumidor, implementando medidas que visem mitigar efeitos adversos do consumidor no comércio eletrônico.

Por derradeiro, o consumidor deve fazer sua parte, utilizando um sistema seguro em seu computador, com antivírus, além de se atentar a movimentações destoantes em sua conta bancária, conferindo sempre a hora da compra do produto ou aquisição do serviço em seu aplicativo bancário.

4.8.5 *Geopricing e Geoblocking*

A liberdade do fornecedor ao ditar o preço de um produto ou serviço é regida pelas leis de mercado e pela própria concorrência entre as empresas do mesmo segmento. A dinâmica mercadológica comunga preço e qualidade do bem a ser adquirido, permitindo ao consumidor a equação melhor dentro de suas possibilidades financeiras e anseios.

Dito isto, é importante mencionar que o preço, via de regra, tem expressão distinta nas compras físicas e naquelas realizadas pela internet, sobretudo pela

---

inclusive quanto ao disposto na legislação pertinente. Cf.: BESSA, Leonardo Roscoe. Responsabilidade civil dos bancos dos dados de proteção ao crédito: diálogo entre o Código de Defesa do Consumidor e a Lei do Cadastro Positivo. *Revista de Direito do Consumidor*, v. 23, n. 92, mar./abr. 2014. Vide também artigo 43, § 2º, do CDC, *verbis*: "A abertura de cadastro, ficha, registro e dados pessoais e de consumo deverá ser comunicada por escrito ao consumidor, quando não solicitada por ele."

245. Cf.: https://www.amazon.com/gp/help/customer/. Acesso em: 1º maio 2020.
246. Sobre as regras corporativas de proteção de dados do Ebay, confira: https://static.ebayinc.com/assets/Uploads/PrivacyCenter/ebay-corporate-rules-spanish.pdf. Acesso em: 1º maio 2020.

CAPÍTULO 4 • QUALIFICAÇÃO DO INCUMPRIMENTO DO DEVER DE INFORMAÇÃO **239**

abissal diferença de custos entre si. Em outras palavras, na compra presencial, o fornecedor tem que custear o espaço físico, funcionários, impostos, logística; por sua vez, na venda online[247],as despesas de infraestrutura, armazenamento e estoque são reduzidas, tendo em conta canais de logística[248] ágeis e baratos, assim como pela possibilidade de ampliar mercados através do *market place*.

Com já mencionado ao longo da investigação, no comércio eletrônico o perfil de compra do consumidor pode ser traçado pelo fornecedor através de práticas maliciosas, como a captura de dados de navegação sem o devido consentimento, podendo conduzir o fornecedor a tabelar preço de produtos e serviços para determinados grupos com valores superiores ao de mercado.

Há situações em que o mercado funciona de forma diferente, tendo em conta a essencialidade do serviço ofertado ao consumidor, como no caso de compras de passagens aéreas internacionais[249]. Assim, através do perfil de compra do cliente, o fornecedor impõe preços maiores àqueles que observaram, clicaram repetidas vezes no ícone mas não adquiriram[250] o serviço, forçando-o a fazê-lo ao desembolsar um valor mais elevado.

No Brasil, no que pertine às empresas aéreas, o art. 49 da Lei 11.182/2005, que adota o regime de liberdade tarifária no Brasil, acaba por permitir que o histórico de busca dos consumidores possa ser utilizado para anunciar passagens mais caras.

Se, por um lado, o comércio eletrônico de produtos e serviços permite personalizar[251] ofertas tendo em conta as necessidades e expectativas de setores específicos de clientes, por outro nem sempre o consumidor é beneficiado pela

---

247. Sobre a importância do comércio eletrônico, pesquisa realizada pelo Índice de Digitalidade da Economia e da Sociedade (IDES) de 2018 demonstrou que, em Portugal, por volta de 68% dos utilizadores da internet fizeram alguma compra em 2017. Disponível em: https://ec.europa.eu/information_society/newsroom/image/document/2018-20/pt-desi_2018-country-profile-lang_56575B16-9843-7EC0-B97F-1F683093EBD9_52339.pdf. Acesso em: 10 abr. 2021.

248. Sobre o tema, confira: GAL, Michal S.; KOREN-ELKIN, Niva. Algorithmic Consumers. *Harvard Journal of Law & Technology*, v. 30, n. 2, p. 314 e ss., 2017, *verbis*: "Finally, since more transactions will be digital, fewer physical stores and more virtual ones will be needed, thereby saving on the costs of physical infrastructure and sales personnel. While this trend is already taking place, algorithmic consumers will intensify it. Furthermore, the ability to save the transaction history of all users provides the algorithm with a long memory over numerous transactions, thereby reducing suppliers' incentives to shirk on one-time transactions with each consumer. At the same time, suppliers might also seek ways to manipulate the choices made by algorithms in ways that exploit their shortcomings, such as blind spots and inefficient decisional parameters. This may lead to a technological race between consumers and suppliers, each bent on developing systems that are able to identify the other's shortcomings while fixing its own blind spots. (…)".

249. Sobre os preços dinâmicos empregados para forçar o consumo imediato, confira: SILK, R. Airlines inching closer to dynamic pricing: Travel Weekly. Disponível em: https://www.travelweekly.com/Travel-News/Airline-News/Airlines-inching-closer-to-dynamic-pricing. Acesso em: 17 de abril de 2021.

250. Sobre o tema, confira: LINDEN, Greg; SMITH, Brent; YORK, Jeremy. Amazon.com. Recommendations Item-to-Item Collaborative Filtering, *EEE Computer Society*, 2003. p. 76 e ss.

251. Sobre o tema, confira: MASKE, Carel. Competition Policy and the Digital Single Marketin the Wake of Brexit: Is Geoblocking Always as Evilas Most Consumers Believe? *Journal of European Competition Law & Practice*, v. 7, n. 8, p. 509 e ss. 2016.

oferta publicitária direcionada aos seus interesses, fato que gera distorções consumeristas graves.

Nessa perspectiva, a questão que se coloca é se o fornecedor pode alterar o preço de um mesmo produto ou serviço, tendo em conta a localização do consumidor, o denominado *geopricing*. Aqui é importante frisar que não se trata de cobrança de frete, eventuais acréscimos de taxas locais de envio, impostos ou afins. Aliás, até porque essas cobranças devem ser destacadas no preço, tendo em conta as vicissitudes de cada região, cidade ou país. O ponto em voga é saber se o mesmo produto ou serviço pode ter preços diferenciados pela localização geográfica do comprador.

Sobre esse ponto, em 2018, o Departamento de Proteção e Defesa do Consumidor (DPDC) brasileiro determinou que a empresa "Decolar.com" pagasse uma multa de R$ 7.500.000,00 (sete milhões e quinhentos mil reais) em razão de ter distinguido o preço de passagens aéreas de acordo com a localização do consumidor[252], ferindo os fundamentos principiológicos do Código de Defesa do Consumidor e a dignidade do cidadão[253]. Aline de Miranda Valverde Terra e Caitlin Mulholland, ao analisarem esse caso, pontuaram que esse tipo de prática evidencia a patente vulnerabilidade dos usuários nas plataformas digitais, sobretudo pela conduta ardil dos fornecedores de coletar dados pessoais[254] dos consumidores à sua revelia, sem expressa autorização nem tampouco aquiescência.

Ainda sobre a distinção exercida pela Decolar, a concorrente Booking, que promoveu a representação que culminou com a condenação da empresa, demonstrou faticamente que havia uma demanda específica para que fossem praticados preços mais altos em relação a consumidores brasileiros e que fosse realizado o bloqueio de vagas aos mesmos, o denominado *geoblocking* (manipulação de ofertas para determinados grupos de consumidores). Muitas vezes, para a empresa, é vantajoso praticar preços mais elevados para consumidores estrangeiros a ter que concorrer com turistas do próprio país.

---

252. Confira: TERRA, Aline de Miranda Valverde.; MULHOLLAND, Caitlin. A utilização econômica de rastreadores e identificadores on-line de dados pessoais. *A Lei Geral de Proteção de Dados Pessoais e suas repercussões no Direito Brasileiro*. São Paulo: Thomson Reuters Brasil, 2019. p. 345 e ss.

253. Confira relatório: DPDC/Senacon, PA 08012.002116/2016-21, j. 15.06.2018, Nota Técnica 92/2018/CSA-SENACON/CGCTSA/GAB-DPDC/DPDC/SENACON/MJ, disponível em: https://www.justica.gov.br/seus-direitos/consumidor. Acesso em: 17 abr. 2021.

254. Sobre o tema, o Professor Bruno Bioni pontua da seguinte forma: "(...) Considerando que os dados pessoais são projeções diretas da personalidade, qualquer tratamento de dados acaba por influenciar a representação da pessoa na sociedade, podendo afetar sua personalidade e, portanto, tem o potencial de violar os seus direitos fundamentais(...). Confira: BIONI, Bruno Ricardo; MENDES, Laura Schertel. Regulamento Europeu de Proteção de Dados Pessoais e a Lei Geral brasileira de Proteção de Dados: mapeando convergências na direção de um nível de equivalência. In: FRAZÃO, Ana; TEPEDINO, Gustavo; OLIVA, Milena Donato (Coord.). *Lei Geral de Proteção de Dados Pessoais e suas repercussões no direito brasileiro*. São Paulo: Thomson Reuters Brasil, 2019, p 810 e ss.

CAPÍTULO 4 • QUALIFICAÇÃO DO INCUMPRIMENTO DO DEVER DE INFORMAÇÃO **241**

Outrossim, a diferença de preços imposta aos brasileiros chegava a 80%, segundo os documentos acostados ao processo. Referido caso representa a temida materialização do uso de dados para o desserviço do consumidor[255].

Importante frisar que tais práticas afrontam[256] o Código de Defesa do Consumidor, seja em seu artigo 39, inciso X, que retrata a impossibilidade de elevar sem justa causa o preço dos produtos ou serviços ou até mesmo nas cláusulas gerais e nos princípios que lhe são inerentes, como o da boa-fé objetiva, da ausência de discriminação dos consumidores bem como na recusa ao atendimento de suas demandas, na correta medida de disponibilidade do estoque[257], como ocorre na prática de *geoblocking*.

Com efeito, a Professora Ana Frazão[258] é enfática ao afirmar que a livre precificação, consequência direta da livre iniciativa e do regime capitalista, não deve ser absoluta, limitada ao crivo do instituto do abuso de direito.

Nesse compasso, pontua a Professora Fernanda Barbosa[259] que essas práticas acabam por infringir direitos e garantias fundamentais de forma reflexa, uma vez que determinados grupos podem ser cerceados de usufruir do próprio lazer e cultura, sem olvidar do preconceito que possa surgir.

Pari passu, a resposta fornecida pela União Europeia foi a elaboração do Regulamento (UE) 2018/302 que, em síntese, tem como objetivo prevenir o bloqueio[260]

---

255. Confira: FRAZÃO, Ana. *Geopricing e geoblocking: as novas formas de discriminação de consumidores*. Disponível em: https://www.jota.info/opiniao-e-analise/colunas/constituicao-empresa-e-mercado/geopricing-e--geoblocking-as-novas-formas-de-discriminacao-de-consumidores-15082018. Acesso em: 05 abr. 2021.
256. Sobre o tema, confira: FALEIROS JÚNIOR, José Luiz de Moura; BASAN, Arthur Pinheiro. Desafios da predição algorítmica na tutela jurídica dos contratos eletrônicos de consumo. *Revista da Faculdade de Direito da UFRGS*, Porto Alegre, n. 44, p. 131-153, dez. 2020; GUIMARÃES, Marcelo Cesar. Geoblocking e geopricing: uma análise à luz da teoria do interesse público de Mike Feintuck. *Revista de Direito, Estado e Telecomunicações*, v. 11, n. 2, p. 87-106, out. 2019.
257. Confira: artigo 39 do CDC, *verbis:* "(...) É vedado ao fornecedor de produtos ou serviços, dentre outras práticas abusivas: II – recusar atendimento às demandas dos consumidores, na exata medida de suas disponibilidades de estoque, e, ainda, de conformidade com os usos e costumes;(...) IX – recusar a venda de bens ou a prestação de serviços, diretamente a quem se disponha a adquiri-los mediante pronto pagamento, ressalvados os casos de intermediação regulados em leis especiais.
258. FRAZÃO, Ana. *Geopricing e geoblocking: as novas formas de discriminação de consumidores*. Disponível em: https://www.jota.info/opiniao-e-analise/colunas/constituicao-empresa-e-mercado/geopricing-e-geoblocking-as-novas-formas-de-discriminacao-de-consumidores-15082018. Acesso em: 05 abril. 2021.
259. Sobre o tema, confira: BARBOSA, Fernanda Nunes. O dano informativo ao consumidor na era digital: uma abordagem a partir do reconhecimento do direito do consumidor como direito humano. *Revista de Direito do Consumidor*, São Paulo v. 18. n. 122, p. 203-232, mar./abr. 2019.
260. Sobre o tema, o Professor Miguel Asensio assim explanou: "(...) En el plano subjetivo destaca que los beneficiarios de las prohibiciones impuestas en el Reglamento son tanto los consumidores (personas físicas que actúan con fines ajenos a su actividad comercial o profesión) como las empresas cuando son usuarias finales de bienes o servicios, pues se excluyen las transacciones en las que las empresas adquieren bienes o servicios para su reventa con la finalidad de que los comerciantes puedan organizar sus sistemas de distribución. Así resulta de la definición de "cliente", que comprende "un consumidor que sea nacional de un Estado miembro o que tenga su lugar de residencia en un Estado miembro, o una empresa que tenga su lugar de establecimiento en un Estado miembro, y que recibe un servicio o adquiere un producto, o tiene intención de hacerlo, en la Unión, únicamente para su uso final" (art. 2.13). Por su parte, destinatarios

geográfico injustificado[261], o uso de ferramentas digitais pelos comerciantes europeus em detrimento a consumidores e empresas com fundamento direto ou indireto na sua nacionalidade, local de residência ou de estabelecimento dos clientes no mercado interno.

O bloqueio geográfico, via de regra, pode se apresentar sob 3 perspectivas: o (re)direcionamento automático para outro site, a modificação de condições de compra e termos praticados em função do estoque e disponibilidade do serviço ou produto em determinado país, ou, o mais comum, o impedimento do acesso ao site de compra.

Com efeito, o fornecedor tem inúmeras ferramentas para efetivar esse bloqueio, sobretudo através das informações transmitidas pelo consumidor no momento da finalização da compra. Uma vez de posse das informações pessoais de endereço, telefone e cartão de crédito do consumidor, por exemplo, o fornecedor pode, ao seu bel prazer, tornar a oferta indisponível para aquele destino.

Bom se aludir que, assim como descrito no caso brasileiro, é possível o bloqueio geográfico se, e somente se, existirem justificativas legais[262], como por exemplo: custos diferenciados para cada Estado-membro; readequação de determinados produtos para regras específicas[263] de segurança e saúde de cada Estado-membro;

---

de las obligaciones impuestas son típicamente los "comerciantes" categoría que comprende toda persona física o jurídica, ya sea privada o pública, que actúe con fines relacionados con su actividad comercial, negocio, oficio o profesión, de modo que incluye también a las pequeñas y medianas empresas (pymes) y a las microempresas. (...)". Confira: ASENSIO, Pedro Alberto de Miguel. *Reglamento (UE) 2018/302 sobre bloqueo geográfico y otras formas de discriminación*. Disponível em: https://pedrodemiguelasensio.blogspot. com/2018/03/reglamento-ue-2018302-sobre-bloqueo.html#more. Acesso em: 19 abr. 2021.

261. Sobre o tema, o Professor Pérez Paredes explana da seguinte forma: "(...) El Reglamento 2018/302 constituye un límite infranqueable a la libertad de los comerciantes a segmentar artificialmente el mercado interior por razones puramente comerciales en determinados supuestos en los que no puede haber justificaciones objetivas para el trato diferente a los clientes de otros Estados miembros en las transacciones transfronterizas, con el fin de garantizar el buen funcionamiento del mercado interior y de fomentar el acceso a los productos y servicios, así como su libre circulación, en toda la UE, sin discriminación por razón de la nacionalidad, del lugar de residencia o del lugar de establecimiento. (...)". Confira: PÉREZ, José Ignacio Paredes. Medidas contra el bloqueo geográfico injustificado: el reglamento (UE) 2018/302 y su incidencia sobre las normas europeas de Derecho Internacional Privado, *Revista Electrónica de Estudios Internacionales*, n. 35, 2018. Disponível em: http://www.reei.org/index.php/revista/num35/notas/medidas-contra-bloqueo-geografico injustificado-reglamento-ue-2018302-su-incidencia-sobre-normas-europeas-derecho internacional-privado. Acesso em: 20 abr. 2021.

262. Sobre o tema, os Professores José Rivas, Jean-Christophe Troussel, Bróna Heenan assim esclareceram: "(...) Where geo-blocking/limitation of access/redirection is required for compliance with a legal requirement (EU/national law) the trader must provide a reasoned explanation, in the language of the online interface that the customer sought to access. (...)". Confira: RIVAS, José; TROUSSEL, Jean-Christophe; HEENAN, Bróna. *New EU Geo-Blocking Regulation: what businesses selling into the EU and across Member State borders need to do to comply*. Disponível em: https://www.twobirds.com/en/news/articles/2018/global/ new-eu-geoblocking-regulation-what-businesses-selling-into-the-eu-need-to-do-to-comply. Acesso em: 19 abr. 2021.

263. Sobre o tema, confira: MARCUS, J. Scott; PETROPOULOS, George. Extending. the Scope of the Geo-Blocking Prohibition: An Economic Assessment. *Study for Policy Department for Economic and Scientific Policy, European Parliament*. Fevereiro, 2017. p. 56 e ss. Disponível em: http://www.europarl.europa.eu/RegData/ etudes/IDAN/2017/595364/IPOL_IDA(2017)595364_EN.pdf. Acesso em: 11 abr. 2021.

diferenças fiscais[264] nas leis de consumo, rotulagem, instruções no período de pós-venda etc.

Esses critérios compõem a Estratégia de Mercado Único Digital Europeu, em que os injustificados bloqueios causam insatisfação generalizada aos consumidores e podem gerar rupturas no mercado interno[265].

Exemplificando, a Comissão Europeia penalizou o grupo hoteleiro Meliá[266] no montante de quase 7 (sete) milhões de euros por ter inserido, no período entre janeiro de 2014 e dezembro de 2015, em seus contratos[267] com operadoras de turismo, cláusulas restritivas que discriminavam ilegalmente os consumidores europeus com base no local de residência e na nacionalidade.

O caso tem nascedouro nas investigações do grupo desde 2017[268], distinguindo os clientes conforme o país de residência, promovendo práticas abusivas como impedir de responder[269] os clientes alocados fora dos "países especiais"[270], bem como

---

264. Sobre o tema, confira: MADIEGA, Tambiama. *Geo-blocking and discrimination among customers in the EU*, Briefing EU Legislation Progress, European Parliamentary Research Service (EPRS), fevereiro, 2018, p. 4 e ss.

265. Esses bloqueios podem ter repercussão imediata no acesso aos eventos culturais, nos seguintes termos: "(...)The aforementioned scenarios show that an effective Europeanization of the conditions of legitimate online access to culture and entertainment and the subsequent removal of geo-blockings might happen in different ways and at different speeds. (...)". Confira: MAZZIOTTI,Giuseppe. Is geo-blocking a real cause for concern in Europe? *European University Institute Working Papers Law* 2015/43, Department of Law, 2015, p. 14 e ss.

266. Vide: Commission decision of 21.2.2020, relating to a proceeding under Article 101 of the Treaty on the Functioning of the European Union and Article 53 of the EEA Agreement. Case AT. 40528 – Melia (Holiday Pricing), disponível em: https://eur-lex.europa.eu/legal-content/PT/TXT/?uri=CELEX%3A52020A-T40528%2802%29&qid=1618921292645. Acesso em: 20 abr. 2021.

267. Assim dispunha a cláusula contratual: "(...) (20) One of the clauses of Meliá's Standard Terms ("the Clause") stated as follows: "APPLICATION MARKET: contract valid only and exclusively for the markets that are detailed in the observation 16. the hotel will be able to request to the agency/to [tour operator] to verify the market of origin of any reservation on which it exist any reasonable doubt, in any case, if at the arrival of the clients to the hotel, it is verified that the country of residence of them is different than the one agreed as per contract, the hotel would be entitled to reject the reservation". Commission decision of 21.2.2020, relating to a proceeding under Article 101 of the Treaty on the Functioning of the European Union and Article 53 of the EEA Agreement. Case AT. 40528 – Melia (Holiday Pricing), disponível em: https://eur-lex. europa.eu/legal-content/PT/TXT/?uri=CELEX%3A52020AT40528%2802%29&qid=1618921292645. Acesso em: 20 abr. 2021.

268. Vide: Commission decision of 2 February 2017 under the previous case number AT.40308 – Holiday Pricing, disponível em: https://ec.europa.eu/commission/presscorner/detail/en/IP_17_201. Acesso em: 20 abr. 2021. Assim constou na sentença: "(...) By decision of 2 February 2017, 8 the Commission initiated proceedings pursuant to Article 2(1) of Regulation (EC) 773/20049 against Meliá in order to further investigate whether Meliá's contracts with tour operators for hotel accommodation contained a clause which could be used to discriminate between customers based on their nationality and/or country of residence.(...)".

269. Confira: European Commission, Antitrust: Commission opens three investigations into suspected anti-competitive practices in e-commerce (Press release 2 February 2017) IP/17/201, disponível em: https://ec.europa.eu/commission/presscorner/detail/en/IP_17_201. Acesso em: 13 abr. 2021.

270. Assim dispôs a Comissão Europeia: "(...)(13)Those contracts contained clauses which specified the countries for which the contracts were valid. Thereby, the contracting parties differentiated between EEA consumers on the basis of their country of residence. The countries concerned are all EEA countries. This Decision covers the contracts in force in the years 2014 and 2015. (...)", disponível em: https://eur-lex.

impossibilitando que os consumidores pudessem acessar a disponibilidade de vagas dos hotéis do grupo.

Essa conduta criou barreiras econômicas entre os próprios cidadãos europeus, infringindo a essência do Mercado Único Europeu. Finalmente, a Comissão Europeia arrematou que o grupo hoteleiro violou o artigo 101/1 do Tratado do Funcionamento da União Europeia, ao celebrar ou implementar contratos verticais que diferenciava os consumidores com base no país de residência.

Em sede conclusiva, verificamos que, como o incremento do comércio eletrônico, surgiram também condutas descompassadas e avessas com a proteção do consumidor online, como o caso do *geoblocking* e *geopricing*, as quais devem ser combatidas, seja preventivamente ou com sanções legais, pelos ordenamentos jurídicos vigentes.

4.9 A AUSÊNCIA E O EXCESSO DE INFORMAÇÃO

É fato que a capacidade do cidadão em captar as informações transmitidas no dia a dia é limitada. Assim, não custa lembrar que as características, natureza, elementos, qualidade do produto ou serviço devem ser indicados da maneira apropriada em função do meio utilizado na comunicação[271], inexistindo o mesmo grau de precisão das informações descritivas do produto na televisão, rádio, lojas físicas e *internet*.

Frequentemente, em contratação eletrônica, a própria representação ou ilustração da imagem do produto ou serviço pode forjar uma percepção errada da natureza e características do bem ofertado, devendo o consumidor possuir informações complementares.

Assim, duas situações corriqueiras acontecem na contratação eletrônica por adesão. A primeira delas, é a ausência de informações para o efetivo pacto consumerista. Muitas vezes, o fornecedor só indica os elementos principais do produto (preço, características, forma de entrega), sem permitir que o consumidor tenha acesso aos demais dados sobre os componentes do produto ou serviço, forma de fabricação, origem[272] dos materiais, composição pormenorizada etc. Ou seja, o consumidor é atingido por ofertas tentadoras sem a real consciência daquilo que está adquirindo. Nesses casos, há uma inegável vulnerabilidade informativa por parte do consumidor,

---

europa.eu/legal-content/PT/TXT/?uri=CELEX%3A52020AT40528%2802%29&qid=1618921292645. Acesso em: 20 abr. 2021.

271. Cf.: artigo 2º, alínea i, da Directiva 2005/29/CE. Confira julgado do TJUE, UNIÃO EUROPEIA. Tribunal de Justiça da União Europeia. Processo C-122/10, julgado em 12 de maio de 2011., assim ementado: «Reenvio prejudicial – Directiva 2005/29/CE – Artigos 2º, alínea i), e 7º, n. 4 – Comunicação comercial publicada num jornal – Conceito de convite a contratar – Preço de partida – Informações que devem constar de um convite a contratar».

272. Para determinados seguimentos do comércio eletrônico, como o caso de cosméticos, a origem do produto (se animal ou vegetal, por exemplo) é crucial para a compra do consumidor.

CAPÍTULO 4 • QUALIFICAÇÃO DO INCUMPRIMENTO DO DEVER DE INFORMAÇÃO **245**

especialmente por não ter acesso aos elementos informativos descritos no processo de produção daquele produto ou serviço.

Vale mencionar um caso interessante[273] tramitado no Tribunal de Justiça do Distrito Federal do Brasil em que a instituição financeira, em evidente violação ao dever de informação ao consumidor, ofertou-lhe contrato de cartão de crédito, afiançando-se da obtenção do pagamento mínimo da dívida mediante desconto na folha de pagamento do cliente, sem, todavia, aclarar o teor do negócio, induzindo o consumidor a interpretar como um contrato de empréstimo consignado.

Nesse caso específico, o CDC dispõe em seu art. 52 do Código de Defesa do Consumidor regra clara quanto ao dever de informação prévia e adequada de produtos e serviços que envolvam concessão de crédito, devendo o consumidor antecipadamente ser informado acerca do preço do produto ou serviço em moeda corrente nacional; montante dos juros de mora e da taxa efetiva anual de juros; acréscimos legalmente previstos; número e periodicidade das prestações; soma total a pagar, com e sem financiamento. Tais dados compõem rol ilustrativo de informações adequadas, portanto, analisar caso a caso para a aferição do cumprimento do dever de informação.

Segundo o Relator, restou ainda comprovado a conduta abusiva por parte do réu e a onerosidade excessiva do consumidor, uma vez que o pagamento do valor mínimo por meio de consignação em folha de pagamento jamais seria capaz de quitar o saldo devedor do empréstimo, pois a dívida estava predestinada a aumentar desenfreadamente mês após mês em face do acréscimo de encargos próprios de cartão de crédito, encerrando verdadeiro efeito cascata, o que demonstra de forma inequívoca a manifesta vantagem para a instituição financeira. Por fim, o contrato foi decretado nulo.

Ressalta o Professor Guilherme Fernandes Neto[274] que a própria inserção de cláusula abusiva é a manifestação em si do abuso do direito no contrato, pois abusa-se

---

273. Cf.: AC. 0708751-10.2017.8.07.0020, 6ª Turma, Relator Desembargador José Divino, julgado em 27 de novembro de 2019, *verbis:* Consumidor. Cartão de crédito. Pagamento mínimo da fatura consignado. Nulidade. Violação ao dever de informação. Repetição em dobro. Danos morais. I – É nulo o contrato em que a instituição financeira, em evidente abuso de direito e violação ao dever de informação ao consumidor (art. 6º, inciso III, do CDC), oferta-lhe cartão de crédito, assegurando-se da obtenção do pagamento mínimo da dívida mediante desconto na folha de pagamento do cliente, sem, contudo, esclarecer o teor do negócio, dando margem para que fosse interpretado como um contrato de empréstimo consignado. II – A devolução em dobro de valores indevidamente descontados dos proventos da autora somente é possível em caso de comprovada má-fé. III – O dano moral consiste na lesão que atinge um dos direitos de personalidade da vítima, como o direito à integridade psíquica, moral e física. Não é qualquer desconforto ou aborrecimento que pode gerar dano moral. No caso, inegável a existência de dano moral ao autor que, em razão de extrema abusividade na conduta do réu, sofreu descontos em seus parcos proventos. IV – Negou-se provimento ao recurso. (BRASIL. Tribunal de Justiça de São Paulo. Acórdão 1219876, 07087511020178070020, Relator: José Divino, 6ª Turma Cível, julgado em 27 de novembro de 2019).

274. Cf.: FERNANDES NETO, Guilherme. Cláusulas Abusivas. In: BITTAR, Carlos Alberto (Coord.). *Os Contratos de Adesão e o Controle de Cláusulas Abusivas.* São Paulo: Saraiva, 1991, p. 77 e ss.

do direito quando, apesar de permanecer dentro dos seus limites, busca-se um fim distinto daquele que o legislador pretendia.

Fato é que esse tipo de contratação é muitas vezes realizado através da *internet*, em contratos de adesão de consumo, valendo-se da ingenuidade do consumidor e impingindo-lhe produtos e serviços não solicitados ou distorcidos de sua finalidade.

Toma-se como paradigma os casos de comércio eletrônico, em que o fornecedor tem de cumprir todas as normas descritivas, sob pena de descumprimento legal. Parte-se do pressuposto desse estudo que o fornecedor, ao emitir a informação, deva fazê-la da forma mais correta e completa possível, importando os princípios da lealdade e veracidade[275].

Neste compasso, o fornecedor deve se atentar à substancialidade[276] da informação transmitida (albergar todas as minúcias expostas e aquelas mais relevantes para o consumidor), variando seu grau de acordo com a razão inversa da precisão: quanto mais preciso for um dever, mais formal será seu cumprimento.

A segunda situação, diametralmente oposta à primeira, é o excesso de informação na contratação, em outras palavras, ao assoberbar o consumidor de dados, inúteis ao primeiro momento, acaba por induzir o consumidor a pactuar de forma irrefletida.

Em outras palavras, o exagero de elementos técnicos (como composição dos juros, informações discriminadas e extensas sobre a origem do produto, dentre outros) podem comprometer a assimilação do consumidor.

A aparente contradição é facilmente resolvida com a interpretação teleológica da norma; ou seja, o que o legislador quis dizer é que o consumidor deve ter acesso (a qualquer tempo) a todas as informações detalhadas no momento da contratação. Não necessariamente obter todas as informações aglomeradas em um único contexto, como é corriqueiro nas vendas e serviços *online*.

Por outra banda, o legislador foi uníssono no sentido de ser necessária a objetividade das informações relevantes, em especial pela ausência de tempo no mundo moderno.

A questão prática é que, na generalidade das situações, o fornecedor engloba todas as informações (pouco importantes e cruciais) em um mesmo rol, sem distingui-las. Assim, o consumidor é assoberbado de informações, muitas delas sem utilidade real, as quais acabam por confundi-lo.

A densidade informativa[277] é frequente e de tal ordem que mesmo o consumidor atento e perspicaz não consegue prestar atenção a tudo aquilo que lhe é transmi-

---

275. FABIAN, Cristoph. *O dever de informar no direito civil*. São Paulo: Ed. RT, 2002, p. 54.
276. Vide entendimento de: CORDEIRO, António Menezes. *Direito Bancário*. Coimbra: Almedina, 2014, p. 400.
277. Sobre o tema, confira jurisprudência brasileira: BRASIL. Superior Tribunal de Justiça. REsp 1199117/SP. Relator Ministro Paulo De Tarso Sanseverino, Terceira Turma, julgado em 18 de dezembro de 2012, *verbis*:

CAPÍTULO 4 • QUALIFICAÇÃO DO INCUMPRIMENTO DO DEVER DE INFORMAÇÃO **247**

tido, sob pena de não se atinar às informações elementares. Assim, essa plêiade de informações, por vezes, gera a indiferença informativa[278], colocando em xeque a credibilidade das demais informações ali postas, inclusive aquelas ditas cruciais.

Outrossim, o modo de apresentação das informações difundidas pelo fornecedor tem eficácia incerta, dependendo unicamente da forma que é transmitida para o consumidor, especialmente por se tratar de meio eletrônico.

Com isso, é possível dizer que, para situação designada, a solução seria disponibilizar ao consumidor um resumo das informações elementares para a contratação (qualificação das partes, objeto, forma de pagamento; execução e possível resolução contratual) e, ao mesmo tempo, possibilitar o acesso instantâneo de informações detalhadas sobre cada elemento contratual.

Ademais, o brocardo[279] antigo de que "quantidade" não é "qualidade" é aplicável às informações. Geralmente o consumidor não tem tempo suficiente para valorar as informações irrelevantes daquelas fundamentais para sua escolha.

A insuficiência, a deficiência e a informação demasiada caracterizam defeito[280] de informação e consequente infração do fornecedor, seja pelo dever de cooperar com a informação correta ou até mesmo pela inobservância dos deveres de transparência nas relações de consumo.

Neste domínio, o excesso de elementos informacionais mitiga a esfera de decisão do consumidor e corresponde assim à uma violação do dever de informação[281], igualando-o ao mesmo nível informativo daquele que não recebeu qualquer tipo de informação.

Recurso especial. Consumidor. Ação civil pública. Envio de cartão de crédito não solicitado. Prática comercial abusiva. Abuso de direito configurado. 1. O envio do cartão de crédito, ainda que bloqueado, sem pedido pretérito e expresso do consumidor, caracteriza prática comercial abusiva, violando frontalmente o disposto no artigo 39, III, do Código de Defesa do Consumidor. 2. Doutrina e jurisprudência acerca do tema. 3. RECURSO ESPECIAL PROVIDO; confira também: BRASIL. Superior Tribunal de Justiça. REsp 1419697. Relator Ministro Paulo de Tarso Sansuverino, julgado em 12 de novembro de 2014, *verbis*: "Caracterizado abuso de direito pela utilização de informações sensíveis, excessivas, incorretas ou desatualizadas, a responsabilidade civil pelos danos materiais e morais causados ao consumidor consultado será objetiva e solidária do fornecedor do serviço de "credit scoring", do responsável pelo banco de dados, da fonte e do consulente (art. 2º da lei do cadastro positivo), nos termos do art. 16 da Lei n. 12.414/2011.

278. ARAÚJO, Fernando. *Teoria Econômica do Contrato*. Coimbra: Almedina, 2007, p. 77-80.

279. Em sentido oposto, Dereck Bambauer pontua da seguinte forma: "Pragmatically, we may limit regulation, and tolerate inaccurate or low-quality information, because we cannot filter such material without harming the production of more accurate or useful data." Sobre o tema, confira: BAMBAUER, Derek. Shopping Badly: Cognitive Biases, Communications, and the Fallacy of the Marketplace of Ideas. *Brooklyn Law School*, v. 77, 2008, p. 167.

280. O Professor Alcides Tomasetti Junior classifica que entende que a informação demasiada prejudica a eficiência e pode ser enquadrada na categoria defeito de informação. Sobre o tema, confira: TOMASETTI JUNIOR, Alcides. O objetivo de transparência e o regime jurídico dos deveres e riscos de informação nas declarações negociais para consumo. *Revista de direito do consumidor*, v. 4, 1992, p. 92 e ss.

281. Sobre o tema, confira: TROPARDI, Nelcina C. de Oliveira. *Da informação e dos efeitos do excesso de informação no direito do consumidor*. Tese (Doutorado em Direito) – Faculdade de Direito da Universidade de São Paulo, São Paulo, 2005, p. 205 e ss.

A clareza é também um elemento importante na transmissão da informação. Sobre esse aspecto, o Professor Cass Sustein[282] retrata o caso da transmissão das políticas da privacidade de uma determinada empresa em seu site eletrônico. Pontua o Professor que menos de 3% dos consumidores leem as informações referentes a tais políticas e que 75% acreditam que a existência de uma política de privacidade do fornecedor implica em proteção da privacidade do próprio consumidor, quando, de forma diametralmente oposta, verifica-se, na verdade, a garantia do consentimento do consumidor em disponibilizar muitas vezes seus dados pessoais. Conclui o Professor que as informações as quais são muitas das vezes onipresentes[283] são as mesmas que frequentemente ignoramos, sobretudo pela ausência de clareza.

Nesse sentido, veicular informações em excesso acaba por infringir frontalmente o artigo 31 do CDC brasileiro, o qual estatui que o consumidor tem o direito de receber informações adequadas[284], sendo vedado, portanto, qualquer tipo de diluição de informações destituídas de qualquer serventia ao consumidor[285].

Um caso jurisprudencial[286] interessante sobre o excesso de informação pertine a uma decisão francesa sobre um litígio de consumo entre uma associação de consumidores (*UFC Que Choisir*) e a empresa provedora de notícias AOL (*America Online*).

Em síntese, referida associação ajuizou uma demanda visando excluir cláusulas abusivas em contrato de adesão desconformes à proteção do consumidor, que incluíam disposições que versavam sobre exclusão de responsabilidade por conteúdos de terceiros, estipulação unilateral de multas por atraso de pagamento; utilização de dados dos assinantes de forma indevida, dentre outras.

O Tribunal francês determinou a exclusão das cláusulas abusivas dos contratos firmados em até um mês, impondo-lhe astreintes por eventual descumprimento, além de condenar a empresa a ressarcir uma compensação monetária aos consumidores. Ademais, além desses dispositivos, o Tribunal ordenou que partes importantes da decisão fossem publicadas em jornais de grande circulação, além de compelir a empresa a publicar o conteúdo no seu *site*. Por fim, impôs que a empresa enviasse

---

282. Cf.: SUNSTEIN, Cass. *Too Much Information. Understanding what you don't want to know.* Cambridge: MIT Press, 2020. p. 85 e ss.

283. Sobre o tema, confira: TUROW, Joseph; HOOFNAGLE, Chris Jay; MULLIGAN, Deirdre; GOOD, Nathaniel; GROSSKLAGS, Jens. The Federal Trade Commission and Consumer Privacy in the Coming Decade. *Journal of Law and Policy for the Information Society*, University of Pennsylvania, 2008, p. 724 e ss.

284. Nesse sentido, o Professor Fabian Christoph entende que a informação "não precisa ser profunda ou muito detalhada. Devem ser informações de quantidade e qualidade, para que o consumidor possa formar livremente a sua vontade de consumir. Este conceito é uma delimitação para que o dever de informar torne-se praticável". Sobre o tema, confira: FABIAN, Christoph. *O dever de informar no direito civil.* São Paulo: Ed. RT, 2002, p. 81 e ss.

285. Cf.: BRASIL. Superior Tribunal de Justiça. Recurso Especial 586316. Relator Ministro Herman Benjamin., julgado em 19 de março de 2009.

286. Cf.: Tribunal de Grande Instance de Nanterre, UFC Que Choisir/AOL Bertelsmann *Online* France (June 2, 2004), disponível em: https://www.legalis.net/jurisprudences/tribunal-de-grande-instance-de-nanterre-1ere-chambre-a-jugement-du-2-juin-2004/. Acesso em: 18 maio 2020.

aos seus assinantes por *e-mail* a respectiva decisão, também impondo-lhe astreintes em caso de descumprimento.

Por outro lado, é bom mencionar que há empresas que dão exemplo de como devem agir com o consumidor leigo em sede de contratação eletrônica. Ao acessar o *site*, algumas empresas disponibilizam um *"tour"* pela página eletrônica, informando ao consumidor como pode acessá-lo e usufruí-lo da melhor maneira. O passo a passo inclui não somente a operacionalização de ferramentas de buscas, mas sobretudo uma simulação de como adquirir produto ou serviço, especialmente os detalhes da forma de realizar o pagamento.

Além disso, diversas plataformas possuem assistência *online* 24 horas por dia, o que permite o consumidor sanar qualquer tipo de dúvida instantaneamente, antes mesmo de adquirir o bem. Nesse sentido, não podemos olvidar as abas de "ajuda", contendo as dúvidas frequentes do consumidor e as repostas para essas indagações, servindo de esteio para o cumprimento do dever de informação que lhe cabe.

Em síntese: o excesso de informação (embora muitas vezes sob a aparência de um comportamento lícito do fornecedor), em regra, se traduz em desinformação por parte do consumidor, causando-lhe inúmeros prejuízos.

4.10 O DIREITO À LEGÍTIMA IGNORÂNCIA INFORMACIONAL

Demonstradas algumas situações inerentes ao incumprimento ao dever de informação, resta-nos avançar sobre duas questões pertinentes sobre o tema, tendo em conta a transmissão das informações muitas vezes excessivas ao consumidor em sede de contratos eletrônicos de consumo.

A primeira delas é assim descrita: ao recusar as informações prestadas virtualmente pelo fornecedor no momento da contratação eletrônica, estaria o consumidor renunciando ao seu direito de obtê-las *a posteriori* ou seria, na prática, um abuso do direito do consumidor à informação, na modalidade *venire contra factum proprium*? Haveria um comportamento incoerente e contraditório do consumidor na relação de consumo?

Cabe fazer um adendo e explicar sinteticamente o instituto do abuso do direito.

Os direitos subjetivos, em gênero, não são absolutos[287] em seu exercício por natureza. Isso porque tanto no ordenamento brasileiro quanto português há a figu-

---

287. Sobre o tema, Josserrand verbalizou a noção de relatividade dos direitos, consolidando a tese de que os direitos subjetivos são apenas relativos. Tal relatividade residiria na sua própria origem, na condução de produtos sociais, destinados a preencher uma missão social, sob pena de renegarem a própria filiação. É dizer: o critério correto do abuso do direito deve ser perscrutado do desvio do direito em relação à sua finalidade, seja ela econômica, moral, egoísta ou desinteressada. Confira desenvolvimento em: SÁ, Almeno de. *Cláusulas Contratuais Gerais e Directiva sobre Cláusulas Abusivas*. 2. ed. Coimbra: Almedina, 2005, p. 409 e ss.; CORDEIRO, António Menezes. *Da boa-fé no direito civil*. Coimbra: Almedina, 2015, p. 684 e ss.

ra do abuso do direito, fundado na ideia de ser ilegítimo o exercício de um direito quando o titular exceda manifestamente os limites impostos pela boa-fé, pelos bons costumes ou pelo fim social ou econômico desse direito[288].

Demais disso, o abuso de direito[289] vem para coibir os atos mascarados de uma aparente licitude que escondem uma intenção ilícita de contrariar a boa-fé, os bons costumes, fins econômicos e social do ato[290].

No Brasil, o abuso de direito[291] foi positivado pelo artigo 187 do Código Civil ao estatuir que também comete ato ilícito o titular de um direito que, ao exercê-lo, excede manifestamente os limites impostos pelo seu fim econômico ou social, pela boa-fé ou pelos bons costumes. Ou seja, invocar a titularidade de um direito não induz em legalidade, se exercido irregularmente, violando direito alheio[292]. Referido artigo deve ser interpretado com conjunto com o artigo 927[293] do Código Civil brasileiro, uma vez que constatado o abuso do direito, é cabível sua reparação.

Retomando o raciocínio. Dois comportamentos lícitos promovidos por uma mesma pessoa em momentos distintos, sendo que o primeiro (denominado *factum proprium*) é, após, contrariado pelo segundo[294]. Ou seja, o consumidor em um pri-

---

288. Confira desenvolvimento em nosso artigo publicado na revista do STJ, no artigo intitulado "O excesso de informação como abuso do direito: dever", disponível em: http://bdjur.stj.jus.br/jspui/handle/2011/109405, acesso em: 07 jun. 2020.

289. Certo que o abuso do direito foi positivado no artigo 334 do Código Civil português e explicita a ideia de ser ilegítimo o exercício de um direito quando o titular exceda manifestamente os limites impostos pela boa-fé, pelos bons costumes ou pelo fim social ou econômico desse direito. A sistematização dos direitos subjetivos remete-se ao antecedente histórico necessário do abuso do direito. Na verdade, o abuso do direito emergiu como referência ao direito subjetivo. Para Pietro Perlingieri, o abuso é uma noção que não se exaure na configuração dos limites de cada poder, mas sim, na correlação com a mais ampla função da situação global da qual o poder é expressão. Cf.: PERLIGIERI, Pietro. *Perfis do Direito Civil*: Introdução ao direito civil constitucional. Trad. Maria Cristina de Cicco. 3. ed. Rio de Janeiro: Renovar, 2007, p. 122 e 123.

290. Sobre o tema, confira: JORDÃO, Eduardo. Repensando a Teoria do Abuso de Direito. In: MAZZEI, Rodrigo. (Coord.). *Coleção Temas de Direito Civil em homenagem ao Teixeira de Freitas*. Salvador: JusPODIVM, 2006, v. I, p. 102.

291. No Brasil, o Professor Luis Renato Ferreira da Silva pondera que "O abuso de direito ocorre sempre que, aparentemente usando de um direito regular, haja uma distorção do mesmo, por um 'desvio de finalidade', de modo a prejudicar a outra parte interessada ou a terceiros". Cf.: SILVA, Luis Renato Ferreira da. Cláusulas abusivas. Natureza do vício e decretação de ofício. *Revista do Direito do Consumidor*, n. 23-24, p. 124. jul./dez. 1997.

292. O abuso de direito no Brasil é regido pelas disposições relativas à responsabilidade extracontratual. Cf.: MARTINS-COSTA, Judith. *A boa-fé no direito privado: critérios para sua aplicação*. São Paulo: Marcial Pons, 2015, p. 418 e ss.

293. Cf.: artigo 927 do CC; Art. 927. Aquele que, por ato ilícito (arts. 186 e 187), causar dano a outrem, fica obrigado a repará-lo".

294. Sobre o tema, na doutrina portuguesa, o Professor Engrácia Antunes cita como exemplo o parâmetro dado pelo artigo 12 e 13 da Lei das Cláusulas Gerais que, "estabelecendo em favor dos consumidores de crédito o direito a invocar a nulidade contratual, já não lhes permite, após terem comprovadamente criado na contraparte contratual uma legítima expectativa no seu não exercício, e com o mero propósito de se eximirem aos rigores contratuais, vir invocá-la mais tarde em manifesto *venire contra factum proprium*". Cf.: ANTUNES, José Engrácia. Os Direitos dos Consumidores. *Cadernos de Direito Privado*, n. 63, Centro de Estudos Jurídicos do Minho, 2018, p. 07. Na jurisprudência portuguesa, Acórdão da Relação de Coim-

CAPÍTULO 4 • QUALIFICAÇÃO DO INCUMPRIMENTO DO DEVER DE INFORMAÇÃO **251**

meiro plano recusa as informações transmitidas para, em sequência, alegar que não foi devidamente informado, e requerer as informações outrora disponibilizadas.

Com efeito, ao recusar as informações do fornecedor o consumidor gerou uma expectativa do mesmo e, adiante, quebra a confiança ao requerer as informações pretéritas alegando que não foi devidamente informado, causando um dano, ainda potencial, ao fornecedor.

Partindo da premissa da Professora Judith Martins-Costa[295] de que o dever de lealdade seria consubstanciado na vedação de comportamento contraditório que mine a relação de confiança minimamente necessária para o tráfego negocial, nessa lógica, estaria o consumidor violando tal dever com o fornecedor? Quanto a essa questão, entendemos que não. Se, em um primeiro momento o consumidor recusa as informações não implica dizer que ele renunciou ao seu direito de se informar, aliás, diga-se de passagem, trata-se de um direito irrenunciável.

O consumidor deve poder acessar as informações do bem ou serviço em qualquer estágio da transação comercial, independentemente se sinalizou para tal ou não. É dever do fornecedor ter, de pronto, todas as informações daquilo que oferta, seja para dirimir dúvidas do consumidor, para preencher as normativas dos órgãos de fiscalização ou até mesmo para servir de esteio ao consumidor para comparar aquele produto com os demais concorrentes.

Na mesma linha de pensamento, a segunda questão que se coloca seria saber se o consumidor tem o direito ou não de recusar eventuais informações transmitidas no *site*, no momento da contratação eletrônica de adesão, sendo garantido o seu direito à legítima ignorância.

Ou seja, partindo da constatação de que o direito do consumidor tem matriz constitucional, além de ser matéria de ordem pública, o consumidor pode recusar as informações ali dispostas no sítio eletrônico do fornecedor no momento da contratação? E mais, há o direito da legítima ignorância do consumidor em sede de contratação eletrônica?

Antes de mais nada, é necessário relembrar que estamos diante de uma contratação peculiar, sem a presença das partes e sem qualquer tipo de flexibilização contratual.

Poderia imaginar, de pronto, que a legitimidade do direito do consumidor a não querer receber as informações ali dispostas seria corolário do princípio da liberdade de expressão e da própria autonomia privada. Na verdade, seria de-

---

bra de 21.10.2014, Proc. 4334/10.8T2AGD-A.C1, disponível em dgsi.pt/jtrc, se escreve: "Num contrato de crédito ao consumo, pré-formatado pelo mutuante como contrato de adesão, não é susceptível de ser invocado abuso do direito do mutuário quando este lance mão da nulidade de tal contrato por violação de normas de interesse público atinentes à protecção do aderente".

295. Cf.: MARTINS-COSTA, Judith. *A boa-fé no direito privado*: critérios para sua aplicação. São Paulo: Marcial Pons, 2015, p. 470 e ss.

corrente da própria manifestação de vontade do consumidor, livre, voluntária, intencional e inequívoca.

Aliás, referida interpretação é consoante com a ideia desenvolvida pelo professor Menezes Cordeiro acerca da preservação ao direito da legítima ignorância do consumidor[296]. O jurista entende que em contratos de bancários e de seguro[297], por exemplo, não há obrigatoriedade de o tomador acolher a informação que lhe seja disponibilizada. Ou seja, se pretender, ele pode assimilar as informações ali transmitidas.

Por outra monta, o comércio eletrônico deve ser visto sob perspectiva distinta. O consumidor deve, obrigatoriamente[298] (não por questão volitiva) ter acesso às informações elementares (uma espécie de contrato sinótico contendo objeto do contrato, preço, forma de pagamento, multa rescisória). Na verdade, o direito à informação do consumidor e o próprio direito do consumidor em si têm esteio em matéria de ordem pública[299], que visa o interesse da coletividade e social, sendo, portanto, irrenunciável, inafastável e indisponível[300]. Em termos práticos, é salvaguardar o próprio interesse do consumidor, vítima diária de inúmeras investidas do fornecedor.

Pontua o Professor Bruno Miragem[301] que a determinação da lei como de ordem pública revela uma posição e status diferenciado à norma, outorgando-lhe um patamar distinto e preferencial em detrimento das outras, especialmente em razão da vulnerabilidade reconhecida do consumidor. Há, portanto, a restrição à autonomia privada das partes não sendo possível derrogá-la por ser norma imperativa. Normas

---

296. *Mutatis mutandis*, o professor Menezes Cordeiro, ao abordar o contrato bancário, esclarece que o excesso de informação é contraproducente para o consumidor, especialmente para o leigo. Contudo, para o meio eletrônico, é fundamental ter as informações básicas contratuais, sob pena de infração legal do fornecedor. Para mais, confira entendimento de: CORDEIRO, António Menezes. *Direito Bancário*. Coimbra: Almedina, 2014, p. 409. Vide também: CORDEIRO, António Menezes. *Direito dos Seguros*. 2. ed. Coimbra: Almedina, 2016, p. 616 e 617. Nesse sentido, os Professores espanhóis Ignacio Mallen, Loreto Alfonso e Pilar Cousido, em 1992, já entendiam que o cidadão tem o direito de receber ou não uma informação transmitida, sendo uma faculdade que lhe pertence. Cf.: MALLEN, Ignacio Bel; ALFONSO, Loreto Corredoira Y; COUSIDO, Pilar. *Derecho de la Información (I) Sujetos y médios*. Madrid: Colex, 1992, p. 155 e ss.
297. CORDEIRO, António Menezes. *Direito dos Seguros*. 2. ed. Coimbra: Almedina, 2016, p. 616.
298. Note que no caso de contratação eletrônica, em regra, não há o contato instantâneo entre as partes, tornando-se indispensável a transmissão das informações contratuais básicas para o consumidor, sob risco do adquirente se valer do *venire contra factum proprium*.
299. Sobre o tema, confira: MONTEIRO, António Pinto. Cláusulas limitativas e de exclusão de responsabilidade civil. *Boletim da Faculdade de Direito da Universidade de Coimbra*, Suplemento XXVIII, Coimbra, Universidade de Coimbra, 1985, p. 308 e ss.
300. Nesse sentido, o Superior Tribunal de Justiça já decidiu: As normas de proteção e defesa do consumidor têm índole de ordem pública e interesse social. São, portanto, indisponíveis e inafastáveis, pois resguardam valores básicos e fundamentais da ordem jurídica do Estado Social, daí a impossibilidade de o consumidor delas abrir mão *ex ante* e no atacado. Cf.: BRASIL. REsp 586.316/MG, Rel. Ministro Herman Benjamin, Segunda Turma, julgado em 17/04/2007, DJe 19/03/2009).
301. Cf.: MIRAGEM, Bruno. *Curso de Direito do Consumidor*. São Paulo: Ed. RT, 2020, p. 68 e ss.

CAPÍTULO 4 • QUALIFICAÇÃO DO INCUMPRIMENTO DO DEVER DE INFORMAÇÃO | **253**

em relação às quais são inválidos eventuais contratos ou acordos que visem afastar sua incidência.

Aqui a interpretação tem que ser feita à luz dos princípios da razoabilidade e proporcionalidade. Explico. São irrenunciáveis as informações elementares e cruciais do contrato, como o já mencionado caso do contrato sinótico, por exemplo. Não pode o consumidor renunciar as informações elementares da relação negocial com o fornecedor, como preço, condições do contrato, direito de arrependimento etc.

Sob diferente ponto de vista do Professor Menezes Cordeiro, entendemos que caberia a renúncia de informações "extras", detalhadas ou suplementares. Assim, pode o consumidor não querer ler as informações detalhadas sobre a composição do material do produto adquirido ou sobre os detalhes de como se calcula os juros, ilustrativamente. De todo modo, caso o consumidor deseje, deve existir a possibilidade de acessar as informações detalhadas[302] instantaneamente em um ícone de fácil visualização, podendo dispô-las quando entendesse.

Como resulta do exposto, em contratos virtuais com o consumidor, o direito à legítima ignorância do consumidor estaria resguardado somente para as informações menos importantes para o contrato. Contudo, isso não significa que o fornecedor deve trazer informações a menor, ao revés, deve trazer as opções legítimas para o consumidor, de forma sintética e ao mesmo tempo extensa, uma vez que o consumidor almeja a qualidade informativa e a legítima compreensão do objeto a ser contratado.

Em pesquisa científica, a professora Sibony[303] concluiu, através de estudos de casos, que o fornecedor pode distorcer o comportamento do consumidor através de determinadas práticas, mesmo que inconscientes. Tratam-se, constantemente, de condutas ardilosas do fornecedor ou simplesmente do cumprimento equivocado da legislação vigente (como o caso em estudo) que, em última análise, prejudicam o consumidor levando-o a contratar instantaneamente e de forma impensada[304].

Ou seja, não são cumpridos os requisitos da *suitability*[305] (adequabilidade) da informação, cujos parâmetros fundamentais são especialmente a exatidão, dimensão sucinta, compreensibilidade, clareza e fácil acesso.

---

302. Todas aquelas já elencadas pelo rol do artigo 4º do DL 24/2014.
303. A conduta persuasiva psicológica do fornecedor deve ser melhor estudada, em que pese não existirem conclusões imediatas de como a psicologia pode influenciar diretamente o direito, seja como matéria de prova ou de outra forma. Cf.: SIBONY, Anne-Lise. Can EU Consumer Law Benefit from Behavioural Insights? An analysis of the unfair practices directive. *European Review of Private Law*, Alphen aan den Rijn, v. 22, n. 6, p. 901-941, 2014.
304. Confira noção desenvolvida por: MARQUES, Claudia Lima. *Confiança no comércio eletrônico e a proteção do consumidor:* um estudo dos negócios jurídicos de consumo no comércio eletrônico. São Paulo: Ed. RT, 2004, p. 273.
305. Para mais, ver LIZ, Jorge Pegado. Algumas reflexões a propósito dos direitos dos consumidores à informação. *Liber Amicorum Mário Frota*: A Causa dos Direitos dos Consumidores. Coimbra: Almedina, 2012, p. 344.

Por isso a interpretação finalística[306] da norma deve perscrutar qual o bem tutelado que a regulamentação propôs, considerando os fins objetivos do direito (justiça, segurança jurídica, equilíbrio social e paz).

4.11 CONCLUSÕES PARCIAIS

O capítulo demonstrou que o incumprimento do dever de informação em contratos de adesão concluídos por meio eletrônico é mais comum do que se imagina, especialmente em uma relação de superioridade fática e econômica do fornecedor ante o consumidor.

No primeiro momento, foi vista a incidência da culpa *in contrahendo*, prevista no Código Civil português, em seu art. 227°, cujo n. 1 impõe às partes a obrigação de atuar de boa fé na fase pré-contratual que abrange tanto os preliminares como a formação do contrato, sob pena de responder pelos danos que culposamente causar à outra parte.

Em sequência, tratamos sobre as regras gerais do cumprimento do contrato, assim como os casos de cumprimento defeituoso, uma vez que, apesar de existir a efetiva prestação, sem qualquer tipo de atraso, ela é eivada de defeitos, vícios ou irregularidades, sobremaneira no dever de informar.

Pari passu, foram elencadas as incontáveis situações de incumprimento do dever de informação consubstanciadas nas práticas comerciais desleais, pormenorizando os casos de atraso na entrega do bem, falhas na veiculação das informações ao consumidor, as espécies de publicidade e a utilização indevida de dados do consumidor, assim como as situações em que a ausência e o excesso de informação são prejudiciais ao consumidor.

Nesse compasso, ficou nítido que a noção de quanto mais informação melhor para o consumidor foi sucumbida pela consequente desinformação por parte desse. Basta observar, por exemplo, que a pletora de informações veiculadas pelo fornecedor, na prática, não permite que o consumidor diferencie quais são as mais relevantes, prejudicando a assimilação daquelas essenciais para o contrato.

Além disso, ficou evidente que a geometria informacional é variável e depende sobretudo do grau de instrução, conhecimento e experiência do receptor da mensagem, o consumidor. Quanto maior o grau de desconhecimento do adquirente do produto ou serviço, mais acurácia deve ter o fornecedor no momento de transmitir a informação.

Ficou claro que, em contrato de adesão eletrônico, o incumprimento do dever de informação é revestido de potencialidade danosa, uma vez que o consumidor não

---

306. Vide lições de: LARENZ, Karl. *Metodologia da Ciência do Direito*. 2. ed. Trad. José de Sousa e Brito e Jose Antônio Veloso. Lisboa: Fundação Calouste Gulbenkian, 1969, p. 381.

teve a possibilidade de ao menos dialogar com o fornecedor para dirimir eventuais dúvidas sobre o clausulado.

Pari passu, ficou claro, que o direito à informação é irrenunciável e pode ser pleiteado a qualquer momento, ainda que eventualmente não tenha sido requerido.

A despeito do direito à legítima ignorância ao consumidor, remanesceu patente que temos uma posição diversa daquela adotada pelo Professor Menezes Cordeiro. Isso porque, quando estamos diante de contratação eletrônica, o consumidor merece uma proteção maior e substancial, notadamente por inexistir qualquer flexibilidade no momento da contratação ou até mesmo por não saber maiores informações dos produtos ali adquiridos.

Por essas razões, o direito à legítima ignorância estaria limitado às informações pouco importantes ou de menos valor na relação de consumo (composição dos juros cobrado, por exemplo), sendo, portanto, indispensáveis as informações cruciais na contratação (preço, objeto, forma de pagamento etc.), não podendo o consumidor renunciá-las.

No capítulo a seguir, serão demonstradas quais as sanções possíveis aplicadas ao fornecedor nessas situações demonstradas, seja legal ou moral, tendo em conta sempre a necessidade de aferir as perdas do consumidor, decorrente de sua acentuada vulnerabilidade do consumidor no comércio eletrônico.

Capítulo 5
SANÇÕES DO INCUMPRIMENTO

Diante da vultosa quantidade de transações feita pela *internet*, notadamente através de contratos de adesão, é mister avaliar se todas as transações pactuadas observaram os deveres de informação e, principalmente, se partiram de uma estrutura de interesse proporcional[1] e razoável.

Tendo em conta o reiterado descumprimento de tais deveres, o presente capítulo visa tratar da questão na perspectiva do direito comparado luso-brasileiro, em uma vertente intertextual, com a finalidade de demonstrar quais institutos podem eventualmente ser usados e aproveitados em cada país com vistas a tutelar o consumidor e sancionar, se necessário, o fornecedor.

Nesse contexto, além de abordar o arcabouço normativo dos dois países, a análise não se restringirá à categoria judicial, avançando pelos mecanismos administrativos, civis e morais aplicáveis às infrações inerentes à relação de consumo.

5.1 SANÇÕES LEGAIS

5.1.1 Portugal

As sanções legais pela infringência ao dever de informação estão dispostas no DL 7/2004 e DL 24/2014. Em linhas gerais, o ordenamento estabelece principalmente a sanção contraordenacional (artigo 31, 1, b e 2, b) quando há descumprimento do dever de informação. Nada obstante, há regras específicas para determinados casos.

A primeira delas, refere-se ao caso em que o fornecedor não cumpre com o dever pré-contratual de informar ao consumidor acerca dos encargos suplementares (valores que podem ser devidos para custos de transporte da mercadoria) ou quais os elementos que compõem os custos da mercadoria de forma pormenorizada (preço total do bem ou serviço, incluindo taxas e impostos, modo de cálculo do preço; custos totais por período de faturação; o preço total equivalente à totalidade dos encargos mensais ou de outra periodicidade, dentre outras), ficando o consumidor desobrigado a pagar tais custos[2].

---

1. Sobre o tema, confira: PERLINGIERI, Pietro. Metodo, categorie, sistema nel diritto del commercio elettronico. *Commercio elettronico e categorie civilistiche*. Milano: Giuffrè Editore, 2002, p. 9 e ss.
2. Vide DL 24/2014, artigo 4º, n. 1, alíneas d, e, f, g, h, l e n. 4.

Para mais, outro ponto refere-se aos custos de envio de mercadoria, uma vez exercido o direito de arrependimento pelo consumidor. A regra geral é que a responsabilidade dos custos fica a cargo do consumidor, exceto se o fornecedor acordar em suportá-lo ou na situação em que o consumidor não tenha sido previamente informado de que teria o dever de pagar os custos da devolução. Ou seja, se não o foi devidamente informado de que suportaria os custos de eventual devolução, o consumidor não deverá arcá-lo[3].

De mais a mais, outra regra específica, talvez a mais louvável do diploma, foi imbricar os deveres pré-contratuais de informação com o instituto do direito de arrependimento.

Na legislação portuguesa, como já mencionado, o prazo é 14 dias[4] para o exercício deste direito[5]. Assim, no momento da contratação, deve o fornecedor de bens disponibilizar o formulário de livre resolução para que o consumidor possa exercer o direito subjetivo que possui.

Outro ponto que merece destaque novamente refere-se à contagem do início do prazo[6], caso o consumidor não tenha sido esclarecido corretamente do direito de livre resolução. Simples: se o fornecedor de bens não cumprir o dever de informação pré-contratual, a sanção é a extensão do prazo para o exercício do direito de livre resolução para 12 meses[7] a contar da data do termo inicial (via de regra[8] é o dia em que consumidor recebe a encomenda e adquire a posse dos bens, em caso de contrato de compra e venda). Se informações forem supridas[9], o consumidor disporá de 14 dias para resolver o contrato a partir da data de recepção dessa informação.

Outrossim, foram arbitradas diversas coimas[10] para caso de infringência aos deveres pré-contratuais de informação. Nesse sentido, a não disponibilização das

---

3. Cf.: PORTUGAL. Tribunal da Relação de Porto. Acórdão 4257/13.9TBMTS.P1. Relator: Carlos Gil. 27 de abril de 2015.

4. No diploma anterior, a previsão era de 30 dias, norma que pontualmente excepciona o caráter protetivo do DL 24/2014. Aqui, Pedro Romano Martinez tece crítica sobre a discrepância legislativa, uma vez que a Lei de Defesa do Consumidor, também aplicável ao caso, em seu artigo 8º, n. 4, dispõe que o prazo é de 7 dias. Cf.: MARTINEZ, Pedro Romano. *Da Cessação do Contrato*. 3. ed. Coimbra: Almedina, 2015, p. 267-270.

5. Note que o DL 24/2014 excepciona os bens e serviços que não estão sujeitos ao direito de arrependimento, consoante o artigo 17 *in fine*.

6. Aqui *jaez* a importância do momento em que o contrato é celebrado, já que influencia na contagem do prazo para o exercício do direito de arrependimento.

7. A primeira impressão do diploma é que o prazo de 12 meses seria aplicado tão somente se observasse a omissão da informação da existência do direito de arrependimento, e não a qualquer outra informação pré-contratual ausente. Essa última, teria somente sanção contraordenacional, o que levaria a concluir que o novo ordenamento, nesse ponto, não albergou a defesa do consumidor de forma correta. Contudo, os Professores entendem que o prazo deve ser alargado também para qualquer tipo de omissão de informação pré-contratual. Cf.: FALCÃO, Davi; FALCÃO, Marta. Análise crítica do Decreto-lei 24/2014, de 14-02, relativo aos contratos celebrados à distância e fora do estabelecimento comercial. *Revista jurídica Data Vênia*, ano 4, n. 5, 2016, p. 11 e 12.

8. Cf.: na íntegra DL 24/2014, artigo 10.

9. Cf.: DL 24/2014, artigo 10, n. 3.

10. O vocábulo equivalente no português do Brasil é "multa".

CAPÍTULO 5 • SANÇÕES DO INCUMPRIMENTO **259**

informações previstas[11] pelos fornecedores de serviço aos destinatários constitui uma contraordenação punível com coima entre 2 500,00 EUR a 50 000,00 EUR, agravada em um terço dos limites máximo e mínimo se o ilícito for praticado por uma pessoa coletiva, consoante DL 7/2004.

Por sua vez, na dicção legal do DL 24/2004, as infrações pré-contratuais cometidas por pessoa singular constituem contraordenações expostas pelo artigo 4°, puníveis com coima entre 400,00 EUR e 2 000,00 EUR. Salienta-se que a tentativa e a negligência são também puníveis, sendo os limites mínimos e máximos da coima aplicável reduzidos à metade, bem como é possível a aplicação de sanção acessória de perda de objetos.

A aparente contradição das normas, no tocante aos diferentes valores da coima, pode ser descortinada pela percepção já presente no DL 7/2004[12], ao entender que aquele diploma não exclui a aplicação da legislação vigente compatível e não prejudica o nível de proteção dos consumidores.

Assim, na dúvida em qual diploma aplicar, entendemos que deve ser impelida a coima mais favorável à proteção do consumidor. Isto é, aquela de maior monta, que satisfará o intuito preventivo e punitivo da sanção, coibindo novas posturas atentatórias do fornecedor.

No instante em que o dever pré-contratual não é satisfeito, o consumidor não completa sua vontade, exteriorizada através da emissão de sua declaração. Assim, pode o adquirente socorrer-se das regras gerais do Direito Civil[13], anulando[14] o contrato com base em erro ou até mesmo exigindo indenização[15] ao fornecedor por responsabilidade pré-contratual.

---

11. Regulada no DL 7/2004, nos artigos 10, 13 e 21 e 28, n. 1.
12. Cf.: DL 7/2004, artigo 3°, n. 5. Mesma ideia traduzida no preâmbulo do DL 24/2014, ao entender que deve se manter, dentro do possível, soluções que se traduzem num elevado nível de proteção dos consumidores.
13. Vide CARVALHO, Jorge Morais. Comércio eletrônico e proteção dos consumidores. *Themis-Revista da Faculdade de Direito da UNL*, v. II, n. 13, p. 58. 2006.
14. Nada mais é que uma reação contra o emprego de cláusulas abusivas. Cf.: COSTA, Mário Júlio de Almeida. *Direito das obrigações*. 8. ed. Coimbra: Almedina, 2000, p. 244 e ss. Na jurisprudência, confira: PORTUGAL. Tribunal da Relação de Lisboa. Acórdão do Processo 1536/2008-1. Relator: Rui Vouga. 08 de julho de 2008. Explica o magistrado que "os limites do dever pré-contratual de "informação tendem a coincidir com os fundamentos da anulabilidade (por erro vicio da vontade ou dolo), ou seja, viola o dever de informação aquele que fornece informações inexatas, que foram essenciais para a celebração do contrato ou omite informações, que se tivessem na esfera de conhecimento da contraparte, este não teria celebrado o contrato ou pelo menos não o teria celebrado nos termos em que o fez".
15. Cf.: artigo 8, n. 5, da Lei de Defesa do Consumidor, *verbis*: 5 – O fornecedor de bens ou o prestador de serviços que viole o dever de informar responde pelos danos que causar ao consumidor, sendo solidariamente responsáveis os demais intervenientes na cadeia da produção à distribuição que hajam igualmente violado o dever de informação. Além disso, não custa lembrar que a regra especial para o caso de incumprimento do dever de informação sobre as consequências do não pagamento do preço do bem ou serviço, qual seja: a responsabilidade do fornecedor de bens ou prestador de serviços custeio das despesas processuais devidas pela cobrança do crédito, consoante artigo 8, n. 7, da Lei de Defesa do Consumidor.

Aliás, como já dissemos, o artigo 227, n. 1, do Código Civil português consagrou a culpa *in contrahendo*[16], quando há violação de deveres específicos de comportamento baseados na boa-fé, dentre eles os deveres de informação das partes, sendo, portanto, ressarcíveis os danos advindos dessa violação.

5.1.2 Brasil

A violação dos deveres de informação pode contemplar feição positiva ou negativa, constituindo motivo legítimo para o abandono das negociações na medida em que quebra a confiança[17] existente entre os envolvidos. Ocorre, por exemplo, ante uma atitude comissiva do fornecedor, quando o mesmo promove indicações equivocadas sobre o produto ou serviço, ou até mesmo pela conduta omissiva[18], quando silencia elementos cruciais que a outra parte deveria ter conhecimento.

Sobre esse tema[19] cumpre dizer que no Código de Defesa do Consumidor, as perdas e danos são sempre as do interesse positivo, porque o próprio contrato é que, no caso, é considerado não cumprido; ou seja, não há sequer a possibilidade de descumprimento da oferta, eis que, uma vez aceito o contrato, é sempre reputado como concluído.[20]

Em outra perspectiva, a tutela da confiança é visualizada através das regras relativas à interpretação da declaração de vontade[21], ao dolo por omissão informativa[22], à ilicitude no exercício dos direitos[23] e à responsabilidade pré-contratual.[24]

---

16. Há o dever de indenizar, com fundamento na culpa *in contrahendo*, bastando que as meras declarações proferidas no "iter contratual" sejam de modo a conduzir à ruptura negocial. Cf.: PORTUGAL. Supremo Tribunal de Justiça. Acórdão do Processo 1212/06.9TBCHV.P1.S1. Relator: Fonseca Ramos. 16 de dezembro de 2010; PORTUGAL. Supremo Tribunal de Justiça. Acórdão do Processo 4806/07.1TVLSB.L1.S1. Relatora: Ana Paula Boularot. 24 de junho de 2014.
17. Sobre a confiança, o Professor Ricardo Lorenzetti explica que "[...] como princípio jurídico e regra hermenêutica, tanto a confiança quanto a aparência significam que se confere primazia ao que foi objetivamente declarado. [...]". Cf.: LORENZETTI, Ricardo Luis. *Comércio eletrônico*. São Paulo: Ed. RT, 2004, p. 283 e ss.
18. PRATA, Ana. *Notas sobre responsabilidade civil pré-contratual*. Coimbra: Almeida, 2005, p. 50 e ss.
19. Essa é a ideia do Professor Antônio Junqueira de Azevedo. Cf.: AZEVEDO, Antônio Junqueira de. Responsabilidade pré-contratual no Código de Defesa do Consumidor: estudo comparativo com a responsabilidade pré-contratual no direito comum. *Revista da Faculdade de Direito da Universidade de São Paulo*, v. 90, 1995. Disponível em: http://www.revistas.usp.br/rfdusp/article/viewFile/67292/69902. Acesso em: 21 jun. 2019.
20. Cf.: artigo 35, n. 1, II e III do Código de Defesa do Consumidor.
21. Cf.: artigo 112 do Código Civil brasileiro.
22. Cf.: artigo 145 do Código Civil brasileiro.
23. Cf.: artigo 187 do Código Civil brasileiro.
24. Cf.: artigo 422 do Código Civil brasileiro. Ademais, a responsabilidade do fornecedor face ao dever de informação deve se fazer presente em todas as fases do negócio, inclusive na pré-contratual, conforme enunciado 25 e 170 das Jornadas de Direito Civil, *verbis*: Enunciado 25: "O art. 422 do Código Civil não inviabiliza a aplicação pelo julgador do princípio da boa-fé nas fases pré-contratual e pós-contratual.; Enunciado 170: "A boa-fé objetiva deve ser observada pelas partes na fase de negociações preliminares e após a execução do contrato, quando tal exigência decorrer da natureza do contrato".

CAPÍTULO 5 • SANÇÕES DO INCUMPRIMENTO

Regra geral, a consequência será indenizatória, mas pode ter eficácia invalidante, como se observa no dolo essencial[25], ou até mesmo resolutória.[26] O Código de Defesa do Consumidor ainda avança ao dispor, no seu art. 46[27], que os contratos que regulam as relações de consumo deixam de ser obrigatórios se ao consumidor não for dada oportunidade de conhecer previamente o seu conteúdo, ou forem redigidos de forma a dificultar a compreensão de seu sentido e alcance. Trata-se de norma que constitui, ao mesmo tempo, regra de interpretação e de garantia do prévio conhecimento e entendimento do conteúdo do contrato por parte do consumidor.

Por sua vez, proclama o artigo 47 do mesmo diploma que as cláusulas contratuais serão interpretadas de maneira mais favorável[28] ao consumidor. O dispositivo em destaque aplica-se a todos os contratos que tenham por objeto relações de consumo e harmoniza-se com o espírito do referido diploma, que visa à proteção do hipossuficiente, isto é, do consumidor, visto que as regras que ditam tais relações são, em geral, elaboradas pelo fornecedor.

Outro exemplo que o Código de Defesa do Consumidor trouxe foi a informação contida na oferta do produto ou serviço. Em conformidade com seu artigo 30, toda informação ou publicidade, suficientemente precisa, veiculada por qualquer forma ou meio de comunicação com relação a produtos ou serviços oferecidos ou apresentados, obriga o fornecedor, integrando o contrato.[29] Assim, o produto ou serviço deverá estar na exata medida como previsto no meio de oferta, sob pena de o fornecedor ou prestador responder pelos vícios ou danos causados, devendo também, se for o caso, substituir o produto ou executar novamente o serviço.

Na prática, se o fornecedor recusar dar cumprimento a sua oferta como prevista[30], o consumidor poderá exigir, alternativamente, o cumprimento forçado da

---

25. Cf.: artigo 145 e seguintes do Código Civil brasileiro.
26. Cf.: o artigo 35, do Código de Defesa do Consumidor.
27. Para Paulo Luiz Netto Lôbo, o direito à informação do consumidor visa assegurar a cognoscibilidade por ele, ou seja, o conhecimento e compreensão. O diploma brasileiro regra ao fornecedor o dever de assegurar ao consumidor cognoscibilidade e compreensibilidade prévias do conteúdo do contrato (artigo 46), sob pena de ineficácia jurídica (artigo 54). Cf.: LÔBO, Paulo Luiz Netto. A informação como direito fundamental do consumidor. *Direito do Consumidor*: proteção da confiança e práticas comerciais. São Paulo: Ed. RT, 2011, v. 3, p. 42 e ss.
28. Sobre o tema, o Professor Nelson Nery Junior explica da seguinte forma: "O CDC avançou no particular, determinando que em todo e qualquer contrato de consumo, e não apenas nos de adesão incida essa regra interpretativa, e, mais ainda, que essa interpretação mais favorável ao consumidor se dê relativamente ao contrato como um todo, e não apenas quanto às cláusulas ambíguas". Cf.: NERY JUNIOR, Nelson. Os princípios gerais do CDC. In: MARQUES, Claudia Lima; MIRAGEM, Bruno (Org.). *Doutrinas essenciais do direito do consumidor*. São Paulo: Ed. RT, 2011, v. I, p. 163 e ss.
29. Os contratos de adesão pressupõem oferta e complemento da aceitação das pessoas, uma de cada vez. A oferta é destinada a todos que satisfaçam esses pressupostos. Cf.: FARIAS, Cristiano Chaves de; ROSENVALD, Nelson; BRAGA NETTO, Felipe Peixoto. *Curso de Direito Civil 3* – Responsabilidade Civil. 2. ed. São Paulo: Atlas, 2015, p. 105 e ss. No mesmo sentido: MIRANDA, Francisco C. Pontes de. *Tratado de direito privado*. Rio de Janeiro: Borsoi, 1954, t. XXXVIII, p. 62 e ss.
30. No tocante aos efeitos, a recusa indevida de dar cumprimento à proposta enseja à execução específica (artigos 35, I, e 84), consistindo opção exclusiva do consumidor a resolução em perdas e danos. Além de

obrigação[31], um produto equivalente ou ainda a rescisão do contrato, recebendo perdas e danos.

Ademais, o artigo 48 do Código de Defesa do Consumidor dispõe acerca da responsabilidade pré-contratual do negócio de consumo, ressaltando que todas as declarações de vontade constantes de escritos particulares, recibos e pré-contratos[32] decorrentes da relação de consumo vinculam o fornecedor ou prestador, ensejando inclusive a execução específica, prevista no artigo 84[33] do mesmo diploma.

Outro mecanismo de controle das cláusulas de infração ao conteúdo informativo do contrato refere-se às duas regras de interpretação dispostas nos artigos 423 e 424 do Código Civil, como já mencionados. Aliás, a ofensa[34] ao dever pré-contratual de informação traduz-se também em vilipêndio à boa-fé

---

poder preferir a execução específica (Código de Defesa do Consumidor, artigo 35°, I), o consumidor pode optar por, em seu lugar, "aceitar outro produto ou prestação de serviço equivalente" (II) ou, ainda, por "rescindir o contrato, com direito à restituição de quantia eventualmente antecipada, monetariamente atualizada, e a perdas e danos" (III). Cf.: GONÇALVES, Carlos Roberto. *Direito Civil Brasileiro*: contratos e atos unilaterais. 16. ed. São Paulo: Saraiva, 2019, p. 86 e ss.

31. Realizada por meio de tutela processual específica, nos termos dos artigos 35 e 84 da Lei Consumerista. Cf.: TARTUCE, Flávio; NEVES, Daniel Amorim Assumpcão. *Manual de Direito do Consumidor*. 9. ed. São Paulo: Método, 2020, p. 367 e ss.

32. A não observância do dever de informação pré-contratual pode acarretar em nulidade de cláusula contratual, como já pontuado pela jurisprudência. Cf.: "Contrato de seguro. Cláusula abusiva. Não observância do dever de informar. A Turma decidiu que, uma vez reconhecida a falha no dever geral de informação, direito básico do consumidor previsto no art. 6°, III, do CDC, é inválida cláusula securitária que exclui da cobertura de indenização o furto simples ocorrido no estabelecimento comercial contratante. A circunstância de o risco segurado ser limitado aos casos de furto qualificado (por arrombamento ou rompimento de obstáculo) exige, de plano, o conhecimento do aderente quanto às diferenças entre uma e outra espécie – qualificado e simples – conhecimento que, em razão da vulnerabilidade do consumidor, presumidamente ele não possui, ensejando, por isso, o vício no dever de informar. A condição exigida para cobertura do sinistro – ocorrência de furto qualificado –, por si só, apresenta conceituação específica da legislação penal, para cuja conceituação o próprio meio técnico-jurídico encontra dificuldades, o que denota sua abusividade" (BRASIL. Supremo Tribunal de Justiça. Recurso Especial 1.293.006-SP. Relator: Ministro Massami Uyeda. Brasília, 21 de junho de 2012)".

33. Confira artigo 84 do CDC, *verbis*: Art. 84. Na ação que tenha por objeto o cumprimento da obrigação de fazer ou não fazer, o juiz concederá a tutela específica da obrigação ou determinará providências que assegurem o resultado prático equivalente ao do adimplemento. § 1° A conversão da obrigação em perdas e danos somente será admissível se por elas optar o autor ou se impossível a tutela específica ou a obtenção do resultado prático correspondente. § 2° A indenização por perdas e danos se fará sem prejuízo da multa (art. 287, do Código de Processo Civil). § 3° Sendo relevante o fundamento da demanda e havendo justificado receio de ineficácia do provimento final, é lícito ao juiz conceder a tutela liminarmente ou após justificação prévia, citado o réu. § 4° O juiz poderá, na hipótese do § 3° ou na sentença, impor multa diária ao réu, independentemente de pedido do autor, se for suficiente ou compatível com a obrigação, fixando prazo razoável para o cumprimento do preceito. § 5° Para a tutela específica ou para a obtenção do resultado prático equivalente, poderá o juiz determinar as medidas necessárias, tais como busca e apreensão, remoção de coisas e pessoas, desfazimento de obra, impedimento de atividade nociva, além de requisição de força policial.

34. Cf.: Código Civil brasileiro, artigos 186, 187 e 927.

objetiva[35], permitindo, se preenchidos os requisitos legais, o ressarcimento dos danos pela parte prejudicada.[36]

Não obstante o CDC não ter disposto qual sanção cabível ao fornecedor infrator aos deveres pré-contratuais de informação, concluímos que as sanções aplicáveis ao infrator devem ser perscrutadas em seu artigo 56[37] ou até mesmo de nulidade de pleno direito[38] do próprio contrato celebrado ou das condições nele previstas que demonstrem ser desfavoráveis ao consumidor[39], consoante inteligência do artigo 166, inciso IV, do Código Civil brasileiro.

Não custa lembrar[40] que surge também o dever de indenizar o consumidor de eventuais sofridos por ele quando da aquisição de bens ou serviços, na hipótese em que o ato de consumo não se concretiza em razão de o consumidor ter tomado conhecimento de informações até então omitidas pelo fornecedor. Outra hipótese também seria o caso de o consumidor, em razão da ausência ou da insuficiência de informações, sofrer um dano à saúde ou integridade física, consoante artigo 12 do CDC.

Finalmente, é de bom alvitre mencionar que as ações pelo poder público devem ser integradas[41], através da fiscalização das empresas por meio dos Órgãos de

---

35. Sobre o tema, o Professor Dário Moura Vicente foi enfático em sua análise sobre o tema, ao dispor que "[...] O art. 422 do novo Código Civil brasileiro, na medida em que sujeita os contraentes aos princípios da probidade e boa-fé na negociação e na conclusão dos contratos, constitui um importante avanço na regulamentação da responsabilidade pré-contratual, tendo colocado o Direito brasileiro, nesta matéria, a par das legislações estrangeiras mais progressivas.[...]". Cf.: VICENTE, A responsabilidade pré-contratual no código civil brasileiro de 2002. Disponível em: http://www.fd.ulisboa.pt/wp-content/uploads/2014/12/Vicente-Dario-A-RESPONSABILIDADE-PRE-CONTRATUAL-NO-CODIGO-CIVIL-BRASILEIRO-DE-2002.pdf. Acesso em: 06 ago. 2019.

36. Código Civil brasileiro, artigo 422.

37. Cf.: Artigo 56. As infrações das normas de defesa do consumidor ficam sujeitas, conforme o caso, às seguintes sanções administrativas, sem prejuízo das de natureza civil, penal e das definidas em normas específicas: I – multa; II – apreensão do produto; III – inutilização do produto; IV – cassação do registro do produto junto ao órgão competente; V – proibição de fabricação do produto; VI – suspensão de fornecimento de produtos ou serviço; VII – suspensão temporária de atividade; VIII – revogação de concessão ou permissão de uso; IX – cassação de licença do estabelecimento ou de atividade; X – interdição, total ou parcial, de estabelecimento, de obra ou de atividade; XI – intervenção administrativa; XII – imposição de contrapropaganda.

38. Com efeito, a nulidade de pleno direito absoluta podia ser deduzida ex ofício, sem requerimento das partes. Neste viés, "não se torna necessário intentar uma ação ou emitir uma declaração nesse sentido, nem uma sentença judicial prévia, e podem ser declaradas *ex officio* pelo tribunal". Cf.: PINTO, Carlos Alberto Mota. *Teoria geral do direito civil.* 3. ed. Coimbra: Ed. Coimbra, 1996, p. 611 e ss.

39. Cf.: artigo 51, IV, do CDC, *verbis*: Art. 51. São nulas de pleno direito, entre outras, as cláusulas contratuais relativas ao fornecimento de produtos e serviços que: IV– estabeleçam obrigações consideradas iníquas, abusivas, que coloquem o consumidor em desvantagem exagerada, ou sejam incompatíveis com a boa-fé ou a equidade".

40. Cf.: ROCHA, Silvio Luis Ferreira da. *A oferta no Código de Defesa do Consumidor.* Belo Horizonte: Fórum, 2010, p. 68 e ss.

41. Sobre o tema, confira: SILVA, Joseane Suzart Lopes da. Tutela Administrativa do Consumidor: uma análise crítica acerca do panorama atual em busca da necessária efetividade. *Revista do Programa de Pós-Graduação em Direito da Universidade Federal da Bahia*, v. 22, n. 24, 2012, p. 45 e ss.

proteção ao consumidor e, sobretudo, através da atividade normativa (criação de normas) e sancionadora, essa última quando ficar configurado o descumprimento do fornecedor às regras elementares de consumo.

5.1.2.1 Sanções legais administrativas

No Brasil, na esfera administrativa existem os Procons[42] (órgãos de fiscalização do Estado) que têm o dever, dentre outras atribuições, de fiscalizar se há infrações praticadas contra os consumidores (dentre elas, o dever de informação em momento prévio ao contrato), nos termos do Decreto n. 2.181/1997, com possibilidade de aplicação de sanções administrativas e multas aos fornecedores.

Nesse ponto, é imperativo que a fiscalização envolva também a coordenação e o controle dos dados sensíveis que essas empresas possuem dos consumidores, para que não haja qualquer tipo de uso sem o consentimento declarado pelo consumidor.

A nível transnacional, é importantíssimo que esses órgãos de fiscalização promovam acordos multilaterais de cooperação de informações entre as empresas que realizam essa espécie de comércio, garantindo maior confiança e evitando fraudes na compra de produtos pelos consumidores.

Ademais, o artigo 105 do Código de Defesa do Consumidor prevê a participação das entidades civis de defesa do consumidor como integrantes do Sistema Nacional de Defesa do Consumidor. As principais atribuições[43] dessas entidades são a representação do consumidor em juízo, orientação aos consumidores, e encaminhamento de denúncias aos órgãos públicos a respeito das infrações à legislação protetiva do consumidor.

Outrossim, o diploma consumerista, com vistas a harmonizar os interesses dos protagonistas da relação de consumo, dispôs sobre as convenções[44] coletivas de consumo, que tem por objetivo resolver conflitos entre consumidor e fornecedor.

As sanções[45] podem ser pecuniárias (representadas pelas multas); objetivas (envolvam bens ou serviços disponíveis ao mercado de consumo, como a obrigação de trazer toda informação devida ao consumidor sobre determinado produto, suspensão do fornecimento de um serviço até que cumpram os deveres de informação regidos pela lei) e, por último, subjetivas (atinente à atividade empresarial dos fornecedores de bens ou serviço, como a cassação de licença do estabelecimento ou intervenção administrativa).

---

42. Cf.: inciso II, a, do artigo 4º do Código de Defesa do Consumidor.
43. Vale salientar que essas entidades civis não podem fiscalizar o cumprimento das normas de proteção aos direitos do consumidor. Entretanto, pode encaminhar denúncias aos órgãos públicos, nos termos do artigo 8º, I, c/c artigo 9º do Decreto 2.181/1997. Cf.: FINKELSTEIN, Maria Eugenia; NETO, Fernando Sacco. *Manual de Direito do Consumidor*. São Paulo: Elsevier, 2010, p. 136 e ss.
44. Cf.: artigo 107 do Código de Defesa do Consumidor.
45. Cf.: GRINOVER, A. da Pellegrini et al. *Código Brasileiro de Defesa do Consumidor comentado pelos autores do Anteprojeto*. Rio de Janeiro: Forense, 2004, p. 649 e ss.

CAPÍTULO 5 • SANÇÕES DO INCUMPRIMENTO

Outrossim, as infrações às normas de proteção do consumidor, inclusive àquelas regidas pelo Decreto n. 7.962/2013, referente à contratação eletrônica[46], serão punidas através de sanções administrativas, dispostas no artigo 56°[47] do Código de Defesa do Consumidor, sem prejuízo das sanções civis, penais[48] ou de outras naturezas.

Finalmente, como dito no parágrafo anterior, o STJ entende[49] que pode existir a concomitante condenação do fornecedor ao pagamento de indenização pelos danos causados aos consumidores com a cobrança de multa administrativa em virtude das infrações à legislação consumerista infringidas, inexistindo, por conta da natureza jurídica distintas, o *bis in idem*.

5.1.2.2 O Incidente de Demandas Repetitivas no Código de Processo Civil brasileiro

Diante do fenômeno da litigiosidade de massa, o novo Código de Processo Civil criou o Incidente de Resolução de Demandas Repetitivas – IRDR[50], com a finalidade de promover a isonomia, a segurança[51], a coerência e a igualdade jurídica, assim como a confiança legítima, por meio do julgamento em bloco e da delimitação da tese a ser atendida por todos os órgãos do Poder Judiciário, na área de jurisdição de cada respectivo Tribunal.

---

46. Cf.: Artigo 7° A inobservância das condutas descritas neste Decreto ensejará aplicação das sanções previstas no artigo 56 da Lei 8.078/90.
47. Veja: Artigo 56. As infrações das normas de defesa do consumidor ficam sujeitas, conforme o caso, às seguintes sanções administrativas, sem prejuízo das de natureza civil, penal e das definidas em normas específicas: I – multa; II – apreensão do produto; III – inutilização do produto; IV – cassação do registro do produto junto ao órgão competente; V – proibição de fabricação do produto; VI – suspensão de fornecimento de produtos ou serviço; VII – suspensão temporária de atividade; VIII – revogação de concessão ou permissão de uso; IX – cassação de licença do estabelecimento ou de atividade; X – interdição, total ou parcial, de estabelecimento, de obra ou de atividade; XI – intervenção administrativa; XII – imposição de contrapropaganda.
48. Cf.: Lei 8.137, de 27 de dezembro de 1990. Artigo 7° Constitui crime contra as relações de consumo: VII – induzir o consumidor ou usuário a erro, por via de indicação ou afirmação falsa ou enganosa sobre a natureza, qualidade do bem ou serviço, utilizando-se de qualquer meio, inclusive a veiculação ou divulgação publicitária.
49. Cf.: BRASIL. Superior Tribunal de Justiça. REsp 1164146/SP. Relator Ministro Luiz Fux, Primeira Turma, julgado em 02 de março de 2010; BRASIL. Superior Tribunal de Justiça. AgInt no REsp 1.246.072 – SP (2011/0046554-0), Relatora Ministra Regina Helena Costa, julgado em 15 de maio de 2018; BRASIL, Superior Tribunal de Justiça. RMS 21.520/RN. Relator Ministro Teori Albino Zavascki, Primeira Turma, julgado em 08 de agosto de 2006, p. 313.
50. A criação do instituto teve dois objetivos básicos: solucionar a mora na prestação jurisdicional, sem reduzir a qualidade; bem como tutelar a segurança jurídica, tendo em vista a multiplicidade de processos que giram em torno da mesma questão de direito.
51. AMARAL, Guilherme Rizzo. Efetividade, segurança, massificação e a proposta de um incidente de coletivização. *Processo Coletivo e outros temas de direito processual*: homenagem 50 anos de docência do professor José Maria Rosa Tesheiner e 30 anos de docência do Professor Sérgio Gilberto Porto. Livraria do Advogado. Porto Alegre, 2012, p. 237-259.

Através do julgamento de um caso paradigmático, esse incidente processual[52] é destinado a estabelecer um precedente dotado de eficácia vinculante capaz de fazer com que casos idênticos recebam (dentro dos limites da competência territorial de cada Tribunal) soluções idênticas, sem com isso esbarrar-se nos entraves típicos do processo coletivo[53].

Na prática, o novo Código de Processo Civil alterou o *status* da jurisprudência no ordenamento jurídico brasileiro, em especial nas causas de vultosa multiplicidade[54], permitindo o seu efeito vinculativo já encontrado, com perdão do trocadilho, na súmula vinculante.

Mais que isso. Ampliou a dimensão sobre a segurança jurídica, que antes era entendida por previsibilidade e objetividade de condutas, nos dizeres do Ministro Luís Roberto Barroso[55], e agora facilmente percebida pela necessidade de decisões convergentes, especialmente nos casos de demanda coletiva, prevista no código de 2015.

É de bom alvitre aclarar que para se instaurar o incidente de resolução repetitivas, os processos devem se limitar a controvérsia unicamente de direito e ter efetiva repetição de processos.[56]

Acerca do primeiro ponto, são matérias unicamente de direito aquelas em que não há discussão sobre os fatos porque, por exemplo, são comprováveis documentalmente. Ou, ainda, são aquelas situações em que os fatos já estão comprovados, por várias espécies de provas e, não havendo dúvidas sobre o que ocorreu e sobre como ocorreu, discute-se apenas sobre sua qualificação jurídica.[57]

---

52. Cf.: CÂMARA, Alexandre Freitas. *O novo processo civil brasileiro*. 2. ed. São Paulo: Atlas, 2019, p. 482 e ss.
53. Sobre o tema, os Professores Dennis Verbicaro, Gisele Góes e Debora Vieira assim explicam: "Assim, fica nítida a existência de um interesse público no julgamento do IRDR, uma vez que a resolução do incidente transborda as barreiras da causa-piloto e será utilizada não apenas para o processo paradigma, como, também, para os sobrestados e para as ações que por ventura serão ajuizadas após a fixação da tese". Cf.: VIEIRA, Débora da Silva; VERBICARO, Dennis; GÓES, Gisele Santos Fernandes. Incidente de resolução de demandas repetitivas e ação coletiva: diálogo ou duelo na defesa do consumidor em juízo? *Revista dos Tribunais Online*. p. 2 e ss. Thomson Reuters, s.d.
54. Sobre o tema, o Professor Aluisio Mendes assim pontua: "O direito processual, assim, deve estar preparado para enfrentar uma realidade, em que o contingente populacional mundial ultrapassa o patamar de sete bilhões de pessoas, no qual a revolução industrial transforma-se em tecnológica, diminuindo as distâncias no espaço e no tempo, propiciando a massificação e globalização das relações humanas e comerciais". Cf.: MENDES, Aluisio Gonçalves de Castro. *Incidente de Resolução de Demandas Repetitivas*. São Paulo: Forense, 2018, p. 49 e ss.
55. BARROSO, Luís Roberto. *Interpretação e aplicação da Constituição*: fundamentos de uma dogmática constitucional transformadora. São Paulo: Saraiva, 2009, p. 352.
56. Cf.: Código de Processo Civil brasileiro (2015), artigo 976 – Do Incidente de Resolução de Demandas Repetitivas. É cabível a instauração do incidente de resolução de demandas repetitivas quando houver, simultaneamente: I – efetiva repetição de processos que contenham controvérsia sobre a mesma questão unicamente de direito; II – risco de ofensa à isonomia e à segurança jurídica.
57. Confira os Professores: WAMBIER, Teresa Arruda Alvim; MELLO, Rogério Licastro Torres de; RIBEIRO, Leonardo Ferres da Silva. *Primeiros comentários ao novo Código de Processo Civil*: artigo por artigo. São Paulo: Ed. RT, 2015. No mesmo sentido, o Professor Guilherme Amaral entende que a questão de direito controvertida pode ser a questão de fundo (mérito) debatida no processo (ex. inconstitucionalidade de um tributo, ilegalidade da cobrança de assinatura básica mensal, direito ao corte no fornecimento de energia

Aqui se encontra a importância para a presente investigação. Esse novel mecanismo, ainda incipiente[58], pode ser instrumento hábil para coibir a deficitária prestação pré-contratual informativa dos contratos de massa[59] prestada no momento da contratação por parte de fornecedores relapsos. E mais: reside no fato de tutelar, tal qual é a ação inibitória em Portugal, o dever de informação pré-contratual[60], promovendo maior segurança jurídica entre os consumidores.

---

elétrica, dentre outros), como também questão incidental (ex. regra prescricional aplicável, natureza de título executivo de contrato de abertura de crédito). É fundamental que a questão seja exclusivamente de direito e que haja efetiva repetição dos processos contendo a mesma controvérsia, para que baste o cabimento do incidente. Cf.: AMARAL, Guilherme Rizzo. Efetividade, segurança, massificação e a proposta de um incidente de coletivização. In: *Processo Coletivo e outros temas de direito processual*: homenagem 50 anos de docência do professor José Maria Rosa Tesheiner e 30 anos de docência do Professor Sérgio Gilberto Porto. Livraria do Advogado. Porto Alegre, 2012, p. 237-259.

58. Já existem alguns incidentes instaurados: BRASIL. Tribunal de Justiça do Rio de Janeiro. Incidente de Resolução de Demandas Repetitivas 0017256-92.2016.8.19.0000; Apelação Cível n. 0049847-41.2015.8.19.0001. Relator Desembargador José Carlos Varanda dos Santos, julgado em 15 de setembro de 2016. No tocante ao Superior Tribunal de Justiça, ainda está em julgamento o primeiro incidente de resolução de demandas repetitivas. Confira andamento do processo: BRASIL. Superior Tribunal de Justiça. SIRDR n. 1 / DF (2016/0320182-5). Relator: Ministro Paulo de Tarso Sanseverino. Autuado em 02 de dezembro de 2016.

59. Sobre a necessidade de se ter novas formas de resolução de litígio de consumo de massa, o Professor Lord Woolf assim já prelecionava em 1996: "As we become na increasingly mass producing and mass consuming society, one product or service with a flaw has the potential to injure or cause other loss to more and more people. Yet our civil justice system has not adapted to mass legal actions. We still largely treat them as a collection of individual cases, with the findings in one case having only limited relevance in law to all of the others". WOOLF, Lord M. R. Final report on access to justice. *United Kingdom*. Department for Constitutional Affairs: Justice, rights and democracy, jul. 1996. Disponível em: http://webarchive. nationalarchives.gov.uk/20060213205513/http://www.dca.gov.uk/civil/final/contents.htm. Acesso em: 26 jul. 2020. Confira a seguinte decisão em sede de IRDR: BRASIL. REsp 1578553/SP. Relator Ministro Paulo De Tarso Sanseverino, Segunda Seção, julgado em 28 de novembro de 2018, *verbis*: Recurso especial repetitivo. Tema 958/STJ. Direito bancário. Cobrança por serviços de terceiros, registro do contrato e avaliação do bem. Prevalência das normas do direito do consumidor sobre a regulação bancária. Existência de norma regulamentar vedando a cobrança a título de comissão do correspondente bancário. Distinção entre o correspondente e o terceiro. Descabimento da cobrança por serviços não efetivamente prestados. Possibilidade de controle da abusividade de tarifas e despesas em cada caso concreto. 1. Delimitação da controvérsia: Contratos bancários celebrados a partir de 30/04/2008, com instituições financeiras ou equiparadas, seja diretamente, seja por intermédio de correspondente bancário, no âmbito das relações de consumo. 2. Teses fixadas para os fins do art. 1.040 do CPC/2015: 2.1. Abusividade da cláusula que prevê a cobrança de ressarcimento de serviços prestados por terceiros, sem a especificação do serviço a ser efetivamente prestado; 2.2. Abusividade da cláusula que prevê o ressarcimento pelo consumidor da comissão do correspondente bancário, em contratos celebrados a partir de 25/02/2011, data de entrada em vigor da Res.-CMN 3.954/2011, sendo válida a cláusula no período anterior a essa resolução, ressalvado o controle da onerosidade excessiva; 2.3. Validade da tarifa de avaliação do bem dado em garantia, bem como da cláusula que prevê o ressarcimento de despesa com o registro do contrato, ressalvadas a: 2.3.1. Abusividade da cobrança por serviço não efetivamente prestado; e a 2.3.2. Possibilidade de controle da onerosidade excessiva, em cada caso concreto. 3. Caso concreto. 3.1. Aplicação da tese 2.2, declarando-se abusiva, por onerosidade excessiva, a cláusula relativa aos serviços de terceiros ("serviços prestados pela revenda"). 3.2. Aplicação da tese 2.3, mantendo-se hígidas a despesa de registro do contrato e a tarifa de avaliação do bem dado em garantia. 4. Recurso especial parcialmente provido.

60. Cf.: O Recurso Especial originário: Recurso especial repetitivo. Direito civil e do consumidor. Incorporação imobiliária. Venda de unidades autônomas em estande de vendas. Corretagem. Cláusula de transferência da obrigação ao consumidor. Validade. Preço total. *Dever de informação*. Serviço de assessoria técnico-imobiliária (SATI). Abusividade da cobrança. I – Tese para os fins do art. 1.040 DO CPC/2015: 1.1. Validade da cláusula contratual que transfere ao promitente-comprador a obrigação de pagar a comissão de corretagem

Ademais, outra característica desse mecanismo é o efeito *erga omnes* das decisões proferidas pelos Tribunais[61]. Isto é, as decisões que visem anular determinadas cláusulas abusivas por parte do fornecedor em sede de contratação eletrônica, ou que busquem a prestação adequada de alguma informação dúbia ou omissa, tem, regra geral, eficácia vinculativa dentro dos limites de competência dos Tribunais[62], assegurando que os casos iguais serão tratados igualmente.

A dinâmica procedimental é a seguinte: parte-se de uma decisão paradigmática proveniente de um Tribunal, em que é debatida e consolidada uma tese jurídica, sendo automaticamente imposto tal preceito ao juízo inferior de forma vertical, ou seja, o entendimento firmado pela Corte é atendido e compreendido como uma ordem para que o juiz de primeira instância o aplique.

Aludido incidente provoca cisão de competência, *mutatis mutantis*, como ocorre no incidente de arguição de inconstitucionalidade. Nos dizeres de Tereza Wambier[63], o recurso, cujo procedimento foi sobrestado no segundo grau, deve ser decidido de forma convergente com o recurso modelo, afetado, e previamente decidido pelo Superior Tribunal de Justiça ou Supremo Tribunal Federal.

Ademais, o novo Código previu um banco de dados[64] para os Tribunais compilarem as teses definidas e as decisões paradigmas, com o intuito mor de manter a uniformidade de entendimento e a segurança jurídica. Mais uma vez destacamos a importância dessas decisões paradigmáticas para os casos de infração ao dever pré--contratual de informação, já que servirão de esteio para que o consumidor acione o Poder Judiciário e cumpra aquilo posto.

---

nos contratos de promessa de compra e venda de unidade autônoma em regime de incorporação imobiliária, desde que previamente informado o preço total da aquisição da unidade autônoma, com o destaque do valor da comissão de corretagem. 1.2. Abusividade da cobrança pelo promitente-vendedor do serviço de assessoria técnico-imobiliária (SATI), ou atividade congênere, vinculado à celebração de promessa de compra e venda de imóvel. II – Caso concreto: 2.1. Improcedência do pedido de restituição da comissão de corretagem, tendo em vista a validade da cláusula prevista no contrato acerca da transferência desse encargo ao consumidor. Aplicação da tese 1.1. 2.2. Abusividade da cobrança por serviço de assessoria imobiliária, mantendo-se a procedência do pedido de restituição. Aplicação da tese 1.2. III - Recurso especial parcialmente provido (BRASIL. Superior Tribunal de Justiça. Recurso Especial n. 1599511/SP. Relator: Ministro Paulo de Tarso Sanseverino. Brasília, julgado em 24 de agosto de 2016, publicado em 06 de setembro de 2016). Sobre o tema, o seguinte julgado do Superior Tribunal de Justiça: BRASIL. Superior Tribunal de Justiça. Reclamação n. 33861 DF 2017/0082012-0. Relator: Ministro Marco Aurélio Bellizze. Brasília, 26 de abril de 2017.

61. O novo Código de Processo Civil brasileiro foi influenciado fortemente pelo sistema *common law*. Cf.: CÂMARA, Alexandre Freitas. *O novo processo civil brasileiro*. 2. ed. São Paulo: Atlas, 2019, p. 482 e ss.

62. Se o caso paradigmático for decidido pelo Superior Tribunal de Justiça, todos os outros Tribunais devem seguir o mesmo entendimento.

63. Ibidem.

64. Código de Processo Civil brasileiro (2015), artigo 979. A instauração e o julgamento do incidente serão sucedidos da mais ampla e específica divulgação e publicidade, por meio de registro eletrônico no Conselho Nacional de Justiça. § 1º Os tribunais manterão banco eletrônico de dados atualizados com informações específicas sobre questões de direito submetidas ao incidente, comunicando-o imediatamente ao Conselho Nacional de Justiça para inclusão no cadastro.

CAPÍTULO 5 • SANÇÕES DO INCUMPRIMENTO **269**

Entretanto, ainda que persistam as decisões díspares, poderá o autor ajuizar uma reclamação para o Tribunal de Justiça competente, ou até mesmo para Superior Tribunal de Justiça, se for o caso, para ver seu direito reconhecido[65].

O procedimento será simples. Ao protocolar a reclamação que deverá ser instruída com os documentos atinentes à demanda, será necessário demonstrar que o caso se insculpe ao entendimento firmado pela Corte Superior[66], inclusive podendo fazer alusão às decisões constantes do banco de dados de decisões sobre o tema.

Impende ressaltar que uma vez consolidada a tese jurídica, a mesma pode ser alterada[67] em virtude da dinâmica e anseios da sociedade. Aliás, o Código prevê que até mesmo antes da propositura do incidente, é cabível a participação de cidadãos e órgãos para debater a tese discutida.

Em outro viés, também foi perspicaz o novo diploma ao dispor sobre a possibilidade de modulação[68] dos efeitos da decisão, colocando a segurança jurídica em primeiro plano.

---

65. Código de Processo Civil brasileiro (2015), artigo 988 –Da Reclamação. Caberá reclamação da parte interessada ou do Ministério Público para: I – preservar a competência do tribunal; II – garantir a autoridade das decisões do tribunal; III – garantir a observância de decisão do Supremo Tribunal Federal em controle concentrado de constitucionalidade; IV – garantir a observância de enunciado de súmula vinculante e de precedente proferido em julgamento de casos repetitivos ou em incidente de assunção de competência. § 1º A reclamação pode ser proposta perante qualquer tribunal, e seu julgamento compete ao órgão jurisdicional cuja competência se busca preservar ou cuja autoridade se pretenda garantir. § 2º A reclamação deverá ser instruída com prova documental e dirigida ao presidente do tribunal. § 3º Assim que recebida, a reclamação será autuada e distribuída ao relator do processo principal, sempre que possível. § 4º As hipóteses dos incisos III e IV compreendem a aplicação indevida da tese jurídica e sua não aplicação aos casos que a ela correspondam. Art. 992. Julgando procedente a reclamação, o tribunal cassará a decisão exorbitante de seu julgado ou determinará medida adequada à solução da controvérsia. Art. 993. O presidente do tribunal determinará o imediato cumprimento da decisão, lavrando-se o acórdão posteriormente.
66. Vale dizer que o terceiro interessado pode ingressar e pedir sua participação no julgamento do incidente. Do mesmo modo, o relator do incidente no tribunal pode marcar audiência pública e ouvir pessoas desinteressadas que poderão contribuir com opiniões e posições para melhor elucidação das questões a serem debatidas no julgamento do mérito incidental. A participação de terceiros para aprimorar a prestação jurisdicional nas demandas repetitivas já ocorre no âmbito do julgamento dos processos referentes a controle de constitucionalidade no Supremo Tribunal Federal e nos recursos repetitivos nesse mesmo tribunal superior e no Superior Tribunal de Justiça. Cf.: OLIVEIRA, Vallisney de Souza. O incidente de resolução de demandas repetitivas introduzido no Direito brasileiro pelo novo Código de Processo Civil. *RIL Brasília,* a. 53, n. 210, p. 63-80, abr./jun. 2016. Disponível em: http://www12.senado.leg.br/ril/edicoes/53/210/ril_v53_n210_p63.pdf. Acesso em: 21 jun. 2017.
67. Código de Processo Civil Brasileiro (2015), artigo 986.
68. Código de Processo Civil Brasileiro (2015), artigo 927. Os juízes e os tribunais observarão: I – as decisões do Supremo Tribunal Federal em controle concentrado de constitucionalidade; II – os enunciados de súmula vinculante; III – os acórdãos em incidente de assunção de competência ou de resolução de demandas repetitivas e em julgamento de recursos extraordinário e especial repetitivos; IV – os enunciados das súmulas do Supremo Tribunal Federal em matéria constitucional e do Superior Tribunal de Justiça em matéria infraconstitucional; V – a orientação do plenário ou do órgão especial aos quais estiverem vinculados. § 1º Os juízes e os tribunais observarão o disposto no art. 10 e no art. 489, § 1º, quando decidirem com fundamento neste artigo. § 2º A alteração de tese jurídica adotada em enunciado de súmula ou em julgamento de casos repetitivos poderá ser precedida de audiências públicas e da participação de pessoas, órgãos ou entidades que possam contribuir para a rediscussão da tese. § 3º Na hipótese de alteração de jurisprudência dominante do Supremo Tribunal Federal e dos tribunais superiores ou daquela oriunda

Em outras palavras, esse novo instituto pode ser vetor capaz para coibir as condutas dos fornecedores no que concerne aos deveres pré-contratuais de informação, especialmente no que toca o direito do consumo.

5.2 TRATAMENTO JURISPRUDENCIAL NO DIREITO COMPARADO

5.2.1 Portugal

Sobre o dever pré-contratual de informação, em sede de comércio eletrônico, foram selecionadas duas decisões paradigmáticas.

O primeiro julgado[69] se refere à violação do dever pré-contratual de informação no que toca ao direito de arrependimento do consumidor, entabulado em um contrato de prestação de serviços eletrônicos e conexos celebrado à distância.[70]

Em síntese, o autor visava a declaração de nulidade do contrato de prestação de serviços de televisão, *internet* e telefone outorgado com a ré bem como o reconhecimento de inexistência do suposto débito pendente, uma vez o valor ali cobrado não seria aquele pactuado. Requeria ainda, em pedido alternativo, a resolução do contrato, já que a nulidade do contrato seria patente, tendo em vista que foram omitidas as informações no que respeita ao direito de livre resolução.

Na defesa, a ré aduziu que houve unilateralmente uma modificação contratual por parte do autor, com a inclusão de mais um serviço, implicando alteração do valor acordado anteriormente. Pontuou ainda que a denúncia foi imotivada, e, portanto, que haveria legitimidade para cobrança do pagamento de uma penalização por resolução antecipada do contrato, nos termos contratuais, sob pena de enriquecimento sem causa do autor.

O magistrado, em sua fundamentação, discorreu que seria necessário exaurir os seguintes pontos: a) saber se verificou ou não a existência de nulidade do contrato

---

de julgamento de casos repetitivos, pode haver modulação dos efeitos da alteração no interesse social e no da segurança jurídica. § 4º A modificação de enunciado de súmula, de jurisprudência pacificada ou de tese adotada em julgamento de casos repetitivos observará a necessidade de fundamentação adequada e específica, considerando os princípios da segurança jurídica, da proteção da confiança e da isonomia. § 5º Os tribunais darão publicidade a seus precedentes, organizando-os por questão jurídica decidida e divulgando-os, preferencialmente, na rede mundial de computadores.

69. PORTUGAL. Tribunal Arbitral de Consumo de Matosinhos. Processo 27/2016. Juíza: Sara Lopes Ferreira. Matosinhos, 9 de agosto de 2016. No mesmo sentido, confira: PORTUGAL. Tribunal Arbitral do Porto. Processo n. 1975/2015. Juiz: Rui Saavedra. Porto, 12 de abril de 2016; PORTUGAL. Tribunal Arbitral de Consumo do Porto. Processo 5/2015. Juiz: Rui Saavedra. Vila Nova de Gaia, 08 de outubro de 2015. No mesmo sentido, confira: PORTUGAL. Julgado de Paz. Processo 321/2014. Relatora: Margarida Simplício. 10 de março de 2015. Sobre a evolução legislativa do dever pré-contratual de informação, culminando com o DL 24/2014, confira o seguinte julgado: PORTUGAL. Tribunal da Relação de Lisboa. Acordão do processo n. 9807-12.5TBOER.L1-8. Relator: Teresa Prazeres Pais. 04 de junho de 2015. Em outro julgado: PORTUGAL. Julgado de Paz. Processo n. 234/2008. Relator: Dionísio Campos. 06 de fevereiro de 2009.

70. No caso em tela, o contrato foi celebrado por telefone, em que pese seja o mesmo regramento utilizado para contratos celebrados através da *internet*. Cf.: DL 24/2014, artigo 4º, caput: "Informação pré-contratual nos contratos celebrados à distância ou celebrados fora do estabelecimento comercial".

celebrado entre autor e ré, e suas repercussões jurídicas; b) saber se constatou ou não justa causa por parte do autor na resolução contratual, e suas consequências jurídicas.

Explicou o juiz que a par da consagração legal deste direito de livre resolução, e para efetivo conhecimento do consumidor de tal, o legislador não somente estabeleceu no artigo 4º, n. 1, alínea j) do DL 24/2014, que tal informação seja levada em fase pré-contratual ao conhecimento do consumidor nos contratos celebrados à distância, assim como que tais informações deveriam incluir-se de forma clara e compreensível no efetivo contrato assinado.

Em face do acervo probatório produzido, o julgador constatou falha no dever pré-contratual de informação, acarretando a declaração de nulidade contratual.

Reverberou, por fim, que a nulidade contratual implica, automaticamente, na restituição de tudo o que tiver sido prestado ou, se a restituição em espécie não fosse possível, o valor correspondente.[71]

Em suma: o magistrado julgou a demanda procedente, declarando nulo o contrato de comunicações eletrônicas outorgado entre autor e ré, bem como declarou inexistente o débito da fatura ali discutida.

A segunda demanda[72] reflete uma ação enérgica do Ministério Público, ante a infringência dos deveres pré-contratuais de informação, dentre elas cláusulas atentatórias ao direito de arrependimento, por parte de uma empresa que promovia comércio através da *internet*.

Em síntese, o Ministério Público intentou ação declarativa em face da empresa, visando tutelar o consumidor ante as cláusulas abusivas ali cometidas. Pleiteava, inicialmente que fossem declaradas nulas as cláusulas abusivas que estavam inseridas no contrato, bem como que fosse a ré condenada a abster-se de utilizar as cláusulas contratuais gerais[73] que identifica nos contratos utilizados e que venha a celebrar com os seus clientes no futuro. Requereu também que tal proibição fosse publicitada e comprovada nos autos, em prazo a ser determinado em sentença.

Em suas razões, o Ministério Público explicou passo a passo a conduta abusiva e cíclica da Ré. Em síntese, a Ré disponibilizou aos interessados que com ela pretendessem contratar através do seu *site*, um clausulado, previamente elaborado, com o título "Condições Gerais de Venda". Na verdade, se tratava de um contrato de adesão sujeito ao regime das cláusulas contratuais gerais que continha diversas cláusulas proibidas expressamente por lei.

---

71. Cf.: artigo 289, n. 1 do Código Civil.
72. Cf.: PORTUGAL. Juízos Cíveis de Lisboa. Processo n. 11434/14.3T8LSB. 7º Juízo. 04 de abril de 2015.
73. Uma vez declaradas nulas, as partes estão absolutamente proibidas de as utilizar em contratos futuros. Ou seja, uma cláusula nula não pode ser confirmada, ainda que uma renovação do negócio nulo tenha lugar. Cf.: SILVA, Marta Santos, Breves notas sobre o mecanismo de controlo incidental das cláusulas contratuais gerais: *Temas de Direito dos Contratos*, Lisboa: Rei dos Livros, 2016. v. II, p. 268.

Na sentença, foram anuladas as seguintes cláusulas: a) "Os artigos devolvidos incompletos, danificados ou sujos pelo cliente não serão aceites.". O motivo foi que o exercício do direito de livre resolução não tem o condão de limitar o direito que o consumidor tem de inspecionar a natureza, as características e o funcionamento do bem[74]; b) "Conforme o artigo L 121-20 do Código do Consumo, como cliente, o consumidor, dispõe de um prazo de 7 dias para exercer o seu direito de retractação legal". A razão foi a aplicação do disposto no DL 24/2014, e não o que decorre do Código de Consumo francês, ou seja, o prazo do direito de livre de livre resolução é de 14 e não 7 dias; c) "O exercício do direito de retractação dará lugar ao reembolso dos artigos (num prazo máximo de 30 dias a partir da data de devolução)." A razão foi que o artigo 12, ns. 1 e 6° do DL 24/2014 determina que a ré deve devolver ao consumidor todo valor por si recebido no prazo máximo de 14 dias, a contar da data em que for informada da decisão de resolução do contrato, ficando obrigada a devolver em dobro, tais montantes, caso não cumpra tal prazo.

O magistrado considerou que as características indicadas e disponibilizadas pelo profissional no seu *site* obrigam-no a entregar um bem ou a prestar um serviço em conformidade com a indicação facultada previamente ao consumidor, devendo incluir as informações pré-contratuais, uma vez que estas qualidades do bem ou serviço, com a aceitação da proposta por parte deste, passam a constituir cláusulas contratuais.

Além de anular as cláusulas acima descritas, o magistrado condenou a ré a abster-se[75] de utilizar, em qualquer contrato (vigente e que venha a ser celebrado), as cláusulas mencionadas. Condenou ainda a dar publicidade à parte decisória da sentença, no prazo de 30 dias, desde o trânsito em julgado, através de anúncio de dimensão não inferior a 1/4 de página, a publicar em dois jornais diários de maior tiragem, que sejam editados em Lisboa e Porto, em 3 (três) dias consecutivos, comprovando o ato nos presentes autos, até 10 (dez) dias após a última publicação.

Como se percebe em ambas a decisões, o dever de informação pré-contratual tem cariz elementar na relação entre consumidor e fornecedor.

5.2.2 Brasil

Uma vez estudado como é analisado o dever pré-contratual de informação no ordenamento brasileiro, especialmente no comércio eletrônico, interessa demonstrar, por meio da narrativa de decisões dos Tribunais, como vêm sendo decididos os casos concretos sobre o tema.

---

74. Cf.: DL 24/2014, artigo 14, n. 1.

75. A liberdade de contratar é limitada, não podendo contrariar os preceitos de ordem pública, que vedam a convenção entre as partes que sejam contrárias aos bons costumes, preceitos que fixam os interesses da coletividade, bem como sustentam as bases fundamentais da ordem econômica e moral da sociedade. Cf.: CHINELLATO, Silmara Juny, *Código Civil Interpretado*, Barueri: Manole, 2018, p. 366 e ss.

CAPÍTULO 5 • SANÇÕES DO INCUMPRIMENTO | **273**

A primeira decisão[76] reflete uma violação no dever pré-contratual de informação na compra de um pacote turístico pela *internet*. Em síntese, um casal adquiriu pacote turístico para Praia de Porto de Galinhas – Estado de Pernambuco/Brasil, com passagens aéreas, 5 dias e 4 noites, incluídos café da manhã diário. Ao perceberem que não havia traslado de Recife para Porto de Galinhas (distante a mais de 60 quilômetros) e que não poderiam usufruir do café da manhã e de toda a estrutura do empreendimento, devido aos horários de chegada e saída, optaram por cancelar o pacote.

Com efeito, os autores optaram pelo cancelamento do roteiro de viagem, enviando em tempo hábil[77] o pedido para o *e-mail* da ré. Em reposta, foram os autores informados de que seriam reembolsados diretamente no cartão de crédito que efetuou a compra em até 60 dias, fato que não se concretizou. Pleitearam, assim, a condenação em danos morais e a restituição dos valores pagos.

Na sentença, o juiz explicou que venda do pacote turístico tinha como destino final "Porto de Galinhas". Todavia, o desembarque dos autores ocorreria em Recife, distante a 60 km da Praia.

Para o magistrado houve falha na prestação do dever pré-contratual de informação da contratada, havendo somente duas possibilidades: ou o anúncio explicitaria que o traslado entre o aeroporto e o destino não estaria incluso no pacote ou a conclusão que se pode chegar é que haveria transporte até o destino anunciado (transporte até Porto de Galinhas).

Quanto à indenização, além da restituição dos valores pagos pelos autores, restou concluída a existência do dano moral. A indenização[78] aplicada serviu como

---

76. A sentença de primeiro grau foi mantida pelos próprios fundamentos. Confira acórdão emanado da 2ª turma recursal cível: BRASIL. Tribunal de Justiça do Rio Grande do Sul. Acórdão do Processo 71004808127 (CNJ n. 0004323-67.2014.8.21.9000). Relatora: Desembargadora Ana Claudia Cachapuz Silva Raabe. 14 de maio de 2014. Ementa: Recurso inominado. Consumidor. Reparação de danos. Pacote turístico adquirido pela *internet*. Legitimidade do *site* de compras coletivas. Cancelamento por parte dos autores. Pagamento total da compra. Restituição devida. Propaganda enganosa e falha no dever de informação. Dano moral configurado. Sentença mantida. 1 – A empresa recorrente é legítima para figurar no polo passivo da lide. É considerada integrante da cadeia de fornecedores e assim solidariamente responsável pelos prejuízos enfrentados pelos requerentes. 2 – *Os autores, em razão da falta de informações na oferta adquirida, cancelaram o pacote de viagem.* A confirmação de cancelamento foi enviada por e-mail. Em que pese anunciado o reembolso, não houve restituição dos valores pagos. 3 – Sentença que determina restituição dos valores pagos e arbitra dano moral em R$ 2.000,00. 4 – Dano moral ocorrente, em virtude da falha no dever de informação (art. 6º, III, do CDC) e prática de publicidade enganosa (art. 37, §1º e §3º do CDC). Recurso improvido. No mesmo sentido, confira: recurso inominado. Compra de passagem aérea pela *internet*. Cancelamento unilateral, por falha no sistema. Dever de informação da ré, que não foi cumprido com zelo. Transtornos que ultrapassam a esfera do mero dissabor. Danos morais configurados. Quantum fixado em R$ 3.000,00 que se mostra apto ao reparo do prejuízo. Restituição do valor pago pela segunda passagem que não se faz cabível. Ausência de demonstração do pagamento. (BRASIL. Tribunal de Justiça do Rio Grande do Sul. Recurso Inominado 71006552327 (CNJ 0065682-47.2016.8.21.9000). Relator: Andre Vorraber Costa. 01 de fevereiro de 2017).

77. No Brasil, o direito de arrependimento é de 7 dias. Cf.: Código de Defesa do Consumidor, artigo 49.

78. Ainda obtemperou o desembargador que "[...]os *sites* de venda publicam ofertas e por vezes dão prazos exíguos para que sejam "fechados" os pacotes, colocando o consumidor em posição frágil e, na ânsia, acabam cedendo, sem maiores pesquisas. A conduta da ré deve ser rechaçada e o valor fixado deve servir

conforto aos autores, que tiveram desgaste ao acreditar na propaganda da ré, que peca ao não fornecer informações precisas (paradoxalmente muito ágil para realizar os descontos na fatura do cartão dos autores).

A segunda decisão[79] refere-se à violação do deveres pré-contratuais de informação no caso de uma compra e venda de um produto pela *internet*.

A empresa autora[80] ajuizou ação declaratória de inexigibilidade de débito com restituição de parcelas já quitadas, bem como pedido de indenização de danos morais. Em síntese, a autora adquiriu um microcomputador, através da *internet*, pelo valor anunciado de R$ 1.853,36 (mil, oitocentos e cinquenta e três reais e trinta e seis centavos), em 12 (doze) parcelas mensais e consecutivas por intermédio de cartão de crédito.

Ato contínuo, a autora, ao receber a confirmação do pedido, surpreendeu-se ao constatar o preço e condições de pagamento diversas das ajustadas na fase pré--contratual (agora o valor faturado era o dobro do ofertado).

Diante desta situação, a autora encaminhou e-mail para ré, solicitando o cancelamento da compra, sem obter resposta. Explicou que apesar de cancelado a compra, cinco das doze prestações pactuadas foram debitadas do cartão de crédito.

Na sentença, verificou-se que o cancelamento da compra, requerido pela consumidora no próprio dia da negociação, só foi aceito pela ré mais de dois anos após a compra, coincidindo com propositura da demanda (momento em que a empresa ré estornou o valor pago pela autora).

Ademais, o julgador afastou o argumento da defesa de que estaria o bem danificado, ante a ausência de provas.

Para completar, além do valor do dano material (já depositado em juízo no decorrer da demanda), o magistrado entendeu que houve dano moral à empresa autora, eis que os transtornos experimentados pelo demandante ultrapassavam

---

como desestímulo a práticas similares. Deve agir com respeito, garantindo ao consumidor a segurança quando da aquisição do produto ou serviço [...]."

79. Cf.: Recurso – Apelação – Prestação De Serviços bem móvel vício do produto indenização danos morais. Compra e venda de computador concretizada via *internet*. Confirmação do pedido que, após a opção de compra, apresentou valor diverso daquele anunciado pela fornecedora. Violação ao dever de informação ao consumidor na fase pré-contratual. Exegese do artigo 6º, inciso III, da Lei 8.078/90. Direito de redibição do negócio jurídico assegurado ao consumidor. Produto que não chegou a ser entregue, eis que recusado pela demandante e devolvido pelo correio à vendedora. Cancelamento da compra, todavia, que só foi admitido e registrado pela fornecedora 06 (seis) seis meses após o contato do consumidor. 1. Danos materiais. Valores estornados na via administrativa. Regularidade. 2. Danos morais. Sentença que arbitrou a indenização em R$ 2.156,98 (dois mil, cento e cinquenta e seis reais e noventa e oito centavos), quantia está em conformidade com os critérios de proporcionalidade e razoabilidade. Procedência. Sentença mantida. Recurso não provido. (BRASIL. Tribunal de Justiça de São Paulo. Apelação 00012753120128260400. Relator: Desembargador Marcondes D'Angelo. São Paulo, julgado em 22 de maio de 2013, publicado em 29 de maio de 2013).

80. Cumpre ressaltar que, diferentemente do ordenamento português, uma empresa pode ser considerada consumidora. Cf.: MARQUES, Garcia; MARTINS, Lourenço, *Direito da informática*. Coimbra: Almedina, 2006, p. 83 e ss.

os limites de meros dissabores, traduzindo a existência de verdadeiro abalo moral suscetível de reparação.

Por derradeiro, o juiz citou a jurisprudência[81] do Superior Tribunal de Justiça, assentando que, em se tratando de dano moral, revela-se suficiente a demonstração da ocorrência do ato ilícito para ensejar o direito à indenização.

5.2.3 Pontos convergentes

Ficou evidente que nas decisões esmiuçadas o dever pré-contratual de informação tem cariz legal nos dois sistemas, seja por leis especiais no caso do Brasil, ou até mesmo por Directivas europeias e suas respectivas transposições para o ordenamento português.

Quanto ao momento e ao modo de comunicação, restou nítido nas decisões que as informações pré-contratuais mínimas obrigatórias devem ser fornecidas (pelo profissional ao consumidor) antes de o consumidor se vincular ao contrato celebrado, em tempo útil e de forma clara e compreensível, tendo eficácia em seu intento.

É de bom tom também revelar que a dignidade da pessoa humana, na perspectiva do consumidor, alçou nível constitucional[82] em ambos os ordenamentos. Em Portugal, a defesa do consumidor está na Constituição da República Portuguesa, que proclama a defesa dos interesses e direitos dos consumidores como uma das tarefas prioritárias do Estado no âmbito econômico e social, além de serem direitos fundamentais consagrados no artigo 60º.

Na Constituição brasileira, no capítulo atinente aos direitos e deveres individuais e coletivos, há menção expressa[83] à defesa do consumidor. Ademais, no Código de Defesa do Consumidor brasileiro de 1990, o imperativo de ordem pública é proclamado em seu artigo 1º ao mencionar que as suas normas de proteção e defesa do consumidor como tidas como normas de ordem pública e interesse social.

5.2.4 Pontos divergentes

Um fato que chamou atenção no cotejo entre os dois ordenamentos é a utilização pela jurisprudência brasileira do instituto do dano moral em caso de descumprimento dos deveres pré-contratuais de informação.

---

81. Cf.: BRASIL. Superior Tribunal de Justiça. Recurso Especial 709.877. Relator: Ministro Luiz Fux. Brasília, 20 de setembro de 2005.
82. Sobre o tema, confira: CANOTILHO, Joaquim José. *Direito Constitucional e Teoria da Constituição*. 7. ed. Coimbra: Almedina, 2012, p. 484 e ss., *verbis*: "Isto parece indiscutível em relação ao núcleo essencial dos direitos sociais ligados à proteção da dignidade humana. O comércio jurídico privado está, portanto, vinculado pelos direitos fundamentais sociais, sobretudo no que respeita ao núcleo desses direitos intimamente ligados à dignidade da pessoa humana (ex.: contratos lesivos da saúde da pessoa, contrato lesivo dos direitos dos consumidores)".
83. Cf.: artigo 5º, inciso XXXII e artigo 170, inciso V.

Observe-se, a propósito, que nos dois casos do Brasil, os magistrados entenderam haver o dano moral *in re ipsa*, ou seja, aquele que independe de prova. No primeiro caso, os autores adquiram pacote turístico para uma praia distante há mais de 60 km do aeroporto em que chegariam, sendo que a informação foi omitida pela empresa (fato que ensejaria perda de programações no destino final, bem como atrações do hotel: café da manhã, lazer etc.).

Em outras palavras, aquilo que era para ser motivo de prazer pelo casal, foi solapado pela postura negligente da empresa que vendeu o pacote turístico sem trazer essa informação crucial.

Na segunda decisão, a autora adquiriu um produto através da *internet* por determinado valor e, quando recebeu a fatura do cartão, percebeu o montante cobrado destoava da oferta inicial. Assim, uma vez quebrada a confiança bem como violados os deveres pré-contratuais de informação, recusou a entrega do produto e cancelou a compra. Tendo em vista terem passados mais de 6 meses sem devolução do dinheiro pago, bem como todo os infortúnios dela advindos, o juízo condenou a empresa ré à devolução da monta e em danos morais.

Assim, ao cotejar com o ordenamento português, é perceptível que o sistema luso visa pela reparação clássica da responsabilidade civil. Ou seja, no primeiro caso português, note que somente houve devolução do valor cobrado indevidamente e a declaração de inexistência de débito.

No segundo, o magistrado entendeu que houve infringência aos deveres pré--contratuais de informação no comércio eletrônico (seja no prazo divergente do direito de arrependimento, no prazo de devolução do reembolso, ou até mesmo na possiblidade de inspecionar o produto que viesse a ser adquirido), declarando nulas algumas cláusulas infringentes aos deveres pré-contratuais de informação, bem como ordenando a abstenção de utilizar as cláusulas abusivas em quaisquer contratos novos que vierem a ser firmados.

Note-se, a propósito, que nos casos portugueses albergados, não há condenação em danos morais, nem tampouco sequer há o pedido por parte dos autores.

Outra diferença que pode ser também pontuada é a possiblidade de pleitear não somente o dano moral individual, mas também o dano moral coletivo[84], ambas as espécies raríssimas vezes requeridas.

---

84. Confira na jurisprudência brasileira: Recurso especial – Dano moral coletivo – Cabimento – artigo 6º, VI, do Código de Defesa do Consumidor – Requisitos – razoável significância e repulsa social – Ocorrência, na espécie – Consumidores com dificuldade de locomoção – Exigência de subir lances de escadas para atendimento – Medida desproporcional e desgastante – Indenização – Fixação proporcional – Divergência jurisprudencial – Ausência de demonstração – Recurso especial improvido. I – A dicção do artigo 6º, VI, do Código de Defesa do Consumidor é clara ao possibilitar o cabimento de indenização por danos morais aos consumidores, tanto de ordem individual quanto coletivamente. II – Todavia, não é qualquer atentado aos interesses dos consumidores que pode acarretar dano moral difuso. É preciso que o fato transgressor seja de razoável significância e desborde os limites da tolerabilidade. Ele deve ser grave o suficiente para produzir

CAPÍTULO 5 • SANÇÕES DO INCUMPRIMENTO

Essas dissenções na aplicação do instituto do dano moral nesses casos podem ser explicadas pela realidade de cada ordenamento. Regra geral, como se observa nas variadas decisões brasileiras citadas, a prestação de serviços e fornecimento de produtos é tão deficitária que somente através desse tipo de punição e reparação poderá se coibir as condutas ardilosas, especialmente por se tratar de comércio eletrônico.

De outra banda, a realidade portuguesa é distinta. Além de existir um supervisionamento maior da própria sociedade, dos órgãos de fiscalização e da própria União Europeia, existe uma consciência empresarial aguçada.

Só para se ter uma noção, a arbitragem voluntária nos Centros de Arbitragem já é uma realidade, tendo em vista permitir a resolução de desavenças consumeristas de menor monta de maneira prática e eficaz (mais de 15 mil empresas são aderentes do Centro de Arbitragem de Lisboa[85]).

Enfim, regra geral, essa concepção empresarial de aproximação com o consumidor e resolução do conflito é antitética se cotejada ao sistema brasileiro e português: enquanto no primeiro, os fornecedores só visam a rentabilidade sem satisfação do consumidor, no segundo percebemos que a qualidade do serviço é tão importante quanto o lucro.

5.3 SANÇÕES MORAIS – O PODER DO *ELETRONIC WORD OF MOUTH*

De partida, a abordagem em comércio de produtos contemporâneo alterou a visão tradicional de colocar o produto como centro da atenção, cedendo espaço para

---

verdadeiros sofrimentos, intranquilidade social e alterações relevantes na ordem extrapatrimonial coletiva. Ocorrência, na espécie. III – Não é razoável submeter aqueles que já possuem dificuldades de locomoção, seja pela idade, seja por deficiência física, ou por causa transitória, à situação desgastante de subir lances de escadas, exatos 23 degraus, em agência bancária que possui plena capacidade e condições de propiciar melhor forma de atendimento a tais consumidores. IV – Indenização moral coletiva fixada de forma proporcional e razoável ao dano, no importe de R$ 50.000,00 (cinquenta mil reais). V – Impõe-se reconhecer que não se admite recurso especial pela alínea "c" quando ausente a demonstração, pelo recorrente, das circunstâncias que identifiquem os casos confrontados. VI – Recurso Especial improvido. (BRASIL. Superior Tribunal de Justiça. Acórdão no Recurso Especial 1221756/RJ. Relator: Ministro Massami Uyeda. Brasília, julgado em 02 de fevereiro de 2012, publicado em 10 de fevereiro de 2012.). Cf. também: Agravo regimental no agravo em recurso especial. Direito do consumidor e processual civil. Dano moral coletivo. Reexame de provas. Impossibilidade. Alteração do valor dos danos morais. Alegação de valor exagerado. Reexame do suporte fático-probatório dos autos. Incidência da súmula 7/STJ. Decisão mantida. 1. O Tribunal de origem, com base nos fatos e provas dos autos, concluiu pela ocorrência do dano moral coletivo. Dessa forma, rever a conclusão do Tribunal de origem demandaria o reexame do contexto fático-probatório, conduta vedada ante o óbice da Súmula 7/STJ. 2. Nos termos da jurisprudência consolidada neste Superior Tribunal de Justiça, a revisão de indenização por danos morais só é possível em recurso especial quando o valor fixado nas instâncias locais for exorbitante ou ínfimo, de modo a afrontar os princípios da razoabilidade e da proporcionalidade. Ausentes tais hipóteses, incide a Súmula 7 do STJ, a impedir o conhecimento do recurso. 3. No presente caso, não se vislumbra nenhuma excepcionalidade que seria capaz de ensejar a redução pelo STJ do valor da indenização por danos morais arbitrado nas instâncias ordinárias. 4. Agravo regimental não provido. (BRASIL. Superior Tribunal de Justiça. Acórdão no Agravo Regimental no Agravo em Recurso Especial n. 531.755/MG. Relator: Ministro Luis Felipe Salomão. Brasília, 21 de agosto de 2014, publicado em 26 de agosto de 2014).

85. Confira no *site* do Centro de Arbitragem de Consumo de Lisboa. Disponível em: http://www.centroarbitragemlisboa.pt/. Acesso em: 07 ago. 2019.

o cliente. A doutrina italiana já prelecionava que o consumidor deve ser o próprio produto (*cliente come prodotto*), o que se busca ao fim são ferramentas que visam a satisfação de consumidores satisfeitos e fiéis ao fornecedor.

A falta de contato com o produto foi suprida pelas plataformas de avaliação, que permitem que o consumidor analise a experiência pessoal de várias pessoas antes de adquirir aquele produto.

Deveras, o grau de satisfação[86] a ser atingido depende da capacidade de atender os anseios dos consumidores, alcançando ou superando as expectativas depositadas, não apenas do produto ou serviço adquirido, mas sobretudo nos serviços pré e pós-venda. Assim, a distância física deve ser substituída por canais de comunicação eficazes, seja através do *website*, das mídias sociais, capazes de garantir diálogos céleres com os consumidores.

A pedra angular é adquirir conhecimento sobre as preferências e gostos dos clientes, sendo o ponto de partida de qualquer empreendimento comercial eletrônico.

Além de todas as sanções legais descritas, há um fenômeno recente na *internet*, mas já há muito conhecido no comércio tradicional, que se denomina Eletronic Word of Mouth (traduzido por "boca a boca eletrônico"[87]).

Se, por um lado, os próprios consumidores podem ser instrumentos de veiculação de informações e mensagens de produtos e serviços, sobre a respectiva qualidade, por outro, pode ter efeito reverso, caso a experiência seja negativa.

Assim, o EWM é definido na doutrina tradicional[88] como forma eletrônica de comunicação interpessoal entre consumidores, referente às suas interações com um fornecedor ou produto. Outros vão mais além e pontuam que os fóruns de comunicação *online* entre os consumidores não são apenas um local de troca de informações, mais que isso, são oportunidades de uma experiência social.

A eficácia desse mecanismo tem atingido níveis elevados de penetração nas redes sociais, especialmente pela sua transparência. O ciclo normalmente é o mesmo e bem conhecido no dia a dia do consumidor: a) o fornecedor não satisfaz o consumidor com o produto ou serviço adquirido (seja pela qualidade, quantidade ou pela distorção de informações na oferta) ; b) o consumidor tenta administrativamente

---

86. Cf.: BUSACCA, Bruno; BERTOLLI, Giuseppe. *Customer Value*. Soddisfazione, fedeltà, valore. Milano: Egea, 2017, p. 70 e ss.

87. Tradução informal do termo em inglês.

88. Cf.: MARSHA, Richins. Word of mouth communication as negative information. *Advances in Consumer Research*, v. 11, 1984, p. 697 e ss. Confira a definição de Word of mouth (WOM) como "form of interpersonal communication among consumers concerning their interactions with a vendor or product". No mesmo sentido: "any positive or negative statement made by potential, actual, or former customers about a product or company, which is made available to a multitude of people and institutions via the *Internet*". Confira em: HENNIG-THURAU, Thorsten; WALSH, Gianfranco. Electronic Word-of-Mouth: Motives for and Consequences of Reading Customer Articulations on the Internet. *International Journal of Electronic Commerce*, v. 8, n. 2, p. 51-74, 2003, p. 51 e ss.

resolver o problema ; c) ausência de resposta ou, quando o fornecedor responde, as mensagens são evasivas ou insuficientes, não contemplando o anseio do consumidor ; e) busca das mídias sociais para expor o caso (blogs, tweets, descrição em páginas de reclamação do produto).

Em alternativa, há aqueles[89] que entendem que essa ferramenta carece ser prescrita com responsabilidade e os consumidores devem analisá-la de forma crítica. Isso porque, comentários negativos irresponsáveis (especialmente aqueles que potencializam uma situação mais simples) podem prejudicar os fornecedores e até mesmo levar alguns à bancarrota. Não raro, alguns consumidores visam tão somente sua exposição, uma vez que muitas vezes essa aparição serve de trampolim social, tendo em vista que muitos desses relatos são compartilhados por outras pessoas, além de em outras tantas receberem recompensas econômicas pelo próprio fornecedor.

Muitas vezes, o consumidor deseja somente atenção do fornecedor e o complemento de informações que não foram prestadas de forma adequada, especialmente aquelas transmitidas por via eletrônica.

Verdade é que empresas ainda não perceberam que, financeiramente, ignorar as reclamações dos consumidores significa prejuízo certo. Pesquisas[90] demonstram que é cinco vezes mais difícil atrair novos clientes do que manter aqueles que já o são.

A tolerância na *internet* é praticamente zero, o que a doutrina denominou de *"click and switch"* (clique e alterne), ou seja, não há qualquer tipo de vontade em esperar mais de 48 horas por uma resposta; inexistindo resposta, o consumidor buscará empresas concorrentes.

É importante frisar que as críticas realizadas pelos consumidores não podem nem devem ofender a reputação da empresa significativamente, sob pena de incorrer em abuso do direito de reclamar.[91]

---

89. Cf.: SCHIFFMAN, Leon; KANUK, Joseph. *Consumer Behavior*. 11. ed. New Jersey: Prentice Hall, 2015, p. 251 e ss.
90. Cf.: BARLOW, Janelle; MOLLER, Claus. *A complaint is a gift*. São Francisco: Editora Berrett–Koehler, 2008, p. 186 e ss.
91. Confira acórdão do Tribunal de Justiça do Distrito Federal, *verbis*: "Civil. Consumidor. Pessoa jurídica. Dano moral. Honra objetiva. Violação. Publicação em rede social e em sitio de reclamações de consumidores. "A pessoa jurídica pode sofrer dano moral", diz a súmula 227 do Superior Tribunal de Justiça. E não poderia ser diferente, as pessoas jurídicas podem sofrer à sua honra objetiva, que consiste na opinião que as outras pessoas têm dela, sem que se cogite em aferir elementos subjetivos inerentes à pessoa humana. O dano moral é a privação ou lesão de direito da personalidade, independentemente de repercussão patrimonial direta, desconsiderando-se o mero mal-estar, dissabor ou vicissitude do cotidiano., sendo que a sanção consiste na imposição de uma indenização, cujo valor é fixado judicialmente com a finalidade de compensar a vítima, punir o infrator e prevenir fatos semelhantes que provocam insegurança jurídica. O excesso de linguagem em publicações nas redes sociais e sítios de reclamações de consumidores desborda da mera exposição do pensamento para tornar-se ofensa à honra objetiva, inobstante tratar-se de pessoa jurídica, amplamente divulgada na *internet*, com a intenção confessada de compeli-la a realizar sua vontade, configura dano moral. O *quantum*, que deverá observar as seguintes finalidades: compensatória, punitiva e preventiva, além do grau de culpa do agente, do potencial econômico e características pessoais das partes, a repercussão do fato no meio social e a natureza do direito violado, obedecidos os critérios da equidade, proporcionalidade

É tanto que algumas empresas têm ameaçado os consumidores com ações judiciais em face daqueles que publicam críticas ácidas e negativas nas plataformas de opiniões. Caso famoso foi o de um hotel *Union Street Guest House*[92] em Nova York, em que frequentemente alugava um determinado espaço para eventos de casamento e matinha uma diretriz contratual, no mínimo inusitada. A política do contrato com seus clientes permitia deduzir a quantia de U$ 500 dólares do valor caucionado pelo cliente por cada avaliação negativa do local realizada pelo próprio cliente ou por seus convidados em qualquer plataforma *online* de comentários.

Na prática, via de regra, as empresas não oferecem compensação financeira ou material na própria plataforma de reclamação, sob pena de gerar precedentes para casos similares.[93] O que se nota é que, caso haja algum tipo de proposta para solução do conflito, a mesma é dirigida individualmente para o consumidor, por *e-mail* ou por telefone, requerendo sigilo na transação.

Parcimônia à parte, fato é que houve um caso bem interessante que aconteceu entre o músico Dave Caroll e a companhia aérea United Airlines. Em síntese, ao chegar em seu destino final, o músico percebeu que os funcionários de logística da companhia aérea arremessaram as malas com os instrumentos musicais na esteira do aeroporto, sem o cuidado mínimo com os pertences do consumidor. Efeito prático, Dave teve seu violão danificado.

Ante esse fato, o músico procurou administrativamente a empresa para fazer sua reclamação e, após um ano de tratativas, a companhia aérea informou que não assumiria qualquer tipo de responsabilidade, fornecendo respostas evasivas ao artista.

Indignado com a situação, o músico resolveu criar um videoclipe denominado "United Breaks Guitars", compartilhando sua experiência negativa com a companhia aérea.

Solidariamente inúmeros internautas compartilharam o vídeo e o mesmo já atingiu 19 milhões de visualizações. De forma imediata e sem perceber a dimensão que o fato poderia atingir, a empresa relutou a forma que foi narrada, tentando desconstituir aquilo exposto pelo músico.

---

e razoabilidade. Embora a divulgação de uma reclamação na *internet* tenha uma abrangência que não se pode precisar o tamanho, as empresas que colocam produtos e serviços no mercado estão naturalmente sujeitas a críticas e reclamações. O que não se admite, e que efetivamente configurou o ilícito, é o excesso de linguagem apto a ofender indevidamente a reputação da pessoa jurídica de maneira significativa. Não se deve perder de vista a assimetria da relação jurídica travada entre fornecedor e consumidor hipossuficiente, e, inobstante a conduta excessiva da ré, pelas regras de experiência, é possível concluir que a loja poderia ter dado rumo diferente ao acontecido, mediante o esclarecimento detalhado e cuidadoso das condições dos móveis vendidos, da atenção na hora da entrega, e mesmo da cortesia e distinção que se espera de uma loja que vende produtos desse padrão. Recurso da ré conhecido e parcialmente provido; recurso da autora conhecido e desprovido". BRASIL. Tribunal de Justiça do Distrito Federal. Apelação 20140111789662. Relator: Des, Hector Valverde Santanna, 6ª Turma Cível, julgado em 15 de julho de 2015.

92. Sobre o tema, confira: SCHMITZ, Amy J. Remedy Realities in Business-to-consumer Contracting. *Arizona Law Review*, v. 58, 2016, p. 233 e ss.

93. Sobre o tema, confira: Ibidem, p. 234 e ss.

Essa atitude gerou efeito cascata e reverso, uma vez que o vídeo continuou a ser acessado pelos internautas por todo mundo. Mais que isso: a expressão empregada no vídeo (#unitedbreaksguitars") transformou-se em uma expressão padrão para os consumidores que tiveram problemas de todos as espécies com a companhia, transformando-se em um bordão negativo para a empresa.

Para piorar, além da imagem da empresa perante os investidores, as vendas reduziram em um primeiro momento. O motivo principal é que, ante à densidade informativa dos produtos e serviços ofertados pela *internet*, os consumidores buscam plataformas independentes de feedbacks dos consumidores sobre os fornecedores com a finalidade de avaliar o seu produto e sua colocação no mercado. Em regra, essas plataformas oferecem uma visão imparcial sobre o produto ou serviço, permitindo que o consumidor tenha uma visão crítica daquilo que eventualmente venha a adquirir.

Do ponto de vista do fornecedor, cabe a adoção de estratégias de ação para os casos que envolvem as críticas dos consumidores, especialmente tomando atitudes eficazes visando ter o mínimo de prejuízo perante o consumidor.

Finalmente, a velocidade de resposta[94] é uma das principais dimensões do sucesso da empresa, o que demonstra a urgência de responder e-mails atrasados no processo de tratamento de reclamações. A receptividade à tecnologia influencia diretamente na recuperação da empresa via web, seja de forma positiva, através de sua diligência e celeridade na resposta, seja de forma negativa, por meio de sua inércia.

5.4 COERÇÃO MORAL – PLATAFORMAS DE AVALIAÇÃO

O combate às práticas abusivas pode ser consolidado de duas formas: de forma moral[95] e legal (como já relatado). Malgrado as táticas capciosas de venda do fornecedor, o primeiro ato pode ser realizado pelo próprio consumidor, que tem a opção de não adquirir o produto e buscar outro fornecedor concorrente, obrigando, ainda que indiretamente, que o fornecedor infrator se adeque à realidade consumerista e não transgrida mais o ordenamento.

Além disso, sabemos que muitas vezes o consumidor mais simplista e sem tempo, para averiguar a qualidade do produto ou serviço, busca tão somente as indicações e recomendações dos outros clientes sobre o produto, confiando nas informações transmitidas em Plataformas de opinião.

---

94. MATTILA, Anna; MOUNT, Daniel J, *International Journal of Hospitality Management*, The impact of selected customer characteristics and response time on E-complaint satisfaction and return intent, 22. ed. 2003, p. 142 e ss.

95. Cf.: SIBONY, Anne-Lise. Can EU Consumer Law Benefit from Behavioural Insights? An analysis of the unfair practices directive. *European Review of Private Law*, v. 22, n. 6, p. 901-941, Alphen aan den Rijn, 2014.

É fato que nenhum mercado existe sem a confiança entre consumidor fornecedor. Para criar essa fidúcia em transações virtuais, sem qualquer tipo de contato entre as partes, é necessária a criação de sistema de feedback de reputação, seja através de registro de avaliações quantitativas ou qualitativas, bem como classificações realizadas pelo perfil do consumidor.

A doutrina alcunhou de *reputation economy*[96], situação em que as plataformas *online* simulam os mecanismos de construção de confiança entre consumidores e fornecedores, ainda que de pequena escala.

Tais Plataformas assumem a tradicional "boca a boca" entre os consumidores, nesta feita *online*, através da qual a informação é circulada entre os consumidores, atingindo potenciais adquirentes de todo mundo, gerando interação[97], confiança e esclarecimento do bem a ser adquirido.

De mais a mais, insta frisar que boa parte das pequenas e médias empresas, que não possuem recursos financeiros para fazer um *marketing* completo, possuem como instrumento[98] de divulgação de seus produtos os comentários e críticas positivas realizados pelos consumidores nessas Plataformas, realçando a credibilidade e imagem da empresa.

Cabe fazer a distinção entre as Plataformas, as quais se subdividem em duas espécies: aquelas elaboradas pelos próprios fornecedores, os quais gerenciam a forma e a metodologia de pesquisa adotada e, por sua vez, aquelas independentes, criadas por empresas neutras, visando uma imparcialidade maior.

Bom sublinhar que esses sistemas de reputação devem oferecer ao usuário uma abordagem clara e justa, calcada em informações transparentes e mecanismos de revisão[99] sobre a opinião ali pontuada, seja positiva ou negativa. As revisões devem ser periódicas, além de conter classificações dinâmicas, com balizas na imparcialidade e no acesso objetivo ao consumidor.

Há quem entenda[100], inclusive, que esse sistema de reputação *online*, que classifica e avalia o comportamento dos fornecedores é superior aos instrumentos

---

96. Cf.: MASUM, Hassan; TOVEY, Mark; NEWMARK, Craig. The Reputation Society, Cambridge: MIT Press, 2011, p. 133 e ss.; veja também BLOCHER, Joseph. Reputation as Property in Virtual Economies. *Yale Law Journal*, 2009, p. 122 e ss.

97. Sobre o tema, confira: BERNSTEIN, Lisa. Opting Out of the Legal System: Extralegal Contractual Relations in the Diamond Industry. *The Journal of Legal Studies*, v. 21, n. 1, The University of Chicago Press, 1992, p. 115 e ss.

98. Sobre o tema, confira: LUCA, Michael. Reviews, Reputation, and Revenue: The Case of Yelp.com. *Harvard Business School Working Paper*, 2016, p. 2 e ss.; MAYZLIN, Dina; DOVER, Yaniv; CHEVALIER, Judith. Promotional Reviews: An Empirical Investigation of *Online* Review Manipulation. *American Economic Review*, 2014, p. 2421 e ss.

99. Cf.: BUSCH, Christoph. Crowdsourcing Consumer Confidence How to Regulate *Online* Rating and Review Systems in the Collaborative Economy. In: BUSCH, Christoph. *Crowdsourcing Consumer Confidence: How to Regulate Online Rating and Review Systems in the Collaborative Economy (June 15, 2016)*. Forthcoming in: Alberto De Franceschi (Ed.). European Contract Law and the Digital Single Market, Intersentia, Cambridge 2016.

100. Cf.: LOBEL, Orly. The law of Plataform. *Minnesota Law Review*, 2016, p. 137 e ss.

tradicionais de repressão do direito de consumo, notadamente no que toca à assimetria de informação.

Centremo-nos na primeira espécie de Plataforma, aquela criada pelos fornecedores.

A criação de Plataformas de avaliação pelos fornecedores tem raiz na procura dos consumidores por informação qualificada e experiências com o produto, afinal, não há opinião melhor senão daqueles que já possuem o produto ou serviço e podem contar sobre suas expectativas.[101]

Com efeito, os sistemas de avaliações[102] *online* elaborados pelas Plataforma trazem em regra, a possibilidade de qualificar o produto em uma escala de nota (atribuídas de 0-10) ou por índices de satisfação[103] do consumidor (completamente insatisfeito, insatisfeito, satisfeito, completamente satisfeito), além da possibilidade de o consumidor escrever críticas, elogios, comentários, sugestões.

Nesse ponto, é importante elencar que boa parte das empresas possuem Plataformas auditadas, imparciais, que não escondem nem distorcem as avaliações dos consumidores, ainda que sejam prejudiciais à própria empresa.

De toda sorte, há de se mencionar que muitas vezes, quando o anonimato não é garantido na reclamação, o consumidor tem receio ou medo de expressar sua opinião, notadamente quando negativa sobre o produto ou serviço, uma vez que pode sofrer retaliações[104] virtuais do fornecedor e dos demais clientes que pensam de maneira diversa.

Contudo, há ainda aqueles fornecedores que, visando tão somente o lucro, deturpam a realidade e fazem uma espécie de triagem das avaliações, em verdadeiro acinte à informação verdadeira ao consumidor.

Ou, por outro lado, há muitos casos em que o fornecedor concorrente implanta comentários sórdidos e inverídicos com o único intuito de acarretar prejuízos e desvirtuar a imagem do concorrente, denominado de *sppamer* de opinião.[105]

Assim, um dos mecanismos de segurança[106] tanto para o consumidor quanto para o fornecedor é uma implementação de um sistema interno que só permita a

---

101. Sobre o tema, confira: BEN-SHAHAR, Omri; SCHNEIDER, Carl E. The Failure of Mandated Disclosure. *University of Pennsylvania Law Review*, v. 159, n. 3, 2011, p. 746 e ss.
102. Sobre o tema, confira: NARCISO, Madalena. *Online* Marketplaces and Adverse Selection: A Law and Economics Analysis. *Review Mechanisms*, 2017, p. 3 e ss.
103. Sobre o tema, confira: DELLAROCAS, Chrysanthos. Design *Reputation Systems for the Social Web*. The Reputation Society How *Online* Opinions Are Reshaping the Offline World. Cambridge: The MIT Press, 2012, p. 9 e ss.
104. Sobre o tema, confira: DELLAROCAS, Chrysanthos; WOOD, Charles A. The Sound of Silence in *Online* Feedback: Estimating Trading Risks in the Presence of Reporting Bias. *Management Science*, v. 54, n. 3, p. 467. mar. 2008.
105. AGGARWAL, Rohit; SINGH, Harpreet. Differential Influence of Blogs Across Different Stages of Decision Making: The Case of Venture Capitalists. *MIS Quarterly*, v. 37, n. 4, p. 1093 e ss. dez. 2013.
106. Cf.: KUMAR, Naveen; VENUGOPAL; Deepak, QIU, Liangfei; KUMAR, Subodha. Detecting Review Manipulation on *Online* Platforms with Hierarchical Supervised Learning. *Journal of Management Information System*, v. 35, n. 1, 2018, p. 355 e ss.

resposta do consumidor e sua avaliação se efetivamente for checado que o adquirente tenha comprado determinado produto, em uma espécie de *double check*, em que o consumidor receberia uma mensagem em seu telefone checando a veracidade das informações relatadas.

A segunda espécie de Plataforma consiste naquelas independentes, inseridas no modelo de economia partilhada, ou seja, aquela definida como qualquer mercado que permita o encontro entre indivíduos para a partilha ou troca de bens outrora subutilizados.[107] Com efeito, essas Plataformas[108] permitem a colaboração do consumidor de forma espontânea e imparcial, fundada em mecanismos de reputação guiadas pela confiança no próprio modelo colaborativo, sem interferência externa, como o modelo tradicional de oferta e procura.

Aprofundando essa ideia, Professor Mark Kawakami previu um mecanismo em que o consumidor se tornaria independente de um sistema jurídico eminentemente falho e demorado. Sua autonomia seria consubstanciada com a criação de uma plataforma *online* para os adquirentes opinarem sobre os *sites* dos fornecedores, promovendo o efeito cascata entre os demais consumidores acerca dos comerciantes negligentes e ineficientes, numa espécie de *collaborative consumer protection*.[109]

No caso do Ebay[110], por exemplo, há um sistema formal de reputação no qual só pessoas registradas e que adquiriram ou ofertaram determinado produto ou serviço são as que podem avaliar-se mutuamente as respectivas condutas, justificando, acaso queiram, sua decisão. Com esta prática, múltiplas avaliações perfazem o perfil de cada membro, cuja performance é designada por número de estrelas.

---

107. KOOPMAN, Christopher; MITCHELL, Matthew; THIERER, Adam. The Sharing Economy and Consumer Protection Regulation: The Case for Policy Change. *The Journal of Business, Entrepreneurship & the Law*, v. 8, n. 2, 2015, p. 530 e ss.

108. Sobre o tema, confira: RESNICK, Paul; ZECKHAUSER, Richard; FRIEDMAN, Eric; KUWABARA, Ko. Reputation Systems. *Communications Of The Acm*, v. 43, n. 12, p. 46 e ss., dez. 2000, *verbis*: "Reputation systems seek to establish the shadow of the future to each transaction by creating an expectation that other people will look back on it".

109. Em Portugal, existem instrumentos de coerção social em que os fornecedores se adequam às regras morais de conduta através de códigos de boas práticas. Como exemplo, vide Associação de Defesa do Consumidor e a Anacom. Sobre o tema, confira: KAWAKAMI, Mark T. Adjusting EU consumer protection mechanisms to the needs of private actors: Collaborative Consumer Protection and the *Ex Ante* avoidance of conflict. *European Review of Private Law*, Alphen aan den Rijn, v. 21, n. 5/6, p. 1255-1276, 2013, p. 1275-1276. No Brasil, o professor Carlos Roberto Gonçalves fala em Mecanismos Alternativos de Resolução de disputas criado pela própria dinâmica do mercado. Em síntese: o consumidor que enfrentasse problemas com consumo *online*, em vez de recorrer às cortes tradicionais, poderia dirigir-se a um fórum criado especificamente com a finalidade de resolver esse tipo de problema. Para o professor, a tendência é que, em um futuro muito próximo, todos os *sites* de *e-commerce* filiem-se a algum órgão de resolução de disputas. Cf.: GONÇALVES, Carlos Roberto. *Direito Civil Brasileiro*: contratos e atos unilaterais. 16. ed. São Paulo: Saraiva, 2019, p. 91 e ss.

110. Sobre o tema, confira: CALLIESS, Gralf-Peter. Transnational Consumer Law: Co-Regulation of B2C-E--commerce. *Clpe research paper series. Transnational consumer law*. University of California, v. 3. n. 3, p. 5 e ss. s.d.

Por sua vez, a empresa Mercado Livre reportou cerca de 8 milhões de disputas por ano, decididas através de canais de ODR que oferecem soluções através de negociação, mediação e arbitragem on-line. Se, por um lado, a empresa oferece sistemas de "compra garantida"[111], ao consumidor, por outro, a empresa espera que os fornecedores solucionem suas demandas de forma rápida e efetiva (ofertando incentivos para eles), sob pena de muitas vezes acarretar sua inabilitação na referida plataforma.[112]

Por certo, essas plataformas permitem que os consumidores ultrapassem a barreira física e geográfica de verificar o bem fisicamente, para ao menos ter a experiência relatada por outros compradores sobre a qualidade do produto.[113]

Com efeito, muitas dessas Plataformas possibilitam que fornecedores paguem determinada taxa para que seus serviços sejam colocados em destaque, desvirtuando totalmente a ideia de espontaneidade e imparcialidade da Plataforma. Nesses casos, os resultados da Plataforma são maculados e, por conseguinte, não merecem a devida credibilidade.

Há ainda situações em que os fornecedores aplicam novos descontos ou benefícios a consumidores que avaliarem o produto ou serviço adquirido, o que também altera o resultado de uma avaliação imparcial.

Além disso, é mister que a Plataforma consiga verificar se realmente o consumidor que procedeu a reclamação, sugestão ou crítica, se efetivamente adquiriu o produto ou serviço. Medidas variadas de check list são adotadas, como por exemplo, a apresentação de nota fiscal do restaurante ou mesmo fotografias do estabelecimento, ou o próprio recebimento de mensagem de celular confirmando a reserva.

Questão diferente, mas igualmente interessante que se coloca é que corriqueiramente os resultados da Plataforma não são fidedignos[114] em sua totalidade. Isso porque além de muitos consumidores não terem interesse ou tempo de se manifestar nessas Plataformas – o que implica em uma amostragem menor –, a maior parte de-

---

111. Na compra garantida, a Plataforma protege o consumidor que pagou pelo produto e não recebeu, recebendo o valor integral da compra, desde que preencha determinados critérios e tenha cumprido condições fixadas pelo próprio programa de proteção ao consumidor. Assim dispõe no *site* do Mercado Livre: "Se você pagou com dinheiro em conta no Mercado Pago ou boleto, nós o devolveremos de imediato para a sua conta no Mercado Pago. Se o pagamento foi feito com um cartão de crédito, você verá o reembolso na sua próxima fatura ou na subsequente, dependendo da data de cancelamento do seu pagamento". Disponível em: https://www.mercadopago.com.br/ajuda/Compra-protegida_601. Acesso em: 20 jul. 2020.
Caso você tenha pago com cartão de débito, verá o valor devolvido no seu *Internet* Banking.
112. Sobre o tema, confira: DALMASO, Ricardo. A resolução de disputas *online* (odr): do comércio eletrônico ao seu efeito transformador sobre o conceito e a prática do acesso à justiça. *Revista de Direito e as Novas Tecnologias*, v. 5/2019, p. 12 e ss.
113. NARCISO, Madalena. Marketplaces and Adverse Selection: A Law and Economics Analysis. *Review Mechanisms*, 2017.
114. Cf.: FREITAS, *Eduardo Manuel de Melo Freitas. Os sistemas de avaliações online: proteção do consumidor nos mercados de comércio eletrónico. Anuário Noca Consumer Lab*, ano 1.2019, p. 209 e ss.

les só o fazem quando estão extremamente satisfeitos[115] ou insatisfeitos, deixando reiteradamente à margem as experiências medianas.

Essa ferramenta bem utilizada não somente protege o consumidor na hora da compra, mas sobretudo cria uma imagem de respeito e credibilidade para as empresas, com o conseguinte aumento do custo do comportamento desonesto[116]. Problemas sempre existirão, a diferença é saber como solucioná-los de forma eficaz, sempre tendo em conta a harmonia da relação de consumo.

Finalmente, referido instrumento, criado pela própria sociedade, muitas vezes traz resultados práticos mais eficientes[117] que propriamente a previsão normativa sancionatória, uma vez que as críticas nascem dos próprios consumidores e as respostas das empresas, via de regra, tendem a ser célere.

5.5 CONSEQUÊNCIAS

Quando uma informação[118] é transmitida por uma pessoa (fornecedor) que esteja em uma situação objetiva de supremacia de posição jurídica é imprescindível ter cuidado especial em suas tratativas preliminares, sob pena de violar os bons costumes e provocar danos.

Como se observou nos exemplos outrora mencionados, não se trata de situação em que as partes se encontram em desigualdade de oportunidades para obtenção de informação. Muito pelo contrário. É o *modus operandi* peculiar de transmitir a informação pelo fornecedor que acarreta variados efeitos práticos para o consumidor.

No primeiro plano, se o contrato ainda não tiver sido concretizado, o magistrado pode fazer cessar referida conduta abusiva, aplicando multa diária[119] com o fito de deter a arbitrariedade. Basta observar, por exemplo, as variadas tutelas concedidas pelo Judiciário para suspender publicidade enganosa ou até liminares que retiram do ar os sítios eletrônicos até que a empresa interrompa o abuso.

---

115. DELLAROCAS, Chrysanthos; WOOD, Charles A. The Sound of Silence in *Online* Feedback: Estimating Trading Risks in the Presence of Reporting Bias. *Management Science*, v. 54, n. 3, p. 468 e ss.mar. 2008.

116. A criação de um ambiente de credibilidade entre as empresas gera um prejuízo imediato para aquelas que não conseguem se inserir nesse cenário. Sobre o tema, confira: HUI, Xiang; SAEEDI, Maryam; SHEN, Zeqian, SUNDARESAN, Neel. From Lemon Markets to Managed Markets: The Evolution of eBay's Reputation System. *The Ohio State University*, 2014, p. 35 e ss.

117. Nesse contexto, o Professor Fabiano Hartmann pontua da seguinte forma: "A legitimidade do direito está na própria sociedade, complexa, dinâmica, polifônica, que busca, em última análise a justa e digna vivência". Cf.: PEIXOTO, Fabiano Hartmann. Teorias da argumentação jurídica e racionalidade da mordernidade. *Revista eletrônica Direito e Política*, Programa de Pós-Graduação *Stricto Sensu* em Ciência Jurídica da UNIVALI, Itajaí, v. 4, n. 3, 3º quadrimestre de 2009. Disponível em: www.univali.br/direitoepolitica-ISSN 1980-7791. Acesso em: 27 maio 2020.

118. Vide ensinamentos de: MONTEIRO, Jorge Ferreira Sinde. *Responsabilidade por conselhos, recomendações ou informações*. Coimbra: Almedina, 1989, p. 572.

119. De origem francesa, as *astreintes* servem como método de impelir o réu a cumprir determinada medida, sob pena de multa pecuniária arbitrada pelo juízo. Por exemplo, pode compelir que *sites* tornem inacessíveis até que cumpram a efetiva informação necessária.

CAPÍTULO 5 • SANÇÕES DO INCUMPRIMENTO

Por outro lado, uma vez concretizado o contrato, o abuso do fornecedor pode ter efeito colateral no próprio conteúdo[120] contratual, anulável a pedido do consumidor, nos termos do artigo 287 do Código Civil[121].

Aliás, nesse caso, a expressão "função social" do artigo 287 do CC português deve ser visualizada com o sentido de finalidade coletiva, sendo reflexo do princípio da relativização da força obrigatória dos contratos (*pacta sunt servanda*)[122]. Assim, os limites do dever de informar tendem a coincidir com os fundamentos da anulabilidade[123] do contrato pactuado.

Há ainda a possibilidade de o contrato gerar prejuízo[124] substancial ao consumidor. Nessa hipótese, a doutrina diverge. Uns entendem que a pretensão indenizatória se dirige ao interesse negativo, ou dano da confiança[125]. Ou seja, a indenização deveria cumprir apenas a diferença entre a situação patrimonial atual do lesado e a situação patrimonial que existiria se o contrato não tivesse sido celebrado ou se o negócio não tivesse sido concluído.

Outros[126] compreendem que a indenização pode resvalar não somente nas despesas realizadas, nos lucros cessantes, bem como no interesse positivo do contrato, quando, por exemplo, cobriria a diferença entre a situação patrimonial do lesado e a situação patrimonial que existiria se o contrato fosse celebrado em equilíbrio.

Há ainda quem sustente, de forma peculiar, a necessidade de compensar a parte "inocente" (o consumidor) pelo ganho materialmente obtido pela parte que violou os deveres pré-contratuais[127].

---

120. Confira o caso de empréstimos bancários em que os juros estipulados são exorbitantes.

121. LEITÃO, Luís Manuel Teles de Menezes. A proteção do consumidor contra as práticas comerciais desleais e agressivas. *O direito*, Lisboa, a. 134-135, p. 69-85, 2002-2003, p. 385. Confira também artigo 287 (Anulabilidade) 1. Só têm legitimidade para arguir a anulabilidade as pessoas em cujo interesse a lei a estabelece, e só dentro do ano subsequente à cessação do vício que lhe serve de fundamento. 2. Enquanto, porém, o negócio não estiver cumprido, pode a anulabilidade ser arguida, sem dependência de prazo, tanto por via de ação como por via de exceção.

122. Acrescenta Tartuce em visão mais humanista que, à luz da personalização e constitucionalização do Direito Civil, pode-se afirmar que a real função do contrato não é a segurança jurídica, mas sim atender os interesses da pessoa humana. Cf.: TARTUCE, Flávio. *Manual de Direito Civil*. 4. ed. São Paulo: Método, 2020, p. 53 e ss.

123. ALMEIDA, Carlos Ferreira de. *Contratos I*. 5. ed. Coimbra: Almedina, 2015, p. 202.

124. Vide artigo 29, n. 1 e n. 2, do DL 24/2014 combinado com artigo 483, n. 1, do Código Civil português e artigo 12, n. 1, da lei de defesa do consumidor. Cf.: PORTUGAL. Supremo Tribunal de Justiça. Acórdão do processo 03B4187. Relator: Ferreira de Almeida. Lisboa, 29 de janeiro de 2004. Confira também: VASCONCELOS, Pedro Pais de. *Teoria geral do direito civil*. *Revista do Centro de Estudos Judiciários*, n. 1, 2015, p. 250.

125. Sobre o tema, confira: MONTEIRO, Jorge Ferreira Sinde. *Responsabilidade por conselhos, recomendações ou informações*. Coimbra: Almedina, 1989, p. 369-370; ALMEIDA, Carlos Ferreira de. *Contratos I*. 5. ed. Coimbra: Almedina, 2015, p. 212; PINTO, Paulo Mota. *Interesse contratual negativo e interesse contratual positivo*. Coimbra: Coimbra Editora, 2008, p. 876 e ss.

126. Versam sobre o tema: ALMEIDA, Carlos Ferreira de. *Contratos I*. 5. ed. Coimbra: Almedina, 2015, p. 213.; TELLES, 2010, p. 207; CORDEIRO, António Menezes. *Tratado de Direito Civil IX: Direito das obrigações*. 2. ed. Coimbra: Almedina, 2016, p. 658 e ss.

127. Essa ideia foi engendrada por Erick Monsen, confira excerto: "[...] If my proposition is followed up, the rule of disgorgement damages will constitute a general supplementary rule on damages, and as such, it

Insta acentuar que condutas esdrúxulas dos fornecedores podem ser combatidas mediante ação inibitória[128] proposta por qualquer pessoa que tenha interesse legítimo, com vistas a prevenir, corrigir ou até mesmo fazer cessar as atitudes reprováveis.

Referidas ações[129], que visam a tutela dos interesses difusos e coletivos, são destinadas a conseguir que cláusulas contratuais gerais, merecedoras do juízo de proibição regulado na LCCG, criadas para utilização futura, sejam retiradas do comércio, por intermédio de decisão judicial que vede a sua utilização futura pelas entidades que para o efeito forem demandadas.

Nesse contexto, o controle das cláusulas contratuais gerais deverá ser feito de forma abstrata[130], sem particularizar ao caso em concreto, devendo ser analisada unitariamente (cláusula por cláusula) e em seu conjunto (conexão entre elas e o objeto ali entabulado entre as partes.

Caso interessante que ocorreu no Tribunal[131] francês em que a associação nacional de Consumidores "QUE CHOISIR" ajuizou demanda de consumo em face da Société Française du Radiotéléphone (empresa fornecedora de serviço de *internet* e televisão) em que visava, em síntese, julgar abusivas e ilegais cerca de trinta cláusulas contidas nas cláusulas contratuais dispostas. As abusividades eram variadas, como por exemplo, uso indevido dos dados cadastrais, cláusula de fidelidade, falta de clareza em ofertas do tipo "ilimitadas", bem como cláusulas excludentes de responsabilidade. Ao fim, com base na Directiva 93/13 CEE do Conselho, de 5 de abril de

---

will in principle be applicable to breachs of both positve (main) obligations and negative (pré contractual) obligations. [...]". Cf.: MONSEN, Erick. Disgorgement Damages for Breach of Pre-Contractual Obligation and Contract. *European Review of Private Law*, Alphen aan den Rijn, v. 19, n. 6, p. 799-815, 2011, p. 814. Vide também visão interessante de Henrique Sousa Antunes revisitando o conceito de dano não patrimonial que inclui o desequilíbrio patrimonial com expressão econômica na esfera do lesante, permitindo ao lesado resgatar o lucro. Cf.: ANTUNES, Henrique Sousa. *Da inclusão do lucro ilícito e de efeitos punitivos entre as consequências da responsabilidade civil extracontratual*: a sua legitimação pelo dano. Coimbra: Coimbra Ed., 2011, p. 13 e ss.

128. Vide artigo 10, n. 1, c, da lei de defesa do consumidor (Lei 24/96) bem como artigo 25 do DL 446/85. Expõe o Professor Joaquim de Sousa Ribeiro que, nestes casos, estando exclusivamente em vista cláusulas contratuais destinadas a valer numa multiplicidade de relações, que deverão ser avaliadas desligadas da sua efetiva aplicação em relações jurídicas individuais/concretas, os interesses a ponderar serão os interesses típicos do círculo de contraentes normalmente envolvidos numa operação negocial daquele género, e não os interesses e expetativas de aderentes em concreto. Cf.: RIBEIRO, Joaquim de Sousa. *O problema do contrato, as cláusulas contratuais gerais e o princípio da liberdade contratual*. Almedina, reimpressão, 2003, p. 563 e 564. Para aprofundamento sobre o tema, confira: BAPTISTA, Fátima. A ação inibitória nacional e europeia. *Direito do Consumo*, Lisboa, CEJ, 2014, p. 167 e ss.

129. Conforme art. 26 da LCCG, tais ações podem ser propostas por associações de defesa do consumidor dotadas de representatividade, no âmbito previsto na legislação respetiva, por associações sindicais, profissionais ou de interesses económicos legalmente constituídas, atuando no âmbito das suas atribuições e pelo Ministério Público, oficiosamente, por indicação do provedor de Justiça ou quando entenda fundamentada a solicitação de qualquer interessado.

130. Sobre o tema, confira: DUARTE, Jorge Dias. O Papel do Ministério Público na Defesa do Consumidor. *Coleção Formação Contínua* – Direito do Consumo. Centros de Estudos Judiciários, jul. 2018, p. 27 e ss.

131. Cf.: Cour d'appel de Paris, pôle 5 – ch. 11, arrêt du 30 mars 2018. Disponível em: https://www.legalis.net/jurisprudences/cour-dappel-de-paris-pole-5-ch-11-arret-du-30-mars-2018/. Acesso em: 18 maio 2020.

1993 relativa às cláusulas abusivas nos contratos celebrados com os consumidores, a Corte francesa declarou abusivas algumas cláusulas, determinando a exclusão dessas cláusulas e proibição do seu uso no futuro, sob pena de 300 euros por dia.

Além disso, muitas vezes o consumidor não busca necessariamente a reparação monetária em si, mas outras formas de resolução do conflito[132], seja por um pedido formal de desculpas no processo ou ampla divulgação do erro nas mídias sociais ou em jornais de grande circulação.

Em viés diametralmente oposto, outra consequência decorrente das atitudes abusivas por parte do fornecedor é a resposta proveniente dos próprios consumidores em atitudes proativas de não adquirirem o produto ou o serviço, sem a necessidade de ordenamento jurídico coercitivo.

Do exposto, concluímos que, seja pela via moral – em que o consumidor deixaria de comprar ou contratar serviços de determinado fornecedor – ou pela ordem legal – em que o poder Judiciário puniria qualquer transgressão à legislação vigente – o direito do consumidor deve ser resguardado sempre.

5.6 PLATAFORMAS DE RESOLUÇÃO DO LITÍGIO EM LINHA – PORTUGAL

Feita a análise das sanções legais e morais que o fornecedor pode eventualmente sofrer, caso não cumpra efetivamente com aquilo prometido na oferta, é necessário tratar como o consumidor pode resolver os problemas decorrentes do incumprimento informacional em contratos de adesão.

Há um dever pré-contratual de informação que o fornecedor deve observar, que preferimos tratar nesse momento. Em acréscimo à observância das informações pré-contratuais que o fornecedor deve atentar, soma-se a necessidade de divulgação[133] ao consumidor sobre a possibilidade e opção que ele possui de acessar a um mecanismo extrajudicial de reclamação, especialmente o virtual, bem como qual ou quais centros de conciliação, mediação e arbitragem o fornecedor estiver vinculado, além do modo de acesso a esse mesmo mecanismo.

Infere-se, assim, que há um dever de informação geral[134], ou seja, há uma obrigação dos fornecedores de bens e prestadores de serviços de informar os consumidores sobre as entidades de Resolução Alternativa de litígio disponíveis[135] ou

---

132. ELEFTHERIOU, Demetrios; BERLIRI, Marco; CORAGGIO, Giulio. Data Protection and *E-commerce* in the United States and the European Union. *The International Lawyer*, v. 40, n. 2, International Legal Developments in Review: 2005, p. 402.

133. Cf.: DL 24/2014, artigo 4º, n. 1, aa, *verbis*: "aa) A possibilidade de acesso a um mecanismo extrajudicial de reclamação e recurso a que o profissional esteja vinculado e o modo de acesso a esse mesmo mecanismo, quando for o caso".

134. Cf.: artigo 18 da Lei 144/2015. Vale ressaltar que não impõe a adesão, tão somente obriga a informar ao consumidor. Confira também artigo 14 do Regulamento 524/2013.

135. Sobre o tema, confira: OSNA, Gustavo. Acceso a la justicia, cultura y Online Dispute Resolution. *Revista de La Facultad de Derecho Pontificia Universidade Católica do Paraná*, n. 83, dez./maio, 2019, p. 13 e ss.

às quais estão vinculadas, disponibilizando, em seu sítio eletrônico, uma ligação à plataforma da ODR (*Online Dispute Resolution*) via *hiperlink* ou plataforma da entidade que esteja conectada.

Nesse contexto, o Ministro Marco Aurélio Buzzi, após imersão sobre o tema atinente à mudança de cultura pela composição de litígios[136], ressaltou que há uma verdadeira retomada pela utilização dos métodos informais de pacificação de litígios e, como que a confirmar essa vertente, o generalizado e progressivo interesse pelos sistemas extrajudiciais de solução de pendências. Arremata que devem ser considerados como instrumentos efetivos de pacificação social, solução e prevenção de litígios, cuja demonstração tem sido aferida ante projetos comprovadamente implantados em todos os continentes.

Sobre esse tema[137], em Portugal[138] e na União Europeia, está em vigor desde 2016 a Plataforma de Resolução de Litígio em Linha, conservada e financiada pela Comissão Europeia[139]. Mais que isso, a Comissão é a responsável pelo funcionamento da Plataforma, incluindo os aspectos relativos à tradução, manutenção e segurança dos dados ali dispostos.

Esse mecanismo tem como configuração um *site* interativo[140], acessível de forma eletrônica e gratuita em todas as línguas oficiais da União Europeia. Na prática, a ferramenta configura um sistema ODR e assume uma posição intermediária entre o consumidor e comerciantes, recebendo[141] queixas de ambas as partes[142], permitindo-lhes que possam resolver eletronicamente os seus litígios através de procedimentos

---

136. Cf.: BUZZI, Marco Aurélio Gastaldi. A mudança de cultura pela composição de litígios. *Doutrina*: edição comemorativa 25 anos – STJ. Disponível em: https://www.stj.jus.br/publicacaoinstitucional/index.php/Dout25anos/issue/view/30/showToc. Acesso em 20 dezembro 2021.
137. Tivemos a oportunidade de desenvolver o tema em outras oportunidades, confira: BARROS, João Pedro Leite. *Arbitragem Online em Conflitos de Consumo*. São Paulo: Editora Tirant Lo Blanch, 2019, p. 51 e ss.
138. Há outras opções disponíveis ao consumidor em Portugal, como os julgados de paz, os procedimentos de injunção, que permitem ao credor de dívida obter, de forma célere e simplificada, um título executivo, sem necessidade de ajuizar uma ação judicial declarativa (DL n. 269/98, de 1/9), dentre outros. Cf.: FERREIRA, Jaime Cardona. Os Julgados de Paz e os litígios de consumo. *EDC*, n. 4, 2002, p. 79.
139. Cf.: artigo 5º, n. 1, do Regulamento 524/2013.
140. Para o Professor Félix Valbuena González, a Plataforma RLL tem sido comparada ao sistema multiportas ou, na doutrina inglesa the multi-door court house, "[...] puesto que recibe las reclamaciones y las deriva a una entidad de resolución alternativa, como evolución de la operativa de un centro de resolución de disputas, donde el conflicto ingresa y tras ser analizado por un operador, éste sugiere a las partes acudir a una de las varias posibilidades para abordarlo [...]" Cf.: GONZÁLEZ, Félix Valbuena. La protección del consumidor europeo: Alternativas a la vía judicial. *Revista de Estudios Europeos*. Valladolid, n. 66, 2015, p. 70. Confira também: CONFORTI, Oscar Daniel Franco. Mediación electrónica (eMediación). *Diario La Ley*. Madri, n 8519, 2015, p. 5 e ss.
141. Cf.: PASSINHAS, Sandra. Alterações recentes no âmbito da Resolução Alternativa de Litígios de Consumo. In: MONTEIRO, António Pinto (Org.). *O contrato na gestão do risco e na garantia da equidade*. Coimbra: Instituto Jurídico da Faculdade de Direito da Universidade de Coimbra, 2015, p. 376.
142. Vale dizer que em Portugal, os centros de arbitragem de consumo de competência genérica não têm competência para tratar reclamações apresentadas por um profissional (arts. 4º, n. 4 dos regulamentos e 2º, n. 2, d, da Lei 144/2015).

extrajudiciais conduzidos pelas entidades de Resolução Alternativa de Litígio (RAL) em cada Estado-membro.[143]

Ao que consta, as entidades de cada Estado-membro podem regular o procedimento do conflito *online* através da própria Plataforma eletrônica ou direcioná-lo[144] ao sistema interno competente através de meios eletrônicos próprios.[145]

As matérias[146] contempladas pela Plataforma cingem-se àquelas relativas às obrigações contratuais resultantes de contratos de venda ou serviço em linha, entre um consumidor residente na União Europeia e um comerciante também estabelecido na União Europeia.[147]

Outrossim, a Plataforma tem como objetivo facilitar a acessibilidade dos consumidores, a fim de resolverem suas demandas derivadas do comércio eletrônico, por meio do acesso gratuito à Plataforma, a qual pode ser conectada em todas as línguas oficiais dos Estados-membros da União Europeia.

Nesse contexto, o Centro Europeu do Consumidor foi designado como ponto de contato nacional desta plataforma, com o objetivo de prestar assistência aos consumidores neste domínio. Na prática[148], auxiliará conferindo ajuda para a apresentação da queixa, facilitando as informações de caráter geral sobre os direitos do consumidor e explicando às partes como funciona a plataforma e as normas de procedimento.

Além disso, ficou convencionado pelo Regulamento que as regras[149] deste tipo de litígio não exigirão a presença das partes ou dos seus representantes perante a entidade de RAL, salvo se seus ditames processuais previrem essa hipótese e as partes derem o seu acordo.

---

143. Cf.: artigo 5º, n. 2, do Regulamento 524/2013. Vale ressaltar que cada Estado-membro tem a responsabilidade de coordenar todas as entidades aderentes. Vide artigo 5º, n. 5, do Regulamento UE 524/2013. Cf.: Lista atualizada das entidades: Disponível em: http://www.arbitragemdeconsumo.org/. Acesso em: 19 dez. 2019.

144. A Professora Inmaculada Barral entende que, por ter um papel intermediário, a plataforma não minora os obstáculos de acesso à justiça pelo consumidor, *verbis*: "[...] However, the platform does not remove the obstacles to access of justice inherent to ADR since the platform merely redirects claims to a competent ADR entity". Cf.: BARRAL-VIÑALS, Inmaculada. Consumer "access to justice" in EU in Low-Value Cross-Border Disputes and the role of *Online* Dispute Resolution. In: JIMÉNEZ-GOMEZ, Carlos E. *Achieving open justice through citizen participation and transparency*. Barcelona: IGI Global, 2017, p. 203 e ss.

145. Cf.: PASSINHAS, Sandra. A Directiva 2011/83/UE, do Parlamento Europeu e do Conselho, de 25 de outubro de 2011, Relativa Aos Direitos Dos Consumidores: Algumas Considerações. *Estudos do Direito do Consumidor*, n. 9, p. 93-141, 2015, p. 383.

146. Vide artigo 2º do Regulamento 524/2013.

147. O objeto do estudo não se aplica aos contratos de venda ou contratos de serviços que não sejam celebrados em linha. Cf.: artigo 2º, n. 1, da Lei 144/2015.

148. Cf.: MONZONÍS, Carmen Azcárraga. Medios electrónicos en los sistemas extrajudiciales de resolución de conflictos: novedades legislativas impulsadas desde Europa. In: MORENO, Guillermo Palao et al. *Los nuevos instrumentos europeos en materia de Conciliación, Mediación y Arbitraje de Consumo*. Valencia: Tirant to Blanch, 2016, p. 28.

149. Cf.: Considerando 22 do Regulamento 524/2013.

Convém acentuar que no Regulamento 524/2013[150] há uma possibilidade de bilateralidade do litígio, isto é, permissão de que o comerciante inicie o procedimento e apresente queixa contra o consumidor, quando tais procedimentos pertinentes de RAL forem oferecidos por entidades de RAL. Afirme-se, porém, que essa foi uma orientação condicionada à legislação do Estado-membro de residência habitual do consumidor que venha a admitir que tais litígios se resolvam através da Plataforma. Tal orientação (e não imposição do Regulamento 524/2013) não foi recepcionada[151] pela Lei 144/2015, já que, nessa última, somente é permitida a utilização da Plataforma de queixas provenientes de consumidores em face de comerciantes (sistema unidirecional).

É preciso considerar que a Plataforma não somente cumpre a função de dirimir os conflitos de consumo em linha, como também tem uma função informativa.[152] Nesse sentido, deverá dispor sobre informações gerais sobre resolução extrajudicial de litígios, as entidades aderentes, um manual de representação de reclamações, os pontos de contato nacionais[153] e os dados estatísticos sobre os resultados de sua utilização.

Outrossim, o Regulamento[154] não se aplica aos litígios que não forem celebrados em linha, o que parece ser uma falha[155], especialmente se se tratar de conflitos de consumo em que o comerciante e o consumidor residam em locais distintos. Basta observar, por exemplo, que não poderá utilizar a Plataforma um turista espanhol que adquire um produto eletrônico em Portugal em suas férias e, ao retornar à sua residência, descobre um vício de informação na embalagem do produto adquirido, a qual não consta informação que o mesmo não funciona em voltagem diferente daquele país de compra.

Finalmente, outra crítica que se tece é que são também excluídos do Regulamento: a) conflitos de consumo derivados de transações off-line; b) transações de consumo entre uma empresa com sede de atividade em um Estado-membro e um consumidor extracomunitário; c) reclamações que não derivem de contratos de compra e venda ou prestação de serviços em linha, dentre outras.

---

150. Cf.: Considerando 10 do Regulamento 524/2013.
151. Cf.: artigo 2°, d, da Lei 144/2015.
152. Cf.: artigo 4°, h, do Regulamento 524/2013.
153. Cf.: artigo 7°, n. 1, do Regulamento 524/2013.
154. Cf.: Considerando 15 do Regulamento 524/2013.
155. Cf.: BARRAL-VIÑALS, Inmaculada. Reclamaciones de consumo y ODR: Procesos automáticos, small claims y plataformas interactivas. *Revista Aranzadi de Derecho y Nuevas Tecnologías.* Cizur Menor, n. 34, p. 43-65, 2014, p. 43 e ss.; NICUESA, Aura Esther Vilalta. La paradoja de la mediación en línea. Recientes iniciativas de la Unión Europea y de la CNUDMI. *Revista General de Derecho Europeo*, v. 33, p. 1-35, 2014.

5.7 PLATAFORMAS DE RESOLUÇÃO DO LITÍGIO EM LINHA – BRASIL

O Professor Carlos Roberto Gonçalves[156] desenvolve a ideia de Mecanismos Alternativos de Resolução de Disputas[157], criado pela própria dinâmica do mercado. Em síntese: o consumidor que enfrentar problemas com consumo *online*, por exemplo, ao invés de recorrer às cortes tradicionais, poderia dirigir-se a um fórum criado especificamente com a finalidade de resolver esse tipo de problema. Para o Professor, a tendência é que, em um futuro muito próximo, todos os *sites* de *e-commerce* filiem-se voluntariamente a algum órgão de resolução de disputas.

De antemão cumpre frisar que a Professora Paula Costa e Silva[158] defende nomenclatura diferenciada, isto é, ao invés de mecanismos alternativos de resolução de disputas, dever-se-ia chamar de mecanismos adequados de resolução de disputas, uma vez que a ideia de alternatividade e subsidiariedade deve ser entendida ao meio judicial. Ou seja, o meio judicial é o meio residual, devendo as partes inicialmente buscarem essas outras formas de soluções extrajudicial de conflito.

Seguindo essa linha e sem olvidar dos estabelecidos limites específicos para as cláusulas compromissórias constantes em contratos de adesão, o Ministro Luiz Fux[159] explica que "pela valorização dos interesses das partes e do maior envolvimento de sua participação na pacificação dos conflitos, a arbitragem parece ser meio ensejador de incremento da estabilização de expectativas e, portanto, da segurança jurídica e da própria pacificação social a partir de uma maior aceitabilidade das decisões". Arremata concluindo que "de todo modo, mais do que um meio alternativo à solução dos conflitos, a arbitragem parece se revelar, em muitas situações, um meio mais adequado de solução das controvérsias".

Dito isto, importante também mencionar que, no contexto desses instrumentos extrajudiciais de litígios[160], inserem-se as ODR (*Online Dispute Resolution*), mecanis-

---

156. Cf.: GONÇALVES, Carlos Roberto. *Direito Civil Brasileiro*: contratos e atos unilaterais. 16. ed. São Paulo: Saraiva, 2019, p. 92 e ss.

157. Cf.: a Plataforma de Resolução de Litígios em Linha (RLL), instituída pelo Regulamento 524/2013 do Parlamento Europeu e do Consumo, de 21 de maio de 2013, está em vigor desde fevereiro de 2016, conservada e financiada pela Comissão Europeia. Sobre a importância do tema e exemplos que deram certo, confira: CAPPELLETTI, Mauro; GARTH, Bryant. *Acesso à justiça*. Trad. e revisão Ellen Gracie Northfleet. Porto Alegre: Sergio Fabris, 2002, p. 120 e ss.

158. Cf.: SILVA, Paula Costa e, *A nova face da justiça: os meios extrajudiciais de resolução de controvérsias*: relatório sobre conteúdo, programa e métodos de ensino, Lisboa: Coimbra Editora, 2009, p. 129 e ss.; SILVA, Paula Costa e. De Minimis Non Curat Praetor: O acesso ao sistema judicial e os meios alternativos de resolução de controvérsias: alternatividade efectiva e complementariedade, In: CUNHA, Paulo de Pitta e; MIRANDA, Jorge (Org.). *Estudos em homenagem ao professor doutor Paulo de Pitta e Cunha*. Coimbra: Almedina, 2010, p. 300 e ss.

159. FUX, Luiz. Arbitragem e segurança jurídica: a maturação de um meio adequado de solução das controvérsias. *Doutrina* – Edição Comemorativa – 30 anos do STJ. Disponível em: https://www.stj.jus.br/docs_internet/revista/eletronica/revista_doutrina_dos_30_anos.pdf. Acesso em 20 dezembro 2021.

160. Já tratamos sobre o tema em outra oportunidade, confira: BARROS, João Pedro Leite. *Online Dispute Resolution* – perspectivas de Direito Comparado. *Conjur*, 2019. Disponível em: https://www.conjur.com.br/2019-fev-26/joao-leite-barros-questoes-*online*-dispute-resolution. Acesso em: 10 ago. 2020.

mos instrumentalizados[161] através do uso de comunicações eletrônicas, ou outras tecnologias de informação e comunicação.

No Brasil, desde 2014, foi criada a Plataforma brasileira Consumidor.gov.br que tem como finalidade realizar o *approach* nas negociações entre o consumidor e o fornecedor, quando há conflitos na relação de consumo.

Funciona da seguinte forma: o consumidor apresenta a reclamação na plataforma, acostando os documentos comprobatórios pertinentes de sua demanda (e-mails, protocolos, fotos e vídeos do produto etc.); em sequência, o fornecedor é notificado da demanda e possui 10 dias para responder o pleito. Ato contínuo, a plataforma pergunta ao consumidor objetivamente se sua demanda foi resolvida (sim ou não). Ressalta-se que a Plataforma não adentra no mérito da demanda, nem tampouco nos termos de eventuais acordos.

Em 2018, a Plataforma totalizou 500 mil atendimentos, sendo que 400 mil das queixas foram resolvidas. Segundo consta no *site*[162] da Plataforma, o nível de resolutividade dos consumidores atinge a média de 80% no tempo médio de 7 dias.

Contudo, é necessário avançar mais[163]. Os consumidores que não conseguem a solução de seu problema na Plataforma se veem sob duas alternativas: a) relegar sua insatisfação a um segundo plano e ficar inerte ou b) buscar a resolução do conflito através do Poder Judiciário.

Boa parte das vezes, são demandas de pouca complexidade, com matéria probatória meramente documental e que, facilmente, poderia ser resolvida através dos mecanismos[164] adequados de resolução de litígio, notadamente a arbitragem *online*, como acontece na União Europeia.

Seguindo compreensão semelhante, entendemos que a Plataforma Consumidor. gov.br deve atingir o estágio da arbitragem *online*[165], criando um *hiperlink* inserido do próprio *site* para que o consumidor tenha a opção, caso queira, de resolver sua demanda na Plataforma.

---

161. Sobre o tema, confira: AMERICAN BAR ASSOCIATION. *Addressing Disputes In Electronic Commerce*: Final Recommendations and Report of The American Bar Association's Task Force on Electronic Commerce and Alternative Dispute Resolution. Chicago: American Bar Association, 2002. Disponível em: https://www.americanbar.org/content/dam/aba/migrated/dispute/documents/FinalReport102802.authcheckdam.pdf. Acesso em: 15 nov. 2020. Confira também: KAUFMANN-KOHLER, Gabrielle; SCHULTZ, Thomas. *Online* Dispute Resolution: challenges for contemporary justice. The Hague: *Kluwer Law International*, 2004, p. 5 e ss.

162. Cf.: Disponível em: https://www.consumidor.gov.br/pages/principal/?1567220848402. Acesso em: 31 ago, 2019.

163. Já desenvolvemos essa ideia em outras oportunidades, confira: BARROS, João Pedro Leite. El arbitraje en línea en conflitos de consumo en Brasil. *Revista Internacional de Arbitragem e Conciliação*. n. 13. p.123 e ss. Almedina. Portugal.

164. Para aprofundamento do tema, confira: PINHO, Humbero Dalla Bernadina de; MAZZOLA, Marcelo. *Manual de Mediação e Conciliação*. São Paulo: Saraiva, 2019, p. 45 e ss.

165. Sobre o tema, confira: LAGES, Leandro Cardoso. *Direito do Consumidor*. 4. ed. Rio de Janeiro: Lumen Juris, 2020, p. 400 e ss.

CAPÍTULO 5 • SANÇÕES DO INCUMPRIMENTO

Sobre o tema, compreendemos que o árbitro designado deve ser um em Direito[166], com titulação mínima de mestrado e especialização na área do Direito do Consumidor, ou seja, um julgador que tenha *expertise*[167] na área de consumo.

Não custa lembrar o caráter residual da arbitragem em sede de mecanismos alternativos de resolução de litígio, ou seja, tenta-se inicialmente a negociação, conciliação ou mediação; não logrando êxito, o árbitro prolataria a sentença arbitral dentro do prazo estipulado. Relembrando que esse prazo é próprio, sob pena de eventuais sanções serem aplicadas aos Centros de Arbitragem *Online* de Consumo que vierem a ser criados.

Para o consumidor, a certeza da celeridade processual, isto é, ter a possibilidade concreta de dirimir sua demanda em até 30 dias (se adotarmos a experiência europeia prática, como é o caso do Centro de Arbitragem de Lisboa), diferentemente da prática morosa[168] e custosa[169] do Poder Judiciário no julgamento de processos.

---

166. Essa ideia tem raiz nos Centros de Arbitragem em Conflitos de Consumo de Portugal. Lá, o árbitro é escolhido dentro de rol de árbitros previamente aprovados pela Direcção da Associação sob proposta do Presidente da Direcção do CNIACC e parecer prévio favorável do Conselho de Representantes (vide artigo 14 do Regulamento de informação, mediação e arbitragem de conflitos de consumo, do Centro Nacional de Informação e Arbitragem de Conflitos de Consumo). Disponível em: https://www.cniacc.pt/pt/regulamentos. Acesso em: 20 jul. 2020. Confira também artigo 6º, B, da Lei portuguesa 144/2015, que transpôs a Directiva 2013/11/UE, do Parlamento Europeu e do Conselho, de 21 de maio de 2013, sobre a resolução alternativa de litígios de consumo, estabelecendo o enquadramento jurídico dos mecanismos de resolução extrajudicial de litígios de consumo. Além disso, note que todos os árbitros possuem, no mínimo, a licenciatura em Direito e experiência na área. Confira o Tribunal Arbitral de Consumo de Braga, disponível em: https://www.ciab.pt/pt/pessoas, acesso em: 20 jul. 2020. Nesse sentido, o Centro de Arbitragem TRIAVE – Centro de Arbitragem de Conflitos de Consumo do Ave, Tâmega e Sousa assim dispõe em seu *site*: "Os responsáveis de RAL deste Centro de Arbitragem são nomeados ou contratados, após avaliação curricular, por determinação do Conselho de Administração. A sua contratação pode revestir a forma de contrato de trabalho ou de contrato de prestação de serviços, sendo neste último caso o respetivo mandato de um ano, o qual pode ser renovável. Todos os responsáveis de RAL do Centro de Arbitragem são licenciados em Direito, possuindo comprovadamente os conhecimentos e qualificações necessárias para a resolução de litígios de consumo", disponível em: https://www.triave.pt/responsaveis-de-r-a-l/. Acesso em: 20 jul. 2020.

167. Sobre o tema, vale ressaltar que através do Ato 262 de 2001, a Suprema Corte de Michigan aprovou a legislação que estabeleceu o primeiro Tribunal público e totalmente virtual dos Estados Unidos, precursor do caminho trilhado pelas ODRs nos Estados Unidos. De acordo com o Ato, os juízes nomeados para serem integrantes do *cybercourt* deveriam ter experiência em litígio comercial ou interesse em tecnologia. Cf.: MICHIGAN. Act n. 262. 2001. Disponível em: http://www.legislature.mi.gov/documents/2001-2002/publicact/pdf/2001-PA-0262.pdf. Acesso em: 18 fev. 2019.

168. Para uma visão aprofundada da duração razoável do processo e seu contexto evolutivo no Brasil, confira: VALE, Luís Manoel Borges do. *Precedentes vinculantes no processo civil brasileiro e a razoável duração do processo*. Rio de Janeiro: LMJ Mundo jurídico, 2019, p. 96 e ss. Sobre a diferença entre duração razoável e suportável do processo, confira: PEREIRA FILHO, Benedito Cerezzo; MORAES, Daniela Marques de. O tempo da justiça no Código de Processo Civil. *Rev. Fac. Direito UFMG*, Belo Horizonte, n. 76, p. 135-154, jan./jun. 2020.

169. O Professor Alexandre Veronese constata, em seu estudo que trata da judicialização de demandas consumeristas no contexto do setor de telecomunicações, que os custos para resolução judicial dos conflitos de consumo são cada vez maiores, entendendo ser necessário uma "pre-lawsuit conciliation". Sobre o tema, confira: VERONESE, Alexandre. The judicial reaction against the public utilities changes: using consumer law in telecommunications' demands in Brazil. Direito. UnB – *Revista de Direito da Universidade de Brasília*, v. 3, n. 1, p. 84 e ss. 20 dez. 2019.

Para o fornecedor, a cultura pela necessária e rápida resolução do conflito da empresa criaria um ambiente mais favorável aos negócios e à própria imagem da empresa perante o mercado financeiro. Só para se ter uma ideia, mais de 26 mil empresas são aderentes voluntárias ao Centros de Arbitragem de Consumo de Lisboa. Esse modelo foi adotado em Portugal desde 1989, e recentemente aperfeiçoado pela Plataforma de Resolução de Litígios em Linha elaborada pela União Europeia como já mencionado.

Em paralelo, o número de empresas aderentes na Plataforma Consumidor.gov. br chega a 769 empresas[170], o que demonstra um abismo se comparado ao número de empresas europeias.

Contudo, em face da pandemia do coronavírus, a Secretaria Nacional de Defesa do Consumidor publicou a Portaria 15, de 27 de março de 2020, em que determinou e obrigou o cadastro de boa parte[171] das empresas na plataforma Consumidor.gov. br para viabilizar a mediação, via *internet*, dos conflitos de consumo notificados eletronicamente. Espera-se que a obrigatoriedade do cadastro das empresas reflita, consequentemente, em acordos e resoluções de conflito, alcançado a satisfação[172] dos consumidores.

---

170. Confira o *site* da Plataforma Consumidor.gov.br, disponível em: https://www.consumidor.gov.br/pages/indicador/infografico/abrir. Acesso em: 17 maio 2020.

171. Cf.: Portaria 15, de 27 de março de 2020. Determina o cadastro de empresas na plataforma Consumidor.gov.br para viabilizar a mediação via *internet*, pela Secretaria Nacional do Consumidor, dos conflitos de consumo notificados eletronicamente, nos termos do art. 34 do Decreto 2.181, de 20 de março de 1997. Art. 1º Esta Portaria determina o cadastro de empresas na plataforma Consumidor.gov.br para viabilizar a mediação, via *internet*, dos conflitos de consumo notificados eletronicamente, nos termos do art. 34 do Decreto no 2.181, de 20 de março de 1997. Art. 2º Observado o disposto no § 1º deste artigo, os seguintes fornecedores deverão cadastrar-se na plataforma Consumidor.gov.br até trinta dias contados da entrada em vigor desta Portaria: I – empresas com atuação nacional ou regional em setores que envolvam serviços públicos e atividades essenciais, conforme definidos pelo Decreto 10.282 de 20 de março de 2020; II – plataformas digitais de atendimento pela *internet* dedicadas ao transporte individual ou coletivo de passageiros ou à entrega de alimentos, ou, ainda, à promoção, oferta ou venda de produtos próprios ou de terceiros ao consumidor final; ou III – agente econômicos listados entre as duzentas empresas mais reclamadas no Sistema Nacional de Informações de Defesa do Consumidor da Secretaria Nacional do Consumidor do Ministério da Justiça e Segurança Pública (Sindec), no ano de 2019, nos termos do anexo desta Portaria. § 1º A obrigação de que trata o *caput* somente se aplica às empresas de que tratam os incisos I a III acima caso elas ou os seus respectivos grupos econômicos: I – tenham faturamento bruto de no mínimo cem milhões de reais no último ano fiscal; II – tenham alcançado uma média mensal igual ou superior a mil reclamações em seus canais de atendimento ao consumidor no último ano fiscal; ou III – sejam reclamados em mais de quinhentos processos judiciais que discutam relações de consumo.§ 2º Mediante prévia provocação do fornecedor interessado, a Coordenação-Geral do Sistema Nacional de Informações de Defesa do Consumidor – CGSINDEC – poderá, a seu critério, dispensá-lo do cadastramento determinado nesta Portaria, em razão do baixo volume das demandas nos Órgãos de Defesa do Consumidor ou quando verificado que o cadastramento não venha a facilitar a resolução de conflitos com o consumidor.

172. Como já dissemos, importante frisar que o grau de satisfação das pessoas quando utilizam esse tipo de mecanismo de resolução do litígio atinge 82% consoante pesquisa inglesa, seja pela praticidade ou pelo custo reduzido, sendo, por consequência, elevado o índice de reincidência no uso dessa ferramenta pelo consumidor. Cf.: BARROS, João Pedro Leite. 30 dias para solução *online* de seu conflito de consumo. *Migalhas*, s.d. Disponível em:https://www.migalhas.com.br/depeso/315464/30-dias-para-solucao-*online*-de--seu-conflito-de-consumo. Acesso em: 17 maio 2020. Cf.: pesquisa inglesa: Feedback from consumers who

Ademais, importante mencionar que o Professor Mauro Cappelletti[173] indica que as pequenas causas são as demandas mais prejudicadas face ao custo de sua resolução. Por um simples motivo: em processos judiciais, notadamente nos casos de consumo, os custos da ação frequentemente podem ultrapassar o proveito econômico pretendido. O Professor Cappelletti ainda ressalta que a distância física até os órgãos de resolução de conflito entre as partes em litígio pode sim se tornar uma barreira à solução da demanda, especialmente no caso brasileiro, país latitudinal e com distâncias representativas.

Outrossim, as partes com maior poder econômico gozam de maior possibilidade de acesso à justiça, fato que deixa o consumidor ainda mais fragilizado. Neste cenário, a falta de alternativas, para além das saídas administrativas que hoje são conhecidas, afeta o acesso à justiça em desfavor de quem é mais vulnerável.

Neste caminho, Arnaldo Wald e Arnold Wald Filho escreveram sobre a arbitragem e o acesso à justiça e também ressaltaram que os métodos alternativos de resolução podem ser uma saída para o excesso de demandas do Poder Judiciário[174]. Os autores registraram a resistência da doutrina para a aplicação da arbitragem às pequenas causas[175] e, como estímulo para mudança deste pensamento, citaram a arbitragem de consumo acelerada, que é feita na Espanha, tal como a adotada pela Associação Americana de Arbitragem, com conflitos resolvidos em 45 dias[176].

Com efeito, a OAB/SP também se manifestou, em 2010, a favor da arbitragem como meio de resolução de pequenas causas[177]. Precisamente esta noção de rapidez e possibilidade de aplicação às pequenas causas inspira a implementação da arbitragem online de consumo.

Por sua vez, em 2019, foi publicada a Lei portuguesa 63[178] que sujeita os conflitos de consumo de valor econômico inferior ao da alçada dos tribunais lusitanos de primeira instância à arbitragem necessária ou mediação, quando o consumidor

---

have used ADR tends to be positive, and a European Commission survey indicates that 82% of businesses who have used ADR would use it again. Cf.: REINO UNIDO. Department For Business Innovation & Skill. *Government response to the consultation on implementing the Alternative Dispute Resolution Directive and the Online Dispute Resolution Regulation.* 2014. Disponível em: https://www.gov.uk/government/uploads/ system/uploads/attachment_data/file/377522/bis-14-1122-alternative-dispute-resolution-for-consumers. pdf. Acesso em: 20 jul. 2020.

173. CAPPELLETTI, Mauro; GARTH, Bryant. *Acesso à justiça.* Trad. e revisão Ellen Gracie Northfleet. Porto Alegre: Sergio Fabris, 2002, p. 19 e ss.

174. WALD, Arnold.; WALD, Arnold Filho. A arbitragem e o Direito do Consumidor. *Revista do Ministério Público do Rio de Janeiro*, n. 59, jan./mar. 2016. p. 65.

175. WALD, Arnold.; WALD, Arnold Filho. A arbitragem e o Direito do Consumidor. *Revista do Ministério Público do Rio de Janeiro*, n. 59, jan./mar. 2016. p. 69.

176. WALD, Arnold.; WALD, Arnold Filho. A arbitragem e o Direito do Consumidor. *Revista do Ministério Público do Rio de Janeiro*, n. 59, jan./mar. 2016. p. 70.

177. WALD, Arnold.; WALD, Arnold Filho. A arbitragem e o Direito do Consumidor. *Revista do Ministério Público do Rio de Janeiro*, n. 59, jan./mar. 2016. p. 72.

178. Lei 63/2019. Disponível em: https://dre.pt/home/-/dre/123962147/details/maximized. Acesso em: 02 maio. 2021.

expressamente optar pela resolução alternativa. Aliás, são causas de pequeno valor econômico que o Estado português, experiente na arbitragem de consumo, direciona à resolução arbitral, devendo servir de estímulo ao Brasil na adoção deste meio de resolução, também para garantia do acesso à justiça às causas de pequeno valor.

Com efeito, em agosto de 2021, foi aprovado na II Jornada de Prevenção e de Solução Extrajudicial de Litígios, promovido pelo Conselho da Justiça Federal (CJF), o Enunciado[179] 103 que propus[180] sobre arbitragem online em conflitos de consumo.

Eis o inteiro teor: "É admissível a implementação da arbitragem on-line na resolução dos conflitos de consumo, respeitada a vontade do consumidor e observada sua vulnerabilidade e compreensão dos termos do procedimento, como forma de promoção de acesso à justiça"

Neste sentido, propusemos[181] um modelo eficaz via OAB para resolução dos conflitos de consumo. Na verdade, com a arbitragem intermediada pela OAB, o que se espera é que a entidade garanta a lisura do processo, especialmente dos árbitros. A OAB participará ativamente da formação dos árbitros e hospedará o Centro de Arbitragem em sua plataforma. Atuará conjuntamente com o Estado, por ser agente financiador e por intermédio da SENACON, como entidade fiscalizadora. Não custa lembrar que a OAB é parte legítima para avocar tal responsabilidade para si. O fundamento constitucional emana do artigo 133 da Constituição Federal ao dispor que "o advogado é indispensável à administração da justiça".

Não bastasse a baliza constitucional, o Estatuto da Advocacia, em sua Lei 8.906/94, dispõe no artigo 44, I, que a Ordem dos Advogados do Brasil tem por finalidade: *defender a Constituição, a ordem jurídica do Estado democrático de direito, os direitos humanos, a justiça social, e pugnar pela boa aplicação das leis, pela rápida administração da justiça e pelo aperfeiçoamento da cultura e das instituições jurídicas.*

Em síntese: não há maior elemento de defesa da justiça social senão ser o instrumento em si, portanto, a Ordem dos Advogados do Brasil pode e, na verdade, deve avocar essa responsabilidade no que lhe couber. Sendo uma instituição imparcial, competente e que assegurará o correto andamento do procedimento.

---

179. A Comissão temática de Arbitragem na Jornada foi composta pelos Professores Carlos Alberto Carmona e Selma Lemes (presidentes da Comissão de Arbitragem) e pelos Relatores (Professores Rodrigo Fux e Cesar Cury), tendo também participação ativa da advogada Débora Fernandes Maranhão. A proposta foi aprovada por 87 % na Comissão Temática e, nas Plenárias Finais, foi aprovada pelo percentual de 71%.

180. A redação original do enunciado era a seguinte: "A implementação da arbitragem online na resolução de conflitos de consumo, respeitada a vontade do consumidor e observada sua vulnerabilidade e compreensão dos termos do procedimento, favorece o acesso à justiça.". Por questão de forma, a Comissão manteve integralmente a substância, alterando o formato para o seguinte texto: "É admissível a implementação da arbitragem on-line na resolução dos conflitos de consumo, respeitada a vontade do consumidor e observada sua vulnerabilidade e compreensão dos termos do procedimento, como forma de promoção de acesso à justiça".

181. Para maior profundidade, confira artigo que escrevi em conjunto com a advogada Débora Fernandes Maranhão. Vide: BARROS, João Pedro Leite; MARANHÃO, Débora Fernandes. Implementação da arbitragem online em conflitos de consumo via OAB. *Revista Jurídica Luso-Brasileira*, Centro de Investigação de Direito Privado da Faculdade de Direito da Universidade de Lisboa (CIDP), n. 6, ano 7, p. 1235-1271. 2021.

Um novo e necessário olhar[182] sobre o Direito do Consumidor. Busca-se o acesso à justiça em plenitude, respeitando sempre a tutela do consumidor. Quando temos a consciência de que a proposta é levar cidadania e acesso à justiça efetiva aos consumidores, enfrentaremos todos os obstáculos possíveis e existentes.

5.8 CONCLUSÕES PARCIAIS

O presente capítulo tratou das sanções impostas aos fornecedores, quando do descumprimento do dever de informação em sede de contratação por adesão concluída por meios eletrônicos. À luz do direito comparado, foram delineadas as sanções civis e administrativas impostas ao fornecedor, especialmente as multas para caso de não observância ao dever de informação.

Além disso, importância especial foi dada às sanções morais criadas e impostas pelos próprios consumidores, através das Plataformas de reputação criadas pelos fornecedores ou pelo setor privado. Ficou claro que a dinâmica da sociedade da informação impõe medidas imediatas e enérgicas quando há algum vício do fornecedor, sob pena de ser publicamente exposto de forma negativa, causando prejuízos substanciais à imagem da empresa.

Foram constatados mecanismos processuais vigentes no Brasil, como o Incidente de Resolução de Demandas Repetitivas, e a própria ação inibitória portuguesa como alternativas para a proteção coletiva de consumo, tendo em vista que medidas deferidas em sede de ação judicial pode ter efeito *erga omnes*, protegendo os demais consumidores de situações abusivas.

Sobre os mecanismos de controle de infração no Brasil, o estudo demonstrou que o incidente de resolução de demandas repetitivas pode ser o caminho para proteção dos direitos pré-contratuais de informação do consumidor, garantindo eficácia vinculante aos órgãos jurisdicionais e segurança jurídica para casos idênticos de infração aos deveres pré-contratuais de informação.

Ademais, o estudo revelou também, na análise jurisprudencial comparativa, que o sistema brasileiro utiliza muitas vezes do instituto do dano moral para coibir práticas abusivas no tocante ao dever pré-contratual de informação, especialmente nos contratos de adesão eletrônicos, fato que não tem correlação com o sistema português.

Finalmente foram delineados os caminhos que o consumidor tem para buscar resolver eventual problema com o fornecedor, através dos mecanismos adequados de resolução de litígio, seja em Portugal ou no Brasil.

---

182. Cf.: BARROS, João Pedro Leite; MARANHÃO, Débora Fernandes. Arbitragem online em conflitos de consumo – Um novo olhar para o direito do consumidor. *Migalhas*, s.d. Disponível em: https://www.migalhas.com.br/depeso/352992/arbitragem-online-em-conflitos-de-consumo. Acesso em: 19 out. 2021.

SÍNTESE E CONCLUSÕES

Em um contexto evolutivo, é fato que a informação ganhou relevo no mundo moderno, notadamente no comércio eletrônico de consumo, sendo, sem dúvida, a principal ferramenta de compra do consumidor em poucos anos.

Nesse contexto, ficou claro que o surgimento[1] dos contratos de adesão eletrônicos teve esteio na necessidade de evitar riscos jurídicos por parte dos fornecedores, além de redução de custos para o consumidor, em sede de contratação de massa. Em tese, na medida em que houvesse a diminuição de insumos de produção do produto exposto, os preços automaticamente reduziriam, beneficiando toda a sociedade.

Ao longo da investigação proposta foi possível constatar que as características dos contratos de adesão celebrados através da *internet* entre os ordenamentos português e brasileiro são coesas e se orientam no mesmo sentido: tutela do consumidor em detrimento das crescentes transações econômicas através da *internet*. Contudo, na prática, o que se observou foi o inverso. Os contratos padronizados elaborados exclusivamente pelo fornecedor foram instrumento de controle, notadamente por elencar diversas cláusulas limitativas de direito, relegando o consumidor a um segundo plano.

Ademais, é bom frisar que as informações transmitidas em contrato de adesão eletrônico devem ser precisas, claras, facilmente acessíveis e de rápida compreensão, para que o consumidor tenha elementos suficientes para tomar uma decisão informada sobre a transação jurídica que vier a celebrar. A linguagem adotada deve ser inteligível irrestritamente a todos os consumidores.

Dito isso, o problema analisado pela investigação envolveu o redimensionamento do valor "informação" em sede contratos de adesão concluído por meio eletrônico, notadamente como é transmitida (*modus operandi*), veiculada (apresentada ao consumidor) e assimilada (compreendida) ao consumidor, buscando responder até que ponto a prestação do dever de informação pré-contratual tem sido eficaz para o vulnerável.

Sendo mais claro e objetivo: na relação de consumo, a informação é a medida da compreensão do consumidor, isto é, o efetivo cumprimento pelo fornecedor

---

1. Cf.: KESSLER, Friedrich. The Contracts of Adhesion--Some Thoughts about Freedom of Contract Role of Compulsion in Economic Transactions. *Columbia Law Review*, n. 629, 1943, p. 632 e ss.

do dever de informar pressupõe necessariamente a plena assimilação por parte do consumidor das informações transmitidas.

No primeiro momento, ficou claro que nessa espécie de contratação, o dever de informação toma contornos distintos. Isso porque esse tipo de contratação *sui generis* não permite o consumidor ter acesso físico ao produto para atestar a qualidade do material, ausência de contato instantâneo para dirimir eventuais dúvidas do consumidor e pelo clausurado que lhe é transmitido, muitas vezes sem a clareza necessária para o mínimo de discernimento para o consumidor.

Como foi relatado, a deficiência informacional pode ser uma vantagem econômica para o fornecedor, uma vez que há custos envolvidos para cumprir seu dever legal.

Nesse ponto, remanesceu evidente que normatizar o dever de informação não é o único caminho que deve ser adotado para tutelar essa relação de consumo, notadamente pela dinamicidade das relações e pela evolução contínua dos sistemas de informação e tecnologia. Assim, a autorregulação e a adoção de *guidelines* podem auxiliar nessa tarefa de harmonizar esse tipo de relação.

Quanto ao dever pré-contratual de informação, concluímos que o sistema português, através de diplomas descoordenados entre si, não conseguiu proteger de forma eficiente a relação de consumo eletrônico. O DL 24/2014 – último diploma elaborado – com o intuito de sintonizar com o avanço do comércio eletrônico, ampliou sobremaneira o rol de obrigações pré-contratuais, o que não refletiu em proteção efetiva do consumidor.

Mais que isso: o afã do legislador português de resguardar o direito do consumidor não foi transformado em tutela real ao consumidor. O malfadado esforço em normatizar ao máximo o dever de informação, promovido através de Directivas descoordenadas entre si, não atingiu o resultado desejado, demonstrando-se que o sistema é, ao mesmo tempo protetivo, e defeituoso. Ou seja, muitas vezes o excesso de informação acaba, também, por traduzir em desinformação ao consumidor.

Por sua vez, o dever pré-contratual de informação no sistema brasileiro está, se comparado ao sistema lusitano, a um nível de proteção menor. Apesar da louvável intenção de leis recentes, somadas ao Código de Defesa do Consumidor, eminentemente principiológico, a normatização das relações de consumo eletrônicas ainda carece de um aprofundamento eficaz.

Em sequência, a investigação tratou sobre a conexão entre o dever de informação pré-contratual e o direito de arrependimento, esse último talvez o direito mais importante que o consumidor possua à sua disposição. Nesse ponto, além de debater especificamente o direito de arrependimento, possibilidade que o consumidor tem de desfazer o negócio jurídico adquirido pela *internet*, o estudo aprofundou a conexão com o dever pré-contratual de informação.

Ao imprimir segurança jurídica na relação de consumo, a informação acerca do direito de arrependimento ao consumidor assume maior importância. De partida, em uma análise comparativa simplista, o prazo para exercício do direito de arrependimento português, 14 dias, é o dobro daquele previsto no sistema brasileiro, 7 dias, constatação que, *per si*, garante um tempo maior de reflexão ao consumidor.

Porém, ao aprofundar sobre o tema, a proteção do consumidor é sobejamente ampliada, quando houver falha nesse dever específico de informação, alargando o prazo do direito de arrependimento para 12 meses.

Percebe-se que a observância às informações pré-contratuais relativas ao direito de arrependimento toma um protagonismo diferenciado no ordenamento português, protegendo o consumidor por um lapso temporal de 12 meses, caso não seja informado desse direito que possui. Nesse ponto, não há qualquer tipo de dispositivo correspondente ou similar no ordenamento brasileiro, o que é uma lástima.

Pari passu, foram qualificadas as situações de incumprimento do dever de informação em duas perspectivas, notadamente da culpa *in contrahendo* e do cumprimento defeituoso do contrato, ao delinear algumas situações acometidas ao consumidor em sede de contratação eletrônica.

Foram variadas situações de incumprimento do dever de informação consubstanciadas em práticas comerciais desleais, delineados os casos de atraso na entrega do bem, falhas na veiculação das informações ao consumidor, as espécies de publicidade e a utilização indevida de dados do consumidor, assim como as situações em que a ausência e o excesso de informação foram prejudiciais ao consumidor.

Em outro viés, ficou constatado que a recusa instantânea do consumidor em não querer ser informado na contratação eletrônica não ilide, a *posteriori*, o seu direito de reclamar por informações não acessadas, vez que o direito à informação é irrenunciável e, portanto, o fornecedor deve estar sempre preparado para satisfazer o consumidor a qualquer tempo.

Especificamente ao direito à legítima ignorância informacional que o consumidor possuiria em casos de contratação eletrônica, compreendemos que esse direito não é absoluto e somente restrito às informações supérfluas e adicionais, não podendo o consumidor recusar as informações mínimas para contratação.

Ato contínuo, a investigação adentrou nos mais variados casos de incumprimento do dever de informação nesse tipo de contratação e quais os reflexos para o consumidor. Foi dispensada atenção maior para os casos mais frequentes de práticas comerciais desleais no comércio eletrônico, especialmente aquelas atinentes ao dever de informação, como o caso da demora na entrega do produto (promessa de cumprimento em data aprazada); publicidade abusiva e enganosa; utilização indevida dos dados do consumidor sem sua aquiescência e o próprio excesso de informação.

Foram traçados métodos e experiências práticas de como prevenir e coibir esses casos, através de julgados interessantes de fornecedores que primam pela qualidade do serviço e do produto ofertado.

Por sua vez, o último capítulo foi destinado a aprofundar sobre as mais variadas sanções legais, administrativas e morais à luz do direito comparado luso-brasileiro, para os casos de descumprimento. Nesse ponto, em casos concretos, ficou demonstrado que a indenização pecuniária muitas vezes não contempla a real vontade do consumidor em ser reparado, cedendo espaço para outras formas de reparação, como pedido de desculpas nas redes sociais ou até mesmo divulgação dessas práticas para outros consumidores, em uma espécie de "contrapropaganda".

A atenção dos fornecedores está voltada hoje em dia para a "boca a boca eletrônico", muitas vezes direcionando mais esforços financeiros para responder todas as questões solicitadas por consumidores ou até mesmo na agilidade em solver eventuais problemas.

Ficou claro também que é dever do fornecedor, ainda em sede pré-contratual, informar quais os mecanismos hábeis que o consumidor tem para, em alguma eventualidade, procurar satisfazer eventual conflito com o fornecedor, como a indicação de centros de arbitragem em conflitos de consumo ou plataformas de resolução do litígio, por exemplo.

Feitas as análises conclusivas de cada etapa dessa investigação, é necessário termos um fecho derradeiro.

Concretamente, as informações disponíveis no primeiro momento no *site* eletrônico são, sem dúvidas, aquelas ditas cruciais para a transação. Nesse ponto, estaríamos diante de um contrato sinótico (resumo), o qual conteria as informações básicas e primordiais de início: elementos informativos básicos do fornecedor, objeto do contrato, preço, forma de pagamento, multa rescisória e eventual complemento informativo de cada espécie de contratação. Por outro lado, o consumidor deve ter acesso ao hiper*link* que lhe direciona para uma aba que trate pormenorizadamente das demais informações.

Pontua-se que essas duas formas de informar ao consumidor são complementares e síncronas, devendo o fornecedor observá-las para que o dever de informar esteja completo.

Isso não basta. Demonstrou-se que a obrigação de informação não se relaciona tão somente a observância da lei, muito pelo contrário, está atrelado ao resultado e efetiva assimilação do consumidor. Cumprir objetivamente a norma não basta. A compreensão das informações transmitidas é vista com a prática e com o próprio feedback do consumidor.

O direito do consumidor a uma prestação oponível – obter informação- transmitida pelo fornecedor no mercado de consumo, seja através de produtos ou serviços, deve ser necessariamente assegurado pelo fornecedor, desde que o correspondente dever de informar seja devidamente cumprido. Rememora-se por oportuno que, a rigor, a quantidade de informações transmitidas não significa necessariamente compreensão.

Parece coerente afirmar que a informação nos contratos de adesão de consumo não diz respeito tão somente ao conteúdo transmitido, mas sobretudo seu impacto social e seu alcance, tendo em conta sempre o fim a que se visa.

Finalmente, em que pese as diferenças entre os ordenamentos, restou inconteste a convergência entre os sistemas jurídicos português e brasileiro no tocante ao dever pré-contratual de informação nos contratos de adesão por meio eletrônico, distante algumas vezes por conceitos, características, mas sempre imbricadas e convergentes pela essência: proteção ao consumidor.

REFERÊNCIAS

ABRANTES, José João. *A excepção de não cumprimento do contrato no Direito Português*. Coimbra: Almedina, 1986.

ABOU-ZAHRA, Shadi.; COOPER, Michael; BREWER, Judy. *Artificial Intelligence (AI) for Web Accessibility*: Is Conformance Evaluation a Way Forward? Abril, 2018. Disponível em: https://dl.acm.org/doi/10.1145/3192714.3192834. Acesso em: 20 abr. 2020.

ABRUSIO, Juliana. O uso do *link* patrocinado como prática de conduta desleal no comércio da *internet. Revista Pensamento Jurídico*. v. 12, n. 1, São Paulo, jan. /jun. 2018.

ABRUSIO, Juliana; FLORENCIO FILHO, Marco Aurélio. Reflexões sobre as relações de consumo na sociedade da informação. In: CARACIOLA, Andrea Boari; ANDREUCCI, Ana Cláudia Pompeu Torezan; FREITAS, Aline da Silva (Org.). *Código de Defesa do Consumidor – 20 anos*. São Paulo: LTr., 2010.

AGGARWAL, Rohit; SINGH, Harpreet. Differential Influence of Blogs Across Different Stages of Decision Making: The Case of Venture Capitalists. *MIS Quarterly*, v. 37, n. 4, dez. 2013.

AGUIAR, Ruy Rosado. A boa-fé na relação de consumo. *Revista de Direito do Consumidor*, n. 14, p. 20-27, abr./jun. 1995.

AGUILLAR, John. International *Journal of Communications Law and Policy*. Over the rainbow: European and American consumer protection policy and remedy conflicts on the internet adn a possible solution, 2000.

AAKER, David; DAY, George. A Guide to Consumerism. Journal of *Marketing*, v. 34, n. 3, jul. 1970.

ALMEIDA, Carlos Ferreira de. *Contratos* I. 5. ed. Coimbra: Almedina, 2015.

ALMEIDA, Carlos Ferreira de. *Direito do consumo*. Coimbra: Almedina, 2005.

ALMEIDA, Fabrício Bolzan de. *Direito do Consumidor*. 7. ed. São Paulo: Saraiva, 2019.

ALMEIDA, João Batista de. *A proteção jurídica do consumidor*. São Paulo: Saraiva, 2003.

ALMEIDA, Pedro Pais de. Direito Fiscal e *Internet*. In: MARTINS, A. G. Lourenço et al (Org.). *Direito da Sociedade da Informação. Coimbra*: Coimbra Ed., 2001. v. II.

ALMEIDA, Pedro Pais de. Protecção de dados pessoais e direito à privacidade. In: MARTINS, A. G. Lourenço et al (Org.). Direito *da Sociedade de Informação*. Coimbra: Coimbra Ed., 2009. v. 1.

ALMEIDA, Teresa. Comentários aos artigos iniciais da lei portuguesa de defesa do consumidor de 1996. *Revista do Direito do Consumidor*, v. 37, São Paulo, 2001.

ÁLVAREZ MORENO, María Teresa. *El desistimiento unilateral del consumidor en los contratos con condiciones generales*. Madrid: Edersa, 2001. Disponível em: http://0-vlex.com.fama.us.es/account/login_ip?fuente_id=1300. Acesso em: 06 set. 2019.

ALVES, Paula Ribeiro. *Contrato de seguro à distância*: o contrato electrónico. Coimbra: Almedina, 2009.

ALVIM, Arruda; ALVIM, Thereza. *Código do Consumidor Comentado*. 2. ed. São Paulo: Ed. RT, 1995.

ALPA, Guido. *Contratti a distanza*. Prime considerazioni. I Contratti, 1999.

ALPA, Guido. *Il diritto dei consumatori*. Roma: Laterza, 2002.

AMARAL, Guilherme Rizzo. Efetividade, segurança, massificação e a proposta de um incidente de coletivização. *Processo Coletivo e outros temas de direito processual*: homenagem 50 anos de docência do professor José Maria Rosa Tesheiner e 30 anos de docência do Professor Sérgio Gilberto Porto. Livraria do Advogado. Porto Alegre, 2012.

AMARAL JÚNIOR, Alberto do. A boa-fé e o controle das cláusulas contratuais abusivas nas relações de consumo. *Revista do Direito do Consumidor*, n. 6, abr./jun. 1993.

AMARAL JÚNIOR, Alberto do. *Proteção do consumidor no contrato de compra e venda*. São Paulo: Ed. RT, 1993.

AMERICAN BAR ASSOCIATION. *Addressing Disputes In Electronic Commerce*: Final Recommendations and Report of The American Bar Association's Task Force on Electronic Commerce and Alternative Dispute Resolution. Chicago: American Bar Association, 2002. Disponível em: https://www.americanbar.org/content/dam/aba/migrated/dispute/documents/FinalReport102802.authcheckdam.pdf. Acesso em: 15 nov. 2020.

AMUNATEGUI PERELLO, Carlos. Los Metatags en el Comercio Electrónico: Un Análisis de la Jurisprudencia Norteamericana y la Doctrina Española. *Revista Chilena de Derecho*, v. 33, n. 2, p. 245-257, Santiago, ago. 2006.

ANDRADE, José Vieira. Os Direitos dos Consumidores como Direitos fundamentais na Constituição Portuguesa de 1976. *Estudos de Direito do Consumidor*. FDUC, Centro de Direito do Consumo, Coimbra, n. 5, p. 139-161. 2003.

ANTUNES, José Engrácia. *Direito do Consumo*. Coimbra: Almedina, 2019.

ANTUNES, José Engrácia. *Direito dos Contratos Comerciais*. Coimbra: Almedina, 2009.

ANTUNES, José Engrácia. Os Direitos dos Consumidores. *Cadernos de Direito Privado*, n. 63, Centro de Estudos Jurídicos do Minho, 2018.

APOSTOLIDES, Sara Costa. *Do Dever Pré-contratual de Informação e da sua Aplicabilidade na formação do contrato de trabalho*. Coimbra: Almedina, 2008.

ARAÚJO, Fernando. *Teoria Econômica do Contrato*. Coimbra: Almedina, 2007.

ARAÚJO FILHO, Raul. Punitive damages e sua aplicabilidade no Brasil. *Doutrina*: edição comemorativa 25 anos – STJ. Disponível em: https://www.stj.jus.br/publicacaoinstitucional/index.php/Dout25anos/issue/view/30/showToc. Acesso em: 20 dez. 2021.

ARANHA, Marcio Iorio. *Manual de Direito Regulatório*. 5. ed. London: Laccademia Publishing, 2019.

ASCENSÃO, José de Oliveira. Cláusulas contratuais gerais, cláusulas abusivas e boa-fé. *Revista da ordem dos advogados*, v. ano 60, n. II, 2000.

ASCENSÃO, José de Oliveira. *Direito Civil*. São Paulo: Saraiva, 2010. t. 2.

ASCENSÃO, José de Oliveira. *Direito Civil*: Teoria Geral. Coimbra: Coimbra Ed., 1999.

ASCENSÃO, José de Oliveira. *Direito Civil*: teoria geral. Acções e factos jurídicos. 2. ed. Coimbra: Coimbra Ed., 2003. v. II.

ASCENSÃO, José de Oliveira. O abuso do direito e o artigo 334 do Código Civil: uma recepção transviada. *Estudo em Homenagem ao Professor Doutor Marcello Caetano*. Coimbra: Coimbra Ed., 2006, v. 1.

ASCENSÃO, José de Oliveira. Sociedade da informação e mundo globalizado. Globalização e Direito. *Boletim da Faculdade de Direito da Universidade de Coimbra*. Studia Juridica, 2003.

ASCENSÃO, José de Oliveira. Sociedade de Risco e Direito do Consumidor. In: LOPES, Teresa Ancona et al. (Coord.). *Sociedade de Risco e Direito Privado*. São Paulo: Editora Atlas, 2013.

ASENSIO, Pedro Alberto de Miguel. *Derecho Privado de Internet*. 5. Madri: Civitas Ediciones, 2015.

ASENSIO, Pedro Alberto de Miguel. *Los contratos transfronterizos de suministro de contenidos y servicios digitales y de compraventa de bienes tras las Directivas 2019/770 y 2019/771*. Disponível em: https://pedrodemiguelasensio.blogspot.com/2019/06/los-contratos-transfronterizos-de.html. Acesso em: 03 set. 2020.

ASENSIO, Pedro Alberto de Miguel. *Reglamento (UE) 2018/302 sobre bloqueo geográfico y otras formas de discriminación*. Disponível em: https://pedrodemiguelasensio.blogspot.com/2018/03/reglamento-ue-2018302-sobre-bloqueo.html#more. Acesso em: 19 abr. 2021.

ATAÍDE, Rui Paulo Coutinho de Mascarenhas. A venda de bens de consumo – Os meios de tutela do comprador. *Revista Luso-Brasileira de Direito do Consumo*, v. VI, n. 24, dez. 2016.

ATAÍDE, Rui Paulo Coutinho de Mascarenhas. Natureza e regime jurídico dos deveres acessórios de conduta. *Estudos Comemorativos dos vinte anos da faculdade de direito de Bissau*. Lisboa: Faculdade de Direito da Universidade de Lisboa, 2010. v. 1.

AULOY, Jean Calais. *Les cinq réformes qui rendent le crédit moins dangereux pour les consommateurs*. [s.l.]: Recueil Dalloz, 1975.

AUTORIDADE NACIONAL DE COMUNICAÇÕES. O comércio electrônico em Portugal: o quadro-legal e o negócio. Lisboa, 2004. Disponível em: http://www.anacom.pt/streaming/manual_comercio_elec.pdf?contentId=178219&field=ATTACHED_FILE. Acesso em: 04 ago. 2019.

AZEVEDO, Antônio Junqueira de. Responsabilidade pré-contratual no Código de Defesa do Consumidor: estudo comparativo com a responsabilidade pré-contratual no direito comum. *Revista da Faculdade de Direito da Universidade de São Paulo*, v. 90, 1995. Disponível em: http://www.revistas.usp.br/rfdusp/article/viewFile/67292/69902. Acesso em: 21 jun. 2019.

AZEVEDO, Carlos Eduardo Mendes de. O direito de arrependimento do consumidor nas contratações eletrônicas. In: MARTINS, Guilherme Magalhães; OLIVEIRA, Amanda Flávio de (Org.). *Temas de direito do consumidor*. Rio de Janeiro: Lumen Juris, 2009.

AZEVEDO, Marcos de Almeida Villaça. Buena Fe Objetiva y Los Deberes de Ella Derivados. In: CÓRDOBA, Marcos M. (Director). *Tratado de La Buena Fe en el Derecho*. Buenos Aires: La Ley, 2004. t. II. Doctrina Extranjera. Jurisprudencia.

BAGCHI, Aditi. Distributive Justice and Contract. In: KLASS, Gregory; LETSAS George; SAPRAI, Prince. *Philosophical Foundations of Contract Law*. Oxforf: Oxford University Press, 2015.

BAMBAUER, Derek. *Shopping Badly*: Cognitive Biases, Communications, and the Fallacy of the Marketplace of Ideas. Brooklyn Law School, 2008. v. 77.

BAPTISTA, Fátima. *A ação inibitória nacional e europeia*. Direito do Consumo, Lisboa, CEJ, 2014.

BARATA, Carlos Lacerda. Contratos celebrados fora do estabelecimento comercial. *Revista de direito civil*, v. A.1, n. 4, p. 861-919, 2016.

BARBAGALO, Erica Brandini. *Contratos Eletrônicos*: contratos formados por meio de redes de computadores: peculiaridades jurídicas da formação do vínculo. São Paulo: Saraiva, 2001.

BARBIERI, Diovana. *A Proteção do Consumidor no Comércio Eletrônico*. Lisboa: Juruá, 2013.

BARBOSA, Ana Mafalda Castanheira Neves de Miranda. A obrigação geral de segurança e a responsabilidade civil. *EDC*, n. 14, 2018.

BARBOSA, Ana Mafalda Castanheira Neves de Miranda. Proteção de dados, consentimento e tutela do consumidor. Estudos de Direito do Consumidor. *Centro de Direito do Consumidor*, v. 15, p. 37-91, Universidade de Coimbra, 2019.

BARBOSA, Ana Mafalda Castanheira Neves de Miranda. O Futuro da Compra e Venda (de Coisas Defeituosas). *Revista da Ordem dos Advogados*, ano 79, v. III/IV, p. 740 e ss. jul./dez. 2019.

BARBOSA, Fernanda Nunes. O dano informativo do consumidor na era digital: uma abordagem a partir do reconhecimento do direito do consumidor como direito humano. *Revista de Direito do Consumidor*, v. 18. n. 122, p. 203-232, São Paulo, mar./abr. 2019.

BARBOSA, Rui. *Oração aos moços*. Rio de Janeiro: Edições Casa de Rui Barbosa, 1999.

BARLOW, Janelle; MOLLER, Claus. *A complaint is a gift*. São Francisco: Editora Berrett–Koehler, 2008.

BARLOW, John Perry. A Declaration of the Independence of Cyberspace. *EFF Eletronic Frontier Foundation*, 1996. Disponível em: https://www.eff.org/cyberspace-independence. Acesso em: 23 maio 2019.

BARRAL-VIÑALS, Inmaculada. Consumer "access to justice" in EU in Low-Value Cross-Border Disputes and the role of *Online* Dispute Resolution. In: JIMÉNEZ-GOMEZ, Carlos E. *Achieving open justice through citizen participation and transparency*. Barcelona: IGI Global, 2017.

BARRAL-VIÑALS, Inmaculada. Reclamaciones de consumo y ODR: Procesos automáticos, small claims y plataformas interactivas. *Revista Aranzadi de Derecho y Nuevas Tecnologías*. n. 34, p. 43-65, Cizur Menor, 2014.

BARROS, João Pedro Leite; MARANHÃO, Débora Fernandes. Implementação da arbitragem online em conflitos de consumo via OAB. Revista Jurídica Luso-Brasileira, *Centro de Investigação de Direito Privado da Faculdade de Direito da Universidade de Lisboa* (CIDP), n. 6, ano 7, p. 1235-1271. 2021,.

BARROS, João Pedro Leite. 30 dias para solução *online* de seu conflito de consumo. *Migalhas*, s.d. Disponível em: https://www.migalhas.com.br/depeso/315464/30-dias-para-solucao-*online*--de-seu-conflito-de-consumo. Acesso em: 17 maio 2020.

BARROS, João Pedro Leite; BORBA, Letícia de Oliveira. Consumidor digital – perspectivas. In: VERBICARO, Dennis, VERBICARO; Loiane, VIEIRA; Janaína (Coord.). *Direito do Consumidor Digital*. São Paulo: Lumen Juris, 2020.

BARROS, João Pedro Leite. *Arbitragem Online em Conflitos de Consumo*. São Paulo: Tirant to Blanch, 2019.

BARROS, João Pedro Leite. Desafios na implementação do *compliance* no direito desportivo. *Revista de Direito Desportivo*, n. 5, p. 57 e ss. 2020,.

BARROS, João Pedro Leite. O direito de arrependimento nos contratos eletrônicos de consumo como forma de extinção das obrigações. Um estudo de direito comparado luso-brasileiro. *Estudos de direito do consumidor*, n. 14, p. 113-183, Coimbra, 2008.

BARROS, João Pedro Leite. Os Contratos de Consumo Celebrados pela *Internet*. Um Estudo de Direito Comparado Luso-Brasileiro. *Estudos de Direito do Consumo*. V V. AAFDL. Lisboa. 2017.

BARROS, João Pedro Leite. *Programas de compliance no comércio eletrônico de consumo.* Disponível em: https://www.conjur.com.br/2019-jun-20/joao-leite-barros-*compliance*-comercio-eletronico-consumo. Acesso em: 14 mar. 2020.

BARROS, João Pedro Leite. *Online Dispute Resolution* – perspectivas de Direito Comparado. *Conjur*, 2019.

BARROS, João Pedro Leite; MARANHÃO, Débora Fernandes. Arbitragem online em conflitos de consumo – Um novo olhar para o direito do consumidor. *Migalhas*, s.d. Disponível em: https://www.migalhas.com.br/depeso/352992/arbitragem-online-em-conflitos-de-consumo. Acesso em: 19 out. 2021.

BARROS, José Manual de Araújo. *Cláusulas Contratuais Gerais*. Coimbra: Coimbra Ed., 2010.

BARROSO, Luís Roberto. Interpretação e aplicação da Constituição: fundamentos de uma dogmática constitucional transformadora. São Paulo: Saraiva, 2009.

BAUMAN, Zygmunt. *A ética é possível num mundo de consumidores?* Trad. Alexandre Werneck. Rio de Janeiro: Zahar, 2013.

BAUMAN, Zygmunt; LYON, David. *Vigilância líquida*. Trad. Carlos Alberto Medeiros. Rio de Janeiro: Zahar, 2013.

BEALES, Howard; CRASWELL, Richard; SALOP Steven C. The Efficient Regulation of Consumer Information. *The Journal of Law and Economics*, v. 24, n. 3, 1991.

BEN-SHAHAR, Omri; SCHNEIDER, Carl E. The Failure of Mandated Disclosure. *University of Pennsylvania Law Review*, v. 159, n. 3, 2011.

BENJAMIN, Antônio Herman de Vasconcellos; GRINOVER, Ada Pellegrini. *Código Brasileiro de Defesa do Consumidor comentado pelos Autores do Anteprojeto*. Rio de Janeiro: Forense Universitária, 2011.

BENNETT, Matthew; COLLINS, Philip. European Competition Journal. The Law and Economics of Information Sharing: The Good, the Bad and the Ugly. *European Competition Journal*, v. 6, n. 2, p. 311-337, 2010. DOI: 10.5235/174410510792837542010.

BENNETT, Matthew et al. Competition Policy International. *What does behavioral economics mean for competition policy?* v. 6, n. 1, 2010.

BERNAL, Paul. *Internet* Privacy Rights. United Kingdom: Cambridge University Press, 2014.

BERNSTEIN, Lisa. Opting Out of the Legal System: Extralegal Contractual Relations in the Diamond Industry. *The Journal of Legal Studies*, v. 21, n. 1, The University of Chicago Press, 1992.

BESSA, Leonardo Roscoe. *Nova Lei do Cadastro Positivo*. São Paulo: Thomson Reuters, 2019.

BESSA, Leonardo Roscoe. *O consumidor e os limites dos bancos de dados de proteção ao crédito*. São Paulo: Editora dos Tribunais, 2003.

BESSA, Leonardo Roscoe. Responsabilidade civil dos bancos dos dados de proteção ao crédito: diálogo entre o Código de Defesa do Consumidor e a Lei do Cadastro Positivo. *Revista de Direito do Consumidor*, v. 23, n. 92, mar./abr. 2014.

BIONI, Bruno Ricardo. *Proteção de Dados Pessoais*. São Paulo: Forense, 2018.

BIONI, Bruno Ricardo; MENDES, Laura Schertel. Regulamento Europeu de Proteção de Dados Pessoais e a Lei Geral brasileira de Proteção de Dados: mapeando convergências na direção de um nível de equivalência. In: FRAZÃO, Ana; TEPEDINO, Gustavo; OLIVA, Milena Donato (Coord.). *Lei Geral de Proteção de Dados Pessoais e suas repercussões no direito brasileiro*. São Paulo: Thomson Reuters Brasil, 2019.

BLOCHER, Joseph. Reputation as Property in Virtual Economies. *Yale Law Journal*, 2009.

BONAT, Debora; PEIXOTO, Fabiano Hartmann. A nova interpretação do princípio do acesso à justiça: uma análise a partir da crise da democracia liberal, da influência do neoconstitucionalismo e da judicialização da política. In: MEIRELLES, Delton Ricardo Soares; COUTO, Monica Bonetti; MATOS, Eneas de Oliveira. (Org.). *Acesso à justiça*. Florianópolis: FUNJAB, 2012. v. 1.

BOS, Aline; EEKEREN, Frank van. Implementation and compliance of good governance in international sports organisations. *Action for Good Governance in International Sports Organisations*. Dinamarca: Play the Game/Danish Institute for Sports Studies, 2013.

BRAGA NETTO, Felipe Peixoto. *Manual de Direito do Consumidor*. Salvador: Jus Podivm, 2020.

BRITO, Rodrigo Toscano de. O ambiente da nova contratualidade e a tendência da jurisprudência do STJ em matéria contratual. *Revista Brasileira de Direito Civil*, v. I, p. 138 e ss., jul./set. 2014.

BRITO, Rodrigo Toscano de. Função social dos contratos como princípio orientador na interpretação das arras. In: DELGADO, Mário Luiz; ALVES, Jones Figueiredo (Coord.). *Questões controvertidas no novo Código Civil*. São Paulo: Método, 2004.

BUSACCA, Bruno; BERTOLLI, Giuseppe. *Customer Value*. Soddisfazione, fedeltà, valore. Milano: Egea, 2017.

BUSCH, Christoph. Crowdsourcing Consumer Confidence How to Regulate *Online* Rating and Review Systems in the Collaborative Economy. In: BUSCH, Christoph. *Crowdsourcing Consumer Confidence*: How to Regulate *Online* Rating and Review Systems in the Collaborative Economy (June 15, 2016). Forthcoming in: Alberto De Franceschi (ed.), European Contract Law and the Digital Single Market, Intersentia, Cambridge 2016.

BUZZI, Marco Aurélio Gastaldi. A mudança de cultura pela composição de litígios. *Doutrina*: edição comemorativa 25 anos – STJ. Disponível em: https://www.stj.jus.br/publicacaoinstitucional/index.php/Dout25anos/issue/view/30/showToc. Acesso em: 20 dez. 2021.

CALAMARI, John D. Duty to Read – A Changing Concept. *Fordham Law Review*, v. 43, n. I. 3. Disponível em: http://ir.lawnet.fordham.edu/cgi/viewcontent.cgi?article=2144&context=flr. Acesso em: 14 jun. 2019.

CALLIESS, Gralf-Peter. Transnational Consumer Law: Co-Regulation of B2C-E-commerce. Clpe research paper series. *Transnational consumer law*. v. 3. n. 3. University of California, s.d.

CALVO, Roberto. I contratti del consumatore. In: GALGANO, F. *Trattato di diritto commerciale e di diritto pubblico dell'economia*. Padova, 2005. v. XXXIV.

CÂMARA, Alexandre Freitas. *O novo processo civil brasileiro*. 2. ed. São Paulo: Atlas, 2019.

CAMPOS, Diogo Leite de. A *Internet* e o princípio da territorialidade dos impostos. *Revista da Ordem dos Advogados.* v. 58, p. 637-643, Lisboa, 1998.

CANOTILHO, José Joaquim Gomes; MOREIRA, Vital Martins. *Constituição da República Portuguesa Anotada.* Coimbra: Coimbra Ed., 2007.

CANOTILHO, Joaquim José. *Direito Constitucional e Teoria da Constituição.* 7. ed. Coimbra: Almedina, 2012.

CAPPELLETTI, Mauro; GARTH, Bryant. *Acesso à justiça.* Trad. e revisão Ellen Gracie Northfleet. Porto Alegre: Sergio Fabris, 2002.

CARDONA, Cecilie; FIDALGO, Manuel. *Guia das Garantias na Compra e Venda.* Lisboa: Direção--Geral do Consumidor – Centro Europeu do Consumidor, pp. 8-35, dez. 2014. Disponível em: http://cec.consumidor.pt/topicos1/compras-na-europa/garantias.aspx. Acesso em: 02 ago. 2020.

CARVALHO, Jorge Morais. Comércio eletrônico e proteção dos consumidores. *Themis-Revista da Faculdade de Direito da UNL,* v. II, n. 13, 2006.

CARVALHO, Jorge Morais. Consumer sales in Portugal after the implementation of the Consumer Rights Directive. In: CRISTOFARO, Giovanni De; FRANCESCHI, Alberto De. *Consumer Sales in Europe.* Cambridge: Intersentia, 2016.

CARVALHO, Jorge Morais. *Manual de Direito de Consumo.* Coimbra: Almedina, 2019.

CARVALHO, Jorge Morais. Las Directivas 2019/770 y 2019/771. Introducción y ámbito de aplicación. *La Notaria,* n. 2-3. p. 119, 2019.

CARVALHO, Jorge Morais. Contratos de compraventa de bienes (Directiva 2019/771) y suministro de contenidos o servicios digitales (Directiva 2019/770) – ámbito de aplicación y grado de armonización. *Cuadernos de Derecho Transnacional,* v. 12, n. 1, p. 930-940, 2020.

CARVALHO, Jorge Morais. Venda de Bens de Consumo e Fornecimento de Conteúdos e Serviços Digitais – As Diretivas 2019/771 e 2019/770 e o seu Impacto no Direito Português. *Revista Electrónica de Direito.* v. 20, n. 3, p. 68 e ss. 2019.

CARVALHO, Jorge Morais. Práticas Comerciais Desleais das Empresas face aos Consumidores. *Revista de Direito das Sociedades,* ano III, n. 1, p. 187-219, 2011.

CARVALHO, Jorge Morais; PINTO-FERREIRA, João Pedro. *Contratos celebrados à distância e fora do estabelecimento comercial.* Coimbra: Almedina, 2014.

CARVALHO, Luis Gustavo Grandinetti Castanho de. *Direito de informação e liberdade de expressão.* Rio de Janeiro: Renovar, 1999.

CASSANO, Giuseppe. *Il commercio elettronico*: una premessa. In diritto delle nuove tecnologie informatiche e dell'*internet.* Milano: Ipsoa, 2002.

CASTELLS, Manuel. *A era da informação*: Economia, sociedade e cultura. São Paulo: Paz e Terra, 1999.

CASTELLS, Manuel. *A Galáxia Internet*: Reflexões sobre internet, Negócios e Sociedade. Lisboa: Fundação Calouste Gulbenkian, 2004.

CASTRONOVO, Carlo. Un contratto per l'Europa. In: CASTRONOVO, C. (a cura di). *Principi di diritto europeo dei contratti,* I e II. Milano, 2001.

CATALAN, Marcos Jorge Catalan. *Descumprimento contratual: modalidades, consequências e hipóteses de exclusão do dever de indenizar*. Curitiba: S.n., 2005.

CAVALIERI FILHO, Sergio. *Programa de direito do consumidor*. São Paulo: Atlas, 2019.

CHAVES, Antônio. Responsabilidade pré-contratual. Rio de Janeiro: Forense, 1959.

CHILDERS, Terry L.; CARR, Christopher L; PECK, Joann; CARSON, Stephen. Hedonic and utilitarian motivations for *online* retail shopping behavior. *Journal of Retailing*, v. 77, n. 4, p. 415 e ss. Editora Elsevier, 2001.

CHINELLATO, Silmara Juny. *Código Civil Interpretado. Barueri*: Manole, 2018.

COELHO, Fábio Ulhoa. *Curso de Direito Civil*. 9. ed. São Paulo: Thomson Reuters, 2020. v. 3. Contratos.

COELHO, Fábio Ulhoa. Direitos do Consumidor no Comércio Eletrônico. *Revista do Advogado*: 15 Anos de Vigência do Código de Defesa do Consumidor, ano 27, n. 89, p. 32-37, 2006.

COFFEE, John. Market Failure and the Economic Case for a Mandatory Disclosure System. *Virginia Law Review*, v. 70, n. School of Law-University of Virginia Year, 1984.

COLLINS, Hugh. The Freedom to Circulate Documents: Regulating Contracts in Europe. *European Law Journal*, v. 10, n. 6, Oxford, 2004.

COMISSÃO EUROPEIA. COM (97)157 de 16 de abril de 1997. Bruxelas, 1997. Disponível em: ftp://ftp.cordis.europa.eu/pub/esprit/docs/ecomcomp.pdf. Acesso em: 04 ago. 2019.

CONFORTI, Oscar Daniel Franco. Mediación electrónica (eMediación). *Diario La Ley*. n. 8519, Madri, 2015.

COOTER, Robert; ULEN, Thomas. *Law and Economics*. Boston: Pearson, 2016.

CORDEIRO, António Barreto Menezes. O contrato de gestão de carteira. *Revista de Direito Financeiro e dos Mercados de Capitais*. Lisboa, fev. 2020.

CORDEIRO, António Menezes. *Banca, Bolsa e Crédito*. Coimbra: Almedina, 1990.

CORDEIRO, António Menezes. Concessão de crédito e responsabilidade bancária. *Boletim do Ministério da Justiça*, n. 359, p. 30 e ss., 1987.

CORDEIRO, António Menezes. Da boa-fé no direito civil. Coimbra: Almedina, 2015.

CORDEIRO, António Menezes. Da natureza civil do direito de consumo. *Estudos em memória do Professor Doutor Antônio Marques dos Santos*. Coimbra: Almedina, 2005.

CORDEIRO, António Menezes. *Direito Bancário*. Coimbra: Almedina, 2014.

CORDEIRO, António Menezes. *Direito Comercial*. Coimbra: Almedina, 2012.

CORDEIRO, António Menezes. *Direito dos Seguros*. 2. ed. Coimbra: Almedina, 2016.

CORDEIRO, Antônio Menezes. Do abuso do direito: estado das questões e perspectivas. *Ordem dos Advogados*, Lisboa, 2005. Disponível em: http://www.oa.pt/Conteudos/Artigos/detalhe_artigo.aspx?idsc=45582&ida=%204561. Acesso em: 23 jul. 2019.

CORDEIRO, António Menezes. *Litigância de má-fé, abuso do direito de ação e culpa "in agendo"*. Coimbra: Almedina, 2011.

CORDEIRO, António Menezes. *O direito à não informação*. Estudos de Direito do Consumidor. Centro de Direito do Consumo, n. 9, 2015.

CORDEIRO, Antônio Menezes. *Tratado de Direito Civil II*. Parte geral. Coimbra: Almedina, 2014.

CORDEIRO, António Menezes. *Tratado de Direito Civil IX*: Direito das obrigações. 2. ed. Coimbra: Almedina, 2016.

CORDEIRO, António Menezes. *Tratado de Direito Civil IX*. Parte Geral. 3. ed. Coimbra: Almedina, 2017.

CORDEIRO, António Menezes. *Tratado de Direito Civil Português I*. 3. ed. Coimbra: Almedina, 2005. t. I.

CORREIA, Miguel J. A. Pupo. *Direito Comercial* – Direito de empresa. Lisboa: Ediforum, 2009.

CORREIA, Miguel Pupo. Contratos à distância: uma fase na evolução da defesa do consumidor na sociedade de informação? *Estudos de Direito do Consumidor*, n. 4, 2002.

COSTA, Alexandre Araújo; COSTA, Henrique Araújo. *Direito da Publicidade*. Brasília: Thesaurus, 2008.

COSTA, José Augusto Fontoura; Wachowicz, Marcos. Cláusulas contratuais nulas no marco civil da *internet*. *Revista da Faculdade de Direito UFMG*, n. 68, pp. 477-496, Belo Horizonte, jan./jun. 2016.

COSTA, Mariana Fontes da. O dever pré-contratual de informação. *Repositório Aberto da Universidade do Porto*, s.d. Disponível em: https://repositorio-aberto.up.pt/bitstream/10216/23890/2/49873.pdf. Acesso em: 02 ago. 2019.

COSTA, Mário Júlio de Almeida. *Direito das obrigações*. 8. ed. Coimbra: Almedina, 2000.

COSTA, Mário Júlio de Almeida. Intervenções Fulcrais da Boa Fé nos Contratos. In: LIMA, A. Pires de; PEREIRA, Alexandre L. Dias; FRANK, Jerôme et al (Org.). *Estudos de direito do consumidor*. Coimbra: [s.n.], 2000. v. 2.

COSTA, Mário Júlio de Almeida; CORDEIRO, António Menezes. *Cláusulas Contratuais Gerais*: anotação ao Decreto-Lei 446/85, de 25 de outubro. Coimbra: Almedina, 1993.

CRAVETTO, Chiara; PASA, Barbara. The 'Non-sense' of Pre-Contractual Information Duties in Case of Non-Concluded contracts. *European Review of Private Law*, v. 19, n. 6, 2011.

CRISTAS, Maria de Assunção. Concorrência desleal e protecção do consumidor: a propósito da Directiva 2005/29/CE. *Homenagem da Faculdade de Direito de Lisboa ao Professor Doutor Inocêncio Galvão Telles*: 90 Anos. Coimbra: Almedina, 2007.

CRISTAS, Assunção. Protecção constitucional do consumidor e suas implicações no direito contratual. In: AA.VV. *Direito Contratual entre Liberdade e Protecção dos Interesses e Outros Artigos Alemães-Lusitanos*. Coimbra, Almedina, 2008.

CRISTAS, Assunção; ASCENSÃO, José de Oliveira; SILVA, Paula Costa e et al. *Lei do Comércio Electrónico Anotada*. Coimbra: Coimbra Ed., 2005.

CUEVA, Ricardo Villas Bôas. Funções e finalidades dos programas de *compliance*. *Compliance*. Perspectivas e desafios dos programas de conformidade. Belo Horizonte: Fórum, 2018.

CUEVA, Ricardo Villas Bôas. A insuficiente proteção de dados pessoais no Brasil. *Revista de Direito Civil Contemporâneo*. v. 13. ano 4. p. 59-67. São Paulo: Ed. RT, out.-dez. 2017.

DALMASO, Ricardo. A resolução de disputas *online* (odr): do comércio eletrônico ao seu efeito transformador sobre o conceito e a prática do acesso à justiça. *Revista de Direito e as Novas Tecnologias*, v. 5, 2019.

DAVIS, Jeffrey. Protecting consumers from overdisclosure and gobbledygook: an empirical look at the simplification of consumer-credit contracts. *Virginia Law Review*, 6. ed., 1977.

DE LUCCA, Newton. *Direito do consumidor*: teoria geral da relação de consumo. 2. ed. São Paulo: Editora Quartier Latin do Brasil, 2008.

DEL MASSO, Fabiano Dolenc. *Direito do consumidor e publicidade clandestina*. São Paulo: Campus Elsevier, 2009.

DELLAROCAS, Chrysanthos. *Design Reputation Systems for the Social Web*. The Reputation Society How *Online* Opinions Are Reshaping the Offline World. Cambridge: The MIT Press, 2012.

DELLAROCAS, Chrysanthos; WOOD, Charles A. The Sound of Silence in *Online* Feedback: Estimating Trading Risks in the Presence of Reporting Bias. *Management Science*, v. 54, n. 3, mar. 2008.

DEPERON, Mariana Pazianotto. *Responsabilidade civil pela ruptura ilegítima das tratativas*. Curitiba: Juruá, 2009.

DESSAUNE, Marcos V. Teoria aprofundada do desvio produtivo do consumidor: uma visão geral. *Revista de Direito do Consumidor*, v. 27, n. 119, p. 89-103, São Paulo, set./out. 2018.

DIAS, Lucia Ancona Lopez de Magalhães. *Publicidade e Direito*. São Paulo: Ed. RT, 2013.

DÍAZ-AMBRONA, Maria Dolores Hernández. *Consumidor vulnerable*. Madrid: Reus, 2015.

DINIZ, Maria Helena. *Direito Civil Anotado*. São Paulo: Saraiva, 2014.

DINIZ, Maria Helena. *Curso de Direito Civil Brasileiro*. São Paulo: Saraiva, 2018. v. 1.

DOMINGUES, Alessandra de Azevedo. *O erro na compra e venda telemática*: análise da experiência brasileira. São Paulo: Faculdade de Direito da Universidade de São Paulo, 2008.

DONEDA, Danilo. *Da privacidade à proteção de dados pessoais*. Rio de Janeiro: Renovar, 2006.

DONIZETTI, Elpídio; QUINTELLA, Felipe. *Curso Didático de Direito Civil*. São Paulo: Atlas, 2016.

DRAY, Guilherme Machado. *A influência dos Estados Unidos da América na afirmação do princípio da igualdade no emprego nos países da lusofonia*. Coimbra: Almedina, 2016.

DUARTE, Jorge Dias. O Papel do Ministério Público na Defesa do Consumidor. *Coleção Formação Contínua* – Direito do Consumo. Centros de Estudos Judiciários, jul. 2018.

DUHALDE, Eduardo Luis; ALÉN, Luis Hipólito. *Teoría jurídico-política de la comunicación*. Buenos Aires: Editorial Universitária de Buenos Aires, 2001.

EASTER-BROOK, Frank; FISCHEL, Daniel. The Economic Structure of Corporate Law. *The Cambridge Law Journal*, v. 67, n. 3, p. 472-475, 1993.

EFING, Antônio Carlos; BAUER, Fernanda Mara Gibran; ALEXANDRE, Camila Lindenberg. Os deveres anexos da boa-fé e a prática do neuromarketing nas relações de consumo: análise jurídica embasada em direitos fundamentais. In: *Revista Opinião Jurídica*, ano 11, n. 15, p. 43 e ss. Fortaleza, jan./dez. 2013.

EISENBERG, Melvin Aron. *Foundational Principles of Contract Law*. New York: Oxford University Press, 2018.

EISENBERG, Melvin Aron. The Limits of Cognition and the Limits of Contract. *Stanford Law Review*, v. 47, p. 211-240, 1995.

ELEFTHERIOU, Demetrios; BERLIRI, Marco; CORAGGIO, Giulio. Data Protection and *E-commerce* in the United States and the European Union. *The International Lawyer*, v. 40, n. 2, International Legal Developments in Review: 2005.

ELLISON, Glenn; ELLISON, Sara Fisher. National Bureau of Economic Research. Search, Obfuscation, and Price Elasticities on the Internet, 2004. Disponível em: https://papers.ssrn.com/sol3/papers.cfm?abstract_id=564742. Acesso em: 20 ago. 2020.

ERIK, Jayme. Identité culturelle et integration: le droit international. *Recueil des Cours*, n. 251, II, 1995.

FABIAN, Christoph. *O dever de informar no direito civil*. São Paulo: Ed. RT, 2002.

FACHIN, Luiz Edson. *Teoria crítica do direito civil*. Rio de Janeiro: Renovar, 2000.

FAGGELLA, Gabriele. Dei periodi precontrattuali e della lora vera ed esatta costruzione scientifica. *Studi giuridici in onore di Carlo Fadda*. Napoli: [s.n.], 1906. v. III.

FALCÃO, Davi; FALCÃO, Marta. Análise crítica do Decreto-lei n24/2014, de 14-02, relativo aos contratos celebrados à distância e fora do estabelecimento comercial. *Revista jurídica Data Vênia*, ano 4, n. 5, 2016.

FALEIROS JÚNIOR, José Luiz de Moura; BASAN, Arthur Pinheiro. Desafios da predição algorítmica na tutela jurídica dos contratos eletrônicos de consumo. *Revista da Faculdade de Direito da UFRGS*, n. 44, p. 131-153, Porto Alegre, dez. 2020.

FARIA, Jorge Leite Areias Ribeiro de. *Direito Das Obrigações*. Coimbra: Almedina, 1990. v. II.

FARIAS, Cristiano Chaves de; ROSENVALD, Nelson. *Curso de Direito Civil*. Salvador: Jus Podivm, 2017. v. 4.

FARIAS, Cristiano Chaves de; ROSENVALD, Nelson; NETTO, Felipe Peixoto Braga. *Curso de Direito Civil 3* – Responsabilidade Civil. 2. ed. São Paulo: Atlas, 2015.

FARIAS, Cristiano Chaves de; ROSENVALD, Nelson. *Direito dos Contratos*. Rio de Janeiro: Lumen Juris, 2011.

FARIAS, Inez Lopes Matos Carneiro de. *A proteção do consumidor internacional no comércio eletrônico*. Dissertação (Mestrado em Direito) – Faculdade de Direito de São Paulo, São Paulo, 2002.

FARIAS, Inez Lopes Matos Carneiro de. Sindicatos Globais e a Proteção dos Direitos Trabalhistas. In: DELGADO, Gabriela Neves; PEREIRA, Ricardo José Macêdo de Britto (Coord.). *Trabalho, Constituição e Cidadania*. São Paulo: LTR, 2014.

FARRANHA, Ana Claudia. Mecanismos para a construção da transparência: uma breve análise do caminho entre a democracia representativa e a democracia digital. In: PINHO, José Antonio G. de (Org.). *Artefatos digitais para mobilização da sociedade civil*: perspectivas para avanço da democracia. Salvador: UFBA, 2016.

FERNANDES, António Joaquim, Contratos de adesão e defesa do consumidor. *Estudos-Instituto Nacional de Defesa do Consumidor*, p. 26 e ss. Lisboa: [s.n.], 1987

FERNANDES, Luís A. Carvalho. *Teoria Geral do Direito Civil II*: fonte, conteúdo e garantia da relação jurídica. 5. ed. Lisboa: Universidade Católica Editora, 2010.

FERNANDES NETO, Guilherme. *Cláusulas, Práticas e Publicidades Abusivas*: O Abuso do Direito no Código Civil e no Código de Defesa do Consumidor. São Paulo: Atlas, 2012.

FERNANDES NETO, Guilherme. Cláusulas Abusivas. In: BITTAR, Carlos Alberto (Coord.). *Os Contratos de Adesão e o Controle de Cláusulas Abusivas*. São Paulo: Saraiva, 1991.

FERREIRA, Ana Amelia Menna Barreto de. Proteção do Consumidor no Comércio Eletrônico sob a Ótica da Teoria da Confiança. *Revista da Escola da Magistratura do Rio de Janeiro*, v. 11, n. 42, 2008.

FERREIRA, Antônio Carlos. Revisão Judicial de Contratos. *Doutrina*: edição comemorativa 25 anos – STJ. Disponível em: https://www.stj.jus.br/publicacaoinstitucional/index.php/Dout25anos/issue/view/30/showToc. Acesso em: 20 dez. 2021.

FERREIRA, Jaime Cardona. Os Julgados de Paz e os litígios de consumo. *EDC*, n. 4, 2002.

FERRETTI, Federico. *EU Competition Law, the Consumer Interest and Data Protection*. United Kingdom: Springer, 2014.

FILOMENO, José Geraldo Brito. *Código de Defesa do Consumidor comentado pelos autores do anteprojeto*. 10. ed. Rio de Janeiro: Forense, 2011.

FILOMENO, José Geraldo Brito. *Direitos do Consumidor*. São Paulo: Atlas, 2018.

FINKELSTEIN, Maria Eugenia; NETO, Fernando Sacco. *Manual de Direito do Consumidor*. São Paulo: Elsevier Ed., 2010.

FLOHR, Annegret. *Self Regulation and Legalization* – Making Global rules for banks and corporations. Reino Unido: Palgrave Macmillan, 2014.

FONSECA, Reynaldo Soares da. As soluções consensuais de conflitos à luz do princípio constitucional da fraternidade: realidade e desafios do NCPC. *Revista de Ciências Jurídicas e Sociais*. v. 7, n. 1, p. 77 e ss. São Paulo, 2017.

FRADA, Manuel Antonio de Castro Portugal Carneiro da. *Teoria da Confiança e responsabilidade civil*. Coimbra: Almedina, 2004.

FRANCO, Flávio. O impacto do marco civil da *internet* nas atividades de *e-commerce*. *Regulação e Novas Tecnologias*. Belo Horizonte: Editora Juruá, 2017.

FRANCK, Jens-Uwe; PURNHAGEN, Kai. Law and Economics in Europe – Foundations and Applications. *Homo Economicus, Behavioural Sciences, and Economic Regulation*: On the Concept of Man in Internal Market Regulation and its Normative Basis. Lucerne: Springer, 2014.

FRAZÃO, Ana. *Geopricing e geoblocking*: as novas formas de discriminação de consumidores. Disponível em: https://www.jota.info/opiniao-e-analise/colunas/constituicao-empresa-e-mercado/geopricing-e-geoblocking-as-novas-formas-de-discriminacao-de-consumidores-15082018. Acesso em: 05 abr. 2021.

FREIRE, Paula Vaz. Sociedade de risco e direito do consumidor. In: LOPEZ, Tereza A. (Org.). *Sociedade de risco e direito privado*. São Paulo: Atlas, 2013.

FREITAS, Eduardo Manuel de Melo Freitas. Os sistemas de avaliações online: proteção do consumidor nos mercados de comércio eletrónico. *Anuário Noca Consumer Lab*, ano 1. 2019.

FRIGNANI, Aldo; CARRARO, Wanya; D'AMICO, Gianmaria. *La comunicazione pubblicitaria d'impresa*. *Manuale giuridico teorico e pratico*. Milano: Giuffrè Editora, 2009.

FRITZ, Karina Nunes. *Boa-fé objetiva na fase pré-contratual*. A responsabilidade pré-contratual por ruptura das negociações. Curitiba: Juruá, 2009.

FROTA, Mário. Os contratos de consumo-realidades sócio jurídicas que se perspetivam sob novos influxos. *Revista Portuguesa de Direito do Consumo* (doravante RPDC), n. 23, set. 2000.

FUX, Luiz. Arbitragem e segurança jurídica: a maturação de um meio adequado de solução das controvérsias. *Doutrina* – Edição Comemorativa – 30 anos do STJ. Disponível em: https://www.stj.jus.br/docs_internet/revista/eletronica/revista_doutrina_dos_30_anos.pdf. Acesso em: 20 dez. 2021.

GABAN, Eduardo Molan; DOMINGUES, Juliana Oliveira; SILVA, Breno Fraga Miranda e. Direito Antitruste 4.0 e o abuso de posição dominante nos mercados digitais: um desafio atual para o Cade. *Direito Antitruste 4.0* – Fronteiras entre Concorrência e Inovação. São Paulo: Editora Singular, 2019.

GAGLIANO, Pablo Stolze; PAMPLONA FILHO, Rodolfo. *Novo curso de direito civil*. São Paulo: Saraiva, 2019. v. 4.

GAGLIANO, Pablo Stolze; OLIVEIRA, Carlos Eduardo Elias. *Comentários à "Lei do Superendividamento"* (Lei 14.181, de 01 de julho de 2021) e o Princípio do Crédito Responsável: uma primeira análise. Disponível em: https://www.migalhas.com.br/arquivos/2021/7/29FED-44D9509EF_ComentariosaLeidoSuperendivida.pdf. Acesso em: 27 nov. 2021.

GAL, Michal S.; KOREN-ELKIN, Niva. Algorithmic Consumers. *Harvard Journal of Law & Technology*, v. 30, n. 2, 2017.

GAMBINO, Alberto M; STAZI, Andrea. *Diritto dell'informatica e della comunicazione*. Roma: Giappichelli Editore, 2009.

GAMBINO, Alberto M; STAZI, Andrea. *I contratti di pubblicità e di sponsorizzazione*. Torino: Giappichelli Editore, 2012.

GARCIA, Leonardo de Medeiros. *Direito do Consumidor*. Salvador: Jus Podivm, 2019.

GARCIA, Leonardo de Medeiros. *Código de Defesa do Consumidor* Comentado. Salvador: Jus Podivm, 2017.

GARCIA, Leonardo Medeiros. *O princípio da informação na pós-modernidade*: direito fundamental do consumidor para o equilíbrio nas relações de consumo. Disponível em: http://www.revistas.unifacs.br/index.php/redu/article/viewFile/3466/2482. Acesso em: 04 jun. 2020.

GEERAERT, Arnout. Good governance in international non-governmental sport organsiations: an empirical study on accountability, participation and executive body members in sport governing bodies. *Play the Game/Danish Institute for Sports Studies*, Copenhagen, Denmark, 2013.

GIARDINI, Federica. *La protezione contro lo spamming*: un'analisi comparata. Milano: Giuffre, 2010.

GIOVANOLI, Mario. *The reform of the international financial architecture after the global crisis*, 2013. Disponível em: http://nyujilp.org/wp content/uploads/2013/02/42.1-Giovanoli.pdf. Acesso em: 18 jul. 2020.

GODOY, Cláudio Luiz Bueno. *Função social do contrato*. Saraiva: São Paulo, 2004.

GOMES, Januário. *Contratos Comerciais*. Coimbra: Almedina, 2012.

GOMES, Januário. Sobre o direito de arrependimento do adquirente de direito real de habitação periódica (time-sharing) e a sua articulação com direitos similares noutros contratos de consumo. *Revista portuguesa de direito do consumo*, n. 3, 1995.

GOMES, Orlando. *Contratos*. Rio de Janeiro: Forense, 2001.

GOMIDE, Alexandre Junqueira. *Direito de Arrependimento nos Contratos de Consumo*. Coimbra: Almedina, 2014.

GONÇALVES, Carlos Roberto. *Direito Civil Brasileiro*: contratos e atos unilaterais. 16. ed. São Paulo: Saraiva, 2019.

GONÇALVES, José Alberto. *Código Civil Anotado* . Lisboa: Quid Juris, 2012. v. II – Direito das Obrigações. Disponível em: http://www.almedina.net/catalog/product_info.php?products_id=19045. Acesso em: 07 set. 2019.

GONÇALVES, Luiz da Cunha. *Tratado de Direito Civil 4*. [s.l.: s.n.], 1931.

GONÇALVES, Ramiro Manuel Ramos Moreira. *Iniciativas de comércio e negócio eletrônico*. Vila Real: Utad, 2009.

GONZÁLEZ, Félix Valbuena. La protección del consumidor europeo: Alternativas a la vía judicial. *Revista de Estudios Europeos*. n. 66, Valladolid, 2015.

GONZÁLES, Paloma Llaneza. *Internet y comunicaciones digitales*: Régimen legal de las tecnologias de la informacíon y la comunicacíon. Barcelona: Bosh, 2000.

GRAU, Eros Roberto. *A ordem econômica na Constituição de 1988*. 13. ed. São Paulo: Malheiros, 2008.

GRINOVER, A. da Pellegrini et al. *Código Brasileiro de Defesa do Consumidor comentado pelos autores do Anteprojeto*. Rio de Janeiro: Forense, 2004.

GROSSMAN, Mark; HIFT, Allison Kimberly; ROTHMAN, Raquel Grossman. *Click-Wrap Agreements* – enforceable contracts or wasted words? Disponível em: http://www.beckerpoliakoff.com/publications/article_archive/click-wrap.html. Acesso em: 14 jun. 2017.

GUEDES, Agostinho Cardoso. A Responsabilidade do banco por informações à luz do artigo 485.º do Código Civil. *Revista de Direito e Economia*, ano XIV, 1988.

GUILDI, Guilherme Berti de Campos. Modelos Regulatórios para proteção de dados pessoais. *Pesquisa do Instituto de Tecnologia e Sociedade do Rio de Janeiro*, 2017.

GUIMARÃES, Marcelo Cesar. Geoblocking e geopricing: uma análise à luz da teoria do interesse público de Mike Feintuck. *Revista de Direito, Estado e Telecomunicações*, v. 11, n. 2, p. 87-106, out. 2019.

HAICAL, Gustavo. O Inadimplemento pelo Descumprimento Exclusivo de Dever Lateral Advindo da Boa-Fé Objetiva. *Revista dos Tribunais*, v. 900, ano 99, p. 44-84, out. 2010.

HALL, Robert E. *Nukote International*. The Inkjet Aftermarket: An Economic Analysis, Stanford University.

HENNIG-THURAU, Thorsten; WALSH, Gianfranco. Electronic Word-of-Mouth: Motives for and Consequences of Reading Customer Articulations on the Internet. *International Journal of Electronic Commerce*, v. 8, n. 2, p. 51-74, 2003.

HILLMAN, Robert; RACHLINSKI, Jeffrey. Standard-Form Contracting in the Electronic Age. *Cornell Law Faculty Publications*, v. 77, n. 2, 2002.

HIRONAKA, Giselda M. Fernandes Novaes. A função social do Contrato. *Revista de Direito Civil, Imobiliário*, Agrário e Empresarial, ano 12, p. 141-152. São Paulo: Ed. RT, jul./set. 1988.

HOFFMAN, Donna L.; NOVAK, Thomas P. *Marketing* in Hypermedia Computer-Mediated Environments: Conceptual Foundations. *Journal of Marketing*, v. 60, jul. 1996.

HOMEM, Antônio Pedro Barbas. O justo e injusto. Lisboa: Associação Acadêmica da Faculdade de Direito, 2001.

HOPKINS, Tom M.. New Battleground-Consumer Interest. *Harvard Business Review*, v. 42, p. 97-104, set.-oct. 1964.

HUI, Xiang; SAEEDI, Maryam; SHEN, Zeqian, SUNDARESAN, Neel. *From Lemon Markets to Managed Markets*: The Evolution of eBay's Reputation System. The Ohio State University, 2014.

JACOBINA, Paulo Vasconcelos. *A publicidade no direito do consumidor*. Rio de Janeiro: Forense, 1996.

JORDÃO, Eduardo. Repensando a Teoria do Abuso de Direito. In: MAZZEI, Rodrigo (Coord.). *Coleção Temas de Direito Civil em homenagem ao Teixeira de Freitas*. Salvador: JusPODIVM, 2006. v. I.

KAUFMANN-KOHLER, Gabrielle; SCHULTZ, Thomas. *Online Dispute Resolution*: challenges for contemporary justice. The Hague: Kluwer Law International, 2004.

KAWAKAMI, Mark T. Adjusting EU consumer protection mechanisms to the needs of private actors: Collaborative Consumer Protection and the *Ex Ante* avoidance of conflict. *European Review of Private Law*, Alphen aan den Rijn, v. 21, n. 5/6, p. 1255-1276, 2013.

KESSLER, Friedrich. The Contracts of Adhesion-Some Thoughts about Freedom of Contract Role of Compulsion in Economic Transactions. *Columbia Law Review*, n. 629, 1943.

KESSLER, Friedrich; FINE, Edith. Culpa in Contrahendo, Bargaining in good faith, and freedom of contract: a comparative study. *Harvard Law Review*, v. 77, n. 3, 1964.

KHOURI, Paulo R. Roque. *Direito do Consumidor* – Contratos, Responsabilidade Civil e Defesa do Consumidor Em Juízo. São Paulo: Atlas, 2013.

KIM, Dan; FERRIN, Donald; H. RAGHAV, Rao. Trust and Satisfaction, Two Stepping Stones for Successful E-commerce Relationships. *Information Systems Research*, v. 20, n. 2, 2009.

KIM, Nancy S. Wrap contracting and the online environment: Causes and cures. *Research Handbook on Electronic Commerce Law*. Massachusetts: Edward Elgar Publishing, 2016.

KIM, Richard Pae. *O Conselho Nacional de* Justiça e suas políticas judiciárias garantidoras de direitos fundamentais. Disponível em: https://www.tjsp.jus.br/download/EPM/Publicacoes/ObrasJuridicas/15 federalismo.pdf?d=637006247774866622. Acesso em: 20 dez. 2021.

KLEIN, Michele. *El desistimiento unilateral del contrato*. Madrid: Civitas, 1997.

KOOPMAN, Christopher; MITCHELL, Matthew; THIERER, Adam. The Sharing Economy and Consumer Protection Regulation: The Case for Policy Change. The *Journal of Business, Entrepreneurship & the Law*, v. 8, n. 2, 2015.

KRETZMANN, Renata Pozzi. *Informações nas relações de consumo*. Belo Horizonte: Casa do Direito, 2019.

KUMAR, Naveen; VENUGOPAL; Deepak, QIU, Liangfei; KUMAR, Subodha. Detecting Review Manipulation on *Online* Platforms with Hierarchical Supervised Learning. *Journal of Management Information System*, v. 35, n. 1, 2018.

KUMMERT, Irina. Der Zauber der Transparenz. Über die Ambivalenz eines moralischen Prinzips im Kontext der Digitalisierung. *Face-to-Interface*. Werte und ethisches Bewusstsein im Internet. Berlin: Springer, 2017.

LAGES, Leandro Cardoso. *Direito do Consumidor*. 4. ed. Rio de Janeiro: Lumen Juris, 2020.

LANCIONI, Giulio E.; SINGH Nirbhay N. Assistive Technologies for Improving Quality of Life. *Assistive Technologies for People with Diverse Abilities*. Nova Iorque: Springer, 2014.

LARENZ, Karl. *Derecho de obligaciones*. Trad. Jaime Santos Brinz. Madrid: Editorial Revista de Derecho Privado, 1958.

LARENZ, Karl. *Derecho justo*. Fundamentos de ética jurídica. Trad. Luiz Díez-Picazo, Madrid: Civitas, 2001.

LARENZ, Karl. *Metodologia da ciência do direito*. Trad. José Lamego. Lisboa: Fundação Calouste Gulbenkian, 2005.

LAWAND, Jorge José. *Teoria geral dos contratos eletrônicos*. São Paulo: Juarez de Oliveira, 2013.

LEAL, Sheila do Rocio Cercal Santos. *Contratos eletrônicos*: validade jurídica dos contratos via internet. São Paulo: Atlas, 2007.

LEITÃO, Adelaide Menezes. Comércio Eletrônico e direito do consumo. X Curso Intensivo de Direito de Autor e Sociedade da Informação. *Estudos em Homenagem ao Dr. Mario Frota*. S.l.: s.n., 2011.

LEITÃO, Adelaide Menezes. Comércio Eletrônico e Direito do Consumo. *Liber Amicorum Mario Frota*: a causa dos direitos dos consumidores. Coimbra: Almedina, 2012.

LEITÃO, Luís Manuel Teles de Menezes. A proteção do consumidor contra as práticas comerciais desleais e agressivas. *O direito, Lisboa*, a. 134-135, p. 69-85, 2002-2003.

LEITÃO, Luís Manuel Teles de Menezes. *Direito das Obrigações*. Coimbra: Almedina, 2018. v. I.

LEITÃO, Luís Manuel Teles de Menezes. *Direito das Obrigações*. Coimbra: Almedina, 2018. v. II.

LEITÃO, Luís Manuel Teles de Menezes. A responsabilidade civil na *internet*. In: MARTINS, A. G. Lourenço et al (Org.). *Direito da Sociedade da Informação*. Coimbra: Coimbra Ed., 2002. v. III.

LEITÃO, Luís Manuel Teles de Menezes. O novo Regime de venda de bens de consumo. *Estudos do Instituto de Direito do Consumo*, v. II. 2005.

LEONARDI, Marcel. Legítimo Interesse. *Revista do Advogado*, v. 39, n. 144, 2019.

LIMA, Cintia Rosa. *Validade e obrigatoriedade dos contratos de adesão eletrônicos (shrink-wrap e click-wrap) e dos termos de condição de uso (brwase-wrap)*: um estudo comparado Brasil e Canadá. Universidade de São Paulo, Faculdade de Direito, Departamento de Direito Civil: [s.n.], 2009.

LIMA, Fernando Andrade Pires de; VARELA, João de Matos Antunes. *Código Civil* – Anotado. 4. ed. Coimbra: Coimbra Ed., 2011. v. I.

LIMEIRA, Tânia M. Vidigal. *E-marketing na Internet com casos brasileiros*. São Paulo: Saraiva, 2003.

LINDEN, Greg; SMITH, Brent; YORK, Jeremy. *Amazon.com*. Recommendations Item-to-Item Collaborative Filtering, EEE Computer Society, 2003.

REFERÊNCIAS **323**

LISBOA, Roberto Senise. *Da confiança como valor fundamental e princípio geral do negócio jurídico*. Tese (Concurso de Professor Titular de Direito Civil) – Faculdade de Direito da Universidade de São Paulo, 2009.

LISBOA, Roberto Senise. *Manual Elementar de Direito Civil*. São Paulo: Ed. RT, 2005.

LISBOA, Roberto Senise. *Responsabilidade Civil nas Relações de Consumo*. 3. ed. São Paulo: Saraiva, 2012.

LIZ, Jorge Pegado. A «Lealdade» no Comércio ou as Desventuras de uma Iniciativa Comunitária (Análise Crítica da Directiva 2005/29/CE). *Revista Portuguesa de Direito do Consumidor*, n. 44, 2005.

LIZ, Jorge Pegado. Algumas reflexões a propósito dos direitos dos consumidores à informação. *Liber Amicorum Mário Frota*: A Causa dos Direitos dos Consumidores. Coimbra: Almedina, 2012.

LIZ, Jorge Pegado. *Conflitos de consumo*: uma perspectiva comunitária de defesa dos consumidores. Lisboa: Centro Informação Jacques Delors, 1998. (Prémio Jacques Delors).

LOBEL, Orly. The law of Plataform. *Minnesota Law Review*, 2016.

LÔBO, Paulo Luiz Netto. A informação como direito fundamental do consumidor. *Direito do Consumidor*: proteção da confiança e práticas comerciais. São Paulo: Ed. RT, 2011. v. 3.

LÔBO, Paulo Luiz Netto. *Contratos*. São Paulo: Saraiva, 2011.

LÔBO, Paulo Luiz Netto. *O Contrato*. Exigências e concepções atuais. São Paulo: Saraiva, 1986.

LOPES, Maria Elizabete Vilaça. O consumidor e a publicidade. *Revista de Direito do Consumidor*, v. 1, 1994.

LÓPEZ, Francisco José Martínez; HUERTAS, Paula Luna. Sociedad de la información y del conocimiento y nuevos paradigmas del derecho: el caso de los códigos de conducta en el comercio electrónico. *Revistas de la UHU*, Derecho y conocimiento: anuario jurídico sobre la sociedad de la información y del conocimiento, v. 2, 2002.

LÓPEZ, Francisco José Martínez; HUERTAS, Paula Luna. *Marketing en la sociedad del conocimiento*. Claves para la empresa. Madrid: Delta Publicaciones, 2008.

LORENZETTI, Ricardo Luis. *Comércio eletrônico*. São Paulo: Ed. RT, 2004.

LORENZETTI, Ricardo Luis. *Tratado de los contratos*: parte general. Buenos Aires: Rubinzal-Culzoni, 2004.

LUCA, Michael. Reviews, Reputation, and Revenue: The Case of Yelp.com. *Harvard Business School Working Paper*, 2016.

MADIEGA, Tambiama. *Geo-blocking and discrimination among customers in the EU, Briefing EU Legislation Progress, European Parliamentary Research Service (EPRS)*, , p. 4 e ss. fev. 2018.

MAFFESOLI, Michel. *Le temps des tribus*. Paris: La Table Ronde, 2000.

MAGGS, Gregory E. Regulating Electronic Commerce. *GW Law Faculty Publications & Other Works*, v. 50, p. 665, 2002.

MAIA, Roberta Mauro Medina. A titularidade de dados pessoais prevista no art. 17 da LGPD: direito real ou pessoal? In: FRAZÃO, Ana; TEPEDINO, Gustavo; OLIVA, Milena Donato (Coord.). *Lei Geral de Proteção de Dados Pessoais e suas repercussões no Direito Brasileiro*. São Paulo: Thomson Reuters Brasil, 2019.

MAK, Vanessa; TERRYN, Evelyne. Circular Economy and Consumer Protection: The Consumer as a Citizen and the Limits of Empowerment Through Consumer Law. In *Journal of Consumer Policy*, v. 43, Springer, 2020.

MALLEN, Ignacio Bel; ALFONSO, Loreto Corredoira Y; COUSIDO, Pilar. *Derecho de la Información* (I) Sujetos y médios. Madrid: Colex, 1992.

MANSO, Teresa Hualde. *Del consumidor informado al consumidor real*. El futuro del Derecho de Consumo europeu. Madrid: Dykinson, 2016.

MARCONDES, Laura de Toledo Ponzoni. Aplicação do Código de Defesa do Consumidor ao Comércio Eletrônico. *Sociedade de Risco e Direito Privado*, São Paulo: Atlas, 2013.

MARCUS, J. Scott; PETROPOULOS, George. *Extending. the Scope of the Geo-Blocking Prohibition: An Economic Assessment. Study for Policy Department for Economic and Scientific Policy, European Parliament*. p. 56 e ss. fev. 2017. Disponível em: http://www.europarl.europa.eu/RegData/etudes/IDAN/2017/595364/IPOL_IDA(2017)595364_EN.pdf. Acesso em: 11 abr. 2021.

MARQUES, Cláudia Lima. *Confiança no comércio eletrônico e a proteção do consumidor*: um estudo dos negócios jurídicos de consumo no comércio eletrônico. São Paulo: Ed. RT, 2004.

MARQUES, Claudia Lima. *Contratos no Código de Defesa do Consumidor*: o novo regime das relações contratuais. São Paulo: Ed. RT, 2016.

MARQUES, Claudia Lima. Diálogo entre o Código de Defesa do Consumidor e o novo Código Civil: do diálogo das fontes no combate às cláusulas abusivas. *Revista de Direito do Consumidor*, v. 45, jan-mar, 2003.

MARQUES, Claudia Lima; BENJAMIN, Antonio Herman V.; MIRAGEM, Bruno. *Comentários ao Código de Defesa do Consumidor*. São Paulo: Thomson Reuters Brasil, 2019.

MARQUES, Claudia Lima. Comentário à Diretiva (EU) 2019/770 do Parlamento Europeu e do Conselho, de 20 de maio de 2019, sobre certos aspectos relativos aos contratos de fornecimento de conteúdos e serviços digitais. *Revista de Direito do Consumidor*. ano 29, n. 127, p. 477 e ss. jan./fev. 2020.

MARQUES, Claudia Lima. *A atualização do CDC em matéria de crédito e superendividamento*. Disponível em: https://www.conjur.com.br/2021-jul-03/lima-marques-atualizacao-cdc-materia-credito-superendividamento. Acesso em: 10 jul. 2021.

MARQUES, Garcia; MARTINS, Lourenço. *Direito da informática*. Coimbra: Almedina, 2006.

MARQUES, João Paulo Fernandes Remédio. A promoção de produtos e serviços e os direitos dos consumidores. In: MARQUES, Claudia Lima; MIRAGEM, Bruno (Org.). *Doutrinas essenciais do direito do consumidor*. São Paulo: Ed. RT, 2011. v. III.

MARSHA, Richins. Word of mouth communication as negative information. *Advances in Consumer Research*, v. 11, 1984.

MARTÍNEZ, Julio Jiménez; HOYOS, Maria José Martín De. Indicadores y dimensiones que definen la actitud de Consumidor hacia el uso del comercio electrónico. *Cuadernos de Economía y Dirección de la Empresa*. Universidad de Zaragoza, n. 31, p. 19 e ss. 2007.

MARTINEZ, Pedro Romano. *Cumprimento Defeituoso Em Especial Na Compra E Venda E Na Empreitada*. Coimbra: Almedina, 2015.

MARTINEZ, Pedro Romano. *Da Cessação do Contrato*. 3. ed. Coimbra: Almedina, 2015.

MARTINEZ, Pedro Romano. *Direito das Obrigações*. 3. ed. Lisboa: Associação Acadêmica da Faculdade de Direito de Lisboa, 2010/2011.

MARTINS, Ana Maria Guerra. *O Direito Comunitário do Consumo* – Guia de Estudo. Estudos do Instituto de Direito do Consumo, 2002. v. I.

MARTINS, Fernando Rodrigues; FERREIRA, Keila Pacheco. Vulnerabilidade financeira e economia popular: promoção de bem fundamental social em face das práticas de institutos lucrativos ilusórios (das pirâmides ao marketing multinível). *Revista de Direito do Consumidor* – RDC. n. 98. 2018.

MARTINS-COSTA, Judith. *A boa-fé no direito privado*: critérios para sua aplicação. São Paulo: Marcial Pons, 2015.

MASKE, Carel. Competition Policy and the Digital Single Marketin the Wake of Brexit: Is Geoblocking Always as Evilas Most Consumers Believe? *Journal of European Competition Law & Practice*, v. 7, n. 8, 2016.

MASUM, Hassan; TOVEY, Mark; NEWMARK, Craig. *The Reputation Society*. Cambridge: MIT Press, 2011.

MATTILA, Anna; MOUNT, Daniel J. The impact of selected customer characteristics and response time on E-complaint satisfaction and return intent. *International Journal of Hospitality Management*, 22. ed., 2003.

MAYZLIN, Dina; DOVER, Yaniv; CHEVALIER, Judith. Promotional Reviews: An Empirical Investigation of *Online* Review Manipulation. *American Economic Review*, 2014.

MAZEAUD, Henri; MAZEAUD, Léon; TUNC, André. *Tratado teórico y práctico de la responsabilidad civil delictual y contractual*. Buenos Aires: Ediciones Jurídicas Europa-América, 1957.

MAZZIOTTI, Giuseppe. Is geo-blocking a real cause for concern in Europe? *European University Institute Working Papers Law 2015/43*, p. 14 e ss. Department of Law, 2015.

MELI, Vicenzo. Pubblicità ingannevole. *Enciclopedia giuridica Treccani*, Roma, 2006.

MENDES, Aluisio Gonçalves de Castro. *Incidente de Resolução de Demandas Repetitivas*. São Paulo: Forense, 2018.

MENDES, Laura Schertel. A tutela da privacidade do consumidor na *internet*: uma análise à luz do marco civil da *internet* e do código de defesa do consumidor. *Direito e Internet III* – Marco Civil da *Internet*. São Paulo: Quartier Latin, s.d.

MICHIGAN. Act n. 262. 2001. Disponível em: http://www.legislature.mi.gov/documents/2001-2002/publicact/pdf/2001-PA-0262.pdf. Acesso em: 18 fev. 2019.

MIRAGEM, Bruno. *Curso de Direito do Consumidor*. São Paulo: Ed. RT, 2020.

MIRAGEM, Bruno. Eppur si muove: diálogo das fontes como método de interpretação sistemática. *Diálogo das fontes*. Do conflito à coordenação de normas do direito brasileiro. São Paulo: Ed. RT, 2012.

MIRANDA, Francisco C. Pontes de. *Tratado de direito privado*. Rio de Janeiro: Borsoi, 1954. t. XXXVIII.

MIRANDA, Jorge; MEDEIROS, Rui. *Constituição Portuguesa Anotada*. Coimbra: Coimbra Ed., 2010.

MIRANDA, José Miguel de Sá. *O contrato de viagem organizada*. Coimbra: Almedina, 2000.

MONSEN, Erick. Disgorgement Damages for Breach of Pre-Contractual Obligation and Contract. *European Review of Private Law*, Alphen aan den Rijn, v. 19, n. 6, p. 799-815, 2011.

MONTEIRO, António Pinto. A Contratação em Massa e a Protecção do Consumidor numa Economia Globalizada. *Revista de Legislação e de Jurisprudência*, ano 139, n. 3961, 2010.

MONTEIRO, Antônio Pinto. A responsabilidade civil na negociação informática. *Direito da sociedade de informação*. [s.l.: s.n., s.d.], v. I.

MONTEIRO, Antônio Pinto. As cláusulas limitativas e de exclusão de responsabilidade sob o olhar da jurisprudência portuguesa recente. In: MENDES, João de Castro et al. (Coord.). *Estudos dedicados ao Professor Doutor Luís Alberto Carvalho Fernandes*. Lisboa: Universidade Católica Editora, 2011. v. I.

MONTEIRO, António Pinto. Cláusulas limitativas e de exclusão de responsabilidade civil. *Boletim da Faculdade de Direito da Universidade de Coimbra*, Suplemento XXVIII, Coimbra, Universidade de Coimbra, 1985.

MONTEIRO, Antônio Pinto. Contratos de adesão/Cláusula contratuais gerais. *Estudos de direito do consumidor*. Coimbra: Centro de Direito do Consumo, 2001. v. 3.

MONTEIRO, Jorge Ferreira Sinde. *Responsabilidade por conselhos, recomendações ou informações*. Coimbra: Almedina, 1989.

MORAIS, Ezequiel. *Código de Defesa do Consumidor Comentado*. São Paulo: Ed. RT, 2011.

MORAIS, Fernando de Gravato. *União de Contratos de Crédito e de Venda para o Consumo*. Coleção Teses. Coimbra: Almedina, 2004.

MOREIRA, Teresa. Novos Desafios para a Contratação à Distância a Perspectiva da Defesa do Consumidor. *Estudos do Direito do Consumidor*, n. 9, p. 19-36, 2015.

MONZONÍS, Carmen Azcárraga. Medios electrónicos en los sistemas extrajudiciales de resolución de conflictos: novedades legislativas impulsadas desde Europa. In: MORENO, Guillermo Palao et al. *Los nuevos instrumentos europeos en materia de Conciliación, Mediación y Arbitraje de Consumo*. Valencia: Tirant to Blanch, 2016.

NABAIS, José Casalta. O estatuto constitucional dos consumidores. In: AA.VV., *Estudos em Homenagem ao Prof. Doutor Sérvulo Correia*. Coimbra, Coimbra Ed., 2010. v. I.

NAÇÕES UNIDAS. Resolução 51/162 de 16 de dezembro de 1996. Disponível em: http://www.lawinter.com/1uncitrallawinter.htm. Acesso em: 04 ago. 2018.

NADER, Paulo. *Curso de Direito Civil* – Contratos. 8. ed. Rio de Janeiro: Forense, 2015.

NALIN, Paulo. Do Contrato. *Conceito pós-moderno*. (Em busca de sua formulação na perspectiva civil-constitucional). Curitiba: Juruá, 2001.

NANNI, Giovanni Ettore. Relação de consumo: uma situação jurídica em interação entre o Código de Defesa do Consumidor e o Código Civil. *20 anos do Código de Defesa do Consumidor* – conquistas, desafios e perspectivas. São Paulo: Saraiva, 2011.

NARCISO, Madalena. *Marketplaces and Adverse Selection*: A Law and Economics Analysis. Review Mechanisms, 2017.

NEGRÃO, Theotônio. *Código Civil e legislação civil em vigor*. 34. ed. São Paulo: Saraiva, 2016.

NEGREIROS, Teresa. *Teoria do contrato*: novos paradigmas. Rio de Janeiro: Renovar, 2002.

NERY JUNIOR, Nelson; NERY, Rosa Maria de Andrade. *Leis Civis Comentadas*. 2. ed. São Paulo: Ed. RT, 2010.

NERY JUNIOR, Nelson. Os princípios gerais do CDC. In: MARQUES, Claudia Lima; MIRAGEM, Bruno (Org.). *Doutrinas essenciais do direito do consumidor*. São Paulo: Ed. RT, 2011. v. I.

NERY JUNIOR, Nelson. Da proteção contratual. In: GRINOVER, Ada Pellegrini et. alli. *Código de Defesa do Consumidor*. Comentado pelos autores do anteprojeto. 8 ed. Rio de janeiro: Forense Universitária, 2004.

NETO, Abílio. *Código Civil anotado*. 19. ed. Lisboa: Ediforum, 2016.

NICUESA, Aura Esther Vilalta. La paradoja de la mediación en línea. Recientes iniciativas de la Unión Europea y de la CNUDMI. *Revista General de Derecho Europeo*, v. 33, p. 1-35, 2014.

NISHIYAMA, Adolfo Mamoru; DENSA, Roberta. A proteção dos consumidores hipervulneráveis: os portadores de deficiência, os idosos, as crianças e os adolescentes. *Revista de Direito do Consumidor*, v. 76, set./out. 2010.

NUNES, Rizzato. *Comentários ao Código de Defesa do Consumidor*. 12. ed. São Paulo: Saraiva, 2018.

OFFICE OF FAIR TRADING. *The Impact of Price Frames on Consumer Decision Making*, 2010. Disponível em: https://webarchive.nationalarchives.gov.uk/20140402165040/http://oft.gov.uk/shared_oft/economic_research/OFT1226.pdf. Acesso em: 20 ago. 2020.

OLIVEIRA, Amanda Flávio; CASTRO, Bruno Braz. Proteção do consumidor de crédito: uma abordagem a partir da economia comportamental. *Revista de Direito do Consumidor*, ano 23, maio/jun. 2014.

OLIVEIRA, Elsa Dias. *A protecção dos consumidores nos contratos celebrados através da Internet*: contributo para uma análise numa perspectiva material e internacional privatista. Coimbra: Almedina, 2002.

OLIVEIRA, Elsa Dias. Contratação Eletrónica e Tutela do Consumidor. *Estudos de direito do consumo*, v. V, n. 38, 2017.

OLIVEIRA, Elsa Dias. Práticas comerciais proibidas. *Estudos do Instituto de Direito do Consumo*. Coimbra: Almedina, v. III, 2006.

OLIVEIRA, Elsa Dias. Tutela do Consumidor na *Internet*. In: MARTINS, A. G. Lourenço et al (Org.). *Direito da Sociedade da Informação*. Coimbra: Coimbra Ed., 2004.

OLIVEIRA, Madalena Perestrelo. *Conflitos de princípios na repartição da competência material dos tribunais*: os casos aut-aut e et-et. O direito, v. 3, ano 142, p. 593-615, 2010.

OLIVEIRA, Vallisney de Souza. *O incidente de resolução de demandas repetitivas introduzido no Direito brasileiro pelo novo Código de Processo Civil*. RIL Brasília, a. 53, n. 210, p. 63-80, abr./jun. 2016. Disponível em: http://www12.senado.leg.br/ril/edicoes/53/210/ril_v53_n210_p63.pdf. Acesso em: 21 jun. 2017.

OSNA, Gustavo. Acceso a la justicia, cultura y Online Dispute Resolution. *Revista de La Facultad de Derecho Pontificia Universidade Católica do Paraná*, n. 83, dez./maio, 2019.

PALFREY, John; GASSER, Urs. *Born Digital*. New York: Basic Books, 2008.

PASQUALOTTO, Adalberto. *Os efeitos obrigacionais da publicidade* – no Código de Defesa do Consumidor. São Paulo: Ed. RT, 1997.

PASSA, Jerome. Commerce Electronique et Protection du Consommateur. *Commerce électronique et protection du consommateur*, n. 35, 2002.

PEREIRA FILHO, Benedito Cerezzo; MORAES, Daniela Marques de. O tempo da justiça no Código de Processo Civil. *Rev. Fac. Direito UFMG*, n. 76, p. 135-154, Belo Horizonte, jan./jun. 2020.

PASSINHAS, Sandra. A Directiva 2011/83/UE, do Parlamento Europeu e do Conselho, de 25 de outubro de 2011, Relativa Aos Direitos Dos Consumidores: Algumas Considerações. *Estudos do Direito do Consumidor*, n. 9, p. 93-141, 2015.

PASSINHAS, Sandra. A propósito das práticas comerciais desleais: contributo para tutela positiva do consumidor. *Estudos de Direito do Consumidor*, v. 13, 2017.

PASSINHAS, Sandra. Alterações recentes no âmbito da Resolução Alternativa de Litígios de Consumo. In: MONTEIRO, António Pinto (Org.). *O contrato na gestão do risco e na garantia da equidade*. Coimbra: Instituto Jurídico da Faculdade de Direito da Universidade de Coimbra, 2015.

PASSINHAS, Sandra. *Contratação à distância*: entre as alterações nacionais recentes e o 'New Deal for consumers'. Disponível em: http://hdl.handle.net/11067/5468. Acesso em: 25 jul. 2020.

PEIXOTO, Fabiano Hartmann. Teorias da argumentação jurídica e racionalidade da modernidade. *Revista eletrônica Direito e Política*, Programa de Pós-Graduação *Stricto Sensu* em Ciência Jurídica da UNIVALI, Itajaí, v. 4, n. 3, 3º quadrimestre de 2009. Disponível em: www.univali. br/direitoepolitica-ISSN 1980-7791. Acesso em: 27 maio 2020.

PEREIRA, Alexandre Libório Dias. A Protecção do Consumidor no Quadro da Directiva sobre o Comércio Electrónico. *Dir.- EDC*, n.2, 2000.

PEREIRA, Alexandre Libório Dias. *As telecomuniçoes e o Direito na Sociedade da Informação*. Coimbra: Instituto Jurídico da Faculdade de Direito da Universidade de Coimbra, 1999.

PEREIRA, Alexandre Dias. Comércio eletrônico de conteúdos digitais: proteção do consumidor a duas velocidades? In: ALMEIDA, Carlos Ferreira de (Ed.). *Estudos de direito do consumo: homenagem a Manuel Cabeçadas Ataíde Ferreira*. [s.l.]: Deco Proteste, 2016.

PEREIRA, Alexandre Libório Dias. Empresa, Comércio Eletrónico e Propriedade Intelectual. *Congresso Empresas e Sociedades*, Coimbra Ed., 2007.

PEREIRA, Alexandre Libório Dias. Comércio Electrónico e Consumidor. *Estudos de Direito do Consumidor*, n. 6, CDC/FDUC, Coimbra, 2004.

PEREIRA, Alexandre Libório Dias. *Comércio electrônico na sociedade de informação*: Da segurança técnica à confiança jurídica. Coimbra: Almedina, 1999.

PEREIRA, Alexandre Libório Dias. A proteção do consumidor no quadro da diretiva sobre o comércio eletrónico. *Estudos de Direito do Consumidor*, n. 2, 2000.

PEREIRA, Caio Mário da Silva. *Instituição de Direito Civil – Contratos*. Rio de Janeiro: [s.n.], 2003.

PEREIRA, Manuel das Neves. *Introdução ao Direito e às Obrigações*. 4. ed. Coimbra: Almedina, 2015.

PÉREZ, José Ignacio Paredes. Medidas contra el bloqueo geográfico injustificado: el reglamento (UE) 2018/302 y su incidencia sobre las normas europeas de Derecho Internacional Privado, *Revista Electrónica de Estudios Internacionales*, n. 35, 2018. Disponível em: http://www.reei. org/index.php/revista/num35/notas/medidas-contra-bloqueo-geografico injustificado-reglamento-ue-2018302-su-incidencia-sobre-normas-europeas-derecho internacional-privado. Acesso em: 20 abr. 2021.

PERLINGIERI, Pietro. La tutela del consumatore tra liberismo e solidarismo. *Riv. giur.* Molise e Sannio, 1995, p. 97 e ss.

PERLINGIERI, Pietro. Metodo, categorie, sistema nel diritto del commercio elettronico. *Commercio elettronico e categorie civilistiche.* Milano: Giuffrè Editore, 2002.

PERLIGIERI, Pietro. *Perfis do Direito Civil*: Introdução ao direito civil constitucional. traduzido por Maria Cristina de Cicco. 3. ed. Rio de Janeiro: Renovar, 2007.

PHAM, Adam; CASTRO, Clinton. The moral limits of the market: the case of consumer scoring data. *Ethics and Information Technology Journal Springer,* 2019.

PINHEIRO, Luís de Lima. Direito aplicável aos contratos celebrados através da *internet.* In: PINHEIRO, Luís de Lima. *Estudos de Direito Internacional Privado.* Coimbra: Almedina, 2009. v. 2.

PINHEIRO, Patrícia Peck Garrido. *Direito Digital.* São Paulo: Saraiva, 2018.

PINHEIRO, Patrícia Peck Garrido. Os perigos da nova rua digital. *Direito Digital 3.0 Aplicado.* São Paulo: Thomson Reuters Brasil, 2018.

PINHO, Humbero Dalla Bernadina de; MAZZOLA, Marcelo. *Manual de Mediação e Conciliação.* São Paulo: Saraiva, 2019.

PINHO, José Benedito. *Publicidade e vendas na Internet:* técnicas e estratégias. São Paulo: Summus, 2000.

PINTO, Alexandre Mota. Venda de Bens de Consumo e Garantias. *I Congresso de Direito do Consumo.* Coimbra: Almedina, 2016.

PINTO, Carlos Alberto da Mota. A responsabilidade pré-negocial pela não conclusão dos contratos. *Suplemento XIV.* Coimbra: BFDUC, 1966.

PINTO, Carlos Alberto da Mota. *Teoria geral do direito civil.* 4. reimp. Coimbra: Coimbra Ed., 2012.

PINTO, Carlos Alberto da Mota. Contratos de adesão/Uma manifestação jurídica da moderna vida económica. Separata da *Revista de Direito e de Estudos Sociais,* ano XX, abr.-dez., n. 2,3 e 4, 1973.

PINTO, Carlos Alberto da Mota. *Teoria Geral do Direito Civil.* 4. ed. por António Pinto Monteiro e Paulo Mota Pinto, Coimbra Ed., 2005.

PINTO, Carlos Alberto da Mota. O Novo Regime Jurídico dos Contratos à Distância e dos Contratos Celebrados Fora do Estabelecimento Comercial. *Estudos do Direito do Consumidor,* n. 9, p. 51–91, 2015.

PINTO, Cristiano Vieira Sobral. *Direito Civil Sistematizado.* 5. ed. São Paulo: Método, 2014.

PINTO, Paulo Mota. *Interesse contratual negativo e interesse contratual positivo.* Coimbra: Coimbra Ed., 2008.

PINTO, Paulo Mota. Princípios relativos aos deveres de informação no comércio à distância. *Estudos de Direito do Consumidor,* Coimbra, n. 5, p. 186-206, 2003.

PINTO, Paulo Mota. O anteprojecto de Código do Consumidor e a Venda de Bens de Consumo. *Estudos do Instituto de Direito do Consumo,* v. III, 2006.

PONCIBÓ, Cristina. A modernisation for European consumer law? *European Consumer Protection:* Theory and Practice. Cambridge: Cambridge University Press, 2012.

POPP, Carlyle. *Responsabilidade civil pré-negocial*: o rompimento das tratativas. Curitiba: Juruá, 2001.

PRATA, Ana. *Contratos de adesão e cláusulas contratuais gerais*. Coimbra: Almedina, 2010.

PRATA, Ana. *Dicionário Jurídico*. 5. ed. Coimbra: Almedina, 2008. (Dicionário Jurídico, Ana Prata. Com a colaboração de Jorge Carvalho; 1).

PRATA, Ana. *Notas sobre responsabilidade civil pré-contratual*. Coimbra: Almeida, 2005.

PRATA, Ana. *Responsabilidade pré-contratual*: uma perspectiva comparada dos direitos brasileiro e português. Coimbra: Almedina, 2018.

RAKOFF, Todd. Contracts of Adhesion: An Essay in Reconstruction. *Harvard Law Review*, v. 96, n. 6, 1983.

RAMONET, Ignácio. *La tyrannie de la communication*. Paris: Galilée, 1999.

RAMOS, Fabiana D'Andrea; FERREIRA, Vitor Hugo do Amaral. Por um direito comum ao consumidor: a órbita global de consumo e a proteção internacional, pp. 465-480. In: MIRAGEM, Bruno; MARQUES, Claudia Lima; OLIVEIRA, Amanda Flávio de (Coord.). *25 anos do Código de Defesa do Consumidor*: trajetória e perspectivas. São Paulo: Ed. RT, 2016.

RAMOS, Luisa María Estaban. La Tutela de los Consumidores en la Contratación en Mercados Electrónicos. In: PEDRO, Luis Antonio Velasco San; SÁENZ, Joseba Aitor Echebarría; SUÁREZ, Carmen Herrero (Dir.). *Acuerdos Horizontales, Mercados Electrónicos, y otras cuestiones actuales de competencia y distribución Instituto de Estudios Europeos*. Valladolid: Thomson Reuters Lex Nova, 2014.

RAMSAY, Iain. *Consumer Law and Policy*. Text and Materials on Regulating Consumer Markets. Oxford: Hart Publishing, 2007.

RANNENBERG, Kai; ROYER, Denis; DEUKER, André. *The future of identity in the information society*: Challenges and opportunities. New York: Springer, 2009.

RATNASINGAM, Pauline. The Evolution of Online Relationships in Business to Consumer E-commerce. *E-commerce Trends for Organizational Advancement*: New Applications and Methods. New York: British Cataloguing, 2010.

REBELO, Fernanda Neves. O direito de livre resolução no quadro geral do regime jurídico da proteção do consumidor. *Nos 20 anos do Código das sociedades comerciais: homenagem aos profs. Doutores A. Ferrer Correia, Orlando de Carvalho e Vasco Lobo Xavier*. Coimbra: Coimbra Ed. 2007. v. II.

REBELO, Fernanda Neves. O comércio eletrónico e os novos desafios da era digital à luz da Diretiva Europeia 2000/31/CE: da venda itinerante às lojas virtuais. *Revista Júris Advocatus*, n. 11, p. 42-95, 2018.

REI, Maria Raquel Aleixo Antunes. *Do contrato-quadro*. Lisboa: [s.n.], 1997.

REIDENBERG, Joel R.; BHATIA, Jaspreet; BREAUX, Travis D.; NORTON, Thomas B. Ambiguity in Privacy Policies and the Impact of Regulation. *Journal of Legal Studies*, v. 45, p. 23 e ss. University of Chicago Law School, 2016.

REINO UNIDO. Department For Business Innovation & Skill. Government response to the consultation on implementing the Alternative Dispute Resolution Directive and the *Online* Dispute Resolution Regulation. 2014. Disponível em: https://www.gov.uk/government/uploads/system/

uploads/attachment_data/file/377522/bis-14-1122-alternative-dispute-resolution-for-consumers.pdf. Acesso em: 20 jul. 2020.

RESNICK, Paul; ZECKHAUSER, Richard; FRIEDMAN, Eric; KUWABARA, Ko. *Reputation Systems*. Communications Of The Acm, v. 43, n. 12, dez. 2000.

REZABAKHSH, Behrang; BORNEMANN, Daniel; HANSEN, Ursula; SCHRADER, Ulf. Consumer Power: A Comparison of the Old Economy and the *Internet* Economy. *Journal of Consumer Policy*, Springer, 2006.

RIBEIRO, Gustavo Ferreira et al. Crônicas de direito internacional privado. *Revista de Direito Internacional*, v. 13, n. 2, 2016.

RIBEIRO, Joaquim de Sousa. *Cláusulas contratuais gerais e o paradigma do contrato*. Coimbra: [s.n.], 1989.

RIBEIRO, Joaquim de Sousa. *Direito dos contratos* – Estudos. Coimbra: Coimbra Ed., 2007.

RIBEIRO, Joaquim de Sousa. *O problema do contrato, as cláusulas contratuais gerais e o princípio da liberdade contratual*. Almedina, reimpressão, 2003.

RIBEIRO, Paulo Dias de Moura. Lei Geral de Proteção de Dados. *Direito Regulatório*. Desafios e Perspectivas para a Administração Pública. Belo Horizonte: Fórum, 2020.

RIVAS, José; TROUSSEL, Jean-Christophe; HEENAN, Bróna. *New EU Geo-Blocking Regulation*: what businesses selling into the EU and across Member State borders need to do to comply. Disponível em: https://www.twobirds.com/en/news/articles/2018/global/new-eu-geoblocking-regulation-what-businesses-selling-into-the-eu-need-to-do-to-comply. Acesso em: 19 abr. 2021.

ROBINSON, Lisa; VISCUSI, W Kip; ZECKHAUSER, Richard. Efficient Warnings, Not "Wolf or Puppy" Warnings. *HKS Faculty Research Working Paper Series*, p. 16-33, 2016.

ROCHA, Manuel Lopes; CORREIA, Miguel Pupo; RODRIGUES, Marta Felino et al. *Lei da sociedade da informação* – Comércio eletrônico. Coimbra: Coimbra Ed., 2008.

ROCHA, Silvio Luis Ferreira da. A *oferta no Código de Defesa do Consumidor*. Belo Horizonte: Fórum, 2010.

RODAL, Lucía Costas. La protección de los consumidores en la contratación a distancia y fuera del establecimiento tras la reforma del TRLCU/2007 por Ley 3/2014, de 27 de março. Aranzadi civil-mercantil. *Revista doctrinal*, v. 2, n. 5, 2015.

RODRIGUES, Sofia Nascimento. O direito de resolução do investidor na contratação de serviços financeiros à distância. In: PINA, Carlos Costa; Instituto Dos Valores Mobiliários (Portugal) (Org.). *Direito dos valores mobiliários*. Coimbra: Coimbra Ed., 2007. v. VII.

RODRIGUES, Tiago Rigor. O Conceito Consumidor Médio no Panorama Comunitário: Subsídios para a sua Compreensão. *Revista Portuguesa de Direito do Consumidor*, n. 58, 2009.

ROHRMANN, Carlos Alberto. *Curso de direito virtual*. Belo Horizonte: Del Rey, 2005.

ROLLAND, Sonia. Consumer protection issues in cross-border ecommerce. *Research Handbook on Electronic Commerce Law*. Massachusetts: Edward Elgar Publishing, 2016.

ROPPO, Enzo. *O contrato*. Coimbra: Almedina, 1988.

ROPPO, Vicenzo. *Diritto Privato*. Torino: G. Giappichelli Editore, 2016.

ROPPO, Vincenzo. *Il contratto*. Milano: Giuffrè Editore, 2011.

ROSA, Victor Castro. Lei *do comércio eletrônico anotada*. Coimbra: Coimbra Ed., 2005.

ROSSI, Mariza Delapieve. Aspectos Legais do Comércio Eletrônico – Contratos de Adesão. *Anais do XIX Seminário Nacional de Propriedade Intelectual*, São Paulo, ago. 1999.

ROTHCHILD, John. Protecting the Digital Consumer: The Limits of Cyberspace Utopianism. *Indiana Law Journal*, v. 74, n. 3, 1999.

SÁ, Almeno de. *Cláusulas contratuais*. Coimbra: Almedina, 2001.

SÁ, Almeno de. *Cláusulas Contratuais Gerais e Directiva sobre Cláusulas Abusivas*. 2. ed. Coimbra: Almedina, 2005.

SÁ, Fernando Augusto Cunha de. Modos de Extinção das obrigações. In: CORDEIRO, António Menezes; LEITÃO, Luís Menezes; GOMES, Januário da Costa (Org.). *Estudos em homenagem ao Prof. Doutor Inocêncio Galvão Telles*. Coimbra: Almedina, 2002. v. I.

SALLEILLES, Raymond. *De la declaration de volonté*. Contribution à l'étude de l'acte juridique dans le Code Civil allemand. Paris: [s.n.], 1929.

SANSEVERINO, Paulo de Tarso Vieira. *Responsabilidade Civil no Código do Consumidor e a defesa do Fornecedor*. São Paulo: Saraiva, 2002.

SANTANA, Héctor Valverde. A fixação do valor da indenização por dano moral. *Revista de informação legislativa*, v. 44, n. 175. p. 21-40. jul./set. 2007

SANTOLIM, Cesar Viterbo Matos. Os princípios de proteção do consumidor e o comércio eletrônico no direito brasileiro. *Revista de Direito do Consumidor*, v. 14, n. 55, p. 63 e ss., jul./set. 2005.

SANTOS, Gonçalo Castilho dos. *A Responsabilidade Civil do Intermediário Financeiro Perante Cliente*. Almedina: Coimbra, 2008.

SARLET, Ingo Wolfgang. *A eficácia dos Direitos Fundamentais*. 6. ed. Porto Alegre: Livraria do Advogado, 2006.

SCASSA, Teresa. Data Protection and the *Internet*: Canada. *Data Protection in the internet*. Editores. Dario Moura Vicente; Sofia de Vasconcelos Casimiro, Springer, 2020. v. 38.

SCHIFFMAN, Leon; KANUK, Joseph. *Consumer Behavior*. 11. ed. New Jersey: Prentice Hall, 2015.

SCHMIDT, Cristiano Heineck. *Consumidores Hipervulneráveis* – A proteção do idoso no mercado de consumo. São Paulo: Atlas, 2014.

SCHMITZ, Amy J. Remedy Realities in Business-to-consumer Contracting. *Arizona Law Review*, v. 58, 2016.

SCHNEIDER, Gary. *Electronic Commerce*. Boston: Cengage Learning, 2017.

SCHOLZ, Lauren Henry. Algorithmic Contracts. *Stanford Technology Law Review*, v. 20, p. 142 e ss. 2017.

SCHREIBER, Anderson; TARTUCE, Flávio; SIMÃO, José Fernando et al. *Código Civil Comentado*. Rio de Janeiro: Forense, 2019.

SCHREIBER, Anderson. A proibição de comportamento contraditório. *Tutela da confiança e venire contra factum proprium*. 2. ed. Rio de Janeiro: Renovar, 2007.

SCHÜLLER, Bastian. The definition of consumers in EU consumer law. *European Consumer Protection*: Theory and Practice, Cambridge: Cambridge University Press, 2012.

SCHWARTZ, Alan; WILDE, Louis. Imperfect Information in Markets for Contract Terms: The Examples of Warranties and Security Interests. *Virginia Law Review*, v. 69, n. 8, 1983.

SEGADE, José Antonio Gómez; BALTAR, Ángel Fernandez-Albor; PLAZA, Anxo Tato. Comercio Electrónico en *Internet*. Madri: Marcial Pons, 2001.

SERRA, Adriano Paes da Silva Vaz. Culpa do devedor ou do agente. *Boletim do Ministério da Justiça*, n. 68, 1957.

SERRANO, Luis María Miranda. La Directiva 2011/83/UE sobre los derechos de los consumidores: una nueva regulación para Europa de los contratos celebrados a distancia y extramuros de los establecimientos mercantiles. *Revista de derecho de la competencia y la distribución*, n. 11, 2012.

SHAVELL, Steven. *Foundations of Economics Analysis of Law*. Cambridge: Harvard University Press, 2004.

SHELTON, Dinah. *Commitement and Compliance*: The role of Non-binding norms in the international legal system. Reino Unido: Oxford University Press, 2013.

SIBONY, Anne-Lise. Can EU Consumer Law Benefit from Behavioural Insights? An analysis of the unfair practices directive. *European Review of Private Law*, Alphen aan den Rijn, v. 22, n. 6, p. 901-941, 2014.

SILVA, Eva Sonia Moreira da. *Da responsabilidade pré-contratual por violação dos deveres de informação*. Coimbra: Almedina, 2003.

SILVA, João Calvão da. Não Cumprimento das Obrigações. *Comemorações dos 35 Anos do Código Civil e dos 25 Anos da Reforma de 1977*. Coimbra: Coimbra Ed., 2007. v. III – Direito das Obrigações.

SILVA, João Calvão da. *Responsabilidade Civil do Produtor*. Coimbra: Almedina, 1999.

SILVA, João Calvão da. *Venda de bens de Consumo*. Coimbra: Almedina, 2010.

SILVA, Joseane Suzart Lopes da. Tutela Administrativa do Consumidor: uma análise crítica acerca do panorama atual em busca da necessária efetividade. *Revista do Programa de Pós-Graduação em Direito da Universidade Federal da Bahia*, v. 22, n. 24, 2012.

SILVA, Marta Santos. Breves notas sobre o mecanismo de controlo incidental das cláusulas contratuais gerais. *Temas de Direito dos Contratos*. Lisboa: Rei dos Livros, 2016. v. II.

SILVA, Paula Costa e. *A nova face da justiça: os meios extrajudiciais de resolução de controvérsias*: relatório sobre conteúdo, programa e métodos de ensino. Lisboa: Coimbra Ed., 2009.

SIMÃO, José Fernando. *Vícios do produto no novo Código Civil e no Código de Defesa do Consumidor*. São Paulo: Atlas, 2003.

SLOMAN, Steven; FERNBACH, Philip. *The knowledge illusion*. New York: Riverhed books, 2017.

SOARES, Guido Fernando Silva. Arbitragem comercial internacional e o projeto da UNCITRAL (lei-modelo). *Revista da Faculdade de Direito*, Universidade de São Paulo, n. 82, 1987.

SOUSA, Miguel Teixeira de. *Introdução ao Direito*. Coimbra: Almedina, 2013.

STAFFORD, Marla Royn; STERN, Barbara. Consumer Bidding Behavior on *Internet* Auction *Sites*. *International Journal of Electronic Commerce*, v. 7, n. 1, 2002.

SUNSTEIN, Cass. Ruining popcorn? The welfare effects of information. *Journal of Risk and Uncertainty*, Springer, v. 58, n. 2, p. 121-142, 2019.

SUNSTEIN, Cass. *Markets and Justice*. New York: New York Press, 1989.

SUNSTEIN, Cass. *Too Much Information*. Understanding what you don't want to know. Cambridge: MIT Press, 2020.

SWIRE, Peter. Trustwrap: The Importance of Legal Rules to Electronic Commerce and Internet Privacy. *Hastings Law Journal*, v. 54, 2003.

TARTUCE, Flávio. *Manual de Direito Civil*. São Paulo: Método, 2020.

TARTUCE, Flávio. Contratação Eletrônica. Princípios Sociais, Responsabilidade Civil Pré-Contratual e Pós-Contratual. Uma Abordagem Luso-Brasileira. In: MARTINS, A. G. Lourenço et al (Org.). *Direito da Sociedade da Informação*. Coimbra: Coimbra Ed., 2011. v. IX.

TARTUCE, Flávio; NEVES, Daniel Amorim Assumpcão. *Manual de Direito do Consumidor*. 9. ed. São Paulo: Método, 2020.

TAVARES, José Maria Joaquim. *Os princípios fundamentais do Direito Civil I – Teoria geral do Direito Civil*. [s.l.: s.n.], 1929.

TEIXEIRA, Tarcísio. *Comércio eletrônico*: conforme o Marco Civil da Internet e a regulamentação do ecommerce no Brasil. São Paulo: Saraiva, 2015.

TELLES, Inocêncio Galvão. *Direitos das Obrigações*. Coimbra: Coimbra Ed., 1989.

TELLES, Inocêncio Galvão. *Manual dos Contratos em Geral*. Coimbra: Coimbra Ed., 2002.

TEPEDINO, Gustavo. A aplicabilidade do Código Civil nas relações de consumo: diálogos entre o Código Civil e o Código de Defesa do Consumidor. *20 anos do Código de Defesa do Consumidor*: conquistas, desafios e perspectivas. São Paulo: Saraiva, 2011.

TEPEDINO, Gustavo. Normas constitucionais e relações de direito civil na experiência brasileira. *Temas de direito civil*. Rio de Janeiro: Renovar, 2005. t. 2.

TEPEDINO, Gustavo; TEFFÉ, Chiara Spadaccini. Consentimento e proteção de dados pessoais na LGPD. In: FRAZÃO, Ana; TEPEDINO, Gustavo; OLIVA, Milena Donato (Coord.). *Lei Geral de Proteção de Dados Pessoais e suas repercussões no Direito Brasileiro*. São Paulo: Thomson Reuters Brasil, 2019.

TERRA, Aline de Miranda Valverde.; MULHOLLAND, Caitlin. A utilização econômica de rastreadores e identificadores on-line de dados pessoais. *A Lei Geral de Proteção de Dados Pessoais e suas repercussões no Direito Brasileiro*. São Paulo: Thomson Reuters Brasil, 2019.

TESÓN, Inmaculada Vivas. Retos actuales en la protección jurídica de la discapacidad. *Revista Pensar*, v. 20, n. 3, p. 823-846. Fortaleza.

TESÓN, Inmaculada Vivas. Turismo accesible e inclusivo:la protección jurídica del consumidor con discapacidad. *Revista CESCO de Derecho de Consumo*, n. 2/2012. Disponível em: http://www.revista.uclm.es/index.php/cesco. Acesso em: 21 jul. 2020.

THORHAUER, Yvonne. Compliance und Fairness – Ein Vorschlag zur Begriffsbestimmung. *Compliance im Sport*. Alemanha: Springer, 2018.

TOMASETTI JUNIOR, Alcides. O objetivo de transparência e o regime jurídico dos deveres e riscos de informação nas declarações negociais para consumo. *Revista de direito do consumidor*, v. 4, 1992.

TOMÉ, Bruna Borghi; MARTINS, Patrícia Helena Marta. A proteção constitucional da privacidade de consumidores. Uma análise da ADI 6387. *Relações de Consumo no Brasil*: Decisões e Temas Contemporâneos. São Paulo, Editora Singular, 2021.

TONNER, Klaus. Consumer Protection and Environmental Protection: Contradictions and Suggested Steps Towards Integration. *Journal of Consumer Policy*, v. 23, Kluwer Academic Publishers, 2000.

TORRENTE, Andrea; SCHLESINGER, Piero. *Manuale di diritto privato*. 20. ed. Milão: Giuffre Editore, 2011.

TOSCANO, Silvia Susana; GALMARINI, Luciano. Derecho a la información, habeas data e Internet. *Revista Iberoamericana de Derecho Informático*, n. 1, 2016.

TROPARDI, Nelcina C. de Oliveira. *Da informação e dos efeitos do excesso de informação no direito do consumidor*. Tese (Doutorado em Direito) – Faculdade de Direito da Universidade de São Paulo, São Paulo, 2005.

TUROW, Joseph; HOOFNAGLE, Chris Jay; MULLIGAN, Deirdre; GOOD, Nathaniel; GROSSKLAGS, Jens. The Federal Trade Commission and Consumer Privacy in the Coming Decade. *Journal of Law and Policy for the Information Society*, p. 724 e ss. University of Pennsylvania, 2008.

UNIÃO EUROPEIA. *A Europa e a sociedade global da informação*: Recomendações ao Conselho Europeu, de 26.05.1994. 1994.

UNIÃO EUROPEIA. Comunicação da Comissão ao Parlamento Europeu, ao Conselho, ao Comité Económico e Social Europeu e ao Comité das Regiões Estratégia para o Mercado Único Digital na Europa COM 192. 2015. Disponível em: http://eur-lex.europa.eu/legal-content/PT/TXT/?uri=CELEX:52015DC0192. Acesso em: 23 dez. 2017.

UNIÃO EUROPEIA. Flash Eurobarometer 359: Retailers' attitudes towards crossborder trade and consumer protection Disponível em: http://ec.europa.eu/public_opinion/flash/fl_359_en.pdf. Acesso em: 04 ago. 2019.

VAQUÉ, Luis González. La protección de los consumidores vulnerables en el derecho del consumo de la EU. Revista CESCO de Derecho de Consumo, n. 10, 2014. Disponível em: Revista CESCO de Derecho de Consumo n. 10. 2014. Disponível em: http://www.revista.uclm.es/index.php/cesco. Acesso em: 17 jul. 2020.

VARELA, João de Matos Antunes. *Das Obrigações em Geral*. Coimbra: Almedina, 2011.

VASCONCELOS, Pedro Pais de. *Contratos Atípicos*. 2. ed. Lisboa: Almedina, 2009.

VASCONCELOS, Pedro Pais de. O abuso do abuso do direito: um estudo de direito civil. *Revista do Centro de Estudos Judiciá*rios, n. 1, 2015.

VASCONCELOS, Pedro Pais de. Teoria geral do direito civil. *Revista do Centro de Estudos Judiciá-rios*, n. 1, 2015.

VASCONCELOS, Pedro Pais de. Protecção de dados pessoais e direito à privacidade. *Direito da Sociedade de Informação*. Coimbra: Coimbra Ed., 2009, v. 1.

VELOSO, Zeno. *Invalidade do negócio jurídico*. Nulidade e anulabilidade. 2. ed. Belo Horizonte: Ed. Del Rey, 2005.

VENOSA, Sílvio de Salvo. *Código civil interpretado*. 2. ed. São Paulo: Atlas, 2011.

VERONESE, Alexandre. The judicial reaction against the public utilities changes: using consumer law in telecommunications' demands in Brazil. Direito.UnB – *Revista de Direito da Universidade de Brasília*, v. 3, n. 1, p. 84 e ss., 20 dez. 2019.

VICENTE, Dário Moura. A autonomia privada e seus diferentes significados à luz do Direito Comparado. *Revista de Direito Civil*, ano I, n. 2, 2016.

VICENTE, Dário Moura. A responsabilidade pré-contratual no Código Civil Brasileiro de 2002. *Revista Trimestral de Direito Civil*, v. 18, p. 3-20, abr./jun. 2004. Disponível em: http://www.fd.ulisboa.pt/wp-content/uploads/2014/12/Vicente-Dario-A-RESPONSABILIDADE-PRE-CONTRATUAL-NO-CODIGO-CIVIL-BRASILEIRO-DE-2002.pdf. Acesso em: 06 ago. 2017.

VICENTE, Dário Moura. Culpa na formação dos contratos. *Comemorações dos 35 anos do Código Civil e dos 25 anos da reforma de 1977*. Coimbra: Coimbra Ed., 2006.

VICENTE, Dário Moura. *Da Responsabilidade Pré-Contratual em Direito Internacional Privado*. Colecção Teses, Almedina, 2001.

VICENTE, Dário Moura. *Direito Comparado* – Obrigações. Coimbra: Almedina, 2018.

VICENTE, Dário Moura. Direito do Autor e Comércio Eletrônico: aspectos internacionais. *Revista Lusíada. Direito*. n. 7, Lisboa, 2010. Disponível em: http://revistas.lis.ulusiada.pt/index.php/ldl/article/view/459/433. Acesso em: 10 jun. 2020.

VICENTE, Dário Moura. *Direito Internacional Privado*: Problemática Internacional da Sociedade da Informação. Coimbra: Almedina, 2005.

VICENTE, Dário Moura. *Problemática internacional da sociedade de informação*. Coimbra: Almedina, 2005.

VICENTE, Dário Moura. A informação como objeto de direitos. *Revista de Direito Intelectual*, Coimbra, n. 1, 2014.

VICENTE, Dário Moura; CASIMIRO, Sofia de Vasconcelos. Data Protection in the Internet: General Report. In: VICENTE, Dário Moura; CASIMIRO, Sofia de Vasconcelos. *Data Protection in the internet*. Springer, 2020. v. 38.

VICENTE, José Ramón García. *Ley de contratos celebrados fuera de los establecimientos mercantiles*: el derecho de revocación. Pamplona: Aranzadi, 1997.

VIEIRA, Débora da Silva; VERBICARO, Dennis; GÓES, Gisele Santos Fernandes. Incidente de resolução de demandas repetitivas e ação coletiva: diálogo ou duelo na defesa do consumidor em juízo? *Revista dos Tribunais Online*. Thomson Reuters, s.d.

VILLANUEVA, Julian; INIESTA, Francisco. Factores Inhibidores en la Adopción de *Internet* como Canal de Compra. *Revista Economía Industrial*, n. 340, 2001.

WALD, Arnoldo. A dupla função econômica e social do contrato. *Revista Trimestral de Direito Civil*. ano 5, v. 17, p. 5 e ss. Rio de Janeiro: Renovar, Instituto de Direito Civil – IDC, jan./mar. 2004.

WALD, Arnold; WALD, Arnold Filho. A arbitragem e o Direito do Consumidor. *Revista do Ministério Público do Rio de Janeiro*, n. 59, p. 65. jan./mar. 2016.

WAJNTRAUB, Javier. *Protección jurídica del consumidor*: ley 24.240 comentada y anotada. Buenos Aires: Depalma, 2004.

WAMBIER, Teresa Arruda Alvim; MELLO, Rogério Licastro Torres de; RIBEIRO, Leonardo Ferres da Silva. *Primeiros comentários ao novo Código de Processo Civil*: artigo por artigo. São Paulo: Ed. RT, 2015.

WARNERYD, Karl-Erik. The Limits of Public Consumer Information. *Journal of Consumer Policy*, n. 4, p. 138 e ss. 1980.

WEATHERILL, Stephen. *EU Consumer Law and Policy*. United Kingdom: Edward Elgar Publishing, 2005.

WEBER, Rolf; THOUVENIN, Florent. The Legal and Ethical Aspects of Collecting and Using Information about the Consumer. *Commercial Communication in the digital age*. Berlim: De Grutier, 2017.

WESTIN, Alan F. *Information Technology in a Democracy*. Cambrigde: Harvard University Press, 1971.

WIEACKER, Franz. *El principio general de la buena fé*. Trad. José Luiz Carro. Madrid: Civitas, 1977.

WIELAND, Josef. *Corporate governance, values management, and standards*: A European perspective. Business & Society, v. 44, 2005.

WILLETT, Chris. The functions of transparency in regulating contract terms: Uk and Australian approaches. *International and Comparative Law Quarterly*, 60, Cambridge, Cambridge Journal, 2011.

WILLETT, Chris; MORGAN-TAYLOR, Martin. Recognising the limits of transparency in EU consumer law. *European Consumer Protection*: Theory and Practice. Cambridge: Cambridge University Press, 2012.

WOOLF, Lord M. R. Final report on access to justice. *United Kingdom*. Department for Constitutional Affairs: Justice, rights and democracy, jul. 1996. Disponível em: http://webarchive.nationalarchives.gov.uk/20060213205513/http://www.dca.gov.uk/civil/final/contents.htm. Acesso em: 26 jul. 2020.

WUEBKER, Georg; BAUMGARTEN, Jens. *Strategies against Price Wars in the Financial Service Industry (Simon-Kucher and Partners)*. Disponível em: http://www.simon-kucher.com/ita04/local_whitepapers/whp_strategies_against_price_wars_fs-industry.pdf. Acesso em: 26 jul. 2020.

ZACCARIA, Alessio; CRISTOFARO, Giovanni de. *La Vendita Dei Beni di Consumo*. Padova: CEDAM, 2002.

Jurisprudência

BRASIL. 1º Tribunal de Alçada Civil de São Paulo. Apelação 97.271-8. Relator: Rizzatto Nunes, julgado em 24 de maio de 2000.

BRASIL. Juizados Especiais do Distrito Federal do Tribunal de Justiça do Distrito Federal e dos Territórios. Acórdão da Apelação Cível n. 2014 01 1 093349. Relator: Carlos Alberto Martins Filho, julgado em 27 de janeiro de 2015.

BRASIL. Superior Tribunal de Justiça. REsp 1578553/SP. Relator Ministro Paulo De Tarso Sanseverino, Segunda Seção, julgado em 28 de novembro de 2018.

BRASIL. Superior Tribunal de Justiça. REsp 332.025/MG. Relator Ministro Carlos Alberto Menezes Direito, Terceira Turma, julgado em 28 de maio de 2002.

BRASIL. Superior Tribunal de Justiça. Acórdão do REsp. 1.340.604. Relator: Ministro Mauro Campbell, julgado em 15 de agosto de 2013.

BRASIL. Superior Tribunal de Justiça. Acórdão no Agravo Regimental no Agravo em REsp. 531.755/MG. Relator: Ministro Luis Felipe Salomão. Brasília, 21 de agosto de 2014.

BRASIL. Superior Tribunal de Justiça. Acórdão no Agravo Regimental no Agravo em Recurso Especial 531.755/MG. Relator: Ministro Luis Felipe Salomão. Brasília, julgado em 21 de agosto de 2014, publicado em 26 de agosto de 2014.

BRASIL. Superior Tribunal de Justiça. Acórdão no Recurso Especial 1221756/RJ. Relator: Ministro Massami Uyeda. Brasília, julgado em 02 de fevereiro de 2012, publicado em 10 de fevereiro de 2012.

BRASIL. Superior Tribunal de Justiça. Acórdão no REsp. 1221756/RJ. Relator: Ministro Massami Uyeda. Brasília, julgado em 02 de fevereiro de 2012.

BRASIL. Superior Tribunal de Justiça. AgInt no REsp 1.246.072 — SP (2011/0046554-0), Relatora Ministra Regina Helena Costa, julgado em 15 de maio de 2018.

BRASIL. Superior Tribunal de Justiça. Agravo Em REsp 1.059.221 – RS (2017/0037488-5). Relator: Ministro Luis Felipe Salomão, julgado em 07 de março de 2017.

BRASIL. Superior Tribunal de Justiça. Agravo Em REsp 1.243.028, 4ª Turma. Relator Ministro Antônio Carlos Ferreira, julgado em 21 de maio de 2019.

BRASIL. Superior Tribunal de Justiça. Agravo Em REsp 1.260.458 – SP. Relator Ministro Marco Aurélio Belizze, julgado em 25 de abril de 2018.

BRASIL. Superior Tribunal de Justiça. AgRg no AREsp 164.365/RS. Relatora Ministra Eliana Calmon, Segunda Turma. Julgado em 16 de outubro de 2012, DJe 22.10.2012.

BRASIL. Superior Tribunal de Justiça. EDCL no AREsp 259.903. Relator Ministro Herman Benjamin, julgado em 20 de março de 2013.

BRASIL. Superior Tribunal de Justiça. EREsp 1515895/MS. Relator: Ministro Humberto Martins, Corte Especial, julgado em 20 de setembro de 2017.

BRASIL. Superior Tribunal de Justiça. Reclamação 33861 DF 2017/0082012-0. Relator: Ministro Marco Aurélio Bellizze, julgado em 26 de abril de 2017.

BRASIL. Superior Tribunal de Justiça. Reclamação 33861 DF 2017/0082012-0. Relator: Ministro Marco Aurélio Bellizze. Brasília, julgado em 26 de abril de 2017.

BRASIL. Superior Tribunal de Justiça. Recurso Especial n. 1.080.719 – MG (2008/0179393-5). Relatora: Ministra Nancy Andrighi. Brasília, julgado em 17 de agosto de 2009.

BRASIL. Superior Tribunal de Justiça. Recurso Especial n. 1.144.840. Relatora: Ministra Nancy Andrighi. Brasília, julgado em 20 de março de 2012, publicado em 11 de abril de 2012.

BRASIL. Superior Tribunal de Justiça. Recurso Especial 1599511/SP. Relator: Ministro Paulo de Tarso Sanseverino. Brasília, julgado em 24 de agosto de 2016, publicado em 06 de setembro de 2016.

BRASIL. Superior Tribunal de Justiça. Recurso Especial 519.310/SP. Terceira Turma. Relatora Ministra Nancy Andrighi. Julgado em 20 abr. 2004.

BRASIL. Superior Tribunal de Justiça. Recurso Especial 709.877. Relator: Ministro Luiz Fux. Brasília, julgado em 20 de setembro de 2005.

BRASIL. Superior Tribunal de Justiça. Recurso Especial 976.836/RS. Relator: Ministro Luiz Fux. Brasília, julgado em 25 de agosto de 2010, publicado em 5 de outubro de 2010.

BRASIL. Superior Tribunal de Justiça. REsp 1.315.822. Relator Ministro Marco Aurélio Belizze, 3ª Turma, DJ 16 de abril de 2015.

BRASIL. Superior Tribunal de Justiça. REsp 1009591/RS. Relatora: Ministra Nancy Andrighi, Terceira Turma, julgado em 13 de abril de 2010.

BRASIL. Superior Tribunal de Justiça. REsp 1073595/MG. Relatora: Ministra Nancy Andrighi, Segunda Seção, julgado em 23 de março de 2011.

BRASIL. Superior Tribunal de Justiça. REsp 1159799. Relator Ministro Mauro Campbell Marques, julgado em 18 de outubro de 2011.

BRASIL. Superior Tribunal de Justiça. REsp 1164146/SP. Relator Ministro Luiz Fux, Primeira Turma, julgado em 02 de março de 2010.

BRASIL. Superior Tribunal de Justiça. REsp 1199117/SP. Relator Ministro Paulo De Tarso Sanseverino, Terceira Turma, julgado em 18 de dezembro de 2012.

BRASIL. Superior Tribunal de Justiça. REsp 1216673/SP. Relator Ministro João Otávio De Noronha, Quarta Turma, julgado em 02 de junho de 2011.

BRASIL. Superior Tribunal de Justiça. REsp 1274629/AP. Relator Ministra Nancy Andrighi, Terceira Turma, julgado em 16 de maio de 2013.

BRASIL. Superior Tribunal de Justiça. REsp 1329556/SP. Relator Ministro Ricardo Villas Bôas Cueva, Terceira Turma, julgado em 25 de novembro de 2014.

BRASIL. Superior Tribunal de Justiça. REsp 1348532/SP. Relator Ministro Luis Felipe Salomão, Quarta Turma, julgado em 10 de outubro de 2017.

BRASIL. Superior Tribunal de Justiça. REsp 1365609/SP. Relator Ministro Luis Felipe Salomão, Quarta Turma, julgado em 28 de abril de 2015.

BRASIL. Superior Tribunal de Justiça. REsp 1419697. Relator Ministro Paulo de Tarso Sanseverino, julgado em 12 de novembro de 2014.

BRASIL. Superior Tribunal de Justiça. REsp 1469087/AC. Relator Ministro Humberto Martins, Segunda Turma, julgado em 18 de agosto de 2016.

BRASIL. Superior Tribunal de Justiça. REsp 1548189/SP. Relator Ministro Paulo De Tarso Sanseverino, Terceira Turma, julgado em 13 de junho de 2017.

BRASIL. Superior Tribunal de Justiça. REsp 1595731/RO. Relator Ministro Luis Felipe Salomão, Quarta Turma, julgado em 14 de novembro de 2017.

BRASIL. Superior Tribunal de Justiça. REsp 1614721/DF. Relator Ministro Luis Felipe Salomão, Segunda Seção, julgado em 22 de maio de 2019.

BRASIL. Superior Tribunal de Justiça. REsp 1725092/SP. Relator Ministra Nancy Andrighi, Terceira Turma, julgado em 20 de março de 2018.

BRASIL. Superior Tribunal de Justiça. REsp 1737412/SE, Relatora Ministra Nancy Andrigh, julgado em 05 de fevereiro de 2019.

BRASIL. Superior Tribunal de Justiça. REsp 1837434/SP. Relator Ministra Nancy Andrighi, Terceira Turma, julgado em 03 de dezembro de 2019.

BRASIL. Superior Tribunal de Justiça. REsp 264.562/SE. Relator Ministro Ari Pargendler, Terceira Turma, julgado em 12 de junho de 2001.

BRASIL. Superior Tribunal de Justiça. REsp 327.257/SP. Relator Ministra Nancy Andrighi, Terceira Turma, julgado em 22 de junho de 2004.

BRASIL. Superior Tribunal de Justiça. REsp 586.316/MG, Relator Ministro Herman Benjamin julgado em 17 de abril de 2007.

BRASIL. Superior Tribunal de Justiça. REsp 684.712/DF. Relator Ministro José Delgado, Primeira Turma, julgado em 07 de novembro de 2006.

BRASIL. Superior Tribunal de Justiça. REsp 81.269/SP. Relator Ministro Castro Filho, Segunda Turma, julgado em 08 de maio de 2001.

BRASIL. Superior Tribunal de Justiça. REsp 844.736. Relator Ministro Luis Felipe Salomão, julgado em 27 de outubro de 2009.

BRASIL. Superior Tribunal de Justiça. REsp n. 1.144.840. Relatora: Ministra Nancy Andrighi. Brasília, julgado em 20 de março de 2012.

BRASIL. Superior Tribunal de Justiça. REsp 976.836/RS. Relator: Ministro Luiz Fux. Brasília, julgado em 25 de agosto de 2010.

BRASIL. Superior Tribunal de Justiça. REsp 1.195.465 – SP. Relator Ministro Castro Meira. Julgado em 05 de agosto de 2011.

BRASIL. Superior Tribunal de Justiça. REsp 1.399.931/MG. Relator Ministro Sidnei Beneti, Terceira Turma, julgado em 11 de fevereiro de 2014.

BRASIL. Superior Tribunal de Justiça. REsp 1.745.134 – MS (2018/0132863-0). Relator Ministro Marco Aurélio Bellizze, julgado 03 de setembro de 2018.

BRASIL. Superior Tribunal de Justiça. REsp 1.787.492 – SP (2018/0212937-5). Relatora Ministra Nancy Andrighi, julgado em 11 de setembro de 2019.

BRASIL. Superior Tribunal de Justiça. REsp. 1.428.801 – RJ. Relator Ministro Humberto Martins, julgado em 13 de novembro de 2015.

BRASIL. Superior Tribunal de Justiça. REsp. 586316. Relator Ministro Herman Benjamin, julgado em 19 de março de 2009.

BRASIL. Superior Tribunal de Justiça. REsp. 1.080.719 – MG (2008/0179393-5). Relatora: Ministra Nancy Andrighi, julgado em 17 de agosto de 2009.

BRASIL. Superior Tribunal de Justiça. REsp. 1.144.840. Relator: Ministra Nancy Andrighi. Brasília, julgado em 20 de março de 2012.

BRASIL. Superior Tribunal de Justiça. REsp. 1.293.006-SP. Relator: Ministro Massami Uyeda, julgado em 21 de junho de 2012.

BRASIL. Superior Tribunal de Justiça. REsp. 519.310/SP. Terceira Turma. Relatora Ministra Nancy Andrighi, julgado em 20 abril de 2004.

BRASIL. Superior Tribunal de Justiça. REsp. 709.877. Relator: Ministro Luiz Fux. Brasília, 20 de setembro de 2005.

BRASIL. Superior Tribunal de Justiça. REsp. 976.836/RS. Relator: Ministro Luiz Fux. Brasília, julgado em 25 de agosto de 2010.

BRASIL. Superior Tribunal de Justiça. REsp. 1.758.799/MG (2017/0006521-9). Relatora Ministra Nancy Andrighi. Terceira Turma, julgado em 12 de novembro de 2019.

BRASIL. Superior Tribunal de Justiça. RMS 21.520/RN. Relator Ministro Teori Albino Zavascki, Primeira Turma, julgado em 08 de agosto de 2006.

BRASIL. Superior Tribunal de Justiça. SIRDR 1 / DF (2016/0320182-5). Relator: Ministro Paulo de Tarso Sanseverino. Brasília, julgado em 02 de dezembro de 2016.

BRASIL. Supremo Tribunal de Justiça. Recurso Especial 1.293.006-SP. Relator: Ministro Massami Uyeda. Brasília, julgado em 21 de junho de 2012.

BRASIL. Superior Tribunal de Justiça. Recurso Especial 1.540.566 – SC (2015/0154209-2), Relatora Ministra Nancy Andrighi, julgado em 11 de setembro de 2018.

BRASIL. Superior Tribunal de Justiça. Recurso Especial 1602678/RJ, Rel. Ministro Paulo de Tarso Sanseverino, julgado em 23 de maio de 2017.

BRASIL. Tribunal de Justiça de São Paulo, Apelação Cível 1009914-28.2016.8.26.0223. Relatora Daise Fajardo Nogueira Jacot, julgado em 17 de julho de 2017.

BRASIL. Tribunal de Justiça de São Paulo. Acórdão 1219876, 07087511020178070020, Relator: José Divino, 6ª Turma Cível, julgado em 27 de novembro de 2019.

BRASIL. Tribunal de Justiça de São Paulo. Acórdão do Agravo de Instrumento n. 7343481-2. Relator: Desembargador Salles Vieira. São Paulo, julgado em 23 de abril de 2009.

BRASIL. Tribunal de Justiça de São Paulo. Acórdão do Recurso Cível n. 71004940532. Relator: Roberto Behrensdorf Gomes da Silva, julgado em 11 de junho de 2014.

BRASIL. Tribunal de Justiça de São Paulo. Apelação – 1103462-93.2013.8.26.0100, 1ª Câmara Reservada de Direito Empresarial, Relator: Maia Da Cunha, julgado em 29 de julho de 2015.

BRASIL. Tribunal de Justiça de São Paulo. Apelação Cível 0138471-41.2010.8.26.0100. 10ª Câmara de Direito Privado. Relator Desembargador Elcio Trujillo, julgado em 10 de setembro de 2013.

BRASIL. Tribunal de Justiça de São Paulo. Apelação 00012753120128260400. Relator: Desembargador Marcondes D'Angelo, julgado em 22 de maio de 2013.

BRASIL. Tribunal de Justiça de São Paulo. Apelação 00012753120128260400. Relator: Desembargador Marcondes D'Angelo. São Paulo, julgado em 22 de maio de 2013, publicado em 29 de maio de 2013.

BRASIL. Tribunal de Justiça de São Paulo. Apelação 1015330- 08.2015.8.26.0224, 1ª Câmara Reservada de Direito Empresarial, Relator: Enio Zuliani, julgado em 18 de maio de 2016.

BRASIL. Tribunal de Justiça de São Paulo. Apelação 9096614-70.2007.8.26.0000. Relator: Desembargador Paulo Sérgio Romero Vicente Rodrigues, julgado em 25 de fevereiro de 2008.

BRASIL. Tribunal de Justiça do Distrito Federal. Acórdão 1027558. Relator Desembargador Angelo Passareli, 5ª Turma Cível, julgado em 21 de junho de 2017.

BRASIL. Tribunal de Justiça do Distrito Federal. Apelação 20150110359439. Relator: Des, Gilberto Pereira de Oliveira, 3ª Turma Cível, julgado em 15 de fevereiro de 2016.

BRASIL. Tribunal de Justiça do Distrito Federal. Apelação 20140111789662. Relator: Des, Hector Valverde Santanna, 6ª Turma Cível, julgado em 15 de julho de 2015.

BRASIL. Tribunal de Justiça do Rio de Janeiro, Apelação cível 12455, Quinta Turma. Relator Juiz Guilherme Calmon Nogueira da Gama, julgado em 09 de abril de 2003.

BRASIL. Tribunal de Justiça do Rio de Janeiro. Incidente de Resolução de Demandas Repetitivas 0017256-92.2016.8.19.0000; Apelação Cível 0049847-41.2015.8.19.0001. Relator Desembargador José Carlos Varanda dos Santos, julgado em 15 de setembro de 2016.

BRASIL. Tribunal de Justiça do Rio de Janeiro. Apelação Cível 12455, processo 9002142889, Relator Desembargador Juiz Guilherme Calmon Nogueira da Gama, julgado em 09 de abril de 2003.

BRASIL. Tribunal de Justiça do Rio Grande do Sul. Acórdão 70029751328, Pelotas, Décima Segunda Câmara Cível, Relator Desembargador Umberto Guaspari Sudbrack, julgado em. 28 de maio de 2009.

BRASIL. Tribunal de Justiça do Rio Grande do Sul. Acórdão do Processo 71004808127 (CNJ n. 0004323-67.2014.8.21.9000). Relatora: Desembargadora Ana Claudia Cachapuz Silva Raabe, julgado em 14 de maio de 2014.

BRASIL. Tribunal de Justiça do Rio Grande do Sul. Agravo de Instrumento 70023393754, Décima Segunda Câmara Cível. Relator: Dálvio Leite Dias Teixeira, julgado em 17 março de 2008.

BRASIL. Tribunal de Justiça do Rio Grande do Sul. Apelação Cível 70007712698. Décima Câmara Cível. Relator Dr. Luiz Lúcio Merg, julgado em 20 de maio de 2004.

BRASIL. Tribunal de Justiça do Rio Grande do Sul. Apelação Cível n. 70031345077. Relator: Desembargador Pedro Celso Dal Prá. Porto Alegre, julgado em 10 de setembro de 2009.

BRASIL. Tribunal de Justiça do Rio Grande do Sul. Apelação Cível 70052199643. Relator: Desembargador Breno Beutler Junior, julgado em 27 de março de 2013.

BRASIL. Tribunal de Justiça do Rio Grande do Sul. Apelação Cível 70052199643. Relator: Desembargador Breno Beutler Junior. Porto Alegre, julgado em 27 de março de 2013, publicado em 03 de abril de 2013.

BRASIL. Tribunal de Justiça do Rio Grande do Sul. Apelação Cível 70031345077. Relator: Desembargador Pedro Celso Dal Prá. Porto Alegre, julgado em 10 de setembro de 2009, publicado em 18 de setembro de 2009.

BRASIL. Tribunal de Justiça do Rio Grande do Sul. Recurso Inominado 71006552327 (CNJ n. 0065682-47.2016.8.21.9000). Relator: Andre Vorraber Costa, julgado em 01 de fevereiro de 2017.

PORTUGAL, Tribunal da Relação de Coimbra. Acórdão do Processo 97/10.5T2SVV.C1. Relatora: Regina Rosa. Coimbra, julgado em 06 de março de 2012.

PORTUGAL. Acórdão do Tribunal da Relação de Coimbra. Processo 406/12.2TBBBR-A.C1,. Relator Jaime Carlos Ferreira, julgado em 27 de abril de 2017.

PORTUGAL. Juízos Cíveis de Lisboa. Processo 11434/14.3T8LSB. 7º Juízo. 04 de abril de 2015.

PORTUGAL. Julgado de Paz do Porto. Sentença do processo 130/2011-JP. Relatora: Iria Pinto. Julgado em 29 de novembro de 2011.

PORTUGAL. Julgado de Paz do Seixal. Sentença do processo 14/2014-JP. Relatora: Sandra Marques. Julgado em 06 de outubro de 2014.

PORTUGAL. Julgado de Paz do Seixal. Sentença do processo 189/2013-JP. Relatora: Fernanda Carretas. Julgado em 11 de junho de 2013.

PORTUGAL. Julgado de Paz. Processo 234/2008. Relator: Dionísio Campos. 06 de fevereiro de 2009.

PORTUGAL. Julgado de Paz. Processo 321/2014. Relatora: Margarida Simplício. 10 de março de 2015.

PORTUGAL. Supremo Tribunal de Justiça de Portugal. Acórdão do processo 08B2977. Relator Salvador da Costa. Lisboa, julgado de 23 de outubro de 2008.

PORTUGAL. Supremo Tribunal de Justiça. Acórdão do processo 06A818. Relator: Sebastião Póvoas. Lisboa, julgado em 18 de abril de 2006.

PORTUGAL. Supremo Tribunal de Justiça. Acórdão do processo 2963/07.6TVLSB.L1.S1. Relator: Alves Velho. Lisboa, julgado em 20 de janeiro de 2010.

PORTUGAL. Supremo Tribunal de Justiça. Acórdão do processo 5477/8TVLSB.L1.S1. Relator: Azevedo Ramos. Lisboa, julgado em 29 de abril de 2010.

PORTUGAL. Supremo Tribunal de Justiça. Acórdão do Processo 1212/06.9TBCHV.P1.S1. Relator: Fonseca Ramos. 16 de dezembro de 2010.

PORTUGAL. Supremo Tribunal de Justiça. Acórdão do Processo 4806/07.1TVLSB.L1.S1. Relatora: Ana Paula Boularot. Julgado em 24 de junho de 2014.

PORTUGAL. Supremo Tribunal de Justiça. Acórdão do processo 306/10.0TCGMR.G1.S1. Relator: Maria Clara Sottomayor. 12 de fevereiro de 2013.

PORTUGAL. Supremo Tribunal de Justiça. Acórdão do processo 2/09.1YFLSB. Relator: Fonseca Ramos; Sentença do CICAP. 18 de abril de 2016, processo 1317/2016. Juíza: Sara Lopes Ferreira.

PORTUGAL. Supremo Tribunal de Justiça. Acórdão do processo 1129/11.5TBCVL-C.C1.S1. Relatora: Ana Paula Boularot. Lisboa, julgado em 07 de maio de 2016.

PORTUGAL. Supremo Tribunal de Justiça. Acórdão do processo 03B4187. Relator: Ferreira de Almeida. Lisboa, 29 de janeiro de 2004.

PORTUGAL. Supremo Tribunal de Justiça. Acórdão do processo 109/13.0TBMLD.P1.S1. Relator: Helder Roque. Lisboa, julgado em 02 de junho de 2015.

PORTUGAL. Supremo Tribunal de Justiça. Acórdão do processo 1246/10.9TVLSB.L1.S1. Relator: Helder Roque. Lisboa, 17 de dezembro de 2014.

PORTUGAL. Supremo Tribunal de Justiça. Acórdão do processo 287/10.0TBMIR.C1.S1. Relatora: Maria Clara Sottomayor. Lisboa, 25 de fevereiro de 2014.

0TBMIR.C1.S1. Relatora: Maria Clara Sottomayor. Lisboa, 25 de fevereiro de 2014.

PORTUGAL. Supremo Tribunal de Justiça. Acórdão do processo 2963/07.6TVLSB.L1.S1. Relator: Alves Velho. Lisboa, julgado em 20 de janeiro de 2010.

PORTUGAL. Supremo Tribunal de Justiça. Acórdão do processo 3501/06.3TVLSB.L1.S1. Relator: Lopes do Rego. Lisboa, 04 de agosto de 2010.

PORTUGAL. Supremo Tribunal de Justiça. Acórdão do processo 738/12.0TBCVL.C1.S1. Relatora: Maria dos Prazeres Beleza. Lisboa, 26 de fevereiro de 2015.

PORTUGAL. Supremo Tribunal de Justiça. Acórdão 1786/12.5TVLSB.L1.S1. Relator Helder Roque. Julgado em 08 de março de 2016.

PORTUGAL. Supremo Tribunal de Justiça. Acórdão 2356/10.8TVLSB.L1.S1. Relator: Silva Salazar. Lisboa, julgado em 07 de janeiro de 2014.

PORTUGAL. Supremo Tribunal de Justiça. Acórdão 1324/04-7ª.

PORTUGAL. Supremo Tribunal de Justiça. CJ-ASTJ 14 (2006),1. Oliveira Barros, julgado em 4 de abril de 2006.

PORTUGAL. Supremo Tribunal de Justiça. Processo 2604/15.8T8LRA.C1.S1. Relatora Rosa Ribeiro Coelho. julgado em 12 de setembro de 2019.

PORTUGAL. Supremo Tribunal de Justiça. Processo 753/16.4TBLSB.L1.S1, jugado em 10 de abril de 2018.

PORTUGAL. Tribunal Arbitral de Consumo de Matosinhos. Processo 27/2016. Juíza: Sara Lopes Ferreira. Matosinhos, 9 de agosto de 2016.

PORTUGAL. Tribunal Arbitral de Consumo do Porto. Processo 5/2015. Juiz: Rui Saavedra. Vila Nova de Gaia, 08 de outubro de 2015.

PORTUGAL. Tribunal Arbitral do Porto. Processo 1975/2015. Juiz: Rui Saavedra. Porto, 12 de abril de 2016.

PORTUGAL. Tribunal da Relação de Coimbra. Acórdão do processo 1207/05.OPBTMR.C1, julgado em 17 de dezembro de 2008.

PORTUGAL. Tribunal da Relação de Coimbra. Processo: 2634/09.9TJCBR.C1. Data do acórdão: 21 de dezembro de 2010. Relator Arlindo Oliveira.

PORTUGAL. Tribunal da Relação de Coimbra. Processo: 544/10.6TBCVL.C1. Relator Henrique Antunes, julgado em 27 de maio de 2014.

PORTUGAL. Tribunal da Relação de Lisboa, Processo: 9065/15.0T8LSB-2. Relator Dr. Pedro Martins, julgado em 14 de setembro de 2017.

PORTUGAL. Tribunal da Relação de Lisboa. Acórdão do Processo 1536/2008-1. Relator: Rui Vouga. 08 de julho de 2008.

PORTUGAL. Tribunal da Relação de Lisboa. Acordão do processo n. 9807-12.5TBOER.L1-8. Relator: Teresa Prazeres Pais. Julgado em 04 de junho de 2015.

PORTUGAL. Tribunal da Relação de Lisboa. Acórdão do processo 2360/2008-6. Relatora: Fátima Galante. Lisboa, 24 de abril de 2008.

PORTUGAL. Tribunal da Relação de Lisboa. Acordão do processo 9807-12.5TBOER.L1-8. Relatora: Teresa Prazeres Pais. Lisboa, julgado em 06 de abril de 2015.

PORTUGAL. Tribunal da Relação de Porto. Acórdão 4257/13.9TBMTS.P1. Relator: Carlos Gil. Julgado em 27 de abril de 2015.

PORTUGAL. Tribunal da Relação do Porto. Acórdão do Processo 11692/04.1TJPRT-A.P1. Relator: Henrique Antunes. 19 de janeiro de 2010.

PORTUGAL. Tribunal de Relação de Lisboa. Acórdão do processo 428/11.0TVLSB.L1-2. Relator: Pedro Martins. Julgado em 8 de novembro de 2012.

PORTUGAL. Tribunal da Relação de Lisboa. Acórdão do processo 6067/2006-6. Relator Granja da Fonseca. Lisboa, 21 de setembro de 2006.

UNIÃO EUROPEIA. Tribunal de Justiça da União Europeia. Processo C-122/10, julgado em 12 de maio de 2011.

UNIÃO EUROPEIA. Tribunal de Justiça da União Europeia. Processo C-430/17, 3ª Secção, julgado em 23 de janeiro de 2019.

UNIÃO EUROPEIA. Tribunal de Justiça da União Europeia. Processo C-108/09, julgado em 02 de dezembro de 2010.

Legislação brasileira

BRASIL. Lei 10.406, de 10 de janeiro de 2002. Institui o Código Civil. Brasília-DF: Presidência da República, 2002. Disponível em: http://www.planalto.gov.br/ccivil_03/leis/2002/L10406compilada.htm. Acesso em: Código dos Valores Mobiliários. Republicado pelo Decreto-Lei 357-A/2007, de 31 de outubro e alterado pelo Decreto-Lei 211-A/2008, de 3 de novembro, pela Lei 28/2009, de 19 de junho e pelo Decreto-Lei 185/2009, de 12 de agosto. 25 jul. 2020.

BRASIL. Lei 13.105, de 16 de março de 2015. Código de Processo Civil. Brasília-DF: Presidência da República, 2015. Disponível em: http://www.planalto.gov.br/ccivil_03/_ato2015-2018/2015/lei/l13105.htm. Acesso em: 25 jul. 2020.

BRASIL. Decreto 2.181, de 20 de março de 1997. Dispõe sobre a organização do Sistema Nacional de Defesa do Consumidor – SNDC, estabelece as normas gerais de aplicação das sanções administrativas previstas na Lei 8.078, de 11 de setembro de 1990, revoga o Decreto 861, de 9 julho de 1993, e dá outras providências. Brasília-DF: Presidência da República, 1997. Disponível em: http://www.planalto.gov.br/ccivil_03/decreto/D2181.htm. Acesso em: 25 jul. 2020.

BRASIL. Decreto 7.962, de 15 de março de 2013. Regulamenta a Lei 8.078, de 11 de setembro de 1990, para dispor sobre a contratação no comércio eletrônico. Brasília-DF: Presidência da República, 2013. Disponível em: http://www.planalto.gov.br/ccivil_03/_Ato2011-2014/2013/Decreto/D7962.htm. Acesso em: 25 jul. 2020.

BRASIL. Lei 13.146, de 6 de julho de 2015. Institui a Lei Brasileira de Inclusão da Pessoa com Deficiência (Estatuto da Pessoa com Deficiência). Brasília-DF: Presidência da República, 2015. Disponível em: http://www.planalto.gov.br/ccivil_03/_ato2015-2018/2015/lei/l13146.htm. Acesso em: 25 jul. 2020.

BRASIL. Lei 8.078, de 11 de setembro de 1990. Dispõe sobre a proteção do consumidor e dá outras providências. Brasília-DF: Presidência da República, 1990. Disponível em: http://www.planalto. gov.br/ccivil_03/leis/l8078compilado.htm. Acesso em: 25 jul. 2020.

BRASIL. Lei 11.785, de 22 de setembro de 2008. Altera o § 3º do art. 54 da Lei no 8.078, de 11 de setembro de 1990 – Código de Defesa do Consumidor – CDC, para definir tamanho mínimo da fonte em contratos de adesão. Brasília-DF: Presidência da República, 2008. Disponível em: http://www.planalto.gov.br/ccivil_03/_Ato2007-2010/2008/Lei/L11785.htm#:~:text=L11785&text=LEI%20N%C2%BA%2011.785%2C%20DE%2022,fonte%20em%20contratos%20de%20ades%C3%A3o. Acesso em: 25 jul. 2020.

BRASIL. Lei 12.965, de 23 de abril de 2014. Estabelece princípios, garantias, direitos e deveres para o uso da Internet no Brasil. Brasília-DF: Presidência da República, 2014. Disponível em: http://www.planalto.gov.br/ccivil_03/_ato2011-2014/2014/lei/l12965.htm#:~:text=Estabelece%20 princ%C3%ADpios%2C%20garantias%2C%20direitos%20e,uso%20da%20Internet%20no%20Brasil. Acesso em: 25 jul. 2020.

BRASIL. Lei 8.137, de 27 de dezembro de 1990. Define crimes contra a ordem tributária, econômica e contra as relações de consumo, e dá outras providências. Brasília-DF: Presidência da República, 1990. Disponível em: http://www.planalto.gov.br/ccivil_03/leis/l8137.htm. Acesso em: 25 jul. 2020.

BRASIL. Lei 8.884, de 11 de junho de 1994. Transforma o Conselho Administrativo de Defesa Econômica (CADE) em Autarquia, dispõe sobre a prevenção e a repressão às infrações contra a ordem econômica e dá outras providências. Brasília-DF: Presidência da República, 1994. Disponível em: http://www.planalto.gov.br/ccivil_03/leis/l8884.htm#:~:text=Transforma%20o%20Conselho%20Administrativo%20de,econ%C3%B4mica%20e%20d%C3%A1%20outras%20provid%C3%AAncias.&text=Art.&text=A%20coletividade%20%C3%A9%20a%20titular%20dos%20bens%20jur%C3%ADdicos%20protegidos%20por%20esta%20lei. Acesso em: 25 jul. 2020.

BRASIL. Lei 13.709, de 14 de agosto de 2018. Lei Geral de Proteção de Dados (LGPD).

Legislação Europeia

UNIAO EUROPEIA. Directiva 2000/31/CE do Parlamento Europeu e do Conselho, de 8 de junho de 2000.

UNIAO EUROPEIA. Directiva 2011/83/UE do Parlamento Europeu e do Conselho, de 25 de outubro de 2011.

UNIAO EUROPEIA. Directiva 85/577/CEE do Conselho, de 20 de dezembro de 1985.

UNIÃO EUROPEIA. Resolução 76 (47) adotada pela Comissão de Ministros do Conselho da Europa em 16 de novembro de 1976.

Legislação Portuguesa

PORTUGAL. Código Civil, Decreto-lei 47 344, de 25 de novembro de 1966.

PORTUGAL. Decreto-lei 446/85, de 25 de outubro de 1985.

PORTUGAL. Decreto-lei 272/87, de 03 de julho de 1987.

PORTUGAL. Decreto-lei 7/2004, de 7 de janeiro de 2004.

PORTUGAL. Decreto-lei 24/2014, de 14 de fevereiro de 2014.

PORTUGAL. Decreto-lei 78/2018, de 15 de outubro de 2018.

PORTUGAL. Decreto-lei 67/2003, de 08 de abril de 2003.